Holger Böning
Der Traum von Freiheit und Gleichheit

Holger Böning

Der Traum von Freiheit und Gleichheit

Helvetische Revolution und Republik (1798–1803) –
Die Schweiz auf dem Weg zur bürgerlichen Demokratie

Orell Füssli Verlag

Gedruckt auf umweltfreundliches chlorfrei gebleichtes Papier

© 1998 Orell Füssli Verlag, Zürich
Umschlagentwurf: Christine Vonow, Zürich
Umschlagbild: Freiheitsbaum. In: Zürcher Kalender auf das Jahr 1848
Druck und Einband: Freiburger Graphische Betriebe, Freiburg im Breisgau
Printed in Germany

ISBN 3-280-2808-7

Inhaltsverzeichnis

V

Vorwort

In den europäischen Aufklärungsgesellschaften hat die Schweiz im Verlaufe des 18. Jahrhunderts eine besondere Aufmerksamkeit erlangt. War sie bis dahin innerhalb Europas eine relativ abgelegene Sonderregion, die durchaus nicht an der Spitze der Entwicklung stand, so wurde sie nun zu einem Land, auf das man schaute, ja das zum Vorbild wurde. Statt der Reisläufer, die sich als Söldner in den Armeen verdingten, waren es nun mehr und mehr Schweizer Gebildete, die auf mehreren Gebieten aufhorchen liessen. Innerhalb des Deutschen Reiches, dem die Schweizer Kantone seit 1648 nicht mehr angehörten, waren sie gern als Spezialisten gesehen, und im gebildeten Frankreich setzte sich Jean-Jacques Rousseau, der selbstbewusste *citoyen de Genève*, als Autor durch. Die Entdeckung der alpinen Natur war in diesem Zusammenhang symptomatisch – auch sie ein Produkt der Intelligenz, die sich als meinungsbildende Schicht durchsetzte.

Noch heute muss es als überraschend gelten, dass die Schweiz sich auch hinsichtlich ihrer politischen Verfassungskultur seit Mitte des Jahrhunderts zunehmend Geltung verschaffte: denn die politisch nur wenig entwickelten Kantone, die an der seit dem 15. Jahrhundert stattfindenden Staatsbildung kaum teilnahmen, standen im Schatten einer politischen Modernisierung, die von den aufsteigenden Monarchien geprägt war. Als eine bürgerliche Bewegung des politischen Engagements aber hatte sich seit Beginn des Jahrhunderts der Patriotismus von England her auf dem Kontinent durchgesetzt, und diese Bewegung schaute seit Mitte des Jahrhunderts zunehmend auf die Schweiz. Hier hatte sich im Jahre 1762 eine Helvetische Gesellschaft konstituiert, in der eine junge Generation von aufgeklärten Patrioten ein neues Konzept von der Eidgenossenschaft als einer modernen Nation entwickelte. Sie griffen das grosse Projekt einer neuen Nationsbildung auf, von dem die patriotischen Bewegungen getragen waren. Doch sie taten es aufgrund der eidgenössischen Gegebenheiten auf eine besondere Weise.

Politische Nationen waren in den abendländischen Gesellschaften bereits seit Beginn der Neuzeit entstanden, doch sie waren stets geprägt von den Strukturen der ständischen Gesellschaft, das heisst, in diesen Nationen galten die ständischen, ethnischen und religiösen Abgrenzungen, die in jenen Gesellschaften gültig waren. In dem Konzept der Nationsbildung, das die jungen Schweizer Patrioten verfolgten, sollten diese Abgrenzungen des Standes, der Religion und der Ethnizität jedoch keine Rolle mehr spielen. Sie hatten eine Nation vor Augen und versuchten sie zu realisieren, die in erster Linie eine politische Gemeinschaft gleichberechtigter Bürger sein sollte. Das bedeutete: eine politische Gleichberechtigung sollte dominant sein gegenüber den Ungleichheiten und Abgrenzungen, von denen die Gesellschaften bisher, und meist auch weiterhin, geprägt waren. Der primär politische Charakter der modernen Nation also war hier besonders deutlich ausgeprägt.

Es war dieses Modell einer politischen Nation, das im Jahre 1789 zum leitenden Konzept der Revolution in Frankreich und hier erstmals konsequent realisiert wurde. Rousseau aus Genf wurde als Vordenker dieser Revolution gefeiert.

Dass sich 1798 in der Schweiz die Helvetische Republik durchsetzte, lag demnach in der Konsequenz des helvetischen Patriotismus, dessen Vertreter die geborenen Träger dieser Republik waren. Dass es im Verhältnis zu den bisherigen Gesellschaftsstrukturen einer Revolution bedurfte, um die moderne Nation durchzusetzen, das hatten schon die französischen Ereignisse gezeigt, und so nahmen die helvetischen Patrioten 1798 die französische Waffenhilfe in Anspruch. Auch zeigte es sich bald, dass die schweizerische Gesellschaft mehrheitlich noch nicht zur Umstellung auf eine moderne Nation disponiert war; auch fünfzig Jahre später bedurfte es dazu noch einer kriegerischen Auseinandersetzung.

Im deutschsprachigen Raum war die Schweiz mit dem Jahre 1798 zu einem Land geworden, das unter den Gebildeten starke Beachtung fand. Die Deutschen, vor allem der jüngeren Generation, die die Helvetische Republik begrüssten, sich sogar in die Schweiz aufmachten, sind noch nicht gezählt. Johann Heinrich Pestalozzi, der helvetisch engagierte Pädagoge, wurde zu einem besonderen Ziel solcher Reisen und Interessen.

Warum hat Friedrich von Schiller, der gegenüber den Ereignissen in Frankreich seit langem skeptisch eingestellt war, im Jahre 1802 sich dem Tell-Stoff zugewandt? Das Miterleben der Helvetischen Republik, die sich damals in ihrer kritischen Phase befand, hat ihn offensichtlich nicht abgeschreckt, war vielmehr der zeitgenössische Hintergrund, der ihn veranlasste. Sein «Wilhelm Tell», der 1804 vom Publikum lebhaft begrüsst wurde, bringt die Selbstbefreiung einer ländlichen Gesellschaft auf die Bühne, die im Zusammenhang dieses grossen Vorhabens zu einer neuen politischen Gemeinschaft wird, in der die traditionalen Abgrenzungen zwischen den Ständen – in Ansätzen sogar die zwischen den Geschlechtern, wenn man an die Rollen der Berta und der Gertrud denkt – im Zeichen der gemeinsamen nationalen Ziele überbrückt und überwunden werden.

Schillers «Tell» ist gewiss das bekannteste Dokument der Vorbildrolle, die das schweizerische Modell der Nation in Europa, vor allem in dessen deutschsprachiger Bevölkerung, bis heute innehat. Es ist das Modell einer primär politischen Nationsbildung, dessen föderative Komponente im Zusammenhang der aktuellen Europapolitik besonders beachtet wird. Hat die Distanz der schweizerischen Politik gegenüber den bisherigen Europa-Unionsplänen vielleicht auch den Grund darin, dass man dort aufgrund eigener Traditionen deutlicher sieht, wie hier die politischen Dimensionen gegenüber den monetärökonomischen vernachlässigt werden?

OTTO DANN

X

Dank

Dieses Buch ist den hervorragenden, während der letzten zwei Jahrzehnte publizierten Arbeiten zur helvetischen Kantonsgeschichte ebenso verpflichtet wie den zahlreichen Studien zu Einzelaspekten der Helvetik und natürlich den älteren Darstellungen dieses Zeitabschnitts Schweizer Geschichte. Auf den Wert der einmaligen, von Johannes Strickler begonnenen und von Alfred Rufer fortgeführten «Actensammlung aus der Zeit der Helvetischen Republik» muss kaum noch hingewiesen werden. Die Lektüre der vielen tausend Seiten – es handelt sich nur um einen kleineren Teil der im Bundesarchiv vorhandenen Akten dieser papierspeienden Zeit – lässt die vor zweihundert Jahren diskutierten Ideen und Projekte, die Konflikte und Kuriositäten lebendig werden.

Anregungen gaben die von Christian Simon und André Schluchter während der vergangenen Jahre veranstalteten Helvetik-Kolloquien, die junge Schweizer Historikerinnen und Historiker zusammenführten. Ihre Aufgeschlossenheit und ihre neuen Fragestellungen ermunterten mich, noch einmal einen Überblick über eine Periode der Schweizer Geschichte zu wagen, die mir seit nun zwei Jahrzehnten als eine der aufregendsten auf dem Weg zu einer Schweiz erscheinen will, die mit ihren demokratischen Traditionen, ihren umfangreichen Volksrechten und ihrem Abseitsstehen bei den grossen militärischen Auseinandersetzungen während fast zweier Jahrhunderte ihren europäischen Nachbarn manches zu sagen hat. Inspirierend waren die mit feinen Federstrichen gezeichneten Miniaturen Markus Kutters, die den Geist jener Umbruchzeit lebendig werden lassen. Mein Dank gilt Astrid Blome, Otto Dann, Hubert Foerster, Reinhild Hannemann und Emmy Moepps für Anregungen und Hilfe. Ein grosser Dank gebührt schliesslich auch den Bibliotheken in der Schweiz, in denen ich die Zeitungen, Zeitschriften und Flugschriftenliteratur der Helvetik einsehen durfte, und den Kolleginnen und Kollegen meiner Heimatbibliothek in Bremen, ohne deren Bemühungen ich weit entfernt von dem Gegenstand meiner Forschungen nicht hätte arbeiten können.

Es ist mir eine Freude, dass dieses Buch in einem Verlag erscheinen kann, der so viel wie kaum ein zweiter für die Schweizer Aufklärung des 18. Jahrhunderts getan hat. Johann Heinrich Füssli war einer jener Männer, die, verwurzelt im

Ancien Régime der Schweiz und geprägt von der Aufklärung, ihre ganze Kraft für den Aufbau der Helvetischen Republik gaben. Ich danke meinem Lektor beim Verlag Orell Füssli, Dr. Paul Meinrad Strässle, für die Auseinandersetzung mit meinem Manuskript.

Einleitung

> «Wie sollen wir denn als Nation zusammen die Zukunft gestalten, wenn einige von uns immer noch so schmerzhaft unter Niederlagen leiden, die ihren Vorfahren vor 200 Jahren widerfahren sind; wenn manche als einigendes Band der Geschichte nur die Mythologie einer kleinen Minderheit akzeptieren können [...], wenn die Schweiz eine Einzelperson wäre und ich sie heute als Psychoanalytiker betrachtete, würde ich ihr dringend raten, eine Psychoanalyse über sich ergehen zu lassen, eine Analyse ihrer Jugendzeit, damit sie für die Bewältigung ihres weiteren Erwachsenenlebens Kräfte schöpfen kann und zu dieser Bewältigung überhaupt erst wieder fähig wird.»
>
> STÄNDERAT GIAN-RETO PLATTNER
> 19.9.1995[1]

> «Die Helvetik war ein aberwitziger und viel zu früh gekommener Entwurf, sie musste untergehen, aber sie behielt recht.»
>
> MARKUS KUTTER 1997

«Aber von der Helvetik», so berichtet Urs Altermatt, «hörte und las die geistig und politisch rege Grossmutter in ihrem ganzen Leben wenig Gutes: Krieg und Fremdherrschaft, Einheitsstaat und Religionsgefahr waren die Stichworte. Der Lehrer, der Pfarrer und der Kalendermann gingen rasch über die positiven Seiten der Helvetik hinweg: über die Befreiung des Landvolkes vom oligarchischen Ancien Régime, über die Umgestaltung der Schweiz in gleichberechtigte Kantone, über die Einführung der Menschen- und Grundrechte.»[2] Ganz ähnlich schrieb der Historiker Carl Hilty bereits vor mehr als einem Jahrhundert: «Helvetik. Bis auf unsere neueste Zeit herab bestand und besteht teilweise noch eine gewisse Scheu, sich diesen verlassenen, halbvergessenen Gestaden auch nur betrachtend zu nähern.»[3] Helvetische Revolution und Republik haben, so ist hinzuzufügen, bis heute wenige Fürsprecher. Diese fünf Jahre der Schweizer Geschichte von 1798 bis 1803 entzweien in der politischen Auseinandersetzung noch die Heutigen, wenngleich differenziertere Sichtweisen seit Carl Hilty und heute vornehmlich jüngerer Historiker keine Ausnahme mehr sind.[4]

Dieses Buch will von einer wichtigen Etappe erzählen, die die Schweiz auf dem Weg zur bürgerlichen Demokratie zurücklegte. Die Jahre vor und um 1800 bedeuten das Ende des Ancien Régime, mutigen Aufbruch in die Moderne und krisenhafte Umbruchzeit zugleich, sie sind geprägt durch das Handeln von Schweizern, aber auch durch das Eingreifen einer fremden Macht. Vieles, was erst ein halbes Jahrhundert später nach dem Sonderbundskrieg endgültig gesichert und ruhig entwickelt werden konnte, hat seine Ursprünge in der Helvetischen Revolution und der ersten bürgerlich-demokratischen Republik auf dem Boden der Schweiz. Wichtige, heute selbstverständliche, oft zu wenig geschätzte Rechte und Freiheiten wurden erstmals 1798 in einer schweizerischen Verfassung verankert. Ohne sie ist die Bundesverfassung von 1848 nicht denkbar. Wer heute – beispielsweise – am Zürichsee zu Hause ist, wird sich nur schwer vorstellen können, dass seinen Vorfahren in der vorrevolutionären Schweiz wichtige Bildungswege verschlossen und attraktive Berufe verboten waren. Einfluss auf die Staatsgeschäfte konnte der Untertan nur durch Revolten nehmen. Erst die Helvetische Revolution beseitigte die Privilegien der Geburt.

Behandelt werden sollen zunächst die eigentliche Geschichte der revolutionären Umwälzung in der Schweiz und einige ihrer wichtigsten Vorbedingungen. Sodann wird ein Blick auf die humanistisch-aufklärerischen Umgestaltungsbemühungen geworfen. Wie zeigten sie sich in Theorie und Praxis? Weitere Fragen schliessen sich an: Gab es demokratische Bestrebungen, Errungenschaften und Konflikte während der Helvetik, die zu erinnern heute noch lohnt? Wie ist der Widerstand zu erklären, den die neue Ordnung schnell erfuhr? Welches waren die Schattenseiten der Helvetik? Welchen Charakter und welche Besonderheiten hatten Helvetische Revolution und Republik in den verschiedenen Regionen der Schweiz?

Es soll nicht der Eindruck erweckt werden, als bestünde die ganze Schweizer Geschichte vor 1798 aus einem steten Freiheitsstreben der Untertanen, dem eine ebenso stete Unterdrückung von seiten der Regierungen und der herrschenden Schichten gegenübergestanden hätte. Auch kann keine Rede davon sein, dass die Verhältnisse in der Schweiz – verglichen mit den europäischen Nachbarländern – sich durch besonders extreme Tyrannei und Ungerechtigkeit ausgezeichnet hätten. Ohne Frage gab es in der Alten Eidgenossenschaft sehr liebenswerte und sympathische Erscheinungen. Doch sucht man allein diese auf, wird man kaum den Gründen dafür auf die Spur kommen, weshalb ein beträchtlicher Teil der Schweizer die Helvetische Revolution unterstützte und sich dann in den Dienst der Helvetischen Republik stellte. Das Gefühl vieler Zeitgenossen, das alte politische Kleid der Eidgenossenschaft sei neuen gesellschaftlichen Entwicklungen und Bedürfnissen nicht mehr angemessen, war jedenfalls verbreiteter, als es spätere Beschreibungen der alten Gesellschaft vermuten lassen, die fein abgewogen positive und negative Erscheinungen aufzählen und das Bild eines eigentlich ganz gut funktionierenden Staatswesens vermitteln.[5]

Die Revolution in der Schweiz war kein Zufall. Wer sie allein als Resultat fremden Eingreifens sehen will, beraubt sich des Verstehens. Sicher war sie – anders als die Französische Revolution – ein Ereignis, das unter etwas anderen Konstellationen vielleicht hätte abgewendet werden können, doch muss die Helvetische Revolution auch als Ergebnis innerschweizerischer Konflikte und der Erstarrung der alten Gesellschaft begriffen werden. In jedem Fall verbanden sich mit der Umwälzung des Jahres 1798 die Hoffnungen zahlreicher Schweizer auf eine gerechtere und demokratischere Gesellschaftsordnung, und sicher gingen von der Helvetik Impulse aus, ohne die die Schweiz des 19. und 20. Jahrhunderts ein anderes Gesicht hätte. Der Traum von Freiheit und Gleichheit kam 1789 in die Welt. Er wurde auch von Schweizern geträumt.

Damit das Denken und Wollen von Schweizern am Ende des 18. Jahrhunderts möglichst authentisch erfahrbar wird, soll bei der Darstellung der revolutionären Bewegungen möglichst häufig auf die Quellen zurückgegriffen werden. Die Forderungen werden nicht referiert, sondern zitiert, denn in den originalen Formulierungen wird der Geist am besten spürbar, der die politischen Bewegungen der Untertanen beseelte. Gleiches gilt für die Stellungnahmen der Regierungen und der Revolutionsgegner, die diesen Forderungen betulich oder machtbewusst, zornig oder listig entgegentraten. Im Jahre 1798 entstanden bedeutende Dokumente einer neuen politischen Nationalliteratur der Schweiz. Die Denkschriften der revoltierenden Gemeinen Herrschaften Thurgau, Rheintal und Sargans etwa zeigen, wie wenig hier – bei aller Bedeutung der Ideen der Französischen Revolution – fremder Einfluss zur Geltung kam und wie wichtig für die Befreiungsbewegungen ein Gefühl der Menschenwürde war, das sich aus schweizerischen Traditionen und der eidgenössischen Geschichte speiste. Die bei der Lektüre empfundene Freude an diesen Texten soll dem Leser weitergegeben werden.

Es ist, wie in manchen Geschichtswerken zu lesen, durchaus nicht so, dass alle Zeitgenossen des 18. Jahrhunderts die Schweiz als gemütliches, wohleingerichtetes und vor allen anderen europäischen Staatsordnungen zu preisendes Gemeinwesen gesehen hätten. Von nicht wenigen Männern – überlieferte Äusserungen von Frauen sind fast nicht vorhanden – wurde bereits vor mehr als zwei Jahrhunderten die gesellschaftliche Ordnung der Schweiz als zutiefst ungerecht begriffen. Ohne Frage gab es Gesellschaften, die noch viel stärker durch Tyrannei und ständische Interessenpolitik geprägt waren, doch auch in der Schweiz kann von einer Gleichheit der Rechte oder von Rechtssicherheit, von Gleichheit der Bildungs- und Lebenschancen keine Rede sein. Dies alles wurde von vielen Zeitgenossen zwar als selbstverständlich, gottgegeben und unabänderbar empfunden, doch gibt es wenig gute Gründe, sich diese Sichtweise zu eigen zu machen und sich nicht in besonderer Weise der Kritik zuzuwenden, die das Ancien Régime bereits vor zwei Jahrhunderten erfuhr.

1 Schweizer Zustände im 18. Jahrhundert

«Frei wären die Schweizer, frei diese wohlhabenden Bürger in den verschlossenen Städten? frei diese armen Teufel an ihren Klippen und Felsen? Was man den Menschen nicht alles weismachen kann! besonders wenn man so ein altes Märchen in Spiritus aufbewahrt. Sie machten sich einmal von einem Tyrannen los und konnten sich einen Augenblick frei denken; nun erschuf ihnen die liebe Sonne aus dem Aas des Unterdrückers einen Schwarm von kleinen Tyrannen durch eine sonderbare Wiedergeburt; nun erzählen sie das alte Märchen immerfort, sie hätten sich einmal frei gemacht und wären frei geblieben!»

«Die öffentlichen Angelegenheiten sehen in diesem Lande wunderlich aus. Da ein Teil der ganzen Masse schon völlig demokratisch regiert wird, so haben die Untertanen der mehr oder weniger aristokratischen Kantone an ihren Nachbarn schon ein Beispiel dessen, was jetzt der allgemeine Wunsch des Volkes ist.»

JOHANN WOLFGANG VON GOETHE
Briefe aus der Schweiz 1779; Reise in die Schweiz 1797[6]

Das Bild der Schweiz in Europa

Reisebeschreibungen dienen der Annäherung an ein Land, das man bereits kennt oder das man besuchen möchte. Historische Reiseberichte schenken uns Impressionen vergangener Zeiten, geben durch ihre Unmittelbarkeit erste Eindrücke von Völkern, Mentalitäten und gesellschaftlichen Verhältnissen. So ist es willkommen, dass die Schweiz des 18. Jahrhunderts – es ist die Hochzeit der Reisebeschreibungen – ein überaus beliebtes Reiseziel war. Über kein anderes Land – neben England und Italien – erschienen mehr Berichte als über die Eidgenossenschaft. Allein während der letzten beiden Jahrzehnte des 18. Jahrhunderts gaben mehr als achtzig Reisebeschreibungen in deutscher Sprache Aufschluss über naturwissenschaftliche, geographische, historische, statistische und sittenkundliche Besonderheiten der Eidgenossenschaft.[7] Die Naturschönheiten des Landes inspirierten auch so manchen weniger gewandten Schriftsteller zu kleinen literarischen Kunstwerken der Landschaftsbeschreibung. Staunen und Bewunderung galten der Bergwelt der Alpen, dem Rheinfall von Schaffhausen oder den mediterran anmutenden italienischen Vogteien der Eidgenossen.

Interesse fanden aber auch die politischen und sozialen Verhältnisse der Schweiz. Dem gebildeten Publikum in Europa galt die Schweiz des 18. Jahrhunderts als ein Land, «welches vor allen andern die Aufmerksamkeit der aufgeklärtesten Menschen auf sich zieht».[8] Als eine Art Mikrokosmos erschien dem auswärtigen Betrachter die Eidgenossenschaft, an der auf kleinstem Raume die unterschiedlichsten Staatsformen studiert werden konnten. Reisende informieren uns über die Landwirtschaft und den Fleiss der Landbevölkerung, über Steuern und Abgaben, Zivil- und Kriminalgerichte, Regierung und Verwaltung, Sitten und Erziehung, das Schulwesen und den Gottesdienst, über Charakter und Denken der Schweizer Bevölkerungen, das Funktionieren von Landsgemeinden, über Preise von Grundstücken, Äckern und Wiesen, über Hirtengesänge und Kuhreigen, ja selbst über «Eitelkeit und Eifersucht der Kühe». Aus unmittelbarer Anschauung erfahren wir, wie sich die in verschiedenen Schweizer Gegenden aufkommende Leinwand-, Baumwoll- und Seidenfabrikation auf eine Bevölkerung auswirkte, die Jahrhunderte gewohnt war, von der Landwirtschaft zu leben, welchen Luxus Sennen mit ihren Kühen trieben, wie gross die Zahl der Hingerichteten und Selbstmörder war oder wie sich das berühmte Heimweh der Schweizer äusserte.[9]

Das Lesepublikum des 18. Jahrhunderts begriff die Schweiz als Heimstatt des Republikanismus und als «das Land der Freiheit».[10] Schon Friedrich II. von Preussen rühmte die Eidgenossenschaft in seiner «Histoire de mon temps» als vollendetes Musterbeispiel einer Republik, hob die herrschenden Grundsätze der Mässigung hervor und bezeichnete die freien und reichen Bauern als die glücklichsten Sterblichen.[11] In seinen «Lettres persanes» pries Montesquieu die Schweiz als Inbegriff der Freiheit, arm an Gaben der Natur, doch reich an wackeren Bewohnern.[12] Der berühmte englische Historiker Edward Gibbon dachte nach seinen persönlichen Schweizerfahrungen daran, die «Geschichte der Schweizer-Freyheit» zu schreiben, doch hinderte ihn, dass er die Materialien dazu in die Dunkelheit eines alten barbarischen deutschen Dialektes eingeschlossen fand.[13]

In der Aussensicht aufgeklärter Deutscher, Engländer und Franzosen, so kann man zusammenfassen, erschien die Schweiz mit ihren 13 Republiken inmitten eines Europa der Fürsten als «Felsenburg der Freiheit».[14] Hier wusste man «republikanische Glückseeligkeit» zu Hause[15] und entdeckte ein Arkadien unverfälschter Naturmenschen. Unübersehbar ist der antihöfische Gestus, mit dem sich viele Reisebeschreiber der Schweiz als Ort des Ursprungs republikanischer Tugenden und freiheitlichen Gedankengutes näherten.

Wie weit darf man all diese positiven Schilderungen für bare Münze nehmen? Bedacht werden muss zumindest, dass Reisebeschreibungen im letzten Drittel des 18. Jahrhunderts mehr sein wollten als lediglich Beschreibung anderer Verhältnisse. Häufig wurden sie als Spiegel genutzt, der dem Leser Mängel entdecken sollte, die der heimischen Gesellschaftsordnung anhafteten. Mit der Beschreibung eines glücklicheren Landes konnte verhältnismässig gefahrlos auf die ungute Wirklichkeit in der Heimat hingewiesen werden. Dazu eignete sich kein anderer Flecken Europas besser als die Schweiz. Offenkundig war das Land frei von tyrannischen Fürsten, kein grosser König drückte seine Untertanen, das Gemeinwesen erschien als demokratisches Muster. Hier sahen die aufgeklärten Berichterstatter ihr Ideal einer väterlichen Obrigkeit verwirklicht, die über einem Volk von sittsamen und tugendhaften Sennen und Hirten ihr behutsames, auf das Gemeinwohl bedachtes Regiment führte. Leicht wurde dabei vergessen, dass das von den Reiseschriftstellern geschaffene Bild der Schweiz häufig gegen die auf Geburtsprivilegien gegründete Gesellschaft und gegen Missbräuche unumschränkter Herrschaft im eigenen Land pointiert worden war. Da aus so manchem Leser – sein Bild war auch noch vorgeprägt durch die Werke etwa Albrecht von Hallers oder Salomon Gessners, auch durch die Lektüre schweizerischer Geschichtsschreiber – ein Reisender wurde, der sich wiederum als Reiseberichterstatter betätigte, wurde der behauptete glückliche Zustand der Eidgenossenschaft in der Lesewelt langsam zur unerschütterlichen Gewissheit. Das positive Bild der Schweiz gelangte bis in die volksaufklärerische Literatur. In seinem «Noth- und Hülfs-Büchlein für Bauersleute», das am Ende des 18. Jahrhunderts in mehreren hunderttausend Exemplaren Verbreitung fand,[16] liess Rudolph Zacharias Becker seine Hauptfigur Wilhelm Denker nach Zürich reisen, wo er «Bekanntschaft mit dem klugen Bauer Kleinjogg», dem berühmten «Philosophischen Bauern», und – als Vertreter einer guten Obrigkeit – mit dem «braven Herrn Doctor Hirzel» machte.[17]

Zahlreiche Reisebeschreibungen zeigten eine Begeisterung für die Schweiz, die mit den tatsächlichen Gegebenheiten nur schwer vereinbar war, denn auch hier hatte die allgemeine europäische Tendenz zu absoluter Machtausübung die Teilhabe an der Staatsverwaltung auf immer kleiner werdende Gruppen regimentsfähiger Familien eingeengt. Neben dieser Gemeinsamkeit aber galt, was ein Zeitgenosse schrieb: «Das Labyrinth der Schweizertäler ist bisweilen nicht so verworren als das Labyrinth ihrer politischen Zustände, dies Tohuwabohu von einem halben Hundert kleiner Völkerschaften mit ihren mancherlei Sprachen, Lebensweisen und Eigentümlichkeiten in monarchischen, aristokratischen, demokratischen und hierarchischen Regierungsformen.»[18]

Im Vorfeld der Helvetischen Revolution fanden sich dann in Reiseberichten und in der Publizistik allerdings vermehrt auch andere Sichtweisen der Eidgenossenschaft. «Die Schweiz», so konnte man 1797 beispielsweise in einer deutschen Zeitschrift lesen, «hat bey weitem nicht die glücklichste republikanische Verfassung. Jeder Canton regiert gleichsam isoliert, und nur in allgemeiner Vaterlandsgefahr werden, demohngeachtet nicht ohne viele Mühe, die zerstreuten Strahlen auf einen Brennpunkt gezogen. Die meisten Einwohner sind entweder in einheimischer Dienstbarkeit, oder werden genöthiget, in fremde zu gehen. Die Macht der Gewaltigen ist viel zu groß, die Stimmen des Bürgers gelten viel zu wenig, der Bauer ist nicht viel besser dran als ein Leibeigener. [...] Die Regierungswürde bleibt immer auf gewissen Familien, und diese dünken sich eigentlich die Besitzer des Landes zu seyn. Diese zehren vom Mark ihrer sogenannten Angehörigen und mißbrauchen sie so lange, bis das Aussaugen schmerzlich wird, bis das Gefühl erwacht, bis die eingeschränkten Menschenrechte mit einer fürchterlichen Explosion sich wieder Luft machen.»[19]

Wie ein rhetorisches Vorspiel der Helvetischen Revolution hört sich dann bereits eine Charakterisierung der schweizerischen Verhältnisse an, die die helvetische Heldenlegende auf die aktuelle Situation bezieht: «Ein großer Theil der helvetischen Regenten sind nicht viel besser, als die österreichischen Landvögte, schändlichen Andenkens. Manchem unter ihnen fehlt es nicht an dem Willen, seinen Hut, wie weiland Landvogt Gesler, auf einen Pfahl zustecken, und von den Vorübergehenden zu verlangen, daß sie ihre Hüte vor seinem Filze abziehen. Der Stolz der Reichen und Vornehmen gegen den arbeitsamen Bürger und Landmann ist unermeßlich. Dächten doch diese Uebermüthigen an das bekannte Sprüchwort: Da Demuth weint, und Hochmuth lacht, / Da ward der Schweizer Bund gemacht.»[20]

Zum Charakter der politischen und gesellschaftlichen Verhältnisse der Schweiz

«Wir Schweitzer oder Eydgnossen haben uns großer Vorrechten vor allen unseren Nachbaren auß zu rühmen. Wir sind ein sehr gefreytes Volck / und andere gegen uns als Sclaven zu rechnen.»

«Wird offt die Monarchie zur Tyranney / so geschihet es auch nicht selten / daß die Aristocratie sich verwandelt in eine Oligarchie, oder eigennüziges Regiment etlicher weniger / und die Democratie in eine / Ochlocratie, oder Pöbel-Regierung / oder gar in eine Anarchie.»

JOHANN HEINRICH TSCHUDI 1714[21]

«Kein Volk in der Welt», so schrieb 1798 das von Heinrich Pestalozzi herausgegebene «Helvetische Volksblatt», «schien im Ganzen weniger zu Neuerungen geneigt, keines war weniger dazu vorbereitet, die Umänderung der Verfassung aus sich selbst hervorzubringen; und nirgends war die Umänderung so nothwendig, so unausweichlich wie im Schweitzerlande». Der Grund für die Zerstörung des alten Staatsgebäudes, so der Pädagoge weiter, sei in den alten Verfassungen der Eidgenossenschaft zu suchen: «eine innere Fäulniß, die durch den Lauf der Zeit in volle Gährung gerathen wäre, aber dann auch den ganzen Körper zerstört hätte. Wo das Uebel auszubrechen drohte, da wurden Aezmittel und das Messer gebraucht. Noch eine Zeit lang hätte der durchsiechte Staatskörper bei diesen Umständen fortleben können, bis er sich endlich durch eine furchtbare Zerstörung aufgelöst hätte.»[22]

Diese Charakterisierung der Schweizer Zustände am Ende des 18. Jahrhunderts ist repräsentativ für diejenigen, die bewusst und aktiv an der Staatsumwälzung der Helvetischen Revolution teilnahmen und bereit waren, sich engagiert an der Gestaltung der Helvetischen Republik zu beteiligen. Will man die Motive dieses Personenkreises verstehen, sich nach der Invasion durch eine fremde Macht der Republik zur Verfügung zu stellen, dann erscheint es notwendig, sich bevorzugt jenen Missständen und Konflikten der Alten Eidgenossenschaft zuzuwenden, die dafür verantwortlich waren, dass die alte Ordnung als überlebt empfunden wurde. Es existieren hinreichend ausgewogene Handbucharttikel schweizerischer Historiker, die auch über die positiven und angenehmen Erscheinungen des Ancien Régime in der Schweiz informieren: sie sind gerade im europäischen Vergleich zweifellos bemerkenswert. In der folgenden kursorischen Darstellung aber können und sollen sie nicht im Vordergrund stehen.

Politische Rechtsungleichheit in der Alten Eidgenossenschaft

«Alles in allem herrschte eine gewisse Gleichheit.»

Handbuch der Schweizer Geschichte 1977[23]

«Gleichheit vor dem Gesetz, Freiheit des Erwerbs und ungehinderter Gebrauch seiner Talente, Anteil an der Ehre und öffentliche Achtung. Alle diese Vorrechte geniesst der Bürger von Zürich in einem vorzüglichen Grad. Aber geniesst solche auch der Landmann, der als Mensch und Bürger der Republik gleiche Ansprüche machen darf?»

Stäfner Memorial 1794[24]

Etwa 1 600 000 Einwohner lebten am Ende des 18. Jahrhunderts auf dem Gebiet der heutigen Schweiz. Sie waren Bewohner eines der Regierenden Orte, nannten eine der von mehreren Kantonen gemeinsam regierten Gemeinen Herrschaften oder eine von einem einzelnen Ort verwaltete Herrschaft ihre Heimat, wohnten in einem der Zugewandten Orte, die sich auf die verschiedenste Weise an die Eidgenossenschaft gebunden hatten, oder in einem Schirmverwandten Ort.[25] Die Eidgenossenschaft war ein Bund souveräner Staaten und bestand aus dreizehn «Orten», nämlich den Ständen Bern, Zürich, Luzern, Uri, Schwyz, Unterwalden, ob und nid dem Wald, Zug, Glarus, Freiburg, Solothurn, Basel, Schaffhausen und Appenzell. Zugewandte Orte waren Graubünden, bis 1792 das Fürstbistum Basel, das Fürstentum Neuenburg und Valengin, die Republik Genf, die Stadt und die Fürstabtei St. Gallen, Wallis, die Stadt Mülhausen und Biel. Als sogenannte Schirmverwandte Orte galten Engelberg, Rapperswil und die Republik Gersau. Das Hauptgebiet der Schweiz bildeten die Landvogteien oder Untertanenlande, die auf unterschiedlichste Weise und im unterschiedlichsten Zusammenspiel verwaltet wurden. Hier ist besonders ersichtlich, welch kompliziertes Gebilde die Eidgenossenschaft darstellte. So waren Lugano, Mendrisio, Locarno und Val Maggia die sogenannten ennetbirgischen Vogteien jenseits der Alpen, die von den eidgenössischen Orten ausser Appenzell gemeinsam verwaltet wurden. Lediglich von den acht alten Orten – Bern, Glarus, Luzern, Schwyz, Unterwalden, Uri, Zug und Zürich – sowie von Appenzell wurde die Vogtei Rheintal regiert, wohingegen die Vogteien Sargans, Thurgau und das obere Freie Amt im Aargau es allein mit den acht alten Orten zu tun hatten. Das Landgericht Thurgau verwalteten gemeinsam mit den acht alten Orten Freiburg und Solothurn, wohingegen die Herrschaft über die Stadt Diessenhofen von den acht alten Orten mit Schaffhausen geteilt wurde. Bern, Zürich und Glarus allein besassen die Grafschaft Baden und das untere Freiamt mit Bremgarten und Mellingen im Aargau. Eine Dreierherrschaft über die Vogteien Bellinzona, Riviera und Bollenz übten die Kantone Nidwalden,

Schwyz und Uri aus. Bern und Freiburg unterstanden die Vogteien Gras- oder Schwarzenburg, Orbe mit Tscherlitz und Murten. Glarus und Schwyz schliesslich teilten sich die Vogteien Uznach und Gaster. Um das Bild vollends zu verwirren, muss auf die Vogteien hingewiesen werden, die fast jeder eidgenössische Ort allein beherrschte. So gehörten Kyburg und Grüningen der Stadt Zürich, und zu den mehr als fünfzig Vogteien Berns zählten beispielsweise Avenches, Moudon, Oron, Yverdon, Lausanne, Morges, Nyon im Waadtland oder Aarau, Brugg, Königsfelden, Zofingen, Schenkenberg, Aarburg, Biberstein und Kastelen im Aargauischen.

Die Eidgenossenschaft war ein in der Völkergemeinschaft nur sehr eingeschränkt handlungsfähiges Staatengebilde. Bis 1798 blieben alle Bemühungen, den Bund enger zusammenzuschliessen oder Aufgaben einer gemeinsamen Staatstätigkeit Bundesorganisationen zu übertragen, erfolglos. Die Tagsatzung als gemeinsames eidgenössisches Organ war weitgehend handlungsunfähig; die Tagsatzungsgesandten fungierten als Boten ihrer kantonalen Regierungen ohne Handlungsvollmacht. Änderungen des staatsrechtlichen Zustandes der Eidgenossenschaft stiessen auf den Widerstand der einzelnen Orte; der eidgenössische Zusammenhang beruhte im wesentlichen auf verschiedenen Bünden und Briefen, besonders aber auf gleichgerichteten Interessen bei der Regierung der Gemeinen Herrschaften, den eidgenössischen Untertanengebieten, die im Turnusverfahren von den Vögten der einzelnen, an den jeweiligen Herrschaften teilhabenden Orte verwaltet wurden. Durch Bündnisse und Verträge hatte man sich der gegenseitigen Hilfe beim Erhalt der jeweiligen Verfassungen und der inneren Ruhe versichert.

Die eidgenössischen Orte kannten keine absoluten Herrscher, so dass sich hier ein klassischer Absolutismus, gebunden an die monarchische Staatsform, nicht entwickeln konnte. Versteht man unter Absolutismus jedoch die Ausschliessung immer grösserer Teile der Bevölkerung von der politischen Macht und der Teilhabe an den Staatsgeschäften, die einhergeht mit einer immer uneingeschränkteren Machtfülle in Regierung, Verwaltung und Justiz, so waren auch in der Schweiz absolutistische Tendenzen wirksam. Auch hier ist in Massen feststellbar, dass quasi absolutistisch regierende Oberschichten zur Modernisierung der Verwaltung und der Stadtstaaten beitrugen.[26] Überall griff zentralisierende Vereinheitlichung in traditionelle Rechte ein.

In der vorrevolutionären Eidgenossenschaft hatten weniger als 200 000 Einwohner zumindest theoretisch Zugang zu den Souveränitätsrechten, weit mehr als eine Million Einwohner waren im 18. Jahrhundert von der Ausübung der Macht völlig ausgeschlossen.[27] Der Hauptkonflikt, der die Helvetische Revolution ermöglichte, war die Rechtsungleichheit in den Stadtkantonen. Hier grenzten sich Familienregimenter schon früh, besonders aber während des 17. und 18. Jahrhunderts immer stärker von der grossen Masse der Bevölkerung ab. Aus einem Land, das seit seiner Gründung Freiheit und Unabhängigkeit auf seine Fahnen geschrieben hatte, wurde ein Land der Untertanen, die im Stile eines mehr oder weniger aufgeklärten Despotismus regiert wurden. In Bern standen 1798 3600 Stadtbürgern mehr als 400 000 zumeist ländliche Untertanen gegenüber, in Zürich regierten 5700 Stadtbürger eine Landbevölkerung von über 150 000 Menschen, in Luzern 3000 über 86 000, in Solothurn 1900 über 45 000, in Freiburg 3000 über knapp 60 000, in Schaffhausen 4000 über gut 23 000 und in Basel 10 000 Städter über gut 40 000 zumeist ländliche Untertanen.[28] In den acht städtischen Hauptorten der Eidgenossenschaft nebst Genf betrug die Einwohnerzahl etwa 75 000. Von ihnen gehörten gut 45 000 Personen in etwa 10 000 Haushalten zur bevorrechteten und regierenden Oberschicht aus Kaufleuten, Offizieren, Rats- und Gerichtsherren, Landvögten, Industriellen, Bankiers und Handwerkern.[29] In den Städten übernahmen die Oberschichten die Rolle, die im übrigen Europa der Adel hatte. Sie unterschieden sich durch Wohlstand, Bildung und politische Macht von der übrigen Bevölkerung. In Bern, Zürich, Luzern, Freiburg und Solothurn entstand dadurch eine regelrechte Geschlechterherrschaft, die sich den nahezu erblichen Besitz der Macht durch Selbstergänzung in den Regierungsämtern und ein kompliziertes Wahlverfahren teilte.

Wenn die Herausbildung quasi-absolutistischer Regierungsformen in der Schweiz und der Prozess der Oligarchisierung und Aristokratisierung zu beschreiben ist, dann besteht bei knapper Charakterisierung dieser Haupttendenzen der schweizerischen Entwicklung vom 16. bis 18. Jahrhundert die Gefahr von Missverständnissen. Stellt man die Erscheinungen politischer Entrechtung einer Bevölkerungsmehrheit auf knappem Raum zusammen, so kann der Eindruck entstehen, den Untertanen sei kaum Luft zum Atmen und zu eigener Entwicklung geblieben. Zahlreiche Beispiele – die Herausbildung einer ländlichen Konkurrenz für die Baumwollverleger Zürichs etwa oder die oft beträchtlichen Gemeindeselbstverwaltungsrechte – zeigen, dass dem nicht so war. Aber auch wenn die beschriebenen politischen Prozesse im Alltag oft keine überragende Rolle spielten und sich über Jahrzehnte sogar ganz unbemerkt von grossen Bevölkerungsteilen vollziehen konnten, so erhielten sie doch im Konfliktfall ihre Bedeutung. Unvermittelt musste man dann feststellen, dass alte Rechte nun bei der Regelung eines Interessenkonfliktes keine Geltung mehr haben sollten. Das Alte Recht, nirgendwo in Europa auf kleinstem Raum so unterschiedlich wie in der Eidgenossenschaft, hatte im Bewusstsein der Bevölkerung eine ungeheure Bedeutung. Fast alle Konflikte, welche die Regierungen mit ihren Untertanen auszufechten hatten, haben ihre Ursachen in dem Rechtsbewusstsein der Bevölkerung einerseits und den Versuchen der Regierungen, neues Recht zu setzen, andererseits. Wenn von

Rechtlosigkeit bestimmter Bevölkerungsgruppen gesprochen wird, dann ist damit der fehlende Einfluss auf die Staats- und Regierungsgeschäfte gemeint, auf die Gesetzgebung, die Verwaltung und das Rechtswesen.

Gegensätze bestanden nicht allein zwischen den ländlichen Untertanen und den städtischen Bürgern, sondern innerhalb der Städte gab es auch grosse Rechtsungleichheit. In allen Städten sorgte die Schliessung des Bürgerrechtes dafür, dass der Anteil der politisch berechtigten Bürger immer kleiner wurde. In Bern besassen 1798 von 11 000 Einwohnern nur 3 600 das Bürgerrecht, in Zürich von 10 000 Einwohnern 5 700, in Solothurn von 3 400 noch 1 900, in Freiburg von 5 000 mit 3 000 mehr als die Hälfte der Stadtbevölkerung oder in Basel von 15 000 immerhin 10 000.[30]

Überall wurden die mit der Ausübung der Regierungsgewalt verbundenen Vorteile auf einen immer geringer werdenden Teil der Stadtbevölkerung beschränkt. Konnten einst die Bewohner der Landschaft in die Stadt ziehen und erhielten automatisch oder gegen eine geringe Geldsumme das Bürgerrecht, so begann man im 16. und 17. Jahrhundert, die Einkaufsummen drastisch zu erhöhen, und schliesslich verweigerte man Neubürgern durchweg das Bürgerrecht. Hintersassen und sogenannte Aufenthalter duldete man in der Stadt, solange man sie zur Verrichtung bestimmter Arbeiten benötigte. Von den politischen Rechten und vom Bürgernutzen war diese Bevölkerungsgruppe ausgeschlossen. Unterschiedlich waren die Berufschancen der Nichtbürger, überall gebrauchte man sie vorwiegend für die niedrigeren Arbeiten. So war in den Städten eine tiefe Kluft zwischen Herren und Untertanen entstanden. Gemeinwesen, die im 15. und frühen 16. Jahrhundert durch demokratische Zustände vor Kraft strotzten, in denen Volksanfragen für Verständigung zwischen Regierenden und Regierten auf dem Lande sorgten, begannen ihr lebendiges politisches Leben zu verlieren.

Ein weiteres Beispiel politischer Rechtsungleichheit bietet die kleine, prinzipiell regierungsfähige Schicht der vollberechtigten Stadtbürger selbst. Im Prinzip war es in allen Städten so, dass der Grosse Rat die eigentliche Regierung bildete, der keiner allgemeinen Bürgerversammlung mehr rechenschaftspflichtig war und sich so zum Souverän entwickelt hatte. In Basel, Biel, St. Gallen und Zürich rekrutierte er sich aus den Zünften, wohingegen in Bern, Freiburg, Luzern, Genf und Solothurn im Grossen Rat keine eigentliche Zunftvertretung mehr bestand. Wesentlich für die Herausbildung von Familienherrschaften war die durchgängige Selbstergänzung der Räte. Die Mitglieder wählten ihre Söhne, Schwiegersöhne, Brüder, Neffen und Vettern. Ein Oligarchisierungsprozess, der selbst immer mehr regimentsfähige Familien von der Regierung ausschloss, beschränkte die politische Macht auf eine Minderheit der Bürgerfamilien. In Zürich zum Beispiel wurden vom Rat der Zweihundert nur noch 13 Prozent durch die Zunftangehörigen

9

gewählt, während der Rest sich selbst ergänzte. Der Grosse Rat war somit faktisch souverän, so dass sich die Obrigkeit mehr und mehr als Regiment aus eigenem Recht verstand.[31] Hinzu kam eine zunehmende Verlagerung der eigentlichen Regierungsgeschäfte auf den Kleinen Rat oder gar auf einen noch exklusiveren Geheimen Rat, was seit dem Ende des 17. Jahrhunderts überall zu grösseren Konflikten führte.

Alle wichtigen Städte der Schweiz bieten anschauliche Beispiele für die Herausbildung einer immer kleiner werdenden, exklusiven Elite, die wenig mobil und innovativ den politischen Anforderungen am Ende des 18. Jahrhunderts immer weniger gewachsen war.

Zunächst zu Zürich: Die Staatsverfassung wies, nachdem die Auseinandersetzungen zwischen altem Ministerial- oder Stadtadel, vertreten in der Konstaffel, und Zünften mit dem Sieg der Zünfte geendet hatten, ursprünglich demokratische Elemente auf, indem als eigentlicher Souverän die Bürgerschaft galt. In ihrem Namen hatten die Behörden zu agieren. Nach dem Geschworenen Brief von 1373 war der Bürgerschaft ausdrücklich das Recht vorbehalten, Beschlüsse der Zweihundert, des Grossen Rates also, zu korrigieren. Das ganze 15. Jahrhundert war durch Konflikte bestimmt, die sich aus den Versuchen ergaben, die Behörden gegenüber der Bürgerschaft zu verselbständigen. 1498 entstand dann die Verfassung, die in ihren wichtigsten Zügen bis zur Helvetischen Revolution Geltung hatte und die bereits Ausdruck des Aufstieges einer neuen Oberschicht von Getreide-, Salz- und Eisenhändlern sowie von Beamten grosser Grundherrschaften war.[32]

Die höchste Gewalt in der Stadt verkörperte der 212 Mitglieder umfassende Grosse Rat. Zu den 144 Vertretern der 12 Zünfte kamen 18 der Konstaffel und die 50 Mitglieder des Kleinen oder Täglichen Rates, der mit seinen 2 Bürgermeistern, 24 Zunftmeistern, 4 Konstaffelherren, 14 Zunftratsherren und 6 frei zu wählenden Ratsherren die Regierungsgeschäfte führte. Grosser und Kleiner Rat wurden als «das Regiment» bezeichnet, das nun eine gewisse Selbständigkeit gegenüber der Bürgerschaft besass. Besonders wichtig war die gleichzeitig mit der neuen Verfassung erfolgende Reform der Zunftordnung. Indem verschiedene Berufe, die bis dahin in der Konstaffel vertreten waren, nun freie Zunftwahl erhielten, konnte es in der Folge dazu kommen, dass sich die führenden Kaufmannsfamilien über die Zünfte ihren politischen Einfluss sicherten und den wirtschaftlich schwächeren Handwerkern nur noch eine Nebenrolle beliessen.[33] Zürich entwickelte sich von einer Handwerker- zu einer Unternehmer- und Kaufmannsstadt, die Oberschicht war sozial entsprechend strukturiert. Am Ende des 18. Jahrhunderts war in Zürich die Zahl der regimentsfähigen Familien auf 241 geschrumpft, nur wenig mehr als 80 regierten tatsächlich. Vollends ausgeschlossen von allen Staatsgeschäften war endgültig der einfache Stadtbürger. Gleichzeitig schloss sich die aristokratische Oberschicht in ihrer Lebensweise von der sonstigen Bürgerschaft ab, die gängige Unterscheidung zwischen «Herren» und «gemeinen Burgern» hat hier ihren Ausgangspunkt. Viele Kaufleute erwarben Landgüter oder Gerichtsherrschaften, nun konnte man als Adel auftreten.

In Bern, noch vor Zürich wichtigster Kanton der Alten Eidgenossenschaft, waren ebenfalls einige wenige Familien zu Hauptnutzniessern der Staatsorganisation geworden. Schon am Ende des 15. Jahrhunderts hatten sich aus der regimentsfähigen Bürgerschaft von knapp 500 gut 200 auch tatsächlich regierende Familien abgesondert. 1651 schloss Bern die Aufnahme in das Bürgerrecht. Am Vorabend der Helvetischen Revolution hatte sich das Verhältnis von gut 200 regimentsfähigen zu knapp 80 tatsächlich regierenden Familien entwickelt. 1775 waren es nur neun Geschlechter – die Wattenwil, Graffenried, Jenner, Stürler, May, Fischer, Tscharner, Steiger und Sinner –, die von 293 Mitgliedern des Grossen Rates 114 Räte stellten. Von grosser Bedeutung war dies, weil Qualifikationsnachweis für alle einträglichen Ämter, die der bernische Staat zu vergeben hatte, die Mitgliedschaft im Grossen Rat war. Schon die Zeitgenossen sahen in der Oligarchisierung das Hauptgebrechen der bernischen Staatsordnung.[34] Anders als die Nachkommen der führenden Basler und Zürcher Familien, die häufig kaufmännische Lehrjahre im Ausland absolvierten, führten die Sprösslinge des Berner Patriziats ein adeliges Leben ohne feste Verpflichtungen und widmeten sich ganz der geselligen Verfeinerung. Ihre «fürnemste Occupation», so hiess es schon in einer Reisebeschreibung des 17. Jahrhunderts, bestehe «in spielen, unnd dem Baccho zu sacrificiren», von ihren Reisen brächten sie nicht mehr zurück als «modische Geberden und Trachten».[35]

An Standesbewusstsein und Umgangsformen glich der Berner Patrizier seinem Vorbild, dem französischen Adel. Selbst Zeitgenossen, die die bernischen Verhältnisse freundlich beschrieben, beurteilten nicht nur die geringeren, sondern auch die höheren Stände als sittlich krank.[36] Selbst den Frauen der ersten Familien wurde nachgesagt, sie befänden sich – hierin den männlichen Berner nachahmend – in einem Wirbel ständiger Zerstreuung, weit entfernt von allen ernstlichen Arbeiten und Gedanken; allgemein galt die Verachtung der Wissenschaften als bernische Staatsmaxime, wachsende Aufklärung und Ausbreitung der Wissenschaften wurden als staatsgefährdend begriffen.[37] Reisende nahmen schon im 17. Jahrhundert wahr, dass die vornehmen Berner Herren «viel gravitetischer dahergiengen, als bey anderen» Schweizern, und wunderten sich, dass die Untertanen «sich so tieff vor jhnen bucketen, daß jhnen der Nestel [Schnur, mit der die Hose zugebunden war] schier krachen thet, und mit stattlichen titulis sie anredeten».[38]

Albrecht von Haller, der berühmte Wissenschaftler, Dichter und Bürger Berns, erweist sich als kluger Politiker mit dem Rat, die Zahl der regierenden und der regimentsfähigen Familien niemals unter eine gewisse Zahl absinken zu lassen und diese aus solchen Teilen der Bevölkerung zu ergänzen, die bisher keine Hoffnung haben konnten, in die Regierung zu kommen. Um einer Revolution vorzubeugen und die Eifersucht zwischen den Ständen zu vermindern, schlug von Haller vor, nicht nur den nichtregimentsfähigen Bewohnern der Stadt, sondern auch dem Adel des Waadtlandes, den angesehensten Familien der Landstädte und wohlhabenden und verdienten Landleuten die Chance zu einem Aufstieg bis in die Regierung zu eröffnen.[39] Doch die Verwirklichung dieser Vorschläge, mit denen die Grundprinzipien ungleicher Verteilung politischer und bürgerlicher Rechte unangetastet geblieben wären, war in Bern unmöglich.

Rechtsungleichheit und Machtbewusstsein fanden sich, wenn auch nirgendwo so ausgeprägt wie in Bern, auch in den anderen regierenden Städten der Schweiz. In Luzern beispielsweise lag die Macht seit 200 Jahren in den Händen einer sehr kleinen Gruppe miteinander verschwägerter Kleinratsfamilien.[40] Im 18. Jahrhundert vermochten es nur noch drei neue Geschlechter, in den Kleinen Rat zu gelangen. Ein Wahlkörper von 17 Kleinräten ergänzte sich selbst, indem er auf Lebenszeit Kleinratssitze an Mitglieder des Grossen Rates vergab.[41] Keiner einzigen Bürgerfamilie gelang es, während der drei Jahrzehnte vor der Helvetik in den Grossen Rat aufzusteigen.[42] Man kann von Erblichkeit der Ämter sprechen. Reichlich ausgeschüttete Pensionen fielen dadurch an, dass sich Luzern zu einem Hauptlieferanten für Schweizer Söldner an ausländische Mächte entwickelt hatte. Die Ratsstellen erhielten die Anziehungskraft von fetten Pfründen. Wie in Luzern bildete sich auch in Freiburg und Solothurn ein geschlossenes Solddienst- und Verwaltungspatriziat heraus.[43]

Trotz politischer Ungleichheiten und Ungerechtigkeiten in den Städten wird man zumindest für Zürich und Bern darauf hinweisen müssen, dass es sich hier um relativ wohlgeordnete und wohlhabende Staatswesen handelte. Eine Finanzierung aktueller Bedürfnisse auf Kosten nachfolgender Generationen kannte die Berner Regierung nicht. Staatsverschuldung war ein Fremdwort, im Gegenteil erlaubten es glückliche Umstände, den legendären Berner Staatsschatz aufzuhäufen. Guter Boden, Viehzucht und Käsebereitung, Leinwand- und Baumwollgewerbe, auch der Solddienst[44], liessen Bern zu einer der reichsten Gegenden Europas werden. Die Staatshaushalte wiesen regelmässig Überschüsse auf, die, im Ausland wohl angelegt, gute Zinsen erbrachten. Auch für das zürcherische Staatswesen gilt im Vergleich mit anderen Kantonen, dass es, lässt man das Verhältnis zur Landschaft ausser Betracht, auf einer recht breiten sozialen Basis fusste. Verwaltung und Staatsfinanzen wurden solide geführt, auch das Rechtswesen funktionierte schnell und ohne allzu grosse Kosten, wenn es um Kriminalfälle und die Regelung von Alltagsfragen ging.

Städte und ländliche Untertanengebiete

> *«So war der zürcherische Staat ein Kunstwerk, das alles Wasser auf die Mühle der 8-9000 Stadtbürger leitete. Staat, Heer, Kirche, höhere Schulen, Handwerk, Fabrikation und Handel, alles war zum Fideikommiß der großen Familie geworden, die hinter den Stadtmauern wohnte.»*
>
> WILHELM OECHSLI 1903[45]

Innerhalb der Städte existierten genügend soziale, politische und wirtschaftliche Unterscheidungen und Interessengegensätze, die für politischen Zündstoff und Auseinandersetzungen sorgen konnten. Wenn sie nicht ständig aufbrachen, dann hatte dies eine wichtige Ursache in den Interessen, welche die Städter gegen die untertänigen Landschaften einte. In der Regel war der Unterschied der Rechte zwischen Städtern und Landbewohnern sehr viel krasser als alle Rechtsungleich-heiten unter den Stadtbürgern. Das Regiment der Städte über die Landschaften diente der politischen Absicherung ökonomischer Interessen und Vorteile, die den Stadtbewohnern in vielen Lebensbereichen zugute kamen. Nicht nur von der Staatspolitik waren die Untertanen ausgeschlossen, sondern auch von vielen ge-winnbringenden und angesehenen Berufen. Grosshandel und Gewerbe waren, unterschiedlich stark ausgeprägt, in Zürich, Luzern, Basel und Schaffhausen zu Monopolen der Städte geworden.

Wichtigstes Charakteristikum des Denkens der aristokratischen Ober-schichten war die Betrachtung des Staatsgebietes als Privatbesitz.[46] Dies wird beispielsweise aus den obrigkeitlichen Abgaben ersichtlich, die in zahlreichen Kantonen privatwirtschaftlichen Charakter hatten und ihrer Herkunft nach der mittelalterlichen Feudalwirtschaft entstammten. Gesetzliche Regelungen machten es noch dem intelligentesten Sohn eines Untertanen unmöglich, Kaufmann, Ge-lehrter oder Pfarrer zu werden. Selbstgefällig und kastenbewusst forderten die Mächtigen von ihren Untertanen Anreden wie «Hochgeachtete, wohledle, ge-strenge, ehr- und nothfeste, wohl vornehme, fromme und hochweise allergnädig-ste Herren und Väter» oder bestanden auf Empfehlungen wie «Euer Gnaden ge-horsamster und mit Leib und Blut ergebenster unterthäniger Knecht».[47] Der Gros-se Rat von Bern hatte um 1700 verkündet, man behalte sich auf ewig all die Rechte vor, die anderswo den Fürsten zukämen.

Zürich ist ein Beispiel für den materiellen Nutzen, der den Städten aus die-sen politischen Regelungen erwuchs. Auch den nicht unmittelbar zur Oberschicht gehörenden Bevölkerungsgruppen, insbesondere den Handwerkern – sie stellten 1790 977 der knapp 2 000 volljährigen Bürger[48] –, bot das Herrschaftsverhältnis über das Land grosse wirtschaftliche Vorteile. Innerstädtische Konflikte befriedend wirkte sich auch aus, dass der geistliche Beruf zum Monopol der Stadtbürger wurde. 1790 bot der Pfarrerberuf einem Sechstel der gesamten Bürgerschaft oder 337 Personen ein Auskommen. 247 Bürger waren Kaufleute, 281 Rentner, Gerichtsherren, Gutsbesitzer oder Offiziere in fremden Diensten, 149 gehörten schliesslich freien Berufen an.[49] Zahlreiche weitere Ämter – Offiziersstellen vom Hauptmann an aufwärts, Advokaturen und Lehrerstellen an höheren Schulen – konnten nur von einem Stadtbürger besetzt werden. Noch der geringste Zürcher Bürger hatte das Gefühl, mehr zu sein als irgendein Landmann oder ein Bürger von Winterthur oder Stein.[50] Wenig profitierten von den Vorrechten gegenüber dem Land lediglich die Hintersässen, deren Zahl etwa 5 bis 10 % der Bürgerschaft ausmachte,[51] und die 1790 in der Stadt lebenden fast 3 000 sogenannten Aufenthalter, Mägde also, Dienstboten, Knechte und Handwerksgesellen.[52]

Ausgeschlossen waren die Kinder der Landbevölkerung von höherer Bildung. In einer fast an Leibeigenschaft gemahnenden Weise war die Freizügigkeit des Landbürgers eingeschränkt. Wollte er seine Fähigkeiten zur Gründung eines eigenen Unternehmens im Ausland oder in einem anderen Kanton nutzen, dann wurde er geächtet und eine Summe auf seine Einlieferung ausgesetzt. Selbst einem Arbeiter war die Annahme einer Arbeit anderswo verboten, wollte er nicht Ausstellung am Pranger, Stäupen und Verbannung riskieren. Ludwig Meyer von Knonau beschreibt die städtische Haltung gegenüber dem Land: «Wenn ich fragte: ‹Sind denn auch unsere Landbewohner freie Leute und freie Schweizer?› – antwortete man von vielen Seiten: ‹Sie haben keine Fürsten, zahlen keine Auflagen, müssen keine Soldatendienste verrichten›, und was anderes mehr war. Erwiderte dann der Fragende: ‹Aber sie haben ja gar nichts zu den öffentlichen Angelegenheiten zu sprechen, dürfen weder Handelsverkehr noch andere als die alltäglichsten Handwerke treiben, sind von den geistlichen und allen staatlichen Beamtungen ausgeschlossen› –, so war die gewöhnliche Auskunft: ‹Sie haben kein Recht dazu, sie waren Leibeigene, als man sie ankaufte. Etwas anderes wäre nicht gut für sie, und sie sind ja glücklich, indem viele aus ihnen reich und den Gefahren des Grosshandels nicht ausgesetzt sind. Vor Predigern vom Lande würden die Bauern keinen Respekt haben; das Regieren würden sie nicht verstehen, oder es würde eine Regierung nach Art der Länder, – der Demokratie der Urkantone –, welche die schlechteste ist, daraus werden.»[53]

Die Haupteinnahmequelle für die insgesamt recht geordneten Zürcher Staatsfinanzen bildeten die unablösbaren Grundlasten, die auf den Gütern der Landschaft lagen. Die Zehnten und Grundzinsen hatten privatrechtlichen Charakter, waren jedoch zu einem grossen Teil im Besitze des Staates. Abgaben wie der sogenannte Todfall erinnerten an die bereits abgelöste Leibeigenschaft.

In welcher Weise das zürcherische Staatswesen seine politische Macht zugunsten ökonomischer Interessen der Stadtbürger einsetzte, zeigen anschaulich die Reglementierungen für das auf der Zürcher Landschaft in vielen Landgemeinden vorherrschende verlagsindustriell betriebene Baumwollgewerbe. Im Jahre 1787 spannen und woben etwa 50 000 Zürcher Untertanen, also fast ein Drittel der Bevölkerung.[54] Verleger war der städtische Kaufherr, der die rohe, unbearbeitete Baumwolle aus der Stadt in die ländlichen Spinnstuben bringen liess. Von dort wurde das fertige Garn zu den Webern transportiert, und die Tücher kamen wieder in die Stadt zurück, von wo sie dann einträglich vertrieben wurden. In den von der Landschaft kommenden Personen – den sogenannten Trägern – aber, die für die Kaufleute die Verbindung zwischen den einzelnen Arbeitsgängen herstellten, erwuchs den Städtern langsam eine ländliche Konkurrenz. Die Träger auf dem Lande entwickelten sich zu selbständigen Verlegern, so dass den Stadtherren der Verlust beträchtlicher Gewinne drohte. Dagegen wehrten sie sich mit allen zur Verfügung stehenden obrigkeitlichen Massnahmen. Schon 1662 erging die Anordnung an die ländlichen Tuchhersteller, die Tücher fortan roh, ungebleicht, und nur noch an Stadtbürger zu verkaufen. Diese konnten den Preis bestimmen und liessen die letzten Arbeitsgänge in der Stadt ausführen. Doch reichte dieser Absatzzwang den städtischen Unternehmern nicht, so dass im Jahre 1775 noch ein Bezugszwang behördlich verordnet wurde. Auch die Rohbaumwolle musste nun in der Stadt gekauft werden. Dem Landbürger war der selbständige Betrieb einer Fabrik oder eines Handelsgeschäftes verboten, ihm blieb nur die Rolle eines Unterfabrikanten.

Diese Regelungen waren in der Tat recht vorteilhaft für die städtischen Unternehmer. Die Staatsgewalt, die sie selbst oder ihre Verwandten innehatten, verhinderte ländliche Konkurrenz und sorgte durch allerlei Massnahmen für eine möglichst vorteilhafte Stellung gegenüber der ländlichen Heimarbeiterschaft. Umgekehrt entwickelten die Unternehmer auf dem Lande, die sich gegen diese obrigkeitlichen Einschränkungen behaupten mussten, grosse Findigkeit und bewirkten einen beträchtlichen Wohlstand auf der Zürcher Landschaft. Gleichzeitig empfanden sie aber auch immer stärker die Ungerechtigkeit der städtischen Herrschaft und verlangten nach politischen Rechten und vor allem nach Gewerbefreiheit.[55]

Ähnlich wie in Zürich waren die Verhältnisse zwischen Stadt und Landschaft in Bern geregelt. Die kleine Oberschicht von regierenden Familien begriff die bernische Landschaft und die Landvogteien als natürliche Quelle ihres Wohlstandes und als Existenzgrundlage, ja als eine Art Privatbesitz, aus dessen Verwaltung erhebliche Einkünfte gezogen werden konnten. Lebensziel und wichtigste berufliche Betätigung des Berner Bürgers war die sechsjährige Verwaltung einer der knapp 60 Landvogteien, die so hohe Einkünfte erbrachte, dass sie ein standesgemässes Leben auch nach Ablauf dieser Jahre ermöglichte.[56] Schon im 17. Jahrhundert heisst es, das Hauptgewerbe Berns sei der «Landvogteyhandel», er stellte für den Berner Bürger «einen unvergänglichen Schatz» dar.[57] Von den Beamten und Landvögten wurde, nachdem es in der Vergangenheit zu Unterschleif und Skandalen gekommen war, «peinliche Rechtlichkeit der Gebarung» gefordert, «waren doch die Einkünfte so ansehnlich, daß jeder auch ohne Rechtsbeugung [...] voll auf seine Rechnung kam».[58]

Zu den Landvogteien kam eine Reihe von sehr einträglichen Ämtern in der Stadt, die nur an Patrizier vergeben wurden, so dass die ja nicht mehr allzu grosse Zahl patrizischer Familien bestens versorgt werden konnte.[59] Viele junge Patrizier lebten, bis sie im 30. Lebenjahr amtsfähig wurden, mit ihren Frauen auf Vorschuss, bis sie aus dem Ertrag des erlangten Amtes ihre Schulden begleichen konnten. Eine weitere wichtige Quelle des Wohlstandes der patrizischen Familien war die Landwirtschaft – sowohl die bäuerliche der Untertanen als auch die auf eigene Rechnung betriebene.[60]

Seinen Ruf als wohlgeordnetes Staatswesen erwarb sich Bern trotz der städtischen Vorrechte vor allem durch den Wohlstand und sogar Reichtum, der besonders in den deutschbernischen Landgebieten anzutreffen war. Im Oberaargau, zum Teil auch im Emmental, gab es Bauern, die mehr als hunderttausend Gulden besassen. Zeitgenossen berichten von Erscheinungen, wie sie auch in anderen deutschsprachigen Landstrichen mit wohlhabender bäuerlicher Bevölkerung beobachtet wurden: mit kostbarem Silbergeschirr, ausländischen Möbeln und Weinen hielt städtische Kultur Eingang. Reiche Bürger schliesslich fanden sich in Aarau, im Amt Lenzburg und überall dort, wo das Spinnen und Weben sich verbreitet hatte.[61] Weniger gut sah es in der Waadt aus, wo der Wohlstand ingesamt sehr viel geringer war und man wohl merken konnte, dass es sich hier um eine Art besetztes Gebiet handelte, das die Berner Patrizier sehr viel intensiver zur Mehrung ihres Wohlstandes nutzten. Der alte Adel in der Waadt, der noch unter den Herzögen von Savoyen die Waadt verwaltet hatte, war von Regierung und Verwaltung ausgeschlossen und wurde Bern ebenso untertan wie das waadtländische Bauerntum. Noch 1917 schrieb Gonzague de Reynold über die Waadtländer: «Namentlich ist der alte Groll gegenüber ihren einstigen Herren [...] noch [...] lebendig [...]. Für den Waadtländer ist der Berner der fremde Oberherr, der Deutsch spricht.»[62]

Eine mehr oder weniger ähnliche Politik wie in Zürich und Bern gegenüber den untertanen Landschaften war auch in den anderen Stadtkantonen anzutreffen. In Basel lag die Herrschaft über die Landschaft beim Kleinen Rat, der sich dazu der Hilfe verschiedener Kommissionen, insbesondere der Landkommission, bediente. In der zweiten Hälfte des 18. Jahrhunderts lebte ein Drittel der Basler Landbevölkerung mehr oder weniger von den Löhnen in der Seidenfabrikation. Viele der kleinen Posamenter – so wurden die Textilarbeiter genannt – waren mit nur wenig Landbesitz ganz vom Fabrikanten in der Stadt abhängig, dem der Webstuhl ebenso gehörte wie die verarbeitete Ware. Sehr praktisch für die Basler Fabrikanten gestaltete sich die Festlegung des Tariflohnes für die Posamenter durch ein obrigkeitliches Mandat. Erstmals bereits 1722 verbot der Kleine Rat den Landbewohnern, für andere als für Basler Fabrikanten zu arbeiten, so dass sich den städtischen Unternehmern vorteilhafte Bedingungen boten. Der Kleine Rat untersagte den Landleuten, auf eigene Rechnung neue Webstühle herstellen zu lassen. Webstuhlzählungen und Kontrollen verschafften den Anordnungen Nachdruck. Auch war dem ländlichen Weber das unerlaubte Verlassen der Landschaft verboten, so dass er nicht anderswo zu eigenem Nutzen arbeiten konnte.[63]

In Solothurn teilte ein städtischer «Mauer- und Schanzengürtel» Stadt- und Landbürger in zwei ungleiche Kasten.[64] Die Stadt begriff sich als Besitzer der Solothurner Landschaft und liess sich von den Bauern als Zeichen ihrer herausgehobenen Stellung sogar noch die Stadtmauern finanzieren.[65] Ob man das Salzwesen dirigierte oder Weinabgaben erhob, stets resultierte aus den obrigkeitlichen Steuer- und Abgabenverordnungen eine Begünstigung der Stadt und, bevorzugt, einiger weniger Familien.[66] In jeder Hinsicht waren die Verfassungszustände nach den Bedürfnissen des Patriziats gestaltet.[67]

Von Ort zu Ort sehr unterschiedlich waren die Abgaben, die von der bäuerlichen Bevölkerung erbracht werden mussten. Nicht wenige Lasten waren ursprünglich Abgaben an den Leibherrn, begründeten sich also aus der teilweise bereits aufgehobenen Leibeigenschaft. In Basel wie in Zürich machten die Zehnten und Grundzinsen etwa ein Drittel aller Staatseinnahmen aus.[68] Am stärksten mit Zehnten und Grundzinsen belastet waren Zürich, das Waadtland und die anderen bernischen Landgebiete. Ein Drittel weniger hatten die bäuerlichen Untertanen in Freiburg, Basel und Luzern zu tragen, es folgten Solothurn und Schaffhausen. Am günstigsten erging es den Bewohnern der Landkantone.

Wie in anderen europäischen Ländern auch begriffen sich die Obrigkeiten der meisten eidgenössischen Orte als Aufseher über Lebenswandel und Verhalten ihrer Untertanen. Wie der Hausvater über seine Familienangehörigen und Knechte, so führten die einzelnen Regierungen, unterstützt von der Geistlichkeit, in echt patriarchalischer Weise die Aufsicht über Lebensäusserungen aller Art. Man kann von «landesväterlichen Polizeistaaten» sprechen, die in einer Mischung von absolutistischem Bestreben zur Regelung aller Lebensbereiche und christlichem Patriarchalismus das Leben ihrer Untertanen bis ins kleinste reglementierten. Unglaublich erscheint das Ausmass der Bevormundungen. In Basel wurden auf dem Lande die hellen Brotsorten und der Kaffee verboten, um den Landmann vor zu hohem Aufwand und die Städter vor ländlicher Konkurrenz zu schützen.[69] Kleiderordnungen legten die Tracht der Diener fest und bestimmten Material und Schnitt von Nachtröcken.[70] Während vielerorts die Herren ihren Reichtum durch kostbare Kleider, prächtige Kutschen und aufwendige Gastmähler zur Schau stellten, regelten Aufwandgesetze genauestens jegliche vermeintliche Verschwendung der Untertanen. Bauern wurden durch Beschränkung der Tavernenrechte zum Verzicht auf Winkelwirtschaften gezwungen; geordnet wurde, wann und wo der Bauer seinen Überschuss an landwirtschaftlichen Produkten zu verkaufen hatte; die Nutzung der Gemeingüter wurde beaufsichtigt oder der Zeitpunkt der Ernte bestimmt. In Bern und Zürich war allerdings auch der Prachtentfaltung der Bürger eine Grenze gesetzt, indem in Bern Gold und Silber auf Kleidern und Putzwerk, alles kostbare Pelzwerk, Scherpen, Spitzen, Federn, Perlen und Edelsteine, ausgenommen in Siegelringen, verboten waren.[71] Und in Zürich durften Männer weder Gold noch Silber, weder Samt noch Seide, Frauen keine Edelsteine, Spitzen oder Federn tragen. Ein Pelzmantel war auch im Winter untersagt. Nur mit ausdrücklicher Erlaubnis und dem Zeugnis eines Arztes durften in Privathäusern ausländische Weine getrunken werden.

Energisch wurde auf dem Lande ein sittlicher Lebenswandel durchgesetzt. Keine Gnade konnte der Untertan erwarten, wenn er beispielsweise einen Ehebruch beging.[72] In einer Mischung von kirchlicher Sündenzucht und staatlicher Strafpraxis wurden in besonderem Masse Arme und Frauen Opfer entwürdigender Strafen. Auf der Zürcher Landschaft waren es ausschliesslich Angehörige des weiblichen Geschlechtes, die für «ausschweifenden Lebenswandel» an das Bloch geschlagen wurden, einen mit Eisen beschlagenen Holzklotz, an dem mit einer Eisenkette der Körper befestigt wurde. So an der Fortbewegung gehindert, wurde die Delinquentin öffentlich blossgestellt.[73] Eine mildere Strafe war das öffentliche Abkanzeln von Fehlenden durch den Pfarrer während des Gottesdienstes. An dieser Sittenüberwachung und Strafpraxis beteiligten sich intensiv auch die Angehörigen der ländlichen Oberschichten. In den sogenannten Stillständen – die Mitglieder des Stillstandes tagten nach dem Gottesdienst und standen still, statt mit der Gemeinde die Kirche zu verlassen – wirkten sie nicht selten mit, um Kontrolle über das Gemeindeleben auszuüben und ihre Macht zu mehren.[74] Eine Aufgabe des Stillstandes bestand auch darin, Ehen zu verhindern, bei denen die Gefahr bestand, dass die neugegründeten Familien den Gemeinden zur Last fielen.

In der zweiten Hälfte des 18. Jahrhunderts vermehrten sich in vielen Kantonen die Mandate noch einmal, mit denen der Landbevölkerung Vorschriften der verschiedensten Art gemacht wurden.[75] Sind sie teilweise aus dem alten patriarchalischen Geist entstanden, so lässt ihre Lektüre doch auch erkennen, dass zumindest einige der Mandatsschriften von aufklärerischem Denken geprägt waren und sich nur wenig von gleichzeitig erscheinenden volksaufklärerischen Schriften unterscheiden. Insgesamt ist erkennbar, dass die Obrigkeiten sich mehr und mehr vom Modell des aufgeklärten Absolutismus beeindrucken liessen. Patriarchalismus und Kontrolle gingen eine enge Verbindung ein, «vernünftiges» Verhalten der Untertanen wurde durchgesetzt und kontrolliert.[76]

Wie nun verhielten sich die ländlichen Untertanen zur Politik ihrer städtischen Obrigkeiten? Zu einem die politische Ordnung tatsächlich erschütternden Widerstand gegen das sich immer stärker ausprägende Machtbewusstsein der Regierungen, gegen die Usurpation der unumschränkten Staatsgewalt wie in den benachbarten Monarchien war es letztmals in den Bauernkriegen des 17. Jahrhunderts gekommen. Mitte des 17. Jahrhunderts liessen eine Wirtschaftskrise infolge des Dreissigjährigen Krieges, Münzverschlechterungen, Erhöhung der Bodenpreise und der Hypothekarzinsen – alles traf insbesondere die Landbevölkerung – den Missmut der Bauern eskalieren. Gegen die allgemeine Tendenz zur Vereinheitlichung des Staates forderte man besonders in Bern und Luzern landschaftliche Selbständigkeit, Besserung der Münzverhältnisse, Freigabe des Salzhandels und eine autonome Gerichtsbarkeit. Im Mai 1653 rückte ein Heer von 16 000 Mann – in ihm hatten sich in einer Eidgenossenschaft von unten reformierte wie katholische Landleute zusammengefunden – gegen Bern. Mit dem Sieg organisierter und gut ausgerüsteter Regierungstruppen, zu denen fast alle eidgenössischen Orte beigetragen hatten, wurde der Versuch der Landbevölkerungen von Bern, Luzern, Basel und Solothurn, eine bessere Rechtsstellung durchzusetzen, vereitelt. Die letzte Gegenkraft zu absolutistischer Machtausübung und Aristokratisierung war gescheitert. Massenhafte Hinrichtungen und Verbannungen, Galeerenstrafen und hohe Geldbussen trafen die Aufständischen. Zwar wurden in der Folge des Bauernkrieges einige besonders schreiende Missstände abgestellt, doch an den Herrschaftsstrukturen änderte sich vor der Helvetischen Revolution nichts, im Gegenteil hatte die Patrizierherrschaft sich nun endgültig durchgesetzt.[77] Dem alten Regiment verpflichtet, schreibt ein schweizerischer Historiker über die Machtprobe zwischen Bauern und Patriziern sehr richtig: «Sie brachte endlich die klare Entscheidung darüber, wer befahl und wer zu gehorchen hatte.» Im Kampf der Bauern für ihre alten verbrieften Rechte gegen die Aneignung der politischen Macht durch die Patrizier war auch die demokratische Tradition der Eidgenossenschaft, auf die sich die Bauern beriefen, unterlegen, wozu es bei demselben Historiker heisst: «Der eindeutige Sieg des Regimes brachte den Ruf nach Brief und Siegel für eine Zeit lang zum Schweigen; das Regierungsmandat, das

Gesetz des Staates triumphierte.»[78] Oder mit anderen Worten: für die folgenden eineinhalb Jahrhunderte hatte das Prinzip des Absolutismus über das der Volkssouveränität gesiegt.

Landkantone und Landsgemeindedemokratie

> «*Ein freyes Volk, das Unterthanen hat, muß früh oder spät die Folgen eines so unnatürlichen Besitzthumes fühlen.*»
>
> JOHANN MICHAEL AFSPRUNG[79]

> «*[...] ein versammelter Haufe Volcks ist sich seiner Stärcke und Gewalt bewusst, der Troz, der aus dieserem Bewusstseyn entsteht, reitzet es, seine Stärke und Gewalt andere empfinden und fühlen zu lassen.*»
>
> PFARRER JAKOB STEINMÜLLER
> Rede an die Herren Land-Leute von Glarus[80]

> «*Die Gleichheit der politischen Rechte läßt jeden, daher auch den Armen, den Knecht und Dienstboten, seine Würde als Mensch und als Mitglied der bürgerlichen Gesellschaft fühlen; sie verbreitet Lebhaftigkeit, Munterkeit, Offenheit und vertrauliches, zuversichtliches Wesen über den Umgang, über alle Verhältniße und Freuden des gesellschaftlichen Lebens.*»
>
> JOHANN GOTTFRIED EBEL[81]

Die Landsgemeinden in den Landkantonen gehörten für den Reisenden des 18. Jahrhunderts zu den gesuchtesten Attraktionen. Die Urteile über die beeindrukkenden Volksversammlungen, «welche so zahlreich kein Reisender in den blühenden Demokratien Griechenlands sahe»,[82] schwanken zwischen Bewunderung eines offenkundig urdemokratischen Schauspiels und Ablehnung dieser direkten Einwirkung des Volkes auf die Staatsgeschäfte als Ochlokratie oder Pöbelherrschaft.[83] Johann Michael Afsprung erlebte Landsgemeinden in Appenzell Inner- und Ausserrhoden und ergötzte sich bei den Versammlungen am «FreyheitsSinn».[84] Christoph Meiners hingegen sah die Bauern Appenzells zur Selbstregierung nicht fähig. Er könne, so schrieb er 1791, unmöglich eine Verfassung bewundern und lieben, «in welcher nicht nur 16jährige Knaben und unwißende und güterlose Menschen Gesetze geben und abschaffen, und alle Magistrats-Personen wählen und entsetzen», sondern auch noch «der Arme über den Reichen, der Unwissende über den Einsichtsvollen, der Untergeordnete über seine Obrigkeit herrscht».[85]

Johann Gottfried Ebel hingegen sah in den Landsgemeindeverfassungen Appenzells das «Princip der Stellvertretung und der Demokratie» miteinander verbunden, so dass von Ochlokratien nicht gesprochen werden könne. Die Verfassungen Inner- wie Ausserrhodens seien allerdings «nur rohe Versuche in der Verfassungskunst», weshalb man sich über «Mängel in der Organisation der Staatsmaschine» nicht wundern dürfe. Ebel wies darauf hin, dass auch unter den Gebildeten das Nachdenken über die beste Form einer Staatsverfassung erst jüngeren Datums sei und man so dem Werk der Appenzeller um so grössere Bewunderung zollen müsse.[86]

Es waren sicher weniger staats- und verfassungstheoretische Überlegungen, die der Landsgemeindedemokratie bei den benachbarten Landbevölkerungen eine grosse Anziehungskraft verliehen.[87] Ihnen teilte sich die elementare Kraft dieser festlichen Versammlungen mit, die es jedem Mann über sechzehn Jahre[88] erlaubten, direkt auf alle Staatsgeschäfte Einfluss zu nehmen und seine Regierung zu wählen und abzuwählen. Durchweg waren die stimmberechtigten Landbürger verpflichtet, an diesen Volksversammlungen teilzunehmen, als Zeichen ihrer Würde trugen sie häufig ein Seitengewehr.[89] Ein genau beachtetes Zeremoniell sorgte für einen geordneten Ablauf und verstärkte die Bedeutung der Zusammenkunft, wie überhaupt die bildhaft-symbolische Vermittlung von Macht und Herrschaft im Landsgemeindezeremoniell von grosser Bedeutung war.[90] Überaus feierlich verliefen die Wahlen und die Ablegung des Landeseids, bevor die Behandlung der eigentlichen Sachfragen begann. Der Tag der Landsgemeinde war für die Landleute Feiertag, er symbolisierte ihre Stellung als Souverän. Ihr Stolz darauf teilte sich auch den Bewohnern jener Landgebiete mit, denen ähnliche politische Mitwirkungsrechte versagt waren.

Dieser Stolz dürfte von den in der Realität vorhandenen Einschränkungen der Souveränitätsrechte, die in allen Landsgemeindedemokratien zu beobachten waren, nicht sehr stark berührt worden sein, solange die wichtigsten äusseren Merkmale und Symbole der politischen Mitwirkung erhalten blieben. Vielerorts war die Landsgemeinde zu einer blossen Akklamationsinstanz geworden.[91] Zu Tumulten kam es zwar, wenn offensichtlich Rechte der Landsgemeinde verletzt wurden, doch etwas anderes war die geschickte Lenkung der Versammelten durch ihre gewählten Häupter, von der so häufig berichtet wird. «Um ehrlich zu sein», so schrieb der Beobachter einer Landsgemeinde in Glarus bereits 1749, «ich fand, dass diese Landsgemeinde, auf die sie so stolz sind, nur ein Freiheitsspiel ist und im Grunde ein Mittel, die Leute zu unterhalten und für den Rest des Jahres von den Regierungsgeschäften abzulenken. Sie haben einen Rat mit hundert Mitgliedern, der über Krieg und Frieden entscheidet, die Gesetze auslegt und eine wahrhaft aristokratische Herrschaft ausübt.»[92] Gleichwohl aber bleibt die Tatsache, dass die Obrigkeiten der Landkantone nur bedingt mit Gewalt herrschen konnten, sondern mit den Landleuten regieren mussten, da ihnen weitgehend die Mittel fehlten, ein Regiment offen gegen ihr Volk zu führen.[93]

Die Landsgemeindedemokratie wurde von den patrizischen Regierungen der Städteorte ebenso abgelehnt wie am Ende des 18. Jahrhunderts auch von vielen Verfechtern einer demokratisch-repräsentativen Volksvertretung. Beide fürchteten im Grunde die unberechenbaren Willensäusserungen des versammelten Landvolkes. Waren die Patrizier aus absolutistischem Geist gegen jede plebiszitäre Einflussnahme auf die Staatsgeschäfte, so vertraten aufgeklärte bürgerliche Demokraten die Auffassung, die gar zu starke Beteiligung eines rohen, als unaufgeklärt und ungebildet begriffenen Volkes sei für ein grösseres Staatswesen nicht nur unpraktikabel, sondern gefährde auch die demokratischen Prinzipien der bürgerlichen Verfassungsordnung. Hier wirkten die Erfahrungen tumultuarisch verlaufener Landsgemeinden bis hin zur körperlichen Misshandlung der Staatsoberhäupter, mehrheitlich oder gar einmütig beschlossene Justizmorde, scheinbar unmotivierte Abwahlen verdienter Beamter sowie die in den Versammlungen zutage tretende Launenhaftigkeit und Leidenschaft.

Hans Rudolf Stauffacher hat die Landsgemeindedemokratie im Vergleich mit den eidgenössischen Stadtaristokratien oder mit den absolutistischen Staaten Europas mit Recht als erstaunliches Phänomen bezeichnet. Sie erlaubte regelmässige Volksversammlungen und unmittelbaren Einfluss auf die Staatsgeschäfte, gleichzeitig aber entsprach das Selbstbewusstsein der Obrigkeiten auch in den Landkantonen dem zeitgenössischen absolutistischen Verständnis einer Regierung von Gottes Gnaden, die sich nur dem höchsten Richter verantwortlich wusste und ausserhalb realer Kontrolle durch das Volk stand.[94] Enthusiastische Beurteilungen der Landsgemeindeordnung mit ihrer direkten Demokratie als «wahre Volksherrschaft» durch Zeitgenossen müssen fraglich erscheinen. Auch in den Länderkantonen war das Prinzip der Rechtsgleichheit im Laufe der Zeit immer stärker eingeschränkt worden, auch hier hatte ein Prozess der Aristokratisierung und Oligarchisierung stattgefunden, der die wichtigsten Stellen in Regierung und Verwaltung auf wenige, sich kräftig bereichernde Familien einschränkte. Wie in den Städten begann dieser Prozess damit, dass der Einkauf in das Bürger- oder Landrecht erschwert, eingeschränkt oder ganz unmöglich gemacht wurde. Ebenso wie in den Städten waren die Einwohner ohne Bürgerrecht von wichtigen wirtschaftlichen und politischen Rechten – auch von der so demokratischen Landsgemeinde – ausgeschlossen. In den wichtigsten politischen Ämtern bildete sich eine regelrechte Geschlechterherrschaft – man sprach von «Häupterfamilien» – heraus[95], die ihre wirtschaftliche Basis häufig in dem durch die Organisierung des ausländischen Solddienstes erlangten Reichtum hatte, im Besitz der Schlüsselpositionen in Staat, Wirtschaft und Militär war und sich an den städtischen Aristokratien orientierte. Die Häuptergeschlechter stellten eine Besitz- und Solddienstelite dar, die sich aus Rentnern, Gutsbesitzern und Militärunternehmern zusammensetzte. Mit Max Weber könnte auch von einer Honoratiorenherrschaft gesprochen werden.[96] Überall wurde über den Missstand geklagt, dass höhere Ämter nur durch Stimmenkauf zu erlangen waren.[97] Eine höhere Schulbildung, Voraussetzung für viele Ämter, konnte nur von wohlhabenden Familien ausserhalb ihrer Heimatkantone erworben werden.[98] Oft beschränkte sich die faktische Macht der Landleute auf einen Tag im Jahr, ansonsten herrschten die Behörden und Räte, die ihre Macht systematisch ausbauten.[99] Auch die höchsten Amtsinhaber der Landsgemeindekantone liessen sich als «höchstgebietende, Gnädigste Herren und Obere» titulieren, wie insgesamt galt, dass die Freiheit der vollberechtigten Landbürger nicht als natürliches Recht, sondern als Privileg betrachtet wurde, zu dessen Teilung keinerlei Bereitschaft bestand; egalitäre Züge im Sinne von politischer Rechts- oder Chancengleichheit fehlten. «Der Geist, der sie beseelte, war im Grund nicht weniger exklusiv, als derjenige der aristokratischen Städter. Auch bei ihnen bildeten die Beisäßen eine verachtete, zurückgesetzte Klasse, auch sie beherrschten ihre Unterthanen mit harter Faust und brachten sie, wenn sie es sich einfallen ließen, zu meutern, mit Bajonett und Richtschwert zum Gehorsam.»[100]

Auch die Landsgemeindekantone, so ein Resümee, waren wie die Stadtkantone Gesellschaften politischer Ungleichheit, glichen sich bis zu einem gewissen Grade im Ausschluss immer grösserer Teile der Bevölkerung von der politischen Macht und im Selbstverständnis eines Gottesgnadentums. Hinzu kam, dass auch die vorgeblich Freien in den Landsgemeindekantonen Herren über Untertanen in den Gemeinen Herrschaften waren. Wie die Stadtbürger aus ihren Untertanengebieten und Vogteien zogen sie daraus ökonomische Vorteile, die zu einem Teil die immer wieder gerühmte geringe Abgaben- und Steuerlast in den Landkantonen erklären. Zusammen mit den Pensionsgeldern, die für die Lieferung von Schweizer Söldnern an ausländische Armeen gezahlt wurden, waren die Landvogteien die Haupteinnahmequelle der regierenden Familien.[101] Die Landvögte begriffen ihre Ämter als privatrechtliches Nutzungsrecht,[102] Bereicherung durch Abgaben, willkürliche Strafen und Erpressungen waren an der Tagesordnung. Freie Völkerschaften, als die sich die Landsgemeindekantone mit gewissem Recht begriffen, waren Beherrscher und Bedrücker ihrer Untertanen, denen sie die ihnen selbst eigenen Rechte vorenthielten. Dies ist als eine der Hauptursachen bezeichnet worden, warum die Eidgenossenschaft so lange zu keiner gedeihlichen Gesamtentwicklung gelangen konnte.[103] Hatten die Landkantone ursprünglich einmal erwogen, die Untertanengebiete mit eigenen Landsgemeinden auszustatten, so unterschied sich im 18. Jahrhundert ihre Politik kaum noch von der der städtischen Orte. Wie diese versuchten sie, ihre Herrschaftsgebiete einheitlich zu formen, überkommene Rechte zu nivellieren sowie eine rationalere und effektivere Verwaltung zu installieren.[104]

Für viele der Vogteien galt, was Johann Gottfried Ebel im Thurgau beobachtete: «Der Thurgauer ist kein freier Schweizer; er ist der leibeigene Unterthan seines Gerichtsherrn.» Und weiter meinte er zu der unkontrollierten Machtausübung der Landvögte: «Es verräth eine große Unbekanntschaft mit der Natur der menschlichen Begierden und Leidenschaften, und einen sehr dunkeln, verwirrten Begriff des Heiligsten auf der Erde, der Gerechtigkeit, wenn man Regierungs-Beamten in irgend einem Zweige ihrer Verwaltung eine willkührliche Macht überläßt. [...] Fürchterlich sind die Folgen der Handlungen der Willkühr, die im Namen des Stellvertreters der Gerechtigkeit geschehn; sie tödten das Gefühl derselben, in dem Herzen vieler tausenden, zerstöhren alle Empfindungen des Wohlwollens und der Liebe, und erzeugen in der großen Klasse der Menschen, die von aller Bildung entfernt ist, aber physische Energie besitzt, Wesen, die wie reissende Thiere in dem Busen der Gesellschaft wüthen, sobald sie Spielraum zum Handeln gewinnen.»[105]

Auch in den Landsgemeindedemokratien hatte man gelernt, zwischen Herren und Bauern zu unterscheiden.[106] Doch dies ist nur eine, die unschöne und für den Untergang der Alten Eidgenossenschaft mitverantwortliche Seite. Die Landsgemeindedemokratien mit ihrer alten Tradition erzeugten über Jahrhunderte bei der Landbevölkerung ein Bewusstsein prinzipieller Gleichheit mit den Regenten und Beamten und waren damit ein Stachel gegen die allgemeine Tendenz zu absolutistischer Herrschaft. Sie liessen ein Freiheitsbewusstsein entstehen, das sich von der direkten politischen Mitwirkung nicht ausschliessen lassen wollte und die Einschränkung auf einen demokratischen Wahlakt ablehnte.

Politische Unruhen bis 1789

«Das Herz der Bürgerschaft, das einen Staat beseelt,
Das Mark des Vaterlands ist mürb und ausgehöhlt,
Und einmal wird die Welt in den Geschichten lesen,
Wie nah dem Sittenfall der Fall des Staats gewesen.»

ALBRECHT HALLER
Strafgericht «Verdorbene Sitten»

«So weit denkt kein Tyrann. Er schätzt sich gnug verehret,
Wann sich ein scheuer Blick vor ihm zur Erde kehret.»

GOTTHOLD EPHRAIM LESSING
Samuel Henzi. Ein Trauerspiel[107]

In der Eidgenossenschaft war es im Jahrhundert des Absolutismus und der Aufklärung zu politischen Strukturen gekommen, die legaler Opposition gegen eine fest im Sattel sitzende regierende Oberschicht kaum noch Raum gaben. Die Situation nach dem Bauernkrieg des 17. Jahrhunderts liess die regierenden Eliten nun alles daran setzen, ihre Herrschaft nach dem Vorbild der absolutistischen Staaten in Europa unumkehrbar zu festigen. Dazu mussten traditionelle politische und wirtschaftliche Rechte der Bevölkerung eingeschränkt oder beseitigt werden. Das dem Absolutismus eigene Bestreben nach Rechtsangleichung und verwaltungsmässiger Durchdringung des eigenen Herrschaftsgebietes orientierte sich dabei nicht an örtlich vorhandenen, sehr weit gehenden Selbstverwaltungs- und Autonomierechten, sondern strebte die Nivellierung auf das kleinstmögliche Mass regionaler politischer Rechte an. Zweites Ziel war die vermehrte und intensivierte Nutzung öffentlicher Ressourcen, was ebenfalls den Eingriff in alte Rechte zur Folge hatte. Das dritte wesentliche Ziel bestand in der Sicherung und dem Ausbau der erreichten ökonomischen Privilegien. Alle dabei ergriffenen Massnahmen verletzten das Rechtsempfinden einer Bevölkerung, der das alte Recht tief im Bewusstsein verankert war und die sich einem Staat gegenübersah, der das Recht nicht schützte, sondern es offen brach und nach seinem Belieben neu setzte. Hieraus bezog der sich in Unruhen und Aufständen äussernde Widerstand seine Legitimation.[108] Ziel der meisten politischen Bewegungen war die Bewahrung dieser im Bewusstsein fest verankerten alten Rechte, die als Privileg und als Eigentum begriffen wurden und zu deren Verletzung der Staat aus der Sicht der Bevölkerung kein Recht hatte. Der Gedanke, allgemeine politische Rechte durchsetzen zu wollen, ist in den Aufständen und Unruhen hingegen höchst selten anzutreffen.

Mehrfach gab es im 18. Jahrhundert in den aristokratischen Städten Versuche, den Prozess der Ausschliessung von der politischen Einflussnahme mit Gewalt rückgängig zu machen.[109] Ein Beispiel ist die sogenannte Henzi-Verschwörung des Jahres 1749. Wer in der Patrizierstadt nicht zu den knapp ein-einhalb Hundert regierenden Familien gehörte, konnte sich zwar stolz Bürger der mächtigsten Stadt der Schweiz nennen, doch war ihm die Macht und Wohlstand versprechende Ämterlaufbahn verschlossen, die den Söhnen der in den Räten agierenden Patrizierfamilien vorbehalten war.[110] Schon im Jahre 1743 hatten re-gimentsfähige, aber nicht regierende Bürger Berns dem Rat eine Bittschrift einge-reicht, in der eine Verteilung der zu vergebenden Ämter und Ehrenstellen auf alle Bürger gefordert wurde.[111] Der Rat als Vertreter der bevorrechtigten Familien bestritt seinen Bürgern nun jedoch sogar das Petitionsrecht und sprach von einem «abscheulichen Ansinnen». Justiz und Regierung – sie lagen in einer Hand – rea-gierten mit Hausarrest und Verbannungen bis zu zehn Jahren für die ehrerbieti-gen Bittsteller, die in bescheidenen Verhältnissen lebten und deren Rechtsemp-finden verletzt war. Unter den bestraften Petenten war auch der Pfarrerssohn Samuel Henzi, der nach vier Jahren Verbannung in seine Heimat zurückkehrte und eine Stelle als Unterbibliothekar erhielt. Durch die Strafe nicht entmutigt, begann er gemeinsam mit Gesinnungsgenossen die Arbeit an einer neuen Bitt-schrift. Der nun angeschlagene Ton war sehr viel schärfer und lässt erlittene per-sönliche Demütigungen erahnen. Henzi forderte eine Zunftverfassung und politi-sche Gleichheit aller regimentsfähigen Bürger. So könne das «gottlose Gesäm des Despotismus» zum Verschwinden gebracht werden. Eine erstaunliche Radikali-sierung hatte stattgefunden. «Mit dem Honig der Demuth», so hiess es 1749, seien Veränderungen nicht zu erreichen: «Nein, man muß den Dägen in der Faust und nicht die Fädern in der Hand haben, wenn man das verlorene Kränzchen der Freiheit wieder erobern will.»[112]

Die Ziele Henzis und seiner Genossen waren, wie gesagt, in erster Linie auf Verbesserungen für die nicht regierenden Stadtbürger gerichtet, doch sollte auch insgesamt der Prozess der Aristokratisierung und Oligarchisierung rückgängig gemacht werden. Altes Recht wurde verlangt, nämlich die Wiederherstellung der «uralten Konstitutionen» und damit der alten republikanischen Verfassung Berns. Mehr nur als symbolischen Charakter hatte die Forderung, die Huldigung solle künftig nicht mehr dem im Grossen Rat repräsentierten Stande, sondern der Ge-samtgemeinde der Bürger als Souverän dargebracht werden.

Samuel Henzi hatte aus der sang- und klanglosen Zurückweisung ähnlicher Anliegen in der Bittschrift wenige Jahre zuvor und aus dem Ausbleiben jeglicher Solidarität offenbar die Einsicht gewonnen, die Forderungen nun zumindest zag-haft auf eine breitere soziale Grundlage zu stellen. Das Verhältnis zur untertänigen Landschaft Berns, so verlangte er, solle nach den Regeln guten Einvernehmens gestaltet werden. Selbst die Forderung nach Abschaffung aller Leibeigenschaft wurde aufgestellt. Es ist schwer zu sagen, ob Henzi wirklich die Unterstützung der Berner Landbevölkerung für sein Programm erwartete. Lessing lässt in seinem Trauerspiel «Samuel Henzi» den neben dem Stadtleutnant Fueter wichtigsten Mitverschworenen Wernier an den erfolglosen Versuch von 1743 erinnern und zu Henzi sprechen: «Besinn dich, wie es ging, nun ist das fünfte Jahr – / Nein, wenn der Nachdruck fehlt, so unterlaßts nur gar.» Die Antwort Samuel Henzis lautet:

«Auch diesen haben wir. Bewehrt zum nahen Streite
Steht uns bey tausenden das Landvolk treu zur Seite.
Fuetter wacht am Thor, und läßt es heut noch ein;
Denn länger als den Tag, soll Bern nicht dienstbar seyn.
Ich selbst kann tausend Mann mit Flint und Schwerd bewehren,
Die bey dem ersten Sturm sich muthig zu uns kehren.
Und zweifelst du, wann uns der Ausbruch nur gelingt,
Daß nicht Berns bester Theil zu unsrer Fahne dringt?
Doch alles wird man eh, als dieses äußre wagen.
Den Fleck des Bürgerbluts kann kein Schwerd rühmlich tragen.
Drum wollte Gott, der Rath vernähm uns heute noch!
Denn heute noch ists Zeit, und linderte sein Joch,
Und gönnte sich den Ruhm, der keinen König zieret,
Daß er ein freyes Volk durch freye Wahl regieret.
Dieß macht Regenten groß, kein angemaßtes Recht,
Kein Menschen ähnlich Heer, von Gott verdammt zum Knecht.
Freund, kann es möglich seyn, daß die sich glücklich schätzen,
Die unverschämt sich selbst an Gottes Stelle setzen?
Daß der vor Scham nicht stirbt, der überzeugt kann seyn,
Kein Herz räumt ihm die Ehr, die er sich raubet, ein?»[113]

Welche Vorstellungen Samuel Henzi von der Durchsetzbarkeit seines politischen Reformprogrammes auch immer hatte, eine Denunziation beim Berner Rat beraubte ihn aller Handlungsmöglichkeiten. Am 2. Juli 1749 erstattete der junge Kandidat der Theologie Friedrich Ulrich Anzeige und wurde mit 25 000 Gulden und einer wohlausgestatten Pfarre belohnt.[114] Von Folter begleitete Verhöre einer Untersuchungskommission von Patriziern gingen dem Urteil durch den Grossen Rat voraus, und schon am 17. Juli 1749 wurden Samuel Henzi und seine Genossen Wernier und Fueter vom Scharfrichter zum Tode gebracht.[115] Aus Furcht vor Empörung oder Befreiungsversuchen war am Tage der Hinrichtung die ganze städtische Mannschaft aufgeboten.[116]

27

Das Urteil erregte in ganz Europa riesiges Aufsehen. Henzi war als Schriftsteller bekannt, hatte 1744 mit drei Oden die Anerkennung Friedrichs II. gefunden, 1748 das Trauerspiel «Grisler ou l'Helvétie délivrée» mit Wilhelm Tell als Haupthelden geschrieben und den Beifall des Freundes Bodmer und anderer berühmter Zeitgenossen erhalten. Die Berliner Vossische Zeitung stellte sich energisch gegen den Berner Rat. Lessing schrieb, ihn habe kein anderer Vorfall der neueren Geschichte so gerührt wie der Untergang Henzis.[117] Die bernische Regierung setzte gegen die öffentliche Meinung unsinnigste Gerüchte über Motive und Absichten der Verschworenen in die Welt, die der deutsche Reisende Christoph Meiners dem deutschen Lesepublikum noch Jahrzehnte später getreulich als Tatsachen berichtete.[118]

Das Strafgericht erfüllte seinen Zweck: bis 1798 wagte es kein Bürger der Stadt Bern mehr, grundlegende Veränderungen der politischen Verfassung seiner Heimatstadt zu verlangen. Der Reformversuch Henzis war auch für andere Städte der Schweiz von prinzipieller Bedeutung, denn überall glichen sich die Verhältnisse in dem entscheidenden Punkt des Ausschlusses der Bürgermehrheit von den Regierungsgeschäften. Henzi und seine Genossen waren in ihren Forderungen weit über alles hinaus gegangen, was Zeitgenossen zu denken wagten. Die Erinnerung an das tragisch gescheiterte Unternehmen bewahrt Lessings Trauerspielfragment «Samuel Henzi»: «Henzi, als ein Mann, bey dem das Herz eben so vortreflich als der Geist war, wird von nichts, als dem Wohl des Staats getrieben; kein Eigennutz, keine Lust zu Veränderungen, keine Rache beseelt ihn; er sucht nichts als die Freyheit bis zu ihren alten Grenzen wieder zu erweitern, und sucht es durch die allergelindesten Mittel, und wann diese nicht anschlagen sollten, durch die allervorsichtigste Gewalt.»[119]

Auch in der Zunftstadt Zürich führte die offenkundige Diskrepanz zwischen ehemals demokratischer Verfassung und der auf wenige Familien eingeschränkten Machtausübung zu Konflikten. Bereits 1713 kam es zu Verfassungskämpfen, in denen die Zünfte die Ansprüche der nicht regimentsfähigen Handwerker auf Regierungsteilhabe vertraten. Eine gemeinsame Kommission der Zünfte und des Grossen Rates konnte sich auf wenige Reformen einigen, die aber die Oligarchisierung nicht rückgängig machten. Pierre Felder sieht die Ursachen für die wenig konsequent betriebenen Reformbestrebungen darin, dass politische Abstinenz und wirtschaftliche Privilegien aus dem Handwerkerstand eine selbstzufriedene Masse gemacht hatten, die zum energischen Kampf für ihre ursprünglich besessenen demokratischen Rechte nicht mehr in der Lage war.[120] Die von den Stadtzürchern genossenen Vorrechte gegenüber der untertänigen Landschaft, von denen auch breite Schichten der von der politischen Macht ausgeschlossenen Städter profitierten, trugen massgeblich zur Befriedung innerhalb der Stadt bei.

Bis zum Stäfner Handel, der das Zürcher Regiment dann von der Landschaft her und mit grossem Nachdruck in Frage stellte, kam es nur noch zu verschiedenen kleineren, die politischen Strukturen nicht ernsthaft gefährdenden Konflikten. Sie werfen Schlaglichter auf die Zürcher Verhältnisse und das Selbstverständnis der Zürcher Regierung wie der Zürcher Aufklärer. Berühmt geworden ist das Vorgehen Johann Kaspar Lavaters, des späteren Malers Johann Heinrich Füssli und weiterer junger Zürcher gegen das offenkundig gewordene, sich rücksichtslos bereichernde Regiment des Landvogtes Felix Grebel, der verwandtschaftlich eng mit wichtigen Aristokratenfamilien verbunden und nur schwer angreifbar war.[121] Lavater setzte Grebel in einem persönlichen Brief eine zweimonatige Frist zur Wiedergutmachung. Erst nach Ablauf dieses Ultimatums wurde die Öffentlichkeit gesucht. Die in Lindau gedruckte, den Ratsmitgliedern vor das Haus gelegte Schrift «Der ungerechte Landvogt oder Klagen eines Patrioten» war von aufklärerischem Geist und beleidigtem Gerechtigkeitsgefühl erfüllt.[122] Alle Vorwürfe wurden vom Rat für richtig befunden, gleichwohl galten die Verfasser als die Schuldigen. Sie hatten das Gesetz verletzt, das öffentliche Kritik an Staatsgebrechen nicht zuliess. Ihnen wurde obrigkeitliches Missfallen bekundet und öffentliche Abbitte verordnet. Allerdings wurde auch der Landvogt hart bestraft und aus der Eidgenossenschaft verbannt.[123]

Der Grebel-Handel hat in der europäischen Öffentlichkeit das Bild der Zürcher Aufklärung massgeblich mitgeprägt. In dieser Stadt, so vermittelten die Ereignisse, war es mit Aussicht auf Erfolg möglich, auch gegen höchste Regierungsbeamte öffentlich vorzugehen und sie zur Rechenschaft zu ziehen. Tatsächlich bemühte sich eine aufklärerisch geprägte, besonders durch Bodmers politische Dramen, aber auch durch Rousseau beeinflusste Generation von Stürmern und Drängern, erfüllt von sozialpolitischen Zukunftsträumen und rigorosem Republikanismus, mehr oder weniger redlich und mutig um Reformen, doch das Fundament des Staatsgebäudes anzurühren, das bis 1798 unverändert erhalten blieb, getraute sich keiner.

Weitere Konflikte, in denen es stets um die Abwehr des Anspruches einer Öffentlichkeit ging, über Staatsangelegenheiten zu diskutieren und Kritik an Missständen zu üben, endeten weniger glimpflich. Dafür ist das Schicksal des Theologen Christoph Heinrich Müller ein Beispiel. Als in Zürich und Bern 1767 darüber nachgedacht wurde, in die Genfer Verfassungskämpfe militärisch einzugreifen, publizierte er anonym das «Gespräch zwischen einem Baur, einem Undervogt und einem Herrn, als es schien, es müsse Volk gen Genff ziehen».[124] Hier wurde nicht nur über den Verfassungsstreit aufgeklärt, sondern auch noch gegen die militärische Intervention argumentiert, da das Genfer Volk das Recht habe, seine inneren Zustände nach eigenem Gutdünken einzurichten.[125]

Es ging in Genf – die Auseinandersetzungen um die Oligarchisierung der Stadtherrschaft sind durch die Beteiligung Rousseaus berühmt – um die Frage, ob dem Kleinen Rat oder dem die Bürgerschaft breiter repräsentierenden Conseil général die politischen Entscheidungsbefugnisse zukommen sollten: ein politischer Konflikt, der Genf das ganze Jahrhundert in revolutionären Auseinandersetzungen beunruhigte. Zorn und Empörung in Zürich waren gross, als nun die Parteinahme Berns und Zürichs für die Genfer Oligarchie öffentlich getadelt wurde, Mitwirkungsrechte der Untertanen bei politischen Entscheidungen verlangt und das Prinzip der Volkssouveränität bejaht wurden. Mehrere Personen aus dem Kreise der Bodmer-Schüler, unter ihnen Pestalozzi, wurden verhaftet, schnell war der Autor entdeckt, der klug die Flucht ergriffen hatte. So konnte vom Henker nur die anstössige Schrift öffentlich verbrannt werden. Die dazu nötigen drei Klafter Holz hatte der Kreis der jungen Bodmer-Anhänger zu bezahlen, auch wurde ihr Wochenblatt «Der Erinnerer» verboten. Ob man die schwärmerische Gemeinschaft junger Aufklärer als revolutionär bezeichnen kann[126], mag dahingestellt sein, jedenfalls gingen sie weiter, als es Angehörige der städtischen Eliten während des ganzen 18. Jahrhunderts sonst wagten.

Der Name Christoph Heinrich Müllers – er fand, lebenslänglich verbannt, in Berlin als Professor eine Existenz – sollte die Zürcher Obrigkeit ein gutes Jahrzehnt später noch einmal beschäftigen. Er publizierte 1780 Materialien zum Fall des Pfarrers Johann Heinrich Waser und forderte eine unparteiische und öffentliche Justiz.[127] Wieder ging es um die Öffentlichkeit von Staatsangelegenheiten, wieder verging sich ein den Zürcher Aufklärern zugehörender Schriftsteller gegen das Schweigegebot in solchen Angelegenheiten, doch nun beschränkte sich die Zürcher Obrigkeit nicht mehr auf die Verbrennung von Druckschriften. Waser hatte 1780 im renommierten, von August Ludwig Schlözer herausgegebenen «Briefwechsel, meist historischen und politischen Inhalts»[128] den Aufsatz «Bevölkerung des löbl. Cantons Zürich in verschiedenen Zeit-Altern» publiziert.[129] Hier befasste sich der Gessner-Schüler unter Veröffentlichung detaillierter Bevölkerungstabellen mit den wichtigsten Ursachen des Bevölkerungsabganges in der Alten Eidgenossenschaft, der Auswanderung und dem Verkauf von Söldnern an ausländische Militärmächte, der eine Haupteinnahmequelle der eidgenössischen Oberschichten darstellte. Insgesamt verlor die Schweiz durch den Solddienst etwa eine Million Menschen, noch im 18. Jahrhundert waren es mehr als 300 000, die als Schweizersöldner im Ausland – Hauptabnehmer war Frankreich – Dienst taten.[130] Unter dem Titel «Schweizer-Blut und Franz-Geld politisch gegeneinander abgewogen von einem alten Schweizer» berichtete Waser die folgende Anekdote: «Der Marquis de Louvois, erster Kriegs Minister Ludwig XIV., soll einst zu seinem Könige, in Gegenwart des Generals Stuppa gesagt haben: Sire! wenn Ewr. Majest.

das Gold und Silber hätten, das Sie und Ihre königl. Vorfahren den Schweizern gegeben haben; Sie könnten damit die Landstrasse von Paris bis Basel mit Thalern überlegen. General Stuppa antwortete hierauf: Sire! es mag seyn; aber wenn es möglich wäre, alles Blut, das unsre Nation, zu Ihrer und Ihrer königl. Vorfahren Erhaltung, vergossen hat, zusammen zu bringen, man könnte damit einen schiffbaren Kanal von Paris bis Basel machen.»[131]

Diese und weitere Veröffentlichungen in Schlözers Briefwechsel – unter anderem wurde die Verwendung des Zürcher Kriegsfonds kritisiert, der zur militärischen Ausstattung des unvermögenden Landmanns bestimmt war[132] – gaben Anlass zur Verhaftung Wasers. Man bezichtigte ihn der «unverzeihlichsten Indiscretion» durch die Einrückung von «Staatsöconomica und Statistica». Bei einer Hausdurchsuchung fanden Häscher «nach langem Suchen» Urkunden, die eine Anklage wegen Landesverrats ermöglichten.[133] Mit knapper Mehrheit wurde Waser zum Tode verurteilt und am 27. Mai 1780 hingerichtet.[134] Zugleich erliess die Regierung unter Androhung harter Strafen ein Redeverbot über den Fall.[135] Daran hielt sich auch die gemeinnützig-aufklärerische Physikalische Gesellschaft, deren Mitglied Waser war. Keiner seiner aufgeklärten Freunde hat öffentlich das Wort für ihn ergriffen.[136]

Das Aufsehen in der europäischen Öffentlichkeit war ungeheuer. Zeitungen und Zeitschriften befassten sich mit dem Fall; neben Christoph Heinrich Müllers Schrift erschienen in Berlin und Leipzig «Merkwürdige Schriften und Anecdoten von dem am 27. May in Zürich enthaupteten Prediger Heinrich Waser»[137], in Schaffhausen Johann Kaspar Lavaters Schrift «Wasers des unglücklichen Briefe an seine Verwandten»[138] und in Frankfurt am Main Wilhelm Gottlieb Beckers Pamphlet «Ueber Wasern und seinen Prozeß an Herrn Canonicus Gleim von W. G. Becker nebst Herrn Prof. Schlözers zerstreuten Anmerkungen darüber».[139] Überall sah man Waser «als unschuldiges Opfer seines edeln Patriotismus» und seine Richter «als mächtige Unmenschen, die mit den Köpfen der Bürger spielen können, wie sie wollen».[140]

Gegen die Rechtfertigungen des Todesurteils fand der Publizist Schlözer Worte, die Denunziationen des Charakters Wasers Fragen gegenüberstellte, die den eigentlichen Kern der ganzen Angelegenheit benannten: «Und wenn ein eingeschränkter, nichts weniger als souveraner Magistrat, Rechte usurpirt, die ihm nicht gehören, nie gehört haben; wenn er GrundVerträge bricht, die er beschworen hat, und die MajestätsRechte des Volks schmälert, deren Wächter er, kraft tragenden Amtes, ist; [...] wenn er gegen diejenigen, die ihre angefochtene Rechte in gesetzmäßiger Form reclamiren, oder eine Petition of Rights eingeben, commissionaliter väterliche Schritte zu thun geruhet [...], wie nennt man dieses Verbrechen? – Und was steht für eine Strafe darauf? – und wer ist sein Richter? –»[141]

Schlözer sprach von «BlutRichtern» und «oligarchischer MordWuth»[142]. Der Fall Waser könne dem deutschen Publikum ein für allemal die Grille aus dem Kopfe bringen, dass in Helvetien mehr Tugend zu finden sei als anderswo.[143]

Waren die Städteorte bis zur Französischen Revolution eher mit «Cliquenfehden im Patriziat»[144] – bis zu einem gewissen Grad vergleichbar mit den Auseinandersetzungen unter den führenden Geschlechtern in den Landsgemeindekantonen – und mit der Sicherung ihrer Macht gegen die städtischen Bürgermehrheiten befasst, so blieben nach der bäuerlichen Niederlage des Bauernkrieges grössere Konflikte mit den Untertanen der Landschaften weitgehend aus. Allerdings erlebte Bern einen sehr merkwürdigen Befreiungsversuch des Waadtlandes, den der Major Johann Daniel Abraham Davel schon Anfang des 18. Jahrhunderts unternahm. Durch eine Eingebung Gottes meinte er sich dazu beauftragt, am 31. März 1723 unter dem Vorwand einer militärischen Musterung in seinem Militärbezirk Truppen nach Lausanne zu führen und den Stadtvätern zu eröffnen, er sei gekommen, sie zu befreien. Es waren nicht allein religiöse Visionen und ein Bekehrungserlebnis, die Davel zu seiner genau geplanten Tat veranlassten, sondern auch aufklärerische Vorstellungen von den Aufgaben einer Regierung, die nur legitimiert sei, wenn sie zum Wohl der gesamten Bevölkerung wirke.[145] Hintergrund des Unternehmens war eine Politik Berns, die die Versammlungen der Stände verboten und Privilegien von Gemeinden und Städten zugunsten einer einheitlichen Verwaltung beseitigt hatte. Straffes Regiment durch Landvögte führte zu von Davel schmerzhaft empfundenen Ungerechtigkeiten. Sie liessen seinen Entschluss reifen, militärisch gegen die bernische Herrschaft vorzugehen und alte waadtländische Rechte wiederherzustellen. Auch die feudalen Bande zwischen Untertanen und Bern wollte er lösen. Die Hoffnung, sein Vorgehen werde als Fanal wirken und breite Unterstützung bei der Bevölkerung finden, erfüllte sich nicht. Am 24. April 1723 wurde er enthauptet.[146]

Die am weitesten gehende, nur mit Hilfe bernischer Truppen besiegte Revolte ländlicher Untertanen erlebte Freiburg mit dem sogenannten Chenaux-Handel der Jahre 1780/81. Rudolf Braun hat detailliert beschrieben, wie eine obrigkeitliche Politik in einem Gebiet mit Vieh- und Molkenwirtschaft zugunsten patrizischer Kapitalanlagen agierte und alte Rechte der bäuerlichen Bevölkerung beeinträchtigte.[147] Schon länger gärte es in der Heimatgemeinde von Chenaux, La Tour-de-Trême, nachdem es gegen ein obrigkeitliches Holzschlagverbot zu einer Fällaktion der Gemeinde gekommen war. Unmittelbarer Anlass der Revolte war dann aber die zur Vergrösserung der ökonomischen Ressourcen verfügte gänzliche Aufhebung oder Verlegung von 25 Feiertagen auf den Sonntag, die zur Solidarisierung zahlreicher Gemeinden und zu Unruhen führte. Politische, ökonomische und religiöse Motive vermischten sich.[148] Grösste Besorgnis musste bei der Freiburger Regierung die Weigerung ganzer Landstriche erregen, gegen die Unruhen militärische Hilfe zu leisten. Gleichwohl setzte die Regierung die Abschaffung der Feiertage durch. Die Gärung blieb, in heimlichen Versammlungen in Wirtshäusern wurde ein bewaffneter Aufstand verabredet. Am 3. Mai 1781, so die Planung, sollten in Freiburg Zeughaus, Stadttore, Kanzlei und Archiv besetzt und die Regierung verhaftet werden. Die im Archiv vermuteten, alte Rechte belegenden Urkunden sollten zur Legitimierung der Aktion dienen. Nach Verrat des Aufstandes durch einen Dorfpfarrer, einem Hilferuf der Freiburger Regierung nach Bern und von Freiburg ausgeschlagenen Verhandlungsangeboten kam es am 3. Mai zum Zug von 3 000 bewaffneten Untertanen gegen die Stadt. Nun verzögerte die Regierung den Sturm durch Verhandlungen, mit denen sie einen Pfarrer beauftragte, bis bernische Hilfstruppen anlangten und dem Aufstand ein schnelles Ende bereiteten. Chenaux wurde in den Aufstandswirren ermordet und danach vom betrunkenen Scharfrichter enthauptet und geviertelt. Mit Todesurteilen gegen die flüchtigen Führer, militärischer Besetzung der aufständischen Gebiete, gleichzeitig aber auch einer Generalamnestie für Mitläufer und der Anhörung von Beschwerden versuchte die Regierung, ihre Macht wieder zu festigen. Zwei der geflohenen Führer, Raccaud und Castella, wurden keine zehn Jahre später im revolutionären Schweizerklub in Paris gegen das Freiburger Regiment aktiv. Das Haupt von Chenaux blieb zwei Jahre am Romonttor befestigt und wurde zum Gegenstand religiöser Verehrung.[149] Die Stelle, wo sein Rumpf unter dem Galgen verscharrt worden war, entwickelte sich zum Wallfahrtsort, wo in einer Litanei ein «ganzer Katalog sozialer Anklagen» formuliert wurde, «voll von Ressentiments gegen ein Regime, mit dem man nichts mehr gemein zu haben scheint, das man wie fremde Unterdrücker apostrophiert».[150]

Auch ausserhalb der städtischen Landschaften kam es mehrfach zu Untertanenrevolten, in denen durchweg gegen die Einschränkung traditioneller Rechte gekämpft wurde. Kaum irgendwo in Europa gab es auf kleinstem Raum derart unterschiedliche, in Jahrhunderten gewachsene Rechtsungleichheiten. Was der einen Gemeinde erlaubt war, blieb der anderen versagt; gab es hier gemeindliche Selbstverwaltung, so wurde an anderer Stelle straff durch einen Landvogt regiert. In den verschiedenen Revolten ging es stets gegen eine Politik der Rechtsvereinheitlichung, mit der die unterschiedlichen Rechte zugunsten des zentralistischen Durchgriffs auf den kleinsten Nenner gebracht werden sollten. In Wilchingen zum Beispiel löste 1718 die traditionell bei der Gemeinde liegende Vergabe des Tavernenrechts durch den Schaffhauser Rat eine zwölf Jahre dauernde Auseinandersetzung aus, in der sich der Ort – auf Dauer jedoch erfolglos – der Unterstützung des Kaisers versicherte, bis Schaffhauser Truppen den Konflikt auf ihre Art lösten. Im Werdenberger Landhandel von 1719 bis 1722 führte die mehrfache Einschränkung verbriefter Rechte durch Glarus zu grösster Empörung, nachdem Glarus gegen ausdrückliches Versprechen eine von den Werdenbergern zur Prüfung ausgehändigte Urkunde nicht zurückgab. Militärische Besetzung durch Glarus erzwang dann auch noch die Herausgabe aller in den Gemeindeladen verwahrten Urkunden und der Waffen. Die Führer des Aufstandes wurden lebenslänglich verbannt, die Gemeinden hatten die Kriegskosten aufzubringen, zahlreiche Existenzen der Untertanen wurden vernichtet. Auch im Bistum Basel war es die von 1712 bis 1740 fortdauernde Verletzung von Gemeinderechten, die zum offenen Aufruhr führte. Es gelang die Solidarisierung von ländlichen und städtischen Untertanen; erhoben wurden Forderungen nach einer konstitutionellen Monarchie. Der Bischof löste sich, nachdem ihm die verbündeten katholischen Orte keine Hilfe leisten wollten, aus dem Bündnis mit der Eidgenossenschaft und entschied den Konflikt mit französischen Truppen. Es ist dies eines von mehreren Beispielen für die Inanspruchnahme fremden Militärs gegen die eigenen Untertanen. Es folgte eine barbarische bischöfliche Rachejustiz.[151] Die Toggenburger erreichten in Jahre dauernden Unruhen Mitte des 18. Jahrhunderts, dass sie ihre militärischen Führer selbst wählen und dazu Landsgemeinden abhalten durften. 1755 musste Uri einen bewaffneten Aufstand in der Leventina brechen, der durch Eingriffe in Selbstverwaltungsrechte ausgelöst worden war. Ein demokratischer Kanton demütigte und bestrafte seine Untertanen in schlimmster Weise. 3 000 besiegte Landleute mussten am 2. Juni 1755 auf dem Landsgemeindeplatz in Faido Aufstellung nehmen, ihren Herren ewige Treue schwören und sodann die Exekution dreier ihrer Führer mitansehen. Acht weitere Aufständische wurden zur Hinrichtung nach Altdorf gebracht, wo auch dem freien Volk der Urner dieses Schauspiel geboten wurde.[152]

Ähnlich motivierte Bewegungen, oft ausgelöst durch nichtige Anlässe, gab es in den sechziger Jahren in Neuenburg, Einsiedeln und schliesslich 1784 in Stein am Rhein, wo Rechtseinschränkungen von Zürich militärisch durchgesetzt wurden. Bei aller Verschiedenheit der Untertanenrevolten – von der Lynchjustiz an obrigkeitlichen Beamten, Besetzung von Schlössern bis zur militärischen Belagerung der regierenden Stadt reichten die Aktionen der Bevölkerungen – ist ihnen gemeinsam, dass sie sich fast immer gegen obrigkeitliche Rechtsbrüche, gegen die Zurückdrängung und Beschneidung von Untertanen- und Gemeinderechten richteten.[153] Da Beschwerdeinstanzen und rechtliche Möglichkeiten gegen die Eingriffe sukzessive beseitigt worden waren, blieb nur die Revolte, die, da sie stets isoliert war, regelmässig – meist militärisch – gedämpft werden konnte und zum weiteren Entzug von Rechten führte. Hierin und in der von den Untertanen immer wieder erfahrenen erstaunlichen eidgenössischen Solidarität bei der militärischen Niederschlagung von Aufständen sind wesentliche Gründe dafür zu sehen, dass 1798 so viele Landgebiete die günstige Gelegenheit ergriffen, nun von ihren handlungsunfähigen Obrigkeiten die alten Rechte zurückzuverlangen.

Gesellschaftliche Missstände und Öffentlichkeit

> *«Despotie und Preßzwang sind zwo HerzensSchwesterchen: keine kann ohne die andere leben.»*
>
> AUGUST LUDWIG SCHLÖZER 1782[154]

Eine durchgehend strenge Zensur hinderte in der Schweiz eine freimütige und interessante Presse ebenso wie die Entstehung einer Öffentlichkeit über politische Angelegenheiten.[155] So waren die Regierungen bei einem wenig entwickelten Pressewesen offene Kritik nicht gewöhnt. Über schweizerische Geschehnisse und Verhältnisse konnte man in jeder ausländischen Zeitung mehr finden als in einer schweizerischen.[156] Eine Auseinandersetzung über gesellschaftliche Missstände war nicht erwünscht. Hier ist einer der Hauptgründe für die Erstarrung zu finden, die von den Zeitgenossen während der letzten Jahrzehnte der Alten Eidgenossenschaft empfunden wurde, für die wachsende Unfähigkeit zur Selbstkorrektur und Erneuerung. Selbstgefällig und machtbewusst gingen die Regierenden mit jeder sich regenden Opposition um, für öffentliche Kritik war da kein Platz. Gleichzeitig erschwerte die Aristokratisierung eine qualifizierte Selbstrekrutierung aus zahlenmässig immer kleineren Eliten. Auch für die alte Schweiz gilt, was bis in jüngste Zeiten untergehende Gesellschaftsordnungen kennzeichnet: zunehmende Vergreisung der Führungsspitzen, an Egoismus, Dünkel, Privilegien und Einzelinteressen scheiternde Reformversuche und die Abschiebung neuerungsbereiter Kräfte auf Nebenfelder. Zwar gelangten in der zweiten Hälfte des 18. Jahrhunderts in mehreren Kantonen aufgeschlossene, den Ideen der Aufklärung verpflichtete Männer auch in die höheren Behörden, doch waren sie angesichts der Unmöglichkeit, grundlegende Veränderungen zu bewirken, auf soziales und volkspädagogisches Engagement gewiesen.[157] Schon die aufgeklärten Zeitgenossen mahnten, dass es, wo Reformen hartnäckig verweigert würden, zu einer explosionsartigen Veränderung kommen müsse. Öffentlich aber konnte solche Warnung in der Schweiz nur schwer ausgesprochen werden. Der bereits geschilderte Fall Johann Heinrich Wasers hatte neun Jahre vor der Französischen Revolution demonstriert, dass die Behandlung staatspolitischer Angelegenheiten vor dem Publikum lebensgefährdend war.

Wohl am empfindlichsten reagierte die Berner Obrigkeit auf alle öffentliche Kritik. Nirgendwo griff die Zensur so hart durch wie in diesem Freistaat. Buchhändler, Buchdrucker und Leihbibliothekenbesitzer mussten regelmässig ein

Handgelübde leisten, vor allem mit solchen verbotenen Drucksachen keinen Handel zu treiben, «wo der anverlangende Druck Unsere Obrigkeitliche Gerechtigkeiten und Rechte ansehen oder sonsten die Regierung betreffen könnte». 1654 wurden alle Lieder über den Bauernkrieg verboten. Ohne Einwilligung der Zensurbehörde durfte nichts gedruckt werden, eine eigene Meinung in politischen Dingen galt als Staatsverbrechen. Die Geschichte der Zeitungspresse in Bern ist eine der Verbote, Pressionen, Arreste und Strafen für die Zeitungsdrucker.[158]

Ähnlich streng wie in politischen Fragen verfolgte die Obrigkeit – hier quasi im Auftrage der mit dem Staat symbiotisch verbundenen Kirche – jegliche Abweichung in Glaubensdingen. Nach der Durchsuchung eines Buchladens liess man 1683 eine Schrift Spinozas verbrennen, Schriften der Wiedertäufer wie der Pietisten wurden verboten. Die 1695 dem Schulrat übertragene Bücherzensur wurde in Wirklichkeit von der Religionskommission ausgeübt, in der sich ausschliesslich streng-orthodoxe Stadtgeistliche befanden.[159] 1703 wurde beschlossen, regelmässig, mindestens einmal monatlich, die Buchläden nach verdächtigen Schriften zu durchsuchen. 1732 gar erging ein Mandat, das in den Landstädten alles Hausieren mit Kalendern und fremden Büchern untersagte. Geldstrafen wurden auf den Vertrieb selbst solcher Schriften gesetzt, deren Autoren so klangvolle Namen hatten wie Luther, Voltaire, Helvetius oder Rousseau, Daniel Tscharner, Descartes, Thomas von Kempen, Machiavelli, Hobbes, Jakob Böhme oder Sebastian Frank.[160] Mit einem Wort: von Denk- und Glaubensfreiheit konnte in Bern keine Rede sein. Vor kaum einer Pression, nicht einmal der Androhung der Todesstrafe, schreckte man zurück, auch Spitzeleien waren ein beliebtes Mittel.[161] Die Zensur, so schrieb Christoph Meiners, «ist so hart, daß man sie eher für ein Werkzeug der Unterdrückung in den Händen eines Morgenländischen Despoten, als für die Verordnung glüklicher Freystaaten halten sollte. Kein Bürger, Unterthan, oder Insaß darf das geringste, nicht einmal in fremden Ländern, ohne vorhergegangene Untersuchung drucken lassen, und kein Zeitungsschreiber in der Schweiz hat das Herz, von den politischen Angelegenheiten seines Vaterlandes, und der übrigen Cantone das geringste bekannt zu machen. [...] Diese Einschränkung der Preßfreyheit stimmt, wie der grundlose Verdacht gegen die Wissenschaften, und der Mangel hinlänglicher Erziehungsanstalten, mit der Weisheit und Milde der übrigen Maaßregeln und Einrichtungen der Bernischen Regierung nicht überein.»[162]

Die Pressionen gegen die Publizistik in anderen Kantonen waren nicht so grundsätzlich verschieden von den Berner Gepflogenheiten. In Schaffhausen konnte seit dem ausgehenden 17. Jahrhundert keine Zeitung ohne vorhergehende Zensur gedruckt werden, Artikel über eidgenössische Angelegenheiten wurden grundsätzlich nicht geduldet. Drei bestellte Zensoren, ein geistlicher und zwei weltliche, hatten alle Druckerzeugnisse zu kontrollieren.[163] Erst Anfang März 1798 – die Revolution hatte neue Verhältnisse geschaffen – konnten die beiden Schaffhauser Zeitungsschreiber, Johann Ulrich Schwarz und David Hurter, damit beginnen, ihre Leser auch über schweizerische Angelegenheiten zu unterrichten.[164] In Solothurn sorgte ein Polizei- und Spitzelsystem für die Ruhe der «Angehörigen», die regelmässig auf Religion und bestehende Ordnung verpflichtet wurden. Urs Joseph Lüthi, der spätere Senator der Helvetischen Republik, wurde 1786 für einen sein Vaterland kritisierenden Artikel im «Schwäbischen Museum» zu einem Jahr Arbeitshaus und zu acht Jahren Verbannung verurteilt.[165] In mehreren Landkantonen war eine Presse, die hätte kritisieren oder auch nur berichten können, gar nicht existent.[166] Gegen Information von aussen half man sich durch Einfuhrverbote selbst für Zeitungen aus Zürich, Schaffhausen und Chur.[167]

Über die Zensur in Zürich klagte Pestalozzi 1781, sie sei «unertreglich scharff und unterdrukt vast alle guten, treffenden, das Volk in seinen nechsten Angelegenheiten erleuchtenden Stellen».[168] Auch wenn es in Zürich trotz spektakulärster Pressionen gegen öffentliche Kritiker vielleicht nicht ganz so schlimm aussah wie in Bern, so war die Zensur doch auch hier eine ernsthafte Behinderung jeder Publizistik. Wie in Bern waren ganz selbstverständlich alle Themen tabu, die an die wirtschaftlichen und politischen Vorrechte der regierenden städtischen Familien rührten. Bereits Bodmer hatte aus der Erfahrung, dass einzelne Stücke seiner «Discourse der Mahler» auch nach der vierten Überarbeitung das Zensorenkollegium nicht passierten und ungedruckt bleiben mussten[169], die Konsequenz gezogen, historisch-politische Gesellschaften zu gründen, in denen eine freie und kontroverse Debatte möglich war.[170] Die erwähnten Schicksale Christoph Heinrich Müllers und Johann Heinrich Wasers hatten vielen den Mut zu öffentlicher Kritik genommen. Gegen Ende des 18. Jahrhunderts wurde dann selbst noch die demütigste Bittschrift als hochverräterischer Angriff gegen die von Gott gesetzte Obrigkeit verfolgt.[171]

Die eifrigen Bemühungen aller Schweizer Regierungen, ihre Untertanen vor falschen Meinungen und Gedanken zu bewahren, blieben allerdings weitgehend erfolglos, wie die neunziger Jahre zeigen sollten. Selbst gemässigte Kritiker warnten bereits unmittelbar nach der Französischen Revolution, die Unterdrückung einer kritischen Öffentlichkeit werde sich gegen die Regenten selbst richten. Die «unzeitige Geheimnissucht, die strenge Censur, und die ängstliche Nachforschung der Urheber der Bekanntmachung von Staatssachen» seien Hauptursachen, dass man die Regierungen der Schweiz für viel despotischer und drückender halte, als sie wirklich seien.[172] Die «gewaltsame Unterdrückung des Volks», so wurde die Berner Regierung ermahnt, «diese Ausschließung desselben von aller Theilnehmung an der höchsten Gewalt, und an der Wahl seiner Obern» könne dadurch einigermassen wiedergutgemacht und ersetzt werden, «daß man aufgeklärten Menschenfreunden erlaube, die Bedürfnisse und Nöthen des Volks freymüthig zu untersuchen und darzustellen, um die Regenten, die man nicht mehr zwingen kann, wenigstens zur Aufmerksamkeit auf herrschende Mißbräuche zu bewegen».[173]

Kein Zensurkollegium aber konnte die sich im 18. Jahrhundert rasant vollziehenden Veränderungen in der Wirtschaft, die Herausbildung selbstbewusster neuer sozialer Schichten oder das Eindringen aufklärerischen Gedankengutes und patriotischen Engagements in die Schweiz aufhalten. Politischer Immobilismus und wirtschaftliche wie kulturelle Blüte, für die man die Schweiz in Europa lobte, schlossen sich nicht aus.

2   Das 18. Jahrhundert:
Zeit des Wandels und der Beharrung

Herausbildung von Patriotismus und nationaler Identität in der Schweiz

> «Wer wil aber unserer Nation die Klugheit absprechen? Wie wäre sie ohne
> dem capabel gewesen sich nicht allein von Sclaverey loos zu wircken/ son-
> dern auch hernach aus so vielen gefährlichen Händlen auszuwicklen/ und
> bey der so theur erworbenen Freyheit/ mitten unter so mannigfaltigen Trou-
> blen und Kriegen/ in welche bald gantz Europa sich eingeflochten gesehen/
> aufrecht und im Frieden zu erhalten?»[174]
>
> JOHANN HEINRICH TSCHUDI 1723

Von nationaler Einheit der Eidgenossenschaft kann im 18. Jahrhundert noch keine Rede sein. Doch zunehmend wurde im Verlaufe des aufgeklärten Säkulums der
eidgenössische Staatenbund von XIII souveränen Orten und deren Verbündeten
samt den untertänigen Gebieten als archaisch empfunden. Lokale Privilegien und
Interessen rangierten vor dem Wohl des Bundes, Kantonsgeist und bedenkenlo-
ses Verfolgen der eigenen Vorteile dominierten die Politik nach innen und nach
aussen. Zuletzt hatte der eidgenössische Bürgerkrieg von 1712 konfessionelle und
politische Interessengegensätze grell aufscheinen lassen und gezeigt, wie wenig
insbesondere Zürich und Bern bereit waren, «alteidgenössisches Herkommen» zu
beachten, wenn es um die eigenen Vorteile ging.[175]

Gegen diese Politik wurden im 18. Jahrhundert unter den Gebildeten zunehmend Diskussionen über den Zustand der Eidgenossenschaft und über als
notwendig empfundene Reformen geführt. Unter ihnen war eine nationale Identität spätestens in der zweiten Hälfte des 18. Jahrhunderts in einem Masse ausge-
bildet, das dem tatsächlich erreichten Stand nationaler Einheit weit vorausging. In
diesem Zusammenhang ist ein sich im 18. Jahrhundert bei den schweizerischen
Aufklärern herausbildendes neues Nationalgefühl mit aufklärerischen Impulsen
wichtig, dessen Gehalt oft weniger den Realitäten als Zukunfts- und Reformvisio-
nen entsprach. Zunächst in den Stadtkantonen ist patriotisches Engagement zu

beobachten, ein Reformpotential und Veränderungsbestreben, das zunehmend das Selbstverständnis von Teilen der gebildeten sozialen Eliten bestimmte und das Wachsen einer neuen nationalen Identität beförderte. Eng damit verbunden entstand eine publizistisch und über aufklärerisch-gemeinnützige Gesellschaften vermittelte aufklärerische, bürgerliche und national geprägte Öffentlichkeit in der Schweiz.

Die Anfänge einer gesamtschweizerischen Publizistik und die Herausbildung eines neuen schweizerischen Nationalbewusstseins

> *«Freyheit! welch ein delicates und magnifiques Wort ist das in unsern Ohren? Unser altes Herkommen ist die Freyheit/ deren sind wir gewohnet/ und ein jeder redliche Schweitzer ist billich jaloux darüber/ denn eben darum pflegen wir auch mitten im Frieden uns beständig in Waffen zuüben. Ich weiß auch nicht/ welcher Potentat gelüstig seyn könne/ die gesamte Nation wider sich zu reitzen?»[176]*

> *«Wahrlich nicht das edle Geblüth/ sonder ein edel Gemüth/ nicht die Geburth/ sonder die Tugend/ nicht Wapen/ sonder Thaten/ nicht offene Schilte/ sonder ehrliche Sitten machen adelich.»[177]*
>
> JOHANN HEINRICH TSCHUDI 1717 UND 1723

Gedanken, die dann in den patriotischen Sozietäten und besonders in der Helvetischen Gesellschaft praktisch gelebt werden, formulierte Johann Heinrich Tschudi in seinen «Monatlichen Gesprächen» bereits zu Beginn des 18. Jahrhunderts. Zu Recht ist Tschudi als «nationaler Erzieher» bezeichnet worden.[178] 1723 findet sich in einer von ihm herausgegebenen Zeitschrift eine Abhandlung von «Natur, Art und Sitten der Schweizerischen Nation».[179] Seit 1714 ist der nationale Zusammenhalt der Eidgenossenschaft, den Tschudi durch die Reformation gestört sieht, mehrfach Thema von Unterredungen.

Tschudi sprach von der schweizerischen Freiheit, um derentwillen «andere gegen uns als Sclaven zu rechnen» seien.[180] Der eidgenössische Bund, so argumentiert er, bestehe unabhängig von unterschiedlichen Konfessionen, er sei «ein politischer Leib».[181] Wichtigste Voraussetzung des Zusammenhaltes bilde die Toleranz zwischen den Konfessionen; auch in den katholischen Kantonen seien kluge Männer zu finden, die um das wahre Interesse der Eidgenossenschaft wüssten.[182] Tschudi forderte, was dann acht Jahrzehnte später unmittelbar vor der Helvetischen Revolution geschah: die Neubeschwörung der eidgenössischen Bünde.[183] Die Zusammengehörigkeit der Schweizer als Nation könne ihre Grundlage nicht in einer gemeinsamen Sprache finden, «dann wann man nur von einem Dorffe zum anderen reiset/ höret man andere Wörter/ und etwann auch eine gantze andere und frömde Sprach»[184]. Allein die Liebe zur Freiheit im Inneren wie der Zusammenhalt gegen äussere Bedrohungen sei als Grundlage eines National-gefühls tauglich.

Freiheitsliebe und Tapferkeit erschienen Tschudi als Folgen der schweizeri-schen Geschichte. Zugleich kritisierte er die Söldnerdienste, die Schweizer für ein «liederliches Gelt» im Ausland leisteten: «Wie viel blâmirens und striglirens müs-sen wir nicht deswegen von andern Nationen erleiden? Wie oft uns aushöhlen lassen mit dem Wort Point d'argent, point de Suisse? Kein Gelt kein Schweit-zer!»[185]

Bereits 1714 unterzog Tschudi in einer Unterredung «Von der besten Regie-rungsform» die unterschiedlichen in der Schweiz zu findenden Staats- und Regie-rungsformen der Musterung. Es finden sich, wenn auch nicht unwidersprochen, selbst zum Widerstandsrecht der Regierten Gedanken, die man zu Beginn des 18. Jahrhunderts kaum erwartet: «Wann aber die Oberen ihren Gewalt mißbrauchen/ nur sich selbst zu erhöhen und zubereicheren suchen/ den Freyheiten des Volcks zu vil eingreiffen/ und also eben eine Oligarchie auß der Regierung machen/ kan es ja nichts unbilliches seyn/ wann das Volck aufwachet/ die Beschwerden eröff-net/ und remedur verlanget.»[186]

Tschudis Zeitschrift ist ein beachtlich frühes Beispiel für den Prozess einer sich formierenden nationalen Öffentlichkeit in der Schweiz. Dabei spielen auch «Die Discourse der Mahlern» eine Rolle, die berühmteste, von 1721 bis 1723 er-scheinende schweizerische «Moralische Wochenschrift».[187] Die auf die ganze Eid-genossenschaft gerichtete Wirkungsabsicht wird bereits deutlich durch die Her-ausgebergesellschaft, die «Gesellschaft der Mahler», deren Mitglieder aus ver-schiedenen Kantonen kamen und die als erste «Helvetische Gesellschaft» bezeich-net werden könnte.[188] Wichtig für die Bemühungen während der ersten Hälfte des 18. Jahrhunderts, ein schweizerisches Nationalgefühl mit Kenntnissen der eidge-nössischen Geschichte zu fundieren und historische Forschungen anzustossen, sind schliesslich zwei von Johann Jakob Bodmer und Johann Jakob Breitinger gemeinsam herausgegebene historische Zeitschriften, deren Titel zugleich Pro-gramm sind. Ab 1735 erschien die «Helvetische Bibliothek, Bestehend In Histori-schen, Politischen und Critischen Beyträgen Zu den Geschichten des Schweizer-landes»[189]. Ihr folgten 1739 die «Historischen und Critischen Beyträge Zu der Historie Der Eidsgenossen»[190]. Nachdem Tschudi in seinen «Monatlichen Gesprä-chen» häufig Themen aus der schweizerischen Geschichte behandelt und deren Bedeutung für die nationale Identität und den eidgenössischen Zusammenhalt betont hatte, ging es nun erstmals um eine systematische Bearbeitung historischer

Themen auf der Grundlage von Quellen und zugleich um die Stärkung eines eidgenössisch-republikanischen Bewusstseins. Dazu erschienen periodische Schriften ganz besonders geeignet, denn wie die Moralischen Wochenschriften so hatte auch die Geschichte nach der Auffassung Bodmers und Breitingers – ähnlich argumentierte bereits Tschudi – Mittel der moralischen Erziehung zu sein.

Während der ersten Hälfte des aufgeklärten Säkulums sind in der schweizerischen Publizistik vielfältige Bemühungen zu beobachten, die auf die Herstellung einer nationalen Öffentlichkeit zielten.[191] Vorwiegend an gebildete Leser gerichtet, sollte die Bedeutung des eidgenössischen Zusammenhaltes bewusstgemacht werden. Dies war ein Hauptziel. Die wachsende Vorliebe für Themen der schweizerischen Geschichte oder die Vermittlung von Kenntnissen über die Zustände in einzelnen Kantonen, die Beschreibung der schweizerischen Naturschönheiten oder das entstehende Interesse an der Beschreibung von Sitten und Mentalität des einfachen Volkes in verschiedenen schweizerischen Gegenden hingen damit eng zusammen. Schweizerische Geschichte mit ihren nationalen Mythen wurde ebenso beschworen wie altschweizerische Tugenden und Freiheitsliebe. Manche Idee formulierte man, deren Verwirklichung einer späteren Zeit vorbehalten bleiben sollte. Es dominierte ein helvetischer Patriotismus, der vor allem eine nationale Identität fördern und die Zeit der konfessionellen Spaltung in eine katholische und eine reformierte Eidgenossenschaft hinter sich lassen wollte.

Die zweite Hälfte des 18. Jahrhunderts war nicht in gleichem Masse durch eine für die gesamte Schweiz bestimmte Publizistik geprägt. Erst in den achtziger Jahren wurde mit dem «Schweitzerischen Museum» wieder eine bedeutende Zeitschrift gegründet, deren Ziel es war, das geistige Leben der ganzen Nation zu präsentieren. Eine quantitativ bedeutende nationale Publizistik, deren Entwicklung durch die alten Regierungen und ihre in der Regel sehr strenge – freimütige Dispute über Staat und Religion ausschliessende – Vorzensur bis 1798 gehemmt wurde, entstand erst wieder mit der Helvetischen Republik.[192]

Patriotismus, Volksaufklärung und Helvetismus –
Die gemeinnützig-aufklärerischen Sozietäten in der Schweiz

«Andere mögen prangen mit Ahnenregistern von undenklichen Zeiten her:
Wir datieren von der Freyheit.»

Verhandlungen der Helvetischen Gesellschaft 1773[193]

«Singt vereint die reinen Freuden,
Die ein Schweizerherz gewinnt
Wenn es Leuthe von den beyden
Glaubenslehren einig findt.
Seht! Es drücken beyde Stände
Geist- und Weltlich sich die Hände
Reformierte Schweizertreu
Ist mit Römscher einerley.»

Trinklied der Helvetischen Gesellschaft 1784[194]

Männer wie Johann Jakob Scheuchzer, Beat Ludwig von Muralt, Albrecht von Haller, Johann Heinrich Tschudi, Johann Jakob Breitinger, Urs und Felix Balthasar, Johann Jakob Bodmer oder Isaak Iselin legten den Grund für eine grössere Sensibilität in Fragen der nationalen Identität und für ein patriotisches Engagement. Durchweg handelte es sich hier um gebildete Personen aus den städtischen Oberschichten. Ihre Fortführung fanden diese Bestrebungen während der zweiten Hälfte des 18. Jahrhunderts in den sich nun gründenden patriotischen und gemeinnützigen Gesellschaften[195], die das Bild der schweizerischen Aufklärung nachhaltig prägten. Hier kamen nun – zum Teil mit neuen Akzenten und Zielrichtungen – jene Vorstellungen zur vollen Entfaltung, die zur Hebung des Nationalgefühls, zur Entwicklung des eidgenössischen Zusammenhaltes oder zum Studium der «Vatterländischen Geschichte» bereits seit Beginn des aufgeklärten Jahrhunderts formuliert wurden.

Dass für die Entfaltung des helvetischen Patriotismus die aufklärerischen und gemeinnützigen Sozietäten eine herausragende Rolle spielten, hat seinen Grund auch in der mehrfach erwähnten Tatsache, dass die Zensur eine freie Diskussion in der Publizistik nur beschränkt zuliess. Es ist auffällig, wie viele Gesellschaften programmatisch Tätigkeiten und Ziele nannten, die in Deutschland genuine Aufgabe von Zeitschriften waren.[196] Auch die Gründung solcher Gesellschaften wurde von den Schweizer Regierungen zunächst mit grossem Misstrauen verfolgt. Verbote und Behinderungen erschwerten die Einbürgerung von Freimaurerlogen[197], noch stärker war der Argwohn gegen Sozietäten, die über die Pflege von Geselligkeit hinaus sich um solche Gegenstände zu bekümmern begannen, die die Regierungen in absolutistischem Geist als ihre Angelegenheit begriffen. Dies betraf all jene Gesellschaften, die unter Patriotismus die Mitverantwortung für die öffentlichen Angelegenheiten und die Vervollkommnung des Gemeinwesens verstanden.

Forschungsgeschichtlich ist für die Herausbildung politischer Öffentlichkeit und nationaler Bestrebungen in der Schweiz besonders die Bedeutung der «Helvetischen Gesellschaft» betont worden. Doch bereits in den fünfziger Jahren entstand als wichtige Voraussetzung zur Bildung nationaler Identität als gesamtschweizerische Bewegung der Ökonomische Patriotismus.[198] Seine Hauptziele waren die «Hebung des Landvolkes» und die «Vervollkommnung der Landwirthschaft». Durch emsigen Landbau, so meinte man, beweise man seinen Patriotismus praktisch und weit besser als durch die Erörterung von Staats- oder Regierungsformen. «Ein großer Teil der schweizerischen Patrioten jener Zeit unterschied sich [...] von den Patrioten aus Gottfried Kellers Tagen durch die feste Überzeugung, daß die Erneuerung des Staates in erster Linie von der Verbesserung der Landwirtschaft abhänge. [...] Deshalb wagte Carl Victor von Bonstetten den Dünger einen ‹wunderbaren Keim von Reichthum und Nationalgröße›, die ‹Nervenkraft des Volkes› zu nennen.»[199]

Der Ökonomische Patriotismus organisierte sich in gemeinnützigen und ökonomischen Gesellschaften und war eng verbunden mit einer Hinwendung zur bäuerlichen Bevölkerung;[200] er wurde zur prägenden Kraft der schweizerischen Spätaufklärung.[201]

Die beiden wichtigsten gemeinnützigen Gesellschaften, deren Tätigkeit zugleich den Beginn der Volksaufklärung in der Eidgenossenschaft markiert, bestanden in Zürich und Bern. Schon im Jahre 1746 gründete Johannes Gessner – gemeinsam unter anderen mit Johann Heinrich Rahn, Johann Ulrich von Blaarer, Johann Konrad Heidegger und Johann Jakob Ott – in Zürich die Physikalische Gesellschaft, die sich zunächst der wissenschaftlichen Naturforschung widmete, soweit diese Nutzen für die menschliche Gesellschaft und speziell für das Vaterland versprach. Seit den sechziger Jahren wandte sie sich unter dem Einfluss Hans Kaspar Hirzels und einer landwirtschaftlichen Kommission ihr Interesse landwirtschaftlichen Fragen zu.[202] Die Mitglieder stellten eine repräsentative Auswahl der politischen und wirtschaftlichen Oberschicht Zürichs dar, besonders vertreten war das Handels- und Bildungsbürgertum. Die bis 1780 beigetretenen 231 Mitglieder kamen aus 75 Geschlechtern, von denen 54 an der Regierung beteiligt waren.[203]

Ihre grosse Bedeutung und internationale Anerkennung – zahlreiche Reisende besuchten, wie 1775 Goethe, Sitzungen – erlangte die Gesellschaft weniger durch eigenständige Forschung als durch die Popularisierung und praktische

Anwendung naturwissenschaftlicher Kenntnisse. Das Reformprogramm der Ökonomischen Patrioten wurde besonders von der 1759 gegründeten Ökonomischen Kommission getragen, deren Aufgabe darin bestand, Ergebnisse der Naturforschung für die Landwirtschaft zur Anwendung zu bringen und der bäuerlichen Bevölkerung bekannt zu machen. Eines der Hauptziele war die Veränderung der bäuerlichen Mentalität[204], als Vorbild dafür kann der «Philosophische Bauer» Jakob Guyer gelten, dessen Wirtschaftsweise und Lebenseinstellungen durch eine Schrift Johann Kaspar Hirzels beschrieben wurden. Als «socrate rustique», so der Titel der Übersetzung in die französische Sprache, wurde er schnell zur europäischen Berühmtheit, sein Hof das Ziel zahlloser Reisender.[205] Mit seiner Arbeitsamkeit, Umsicht und Neuerungsbereitschaft verkörperte er die volksaufklärerischen Ziele der Zürcher Gesellschaft, zugleich aber auch das Idealbild eines lenkbaren und pflichtbewussten ländlichen Untertanen.

Mit den unterschiedlichsten Mitteln wandte man sich an die Bauern. Praktische landwirtschaftliche Anleitungen wurden geschrieben und gratis verteilt. Sie waren das Ergebnis von Preisfragen und -aufgaben, die von der bäuerlichen Bevölkerung selbst beantwortet worden waren. Regelmässig fanden Bauerngespräche statt, in denen sich die Mitglieder der Gesellschaft mit Abgesandten aus den Dörfern der Landschaft austauschten, im botanischen Garten der Gesellschaft wurden praktische landwirtschaftliche Versuche durchgeführt, Verbesserungen des Landschulwesens initiierte man und gründete landwirtschaftliche Schulen für Bauernsöhne. Auf der Zürcher Landschaft entstanden Zweiggesellschaften, in denen neben Pfarrern und Landvögten auch einzelne Bauern Mitglieder waren.[206]

Auch bei den Ökonomischen Patrioten Berns galt die Aufklärung des Volkes als Hauptaufgabe, denn: «Der Feldbau erfordert ein tugendhaftes und sonderlich arbeitsames volk; Ein volk, das den Feldbau liebet und ihn in ehren hält; ein volk, das sich befleisset, mehr nach den grundsäzen der natur, als nach den vorurtheilen seiner väter zu verfahren.»[207]

Zur Gründung einer Ökonomischen Gesellschaft in Bern[208] rief 1758 Johann Rudolf Tschiffeli alle an landwirtschaftlichen Neuerungen Interessierten auf; schnell entstanden zahlreiche Zweiggesellschaften auf dem Lande und in den bernischen Landstädten. Die Wohlfahrt eines Volkes, so wusste man standesbewusst, «fordert nicht, daß alle Menschen Pflänzer werden, man darf nur diejenigen unterrichten und beschützen, welche es sind».[209] Schon in der ersten Publikation der bernischen Gesellschaft stellte man fest, das «vornehmste Hinderniß» für die Verbesserung des Landbaues rühre «unstreitig von dem gänzlichen Unvermögen des Landmanns» her, für das man im wesentlichen gesellschaftliche Verhältnisse verantwortlich sah: «Er hat in seiner Armuth oder unter der Last der Auflagen weder das Vermögen noch den Willen, die Ausgaben für ein Stück Land zu machen, die er im Überfluss zurück bekommen würde. Seine im Elend versunkene Seele tritt nicht aus dem kleinen Kreise seiner täglichen Bedürfnisse heraus; er wandelt gedankenlos mit hangenden Ohren, wie ein überladenes Thier in den Wegen seiner Voreltern.»[210]

Nicht nur in Zürich und Bern – dort mit den Zweiggesellschaften in Aarau, Simmental, Nidau, Aigle, Avenches, Lausannes, Nyon, Payerne, Vevey, Yverdon, Biel und Emmental – wirkten ökonomische Gesellschaften, sondern der Ökonomische Patriotismus schlug Wurzeln auch in anderen Kantonen. Angeregt durch ein Schreiben der Berner Gesellschaft, das zur Gründung weiterer Sozietäten aufrief, entstanden 1761/62 in Freiburg und Solothurn ökonomische Vereinigungen auf der Basis «wahrer Vaterlandsliebe». Auch ihnen ging es um Verbesserungen der Landwirtschaft und Belehrung der Unwissenden, wozu beispielsweise in Gesprächen abgefasste Schriften verteilt wurden. Mit Jakob Hofstetter und Johann Schneider waren in Solothurn auch zwei Bauern Mitglieder, während in Freiburg fast ausschliesslich die regierenden Familien vertreten waren. Praktische landwirtschaftliche Versuche, Schulverbesserungen und volksaufklärerische Bemühungen bildeten die Haupttätigkeit der Solothurner Gesellschaft; Bauern, Schulmeister, Handwerker und Frauen der Landschaft wurden für die Beantwortung von Preisaufgaben ausgezeichnet.[211] Die Verbesserung der Handwerke und der Landwirtschaft hatte auch die seit 1776 bestehende «Société des arts» in Genf zum Ziel; mit der Auszeichnung technologischer Neuerungen und tugendhafter Handlungen, mit ihrem Engagement für eine verbesserte Sozialfürsorge sowie für das Armen- und Schulwesen war auch sie auf die unteren Stände ausgerichtet.[212]

In Basel kam es erst 1795 zur Gründung einer ökonomischen Gesellschaft, obwohl Isaak Iselin schon in den sechziger Jahren erste Bemühungen unternommen hatte. Vaterlandsliebe und Liebe für alles Gute und Nützliche wurde von den Mitgliedern verlangt. Neben dem Autor der ersten helvetischen Verfassung, Peter Ochs, waren hier auch Bauern von der Basler Landschaft Mitglied, so die Musterbauern Johannes Gysin und Johann Furler.[213]

Der Ökonomische Patriotismus und die ihm mehr oder weniger nahestehenden gemeinnützig-aufklärerischen und moralischen Gesellschaften bildeten die Basis, auf deren Grundlage die 1761/62 gegründete «Helvetische Gesellschaft» entstehen und wirken konnte. Die Bedeutung dieser gründlich erforschten aufklärerischen Sozietät[214] liegt darin, dass sie die Repräsentanten der kantonalen gemeinnützig-aufklärerischen Aktivitäten zusammenführte. Mit ihr und den regional wirkenden Gesellschaften entstand eine politische Öffentlichkeit in der Schweiz, wodurch die schweizerischen Sozietäten eine Rolle übernahmen, die unter den einer freien Entwicklung der Presse günstigeren deutschen Bedingungen stärker den auf ein nationales Publikum zielenden Zeitschriften zukam. Emil

Erne hat die Vereinigung als Kuriosum bezeichnet: «in ihr liefen alle reformerischen Bewegungen des aufgeklärten Jahrhunderts zusammen, von ihr gingen wieder mannigfache Anregungen aus – aber selber tat sie nichts.»[215] Vor allem repräsentierte die «Helvetische Gesellschaft» den gesamtschweizerischen Charakter aufklärerischen Engagements, bis zu einem gewissen Grade kamen ihr auch koordinierende Funktionen zu. In ihr fand sich eine reformbereite intellektuelle Elite der Schweiz zusammen, sozial fast durchweg eng verbunden mit der regierenden Schicht des Ancien Régime. Geprägt von dem Gedankengut der europäischen Aufklärung, spürte sie, wie reformbedürftig die erstarrten gesellschaftlichen und politischen Verhältnisse der Schweiz waren, doch standesbewusst und der ständischen Ordnung verpflichtet waren auch sie. Den helvetischen Patrioten ging es um vernunftgemässe Umgestaltung und Erneuerung der alten Ordnung, deren grundlegende Prinzipien sie jedoch bejahten, was, wie zahlreiche Vorkommnisse bewiesen, nicht ausschloss, dass Altgesinnte und Regierungen die auf Eigeninitiative beruhenden Vereinigungen als unvereinbar mit ihrem Anspruch auf absolutistische Machtvollkommenheit begriffen. In der Gesellschaft herrschte in der Gleichheit der Mitglieder und durch die Verfassung ein demokratischer Geist, doch ebenso wie von den Regierungen in den Kantonen waren de facto auch von der Gesellschaft Mitglieder weitgehend ausgeschlossen, die nicht zu den aristokratischen oder patrizischen Oberschichten gehörten. Erst eine jüngere Generation der Schinznacher – so bezeichnet nach dem Ort der jährlichen Zusammenkünfte – begann in dieser Hinsicht Anfang der siebziger Jahre ein wenig aufgeschlossener zu denken. Nur zaghaft war man bereit, auch die Untertanen in den Kreis der Eidgenossen aufzunehmen. Erst 1792 wählte man mit Rudolf Meyer aus Aarau erstmals den Bürger einer Munizipialstadt aus dem bernischen Untertanengebiet zum Präsidenten. Die Mitglieder der «Helvetischen Gesellschaft», die sich dann nach der Revolution in der Helvetischen Republik engagierten, kamen häufig aus den untertänigen Städten.[216] Aus den Gemeinen Herrschaften erschienen lediglich zwei Mitglieder, aus den ennetbirgischen Vogteien und damit der italienischsprachigen Schweiz oder der Abtei St. Gallen blieben Mitglieder ganz aus. Erfolgreicher war man bei der Gewinnung von Mitgliedern aus der katholischen Schweiz, wichtig für die angestrebte Überwindung der konfessionellen Spaltung. Sie kamen vor allem aus Luzern, nur ganz vereinzelt aus den Urkantonen.[217]

Ohne Frage wurde nirgendwo der Gedanke an eine einheitliche schweizerische Nation höher gehalten als hier, wo man den ganzen Katalog eidgenössischer und patriotischer Tugenden beschwor, republikanische Gleichheit, eidgenössische Einfachheit und Mässigkeit ebenso pries wie konfessionsübergreifende Gemeinsamkeit und Toleranz. Gern sah man sich als Leuchtturm inmitten eines

Europa der Fürsten und sang aus voller Kehle das Lavatersche «Gebethslied eines Schweizers»:

«Laß uns seyn ein Licht auf Erden
Und ein Beyspiel stäter Treu;
Frey, wie wir sind, andre werden;
Und zertritt die Tyranney!
Gieb, daß alle sicher wohnen,
Bis die Zeit die Pforte schließt;
Bis aus allen Nationen
Eine nur geworden ist!»[218]

Die Helvetische Gesellschaft fand ihr vorläufiges Ende mit der Helvetischen Revolution. Zur 37. und letzten Versammlung traf man sich 1797 in Aarau, wo im Jahr darauf ein erneutes Treffen stattfinden sollte. Die Konstituierung der Helvetischen Republik liess die Zusammenkunft nicht ratsam erscheinen.

Ein wichtiges Merkmal der Ökonomischen Patrioten wie der sonstigen gemeinnützig-aufklärerischen Sozietäten ist die enge Bindung ihrer Träger an die Obrigkeiten der einzelnen Kantone. Die Aufklärer in der Schweiz gingen bis in die neunziger Jahre von der Reformierbarkeit des Ancien Régime aus, glaubten sich in ihren Aktivitäten einig mit dem wohlverstandenen Interesse aller Stände der alten Gesellschaft. Eine gute «Policey» war ein Hauptziel der Ökonomischen Patrioten, durch sie sah man auch die Interessen der regierenden Stände am besten gesichert. Man wird sich jedoch vor allzu schnellen Schlüssen aus den Organisations- und Mitgliederstrukturen hüten müssen. Zwar standen die Ökonomischen Patrioten durch ihre Herkunft und durch ihre berufliche Tätigkeit ihren jeweiligen Regierungen recht nahe, doch bei ihren Gesellschaften handelte es sich um keine von den Obrigkeiten initiierte Unternehmen, sondern es waren Initiativen von zumeist aufklärerisch engagierten Bürgern. Instinktiv erkannten die Regierungen, dass von den Gesellschaften ein Verhältnis zur ländlichen Bevölkerung angestrebt wurde, das mit ihrem Regierungsstil unvereinbar war. Mehrfach gab es Ermahnungen an die Gesellschaften, sich nicht mit Materien zu befassen, die «Staatsdeliberationen berühren, auf die Regierung influieren, oder mit derselben Eine Verbindung haben».[219]

Es ist damit das eigentlich Brisante der ökonomischen und gemeinnützigen Gesellschaften angesprochen: Bürger, ländliche Untertanen und zunächst allerdings nur einige wenige Bauern begannen sich selbständig um Angelegenheiten zu bekümmern, zu denen sie nicht per Regierungsamt beauftragt waren. Hierauf und auf dem gemeinnützigen Engagement beruhte das grosse Ansehen, das insbesondere die Berner und die Zürcher Gesellschaften in der gesamten europäischen aufklärerischen Öffentlichkeit genossen. In den Diskussionen über Feudalabgaben und über gesellschaftliche Hindernisse für Verbesserungen in der Landwirtschaft waren Privilegien der Oberschichten und Gesellschaftsstrukturen – auch wenn die bestehende Ordnung in ihren Grundlagen nicht in Frage gestellt wurde – durchaus nicht sakrosant. In der Mahnung an die Obrigkeiten, sie möchten ihre Pflichten gegenüber den ländlichen Untertanen ernst nehmen, wurde durch die ökonomischen Gesellschaften erste, oft noch verhaltene Kritik an den aristokratischen Regierungen laut. Massenarmut und Elend, wovon etwa in Zürich bis zu zwei Drittel der Bevölkerung betroffen waren, hatte seit der Mitte des 18. Jahrhunderts zu einem sich schnell verbreitenden volksaufklärerischen Engagement und zu einem verstärkten Drängen auf Reformen der landwirtschaftlichen Strukturen geführt, doch spätestens in den neunziger Jahren wurde in den öffentlichen Diskussionen deutlich, dass durch die Volksaufklärung wohl auf die bäuerliche Bevölkerung und auf deren Denken Einfluss genommen werden konnte, die Strukturen der alten Ordnung aber nur sehr bedingt reformierbar waren.[220]

Würdigt man die Tätigkeit des Ökonomischen Patriotismus und der sonstigen gemeinnützig-aufklärerischen Gesellschaften, dann ist festzustellen, dass die Wirkungen auf die Gebildeten während der zweiten Hälfte des 18. Jahrhunderts kaum zu überschätzen sind. Trotz intensiver volksaufklärerischer Bemühungen vieler Gesellschaften wurde entsprechendes Gedankengut aber nicht in gleichem Masse zum «Volk» getragen. Zu der in Deutschland formulierten Einsicht, der «mittlere und gemeine Mann» sei der «eigentliche Bestandteil der Nation»[221], war die grosse Mehrzahl der Ökonomischen Patrioten nicht fähig. Die politische Aufklärung der einfachen Bevölkerung, verbunden mit einer intensiven nationalen Propaganda, sollte weitgehend der Helvetischen Republik vorbehalten bleiben.

In all den Reden, die in der «Helvetischen Gesellschaft» über «Freiheit» und Republikanismus gehalten wurden, stellte man nur selten und vorsichtig die Rechtmässigkeit politischer und ökonomischer Vorrechte in Frage. Trotz mancher Kritik blieben die meisten Mitglieder der «Helvetischen Gesellschaft» unter dem Eindruck der Französischen Revolution der Auffassung, «auch in dem freyesten Staate» sei «Verschiedenheit der Stände nothwendig».[222] Ihre patriarchalische Staatsauffassung liess sie an dem überkommenen Verhältnis, soweit die politischen Rechte der verschiedenen Stände betroffen waren, nicht zweifeln.

Dem in den neunziger Jahren laut werdenden Verlangen nach politischer Gleichheit konnten viele der Ökonomischen Patrioten nicht zustimmen.[223] Aus Gleichheitsvorstellungen, wie sie in der schweizerischen Aufklärung schon früh formuliert wurden,[224] entwickelte sich kein politisches Programm, mit ihnen machte kaum ein Aufklärer ernst. Soziale Fragen wurden fast stets mit Rücksicht auf das Bestehende erörtert. Isaak Iselin wies zwar zurück, dass es sich bei den Untertanen um eine minderwertige Menschennatur handle, doch betrachtete er den Untertanenstatus als ein historisch begründetes Rechtsverhältnis.[225] Ähnlich dachten auch die meisten derjenigen Aufklärer, die als Angehörige der Eliten bis in die Regierungen gelangten. Nur wenige unter ihnen traten vor 1798 für eine grössere Volksbeteiligung an politischen Prozessen und Entscheidungen ein. Selbst ein Heinrich Pestalozzi ging in seinem Roman «Lienhard und Gertrud» gerade so weit, dass er von den Landvögten eine väterliche Fürsorge für die ländlichen Untertanen verlangte.[226] Die Schweizer Aufklärer kannten jene Gedanken, die Rousseau 1762 in seinem «Contrat social» zur Souveränität des Volkes, zur Volksherrschaft und zur dienenden Aufgabe der Regierungen geäussert hatte. Sie empfanden die Reformbedürftigkeit der sozialen und politischen Verhältnisse, doch Gedanken an die vollständige Untauglichkeit der alten Staats- und Gesellschaftsordnung in der Schweiz vermochten sie bis 1789 keinen Raum zu geben. Und auch nach der Französischen Revolution war es nur eine Minderheit, die sich eine Neuorganisation der Schweiz vorstellen konnte oder sie für notwendig hielt.

Ökonomischer Wandel in der Schweiz

> *«Aber bei uns ist das Verdienst mit der Bauel [Baumwolle] große Guttat –*
> *bey uns haben kaum die halben Menschen Grundeigenthum – und die an-*
> *dern nähren sich mit Spinnen und Weben. Was wollten nun die armen Men-*
> *schen anfangen – wann das nicht gienge.»*
>
> ULRICH BRÄKER[227]

Das 18. Jahrhundert war in der Schweiz nicht allein durch beharrendes Festhalten der privilegierten Schichten an den alten Staatsverfassungen gekennzeichnet, sondern es war zugleich auch eine Zeit grösster Veränderungen. Seit Jahrhunderten gewohntes Leben veränderte sich, alte Strukturen lösten sich auf, und neue Lebensweisen entstanden, die nicht mehr recht vereinbar waren mit den alten Verhältnissen.

Zu Recht hat man die industrielle Entwicklung der Schweiz während des 18. Jahrhunderts als vorweggenommene Revolution bezeichnet.[228] Auf Kosten der alten Zünfte entwickelte sich das Verlagssystem, vielerorts in der Schweiz fasste die protoindustrielle Heimarbeit Fuss, und auch in der Landwirtschaft hielt Neues Einzug. Mit der Entwicklung der Industrie verschoben sich in der Schweiz zunächst die ökonomischen Gewichte, später die politische Machtverteilung. Grossgrundbesitzer und Handelsherren, die traditionellen Führungseliten, investierten verhältnismässig wenig in den neu entstehenden Wirtschaftszweigen, so dass eine neue wohlhabende Schicht von Industriellen entstehen konnte, die auch nach politischer Mitsprache verlangte.

Beste Entwicklungsbedingungen fand in der Schweiz die Baumwollindustrie. Eine überwiegend auf Viehzucht basierende Landwirtschaft mit ihrem geringen Arbeitskräftebedarf stellte unter der Landbevölkerung ein ausreichendes Arbeitskräftereservoir zur Verfügung. Die Verarbeitung von Rohbaumwolle und Baumwollgarn einerseits, das Bedrucken von importierten Baumwolltüchern andererseits bot schnell wachsenden Teilen der Bevölkerung ein von der Landwirtschaft unabhängiges Einkommen. Zunächst auf der Zürcher Landschaft und im Aargau, dann auch in anderen Gegenden wie der Ostschweiz entstanden zahllose Baumwollspinnereien und -webereien. Schon 1716 waren in der Stadt und im Gerichtssprengel Lenzburg 1 935 Personen in der Baumwollindustrie tätig.[229] In Genf entstanden früh sogar regelrechte Fabriken wie etwa die Firma Fazy, die 1728 600 Arbeitskräfte beschäftigte. Vorherrschend blieb jedoch lange die sogenannte Heimindustrie. 1791 gab es auf bernischem Gebiet 14 000 Spinnerinnen und 1 500 Weber.[230] Am Ende des 18. Jahrhunderts lebten auf dem Gebiet der Eidgenossenschaft nach zeitgenössischer Schätzung 12 % der Bevölkerung von der Textilindustrie.[231] In Basel, auch in Zürich, spielte die Seidenindustrie eine wichtige Rolle, in Genf und im Neuenburgischen die Uhrenindustrie.

Ein Beispiel für die Veränderungen, die mit der Heimindustrie und dem hausindustriellen Verlag einhergingen, bietet Olten. Waren die Stricker in den bäuerlichen Gemeinden um diesen Ort herum zunächst von Berner Wollherren beliefert worden, so zogen nach und nach Oltner Unternehmer den Verlag an sich. 1764 erhielten sie das Recht zur Bildung einer eigenen Strumpfweberzunft, und mit dem Wohlstand stieg das Selbstbewusstsein. Man sprach von «hofmännischen Kleinstädtern», die nicht zuletzt durch ihr Äusseres – kurze Kniehosen, Haarzopf und silberne Schnallenschuhe – kundtaten, dass sie sich über ihre bäuerliche Herkunft erhoben hatten. Die politischen Rechte entsprachen dieser neu gewonnenen wirtschaftlichen Position keineswegs. Nicht nur hatte Olten seine Stadtrechte seit dem Bauernkrieg verloren, sondern die Oltner waren wie auch die Landbewohner zu gewöhnlichen Untertanen degradiert worden.[232] Immerhin aber verstanden es die etwa 1 000 Oltner Bürger, verteilt auf 200 Haushaltungen, im Laufe des 18. Jahrhunderts ihre wirtschaftliche Stellung gegen eine hauptstädtische Wirtschaftspolitik, die auf die eigenen Interessen bedacht war, zu behaupten und auszubauen.

Das Leben Ulrich Bräkers, des Armen Mannes aus dem Toggenburg, ist ein Beispiel dafür, wie sich durch das Spinnen und Weben in kürzester Zeit das ländliche Leben veränderte. Als er im Jahre 1735 geboren wurde, war seine Mutter die einzige Frau in dem kleinen Dorf, die in nächtlichen Stunden heimlich für einen kleinen Nebenerwerb spann. Noch war, auch für die Bräkers, die landwirtschaftliche Arbeit die Haupterwerbsquelle, auf die alle Kräfte konzentriert wurden. Wo der gepachtete oder im eigenen Besitz befindliche Boden nicht ausreichte, das nötige Einkommen zu erzielen, ging man wie Ulrich Bräkers Vater einer Nebenbeschäftigung wie dem Salpetersieden oder dem Pulvermachen nach.

Als der zum Söldner gepresste, aus der ersten Schlacht des Siebenjährigen Krieges desertierte Bräker in seine Heimat zurückkehrte, konnte er 1758 schon eine bescheidene Existenz als Garnhändler finden. Dieser Beruf schloss die Lücke zwischen der nun grösser gewordenen Zahl der Spinner und Weber und den Baumwollkaufleuten. Relativ gute Verdienstmöglichkeiten führten im Laufe der Jahre dazu, dass die Landwirtschaft besonders bei den landarmen Bauern stark an Bedeutung verlor und sich die gewohnten Verhältnisse schliesslich verkehrten. Am Ende des Jahrhunderts war es so weit, dass die bäuerliche Arbeit von einem guten Teil der Landbevölkerung in der Ostschweiz nur noch als Nebensache betrachtet wurde, durch die man sich einen Teil der benötigten Lebensmittel verschaffte.[233]

Erstmals waren die Armen auf dem Lande nicht mehr gezwungen, zur Fristung ihres Lebens als Söldner in ausländischen Armeen Dienst zu nehmen, in der Fremde eine neue Heimat zu suchen oder sich gegen einen Hungerlohn bei einem Bauern zu verdingen. Die heimindustrielle Arbeit gab die Chance einer selbständigen Existenz, die in schlechten Zeiten zwar unsicher war, in Zeiten der Konjunktur aber ein bescheidenes Auskommen bot. Weit besser jedenfalls verdiente man, als dies als Knecht oder Magd möglich gewesen wäre. So fühlten die wohlhabenden Bauern sich durch die neue Erwerbsmöglichkeit beeinträchtigt. «Ist beim Donner kein Glück mehr im Land», so lässt Ulrich Bräker einen solchen Bauern in einem Dialog sprechen, «sitdem das Donnersbauel [Baumwolle] ins Land kommen ist, gibts lauter hochmütige Bettler, Weber und Spinner. Mögen weder Sonnenschein noch Regen leiden. Muß das Donnerspack auf den Händen tragen. Taglöhner und Dienste – o, da ist gar der Teufel drin.»[234]

Unzufriedenheit also bei der Dorfaristokratie, denn die Heimindustrie hatte die Abhängigkeit der kleinen Bauern und Tagelöhner von den wohlhabenden Landwirten aufgehoben oder doch wenigstens gemildert. Als stolzes Bettelpack wurden die Heimarbeiter empfunden; und viel ist damit über die Veränderung der Lebensweise gesagt, die mit der industriellen Heimarbeit erfolgt war. Traditionell galt nichts auf dem Lande, wer keinen eigenen Grundbesitz aufweisen konnte. Doch durch die Heimindustrie war das Geld zu einer neuen, vorher nicht gekannten Grösse geworden, die dem einzelnen neue Möglichkeiten der Darstellung nach aussen – traditionell wichtiges Wirtschaftsziel auf dem Lande – bot. So wurde immer wieder von den Heimarbeitern berichtet, sie steckten ihren ganzen Verdienst in Kleidung oder in Luxuskonsum. War dem Bauern wichtigstes Statussymbol sein Grundbesitz, so übernahm diese Rolle bei den Spinnern und Webern nun die Kleidung. Allgemein ist die Klage über Seide und Silber, womit die Heimarbeiter sich verschwenderisch schmückten. Das durch harte Arbeit erworbene Geld sollte auch nach aussen sichtbar sein. In einer Gesellschaft, in der mit Luxus- und Kleidermandaten dafür gesorgt wurde, dass dem einzelnen sein Stand schon äusserlich sofort anzusehen war, bedeutete eine solche Entwicklung zur Missachtung traditioneller Regeln eine Tendenz zur Auflösung der überkommenen Strukturen.

Doch das mögen – wenn auch bedeutungsvolle – Äusserlichkeiten sein. Rudolf Braun, der seit Jahrzehnten die Heimindustrie in der Schweiz erforscht, hat detailliert und anschaulich die sehr viel tiefer gehenden Wandlungen beschrieben, die Folge der Heimindustrie waren und zur Zersetzung der alten Ordnung beitrugen. So kam es in den protoindustrialisierten Gebieten zu einer häufig starken Bevölkerungsvermehrung, denn wo der Boden nicht mehr die entscheidende Grundlage der Existenz war, da konnte im Vertrauen auf die neue Erwerbsquelle auch von denen geheiratet werden, die dazu vorher nicht in der Lage waren. «Bettelhochzeiten» nannten die Zeitgenossen diese Verbindungen von Spinnerinnen und Webern. Bis auf die intimsten Familienbeziehungen wirkten die neue Arbeit und das dadurch gewonnene Geld sich aus. Die Kinder und die Frauen gewannen durch eigene Verdienstmöglichkeiten an Eigenständigkeit; nicht mehr die Natur war nun der Ort der Arbeit, sondern die eine neue Bedeutung gewinnende Wohnung. Das Erleben der Zeit änderte sich durch das Spinnen und Weben ebenso wie das Verhältnis zur Natur. War es für die alte Gesellschaft eher charakteristisch, so viel zu arbeiten, dass der Lebensunterhalt gesichert war, so entwickelte sich, wie Braun belegt, besonders in Krisenzeiten, aber nicht nur dann, die Arbeit zum inneren und zum äusseren Zwang.[235] Die Ordnungs- und Wertvorstellungen der alten Gesellschaft wurden durch eine neue Existenzform verändert oder verloren ihre Bedeutung für grössere Teile der Bevölkerung ganz.

Ähnliches geschah, wenn sich den Heimarbeitern erstmals Möglichkeiten des sozialen Aufstiegs boten, die in der Realität zwar bescheiden ausfielen, doch vorher überhaupt nicht vorhanden gewesen waren. Ulrich Bräker ist auch hierfür ein Beispiel. Als Händler konnte er nun sein Auskommen finden, gegen Ende seines Lebens gründete er gar eine kleine Fabrik, die in seinem Fall zwar bankrott ging, doch gibt es auch Beispiele dafür, dass sich aus der ländlichen Bevölkerung eine Gruppe absetzte, die wirtschaftlichen Erfolg hatte, kulturelle Bedürfnisse entwickelte und schliesslich – etwa die Gemeinden am Zürichsee – Versuche zur politischen Emanzipation unternahm. Den Stand seiner Geburt nicht verlassen zu können, das eherne Gesetz der Ständegesellschaft, verlor ganz langsam seine Gültigkeit. Auch wenn der soziale Aufstieg nur kleineren Gruppen gelang, so war allein schon mit der tendenziellen «Befreiung» der Heimarbeiter vom eigenen Grund ein grösseres Mass an Mobilität verbunden, die nicht erst während der Industrialisierung des 19. Jahrhunderts Bedeutung gewann, sondern auch schon zuvor das Denken und Handeln veränderte.

Im wirtschaftlichen Bereich, so lassen sich die Änderungen für die Stabilität der alten Gesellschaft zusammenfassen, wurden von städtischen und ländlichen Baumwollverlegern, von Uhren- und Textilfabrikanten und auch von kleinen Teilen der bäuerlichen Bevölkerung Leistungen erbracht, die zu wirtschaftlichem Erfolg und Wohlstand, Bildungsfreundlichkeit und kultureller Blüte führten. Die politische Zurücksetzung gegenüber den herrschenden Familien wurde so immer schmerzlicher empfunden. Der ökonomische Erfolg hatte eine Rationalität zur Voraussetzung, die der alten Gesellschaft mit ihrer Verteilung von Ansehen und Lebenschancen nach der Geburt mangelte. Hinzu kam, dass die alte politische Verfassung vielfältige Interessen und Privilegien schützte, die der wirtschaftlichen Entwicklung im Wege standen. Zusätzlich destabilisierend wirkte in den beiden letzten Jahrzehnten des Ancien Régime eine Wirtschaftskrise[236]: 30 bis 40 % des schweizerischen Nationaleinkommens waren betroffen, als es im letzten Drittel des 18. Jahrhunderts durch französische Einfuhrverbote und die Mechanisierung der Industrie in England zu einer schwerwiegenden, für die Beschäftigten katastrophalen Krise der Textilindustrie kam. Fast die gesamte Spinnerei fiel als Erwerbszweig weg, da nun nur noch mit importiertem Garn produziert wurde. Zehntausende sahen ihre Existenz bedroht und bildeten ein Potential an Unzufriedenheit. Tausende Arbeitsplätze gingen allein für Spinnerinnen verloren.

3 Die Wirkungen der Französischen Revolution in der Schweiz

«Ich halte es nicht für möglich, dass Ihr Euch lange vor der Krankheit Frankreichs bewahren könnt, wenn wir nicht selbst gesunden oder ein Arzt uns dazu verhilft. Die Propaganda ist eifrig, dass Ihr nicht das einzige Land sein werdet, dessen Volk die Verfassung ändern wird.»

Spitzelbericht aus Paris an die Berner Regierung 1790[237]

«Die Weiber verfochten mit Nägeln und Zungen unbedingte Freiheit und Gleichheit, und wem an ihrer Gunst gelegen war, der musste zugleich ein guter Freund der Franken sein.»

SALOMON VON ORELLI
über die Frauen in den Zürcher Seegemeinden[238]

Im Juli 1789 erstürmten die Bürger von Paris die Bastille. Dieses Ereignis erschütterte die Welt. Die Fürsten wie die Völker spürten, dass eine neue Zeit begann. Von den Rechten des Volkes gegen seine Regierungen sprach man nun. Freiheit, Gleichheit und Brüderlichkeit wurden zu Schlachtrufen, die allenthalben die Phantasie aufregten. Ganz plötzlich wurde eine vollständige Umwandlung der Ständegesellschaft in ein Gemeinwesen denkbar, in dem die Geburt nichts mehr, das Verdienst aber alles gelten sollte. Die Französische Revolution, so notiert der Kleinbauer und Garnhausierer Ulrich Bräker in sein Tagebuch, habe wie überall auch in der Schweiz so viel Aufsehen gemacht und so viel Diskussionen verursacht, dass es mit keiner Feder zu beschreiben sei.[239] Bereits im September 1789 richtete das «Politische Journal» eine eigene Rubrik «Freyheitsdrang. Unruhen in vielen Orten und Ländern» ein, in der es über die Eidgenossenschaft hiess: «In der Schweiz ist man an vielen Orten in Unruhe, und in Gährung. [...] Die gemeinen Bürgerschaften, die bisher keine Ansprüche hatten, an den Regierungen Antheil zu nehmen, reclamiren gegen diese Ausschliessungen, und gegen die Aristokraten, und verlangen Staats- und Regierungsveränderungen, mit starken Worten und Drohungen.»[240]

Kaum vorstellbar ist der Widerhall, den die Französische Revolution in allen Ländern Europas fand. Vor gut zwei Jahrhunderten war es den Menschen unvorstellbar, dass die Herrschaft von Gottes Gnaden, das absolute Königtum und die seit Jahrhunderten bestehende Ständegesellschaft ein Ende finden könnten. Zwar flammten während des 18. Jahrhunderts in Frankreich wiederholt Hungerrevolten und Bauernaufstände auf, doch stets hatte die alte Herrschaft sich als überlegen erwiesen. Lange zwar schon waren in den Köpfen der Philosophen und Aufklärer Ideen entstanden, mit denen die absolutistische Herrschaftsausübung in Frage gestellt und das Bild einer neuen Gesellschaft umrissen wurde, aber den Mächtigen galten sie – ebenso wie vielen Machtlosen – als Hirngespinste. Doch diese Ideen hatten im dritten Stand ihre Wirkung getan. Sie bestimmten das Denken des vermögenden Bürgertums, dem Gewerbe- und Handelsfreiheit ebenso vorenthalten waren, wie ihm die ersten Stände, Adel und Geistlichkeit, politische Mitwirkung verweigerten. Unzufriedenheit herrschte bei grossen Teilen der bäuerlichen und ländlichen Bevölkerung, aber auch bei den Armen in den Städten. Hunger, Not und Verzweiflung dieser Bevölkerungsschichten erlaubte es dem französischen Bürgertum, nach dem Beginn der Revolution im Jahre 1789 während eines Zeitraumes von nur wenigen Jahren die Grundfesten der alten Ordnung nachhaltig zu zerstören und eine Rückkehr zu den vorrevolutionären Zuständen unmöglich zu machen.

Damit es zu einer Revolution kommen kann, müssen mehrere Dinge zusammenfinden: Die Mehrheit eines Volkes darf nicht mehr auf die gleiche Weise weiterleben wollen wie zuvor, und der alten Herrschaft muss es unmöglich geworden sein, in der alten Form weiterzuregieren. Vor allem müssen Vorstellungen darüber vorhanden sein, was für ein Neues an die Stelle des Alten treten soll. Diese Faktoren kamen Ende der achtziger Jahre in Frankreich zusammen. Starke Preissteigerungen für die Grundnahrungsmittel bei gleichzeitiger Bevölkerungszunahme hatten schwerwiegende soziale Konsequenzen. Unerbittlich trieb auf dem Lande ein verarmter Provinzadel die Feudalabgaben ein und machte sich der bäuerlichen Bevölkerung immer verhasster. Unter starken ökonomischen Druck geraten, setzte der Adel vergessene Privilegien wieder in Kraft. Durch die «édits de triage» liessen sich die Grundherren ein Drittel der den Dorfgemeinden gehörenden Güter zuschlagen. Je schwieriger die Situation wurde, desto nachhaltiger bestand der Adel auf seinen vielfältigen Vorrechten. Albert Soboul spricht von dem offenen Verfall, in dem die Feudalaristokratie am Ende des 18. Jahrhunderts begriffen war und der mit einer aristokratischen Reaktion einherging.[241]

Schwer lasteten auf der Bevölkerung schliesslich die Vorrechte des Klerus, der durch den Zehnten und eigene Ländereien von den Preissteigerungen für Lebensmittel profitierte. Eng miteinander verbunden, luden weltlicher und geistlicher Adel alle mit der Staats- und Gesellschaftskrise verbundenen Lasten auf die Bevölkerung ab. Die städtischen Volksklassen litten unter dem immer ungünstigeren Verhältnis von Lohn und Kaufkraft. Der Preis des Brotes als Hauptnahrungsmittel stieg mit dem des Getreides; 1788 kam es zur grössten Agrarkrise des Jahrhunderts. 1789 betrug der Ausgabenanteil der Volkshaushalte für Brot 88 %, nachdem er ein Jahr zuvor nur 58 % ausgemacht hatte.[242] Allein diese beiden Zahlen geben einen Eindruck davon, in welcher Situation sich die ärmere Bevölkerung befand. Das galt in den Städten ebenso wie auf dem Lande, wo die grosse Masse der unterbäuerlichen Schichten und der kleineren Bauern blanke Not litt, wo der Zehnte und die Abgaben an die Grundherren im voraus abgeliefert werden mussten und selbst wohlhabendere Bauern in die Verlegenheit kamen, für teures Geld Korn kaufen zu müssen. Wo das Brot nicht mehr bezahlbar war, da wuchs Verzweiflung und damit die Bereitschaft, die alten Verhältnisse umzuwerfen. Hunger trieb das Volk auf die politische Bühne.

Wollte das französische Volk 1789 nicht mehr leben wie zuvor, so *konnten* die herrschenden Stände nicht mehr regieren wie seit Jahrhunderten. Einer der wichtigsten Gründe dafür dürfte in der tiefgreifenden Finanzkrise gelegen haben, in die der französische Staat deutlich sichtbar spätestens seit den siebziger Jahren des 18. Jahrhunderts geraten war. Das Steuersystem belastete praktisch ausschliesslich die arbeitende Bevölkerung, die Staatsverschuldung beanspruchte die Hälfte der königlichen Einnahmen für Zinsen. Unermessliche Verschwendung und Belastungen durch Kriege, vor allem aber die Weigerung des ersten und des zweiten Standes, die Staatslasten mitzutragen, führten zum Konkurs des Staates. Die finanzielle Handlungsunfähigkeit beeinträchtigte entscheidend die politischen und militärischen Möglichkeiten der Monarchie, der Revolution durch Reformen vorzubeugen und den sie schliesslich hinwegfegenden Veränderungen Widerstand entgegenzusetzen. Zusammen mit dem agierenden Volk konnten die Vorstellungen von Freiheit und Gleichheit, die während der Jahrzehnte vor 1789 die gebildeten Stände erfasst hatten, nun ihre revolutionäre Kraft entfalten.

Nirgendwo in der Schweiz herrschten vergleichbar zugespitzte Zustände wie in Frankreich. Dennoch hatte die Revolution für kaum ein anderes Land in Europa eine so grosse Bedeutung. Politisch, militärisch und wirtschaftlich war die Eidgenossenschaft auf das engste mit Frankreich verbunden. Salz und Getreide bezog man aus dem grossen Nachbarland, wie insgesamt der Handel – abgesichert durch Handelsprivilegien und Zollfreiheiten – westwärts orientiert war. Schweizerisches Kapital aus privater wie öffentlicher Hand fand in Frankreich ertragreiche Anlage, zahlreiche Söldner aus der Eidgenossenschaft dienten im nachbarlichen Königreich. 1789 hob die Nationalversammlung mit den übrigen Privilegien auch die der Schweiz auf: Die Salzlieferungen hörten auf, Basel erhielt seine Einkünfte aus dem Elsass nicht mehr, die Schweizerregimenter sollten Teil der französischen Armee werden. Man muss von engster Verkettung der schweizerischen und der französischen Politik sprechen, die mit erheblichen Abhängigkeiten der Schweiz einherging. Diese wirtschaftliche Sonderstellung ging mit der Revolution zu Ende.

Umgekehrt gestaltete sich die Politik der verschiedenen Kantone gegenüber dem revolutionären Frankreich widersprüchlich und zerrissen. Furcht vor dem Eindringen der neuen Ideen, Sympathie mit den vor der Revolution geflohenen Emigranten und Sorge um den Verlust der traditionellen Ansprüche gegen das Nachbarland bestimmten die Haltung Freiburgs, Solothurns und Berns. Vorwiegend hier fanden die vor der Revolution fliehenden Emigranten Asyl. In den Handelskantonen Basel, Zürich und Schaffhausen verhielt man sich bei weitem nicht so ausgeprägt antirevolutionär, anfänglich fand hier die Revolution Sympathie, sogar bei Mitgliedern der herrschenden Familien. Hinzu kamen – insbesondere in Basel, aber auch in Zürich – finanzielle Rücksichten, die eine gar zu einseitige Haltung gegen das neue Frankreich verhinderten. Jedenfalls war die Eidgenossenschaft als Ganzes gegenüber dem Nachbarn nicht handlungsfähig. Trotz des Drängens vor allem Solothurns und Freiburgs, durch eine ausserordentliche Tagsatzung deutlicher Stellung zu beziehen, kam es lediglich zu einem tatenlosen Abwarten, das verbunden war mit der Hoffnung auf ein Zusammenbrechen der Revolution.

Der Kreis der mit Frankreich Sympathisierenden setzte sich aus Minderheiten bei den Intellektuellen, aus Kaufleuten und den wohlhabenden, politisch zurückgesetzten Teilen der Bevölkerungen auf den Landschaften, aber auch aus Beamten der Haupt- und Munizipalstädte zusammen. Unter den Gebildeten waren es, wie Ulrich Im Hof schreibt, die Schüler der Iselin, Tscharner, Hirzel und Balthasar, die in der praktischen Anwendung der neuen aufklärerischen Ideen weiter gehen wollten als ihre Lehrer.[243] Insbesondere die jüngere Intelligenz liess sich begeistern und begrüsste die Revolution als Durchbruch allgemeingültiger Ideale.[244]

Alle Schichten der Bevölkerung erfuhren durch Zeitungen und Flugschriften von den Geschehnissen im Nachbarland. Denn trotz der strengen Zensur galten die Berichte aus Frankreich nicht als staatsgefährdend, obgleich Bern schon 1789 in Schreiben an andere Kantonsregierungen darauf aufmerksam machte, welche nachteiligen Folgen die ausführlichen Berichte über die revolutionären Geschehnisse «bey dem gemeinen Mann» hätten.[245] Aus der Sicht eines Stadtzürchers schildert Salomon von Orelli, welche Wirkungen die Revolutionsliteratur hatte:

«Gleich beym Anfang der französischen Revolution ward die Schweiz von allen Winden her mit Revolutionsschriften übersträut, die von vielen Leuten in der Stadt mit Vorliebe gelesen wurden, als enthielten sie verborgene Schätze der tiefsten Weisheit; auf die Landschaft kamen sie nur zu frühe und wurden als der sicherste Weg, den Stein der Weisen zu finden, betrachtet. Paynes Schrift über die Menschenrechte und alle andere, welche Gleichheit und Freyheit predigten, erhielten an den Seeufern einen unbegrenzten Beyfall. [...] Die, welche diese Schriften lasen, predigten ihren Inhalt auch denen, welche nicht lesen konnten; ihr Inhalt ward der Gegenstand der Gespräche in allen Schenken und Gesellschaften und propagierende Franken, welche die Seegegenden bereisten, commentierten solche ad captum ihrer Zuhörer und schmeichelten mit der Hoffnung, dass die neue Republick in alle Winkel in Europa einwürken und Freyheit und Gleichheit in kurzem so allgemein seyn würde wie Luft und Wasser.»[246]

Der Pfarrer von Horgen bemerkte gar bei «einigen begierigen Lesern der französischen Zeitungen» Verachtung und Gleichgültigkeit der Religion.[247]

Was am Ende des 18. Jahrhunderts an Quantität der Medien fehlte, wurde durch die Intensität der Rezeption wettgemacht. Die Informationen aus Frankreich bildeten das allgemeine Tagesgespräch. Reisende mussten erzählen, heimkehrende Söldner berichteten, Kaufleute meldeten, was sie gehört oder gesehen hatten, Hausierer und Kolporteure trugen Gerüchte durch das Land. Schnell verbreiteten sich die Nachrichten mündlich weiter, so dass auch der Analphabet von den Geschehnissen nicht ausgeschlossen war. Und derselbe Johann Georg Müller, der regelmässig neun französische und deutsche Zeitungen las, kommentiert die zunehmende Zeitungslektüre bei der ländlichen Bevölkerung ohne grosse Begeisterung: «Unsre Zeitungen werden auf dem Lande sehr häufig gelesen, und wenn sie finden, wie mächtig heut zu Tage das Volk über die Obrigkeiten wird, so bestärkt sie das eben nicht im Gehorsam.»[248]

Besonders die zahlreichen zeitgenössischen Berichte über Wirtshausdiskussionen zeigen, dass die einfache Bevölkerung sehr genau die Ereignisse in Frankreich verfolgte. Im Liestaler Wirtshaus wurde ein Bericht aus Le Locle vorgelesen, in dem von der Aufrichtung eines Freiheitsbaumes in dieser Gemeinde berichtet wurde. Es schloss sich die Diskussion an, ob es wohl auch in Liestal so weit kommen werde.[249] Bei einem Wirtshausstreit in Bad Schauenburg soll der Wirt einen Stadtbürger «aristokratischer Spitzbube» geschimpft und ausgerufen haben: «Wollte Gott, wir wären unter französischem Schutz!» In einem Wirtshaus in Baselaugst reagierte die Wirtin auf abfällige Äusserungen über Frankreich mit der Frage, ob denn auf der Landschaft Basel eitel Gerechtigkeit herrsche. Sehr genau spürte auch der «gemeine Mann», dass die Ereignisse im Nachbarland sein eigenes Leben berührten. Selbst wo keine Zeitungen gelesen wurden, hörte man viel über das «Franzosen-Wesen».[250] Ein Binninger Seidenfärber drohte, als er sich ungerecht behandelt fühlte, mit dem Einmarsch der Franzosen, die Kinder des Badwirtes von Bubendorf riefen einem Emigranten «A la lanterne» zu, oder Soldaten der Basler Grenzwache sangen zusammen mit französischen Soldaten das «ça ira». Provokativ wurde die französische Kokarde getragen oder «Vive la Nation» gerufen.[251] Überall auf dem Lande gab es Männer, die sich autodidaktisch gebildet hatten, sich in den Lesegesellschaften Bücher über die politischen Ereignisse ausliehen, selbst politisch aktiv wurden oder doch zumindest mit ihren Standesgenossen diskutierten. Johann Jakob Schäfer[252] bildete sich – wie der kleine Pächter Heinrich Bosshard[253] – als Müller auf der Basler Landschaft zum Landvermesser fort und hatte intensive Kontakte zu Gebildeten in der Stadt. Der Kleinbauer und Holzhändler Johann Georg Stehlin[254] war gar Mitglied der «Helvetischen Gesellschaft» und spielte eine Rolle in der Helvetischen Revolution. Johannes Künzle, Ulrich Bräker und zahlreiche ländliche Führer der revolutionären Bewegungen des Jahres 1798 bezeugen, wie sehr die Ereignisse in Frankreich beeindruckten.

Schon seit 1790 beunruhigten revolutionäre Flugschriften einige eidgenössische Obrigkeiten, bei denen eine fast hysterische Revolutionsangst entstand, die spöttisch auch als «Bernerfieber» bezeichnet wurde.[255] Dazu trugen auch durch das Land ziehende, revolutionäre Grundsätze predigende Agitatoren bei, die nicht nur Schreckgespenste der Regierungen waren. Der süddeutsche Weltpriester Joseph Rendler beispielsweise, der als militanter Verfechter josephinischer Reformen nach dem Tode Josephs II. aus Österreich ausgewiesen worden war, ging zunächst nach Frankreich und zog dann unter falschem Namen und als Müller oder Maler verkleidet auch durch schweizerische Gebiete, um die Untertanen durch selbstverfasste Lieder und Schrifterläuterungen revolutionär zu beeinflussen. Unter den Untertanen verteilte er Broschüren, Flugschriften und Lieder.[256]

Wie die revolutionäre Agitation organisiert und das Informationsbedürfnis der Bevölkerung befriedigt wurde, zeigt beispielhaft der arme, sechsundzwanzigjährige Bauer Jakob Gemperle. Schulden und seine sechsköpfige Familie zwangen ihn im Winter 1795 zu einem Nebenerwerb. Mit einer Kratte – ein auf dem Rücken zu tragender Korb – voll Revolutionsnachrichten zog er durch Schnee und Winterkälte von Ort zu Ort. Allein in Zürich verkaufte er 200 Broschüren, insgesamt waren es in vierzehn Tagen 500. Für einen halben Batzen hatte er die in der Druckerei Wehrli-Dieth in Bischofszell hergestellten Broschüren erhalten, mit einem Aufschlag von einem Batzen verkaufte er sie weiter. Dass wir von ihm wissen, danken wir seiner Verhaftung in Bern, wo man vor dem «Dynamit aus Papier» besondere Furcht hatte.[257]

Nicht zuletzt waren es auch Schweizer Söldner, die in Frankreich ihren Dienst leisteten und nach der Rückkehr von ihren Erlebnissen im revolutionären Nachbarland erzählten. Selbst als 1792 bei Basel eidgenössische Truppen die Grenze zu Frankreich besetzten, kam es zu zahllosen Diskussionen unter den Soldaten. Wir «ahneten nahe Veränderungen», so berichtet der Zürcher Leutnant Hans Konrad Escher über ein Gespräch mit einem Berner Freund, «die wir mit Ordnung von oben herab statt durch Umwälzung von unten herauf bewirkt zu sehen wünschten».[258]

Wo sich in der Schweiz bei Schriftstellern und Intellektuellen Begeisterung über die Französische Revolution entzündete, da waren es wie überall in Europa Ereignisse wie die Erklärung der Menschenrechte, die Beschneidung der absoluten Macht des französischen Königs und die Verkündung der Gleichheit vor dem Gesetz, die beeindruckten. Von Enthusiasmus bis zu entschiedener Ablehnung reichten die Reaktionen. «Der 14. Julius zu Paris», so schrieb Johannes Müller über den Fall der Bastille, «ist der schönste Tag seit dem Untergang der römischen Weltherrschaft.»[259] Sein Bruder Johann Georg Müller hingegen sah in Frankreich schon schnell kein anderes Haupt mehr «als das vielköpfichte wütende Ungeheuer, das Volk!» Sorge machte ihm 1790, wie der «heillose Grundsaz, daß alle Menschen gleich frey seyen» von politischen Fanatikern verbreitet wurde und über die Grenzen Frankreichs hinausdrang.[260] Soweit bei Johann Georg Müller anfänglich Sympathien für die französische Sache aufschienen, waren sie platonisch. Als die Bauern von Unter-Hallau von der Stadtobrigkeit Schaffhausens politische und wirtschaftliche Rechte einforderten, fand er diese «nach dem Jure Naturae allerdings nicht ungereimt», doch beeindruckte ihn mehr, dass die Bewilligung der Forderungen Handel und Nahrungsstand der Stadt beeinträchtigen würde, ja, als die Stadt zur Gegenwehr rüstete, um den Bauern ihre Anliegen auszutreiben, bedauerte er, dass ihn sein Amt als Pfarrer vom militärischen Dienst ausschloss.[261]

Eine typische Reaktion der recht schmalen, zumeist eng mit den herrschenden Kreisen verflochtenen Schicht von Gebildeten war folgenloser Jubel. Er hielt an, so lange man glauben konnte, die Revolution würde gemeinsam mit dem König zu Ende geführt werden können. Als es dann in Frankreich zur zweiten Revolution kam,[262] zum Sturm auf die Tuilerien und den darauf folgenden «Septembermorden», die als Opfer viele Schweizersöldner sahen, die im Dienst des französischen Königs standen, war die Empörung so gross wie die anfängliche Begeisterung.

Um die Jahreswende 1792/1793 ging mit zunehmender Radikalisierung der Französischen Revolution auch durch die Schweiz ein tiefer Riss. Wenig wissen wir darüber, ob der Stimmungsumschwung gegen die Revolution auch bei den unteren Ständen mitvollzogen wurde. Bekannt ist, dass bei der einfachen Bevölkerung andere Nachrichten grossen Eindruck machten. Schon vor 1789 erfuhr man von dem Feldzug der französischen Bauern gegen das Wild, das dem adeligen Jagdvergnügen zuliebe geschützt war und auf den Feldern unermesslichen Schaden anrichtete. Hirsche und Rehe, Rebhühner, Eber und Hasen wurden zu Zehntausenden zur Strecke gebracht. Die Jagd auf «adeliges» Wild war nur der Anfang, dem 1789 der Sturm auf die regionalen «Bastillen» folgte. Überall belagerte man Klöster und Schlösser, verlangten die Bauern die Herausgabe der Abgabenbücher und einen Eid der Herren, auf ihre Ansprüche zu verzichten. Die Schuldregister wurden verbrannt und mit ihnen oft auch die herrschaftliche Wohnstatt. Besonders in Süd- und Ostfrankreich bekam so mancher Grundherr langangestaute Wut zu spüren. Das Hauptwerk der französischen Bauern war die Vernichtung aller noch bestehenden Reste der Leibeigenschaft und die im Juli 1793 endgültig erfolgte Abschaffung der Feudalrechte. Alle Abgaben, die auch nur mit dem «geringsten Kennzeichen des Feudalismus» behaftet waren, entfielen, alle diesbezüglichen Urkunden wurden den Flammen überantwortet. Wenige Nachrichten erregten in der Schweiz mehr Aufsehen als die von den überall in Frankreich brennenden Freudenfeuern, entzündet mit den alten Feudalpapieren. Auch in unmittelbarer Nachbarschaft der Schweiz, im Elsass, wurden von Bauern die Schlösser gestürmt und geplündert.[263]

Von besonderem Interesse ist die Haltung solcher Männer, die später zu wichtigen Politikern der Helvetischen Republik wurden. Als charakterisch können die Reaktionen Paul Usteris gelten, der in Begeisterung über die Etablierung eines verfassungsmässigen Staates in Frankreich 1792 daran dachte, durch eine anonyme Gesellschaft von «Freunden der französischen Konstitution» eine «Bibliothek der freien Franken» herauszugeben. Sein Freund Rengger sollte Mitherausgeber werden; Ziel war die Bekanntmachung alles Wahren, Schönen und Grossen, «das seit der Revolution zur Sprache gekommen» sei.[264] Auch die blutigen Ereignisse im August und September 1792 liessen Usteris Begeisterung nicht erkalten, den «demokratischen Despotismus» sah er als vorübergehende Erscheinung[265], erst vom jakobinischen Terror distanzierte er sich. Peter Ochs, der Autor der ersten schweizerischen Verfassung, liess ein politisches Glaubensbekenntnis zur Revolution drucken. Begeisterung und Verehrung hatten bei ihm fast religiöse Züge.[266] In Paris erlebte er mit, wie man die geflüchtete königliche Familie in die Hauptstadt zurückbrachte und mit welcher Empörung das Volk von Paris auf den Verrat reagierte. Über seinen Schwager Dietrich, Bürgermeister in Strassburg, war er eng mit den revolutionären Geschehnissen verbunden.[267] In Dietrichs Haus entstand unter Mitwirkung der Schwester von Peter Ochs 1792 die «Marseillaise», die kurze Zeit später zur französischen Nationalhymne wurde. Als in Frankreich der Terror begann, musste Ochs erleben, wie am 29. Dezember 1793 sein Schwager hingerichtet wurde, der als reicher Adliger der Revolution in seiner Heimatstadt Strassburg zum Durchbruch verholfen hatte. Auch wenn es ihm schwer wurde, blieb er den Idealen der Revolution treu, sah die Ursachen für Hysterie und Terror in den Erschütterungen durch die Revolution und vor allem im Krieg, den die europäischen Mächte gegen Frankreich führten.[268]

Neben Paul Usteri und Peter Ochs gab es noch eine Reihe von Männern, die ihre grundsätzliche Parteinahme für die Französische Revolution trotz abstossender Ereignisse in Frankreich nicht aufgaben. Leonhard Meister, Philipp Albert Stapfer, Johann Christoph Tobler oder Albrecht Rengger[269] lauten nur einige der Namen, die in der Helvetischen Republik eine Rolle spielen sollten. Auch der Bündner Dichter Johann Gaudenz von Salis-Seewis ist zu nennen, der als Mitglied eines Garderegiments in Frankreich Zeuge der Revolution wurde und nach der Flucht des französischen Königs erklärte, er werde von nun an nur zur Verteidigung von Freiheit und Menschenrechten bereit sein.[270] Stolz auf das ihm von der französischen Nationalversammlung verliehene Ehrenbürgerrecht war Heinrich Pestalozzi. Seine sehr differenzierten Äusserungen zeigen ihn durchaus nicht als blinden Verehrer der Revolution, doch hart ging er mit den Verfechtern des Alten ins Gericht.[271]

Gewisse Wirkungen auf die Eidgenossenschaft hatte schliesslich die Tätigkeit des «Club helvétique» in Paris. Der sogenannte Schweizerklub entstand, nachdem sich im Februar 1790 das gedruckte Zirkular eines anonymen Patriotenkomitees mit der Aufforderung an die in Paris wohnenden Freiburger wandte, eine Bittschrift zugunsten der zu Galeerenstrafen verurteilten Schweizersöldner an die Nationalversammlung zu verfassen. In dem sich darauf bildenden Klub beschloss man, ein besonderes Augenmerk darauf zu richten, dass «das Joch der Aristokratie in der Schweiz zerbrochen würde»: «Der Verein bezweckt ausschliesslich die Verbreitung der Freiheit in denjenigen schweizerischen Orten, in denen die Aristokratie die ursprünglichen Einrichtungen verdorben hat; er bemüht sich, die konstitutionellen Grundlagen der Französischen Revolution auch für die Schweiz zu gewinnen, allerdings unter dem Vorbehalt der durch örtliche und andere Verhältnisse bedingten Abänderungen.»[272] Vom Juni 1790 bis August 1791 hielten die etwa 300 Mitglieder – unter ihnen Weinhändler, Soldaten, Portiers und Krämer – 83 Sitzungen ab. Über ein «bureau de correspondence» und brieflichen Verkehr informierte man sich über die Stimmung in der Schweiz. Durch in die Eidgenossenschaft geschmuggelte Flugschriften und Zeitungen versuchte man, Einfluss zu nehmen. Besonderes Aufsehen erregte in der Schweiz ein revolutionäres Sendschreiben an Gemeinderäte der Städte, Marktflecken und

Dörfer mit dem Aufruf zur Empörung gegen die herrschende Aristokratie.[273] Schliesslich wurden auch Aktivitäten entfaltet, um bei den Schweizertruppen Gleichheit der Rechte einzuführen.[274] Regelmässig erhielt die Berner Regierung Berichte über die Tätigkeit des Klubs. Offenbar hatte man einen Spion eingeschleust. Insgesamt jedoch war die Furcht einiger Schweizer Regierungen sehr viel grösser als die reale Wirksamkeit des Schweizerklubs.[275]

Sehr viel bedeutender für die Entwicklung bis zum Jahre 1798 waren verschiedene Aufstände und Konflikte in der Schweiz selbst, bei denen im Einzelfall schwer zu sagen ist, ob es sich um Wirkungen der Französischen Revolution oder bereits um Vorboten der helvetischen Staatsumwälzung handelte. Jedenfalls spielten in allen innerschweizerischen Auseinandersetzungen die Ereignisse im Nachbarland von nun an eine wesentliche, oft entscheidende Rolle.

4   Die Vorboten
der Helvetischen Revolution

«Die Geschichte lehrt es, daß ertragbare Lasten und Zutrauen und Milde einer Regierung, die einen festen Gang hat, selbst in Revolutions-Zeiten die Staatsbürger sicher im Zustande der Ruhe erhalte, indem da, wo das Gegentheil beobachtet wird, Arretirungen, Unruhen, Bücherverbothe, Preßzwang und Haschen nach verbothenen Büchern auf einander folgen.»
National-Zeitung der Teutschen 1799[276]

*«Wer widersteht in unsrer Zeit
Dem Unrecht so wie Tell?
Wer stürzt mit edler Tapferkeit
Unwürdige so schnell?»*

LAVATER
Schweizerlieder[277]

In den neunziger Jahren eskalierten in der Schweiz soziale und politische Krisen in immer schnellerer Abfolge. Vom Genfersee bis zur Alten Landschaft des Fürstabtes von St. Gallen zeigten Volksbewegungen und Erhebungen das Ende der Alten Eidgenossenschaft an. Überall wurde politischer Wandel eingefordert. Bern setzte 1790 militärische Gewalt gegen Unruhen im Unterwallis und 1791 in der Waadt ein. Im Jahre 1792 entstand im Jura als erste «république sœur» zu Frankreich die «République Rauracienne».

Die Unruhen und revolutionären Aktionen wurden in der ganzen Eidgenossenschaft gebannt verfolgt. Die Bemühungen der Regierungen, durch Zensur und Verbote die Herstellung von Öffentlichkeit zu behindern, nützten wenig. Von der Zensur unabhängige Medien sorgten dafür, dass die Ereignisse zum Hauptgesprächsstoff überall in der Schweiz wurden. Es entstand eine politische Publizistik, die der emotionalen Mobilisierung ebenso diente wie der Information, der Politisierung ebenso wie der Bewusstseinsprägung der Bevölkerung. Flugschriften und Broschüren, Spottverse und Bilder, Lieder und mündliche Berichte wurden überall im Lande verbreitet und lieferten die Grundlage für erhitzte Diskussionen.[278] Das in der Schweiz so lange geltende Tabu, das Berichterstattung und Diskussion innerschweizerischer politischer Angelegenheiten verhinderte, wurde mehr und mehr gebrochen.

Die Konflikte in den einzelnen eidgenössischen Ländern hatten sehr unterschiedliche Ursachen und Anlässe. In einigen Gegenden – so in Unter-Hallau und in der Waadt – kamen Meinungsbildungsprozesse bei der Landbevölkerung durch die Nachrichten aus Frankreich und die Zeitungslektüre in Gang, die dann zu weitergehenden Aktionen führten, die ihre eigentliche Ursache in schwerwiegenden sozialen Gegensätzen hatten. Am 14. März 1790 verweigerten die Bauern in Unter-Hallau ihrem neuen Landvogt die Huldigung und verlangten in sechzehn Punkten von der Regierung die Aufhebung der Leibeigenschaft, die Abschaffung des Ölsamen- und Kartoffelzehnten, die Erlaubnis zu freiem Tuch-, Garn- und Weinhandel sowie die Erlaubnis zur Abhaltung von Jahrmärkten.[279] Die wesentlichen Privilegien waren hier angesprochen, die der Stadt Schaffhausen ihre ökonomischen Vorteile gegenüber der Landschaft garantierten. Entsprechend fiel die Antwort der beiden Räte vom 14. April 1790 aus: die Forderungen wurden barsch abgelehnt. Unter der Drohung einer militärischen Strafexpedition mussten die Petenten klein beigeben, sich entschuldigen und darüber hinaus noch Verbannungen und Geldstrafen hinnehmen.[280]

Waren es in Unter-Hallau Bauern, die sich durch die Ereignisse in Frankreich ermutigt fühlten, ihre Forderungen zu formulieren und vorzutragen, so ging es im Sommer 1790 in der bernischen Landstadt Aarau um die Wiedererlangung des von Bern aufgehobenen Rechtes, Früchte und Wein frei kaufen zu können. In einer «Unterthänigen Vorstellung und demüthigen Bitte» wurden die Forderungen an die bernische Regierung gebracht, die die Petition als Staatsverbrechen begriff und zurückwies. Noch genügte das Erscheinen von zwei Ratsherren in Aarau, um Ruhe herzustellen. 1798 gehörte Aarau dann zu den Orten, in denen die Revolution den grössten Rückhalt hatte.

Grosse Probleme erwuchsen Bern in der Waadt. Über die Grenze zu Frankreich konnten die neuen revolutionären Ideen verhältnismässig ungehindert einfliessen. Entscheidend dafür, dass sich bei der waadtländischen Bevölkerung Hass und Abneigung gegen Bern verstärkten, war eine unkluge Politik der bernischen Regierung, die zur Eskalation der Konflikte bis in die Revolution des Jahres 1798 führte. Bereits 1790 reichten mehrere waadtländische Städte Beschwerden bei der Regierung ein, die mit einer von allen Kanzeln verlesenen Regierungsproklamation beantwortet wurden. Jede Regierungsveränderung sei unnütz und gefährlich, so hiess es hier, besser als von Bern könne man nicht regiert werden.[281] Im Dezember 1790 kam es durch die Verhaftung des Pfarrers Jean Rodolf Martin von Mézières zu einem regelrechten Sturm der Entrüstung. Der Geistliche hatte in einem Streit um die Rechtmässigkeit des Kartoffelzehnten Partei für die Bauern seiner Gemeinden ergriffen und wurde nun nach einer Denunziation unter Anklage wegen Hochverrates verhaftet.

1791 eskalierte die gegen Bern gerichtete Stimmung in Freudenfesten, die in Lausanne und Rolle zur Erinnerung an den Sturm auf die Bastille gefeiert wurden.[282] Die Reaktion Berns war hart und konsequent. Begleitet von einem Truppenaufgebot – 2 220 Mann deutscher Milizen hatten «längs dem Bremgarten unter General-Major von Erlach ein Exerzierlager bezogen», auch bei Rolle waren Truppen zusammengezogen worden – erschien unter dem Namen «Haute-Commission» ein Untersuchungsausschuss, der harte Strafurteile für an den Festen beteiligte Personen, unter ihnen mehrere Pfarrer, aussprach. Ein Truppenkorps wurde zum Einzug nach Lausanne beordert und der Stadtrat gedemütigt.[283] Hochverratsprozesse endeten mit einer Todesstrafe für den gemeinsam mit Jean-Jacques Cart geflüchteten Amédée de Laharpe, Konfiszierung seines Besitzes und Festungsstrafen. Der Vetter des zum Tode Verurteilten, Frédéric-César de Laharpe, wurde zu einem der erbittertsten Gegner der bernischen Regierung und zu einem der Hauptträger der waadtländischen Revolution des Jahres 1798.[284]

Mit grösserer Klugheit ging die Regierung von Basel vor. Unter dem Eindruck der die Schlösser plündernden Bauern im nahen Elsass wurden die Untertanen im Dezember 1790 vom Grossen Rat aus der Leibeigenschaft entlassen. Der Weinschreiber Abel Merian hatte schon am 21. September 1789 angefragt, ob es «nicht zur Ehre des Standes und gegenwärtigen Zeitumständen angemessen» sei, «die hiesigen Untertanen der Leibeigenschaft» zu entlassen.[285] Auch wenn die Aufhebung der Leibeigenschaft materiell fast ohne Auswirkungen blieb,[286] wollte man den Stadtbürgern doch immerhin verbieten, den Landbürgern ihre ehemalige Leibeigenschaft zum Vorwurf zu machen; sie sollten nun als «leibesfreie Untertanen» angesprochen werden, ein Begriff, der von Peter Ochs geprägt wurde. Ausdrücklich bemängelte eine Petition des Liestaler Landvolkes, dass mit der obrigkeitlichen Freilassung «nur der Klang des Worts» abgeschafft worden sei.[287]

Zu gären begann es auch im Freistaat der Drei Bünde. Hier verkörperte die alte, weitverzweigte Familie Salis das aristokratische Regiment. Durch Bestechung und Vergabe von Pensionen hatte sie es verstanden, die Zollpacht an sich zu reissen, es herrschten Ämterkauf, Rechtsbeugung und Korruption, insbesondere auch bei der Verwaltung der untertänigen Provinzen.[288] Ständig schwelten Konflikte um die Nutzniessung der Untertanengebiete, der Solddienste in Frankreich und der Zölle. Gegen die Herrschaft der Familie Salis hatte sich eine Opposition gebildet, der sich unter der Führung Johann Baptist von Tscharners auch ein Mitglied eben jener Familie, der Dichter Johann Gaudenz von Salis-Seewis, anschloss. Im Besitz von Tscharners befand sich das Philanthropin, das seinen Sitz seit 1792 in Schloss Reichenau hatte. Hier erhielten Frédéric-César de Laharpe und andere Politiker der Helvetischen Republik ihre Ausbildung. Von 1796 an wurde diese «Pflanzschule der Helvetik» von dem Magdeburger Heinrich Zschokke geleitet, der nach 1798 ebenfalls wichtige politische Ämter bekleiden sollte.[289] Die sich um die Anstalt sammelnde Partei der Patrioten hätte 1794 wohl wenig Chancen gehabt, das aristokratische Regiment auch nur nachhaltig zu schwächen, wenn nicht, ausgelöst durch eine Hungersnot, die Bauern des Oberlandes haufenweise gegen Chur gezogen wären, um die Missstände im Staatshaushalt gewaltsam abzustellen. Zwar gelang es der herrschenden Familie zunächst, im Volk Gerüchte auszustreuen, die franzosenfreundlichen Patrioten seien am Kornmangel schuld, da sie Getreide nach Frankreich geschickt hätten, doch in der allgemeinen Standesversammlung gelang es, die Vertreter der Gemeinden davon zu überzeugen, dass die Verantwortung für die eingerissenen Missstände bei der Familie Salis lag. Es kam zu einem Strafgericht gegen die herrschende Familie. Die Eidgenossen ebenso wie Österreich sahen in der Bewegung eine Nachahmung der Französischen Revolution und befürchteten ein Übergreifen auf ihre Territorien.[290] In der von dem Buchdrucker Bernhard Otto in Chur herausgegebenen politischen Zeitschrift unter dem Titel «Der Alpenboth» war am 23. September 1794 das Gedicht «Das Glück Helvetiens» zu lesen, das die Eidgenossenschaft als Ursprungsland der Freiheit, als Vorbild für die amerikanische und die Französische Revolution und aktuell als Brudervolk der Franken beschrieb.[291]

Manche Bemühungen unternahmen die nun herrschenden Patrioten, im Inneren Reformen besonders des Militär- und Schulwesens durchzusetzen, doch scheiterte die Neuordnung des Verhältnisses zu den untertänigen Provinzen jenseits der Alpen.

Zu aufsehenerregenden Auseinandersetzungen kam es zu Beginn der neunziger Jahre auch am entgegengesetzten Ende der Schweiz. Hier war mit Genf ein mit der Eidgenossenschaft verbundenes Territorium von französischen Truppen und von inneren Konflikten gleichermassen bedroht. Im Herbst 1792 verteidigte die Stadt nach der Invasion Frankreichs in Savoyen gemeinsam mit Truppen aus Bern und Zürich ihre Unabhängigkeit. Wie schon zehn Jahre zuvor, als sich 1782 die Genfer Aristokratie nur durch das Eingreifen fremder Soldaten an der Macht halten konnte, zeigte sich auch jetzt, dass der Genf gebotene Schutz durch Schweizertruppen zugleich auch der Bewahrung der aristokratischen Ordnung der Stadt dienen sollte.[292] Zu einem Interessenausgleich und zur Einführung von Rechtsgleichheit, die die sicherste Garantie gegen jede Verletzung der Unabhängigkeit geboten hätte, waren die regierenden Genfer Familien nicht bereit. Nachdem die Gefahr der Besetzung abgewendet war, lebten die alten Auseinandersetzungen neuerlich auf und es kam zum bewaffneten Aufstand. Anfang Dezember 1792 wurde das Zeughaus besetzt, durch die revolutionären Clubs der Kleine und der Grosse Rat abgesetzt sowie Verwaltung und Polizei einem Verwaltungs- und Sicherheitsausschuss übertragen.[293] Habitants und Natifs erhielten das Bürgerrecht. Das neue Genf wollte sich nun eine Verfassung geben, die nach französischem Beispiel allen Bürgern gleiche Rechte garantierte. Im Februar 1793 wurden Wahlmänner ernannt, die eine Nationalversammlung wählten. Am 5. Februar 1794 nahm das Genfer Volk in einer Abstimmung die von der Nationalversammlung ausgearbeitete Verfassung an, die mit der Erklärung eingeleitet wurde: «Das Genfer Volk, frei und unabhängig durch den Willen des höchsten Wesens, gründet seine Verfassung auf die Gerechtigkeit, die Gleichheit und die Freiheit.»[294] Die Stadt Genf gab so der Eidgenossenschaft das erste Beispiel einer erfolgreichen Revolution. Erstmals war es gelungen, in einer Stadt das aristokratische Regiment zu beenden und bürgerliche Freiheiten in einer Verfassung zu garantieren. Auf die Genfer Revolution fällt der Schatten des 19. Juli 1794, als die revolutionären Klubs mit einem Revolutionstribunal an den aristokratischen Familien Rache für Ungerechtigkeiten nahmen, die sie selbst 1782 hatten erfahren müssen. Mehr als fünfhundert Urteile wurden gefällt, 37 davon lauteten auf Tod, 11 wurden vollstreckt. Nach dem Sturz Robespierres wurden die Urteile ausgesetzt, am 21. September 1795 feierte Genf nach einer allgemeinen Amnestieerklärung ein Versöhnungsfest.[295]

Die Probleme der alten Regierungen blieben in den neunziger Jahren nicht auf Unruhen und politische Forderungen der Untertanen beschränkt. Es kamen aus konjunkturellen Gründen und infolge des Krieges schwerwiegende soziale Probleme hinzu. In den unteren sozialen Schichten, wo eigener Boden zur landwirtschaftlichen Bearbeitung nur wenig oder gar nicht vorhanden war und man von der Heimarbeit lebte, regierten vermehrt Hunger und Not.[296]

Politische Unruhen und soziale Spannungen kulminierten zu einer regelrechten Krisenstimmung, in der die Institution eines eidgenössischen Bettages entstand.[297] Bern lud die anderen eidgenössischen Orte dazu ein, diesen Tag gemeinsam zu feiern. Eine Einladung an das revolutionäre Genf unterblieb ebenso wie eine an Graubünden. Zwar warnte etwa Johann Kaspar Lavater in seiner Bettagspredigt vor Despotismus und Herrschsucht, doch mit Predigten für das Volk über Irreligiosität und Sittenverfall, während den Regierungen hätte ins Gewissen geredet werden müssen, waren die schwierigen Probleme nicht zu bewältigen. «Das Uebel liegt viel tiefer», so wusste ein Pfarrer, «das ganze Haupt ist krank, aber das will niemand sehen, und es darfs niemand laut sagen.»[298]

In den Jahren 1793 bis 1795 wuchs die Bereitschaft vieler Schweizer, Forderungen nach Veränderungen zu artikulieren und zu vertreten. Es waren in dieser Zeit vor allem zwei Ereignisse, die die ganze Eidgenossenschaft bewegten. Auf der

Alten Landschaft des Fürstabtes von St. Gallen und in Seegemeinden am Zürchersee kam es zu revolutionären Aufständen. Die beiden Ereignisse stehen für die unterschiedlichen Wege, die am Abend der Alten Eidgenossenschaft möglich waren.

Vorwegname der Helvetischen Revolution – Volk und Fürstabt von St. Gallen vergleichen sich im «Gütlichen Vertrag»

> *«Die Eidgenoßschaft hat sicher den Zeitpunkt ihres sorgenfreyen Glüks hinder dem Rüken.»*
>
> JOHANN HEINRICH PESTALOZZI 1795[299]

«Zall nünt, du bist nünt scholdig», so hiess es 1793 auf einem in der Gemeinde Gossau angeschlagenen Zettel, der die Bevölkerung zur Abgabenverweigerung aufrief. Der St. Galler Fürstabt Beda schrieb in sein Tagebuch, der «angehenckhte Zedel» sei «ein ehrvergessener, unverschambter, rebellischer, lugenhaffter Fresszedel».[300] Ereignisse nahmen ihren Anfang, die in der Vorgeschichte der Helvetischen Republik als erste Revolution in der deutschsprachigen Schweiz gelten müssen. Nicht unbeeinflusst durch die Französische Revolution, fand die Umwälzung ausgerechnet in jenen Teilen des Landes statt, die von Frankreich am entferntesten lagen.

Die St.-Gallische Revolution, so bezeichneten Zeitgenossen die Geschehnisse, entzündete sich an einer Abgabe, die von der Bevölkerung gezahlt werden sollte.[301] Dies geschah in einer Situation, die ökonomisch sehr angespannt war. «Um den Broterwerb steht es sehr schlecht», notierte Ulrich Bräker in sein Tagebuch, «die Teuerung ist im ganzen viel stärker und anhaltender als in den hungrigen 70er Jahren.»[302] Wie bei den Unruhen in anderen eidgenössischen Gegenden auch, standen am Beginn der Bewegung nichtrevolutionäre, wirtschaftliche und auf Reformen gerichtete Forderungen, doch wurden im Verlaufe des Geschehens schnell Grundprinzipien der fürstäbtischen Herrschaft selbst in Frage gestellt.[303] Es versammelten sich die Ammänner der fünf Gossauer Gerichte Gossau, Niederwil, Andwil, Oberdorf und Oberarnegg gemeinsam mit dem Gossauer Gemeindevogt Johannes Künzle, dem Rittmeister Josef Anton Contamin und dem Pfleger Anton Bossart, um die Beschwerden gegenüber der Regierung zu formulieren. Sechs Klagepunkte standen im Vordergrund, alle ökonomischer Natur. Den Fürstabt beunruhigten sie nicht allzu sehr, leicht seien sie zu widerlegen, notierte er in seinem Tagebuch, doch über die Klageführer schrieb er, es sei «das ärgste, das sie noch andere Gemeinden aufhetzen und sich auch auf 100 Mann zu Gossau zusammen rotiert, welches doch [...] verbotten ist».[304]

Ungewöhnlich, dass der Fürstabt die sich bildenden Ausschüsse aufforderte, ihre Anliegen in schriftlicher Form einzureichen. Am 10. Oktober 1793 nahm er die «Ehrerbietige Beschwerdeschrift» entgegen, in der beispielsweise die Verteilung der französischen Pensionsgelder an das Volk gefordert wurde, zitierte aber gleichzeitig Künzle, Contamin und Bossart als Hauptunruhestifter nach St. Gallen, um sie ernstlich zu ermahnen. Die Klagepunkte widerlegte er schriftlich und sprach von «Unwahrheiten und sehr groben und stark zu Herzen tringenden Verleümdungen» oder von «tief eintringender Ehrabschneidung» gegenüber der Abtei, die Forderungen begriff er als «Unverschamtheit».[305]

Ton und Vorgehen des Fürstabtes deuten nicht auf Kompromissbereitschaft hin. Doch mit der Erlaubnis, die Beschwerden schriftlich zu formulieren und ihm zu übergeben, war ein Feuer geschürt worden, das in seinen Anfängen vielleicht noch mit Gewalt zu löschen gewesen wäre. Am 9. Dezember 1793 empfing Beda 14 Abgesandte der Gossauer Ausschüsse im Tafelzimmer der St. Galler Pfalz: Ein seltsames Treffen, das von der künftigen revolutionären Entwicklung wenig ahnen liess. Noch stand das kleine Oberberger Amt, das die Gossauer repräsentierten, mit seinen Klagen allein, die anderen Ämter der Alten Landschaft waren bis dahin ruhig geblieben. Der Fürstabt schlug, ähnlich wie die Gossauer Abgesandten, moderate Töne an. «Mann muss behutsam in die Sach gehen», so notierte Beda in sein Tagebuch, «besonders bey jetzigen Zeiten, da ville Köpf mit Freyheit und Aufruhrgeist ganz berauschet seind.»[306] In der Sache blieb er jedoch hart, berief sich zur Widerlegung der Beschwerden auf Archivdokumente und stellte den Gossauern dar, dass sie mit ihren Anliegen im Unrecht seien. Diese reagierten zurückhaltend und liessen beim Fürstabt den Eindruck zurück, die Angelegenheit sei mit dem Treffen ein für allemal beendet.

Doch weit gefehlt; Johannes Künzle und seine Mitstreiter bewiesen einen langen Atem. Das Jahr 1794 nutzten die Revolutionsausschüsse im Oberberger Amt, um ihren Rückhalt bei der Bevölkerung zu verbreitern und weitere Ämter zum gemeinsamen Vorgehen zu gewinnen. Zur Zuspitzung kam es, nachdem am 7. Dezember von den Revolutionsausschüssen beschlossen worden war, den St. Galler Pfalzrat nicht weiter als massgebliche Vermittlungsinstanz anzuerkennen, sondern sich direkt an die Schirmorte des Stiftes St. Gallen zu wenden, unter denen Glarus Sympathien für die Gossauer zeigte. Der Fürstabt, durch starke Opposition unter seinen Mönchen geschwächt, erinnerte in einer Proklamation vom 13. Dezember daran, was er während der hungrigen siebziger Jahre durch Kornverkäufe für die Bevölkerung getan hatte, warnte vor Gesetzlosigkeit wie in Frankreich und mahnte zur Loyalität. Durch die Amtsleute vorgebrachte Beschwerden werde er entgegennehmen, «gesetzwidrige Versammlungen, Aufwieglungen und Rottierungen» hingegen mit aller Schärfe ahnden.[307]

Aber inzwischen war die Lawine auch durch weitere Proklamationen des Fürstabtes, die auf gut schweizerische Weise von den Aufständischen stets freundlich beantwortet wurden, nicht mehr aufzuhalten. Auch in anderen Ämtern war es nun zu Bewegungen gekommen. Am 17. Januar 1795 überreichten die Amtsleute der Gerichtsgemeinden im Wiler Amt ihrem Fürstabt ebenfalls eine «Underthenigste Bitschrift», deren Beschwerdepunkte denen des Oberberger Amtes glichen.[308] Hauptagitator war hier Carl Häfelin, ein Bauernsohn, der aus einer bildungsaufgeschlossenen Familie stammte und es 1790 zum Ammann von Oberbüren gebracht hatte. Seiner Tätigkeit vor allem ist es zu verdanken, dass das Ziel einer vereinten Aktion der ganzen alten St.-Gallischen Landschaft nähergerückt war. Auch die Gossauer blieben weiter aktiv und erreichten im Februar 1795 beim Fürstabt die Erlaubnis, in den Gemeindeversammlungen ihre Beschwerden zu debattieren. Vom Standpunkt der Machterhaltung war es geradezu fahrlässig, dass Beda sogar eine gemeinsame Versammlung in der Kirche von Gossau gestattete. Und diese Nachgiebigkeit nutzten die Führer der revolutionären Bewegung dann auch tatsächlich, um für den 24. Februar 1795 eine Volksversammlung einzuberufen. Geleitet von Johannes Künzle, berieten sich bei regnerischem Wetter vor einer aufgebauten Bühne mittags um 12 Uhr 6 000 Menschen, um ihre Forderungen gegen den Fürstabt zu bekräftigen. Man beschloss die Einrichtung weiterer Revolutionsausschüsse und die Sammlung zusätzlicher Beschwerden, die Platz in einer neuen Eingabe an den Fürstabt finden sollten.

Diese Volksversammlung hatte für die ganze Alte Landschaft des Klosterstaates Signalcharakter. Jetzt halfen in den Kirchen verlesene Mahnrufe des Fürstabtes und das Versprechen der Amnestie für bisherige Aktivitäten nicht mehr. In einem aufwendigen Beratungsprozess entstand eine zwischen den Ämtern abgestimmte Beschwerdeschrift, die zur Grundlage des weiteren Geschehens werden sollte. Am 3. Juni 1795 wurde sie dem Kloster eingereicht. Unter dem Titel «Ehrerbietige Vorstellungen»[309] – als Absender nannten sich die «getreuen Gottshausangehörigen samtl. alten Landschaft» – erschien sie in mehreren Auflagen auch gedruckt und diente der revolutionären Agitation. Vor aller Ohren wurden nun die politischen Angelegenheiten diskutiert.

Umfassten die Beschwerden der Bevölkerung zunächst wenige Punkte, so wuchsen sie bis Mitte 1795 zu einem umfassenden Paket von 61 Klagepunkten. Die Arbeit der Revolutionsausschüsse hatte innerhalb von zwei Jahren zu einem Bündel von Forderungen geführt, mit denen die weitgehend uneingeschränkte Herrschaft des Fürstabtes grundlegend erschüttert wurde. Selbstbewusst forderte man jetzt die Abschaffung der Leibeigenschaft. Die von ihr abgeleiteten Abgaben wollte man ebensowenig länger zahlen wie verschiedene andere Feudalabgaben. Der Totenfall wurde genannt und das Fastnachtshuhn, das geldwert geliefert werden musste, die Handänderungssteuer, Abzugsabgaben, Weg- und Brückengelder sowie Taxen für Pässe. Darüber hinaus wurden Erleichterungen bei den Zehntverpflichtungen verlangt.

Zielten bereits einige der ökonomischen Beschwerden – beansprucht wurden freier Salzhandel, Fischerei und Jagd – auf den Kern der alten Ordnung, so gilt dies noch viel mehr für die Forderungen nach politischen Rechten und der Abschaffung von Privilegien. In ihnen manifestiert sich, wie die Hauptparolen der Französischen Revolution – Freiheit und Gleichheit – bis in die ländlichen Gebiete der Ostschweiz gedrungen waren. Neben mehr Rechten des Landes in politischen Fragen forderte die Bevölkerung die freie Wahl der Ammänner und Gemeindehauptmänner, der Richter und Weibel in den Gemeinden. Den Geistlichen wollte sie nicht weiter zugestehen, bei der Auswahl von Schulmeistern und Mesmern mitzureden. Gemeindeversammlungen sollten ohne obrigkeitliche Erlaubnis möglich sein, Streit zwischen Gemeinden nicht mehr durch die Obrigkeit, sondern durch die Vorsteher unbeteiligter Gemeinden geschlichtet werden. Ja, selbst im Militärwesen und bei der Aussenpolitik wollte sie mitreden und einen entsprechend geänderten Huldigungseid schwören, der nicht mehr nur den Fürstabt, sondern zugleich auch die Treue gegenüber dem Land nennen sollte. Gleichheit verlangte man durch die Abschaffung der Privilegien für Geistliche, Klöster, Beamte und Offiziere.

Fürstabt Beda war über die 61 von bürgerlich-demokratischem Geist geprägten Klagpunkte vom Juni 1795 ebenso empört wie sein Konvent und einige anonyme Flugschriftenverfasser, die für die Erhaltung der Rechte der Abtei eintraten. Von eidgenössischer Seite ergingen Aufforderungen an ihn, ebenso hart zu bleiben wie die Zürcher gegenüber den Forderungen des «Stäfner Memorials», doch deutet der Eintrag in sein Tagebuch, «Es will halt alles frey seyn», Resignation an. Allerdings war davon wenig zu bemerken, als den Revolutionsausschüssen am 4. September die kompromisslose Haltung von Abt und Kapitel bekanntgemacht wurde. Es folgte eine weitere Beschwerdeschrift, die in einem Generalkapitel Artikel für Artikel beraten wurde. Fast einstimmig beschloss man hier ein Ultimatum an die Revolutionsausschüsse, das diesen am 7. Oktober übergeben wurde. Während sich das Stift weigerte, irgendwelche Hoheitsrechte aufzugeben, wurde in 17 der 61 Punkte Bereitschaft zum Nachgeben gegenüber den Forderungen signalisiert. In allen Gemeinden verlasen Geistliche das Ultimatum von den Kanzeln. Verbunden war es mit der Aufforderung, innerhalb von acht Tagen zuzustimmen. «Volksberuhigung ist auf diese Weise wohl nicht zu hoffen», schrieb Johannes Künzle am 11. Oktober, noch nie sei das Volk so aufgebracht gewesen: «Es schaudert mir vor der Zukunft.»[310]

Die entscheidende Wende in den Auseinandersetzungen war zu gleichen Teilen auf die weiterhin unnachgiebige Haltung der Revolutionsausschüsse und auf eine überraschende Meinungsänderung des Fürstabtes zurückzuführen. Nachdem die Revolutionäre mit der Einberufung einer neuerlichen Landsgemeinde gezeigt hatten, dass sie das Ultimatum nicht akzeptieren würden, nahm der Fürstabt gegen den Willen seines Konvents und seiner weltlichen Minister Verhandlungen mit den Ausschüssen auf. Während auf dem Klosterhof die Bevölkerung zur Unterstützung ihrer Verhandlungsführer, unter ihnen Johannes Künzle, Jakob Anton Egger, Josef Anton Heer, Joseph Anton Müller und Carl Häfelin, demonstrierte, dauerte es nur zwei Tage, bis der denkwürdige «Gütliche Vertrag» eine Einigung ergab, die einen Sieg der Revolutionsausschüsse auf der ganzen Linie darstellte. Dieser Vertrag bedeutete nichts weniger als ein Ende des Ancien Régime und der mittelalterlichen Herrschaftsverhältnisse. Er beendete die fürstliche Alleinherrschaft und gab der Alten Landschaft eine Art von Verfassung. Die Verwaltung des Militärs und des Salzmonopols wurde dem Landvolk ebenso zugestanden wie das Recht, Ammänner, Richter, Schreiber, Schulmeister und Mesmer selbst zu wählen. Auch durften nun nach Belieben Versammlungen abgehalten werden. Abgeschafft wurde der kleine Zehnte, der Loskauf der Lehen sollte möglich sein und die Auflösung der Handwerkerzünfte. Von grosser symbolischer Bedeutung war die Aufhebung der Leibeigenschaft.

Was war mit Beda Angehrn vorgegangen, dass er plötzlich die Hand dazu bot, seiner Herrschaft Zügel anlegen zu lassen, die den Übergang zu einer konstitutionellen Monarchie bedeuteten? Der Fürstabt hatte seine Regierung in den Jahrzehnten zuvor in einer durchaus selbstherrlichen Weise ausgeübt und nie erkennen lassen, dass er sich etwa aufklärerische staatstheoretische Vorstellungen zu eigen gemacht hätte. Noch zu der im Mai 1795 gestellten Forderung der Revolutionäre, die auf Absetzung verhasster Klosterstatthalter zielte, notierte er in seinem Tagebuch: «Dises heist despotisch mir befehlen, so weit seind dise Leuth gekommen.»[311] War es der über zwei Jahre nie nachlassende, sich schnell über das ganze Herrschaftsgebiet ausbreitende Druck der Gotteshausangehörigen, wie man die Untertanen des Fürstabtes nannte, der zum Nachgeben führte? Zermürbte die fehlende, nicht einmal halbherzige Unterstützung, die die eidgenössischen Schirmorte dem Fürstabt boten? Hatten die Ereignisse ihn überrollt, nachdem er es anfänglich versäumt hatte, mit aller Konsequenz gegen die Petenten vorzugehen? Oder war es ihm einfach ernst mit Worten, die er am 19. März 1795 in einer Proklamation an die Bevölkerung der Alten Landschaft richtete und mit denen er betonte, «Eintracht mit Unserm geliebten Volk» sei ihm wichtig und der «kostbarste Seegen unsers Alters»? War Beda, geschwächt durch Schlaganfälle im November 1794 und im August 1795, einfach den Streit leid, den er mit dem Konvent auf der einen, der unruhigen Bevölkerung auf der anderen Seite auszufechten hatte und den er mit dem «Gütlichen Vertrag» mit einem Schlage beenden konnte?

Wir wissen nicht, was ihn in den zwei Tagen der Verhandlungen mit den Vertretern der Bevölkerung zur Kapitulation bewog. Jedenfalls war er, gegen den bis zum Ende erbitterten Widerstand seiner Mönche – sie begriffen die weitgehende Einschränkung der fürstlichen Souveränität als Kapitulation vor dem Volk – bereit, in einer Volksversammlung seine Zustimmung zu dem ausgehandelten Abkommen zu geben.

Zu dieser historischen Zusammenkunft am 23. November 1795 strömte eine gewaltige Zahl von Menschen. Von mindestens 20 000 Teilnehmern ist in den Berichten der Zeitgenossen die Rede. Neben den siegreichen Untertanen der Alten Landschaft fanden sich Zuschauer aus St. Gallen, Appenzell, dem Thurgau, dem Rheintal und Zürich ein. Ein imposantes Bild wurde der «ungeheuren Menge Volks» geboten, als sich morgens um halb neun Uhr fünf Kutschen aus dem Kloster auf den Weg nach Gossau machten. In der ersten sassen der Fürstabt, Johannes Künzle und der Dekan, in den anderen Mitglieder der Revolutionsausschüsse und Konventsherren. Den Kutschen voran schritten 46 Reiter im gelben ledernen Rock, den Nachtrab bildeten 20 weitere Reiter. Gossau war angefüllt mit Menschen und Musik als der Zug um 11 Uhr das Dorf erreichte und zur Begrüssung aus Kanonen gefeuert wurde. Bei herrlich warmem Wetter begab man sich auf einen grossen Platz ausserhalb Gossaus, der auf zwei Seiten von einer Anhöhe begrenzt war. Ein prächtiges weiss-rotes Zelt hatte man aufgebaut, ein Gerüst für den Fürsten und eines, umringt von Kavallerie und Infanterie, für Johannes Künzle und die Revolutionsausschüsse.

Um halb ein Uhr wurde die Landsgemeinde begonnen. Die Versammelten wählten Johannes Künzle zu ihrem Führer. Seine Eröffnungsrede nannte als Ideal eine «wohlthätige, liebevolle Regierung für das Volk und ein getreues, williges, freies Volk für den Landesherrn».[312] Die Beratungen ergaben eine fast einhellige Annahme des Vertrages. Für den Fürstabt trug sein Vizekanzler und Obervogt von Altstätten, Karl Heinrich Gschwend, die Annahme vor.[313] Die Versammlung schloss mit einer Rede Johannes Künzles, in der den anderen eidgenössischen Regierungen die mit dem «Gütlichen Vertrag» praktizierte Konfliktregelung zur Nachahmung empfohlen wurde. Allgemeine Begeisterungsrufe, Musik und Kanonenschüsse folgten, «Jubel, Dank und Freude war allgemein. Mit fliegenden Fahnen und klingendem Spiel zogen die Kompagnien vom Platz weg. Künzle aß mit dem Fürsten an der gleichen Tafel.»[314] Ein Te Deum in der Pfarrkirche von Gossau beschloss die Zeremonie. Nach Gallus Jakob Baumgartner war die Landsgemeinde «ein imposanter Herrscherakt des Volkes, der Fürst im Grunde nur dessen Ehrengast».[315]

So sahen dies auch die Mönche des Klosters St. Gallen. Sie warfen dem Fürstabt den Ausverkauf absolutistischer Interessen vor und verglichen die Teilnahme Bedas an der Landsgemeinde mit dem von den Pariser Marktfrauen erzwungenen Zug des französischen Königs von Versailles nach Paris.[316] Fürstabt Beda von Angehrn war mit seinem erstaunlichen Entschluss zu einer gütlichen Einigung mit seinem Volk zu einem «weißen Raben» unter den unnachgiebigen, machtbewusst Reformen verweigernden Obrigkeiten der Schweiz geworden.[317] Als sein Hauptwidersacher und als unbestrittener Führer der revolutionären Bewegung agierte der aus kleinen Verhältnissen stammende Johannes Künzle. Er war nach einem zeitgenössischen Urteil der «Erzabgott der Bauern».[318] Am 1. Dezember 1749 als drittes von acht Kindern eines Rotgerbers geboren, lernte er zunächst den Beruf des Metzgers, um dann 1767 die einträgliche Stelle eines Fussbriefboten bei der fürstäbtischen Postablage in Gossau anzutreten.[319] Dieser Beruf verschaffte ihm Kenntnis der Sorgen und Nöte seiner Mitlandleute. Mit grosser Wissbegierde und Lernfreude eignete er sich eine Bildung an, die weit über die in seinem Stand übliche hinausging. Seine Schriftstücke zeigen eine geübte Hand und grosse Fertigkeit im Schreiben und Formulieren.[320] Wichtig für die Ausbildung seiner gesellschaftspolitischen Vorstellungen wird die Bekanntschaft mit dem fürstäbtischen Obervogt Karl Müller-Friedberg gewesen sein, der von 1783 bis 1792 das Amt Oberberg verwaltete. Müller-Friedberg, in französischen Emigrantenkreisen abfällig als «Démocrate Baron de Müller» bezeichnet, war beeinflusst von aufklärerischem Gedankengut, zu seiner Lieblingslektüre gehörte das Werk «De l'Esprit de Lois» des französischen Staatsphilosophen Charles de Montesquieu, der die Lehre von der Trennung der Staatsgewalten entwickelte. Ob Johannes Künzle dieses Werk ebenfalls studiert hat, lässt sich nur vermuten, jedenfalls erhielt er von Müller-Friedberg Bücher, die «die eigentlichen Pflichten der Regenten und Bürger enthielten, und Fingerzeige, dem Übel der Unterdrükung abzuhelfen».[321] Künzles Tochter Maria berichtete 1804, es seien solche Schriften gewesen, die ihren Vater zu seinem politischen Engagement anstiessen. Ein schönes Beispiel also dafür, dass die in unzähligen Druckschriften verbreitete aufklärerische Kritik an zeitgenössischen Missständen und die neuen staatstheoretischen Vorstellungen ihre Wirkung nicht nur in den gebildeten Ständen hatten, sondern selbst in solchen Kreisen, wo wenig oder keine Schulbildung vorhanden war.

In der revolutionären Bewegung der Jahre 1793 bis 1795 fand sich Künzle mit gleichgesinnten, oft weit radikaleren Freunden zusammen, doch unbestritten war er der geistige Kopf der gegen den Fürstabt streitenden Kräfte. Schon genannt wurden Josef Anton Contamin und Anton Bossart, zu erwähnen sind weiter Josef Anton Heer von Rorschach, Carl Häfelin, jüngster Sohn eines Bauern, der Major Joseph Anton Müller von St. Georgen und der Ammann Jakob Anton Egger von Tablat. Als besoldeten Berater hatte man mit Gallus Schlumpf eine Art Advokaten engagiert. Künzle war eine charismatische Persönlichkeit; auf den Volksversammlungen gelang es ihm, Tausende zu fesseln und zu lenken. In der ganzen Schweiz fand sein gedrucktes Porträt reissenden Absatz. Auf einer in grosser Auflage geprägten Münze prangte sein Bildnis wie das eines Königs. Frauen und Mädchen des Fürstenlandes trugen es gar als Amulett. «Vivat Libertas à Gossau» war auf der Rückseite zu lesen.[322]

Johannes Dierauer hat Karl Müller-Friedberg, den «st. gallischen Mirabeau»,[323] als heimlichen Regisseur der Volksbewegungen bezeichnet[324]. Offenbar konnte er sich einen von ganz unten kommenden Revolutionär nur schwer als eigenständigen und unabhängigen Politiker vorstellen.[325] Zeitgenössische Berichte und seine Schriften zeigen Künzle jedoch als selbständige Persönlichkeit. Zwar tauschte er sich mit Müller-Friedberg aus, der zur Zeit der St.-Gallischen Revolution bereits Landvogt im Toggenburg war, doch hatten dessen Briefe – in Übereinstimmung mit der fürstäbtischen Regierung geschrieben – beschwichtigende Absicht, während Künzle mit grossem taktischem Geschick und mit Entschlossenheit Richtung und Entscheidungen der Bewegung bis zu ihrem Sieg im «Gütlichen Vertrag» bestimmte. Eben diesen Vertrag beurteilte Müller-Friedberg ganz anders als Künzle. Der gebildete Vogt sah darin die Preisgabe einer tausendjährigen, durchaus verbesserungsfähigen Verfassung. Ja, er meinte gar, durch die Nachgiebigkeit des Fürstabtes sei der «Same der demokratischen Disteln ausgestreut» worden, «die jede gute Frucht ersticken» würden.[326]

Johannes Künzle war wie einige weitere der st.-gallischen Revolutionäre aktiver Teilnehmer der Helvetischen Revolution und gelangte in hohe Ämter der Helvetischen Republik. Er starb am 4. November 1820. Was Karl Müller-Friedberg in einem Nachruf über sein Leben sagte, gilt auch für die St.-Gallische Revolution der Jahre 1793 bis 1795: «vielleicht war es der Keim, aus dem endlich ohne sein Zuthun das bessere und bleibende Schicksal des Landes hervorging.»[327]

Die Ereignisse in der Ostschweiz erregten in der ganzen Eidgenossenschaft grosses Aufsehen. Allgemein waren Freude und Erstaunen darüber, dass diese erste erfolgreiche Revolution in der Schweiz friedlich und unblutig zu Ende geführt worden war. Volk und Revolutionsausschüsse der Alten Landschaft erhielten von den Ufern des Genfer und Zürichsees Glückwunschadressen. Gedruckte Broschüren, Flugschriften, Lieder und Bilder wurden durch Kolporteure zu Tausenden in der ganzen Schweiz vertrieben und informierten über die revolutionären Ereignisse. In Zürich wie in Bern wurde die Verhaftung eines Bauern aus der Ostschweiz aktenkundig, der sich mit dem Verkauf von Broschüren über die revolutionären Ereignisse einen Nebenverdienst verschaffen wollte und in 14 Tagen 500 Exemplare verkaufte.[328]

In vielerlei Hinsicht kann die St.-Gallische Revolution als eigenständige Vorwegnahme der Helvetischen Revolution betrachtet werden. Während der Jahre 1793 bis 1795 gab es noch keine militärische Drohung Frankreichs, in innerschweizerische Verhältnisse einzugreifen. Die Ereignisse waren Ergebnis innerer Konflikte und Widersprüche. Dem instabilen, in seinen finanziellen Fundamenten zerrütteten Staatswesen mit führungsschwacher Regierung stand in der aktuellen politischen und ökonomischen Krise eine Bevölkerung gegenüber, die unter kluger Führung bereit war, für ihre Forderungen einzutreten. Schwach und unorganisiert agierten die Gegner der Revolution. Sie formulierten ihre Sicht der Ereignisse im sogenannten Wiler Klaglibell. Ganz im Stil der zeitgenössischen gegenrevolutionären Publizistik wurde hier geklagt, die von Gott abstammende Gewalt sei mit Füssen getreten worden.[329] Sehr genau spürten die Anhänger der alten Ordnung, dass mit der Tätigkeit der Revolutionsausschüsse und dem «Gütlichen Vertrag» eine Veränderung stattgefunden hatte, mit der das Verhältnis von Volk und Regierung auf eine ganz neue Grundlage gestellt worden war. In diesem Bewusstsein empfahl Johannes Künzle in seiner Rede vor der Landsgemeinde am 23. November 1795: «Möchten doch alle Völker der Eidgenossschaft mit ihren Landesobrigkeiten, so, wie Wir ausgesöhnt sein; – möchten doch alle Landesväter die Liebe ihrer Söhne so bewirken, wie sie der Unserige bewirkt hat; möchte endlich freiwillige öffentliche und überzeugende Beruhigung aller Orten eintreten, wie solches allhier bei Uns eingetreten ist.»[330] Der anonyme Autor einer Flugschrift schlug vor, den Tag der Landsgemeinde, an dem der Vertrag besiegelt wurde, zum künftigen Feiertag zu wählen, der mit einem bürgerlichen Fest und «hohen Schweizerliedern» begangen werden sollte.[331]

Eine gescheiterte Revolution:
Der Memorial und Stäfner Handel 1794/1795

> *«Reichthum, Erleuchtung, Luxe und Eitelkeit haben den Zustand Fabriqgegenden so sehr verendert, daß die Erziehungsanstalten und Rechtseinrichtungen und Berufseinschrenkungen, bey welchen sich das alte Hirtenvolk dieser Gegenden beruhiget, ganz und gar für dj gegenwertigen Bedürfnisse dieses Lands gar nicht mehr passen.»*
>
> JOHANN HEINRICH PESTALOZZI 1795[332]

«Dann spukt der Revolutionsgeist auch hin und wieder in unserer lieben Schweiz», notierte Ulrich Bräker am 26. Juli 1795 in sein Tagebuch. «In einer Gemeinde im Zürichbiet war der Obrigkeit der Gehorsam aufgesagt, mehr als hundert Personen handfest gemacht und das ganze Dorf belagert worden. Das macht in der ganzen Eidgenossenschaft viel Aufsehens und Gereds; man ist sehr neugierig, wie es ablaufen und eine Wendung nehmen werde.»[333] Bräker sprach von den Versuchen einiger Gemeinden auf der Zürcher Landschaft, ihre politische und wirtschaftliche Benachteiligung gegenüber der Stadt Zürich unter Berufung auf alte Urkunden aufzuheben. Die Unruhen wurden bekannt als «Memorial»- und «Stäfner Handel».

Obwohl die Ereignisse der Jahre 1794 und 1795 häufig geschildert wurden,[334] müssen die wichtigsten Informationen hier noch einmal zusammengefasst werden, weil sie für das Verständnis der vorrevolutionären Konflikte in der Schweiz von grosser Bedeutung sind: Die Bewegung nahm ihren Anfang in den Gemeinden am Zürichsee, insbesondere in Wädenswil, Stäfa, Horgen, Männedorf und Meilen. Hier hatte sich, wie in den vorigen Kapiteln schon erwähnt, im Verlauf des 18. Jahrhunderts eine ländliche Oberschicht herausgebildet, die es durch die Baumwollfabrikation zu Wohlstand gebracht und die ausgeprägte kulturelle Interessen entwickelt hatte. In den Fabrikgegenden des Zürichsees, so schrieb Pestalozzi, sei eine Kultur entstanden, die den Landmann dem Bürger und sogar dem studierten Pfarrer nahegebracht habe.[335] Liebhabertheater und Musikgesellschaften erweckten Interesse und Bewunderung bei Reisenden, Misstrauen aber bei den Stadtzürchern. 1790 bildete sich in Wädenswil eine erste Lesegesellschaft, es folgten die Stäfner Gesellschaft, die «Gesellschaft am See» genannt wurde, und die «Patriotische Lesegesellschaft» des Glattales.[336] Wohlstand und Bildung schärften das Bewusstsein für politische Zurücksetzung und wirtschaftliche Benachteiligung. Gleichzeitig ist wichtig, dass trotz aller absolutistischer Strömungen das Prinzip gemeindlicher Selbstverwaltung zwar geschwächt, aber nie ganz aufgehoben werden konnte, so dass Selbstbewusstsein und ein gewisses Mass an Selbstverantwortung in den Gemeinden erhalten blieben. Wie Zündfunken wirkten da die Nachrichten aus dem revolutionären Frankreich. Die Lesegesellschaften wurden zum Ort, wo man Zeitungen und Zeitschriften las, die Schriften über die Französische Revolution diskutierte und die politischen Zeitideen ins Verhältnis zur eigenen Lebenssituation setzte.[337] Ein Zürcher Stadtbürger berichtet über die regelmässige Lektüre des «Straßburger Couriers»: «Die von Stäfa sandten alle Mittwoch und Samstag ein eignes Schiff, um die Zeitung zu holen; bei ihrer Ankunft liefen die Politisierer von ihren Geschäften weg, um die Zeitung im Wirtshaus zu lesen, wo dann den ganzen Abend bei einem Glas Wein gekannegiessert ward. Von der Bürkli'schen Zeitung, die in einem andern Geist geschrieben war, war kein einziges Exemplar in die Seegegenden verkauft.»[338] Lektüre und Diskussionen machten den Mitgliedern – es handelte sich um die bedeutendsten Persönlichkeiten der Landschaft – bewusst, was Heinrich Pestalozzi wie folgt formulierte: «Das Individuum des Lands ist in seinem Broderwerb, in seiner Selbststendigkeit und in seinem Ehrgefühl, von dem Individuo des Bürgers, wenigstens in allen Fabriqgegenden, allgemein und drükkend gekrenkt.»[339]

Die Mitglieder der Lesegesellschaften durchforsteten die «vaterländische Geschichte» nach alten, urkundlich verbrieften Rechten der Zürcher Landbevölkerung und brachten ihre Beschwerdepunkte gegen die Stadt zum Zwecke gemeinsamer Beratungen zu Papier. 1793 bat Johann Kaspar Pfenninger – er war patentierter Wundarzt und Geburtshelfer – den Ofenbauer Heinrich Nehracher, das schriftlich gesammelte Material zu ordnen und zu einer Bittschrift zusammenzustellen. Am Martinitag 1794 wurde das so entstandene, an die «verehrungswürdigen Regenten» gerichtete Memorial erstmals vor einem Kreis Eingeweihter in der «Krone» in Stäfa vorgelesen. Als Verfasser war auf den schnell auf der gesamten Landschaft kursierenden Abschriften Heinrich Nehracher genannt, zu den Mitautoren gehörten Pfenninger,[340] der Bäcker Heinrich Ryffel und der Chirurgus Andreas Staub.[341]

Dass das Memorial von der Zürcher Regierung sogleich als grosse Bedrohung empfunden wurde, lag nicht zuletzt an zeitgleichen Konflikten, die auch in anderen Gemeinden auf der Zürcher Landschaft aufflammten. In der Gemeinde Horgen hatte sich nach dem Vorbild der französischen Clubs ein «Club der Freiheitsmänner» zusammengefunden, wie der Zusammenschluss von etwa dreissig Mitgliedern in den Zürcher Akten genannt wurde. Zum sogenannten Kappenhandel kam es, nachdem den Horgenern – vermutlich durch ein Missverständnis – ein Dutzend roter Jakobinermützen geliefert wurde.[342] Erwähnenswert sind auch die Auseinandersetzungen in einer Zürcher Landvogtei, im Amt Knonau, wo es zu Aktionen kam, die nur zum Teil von den Stäfner Ereignissen beeinflusst waren. Am 30. November 1794 trafen sich acht Männer der ländlichen sozialen Elite zum sogenannten «Uerzliker Congress» beim Chirurgen Rudolf Frick in Uerzlikon.[343] Hier wurde eine Anfrage bei der Regierung beschlossen, ob man Wünsche und Beschwerden des Amtes sammeln und vortragen dürfe, doch gelang es dem Zürcher Ratsherr Hans Conrad Meissgesandt, die Situation in Knonau schnell wieder zu beruhigen.[344] So wurde der «Memorial Handel» zum Hauptkonflikt zwischen Stadt und Landschaft Zürich.

a. Das Memorial – Dokument der entstehenden schweizerischen politischen Nationalliteratur

> «Von freien Vätern erzeugt, sollen wir freie Söhne sein.»
> «Staaten mögen Länder gekauft haben; konnten sie aber auch zugleich das Volk und seine natürlichen Rechte kaufen?»
>
> Stäfner Memorial von 1794

Die Bittschrift der Memorialisten stellt eine stolze Formulierung politischer und ökonomischer Forderungen dar, eingebettet in aufklärerische philosophisch-staatsrechtliche Vorstellungen. Die neuen Menschenrechtsideen der amerikanischen und der Französischen Revolution verbinden sich mit der Berufung auf alte Rechte der Landschaft gegenüber der Stadt, wie sie in den «Waldmannschen Spruchbriefen» von 1489 und den «Kappeler Briefen» von 1532 niedergelegt waren.[345] Kein Argument der Bittschrift fand in der schweizerischen Öffentlichkeit so grosse Resonanz wie das, die begehrten Rechte seien urkundlich verbrieft. Dabei waren vor allem die Waldmannschen Spruchbriefe von Bedeutung. Hans Waldmann, als Bürgermeister bemüht, die städtischen Rechte gegenüber dem Land zu vergrössern, war durch den Widerstand der Landschaft gestürzt worden. Als Resultat dieser Unruhen entstanden unter Vermittlung der anderen sieben alten eidgenössischen Orte die Spruchbriefe, in denen die Landschaft praktisch gleichberechtigter Partner der Stadt wurde.[346] Der Kappeler Brief verankerte die Pflicht der Stadt, keinen Krieg ohne Wissen und Willen der Landschaft zu beginnen. Hier fanden die Memorialisten alte schweizerische Freiheiten verbrieft.

Der Kern des Stäfner Memorials – betitelt als «Ein Wort zur Beherzigung an unsere theuersten Landesväter»[347] – besteht in den Forderungen nach Gleichstellung von Landleuten und Stadtbürgern, nach Gewerbe- und Studierfreiheit, nach Ablösung der alten Feudallasten und der Rückgabe von entzogenen Gemeindefreiheiten. «Die Liebe zur Freiheit», so der erste Satz, «sowie der Hass gegen alle Arten des Despotismus ist der Menschheit eigen. Jener huldigen alle aufgeklärten Völker vom Aufgang bis zum Niedergang; diesem fröhnen nur Höflinge, Edelleute, Priester und Sklaven, so lange sie solche zu ihren Absichten benutzen können.

Sollte demnach die Liebe zur Freiheit in ihrem eigentümlichen Vaterlande erstorben sein? Nein! Wir würden unwürdige Enkel unserer Ahnen sein, wenn wir nicht jenes teure Gut, das sie uns mit soviel Aufopferung erworben haben, heilig hielten und es unverletzt unsern spätesten Nachkommen aufbehielten.»[348]

Die Geschichte ihres Schweizer Vaterlandes begriffen die Memorialisten als Verpflichtung, in der Französischen Revolution entdeckten sie die Ideale und Ziele schweizerischer Freiheitskämpfer: «Von freien Vätern erzeugt, sollen wir freie Söhne sein. Dafür redet die Geschichte, dafür zeugen die Urkunden, [...] als solche respektiert uns jene Nation, die gegenwärtig auf dem politischen Schauplatz die Rolle im Grossen spielt, die weiland unsere Väter im Kleinen spielten. Hieraus entsteht die wichtige Frage: Sind wir aber auch wirklich das, was unsre Väter gewesen sind und was wir sein sollten, wofür uns Auswärtige ansehen und darum glücklich preisen?»[349]

Im Memorial forderte die Landbevölkerung ihre *alten* Freiheiten zurück. Dabei berief man sich auf den *neuen* revolutionären Begriff des «unveräußerlichen Menschenrechts». Altes Recht und neue Ideen gingen eine enge Verbindung ein. Es seien «vielleicht wenig, vielleicht kein einziger, der nicht unsre Regierungsform für eine Republik als die beste und zweckmässigste anerkennt und keiner, der nicht die Konstitution von Zürich über alles erhebt, weil sie dem Bürger alle Rechte des Erwerbs zugesteht und ihn vor willkürlicher Regierung und drückenden Auflagen sichert und alle Stände in Gleichgewicht setzt. Nur bedauert es jeder Landmann, dass diese Konstitution innert die Mauern der Stadt vergraben und das Landvolk davon ausgeschlossen ist.»[350] An erster Stelle steht im Memorial die Forderung nach einer Verfassung: «Landesväter! Gebt uns eine Konstitution, die den Bedürfnissen des Landes angemessen ist, und sorget für derselben Garantie!»[351]

Der zweite Klagepunkt behandelt das Handelsmonopol der Stadt: «So können die Kaufleute der Stadt das Landvolk am Gängelbande führen [...]. Indessen werden nur die gemeinsten Handwerke für Geld privilegiert; künstliche und einträgliche Professionen als Goldarbeiter, Kupferschmied, Zinngiesser, Weissgerber usw. hat sich die Stadt zum Teil vorbehalten; wer sich eine dieser Arbeiten auf dem Lande zu machen erlaubt, riskiert Konfiskation der Ware und Geldbusse.»[352]

Der dritte Klagepunkt – in dessen Formulierung wird der Ofenbauer Heinrich Nehracher mit seinen literarisch und geistigen Interessen sein Herz gelegt haben – fordert Bildung auch für die Landbevölkerung: «Es ist ein klares Grundgesetz, dass die Talente an keinen Ort gebunden, dass die gütige Natur sie auf die uneigennützigste Art ausgeteilt und dass sie auf dem Lande gedeihen wie in der Stadt. Daher treffen wir auf dem Lande auch in den weniger kultivierten Gegenden die grössten Genies an, die erstaunliche Anlagen zeigen und denen nichts als die Entwicklung fehlt, um dem Vaterland damit nützlich zu sein.»[353] Besonders beklagt wird in der Bittschrift das Privileg der Stadt, «nur allein ihre Söhne, ohne Ansehen ihrer Talente, studieren zu lassen und solche, wenn sie den literarischen Kurs gemacht haben, dem Volk zum Lehrer aufzudringen; da hingegen das Genie auf dem Lande, sich selber unerkannt, im Staube begraben liegt, weil ihm zu seiner Entwicklung alle Hilfsmittel abgeschnitten sind». Nehracher ist ebenso wie der bäuerliche Autodidakt Heinrich Bosshard ein Beispiel dafür, dass die fehlende Studierfreiheit zur Politisierung beitragen konnte. «So wenig ich mich politischer Sachen annahm», heisst es in Bosshards Lebensbeschreibung, «so bedauerte ich doch, daß kein einziger Landmann studieren konnte, da doch gewiß ist, daß selbsten unter dem Pabstthum der Landmann zu allen Studien den Zutritt hatte; ja selbsten bey dem wichtigen Werke der Reformation waren Landmänner die wichtigsten Werkzeuge dazu.»[354]

Die «vierte allgemeine Klage» der Memorialisten betrifft «den Punkt der Ehre bei gleichem Endzweck». Gemeint war die Stellung, die Landmann und Stadtbürger beim Militär innehatten. Konnte jener eine Offiziersstelle, wenn überhaupt, nur nach langen Jahren der Dienstzeit erlangen, so nahm sie dieser ohne Rücksicht auf militärische Kenntnisse qua Geburt ein. Noch der gemeinste Bürger der Stadt stand über dem gebildetsten und wohlhabendsten Landmann.[355] Die Memorialisten prophezeiten, dass diese Zurücksetzung für die Verteidigungsfähigkeit der Eidgenossenschaft nachteilig sein würde.[356]

Die politische Bedeutung des Memorials liegt darin, dass in ihm nicht ausschliesslich die Klagen und Forderungen einer neuen bürgerlichen Schicht auf dem Lande, der Baumwoll- und Seidenfabrikanten, formuliert sind, sondern sich die Verfasser bemühen, den allgemeinen Interessen der Landbevölkerung Ausdruck zu geben. Eine grundlegende politische Veränderung, das hatte Frankreich gezeigt, war nur durch das Zusammengehen von Bürgertum und bäuerlicher Bevölkerung möglich. Es sei eine längst erwiesene Wahrheit, so ist die fünfte Klage formuliert, «dass unter dem Mond kein Stand so gemeinnützig und achtungswürdig ist als der Bauernstand, und dennoch, seitdem es Herrscher hat, schmachtet kein Stand unter einem solchen Druck. Von den höhern Ständen verachtet wie von der Ehre ausgeschlossen, wälzte man noch eine unerträgliche Last von Abgaben auf ihn, wovon die Grossen frei bleiben. Unter allen Bauern in Europa war vielleicht nur der Schweizer in einem erträglichen Zustand und genoss eine gewisse Freiheit und Sicherheit; allein, wie sehr ist er dennoch allen andern Ständen nachgesetzt, wie vieles muss er aufopfern?»[357] Die Memorialisten forderten ein alle Stände gleichermassen einbeziehendes Steuer- und Abgabensystem.

Auch die sechste und siebte Klage betrafen bäuerliche Interessen und Belastungen, die das Gerechtigkeitsgefühl verletzten. Natürlicherweise, so heisst es, «muss die Leibeigenschaft dem freien Republikaner so verhasst sein, wie der Despotismus». Sie errege «durch das Bewusstsein, dass andere Einwohner des Landes davon frei sind», und dadurch, «dass sie der republikanischen Verfassung und dem allgemeinen Menschenrecht entgegen ist», Abscheu.[358]

Die sieben Hauptklagen formulierten so die wesentlichen bürgerlich-demokratischen Forderungen der Zeit. Es folgten allgemeinere Betrachtungen über das «Verhältnis des Staats unter dem Bild einer Familie», über «die Verdienste des Landvolks um das Vaterland» und über «das unveräusserliche Menschenrecht». Durch sie wird das Memorial zu einem der bedeutenden politischen Texte deutscher Sprache. Keine Rede kann davon sein, dass die Memorialisten rückwärtsgewandt dachten. Energisch gaben sie mit ausgeprägtem Geschichtsbewusstsein den aktuellen politischen Forderungen Ausdruck.[359] Das Finale des Memorials bildet der naturrechtliche Gedanke, jeder Mensch habe unverlierbare Rechte: «Endlich brauchen wir das unveräusserliche Menschenrecht. Dieses sagt: Ein jeder Mensch ist frei geboren, und es gibt keine Ungleichheit vor dem Gesetz; ein jeder hat gleiche Ansprüche sowohl auf den freien Gebrauch seiner Talente und Geschicklichkeiten als auf Sicherheit seiner Person und seines Eigentums. [...] Wenn also einem Volk auf diese oder jene Art seine natürlichen Rechte entzogen werden, so kann und darf es solche zurückfordern [...].»[360]

b. Die Reaktion der Zürcher Stadtobrigkeit und der Beginn des Stäfner Handels

> «O Grausamkeit, o Tirannie, o Sklaverei! ihr Ungeheuer!»
>
> PETER SCHEITLIN
> über die Racheurteile im Stäfner Handel[361]

Das Memorial stellte eine unüberhörbare Kampfansage an die Zürcher Regierung dar und berührte den Kern der Stadtherrschaft.[362] Jetzt, nach der Französischen Revolution, konnte man die Berufung auf die alten Rechte wagen. «Dass aber das Volk im jetzigen Saeculo bis in das letzte Jahrzehnt schwieg», so erklärten die Memorialisten, «war das Bewusstsein, dass die eidgenössischen Regierungen einander ihre Verfassungen und ausschliessenden Vorrechte garantiert hatten, die Schuld. Mehr noch als alles dies schreckte sie die Allianz mit dem französischen Hofe zurück, dessen despotische Monarchen gewohnt waren, die Klagen ihres eigenen Volks mit 10 000 Kriegsknechten zu beantworten, die sich nur zu gern in die schweizerischen Angelegenheiten mischten.»[363]

Die Zürcher Regierung begriff die Abfassung des Memorials als revolutionären Akt. Bei ihm handelte es sich um den deutlichsten und nachdrücklichsten

Versuch in der vorrevolutionären Schweiz, die alte staatliche Ordnung mit friedlichen Mitteln neuen Bedürfnissen anzupassen. Das Memorial war frei von jener Unterwürfigkeit, die die Regierung im Verkehr mit ihren Untertanen erwartete und gewöhnt war. Einem klugen Vorgehen der Zürcher Regierung wäre es vielleicht möglich gewesen, durch einige Zugeständnisse gegenüber den Hauptträgern der ländlichen Bewegung die Aufregung zu beruhigen. Trotz der Unbedingtheit der Forderungen, wie sie im Memorial erscheinen, war bei der ländlichen «Aristokratie» von Baumwollfabrikanten und wohlhabenden Bauern Bereitschaft vorhanden, auf positive Signale zu reagieren.

Zu einem «Teilen und Herrschen» war die Zürcher Regierung jedoch nicht in der Lage. Dieses wesentliche Prinzip jeder politischen Herrschaft hatte sie in den Jahrhunderten verlernt, in denen die ländliche Mitwirkung an den Staatsgeschäften immer weiter zurückgedrängt worden war. Diskussion und Verständigung über politische Fragen waren unmöglich. Städtische Unnachgiebigkeit und wachsende Entschlossenheit auf der Landschaft schaukelten sich bis zur Katastrophe im Juli 1795 gegenseitig hoch.

Nachdem das Memorial zu Pfingsten 1794 fertiggestellt war, kursierten während des folgenden halben Jahres verschiedene Abschriften. Am 19. November wurde eine Geheimversammlung im Gasthof zum Löwen in Meilen einberufen, die Abgesandte vieler Seegemeinden besuchten. Jede dieser Gemeinden erhielt eine Abschrift. Kurz zuvor bekam die Zürcher Regierung erstmals Kenntnis von den Vorgängen und ernannte eine Kommission zu einer «stillen Untersuchung». Zum 19. November, dem Tag des Geheimtreffens in Meilen, lud die Obrigkeit Johann Kaspar Pfenninger, Heinrich Ryffel und den Stäfner Untervogt Rudolf Rebmann zu einem Verhör vor. Am gleichen Tage gelangte eine Abschrift des Memorials in die Hände der Regierung, worauf man sich entschloss, Ryffel und Pfenninger in Haft zu nehmen. Durch diesen Akt fanden die Anliegen der Seegemeinden die Öffentlichkeit, die die Zürcher Regierung eigentlich vermeiden wollte. Die Aufregung über die Verhaftungen war gross, und die Memorialisten unternahmen Anstrengungen, die Landbevölkerung von der Legitimität ihrer Anliegen zu überzeugen. Am 26. November wurden die Zürcher Obervögte Irminger und Schinz nach Stäfa gesandt, um weitere Zusammenkünfte und Aktionen zu verbieten. In den Diskussionen mit der Landbevölkerung wurde den städtischen Abgesandten deutlich, dass die Reformanliegen auf breiter Zustimmung beruhten. Obervogt Irminger liess sich zu dem unklugen Hinweis verleiten, die Regierung werde das Memorial nicht akzeptieren, wohl aber Gehör schenken, wenn die Gemeinden «Brief und Siegel» vorweisen könnten.[364] Damit aber waren die vielbeschworenen alten Urkunden endgültig zum Dreh- und Angelpunkt der weiteren Geschehnisse geworden.

Auch eine «Landesväterliche Erklärung», die am 20. November 1794 von allen Kirchenkanzeln verlesen werden musste, vermochte die Spannung nicht mehr zu mildern. Am 13. und 14. Januar 1795 wurden als Hauptverantwortliche für das Memorial Heinrich Nehracher zu sechsjähriger sowie Johann Kaspar Pfenninger und Andreas Staub zu je vierjähriger Verbannung aus der Eidgenossenschaft verurteilt. Weitere mehr als sechzig Beteiligte erhielten Geld- und Ehrenstrafen, das Memorial wurde vom Grossweibel verbrannt. Der «Memorial Handel» fand mit einer Erklärung an das Landvolk – wiederum von den Kanzeln – seinen Abschluss, einer Erklärung, in der die Memorialisten als gefährliche Unruhestifter und das Memorial als strafbarer Aufruhrversuch verurteilt wurden. Eingedenk des Wortes von Obervogt Irminger machten die Memorialisten sich auf die Suche nach den Waldmannschen Spruchbriefen und den Kappeler Briefen. Das Ende des «Memorial Handels» markiert somit zugleich den Anfang des «Stäfner Handels».

Indem die Landbevölkerung nun ganz auf die alten Urkunden verwiesen war, nahmen die Ereignisse eine für die Glaubwürdigkeit der Stadt ungünstige Wendung. Was den Memorialisten nur sehr bedingt gelungen war, nämlich die Vereinigung der gesamten Landbevölkerung auf einer einheitlichen politischen Plattform, dies schien nun durch das unkluge Verhalten der Stadt erreicht zu werden. Mitleid mit den hart Bestraften trug zusätzlich dazu bei, dass es auf dem Lande kaum noch ein anderes Gespräch gab als über die Rechte der Landschaft und über die alten Freiheitsbriefe. Es sei gewiss, so schreibt Heinrich Pestalozzi 1795, «daß, sintdem die Mißvergnügten von den idealischen Aeußerungen ihrer ersten Freiheitswünsche zurükgekommen, und die Frage, ob ihre Briefe und Siegel gültig oder ungültig – zum Fundament ihrer bis jez geschehenen Schritte gesezt haben, hat das Intresse des Landes für die Sach der Mißvergnügten im Land allgemein zugenommen. Auch in denjenigen Gegenden, wo das Volk allgemein der Regierung zugethan scheint, höret man jez nicht selten die Sprache: ‹Die Seebuben syen frylich hochmütige Leute; aber wen sie Brief und Siegel haben, so müsse man es mit denen halten, auf deren Seite das Recht sy.›»[365]

Anfang Februar 1795 erschienen Vertreter mehrerer Gemeinden in Zürich und fragten ihre Obervögte an, wo sie ihre Beschwerden vorbringen und sich nach dem Charakter der alten Urkunden erkundigen könnten. Ohne jede inhaltliche Prüfung dieser alten Urkunden erfolgte am 26. Februar ein Beschluss des Geheimen Rates, «daß solche in Zeiten von Aufruhr errichteten Urkunden als ein Werk der unordentlichen Gewalt anzusehen seien, deren Andenken zu erneuern jeder redliche Angehörige sich seither stets gehütet hat und aus dankbarem Gefühl des dermal unter Gottes Segen und einer so väterlichen Regierung genießenden Glükkes immer hüten wird».[366] Dies bedeutete, dass die Zürcher Regierung nicht bereit war, sich auf irgendwelche Diskussionen über die alten Urkunden einzulassen, ja, man sprach ihnen ihre Gültigkeit ab. Erbitterung und neue Unruhen waren die Folge. In der Nacht vom 21. auf den 22. März errichteten die Stäfner einen Freiheitsbaum.

Endlich fanden sich Ende März bei einem alten Schulmeister in Bülach die obrigkeitlich beglaubigte Abschrift des Waldmannschen Spruchbriefes und im Kanzleiarchiv von Horgen ein Exemplar des Kappeler Briefes. In Küsnacht wurden sie während einer Gemeindeversammlung sogleich verlesen. Am 13. Mai reiste eine Delegation von Stäfa nach Küsnacht und kehrte mit einer Abschrift der Urkunden zurück. Am 16. Mai fand sich die Bevölkerung von Stäfa fast vollständig in ihrer Kirche zu einer verbotenen Gemeindeversammlung zusammen. Gegen die ausdrückliche Anweisung der Regierung wurden die Urkunden verlesen. Zugleich beschloss die Versammlung, dass Gemeindemitglieder Einzelvorladungen nach Zürich keine Folge leisten sollten. Es bildete sich ein «grosses Comité» von vierzig Mann und eine vielköpfige Delegation, der die angesehensten Männer des Dorfes angehörten. Alle Bemühungen wurden auf einen Zusammenschluss mit den Gemeinden Horgen und Küsnacht gerichtet – auch in anderen Gemeinden breitete sich Unruhe aus.

Am 28. Mai zeigte der Geheime Rat Zürichs, dass er die Probleme mit den Untertanengebieten militärisch lösen wollte. Er richtete ein Hilfsgesuch nach Bern. Auf eine Vermittlung durch andere Kantone, die in Verträgen bei inneren Konflikten vorgesehen war, wollte man verzichten. Statt dessen wurde durch Gerüchte Öl ins Feuer gegossen, die Landbevölkerung wolle Zürich überfallen, anzünden und die Verfassung stürzen. Freiwillige fanden sich zur Bewachung der Stadttore, am 20. Juni wurde mit David von Wyss ein entschiedener Verteidiger der alten Ordnung zum Bürgermeister gewählt.[367] Ende Juni, Anfang Juli 1795 sprach die Regierung einen Bann über Stäfa aus und schloss den Ort vom Handel mit Zürich aus. Die ökonomische Existenz der Gemeinde war in Frage gestellt. Gleichzeitig untersagte Zürich den Brotverkauf nach Stäfa und stellte jede Armenunterstützung und Krankenversorgung für Gemeindebewohner ein. Unterdessen warben drei Stäfner Delegationen in den Urkantonen, in Glarus, in Zug und Luzern um Unterstützung und Vermittlung, doch angehört wurden sie nur in Schwyz und Glarus.[368] Die Truppeneinberufung, zu der die Regierung nun schritt, veranlasste in Horgen, Hinwil, Rüti, Dürnten, Bubikon, Hirzel, Knonau und Meilen Diskussionen, Widersetzlichkeiten und offene Verweigerungen.[369] Gleichwohl kam es am 4. Juli zum Aufgebot von 4 000 Mann, deren eine Hälfte für die Besetzung der Gemeinde Stäfa vorgesehen war.

Am 5. Juli rückten die Truppen ohne Gegenwehr in Stäfa ein, nahmen für neun Wochen in der sofort entwaffneten Gemeinde Quartier und verhafteten Johann Jakob Bodmer, den Landrichter Dändliker und Johann Kaspar Pfenninger.

Heinrich Wädensweiler und Kaspar Billeter konnten fliehen. In den gerichtlichen Untersuchungen war die Stadt Partei und Richter in einer Person. Geständnisse wurden durch Auspeitschung erzwungen, Scharfmacher forderten gar Todesurteile. Heinrich Pestalozzi schrieb in dieser Situation höchster Spannung warnend: «Die Gefahr des Augenblicks ist groß, aber die Gefahr der Zukomft ist unendlich größer. Ich bin überzeugt, das Vatterland rettet sich nur durch Schonung der Gefühle des Volks.»[370] Dass dazu wenig Bereitschaft bestand, erwies eine Proklamation des Bürgermeisters und der beiden Räte an die Bevölkerung vom 13. Juli 1795, die von allen Kanzeln des Kantons Zürich verlesen wurde. Mit den Parteiwörtern einer gegenrevolutionären Publizistik wurde von «neuerungssüchtigen Köpfen Unserer Landschaft» gesprochen. Das Gottesgnadenbewusstsein der republikanischen Obrigkeit erwies sich in der Zurückweisung jeglicher Berufung auf die alten Urkunden, schon die Vorfahren hätten sich gescheut, «dieses Instrument» erneut anzurufen, «sondern dankbar und genügsam die zwekmässigern Rechte und kostbaren Wohlthaten» genossen, «welche die huldreiche Obrigkeit, aus herzlicher Wohlmeinung, Ihrem ganzen Land von Zeit zu Zeit zugetheilt hat».[371] «Eine Obrigkeit, die von Zeit zu Zeit einem Lande zwekmässige Rechte ertheilt!» kommentierte der in Altona erscheinende «Genius der Zeit», «Es ist schwer den Ton dieser Proclamation mit dem Begriffe, den man sich von der Freiheit der Schweiz macht, zu vereinigen. Würde der rechtmässigste Alleinherrscher sich erlauben so zu reden. Sollen Republicaner ihre Rechte der herzlichen Wohlmeinung ihrer huldreichen Obrigkeit verdanken?»[372] Schliesslich versprach die Proklamation, die Einwohner der Seegemeinden «sowohl mit Ernst als Schonung zu bestrafen; damit Wir ferner im Stande seyen, ein Land zu regieren, das Unsrer Sorge von Gott anvertraut ist».[373]

Wie nun sah diese strenge und schonende Abstrafung aus? Eine starke Partei innerhalb der Stadtmauern wollte Blut sehen, allgemein herrschte Verbitterung über die als «Jakobiner» beschimpften Aufrührer. In den Urteilsberatungen am 2. September 1795 fand sich im Grossen Rat eine Mehrheit zu einem Todesurteil für Johann Jakob Bodmer. Bodmer, 1737 geboren, betrieb ein Mousselingeschäft in Ötikon. Regelmässig nahm er an den Zusammenkünften der Herrnhuter Brüdergemeinde teil, sein Sohn Rudolf lernte in Herrnhut die Weberei von Leindamast. Als Säckelmeister genoss er hohes Ansehen. Am Stäfner Handel war er – wie zuvor schon seine Söhne – seit dem Frühjahr 1795 beteiligt, da er die Nachfrage nach den alten Urkunden als wichtige Gemeindeangelegenheit und legitimes Anliegen begriff. Von den obrigkeitlich verbotenen Gemeindeversammlungen hielt er sich fern, wurde aber am 16. Mai 1795 in Abwesenheit in den Ausschuss gewählt, der die verbrieften Rechte gegenüber der Stadt einfordern sollte. Er nahm Verbindung zu den Gemeinden Küsnacht und Horgen auf, wodurch das Gewicht der ländlichen Forderungen erhöhen sollte, was ihm die Regierung als Rebellion auslegte. Dass er nun aber als Hauptangeklagter mit dem Leben büssen sollte, stand in keinem Verhältnis mehr zu der Rolle, die er im Stäfner Handel gespielt hatte. Als religiös stark gebundener Mann war er sicher kein Revolutionär, fühlte sich aber den Anliegen seiner Gemeindegenossen verbunden. Nach einem Votum des Bürgermeisters Wyss wurde seine Strafe zwar zu lebenslanger Haft gemildert, einmütig aber befand ihn der Grosse Rat für todeswürdig, was öffentlich zu demonstrieren war:[374] Am 3. September 1795 musste Bodmer gemeinsam mit fünf anderen Verurteilten auf dem Richtplatz Rabenstein vor den Toren Zürichs das Schauspiel einer symbolischen Hinrichtung über sich ergehen lassen. In Ötenbach kerkerte man ihn in Einzelhaft ein. Monatlich hatte er die absurd hohe Summe von 800 Gulden für seinen Unterhalt im Zuchthaus abzuliefern, und ausdrücklich bestimmte das Urteil, «daß keine Bitte, noch Bittschriften für seinen Loslassung angenommen werden solle».

Neben Bodmer büssten weit mehr als 200 Landleute durch Gefängnisurteile, Verbannungen, Geld-, Pranger- und Ehrenstrafen. Der Gemeinde Stäfa wurden alle Selbstverwaltungsrechte entzogen. Die Gemeindebewohner hatten 15 000 Gulden für die Verpflegung der Truppen und 48 000 Gulden für Kriegskosten zu zahlen, was einer wirtschaftlichen Vernichtung gleichkam. Hohe Vermögensstrafen kamen hinzu, durch die die ökonomische Existenz zahlreicher Angeklagter zerstört wurde.[375] Die Gemeinden Erlenbach, Hirzel, Horgen, Küsnacht, Meilen, Stäfa, Thalwil, das Greifenseer-, Grüninger und Knonaueramt hatten sich einem Huldigungsakt gegenüber der Stadt zu unterziehen. Die Musikgesellschaft und die Lesegesellschaft in Stäfa wurden verboten. Die Kombination von Vermögens- und Freiheitsstrafen mit dem Verbot kultureller Betätigung hatte den Effekt, dass die politische und ökonomische Konkurrenz der Stadt auf dem Lande wirkungsvoll ausgeschaltet wurde.

c. Der Stäfner Handel und die Entstehung einer politischen Öffentlichkeit

> *«Wenn man einst in der Kronik lesen wird: ‹Daß Ihr bey der glüklichsten Verfassung, mitten im blühendsten, aus eben jener mißkannten Verfassung herrührenden Wohlstande, die Fahne der Empörung aufgestekt und Euer herrliches Vaterland mit allen Schreknissen innerer Zweitracht[!] geängstiget habt.› Was wird man da von Euch sagen?»*[376]

Wie jeder Absolutismus beruhte auch der des Zürcher Stadtregiments auf der Unterdrückung jeder öffentlichen Diskussion über Fragen der Staatsorganisation oder über obrigkeitliches Handeln. Die Zürcher Zeitung war, wie im 18. Jahrhundert allgemein üblich, auf Privilegierung und Konzessionierung durch die Regierung angewiesen und erschien zudem noch unter Zensur. Man wird so in der «Freitags-Zeitung» oder «Zürcher Zeitung» – aus ihr wurde die berühmte «Neue Zürcher Zeitung» – vergeblich nach kritischen Reflexionen über die Vorkommnisse am See suchen. Selbst blosse Ereignisreferate fehlten. Erst nach der militärischen Besetzung Stäfas erschien am 7. August 1795 ein erster Bericht.[377] Gleiches gilt für ein Intelligenzblatt, das «Hoch-Obrigkeitlich bewilligte Donnstags-Blatt», in dem die Geschehnisse sich lediglich in der No. 1 des Jahrgangs 1795 in einem Gedicht «Eintracht im Schweizerlande» niederschlugen:

> «O wie leicht kann Freiheit fallen,
> Eintracht schüzet Stadt und Land.
> In dem gleichen Mutterschosse
> Nährt sie Alle, Kleine, Grosse.
> In der Hütte, im Pallast
> Trägt bequem nur sie die Last
> Grösser bist du; du bist kleiner.
> Wer bedarf des Andern nicht?
> Unabhängig ist wol Keiner.
> Gleich sind alle vor Gericht,
> Ungleich nur an Hab und Gute,
> Gleich an edelm Sinn und Mute.
> Immer schäzt der Größre noch
> Auch den kleinern Bruder hoch.»[378]

Diese Aufforderung zur Eintracht, bei der jeder Zeitgenosse wusste, worum es ging, markiert die Grenze dessen, was in Zürich gedruckt werden durfte. Eine gleichermassen rigorose wie ängstliche Zensur hätte eine Schrift, die das Anliegen der Seegemeinden dargestellt und diskutiert hätte, nicht passieren lassen. Neu war aber, dass mit den Mitteln der Druckerpresse für die städtische Sicht geworben wurde und somit auch auf dem Lande eine politische Öffentlichkeit entstand, die nicht allein auf Mündlichkeit basierte. Auch wenn in diesen Schriften und in gedruckten Predigten eine, wie Johann Kaspar Billeter in seiner «Geschichte von den politischen Bewegungen im Kanton Zürich, vom Jahr 1795» meint, regelrechte Lügenpropaganda der Regierung entfaltet wurde[379], so trugen sie doch zur Intensivierung der öffentlichen Diskussion bei.

Erstes Beispiel dafür ist die «Aufmunterung und Belehrung eines vernünftigen und braven Zürcher-Landmanns an alle seine lieben Mitlandleute in Betreff der inneren Unruhen. A. 1795. Aus wahr-vaterländischer Absicht geschrieben und zu Erreichung derselben gedrukt». Diese Schrift erschien in Zürich bei David Bürkli. Der «vernünftige Landmann» war in Wirklichkeit ein Stadtbürger, nämlich der Stadtschreiber Geilinger Sohn von Bulach.[380] Von einer «aus Stolz und Uebermuth erzeugten Rebellion» sprach er, deren Gelingen unabsehbares Unglück für Stadt- und Landbürger zur Folge gehabt hätte.[381] Ausführlich wurden Geschichte und Verfassung Zürichs beschrieben. Was von der Landbevölkerung als Einschränkung von Handels- und Gewerbefreiheit empfunden werde, sei in Wirklichkeit eine weise Einrichtung zur Sicherung des Gewerbes[382]: «Wie sehr unglüklich wären wir geworden, wann jene Uebermüthigen ihren Endzwek erreicht hätten: Zu unseren Herren wollten sie sich aufwerfen, sie, die vermuthlich nicht einmal ihr eigen Hauswesen in Ordnung regieren können: Unsere gute, gerechte, väterliche und gnädige Oberkeit wolten sie misshandlen: Unsere gute und schöne Stadt, unser gutes und schönes Land wolten sie verderben. Alle Greuel eines verwüstenden Bürgerkriegs sollte unseren Wohlstand, Frieden und Ruhe zerstören.»[383]

Auch die «Rede des alten Gutmanns im Dorfe N.N. an seine lieben Mitlandleute, als sie gegen ihre väterliche Obrigkeit sich auflehnen wollten. Im Julius 1795» operierte mit der Fiktion, hier werde von gleich zu gleich gesprochen. Autor war mit Johann Michael Armbruster ein Mann, der, verheiratet mit einer Zürcherin, als ehemaliger Sekretär Johann Kaspar Lavaters und als Redakteur der «Zürcher Zeitung» wiederum den städtischen Kreisen nahestand.[384] Diesmal wandte sich ein angesehener Greis an die unter dem Nussbaum vor seinem Haus versammelten Gemeindemitglieder und redete ihnen ins Gewissen.[385] In einer «Beylage zur Rede des alten Gutmanns enthaltend die Antwort seiner Gemeindsgenossen. Im Herbstmonat 1795» sprach ein Vertreter der so belehrten Bauern devot: «Männer von N.**! Ihr seyt[!] sonst wakre, fließige[!] und aufgeklärte

Leute! Kommet, wir wollen allen andern Mitlandleuten ein Beyspiel geben, wie man Fehler auch wieder gut machen kann!»

In einer «Zweyten Rede des alten Gutmanns im Dorfe N.N. An seine lieben Mitlandleute, als die Unruhen gestillt und die Häupter derselben gestraft waren», wurde schliesslich eine Charakterisierung der «Unruhestifter» gegeben: «Es sind Männer, die durch das Licht ihres Verstandes selbst das Wohl ihrer Mitlandleute hätten erhöhen und ausbilden können, aber statt dessen, gleich Wahnsinningen, das Gebäude der inneren Ruhe damit in Flammen sezten.» Angesprochen war damit die Tatsache, dass es sich bei den Aufständischen um besonders aufgeklärte Vertreter der Landschaft handelte, die als Resultat der ihnen von Stadtzürchern erteilten Aufklärung gegen die Stadtherrschaft aktiv wurden. Gemeint waren hier wohl mehrere gut ausgebildete Landchirurgen unter den bestraften Rädelsführern, die alle das medizinisch-chirurgische Institut Johann Heinrich Rahns in Zürich besucht hatten. Im Dezember 1794 schrieb Rahn seinem in Jena studierenden Sohn Rudolf, er werde sein Seminar zu Ostern schliessen, «um mir keinen Vorwurf je machen zu können, dass ich in der besten Absicht, directe Gutes zu bewirken, indirecte eine Aufklärung unter unserm Landvolke bewirkt habe, die nachtheilig werden könnte, die übrigens aber gekommen wäre und kommen wird auch ohne Seminarium».[386]

Neben gedruckten Predigten von Zürcher Pfarrern, in denen die Neuerungssüchtigen über ihr gegen Gottes Willen gerichtetes Streben belehrt wurden, ist ein «Politisches Handbuch» erwähnenswert, das David Wyss der Jüngere, Sohn des Bürgermeisters, verfasste.[387] Auf 475 Seiten will der Autor gegen den «Revolutionstaumel» vorgehen: «Wie sehr wäre also zu wünschen, daß auch in ruhigen Staaten, jener verwegenen und gefährlichen Neuerungssucht, in Bezug auf die wichtigsten Angelegenheiten des Menschengeschlechtes, ohne Nachtheil wahrer Aufklärung, glücklich vorgebogen werden möchte.»[388] Die Schrift verrät die nun empfundene Notwendigkeit, das einfache Volk über die Grundprinzipien der Staatsverfassung zu unterrichten und die bestehende politische Ordnung zu rechtfertigen.

Anders als die gegenrevolutionären Schriften, für die in der «Zürcher Zeitung» und im Intelligenzblatt geworben werden konnte, mussten Flugschriften, die mit den Anliegen der Stäfner sympathisierten, heimlich und in steter Sorge vor Entdeckung unter die Landbevölkerung gebracht werden. Verbreitet wurden sie durch Boten und Hausierer und nachts vor die Häuser gelegt. Natürlich verbot die Regierung diese Schriften sofort und baute ein regelrechtes Spionagenetz auf, um Vertreiber und Leser ausfindig zu machen. Im Juli 1796 wurden die Stäfner Jakob Pfenninger und Johann Mettler verhaftet, peinlich verhört und mit der Rute gezüchtigt, um dann als Verbreiter aufrührerischer Schriften an den Pranger gestellt zu werden. Von der Kanzel wurde die Aufforderung verlesen, Flugschriften sofort abzuliefern, andernfalls würde der Besitzer als Kolporteur bestraft.[389]

Die prorevolutionären Flugschriften hatten es leicht, die Bevölkerung anzusprechen. Sie mussten nicht agitieren, sondern beschränkten sich durchweg darauf, das Stäfner Memorial ganz oder in Auszügen abzudrucken. Furore machte besonders der im September 1795 erschienene «Brief eines Deutschen über die politischen Bewegungen im Kanton Zürich», der auch die Strafurteile gegen die Autoren des Memorials und die alten Urkunden im Wortlaut wiedergab.[390] Gerade durch diese Flugschriften blieb die Erinnerung an die Forderungen und an die Demütigung der Zürcher Landbevölkerung bis zur Helvetischen Revolution lebendig.

In der gesamten deutschen Publizistik, in der Zürich immer als wohlgeordnetes Gemeinwesen und Heimstatt der Aufklärung galt, wurde mit Entsetzen verfolgt, zu welchem Vorgehen eine auf Wahrung wirtschaftlicher Interessen bedachte Machtpolitik fähig war. Aufgeklärter Patriarchalismus, durch den man das Wirken der Zürcher Obrigkeit gemeinhin charakterisiert sah, erwies sich in den Jahren 1794/95 als Tünche. Die Ereignisse bestärkten viele Aufklärer in der Auffassung, dass es bei der Beurteilung eines Staatswesens weniger auf die Staatsform als auf die Redlichkeit der Regierung und der Staatsbeamten ankomme. Bot doch Zürich ein Beispiel dafür, dass auch in einer Republik Despotismus und Egoismus ihren Platz hatten. «Laßt Thoren um Regierungsformen streiten; Die, welche recht verwaltet wird, ist recht», mit diesem Wort Popes wurde ein Bericht über das Vorgehen der Zürcher Regierung gegen die Bürger von Stäfa überschrieben.[391] Besonders die barbarischen Strafen machten grossen Eindruck. Abgestossen verfolgte man, wie jeder, der in Zürich für Milde plädierte – besonders zu nennen sind Johann Heinrich Rahn, Johann Kaspar und Diethelm Lavater, Heinrich Pestalozzi, Hans Conrad Escher, Johann Heinrich Füssli und Paul Usteri –, zum Gesinnungsgenossen abgestempelt wurde.

Klarer als in Zürich selbst ahnte man in der ausländischen Publizistik, dass die demütigende Niederschlagung des Aufstandes ihre Wunden hinterlassen und für das Stadtregiment nichts Gutes bedeuten würde.[392] Für die reformwilligen Kräfte in der Schweiz boten die Ereignisse in den Zürcher Seegemeinden zwei Lehren. Die Regierungen waren, wenn es in ihrem Interesse lag, jederzeit bereit, den Boden des historischen Rechts zu verlassen, auf das sie sich ansonsten zur Legitimierung ihrer Herrschaft beriefen. Und, was für die weitere Entwicklung noch wichtiger war, auch die liberalsten und sich aufgeklärt gebenden Obrigkeiten waren zu einer Mitwirkung an einer Demokratisierung überhaupt nicht bereit. Dem Publizisten Paul Usteri bewies der Stäfner Handel, es sei «moralisch unmöglich [...], daß von unseren bestehenden Regierungen aus vernünftige und nötige Reformationen ausgehen».[393]

Wichtig war der Stäfner Handel nicht allein als Vorbote der Helvetischen Revolution. Er konnte zugleich auch als Lehrstück dafür dienen, dass das Verhältnis Frankreichs zur Schweiz schon seit Mitte der neunziger Jahre ganz wesentlich von den Bedürfnissen einer französischen Grossmachtpolitik und von militärischen Erwägungen bestimmt war. Die französische Presse war zwar voller Sympathie für die Stäfner, doch als sich Abgesandte der Seegemeinde mit der Bitte um Unterstützung an den französischen Gesandten in der Schweiz, Barthélemy, wandten, wurden sie abgewiesen. Am 4. Juni 1795 sandte Barthélemy den Entwurf einer französischen Kundgebung an den Wohlfahrtsausschuss, in der von der väterlichen Sorge der Zürcher Regierung für ihre ländlichen Untertanen die Rede war. Die Bewegung der Seegemeinden, so der Gesandte weiter, sei im Interesse Österreichs.[394] Dieser Entwurf wurde vom Wohlfahrtsausschuss gebilligt und ging in einen Brief an den Zürcher Bürgermeister Kilchsperger ein. Das augenblickliche Interesse Frankreichs an einer ruhigen Schweiz war in der Auseinandersetzung mit Österreich wichtiger als jede Bestrebung zur Revolutionierung der Eidgenossenschaft.

5 Revolutionen in der Schweiz – Die Beseitigung der alten Ständegesellschaft in den Kantonen

«Tausendfachen Segen über die Väter des Landes, die ohne Rücksicht auf irgend ein niedrigeres Interesse die Sprache der Gerechtigkeit erschallen lassen [...]. Das Ungewitter, welches ich längst ankündigte, nähert sich eueren Alpen, und wenn ihr nicht Männer seid, so wird es in wenigen Monaten spätestens über eueren Häuptern schweben und euch in den Abgrund donnern.»

JOHANN GOTTFRIED EBEL
im November 1797[395]

«Die Schweiz soll bleiben. Mehr, man wünscht, daß wir ohne fremde Einwirkung uns reformiren. Aber geschehen muß dieses. Kann denn die Stimme des Geistes der Zeiten die großen Staatsperrüken gar nicht durchdringen?»

JOHANNES MÜLLER
im Dezember 1797[396]

«Jeder Kanton der Schweiz», so Heinrich Zschokke, «machte, freiwillig oder gezwungen, *seine eigene* Revolution. Diese war daher nirgends dieselbe, sondern wechselte von Ort zu Ort Zweck und Mittel. Die Bedürfnisse waren nirgends im Umfange der Eidgenossenschaft die gleichen.» Wenige Jahre später sprach Zschokke von der «helvetischen Staatsumwälzung».[397] Und tatsächlich sind die Ereignisse während der ersten Monate des Jahres 1798 mit diesen beiden Begriffen – Revolution und Staatsumwälzung – zu bezeichnen.

Anders als in Frankreich, erfasste die Umwälzung nicht sogleich das gesamte Staatsgebiet, sondern von Gegend zu Gegend unterschiedlich führten die Schweizer ihre Neuordnung durch oder mussten sie sich aufzwingen lassen. Dem Drängen auf Veränderung stand fast überall eine Haltung gegenüber, die auch die kleinsten Reformen ablehnte. Ihr gab der Schaffhauser Johann Ludwig Peyer Ausdruck, der es in fünfzigjähriger Ämterlaufbahn bis zum Bürgermeister gebracht hatte: «Fern seye demnach jeder Gedanken, dise weise Anordnung in der fundamental Einrichtung nur im geringsten zu ändern; jeder Angriff ist eine gefährliche Oefnung, eine Wunde, die lange blutet, den Zusammenhang zerreißt, die Festigkeit auflöset und jeder neüen verderblichen Zumuthung den Weg bahnet.»[398] Bis Ende 1795, so meinte der Historiker Carl Hilty 1878, konnten die eidgenössischen Regierungen «noch die helvetische Reform, statt der Revolution haben, eine Reform auf historischer Grundlage und mit der Mässigung, die damals und selbst noch lange später im Geiste der herrschenden deutsch-schweizerischen Bevölkerung lag, die ohne die äusserste Noth nie entfernt daran gedacht hätte, an fremde Hülfe zu appelliren und aus der Eidgenossenschaft tabula rasa, einen ganz neuen Staat, mit romanischen Geistesallüren zu machen».[399] Vermutlich hätte die Chance der Reform aus eigener Kraft sogar noch bis Ende 1797 bestanden.[400] Jedoch begann im Jahre 1795 in der Schweiz ein Prozess, der charakteristisch für revolutionäre Umwälzungen ist: die alten Regierungen zögern notwendige Veränderungen so lange hinaus, bis ihnen jede Grundlage zu weiterer Existenz entzogen ist. «Man schauderte vor dem Verlust der Bevorrechtigungen und der Perücke», so schrieb Philipp Emanuel von Fellenberg über die Berner Patrizier.[401]

Im Herbst 1797, als die Eidgenossenschaft in den Überlegungen Frankreichs eine immer wichtigere Rolle zu spielen begann und Nadelstich auf Nadelstich folgte, begannen Bemühungen, aufgeschlossenere Männer in den regierenden Kreisen der eidgenössischen Orte für einen Weg zu gewinnen, der der Schweiz grössere Möglichkeiten eigenständigen Handelns eröffnet hätte und dem Zusammenspiel von französischer Invasion und heimischer Revolution entgegenwirken sollte. Hier spielte der Deutsche Johann Gottfried Ebel eine wichtige Rolle, der als Freund der Schweiz die Politik in der französischen Hauptstadt verfolgte und früh die drohende Gefahr erkannte.[402] Bereits am 3. März 1797 wandte er sich an den Zürcher Bürgermeister Kilchsperger und warnte geradezu prophetisch: «Wirft man einen Blick auf die entsetzliche Lage der hiesigen Finanzen und erkennt man die dringende Nothwendigkeit, in welche man hier dadurch gesetzt wird, auf alle Art bei reichen Nachbarn Geldsummen unter diesem oder jenem Vorwande aufzubringen, so findet man, daß der Wunsch der Rache oder Züchtigung hiedurch eine grosse Verstärkung und das Ansehen einer für die Republik heilsamen Maßregel erhält. Die Umstände können in diesem Jahre die französischen Waffen so begünstigen, dass die Republik die Schonung für die Schweiz nicht mehr nöthig für sich hält.»[403]

Dem Schreiben an den Zürcher Bürgermeister folgte Brief auf Brief an verschiedene Freunde, denen Ebel zutraute, zur «Rettung des Vaterlands durch eigene Kraft der Vernunft und des aufgeklärten Bürgersinns» tätig zu werden, «um das unwiederbringliche Unglück fremder Einmischung abzuwenden».[404] Unermüdlich mahnte er, nur einheitliches Vorgehen der eidgenössischen Orte beeindrucke Frankreich: «concentriren, concentriren, das ist das Wichtigste!»[405] Schon am 1. November 1797 erfolgte der Rat, zu diesem Zweck eine Tagsatzung einzuberufen, doch eine Beschwörung der Einheit allein, so schrieb Ebel, genüge für eine solche Tagsatzung nicht, «denn um diesen Act wahrhaft so imponirend zu machen, als er es sein kann, müssen von dieser Tagsatzung aus für alle unterthänigen Schweizer solche Maßregeln genommen werden, dass deren bürgerliche Lage verbessert werde, um dadurch jenem großen Act der Tagsatzung die moralische Kraft zu geben, welche nur dann stattfindet, wenn der Wille Aller mit Recht vorausgesetzt werden kann».[406] Der Bürger der Schweiz, so Ebel weiter, müsse dazu «bestimmt werden, ernstlich darnach zu denken, selbst, ohne fremde Einmischung, die politischen Veränderungen, welche nothwendig sind, um seiner Nation Kraft zu geben und Respect zu verschaffen, herbeizuführen und zu bewürken».[407]

In immer neuen Variationen wurde diese Mahnung wiederholt.[408] Ebels Quellen waren neben besten Verbindungen in der französischen Hauptstadt gewöhnliche Zeitungen, deren Nachrichten ernst zu nehmen er seine Freunde in der Schweiz mehrfach aufforderte.[409] Doch schliesslich musste er erkennen, dass seine weitsichtigen Analysen und die verzweifelten Warnungen ohne grosse Resonanz blieben, wenngleich auch einige Schweizer – Philipp Emanuel von Fellenberg ist ein Beispiel – unermüdlich mit ähnlichen Zielen tätig waren.[410] Nun unternahm er nur noch einen letzten Versuch und wandte sich direkt an Männer aus den regierenden Familien, deren Reformbereitschaft ihm bekannt war. Er forderte sie auf, für «ihr Vaterland zu handeln und im Bunde mit allem was kraftvoll ist, nach einem wohlüberlegten Plane loszubrechen». Es sind kühne Vorstellungen, die Ebel da ihm persönlich ganz unbekannten Schweizern nahezubringen suchte:

«Dies ist das einzige Rettungsmittel. Es muß zu Lucern, Zürich, Basel, Bern ein achtzehnter Fructidor[411] entworfen und ausgeführt werden. Ein Dutzend entschlossener Männer an jedem Orte, welche den Schlag bereiten und leiten, sind im Stande, in Einem Tage das alte Regierungsgerüste niederzuwerfen. Bei der jetzigen Stimmung des Landvolkes kann es den leitenden Köpfen an Werkzeugen und Armen nicht fehlen. Ein Mann wie Pestalozzi, Verfasser des Lienhard und Gertrud, hat allein das ganze Zürcher Landvolk am See in seiner Gewalt, wenn er die Rolle des Revolutionärs spielen wollte, und diese *muss* gespielt werden, wenn man die Schweiz retten will. Nirgends ist sie leichter wie da. Es ist nicht eine Revolution, sondern nur ein einziger überlegter, gehörig combinirter und entschlossener Streich nothwendig, um die politische Veränderung und Reform zu bewirken. Unabhängigkeit muß das Losungswort des Bundes sein, der unter allen denen gebildet werden muß, welche wahrhaft Schweizerbürger sind.»[412]

Ganz ähnliche Warnungen und Mahnungen waren von dem Historiker Johannes Müller zu vernehmen. Auch er verlangte eine Erneuerung des eidgenössischen Bundes und forderte, an Mittel zu denken, «Forderungen des Landmanns, die er dem Geist der Zeit, ja der Natur gemäß machen kann oder wird, erstlich dadurch zuvorzukommen, daß ihme der freien Männern gebührende Einfluß auf die allgemeinen Geschäfte des Vaterlandes gegeben werde [...] !!!»[413]

Von einem einheitlichen und entschlossenen Handeln der Schweizer Regierungen, das der Abwehr der sich deutlich abzeichnenden Gefahren gedient hätte, konnte seit dem Spätsommer des Jahres 1797 in keiner Phase mehr die Rede sein. Ihren reformorientierten und aufgeklärten Gegenspielern indessen fehlte es an Kraft und Rückhalt, die jetzt nötigen Veränderungen durchzusetzen. Erst mussten vielfältige Bedenken einzelner Regierungen ausgeräumt werden, bis es dann tatsächlich zu einer «eidgenössischen Zusammenkunft» kam. Die Stärke einer einheitlichen Schweiz sollte Frankreich durch die ausserordentliche Tagsatzung demonstriert werden. Doch schon die Vorgeschichte liess wenig Gutes erwarten. Einzelne Abgesandte erhielten von ihren Regierungen Instruktionen, die einen Erfolg von vornherein in Frage stellten. Aus der Sicht der Landsgemeindekantone war vor allem Zürich mit der unnachgiebigen Behandlung seiner ländlichen Untertanen für die französischen Drohungen verantwortlich. Der Schwyzer Abgesandte erhielt die geheime Weisung, bei den Gesandten von Bern vertraulich zu erforschen, «ob nicht auf Zürich in dem Sinne eingewirkt werden könnte, dass es seinen Untergebenen irgendwie mit väterlicher Milde entgegenkäme, dass sie beruhigt und der alte Gehorsam wieder hergestellt würde».[414] Kaum jemand begriff die der Schweiz drohende Gefahr in ihrem ganzen Ausmass. Glarus schrieb an die anderen Stände, von «außen kennen wir keine bösen Absichten gegen unsere liebe Eidsgenossenschaft; im Gegentheil».[415] Während der Beratungen musste man feststellen, dass alles Mögliche geschehe, «um das verderbliche droit de l'homme (oder Menschenrecht) in alle Herzen einzugießen und somit die ganze Moralitet der lieben frommen Schweizer zu untergraben»[416], denn der französische Gesandte François Xavier Mengaud liess während der Tagsatzung durch sechs bewaffnete französische Husaren ganze Ballen von «Aufruhrschriften» auf den Dörfern ausstreuen.[417]

Selbst in der Stunde offenkundig höchster Gefahr fiel es sogar schwer, alle Gesandten von der Notwendigkeit der Bundesbeschwörung zu überzeugen: Glarus etwa wehrte sich, «eiligst neue Eidschwüre» zu leisten.[418] Fast vier Wochen benötigte man, bis alle Tagsatzungsgesandten, die stets erst Rücksprache mit ihren Regierungen nehmen mussten, der Beschwörung zuzustimmen bereit waren. Von einer Vervollkommnung der Verfassung oder gar einer mässigen Mitwirkung des Volkes war keine Rede mehr.

Am 25. Januar 1798 kam es endlich «im Namen unserer allseitiger Hoheiten» zum Schwur, «alle Bünde, die bei Begründung unserer Freiheit und nachher zwischen den eidgenössischen Ständen und Orten beschlossen worden sind, fest, unverbrüchlich und stets zu halten und uns bei unsern Bünden und unserer Verfassung, je ein jeder Staat nach seinen besonders eingegangenen Verpflichtungen zu handhaben und zu schützen». Mehr als eine tragische Komödie stellte die Beschwörung nicht mehr dar: Bereits am 22. Januar waren die Gesandten Basels «wegen glücklicher Vereinigung zwischen Stadt- und Landbürgern», abberufen worden.[419] Am Ort des Bundesschwurs selbst wurde das Verhalten der Bevölkerung gegen die Tagsatzungsgesandten immer bedrohlicher. Der bernische Landvogt Fischer berichtete am 29. Januar an seine Regierung über die «üble Stimmung in Aarau»: «Alle Landleute von meinem Amt, so sich dahin begeben, werden in jede Pintenschenk und besonders Bäckerstuben gegen die Obrigkeit aufgehetzt, und auch am Donnerstag, bei dem Bundschwur, mischten sich die Weiber von Aarau unter die Zuschauer [und] sagten ihnen, diese Ceremonie sei unbedeutend, sie könne doch den Umsturz ihrer Regierung nicht hindern. Allenthalben sind es die Weiber, selbst in den Bäckerstuben, wo ihre Männer ruhige Zuhörer sind, welche die Revolution predigen.»[420]

Als dann die Tagsatzungsgesandten auch noch die Nachricht von der erfolgreichen waadtländischen Revolution erreichte, wurde endgültig deutlich, dass die Regierungen die Chance vertan hatten, das Gesetz des Handelns selbst zu bestimmen. In wenigen Wochen brach nun zusammen, was man in Jahrhunderten wohl gegründet wähnte.

Revolution in Basel

«Ach, wer weiss was noch in aller Welt geschehen kann, da einerseits der Freiheitstaumel und anderseits der Despotismus regieren.»
Der Basler Pfarrer
JOHANN RUDOLF BURCKHARDT 1798[421]

«Auch ist in reigottschwill der friheidsbaum aufgestellt, auch an Allen orden im baselgebiedt freiheid beume aufgestellt und ist die oberkeit von den bauren gezwungen worden, die freiheid zu geben an die helffitter badtriotten, wie die alten schwitzer gehabdt haben.»
Eintrag in der Hausbibel Isaak Schneiders vom 18. Januar 1798[422]

Der Anfang der Helvetischen Revolution wurde in Basel gemacht. Überwiegend freudig schloss sich die Bevölkerung der Basler Landschaft den Revolutionsparolen ihrer Führer an,[423] und in der Stadt sorgten reformorientierte Patrioten für einen Umschwung. Strebte die Landbevölkerung geringere Abgaben, politische Gleichstellung, die Abschaffung der Landvögte und gemeindliche Selbstverwaltung an, so ging es den die Revolution tragenden Städtern um die Schaffung eines modernen, auf Rechtsgleichheit gegründeten Staates. Für einen Augenblick wurde die Koalition von Unzufriedenen in den Dörfern, landstädtischer Oberschicht und gemässigt-republikanisch gesinnten Stadtbürgern möglich.[424]

Am 18. Dezember 1797 brachte der Schwager von Peter Ochs, Ratsherr Peter Vischer, den Antrag in den Grossen Rat ein, der Landbevölkerung gleiche Rechte wie den Stadtbürgern einzuräumen. Der Antrag wurde als der Verfassung zuwider verworfen, doch erhielt er immerhin 30 Stimmen.[425] Vischer gehörte zum «Rheineck-Kämmerlein», in dem reformorientierte Städter sich regelmässig trafen und diskutierten. Viele der Mitglieder spielten während der Helvetik eine bedeutende Rolle.[426] «Diese Gesellschaft», so Peter Ochs, «diente dazu, dass sie die Gemüter nach und nach zu einer Veränderung vorbereitete, auf die Ungerechtigkeit der Vorrechte und den Unzusammenhang des baufälligen Schweizergebäudes immer aufmerksamer machte, die zaghaften Landsleute mit Mut belebte und dennoch überall Ruhe und Ordnung handhabte.»[427] Von hier gingen alle städtischen Reformbemühungen aus, wie sie Johann Gottfried Ebel in seinen Briefen aus Paris an verschiedene Schweizer so dringend gefordert hatte. Während der Revolution betätigte die Gesellschaft sich als eine Art Nebenregierung.[428]

Am Neujahrsabend 1798 wurde auf der Bärenzunft ein denkwürdiges Festbankett gefeiert, an dem weit über hundert Revolutionsanhänger aus der Stadt[429], vor allem aber auch 16 Männer von der Landschaft teilnahmen.[430] Die Feiernden nahmen die Verbrüderung zwischen Stadt und Land vorweg, die auf staatlicher Ebene noch drei Wochen auf sich warten lassen sollte. Einige Bauern, Wirte, Chirurgen, Bäcker und andere Gewerbetreibende des Landes brachten gemeinsam mit ihren städtischen Gesinnungsgenossen – auch französische Politiker und Generäle waren unter den Gästen – Trinksprüche auf Freiheit und Gleichheit aus und erregten in der Stadt gewaltiges Aufsehen.[431] Diese «Patriotische Mahlzeit» kann als Paukenschlag für den Beginn der Basler Revolution bezeichnet werden.[432] Aus ihr gingen 15 Forderungen an die Regierung hervor, darunter solche nach Abschaffung der Bodenzinsen, der Heuzehnten, der Schlossfronen und der Landvögte: «Und wenn UGHH [Unsere Gnädigen Herren] ihnen besagte Bedingnüsse nicht bewilligen solten, so verlassen sie sich auf die französische Republik.»[433] Auf «gedruckten Zedul[n]» kursierten die Forderungen in den Dörfern und wurden genutzt, um der Landbevölkerung die Vorteile der herannahenden neuen Zeit zu erläutern.[434] Matthias Manz zeichnete sehr detailliert nach, dass es vor allem um die Abschaffung kleinerer und lästiger oder als unverhältnismässig empfundener

Abgaben ging, die die Landbevölkerung verlangte, und dass daneben das Gefühl eine wichtige Rolle spielte, das Land allein habe für die Besoldung der Obrigkeit und ihrer Repräsentanten einzustehen.[435]

Von nun an beflügelten sich die Revolutionäre auf der Landschaft und die Veränderungsbereiten in der Stadt gegenseitig. Je mehr sich das Kräfteverhältnis in der Stadt zugunsten der Patrioten verschob, um so mutiger wurde man auf dem Lande. Umgekehrt stärkte jede Aktion auf dem Lande die Position der Reformfreunde in der Stadt gegen die Altgesinnten. In der Nacht vom 5. auf den 6. Januar wurde in Liestal – hier gab es seit dem Bauernkrieg des 17. Jahrhunderts revolutionäre Traditionen – ein mit einer Kokarde geschmückter Freiheitsbaum aufgestellt, aber schnell wieder entfernt.[436] Ebenfalls am 5. Januar wurden erste Erleichterungen für die Landbevölkerung in den Räten diskutiert. Als skurrile Marginalie erscheint der Ratsbeschluss vom 6. Januar 1798, die Abgabe des Fastnachtshuhns – um sie war es in der Vergangenheit zu grossen Konflikten gekommen – zwar nicht abzuschaffen, aber doch denjenigen «Vergnügen zu bezeigen», die freiwillig auf den Einzug dieser Abgabe verzichten würden.[437]

In Liestal wurde am 8. Januar die Durchfahrt des französischen Geschäftsträgers Mengaud zu einem Volksfest. Am selben Tag zogen achtzig Bauern nach Farnsburg und verlangten vom Landvogt, «ihre Freiheit in Büchern zu sehen». Auch hier wieder die Erwartung, geforderte Freiheiten durch alte Urkunden gerechtfertigt zu finden. Der Landvogt wurde gezwungen, seinen Besuchern zwei Folianten aus dem Archiv mitzugeben. Am 11. Januar wanderte eine Deputation des Basler Rates von Gemeinde zu Gemeinde, «um sie zur Ruhe und Treue gegen eine so milde und landesväterlich für sie sorgende und sie regierende Obrigkeit zu ermahnen und allenfalls auch ihre Klagen anzuhören, die sie aber nicht in einem Auflauf, sondern in der Ordnung vorbringen sollen».[438] Dabei kam es in der Kirche zu Liestal, wo mit dem Uhrenmacher Wilhelm Hoch eine der Hauptfiguren der helvetischen Umwälzung die Landbevölkerung vertrat, zu stürmischen Auftritten. Man verlangte «nichts als die unverjährbaren Rechte des Menschen, Freyheit und Gleichheit der Rechte, so wie sie der Bürger von Basel geniesst». Ratsherr Hieronymus Christ warf den Liestalern Luxus, Kleiderpracht und Üppigkeit vor, und nur mit Mühe konnten die Führer der Volksversammlung verhindern, dass die städtische Deputation verprügelt wurde.[439] Nachdem die Ratsherren sich auch noch in Bubendorf tumultartige Klagen über tyrannische Landvögte anhören mussten, verzichteten sie auf den Besuch weiterer Gemeinden und kehrten nach Basel zurück. Es wurde eine neue Deputation gewählt, der mit Johan Jakob Minder, Johann Rudolf Staehelin und Johann Lukas Legrand[440] nun künftige Funktionsträger der Helvetik als Mitglieder angehörten. Es kam zu Verhandlungen mit Delegierten der Gemeinde Liestal. Vier Forderungen wurden übergeben, die am 13. Januar 1798 in der Stadtkirche Liestal vor versammelter Gemeinde auf dem Altar unterschrieben worden waren: «1° Sind wir entschlossen, Schweizer zu bleiben. 2° Wollen wir Freyheit, Gleichheit, die heiligen unverjährbaren Rechte des Menschen und eine Verfassung, wozu Repräsentanten aus dem Volke gewählt werden. 3° Enge Vereinigung der Stadtbürger mit den Landbürgern, als zu *einem* Körper gehörend, welche gleiche Rechte und gleiche Freyheit zu geniessen haben. 4° Endlich begehren wir unverzüglich eine Volksversammlung, worzu von Stadt und Land nach zu bestimmenden Regeln, z. B. von 50 Bürgern einer erwählt würde, welche den zu bestimmenden Gesetzen für die Zukunft vorläufig beywohnen könnten; jede Verzögerung könnte Schaden bringen.»[441] Die Liestaler sangen zur Verabschiedung dieser Punkte die Basler «Marseillaise», das Lied «Holde Eintracht».

Die Forderungen der Landschaft hatten eine neue Qualität erreicht. Nicht mehr einzelne materielle Besserstellungen standen nun im Zentrum der Forderungen, sondern grundsätzliche Veränderungen auf der Basis von Freiheit und Gleichheit. An die Deputation Basels gelangte die Warnung, man werde sich, sollte die Stadt eidgenössischen Beistand anfordern, an Frankreich wenden. Auch versprachen die revolutionären Führer der Landschaft den städtischen Patrioten Beistand, sollten sie von ihren Gegnern bedroht werden.[442]

Immer stärker ging die Initiative in der Basler Revolution auf die ungeduldiger werdende Landbevölkerung über. Beeinflusst durch die städtischen Patrioten, hatten sich hier Führer gefunden, die Forderungen der Landschaft formulierten, auf die die Stadt nicht mehr mit punktuellem Entgegenkommen reagieren konnte.[443] Die städtischen Patrioten hatten sich damit auf eine gefährliche Gratwanderung begeben, denn in der von ihnen angestrebten Revolution von oben liefen sie damit zeitweise Gefahr, die Initiative zu verlieren.[444]

Am 15. Januar 1798 sandte die Stadt neuerlich eine Deputation auf das Land, um die Forderungen der Landbevölkerung zu erkunden. Vermutlich hoffte man, auf diese Weise gemässigtere Gemeinden gegen die radikalen Liestaler ausspielen zu können. Doch diese nutzten unter Mithilfe der städtischen Patrioten[445] die Gelegenheit dazu, sich mit den Gemeinden der gesamten Landschaft abzustimmen. Wohin die Ratsherren auch kamen, überall wurden ihnen die am 13. Januar in Liestal verabschiedeten vier Artikel präsentiert.[446]

Auch die Stadt erlebte jetzt frontale Angriffe auf die alte Ordnung. Flugblätter und Flugschriften der Basler Patrioten stellten Öffentlichkeit her. Am 9. Januar erschien ein bei Samuel Flick gedruckter «Aufruf an alle biedere rechtschaffene Bürger des Kantons Basel»[447], mit dem eine dem Geist des Zeitalters entsprechenden Verfassung und Regierungsform verlangt wurde. Am 15. Januar liess der Artilleriewachtmeister Hans Georg Stehlin von Benken beim Buchdrucker Haas einen Zuruf «Die Bürger der Landschaft an die Bürger der Stadt Basel» drucken.[448] Drohend hiess es: «Eure Rechte sind nicht erblich, und wir haben eure Bünde und Verträge nie frei beschworen – wir kennen den Geist der Revolution sowohl als die Kräfte der Waffen, wir kennen die Mittel unsere Gesinnungen durchzusetzen; wir überlassen euch das Uebrige zu denken.»[449]

Am 17. Januar wurde in Liestal ein Freiheitsbaum aufgestellt. Es handle sich um das «erste Freyheits zeichen in der Schweiz», notierte der Liestaler Revolutionär Wilhelm Hoch.[450] Eine schwarz-rot-weisse Trikolore fand auf dem Rathaus Platz, nachdem die alte Fahne zerrissen worden war. Als Symbol der Revolution wurden gleichfarbige Kokarden verteilt. Am 18. Januar meldete ein Landvogt, die Liestaler begehrten die Franzosen. Auch werde von Hüningen[451] aus, «wo viel grobes Geschütz angelangt», die Stadt Basel bedroht. Das Volk im Kanton Basel sei mit Munition wohl versehen «und dürfte bald als der gefährlichste Feind zu betrachten sein».[452] Die angestrebte friedliche und durch die Patrioten in zivilisierte Bahnen gelenkte Revolution drohte ausser Kontrolle zu geraten. Am Abend des 17. Januar wurde das Schloss Waldenburg Opfer der Flammen, später folgten Schloss Farnsburg und Homburg.[453] Der Landvogt war, «mit allem was er hatte [...] vorher weggeschafft» worden.[454] Die Revolutionäre erliessen ein Aufgebot für eine Landmiliz[455] und in Basel kursierte das Gerücht, im «Elsass stünden 20-30,000 Franzosen ihnen zur Hilfe bereit, wenn die Stadt ihnen nicht gebe, was das Land fordere».[456] Wieder zeigte sich, wie gefährdet die Führung der Revolution durch die städtischen Patrioten stets war. Das Landvolk hatte angesichts der Verzögerungstaktik der Stadt die Geduld verloren.

Das Aufgebot der Landmiliz, das allen Absprachen zwischen städtischen Patrioten und ländlichen Revolutionsführern widersprach, erreichte seinen Zweck: «Man trieb die ganze Bürgerschaft in die Angst, und alles stimmte zu, dass Grosse und Kleine Räthe die Landbürger für frei erklärten.»[457] Einer Deputation von Patrioten gelang es, einen militärischen Marsch auf Basel zu verhindern. Statt dessen wurde ein Piket von 600 Mann gebeten, gemeinsam mit der Freikompanie die Stadt zu bewachen.[458] Damit war noch einmal die Bändigung des Landvolks gelungen und zugleich der Gegenrevolution in Basel jede Möglichkeit genommen, selbständig zu agieren.

Die revolutionären Ziele waren erreicht. Am 18. Januar musste der altgesinnte Bürgermeister Andreas Merian zurücktreten. Ihm wurde von einer vor dem Rathaus demonstrierenden Menge der Vorwurf gemacht, um eidgenössischen Beistand gebeten zu haben. In Panik liefen die Mitglieder des Kleinen Rates auseinander und mussten ausgerechnet von den Patrioten vor dem Unmut der Bevölkerung geschützt werden. Die Basler Regierung war handlungsunfähig, so dass nun die «Gesellschaft zur Beförderung bürgerlicher Eintracht» und eine

«Commission zur Anhörung vaterländischer Vorschläge» das Heft in die Hand nahmen: «Der Rath musste etliche Tage lang thun, was sie wollten.»[459] Am 19. Januar zog die Landmiliz, die ihre Offiziere selbst hatte wählen können, in die Stadt ein und beschwor auf dem Petersplatz Freiheit und Gleichheit der bürgerlichen Rechte. Ausdrücklich sagte der Eid, man wolle Schweizer bleiben.[460]

Am 20. Januar wurden alle Forderungen der Landbevölkerung und ihrer Ausschüsse angenommen. In einer «Publication von Bürgermeister, kleinen und großen Räthen des eidsgenössischen Freistandes Basel» freute man sich «grundmüthigst, dass hinfort Stadt und Landschaft als *ein* Körper in brüderlicher Eintracht mit einander leben [...] werde».[461] Diese Urkunde wurde der Landbevölkerung zwei Tage später in der Liestaler Stadtkirche übergeben. «Ein Körper in brüderlicher Eintracht», diese Formulierung verbreitete sich in Windeseile in der ganzen Schweiz und wurde dann auch von den Landbevölkerungen anderer Orte aufgegriffen.

Am 22. Januar 1798 beging die Stadt auf dem Basler Münsterplatz den Tag der Vereinigungsfeier. Noch am Vormittag entsagte der Grosse Rat seinen alten Titeln und legte die hergebrachten Kostüme der Ratsherren ab. Unter dem Donner von Kanonen und dem Läuten von Kirchenglocken bewegte sich am Nachmittag der Zug der Ratsherren zum Münster. «Junge Republikanerinnen» tanzten um den Freiheitsbaum und sangen Freiheitslieder.[462] «Herr Diacon Fäsch bei St. Theodor hielt eine Predigt über Gleichheit und Freiheit» im Münster.[463]

In einer von Vertretern der Stadt und der Landschaft besetzten Kommission begannen nun Beratungen über die Gestaltung der neuen Ordnung. Am 6. Februar konstituierte sich eine provisorische Nationalversammlung.[464] Die Verhandlungen der provisorischen Nationalversammlung bedeuteten etwas ganz Neues für Basel, denn statt der gewohnten geheimen Ratssitzungen erlebte man nun die täglichen Zusammenkünfte in der Grossratsstube, wo «bei offen Thüren» diskutiert wurde und man «Zuhörer aus allen Ständen» hatte.[465] Skepsis herrschte bei so manchem Stadtbürger, der meinte, dass «Verbesserungen wohl wünschenswerth, aber sehr gefährlich seien, dass es oft weiter gehe als man Anfangs wollte, und dass ein Bauernregiment eine bedenklich Sache sei, weil sie die Freiheit und Gleichheit gar leicht missbrauchten».[466]

Doch so oft die Revolution von oben in den Wochen zuvor auch gefährdet war, jetzt, da alles in geordnetere Bahnen zurückgeführt wurde, hatten die städtischen Patrioten in dieser ersten gewählten Basler Volksversammlung eine Zusammensetzung erreicht, die ganz der Überzeugung von Peter Ochs entsprach: «Wenn wichtige Veränderungen einem Staat bevorstehen, so wäre es Unsinn, die Leitung davon Taglöhnern, Fischweibern, Trödlern zu überlassen.»[467] Stadt und Land hatten je 20 Abgeordnete gewählt. Hinzu kamen weitere 20 städtische, aber von der Landschaft gewählte Abgeordnete. Unter den 40 Städtern befanden sich 3 ehemalige Standeshäupter, 12 Mitglieder des Kleinen Rates und mehr als ein Dutzend Grossräte, Richter und Beamte der alten Ordnung.[468] Die 20 Abgeordneten des Landes waren 4 Handwerker, 3 Vollbauern, 3 Müller, 3 Tavernenwirte, 1 Pintenschenk, 1 Holzhändler und 1 Zollwächter.[469] Die ländliche Unterschicht – immerhin bildete sie die Bevölkerungsmehrheit – blieb in diesem Parlament unvertreten. Ein Bündnis von städtischen Patrioten und ländlicher Oberschicht nahm den Fortgang der Revolution in die Hand. Eine durchgehende personelle Erneuerung hatte es nur bei den Abgeordneten des Landes gegeben, die jedoch eine Minderheit darstellten.[470]

Nach der Rückkehr von Peter Ochs aus Paris – er hatte dort den Entwurf einer helvetischen Staatsverfassung ausgearbeitet – begann in der Basler Nationalversammlung die Verfassungsdebatte. Hatte sich Frankreich unter zahlreichen unabgesprochenen Abänderungen den Ochsschen Entwurf zu eigen gemacht, so erarbeitete man hier eine Variante, die den Abgeordneten Schweizer Verhältnissen anpassender erschien. Am 15. März wurde die neue Konstitution angenommen. Zugleich begannen vielfältige Aktivitäten, um den Basler Entwurf überall in der Schweiz zu empfehlen.

Noch organisierte die Basler Nationalversammlung die Wahlen von Senatoren und Grossräten am 28. März, die dann nach Aarau zur Proklamation der Helvetischen Republik reisten. Diese Wahlen waren mit einer Volksabstimmung über die Verfassung verbunden, wobei von dem künftigen helvetischen Parlament für gut befundene Veränderungen schon gleich mit genehmigt werden mussten. Auf der Landschaft beteiligten sich gleichwohl 82,1 Prozent der Bevölkerung, in der Stadt 76,4 Prozent.[471] Die hohe Beteiligung und die durchgehende Zustimmung zur Verfassung zeigte die Politisierung der Landbevölkerung und die hohen Erwartungen an die neue Ordnung.[472]

Der Anfang vom Ende – Revolution im Waadtland

«Zunehmender Wohlstand, Reichtum, Kenntnisse, fremde Relationen hatten schon seit langen Jahren die Einwohner dieses Landes zu einer Art Major(enn)ität erhoben, welchen denselben den Wunsch von mehrere politische Freiheit einflößte und derselben die vätterliche Regierung Meiner Gnädigen Herren mit eben der gleichen Ungeduld ertragen machte, als erwachsene Kinder die Regierung ihres alten, vielleicht schwachen und doch auf alle seine Vorrechte eifersüchtigen Vaters ertragen macht.»

Bericht an den Geheimen Rat von Bern, 16. Januar 1798[473]

Für die Geschichte der Helvetischen Revolution wie für die Revolution im Kanton Bern spielt das Waadtland eine entscheidende Rolle. Ende 1797 wurden die Forderungen Frédéric-César de Laharpes in der europäischen Öffentlichkeit verbreitet, die fränkische Republik möge «endlich ihre Verpflichtungen gegen das Volk vom Pays de Vaud, sowohl Bernischen als Freyburgischen Antheils» erfüllen. Sie solle dem Waadtland seine «politische Existenz» wiedergeben «und daraus, unter ihrem Schutze eine unabhängige Republik» bilden. Der 18. Fructidor gebe Hoffnung, denn mit ihm sei Barthélemy, die Stütze der «Schweizer Despoten», gefallen. Frankreich müsse sich überzeugen, «daß seine Macht auf dem allgemeinen Fall des Despotism in Europa beruhe»: «Murten werde von neuem berühmt in der Weltgeschichte! [...] O, Schutzgeist der Menschheit! laß meinen süßesten Traum nicht zu schanden werden, das Idol meiner Jugendjahre, die einzige Hofnung, die mich noch ans Leben knüpft! der entscheidende Punkt der Wiedergeburt Europens naht.»[474]

Laharpe fühlte als waadtländischer Patriot. Verpflichtungen gegen Bern akzeptierte er nicht. So wies er Frankreich auf den Lausanner Vertrag von 1564 hin, der dazu verpflichte, für die von Bern ihrer Rechte beraubten Waadtländer einzutreten. Einen wunden Punkt der Berner Politik traf er mit seiner berühmten Schrift «De la Neutralité des Gouvernans de la Suisse depuis l'année 1789» aber vor allem dadurch, dass er detailliert neutralitätswidrige Akte schweizerischer Regierungen seit der Revolution auflistete.

Erinnerungen wurden wach an die harten Strafurteile, welche die bernische Regierung 1791 gegen den Vetter von Frédéric-César, gegen Amédée de Laharpe, gefällt hatte. Der Waadtländer war wegen Teilnahme an einem Fest zur Feier des Bastillesturms zum Tode verurteilt worden. Er konnte flüchten, doch wurde sein gesamter Besitz konfisziert. Im Exil stieg Amédée de Laharpe zum französischen General auf und war einziger Duzfreund Napoleons unter der Generalität. Nichts als Rache, so meinte die Berner Regierung, bewege Frédéric-César de Laharpe zu

106

seinen scharfen Angriffen auf Bern.[475] Schnell sollte sich jedoch zeigen, dass es sich bei den Vorschlägen zur Revolutionierung des Waadtlandes um mehr handelte als um eine Privatfehde zwischen Bern und Laharpe, der durch eine Proklamation vom 15. Juni 1797 «auf ewig aus seinem Vaterlande verbannt» worden war.[476]

Ein erstes Signal setzte eine berühmt gewordene Reise Napoleons durch die Schweiz. Der französische Feldherr begab sich vom 21. bis 24. November 1797 über Genf, Bern und Basel nach Rastatt.[477] In Genf versprach Napoleon der Stadt seinen besonderen Schutz, in Nyon und in Rolle liess er sich von der begeisterten Bevölkerung feiern, Lausanne war ihm zu Ehren illuminiert, blauweissrot gekleidete Mädchen überreichten Blumen und Verse, in Bern schlug er hingegen jede Gastfreundschaft aus.[478] In der Waadt säumten Spruchbänder mit der Inschrift «Ein Volk kann nicht Untertan eines anderen Volkes sein» den Weg des Generals.[479] Die bernische Regierung konnte aus den demonstrativen Unfreundlichkeiten Napoleons und aus den Reaktionen der Bevölkerung, die die Reise zu einem Triumphzug machten, nur wenig Gutes für die Zukunft ersehen.

Für grosse Teile der waadtländischen Bevölkerung bedeutete das Verhalten Frankreichs und Napoleons ein Signal, die seit Jahren gegen Bern erhobenen Forderungen jetzt noch energischer zu vertreten. Es waren im wesentlichen innere Kräfte und Konflikte, die nun zum Wirken kamen und sich entluden. Die Revolution des Waadtlandes muss als Selbstbefreiung und als Revolution von unten bezeichnet werden.[480] Den Jahrhunderte alten Status als Berner Untertanen wollte die Bevölkerung nicht länger akzeptieren. Man träumte von einer waadtländischen Ständevertretung mit freier Wahl der Vertreter durch die Gemeinden, von Gleichberechtigung aller Bürger und Verantwortlichkeit der Beamten vor dem Volk. Zur Sicherung vor richterlicher Willkür wurde gefordert, dass nur waadtländische Richter über Waadtländer zu urteilen hätten. Die bernischen Landvögte sollten abgezogen werden. Alle massgebenden Führer dieser Revolution strebten eine würdige Partnerschaft zur Eidgenossenschaft und zu Bern an. Kaum einer dachte anfänglich an eine Trennung von der Schweiz oder daran, sich unter die Obhut französischer Truppen zu begeben. Dies erreichten erst die Reaktionen der Berner Regierung.[481] Ihre Politik trieb die Waadtländer in die Arme Laharpes und der französischen Regierung, deren dezidiert antibernische Haltung die Oberhand gewann.[482]

Mehrfach hatte es in der waadtländischen Geschichte Versuche gegeben, das Untertanenverhältnis zu lockern oder zu lösen, doch so ernst wie nun am Ende des Jahres 1797 war die Situation zuvor noch nie. Nirgendwo sonst waren durch Nachbarschaft und gleiche Sprache Einflüsse und Wirkungen der Französischen Revolution so intensiv gewesen wie in der Waadt. Berichte vor allem der Landvögte informieren über die Stimmung im Waadtland und über den Ablauf der Ereignisse. Am 24. Oktober 1797 erhielt die bernische Regierung die Mitteilung, «dass sowohl Einheimische als Ausländer Propaganda machen und Verräthereien anspinnen». Es sei zu bemerken, «dass die Bauern dieser Grenzen mit ihren Nachbaren seit langer Zeit freundschaftlich verbunden sind; sie haben auch viele Besitzungen auf französischem Boden und handeln mit den Franzosen mit Vieh, Holz und andern Waaren; sie nehmen auch Arbeiter und Dienstboten von daher, und weil wir in unserem Land wenig Doctoren und Chirurgs haben, so bedienen sich unsere Leute derer ihrer Nachbarn, und diese können gefährliche Nachbarn sein». In mehreren Gebieten könnten die reichsten Bauern leicht zu Neuerungen gereizt werden, «in keiner andern Absicht, als keine Bodenzinse und Zehenden mehr zu bezahlen. Dies ist ein neuer Beweis, dass die häufigen und traurigen Erfahrungen noch nicht hinreichend sind, den Revolutionsgeist zu heilen».[483] Weitere landvögtliche Berichte lassen die Waadt als brodelnde Gerüchteküche erscheinen, in der reisende Agitatoren die Bevölkerung bearbeiteten, in allen Wirtshäusern über die «Tyrannei der Regierung» räsoniert wurde, Flugschriften kursierten und die Bereitschaft zum Umsturz täglich wuchs.[484]

Am 18. Dezember 1797 erging eine detaillierte Instruktion an Wolfgang Karl v. Gingins. Er war Leiter einer Berner Delegation, die nun in die Waadt gesandt wurde. Die Abgesandten sollen den Plan vereiteln, «Unterschriften für ein Unterstützungsgesuch an die französische Regierung zu sammeln, behufs Losreißung des welschen Landes». Weiter kamen den Berner Gesandten Aufgaben einer Art Geheimpolizei zu, indem sie die «Gesinnungen der Einwohner zu Stadt und Land, auf die so vieles ankommt», erforschen und alle «Aufmerksamkeit auf das Thun und Lassen und die allfälligen Unternehmungen der Unzufriedenen richten» sollten. Ausdrücklich wurde der Delegation untersagt, Petitionen der Bevölkerung entgegenzunehmen. Dafür war es ihr erlaubt, «schleunige außerordentliche Militar-Verfügungen» zu erlassen und Verhaftungen auffälliger Personen vorzunehmen.[485]

Die Tätigkeit der Delegation erfüllte die Erwartungen der Regierung nicht. Weitgehend beschränkte sie sich auf hilfloses Beobachten. Am 6. Januar kritisierte der Geheime Rat den Leiter der Delegation, er habe von den erteilten Vollmachten keinen Gebrauch gemacht. Man musste konstatieren, «dass nunmehr die Sachen so weit gekommen sind, dass die Uebelgesinnten unter Eueren Augen eine Art Consistenz erhalten und sich herausnehmen, durch eigenmächtige, nach ihrem Sinn abgefasste Druckschriften das Landvolk umzustimmen [...], ohne dass Euerseits irgend ein Verbot noch Anstalt zu Behinderung dieser aufwieglerischen Bewegungen zum Vorschein kommt».[486] Am 8. Januar wusste der Geheime Rat in Bern aus Lausanne, dem Zentrum der waadtländischen Revolution, «dass zur

Besänftigung der Gemüther kein anderes Mittel mehr übrig bleibe, als die bestimmtesten und feierlichsten Erklärungen von Seiten der Regierung, dass jede begründete Beschwerde angehört, jeder abgeholfen und dass man sich ohne Verzug damit beschäftigen werde, wie die Veränderungen, die allgemein gewünscht und erwartet werden, in's Werk gesetzt werden» könnten.[487] Die bernische Regierung forderte jedoch zur «Vermeidung jedes Scheins» auf, «dass etwas ertrotzt werden könnte». Nachgiebigkeit, befürchtete man, müsse wie eine Lawine wirken. So setzte die Regierung statt dessen für den 10. Januar einen Huldigungseid der Waadtländer an.[488] Angeheizt wurde die Stimmung in jenen Tagen zusätzlich durch Gerüchte von Operationen französischer Truppen an den Grenzen des Waadtlandes.

Der Huldigungseid wurde zu einem die weitere Entwicklung entscheidenden Fehlschlag für die Regierung. Wegen «zweifelhafter Gesinnung der Gemüter» musste an verschiedenen Orten auf die Abnahme verzichtet werden.[489] Dass der Eid mehrheitlich durchgesetzt werden konnte, war ohne Nutzen, denn die Anordnung hatte eine Politisierung und Mobilisierung der Bevölkerung zur Folge wie keine andere Massnahme zuvor. Überall wurde die günstige Gelegenheit der erzwungenen Huldigung genutzt, um auf die Bevölkerung einzuwirken.[490]

Erst jetzt, am 12. Januar, entschloss sich die Regierung, «die von einer jeden einzeln Gemeinde allenfalls einzugebende Beschwerden» anzunehmen und «geneigt» anzuhören. Am selben Tag bestellte die Regierung mit Rudolf von Weiss einen Oberkommandierenden, um «auf den nur allzu wahrscheinlichen Fall, dass dort ein ansehnliches Truppencorps in Activität gesetzt werden müßte», vorbereitet zu sein.[491] Überall im Lande hatten sich derweil revolutionäre Comités und Klubs gebildet.

Bern setzte auf die militärische Karte, um die Konflikte mit seinen Untertanen zu bereinigen. Doch war dies nun nicht mehr ungestört möglich. Auch hatte man sich einen falschen Kommandanten gewählt, der, wie ein altgesinnter Berner bissig schrieb, alles vermied, «in dieser höchsten Crisis das letzte Rettungsmittel zu ergreifen».[492] Napoleon bezeichnete den Obersten als «geistreichen Mann, der den Krieg nicht wollte».[493] Kräftig durchzugreifen war nicht mehr so einfach. Am 14. Januar 1798 musste Rudolf von Weiss dem Kriegsrat in Bern mitteilen, dass er «wenig Wahrscheinlichkeit einer glücklichen Gegenwehr einsehen» könne: «Die Gesinnungen des Volks sind sehr wenig günstig, und die kleine Zahl welche man wird aufbringen können, wird mit dem weibischen Schrecken, welcher sich über dieses Land verbreitet, kein wesentlichen Widerstand thun.»[494]

In völliger Verkennung der Situation und der Bevölkerungsstimmung betrieb Bern weiterhin eine Politik, mit der die Gemässigten unter den Revolutionären zurückgestossen wurden. Die Magistraten von Lausanne und Morges hatten in einer Petition darum gebeten, Deputierte aller Städte und Gemeinden versammeln zu dürfen, womit das Ziel verfolgt wurde, gegenüber den revolutionären Klubs die Führung der Bewegung zu gewinnen und eine französische Invasion zu verhindern. Die bernische Regierung blieb unnachgiebig, hatte man doch in Frankreich erlebt, wie die Einberufung der Landstände den Beginn der Revolution bedeutete.

Karl von Redings, der gemeinsam mit dem Zürcher Wyss als eidgenössischer Vermittler in der Waadt weilte, berichtete in diesen Tagen unmittelbar vor dem revolutionären Umsturz, nur eine kleine Minderheit wünsche eine selbständige Waadt oder eine Invasion Frankreichs, doch nahezu alle begehrten «mehr Freiheiten und Vortheile». Das Land befinde sich «in einer Art von Revolution, die immer gebrütet wird und mit jedem Augenblick – beim ersten Schlag von aussen oder innen – auszubrechen drohet». Alle Behörden seien gelähmt und überall durch revolutionäre Comités und Klubs zurückgedrängt.[495]

Die eidgenössischen Gesandten forderten Bern auf, den Unzufriedenen mit der Einberufung der «Stände» entgegenzukommen und keinesfalls die entscheidenden Massnahmen der Militärgewalt zu überlassen. Selbst der Geheime Rat von Zürich riet zur Einberufung, doch Bern antwortete, «dass die Einwilligung zu der verlangten Volksversammlung unvermeidlich den vorhandenen hohen Grad von Gährung zum Ausbruch bringen, und dass sich wahrscheinlich die unglücklichen Folgen dieses Ausbruchs in kurzer Zeit über einen großen Theil oder über die ganze Eidgenossenschaft verbreiten würde». Der «Geist der Unordnung» habe auf der Landschaft bereits solche Fortschritte gemacht, «dass die Anwendung gütlicher Mittel unmöglich hinreichend sein können, um dieselbe zu beruhigen».[496] Empörung rief bei der waadtländischen Bevölkerung das bernische Anerbieten einer Amnestie hervor, nur für «wirkliche Vergehen» sei eine solche Massnahme passend, so befand man.[497]

Inzwischen hatten die Landvögte die Macht bereits weitgehend an die Revolutionscomités abgeben müssen. Schloss Chillon war besetzt worden, und Bern hatte ohne Benachrichtigung der eidgenössischen Repräsentanten und der eidgenössischen Mission, die sich in Lausanne aufhielt, 5 000 Mann bernisch-deutschen Truppen und Artillerie in das Waadtland gebracht. Am 16., 17. und 19. Januar warnte die eidgenössische Mission dringend vor militärischen Massnahmen, die umgehend die Revolution zum Ausbruch bringen würden. Genau so geschah es dann. Die Nachrichten von der bernischen Truppenkonzentration waren der letzte Funke, um das Pulverfass explodieren zu lassen. In kürzester Frist übernahmen am 24. Januar 1798 die Revolutionäre die Macht in der Waadt und proklamierten die Republik Léman. Man ergriff, so musste Bern an seine Tagsatzungsgesandten in Aarau berichten, «zu Neus, Morsee, Vivis und Lausanne die Waffen; die obrigk. Ehrenfarbe, die Wappen wurden verbrannt, die obrigk. Kassen in Beschlag genommen, die Post aufgehalten, Geld und Briefe derselben abgenommen; der Amtmann zu Neus und der Amtsstatthalter zu Vivis haben ihren Wohnsitz verlassen müssen, der Amtmann zu Lausanne wird bewacht; in Lausanne sollen Freiheitsbäume gepflanzt sein. Die zu Morsee und Chillon aufbewahrte Artillerie und Munition ist erstere in den Händen des Stadtraths, letztere in den Händen der Clubisten, von welchen sie nach Vivis gebracht wurde.»[498]

Die Revolutionäre waren, nachdem sich am 21. Januar mit der Assemblée des Délégués des Villes et des Communautés du Pays de Vaud die erste waadtländische Volksvertretung konstituiert hatte, so vorzüglich darauf vorbereitet, die bernische Herrschaft abzuschütteln, dass schon am ersten Tag des Umsturzes die Ausschüsse der Clubs in Lausanne eintrafen, um mit der Proklamierung der Republik ein deutliches Zeichen setzen zu können. Ohne Blutvergiessen wurden die Landvögte vertrieben oder arrestiert. Die Assemblée provisoire übernahm die Macht. Lediglich in einigen Landgebieten erklärte die bäuerliche Bevölkerung, so lange der Berner Regierung treu bleiben zu wollen, wie es die Stadt Bern gebe.[499]

Der Berner Regierung blieb nur noch, die militärische Rückeroberung des französischen Untertanenlandes zu planen. Doch bereits vier Tage nach Konstituierung der Republik Léman war jeder Zugriff Berns auf das Waadtland zunächst unmöglich geworden. General Ménard nutzte die nächtliche Erschiessung zweier Husaren, die einen Adjutanten mit einer Botschaft für den bernischen Obersten von Weiss begleiteten, um den Krieg zu erklären und in die Waadt einzurücken. In den meisten Orten wurde die französische Armee als Befreierin begrüsst. Begeistert feierten die Abgeordneten in der Assemblée provisoire General Ménard.[500] Bern musste auf jeden Schritt zur Rückeroberung verzichten.[501] Auf tätige Hilfe der anderen Kantone gegen die Waadt konnte Bern nicht zählen. Die fünf katholischen Orte etwa hatten schon 1579 die Einbeziehung der Waadt in die eidgenössischen Schutzverpflichtungen abgelehnt![502]

Nachdem die ersten Freudenfeste gefeiert worden waren, begann in der Assemblée provisoire die Verfassungsdiskussion. Beiseite gedrängt fühlten sich die Klubisten, die mit der Assemblée populaire eine regelrechte Nebenregierung bildeten. Ihre Sitzungen fanden unter der Führung Louis Reymonds in der Kirche St. Laurent statt, wo eine Statue Wilhelm Tells aufgestellt war.[503] Noch aber stand in den ersten Wochen bis zur feierlichen Abstimmung über die Verfassung am 15. Februar 1798, mit der erstmals ein Teil der Schweiz seinen Wunsch formulierte, Teil einer einheitlichen Helvetischen Republik sein zu wollen, das allseits geteilte Gefühl im Vordergrund, den Beginn einer neuen Zeit zu erleben. Selbst ein sehr grosser Teil der Geistlichen trug die neue Ordnung. In Lausanne wurden am

15. Februar in einer feierlichen, von Dekan Chavannes geleiteten Versammlung in der Kathedrale nach einem Gebet die Bürger zur Annahme der Verfassung aufgefordert: «Die ganze Versammlung erhob sich, rief: ‹vive la république hélvetique!› und sang ein patriotisches Lied. Am Abend fand ein Volksfest statt mit vielen Reden in der Kirche St. Laurent.»[504]

Die erfolgreiche und unblutige, von der überwiegenden Mehrheit der Bevölkerung getragene waadtländische Revolution erlangte nun grösste Bedeutung für den Fortgang der Helvetischen Revolution. «Natürlicherweise wirkte diese Nachricht gleich einem elektrischen Schlage auf die ganze übrige Schweiz.»[505] Dass das auf unerschütterlich scheinenden Grundfesten basierende Berner Staatswesen einen Teil seiner Untertanenlande verloren hatte, zeigte den anderen Regierungen den Ernst der Situation.

Revolutionsbemühungen in den bernisch-deutschen Untertanengebieten

> *«Ohne Erfolg werdet ihr euch dem Geist der jetzigen Zeit widersetzen; euere Hartnäckigkeit wird das Unglück nur größer machen, so dass ihr am Ende auf unserer Halbkugel (außer dem nördlichen Europa) keinen sichern Zufluchtsort für euer Leben finden werdet. Seid Menschen und gönnet dem Menschen seine natürliche Rechte.»*
> Adresse von 13 Ausschüssen des Landvolks an Bern, 4. Februar 1798[506]

Nach dem Verlust des Waadtlandes war die Berner Regierung nun ganz darauf bedacht, jede Lust zur Revolutionierung zu dämpfen, die in den deutschen Untertanenlanden bemerkbar wurde. «Auch hier», so berichtet Karl von Reding am 27. Januar 1798 sogar aus der Stadt Bern, «sagt man sich hie und da ins Ohr, dass, um zu dem gleichen Ziel [wie im Waadtland] zu gelangen, vielleicht in der ersten besten Nacht selbst in Bern der Freiheitsbaum aufgepflanzt werden dürfte.»[507] Und auch im Berner Oberland erwies sich die immer wieder beschworene Ruhe und Zufriedenheit als vordergründig.[508] Eine seltsame Mischung von unerschütterlich erscheinendem Selbstbewusstsein und immer kopfloser werdender Unsicherheit herrschte zu dieser Zeit in der Stadt. Die Regierung misskenne im Selbstvertrauen auf ihre Kräfte die Stimmung des Volks und der Bürger, so beobachtete ein konservativer Zeitgenosse, entwirft «Riesenpläne gegen äußere Feinde und sieht und hört den Geist nicht, der im Innern spukt».[509]

Bereits während des ganzen Januars 1798 hatte die bernische Regierung in wachsender Nervosität sich ständig verschärfende Polizeimassregeln gegen die revolutionäre Agitation erlassen. Personen, die «durch ihre Gesinnung der Ruhe gefährlich werden könnten», wurden weggewiesen,[510] sorgfältig überwachte man den Briefverkehr und erbrach verdächtige Post, unerlaubte Schriften wurden eingezogen und als Revolutionäre verdächtigte Personen überwacht, «wandernde Leute» der genauen Beobachtung von Landvögten empfohlen, kurz: man tat alles, was mit Polizeimitteln möglich war, um weitere Gärungen zu verhindern.[511]

Mit den Erfolgen der Revolutionsbewegung in der Waadt dachten Regierungskreise zunehmend darüber nach, wie man neben solchen Polizeimassregeln den Untertanen entgegenkommen könnte. Vom 25. Januar 1798 datiert ein Gutachten des Geheimen Rates, im dem erwogen wurde, «ob nicht einige Vorkehr in Betreff des deutschen Landes zu treffen wäre». Man empfahl, auf Gemeindeversammlungen zu verzichten und keine Beschwerdeeingaben aufzurufen, da die Untertanenforderungen ohnehin bekannt seien. Statt dessen wurde die Petitionskommission gebeten, «über die Abschaffung des Erdäpfelzehnten, des Kleezehnten, der Schanzfuhrungen, der Twing- und Ehrtagwen, der Leibeigenschaft und Todfälle, die Loskaufung des Heuzehnten, wo er nicht in Geld bestimmt ist, ihre Gedanken vorzulegen». Gleichzeitig äusserte die bernische Regierung, die die öffentliche Debatte über Staatsangelegenheiten stets zu verhindern gewusst hatte, den revolutionären Gedanken, die Ereignisse im Waadtland «in einer Druckschrift darzustellen, in der Ueberzeugung, dass dadurch die Wohlgesinnten aufgemuntert würden, allen Unternehmungen der Art mit Nachdruck zu widerstehen und die Regierung in den Stand zu setzen, die Ruhestörer nach Verdienen zu strafen.» Eine solche Druckschrift sei bereits in Arbeit.[512]

Am 27. Januar erging eine Anordnung an alle deutschen Amtsleute, bei «der in dem welschen Land nun fast allgemein ausgebrochen Rebellion» alles anzuwenden, «um die Ausbreitung dieses gefährlichen Uebels in unsern treu gesinnten deutschen Landen zu verhüten und die Communication mit welschen Angehörigen zu vermeiden». Es wurde ihnen aufgetragen, «in allen Wirthshäusern und Pintenschenken die genaueste Aufsicht auf die Ausbreitung gefährlicher Schriften und auf alle diejenigen zu bestellen, welche durch Schriften oder Reden das Volk in Unruhe und Gährung zu bringen trachten».[513]

Doch die aargauischen Munizipalstädte standen schon bereit, dem waadtländischen Beispiel zu folgen. Nirgendwo waren die Anhänger revolutionärer Umwälzungen gegen Bern so stark wie in Aarau. Am 29. Januar 1798 berichtete Landvogt Fischer an seine Regierung nach Bern, die Stimmung in der Stadt werde immer bedrohlicher, allenthalben predige man Revolution. Die Handelsherren hetzten die Bevölkerung auf und gössen ihren Zorn über die Amtsleute: «sie sagen, sie drücken die Landleute mit Erhöhung [...] des Getreidepreises, mit Anschlag des Bodenzinses; überhaupt haben sie keine Landvögte und Pfarrherren vonnöthen.» Der Landvogt empfahl die Verlegung von ein oder zwei Bataillonen in die Aarestadt, da sonst der erste Freiheitsbaum aufgestellt und leicht das ganze untere Aargau verlorengehen würde, «obwohl das Landvolk im Ganzen noch treu ergeben» sei.[514] Am 1. Februar wurde in Aarau dann tatsächlich ein erster Freiheitsbaum aufgestellt, nachdem es schon während des Tagsatzungsschwurs zu tumultartigen Aufläufen und Bekundungen der Unzufriedenheit gekommen war. Der Pfarrer Johann Georg Fisch erklärte dem Volk in einer feierlichen Rede die Bedeutung wahrer Freiheit und Gleichheit.[515]

Offener Widerstand brach in Aarau aus, als Bern damit begann, Truppen gegen Frankreich aufzubieten. Die Stadt habe ihre Bürger zu ihrer Sicherheit selbst nötig und wolle sie «nicht aus ihren Mauern ziehen lassen».[516] Ein provisorischer Sicherheitsausschuss begründete die Weigerung. Er bezog sich dabei auf die von der Regierung angeordnete Wahl, mit der Bern als ersten Kompromiss gegenüber den Untertanengebieten ländliche Abgeordnete am Grossen Rat beteiligen wollte: «Wir sahen in der Aufforderung, einen Deputirten zu erwählen, eine in der Ferne uns glänzen(de) Hoffnung einer neuen Constitution, auf die unverjährten Rechte des Menschen, auf Freiheit und Gleichheit sich gründend, und ergriffen mit Enthusiasmus diese frohe Gelegenheit, unser geringes Schärflein zu dem allgemeinen Wohl beizutragen, da diese Grundsätze längst in uns glüheten. – Wie ganz anders ward uns aber, als plötzlich ein unerwartetes Aufgebot unser Bürger angekündt wurde. Wir fragten uns, wo der Feind des lieben Vaterlandes stehe, und da wir in der fränkischen Nazion nur Freunde erblicken und ebenso wenig gegen Brüder fechten wollen, so erklärte unsere Gemeinde einmüthig, nicht zu ziehen.» Gleichzeitig sandten die Aarauer die «Erklärung unsrer Unabhängigkeit» nach Bern. Man wolle «eine Constitution verfassen helfen», «die alle Vorzüge einzelner Glieder zernichte, mit einem Worte auf Freiheit und Gleichheit sich stütze, auch gänzlich ohne fremden Einfluss zu Stande komme».[517]

Auch in anderen Orten blieb es nicht ruhig. In Zofingen schritt man zur Absetzung des Magistrats und zur Schliessung der Stadttore gegen die Landmilizen. Auch hier wurde der Truppenauszug verweigert. «Comites» bildeten sich in Lenzburg und in Brugg, wo ein revolutionärer Club namens «Billardgesellschaft» mit Geistlichen als Mitgliedern tätig war und ein Sicherheitsausschuss gewählt wurde, der die Leitung der Stadt übernahm.[518] Das Regiment Aarburg steckte die «Aarauer Kokarde» auf. In den aargauischen Landgebieten wurde das Gerücht verbreitet, «die Stadt Bern und die hohe Obrigkeit sei verloren, und derjenige der nunmehr die Waffen gegen Frankreich ergreife werde auf(ge)zeichnet, seine Hütte niedergebrannt und ein solcher samt Weib, Kindern und Säuglingen in Stücke zerhauen werden».[519]

Kurzzeitig bestand die Gefahr eines Bürgerkrieges. Der Präsident des Aarauer Sicherheitsausschusses, Pfleger, beschwor am 3. Februar 1798 den bernischen

Oberst v. Gross, nicht die geringste Drohung eines feindlichen Angriffs auf das widerspenstige Aarau verlauten zu lassen, denn «einerseits würde bei der so stark prononcirten Meinung unsrer Bürgerschaft ein ungeheures Metzlen zwischen Brüdern und Brüdern die zuverläßige Folge eines Angriffs sein, und was meine Besorgnisse noch ernstlicher macht, ist, dass nur der Anschein der geringsten Hostilität gewisse hitzige Köpfe veranlassen könnte, ohne mein Wissen zu dem französischen Minister zu laufen, um die bereit stehenden Truppen zu rufen».[520]

Oberst v. Gross liess diesen Brief unbeantwortet und sandte ihn, begleitet mit Informationen über die Aktivitäten der Aarauer, an den Kriegsrat: «Die Stadt Aarau überschwemmt das ganze Land dergestalt mit aufrührischen Zeddeln und Schriften, dass es tausend Wunder ist, wie es noch nicht gänzlich durch einander ist.»[521] Am 4. Februar 1798 kam es dann tatsächlich zur Einnahme und Kapitulation der Stadt. Mehrere der Revolutionäre, unter ihnen der Pfarrer Johann Georg Fisch, flohen auf die bereits revolutionierte Basler Landschaft. Am gleichen Tage gelangte von Liestal eine von 13 Ausschüssen des Landvolks unterzeichnete Adresse nach Bern, die vor Misshandlungen der Aarauer warnte und zeigt, mit welcher Aufmerksamkeit die Revolutionäre auf der Basler Landschaft die Ereignisse in anderen schweizerischen Gegenden verfolgten.[522] Bei der Einnahme der Stadt Aarau wurde jedoch auch deutlich, dass die aargauische Landbevölkerung nicht dazu bereit war, eine gemeinsame Front gegen Bern zu bilden. Als bernische Truppen in Aarau einmarschierten, mussten diese einige der bekannten Patrioten gegen eine wütende Landbevölkerung schützen, die den in Aarau aufgestellten Freiheitsbaum in tausend Stücke schlug.[523] Zumindest für einige Wochen hatte die Gegenrevolution gesiegt. Bernische Rache an den Revolutionären blieb ebenso aus wie Strafe: man fürchtete, die Aarauer könnten die Franzosen zu Hilfe rufen.

Revolution in Luzern

> *«Liebe Bürger und Landleute, wie glücklich werdet ihr sein! wer arm ist, wird Arbeit finden, wer nicht mehr arbeiten kann, wird sein Brod haben, wird nicht mehr von Haus zu Haus betteln gehen müssen [...]. O wie glücklich werdet ihr sein! Ich freue mich zum voraus und innig, wenn ich euere künftige Wohlfahrt wie in einem schönen Gemäld vor mir sehe. [...] erwartet froh die neue Volksregierung.»*
>
> ALPHONS PFYFFER
> in einer Druckschrift an die Luzerner Landbevölkerung[524]

Der Kanton Luzern bietet das klassische Beispiel einer staatsstreichartigen Revolution von oben. Getragen wurde sie von Mitgliedern der patrizischen Familien, die Einsicht in die Notwendigkeit der politischen Neuordnung gewonnen hatten und deren Ziel eine Repräsentation des Volkes durch seine gebildetsten Köpfe war.[525] Ausgelöst wurde die Umgestaltung unter dem Eindruck des französischen Einmarsches in das Waadtland[526] und der Revolution in Basel. «Wir sind innigst überzeugt», so teilten die Luzerner Revolutionäre den anderen eidgenössischen Orten über ihre Aktion mit, «dass eine solche wahre, freie, nach Grundsätzen des Naturrechts erklärte Vereinigung mit dem Volk und die Organisierung einer neuen, diesen Grundsätzen vollkommen anpassenden Constitution, mit Aufgebung aller persönlichen aristokratischen und übrigen ausschließenden Standesvorzüge das einzige entscheidende Mittel sei, unser Vaterland vor Anarchie und fremdem bewaffneten Einfluß wirksam zu bewahren.»[527]

Es war eine kleine elitäre Minderheit junger Patrizier, geprägt durch die Aufklärung und mit den Ideen der Französischen Revolution sympathisierend, die den revolutionären Akt vom 31. Januar 1798 durchsetzte.[528] Für sie stehen Namen wie Alphons Pfyffer, Vinzenz Rüttimann, und Meyer von Schauensee.[529] Mehrere Mitglieder des am 17. Januar 1798 gebildeten achtköpfigen Geheimen Rates, der kurz darauf zu einer Zwölfer-Kommission erweitert wurde, gehörten der Helvetischen Gesellschaft an.[530] In dieser Kommission untersuchte man, «wie die Verfassung zu besserer Zufriedenheit des Landes und zur Vorbeugung jedes Stoffs von Unruhe könnte verbessert werden».[531] Zur gleichen Zeit schilderten die Berichte der Luzerner Tagsatzungsgesandten Vinzenz Rüttimann und Ludwig Balthasar[532] den Ernst der Lage, die Gefahren, die auch Luzern drohten, und die Notwendigkeit einer inneren Staatsreform. In zwei Publikationen wurde dem Volk mitgeteilt, dass man sich «mit Untersuchung allfällig eingeschlichener Mißbräuche im Staatswesen» befasse, und forderte zur Einreichung möglicherweise vorhandener Beschwerden auf.[533]

Mitentscheidend dafür, dass die Räte sich zur Verfassungsänderung entschieden, war der Bericht der Luzerner Tagsatzungsgesandten vom 30. Januar 1798, der die allgemeine Auflösung der Eidgenossenschaft beschrieb. Gut kalkuliert war er so komponiert, dass den Luzerner Ratsherren nur der Schluss blieb, die letzte Möglichkeit eigenständigen Handelns dürfe nicht verpasst werden. In ihm wurden Auffassungen auch der Tagsatzungsgesandten anderer Orte referiert, die verraten, dass die Stimmung in Aarau immer mutloser wurde und eine Situation entstand, die zu den in allerletzter Minute von einigen Regierungen doch noch eingeleiteten Reformen beitrug. «Die revolutionäre Gährung habe zu tiefe Wurzel gefaßt», so wurde der bernische Seckelmeister Frisching zitiert, Gewalt sei nicht mehr ratsam, sondern kluge Nachgiebigkeit nötig: «Wenn einmal das Volk auf ein oder andere Weise werde zufrieden gestellt sein, könnte man dann vielleicht eine festere Sprache mit Frankreich führen: er wünsche von Herzen, daß durch Aufopferungen politischer Rechte von Seite der Regierungen unser Vaterland gerettet werden könne.»[534]

Der Bericht wurde den Räten am 31. Januar zur Kenntnis gebracht. Gleichzeitig traf aus Zürich die Meldung von vollständiger Amnestie der am Stäfner Handel Beteiligten ein. Daraufhin rangen sich die Luzerner Räte zu ihrem revolutionären Beschluss durch, dessen Wortlaut eine Mischung von landesväterlich-patriarchalischer Attitüde und aufklärerisch-revolutionärer Terminologie darstellt. Man habe erwogen, so hiess es hier, «dass die Menschen-Rechte, die wesentlich, unverjährbar und unveräußerlich in der Vernunft der Menschen ihre Grundlagen haben, überall zur Sprache gekommen, und anerkant sind», dass «alle Regierung vom Volke ausgehen» müsse und «das Volks-Glück von jeher auch unser landesväterliches Augenmerk war». Also habe man «einmüthig beschlossen und festgesetzt:

1) Die aristocratische Regierungsform ist abgeschafft.

2) Es sollen Ausschüsse, oder Volksrepräsentanten aus der Stadt und von der Landschaft durch freye Wahl gewählet werden, die von dem Volke begwältiget seyen, eine neue Regierungsform mit Uns zu berathen und festzusetzen, die obigen Grundsätzen entspreche, und den Wünschen und Bedürfnissen desselben angemessen ist.»[535]

Mit diesem Beschluss wurde die Regierung zugleich als provisorisch erklärt. Ausdrücklich teilte man dem Volk mit, dass die neu zu erarbeitende Verfassung zur Zustimmung vorgelegt werden würde. In einer gedruckten Kundmachung wurde zunächst der Stadtbürgerschaft dieser Beschluss erläutert, wobei man auf die Gefahr von aussen und die Notwendigkeit einer Vereinigung von Volk und Obrigkeiten hinwies.[536] Auf Zustimmung stiess die Aufgabe der auf mittelalterlichen Rechtszuständen gründenden Verfassung bei jenen Teilen der Luzerner Stadtbevölkerung, die bis dahin von der Ausübung der politischen Macht ausgeschlossen waren. «Schuster, Schneider und Specierer», so berichtet ein Historiker nicht ohne Häme, «waren hocherfreut, sich plötzlich auf die Linie der gnädigen Herren und Obern versetzt zu sehen; das Hochgefühl eines unbestimmten Emancipationsbewußtseins gab sich in der Stadt unter allen Classen der Bevölkerung in der lächerlichsten Weise kund».[537]

Bei Teilen der Luzerner katholischen Landbevölkerung hingegen herrschte ein solches Misstrauen gegenüber dem Beschluss ihrer Regierung, dass durch Vermittlung des bischöflichen Commissarius die Pfarrer um Erläuterung der Regierungsabsichten gebeten werden mussten.[538] Zur Beruhigung der Gemüter versuchte der Luzerner Stadtschreiber Alphons Pfyffer, die Landbevölkerung von den Vorteilen der nun einzurichtenden neuen Ordnung zu überzeugen.[539] Die Schrift unter dem Titel «Was ist eine Volksregierung» – ein Beispiel für den Enthusiasmus der Luzerner Revolutionäre – weckte ausserordentlich hohe Erwartungen:

«Liebe Bürger und Landleute! Was gewinnt ihr, wenn ihr, wie es euch euere gütige Obern in ihrem landesväterlichen Ruf versprechen, eine neue Volksregierung bekommen werdet? O, ihr gewinnt viele und herrliche Sachen! Freuet, freuet euch, und höret mich wohl an. – 1° Künftig wählet ihr eure Obrigkeit selbst. – 2° Die welche ihr zu Rathsherren, zu eueren Richtern, zu eueren Beamten, zu eueren Geschwornen wählen werdet, wählet ihr nicht auf Lebenslang, sondern nur auf einige Jahre; verhalten sie sich wohl, so könnt ihr sie dann bestätigen und wieder erwählen; werden sie sich nicht wohl verhalten, werden sie schlechte Sachen machen, geldgierig sein, die Leute nicht verhören, nicht ehrlich sein, euch nicht Rechnung ablegen, so wählet ihr sie nicht wieder; ihr wählet andere und brävere Leute, die euer Zutrauen haben und dasselbe verdienen; ihr könnt sie auch wählen aus dem ganzen Lande. – 3° Zu allen diesen oberkeitlichen Aemtern kann jeder von euch gelangen; Geburt und Stand geben keinen Vorzug mehr. Ihr, euere Kinder sind von nichts mehr ausgeschlossen; ihr habet Zutritt zu allem, wenn ihr nur bieder und rechtschaffen seid und das Amt, das man euch geben will, wohl verstehet. – 4° Ihr dürfet frei über alles reden, alles offentlich sagen und schreiben, was euch drückt und was ihr abgeändert sehen möchtet; ihr habet dann niemand zu scheuen und zu fürchten; nur aufwiegeln und verleumden dürft ihr nicht. – 5° Die neue Volksregierung muß allen euern Beschwerden abhelfen, und sie wird es auch; denn ihr werdet sie wählen [...]. Unterdessen wollen wir alle einig, alle biedere Schweizer sein und bleiben, unser Vaterland lieben und gegen fremde Gewalt schützen.»[540]

Am 1. März trat die Luzerner Nationalversammlung mit ihren 69 Abgeordneten zusammen. Durch die Kriegsereignisse wurde die Arbeit jedoch sogleich unterbrochen. Erst nach dem Fall Berns kam es ab dem 14. März erneut zu Sitzungen, nicht aber zu einer selbständig erarbeiteten Verfassung. Am 27. März 1798 erfolgte die Wahl einer «Neuen Provisorischen Regierung», der ersten in Luzern, die zumindest indirekt vom Volk gewählt worden war. Ihr durften keine ehemaligen Magistraten mehr angehören, so dass in ihr zahlreiche Mitglieder waren, die dann auch während der Helvetik wichtige Ämter innehatten.[541] Eine der merkwürdigsten Revolutionen auf Schweizer Boden – ein Staatsstreich durch Mitglieder der regierenden Familien – war zu einem ersten Ende gekommen.

Revolution in Zürich

«Jakob Bodmer hat bewiesen, daß die Wilhelm Tells noch nicht ausgestorben sind. Das Volk ist elastisch, wie eine Stahlfeder. Es läßt sich sehr zusammen-drücken, aber endlich schnellt es seine Unterdrücker empor.»[542]

«Die gesezliche Anerkennung der Freiheit und Gleichheit aller bürgerlichen Rechte ist in ihrem Wesen nichts anders, als eine Organisation (Einrichtung) der Staatsverwaltung, die einem jeden Bürger unbeschränkten Einfluß auf das öffentliche Wohl zuzusichern zum Zweck hat. Sie sezt die Aufhebung aller Privilegien voraus, welche einzelne Menschenklassen im Staat hierin vorzüglich begünstigen, und andere vorzüglich darinn zurücksezen.»

JOHANN HEINRICH PESTALOZZI
im Februar 1798[543]

Die Helvetische Revolution in Zürich begann im Grunde genommen mit den Auseinandersetzungen in den Jahren 1794 und 1795 um das Stäfner Memorial. Ohne die schroffe Zurückweisung der erhobenen Forderungen, ohne die überaus harte Bestrafung der Fordernden wäre der Rückhalt der Helvetischen Revolution auf der Zürcher Landschaft sicher nicht so stark gewesen. Reformen aus eigener Einsicht hätten der Zürcher Regierung überzeugte Verteidiger geworben. «Diejenigen riefen die Revolution», so schrieb polemisch bereits Carl Hilty, «und waren in ihrem ganzen Geist und Sinn revolutionär, die aus den ursprünglich freien und gleichberechtigten Bürgern Knechte einer angeblich von Gott eingesetzten, der That und Wahrheit nach aber überall gänzlich usurpirten, erblichen Regierung einzelner Familien machen wollten und schliesslich, wie sich in diesem hervorragenden Beispiel von Zürich zeigt, nicht einmal mehr die Erinnerung an ihre eigenen, vielfach beschworenen und besiegelten Pergamenturkunden vertrugen, sobald dieselben ihrer willkürlichen Herrschaft entgegenstanden. Sie waren die permanente, eingefleischte, völlig unbelehrbare Revolution gegen Alles rechtmässige alte Eidgenössische Staatsrecht, ganz abgesehen von allen modernen, natürlichen Menschenrechten, die wir in der Eidgenossenschaft ohne diese aristokratischen Revolutionäre nicht zur Begründung eines menschenwürdigen Zustandes gebraucht hätten.»[544]

Bereits die Zeitgenossen hatten 1795 nach den Strafurteilen gegen die Memorialisten gewarnt, dass Rache die Existenz der Schweiz gefährden würde.[545] Tatsächlich blieb der Gedanke an Veränderung während der Jahre bis zur Helvetischen Revolution stets lebendig.[546] Die Gemeinden am Zürichsee wurden zu Beginn des Jahres 1798 zum Zentrum der Revolution auf der Zürcher Landschaft und inspirierten auch solche Teile der Bevölkerung zur Mitwirkung, die 1795 noch abseits standen.

Am Vorabend der Revolution wurden endlich auch in der Stadt Stimmen lauter, in einzelnen Forderungen der Landbevölkerung entgegenzukommen. Der Gedanke liegt nahe, dass es sich hier um reine Rückzugsgefechte handelte, die in der bedrohlichen Situation retten sollten, was noch zu retten war. Allerdings äusserten sich jetzt auch Personen, die 1795 aus Sorge um die eigene Sicherheit in der regelrechten Pogromstimmung gegen die Aufständischen nicht hatten laut werden können. Wie sehr die Frage der Gleichstellung nun wenigstens einige aufgeklärte Bürger Zürichs beschäftigte, zeigte Pestalozzis «Memorial über die Freyheit des Handels für die Landschaft Zürich» vom Oktober 1797.[547] Die Zürcher Bürger, so wird hier beklagt, hätten immer «weniger Sinn für das Ganze» und zeigten «immer mehr Leidenschaft für Monopolen, die das Ganze verderben».[548] Hans Kaspar Hirzel notierte, das Missvergnügen sei nicht nur in den Seegegenden «bitterer als je. Böswillige scheuen sich nicht, zu sagen ‹sie wünschten nur, dass Frankreich sich einmische; sie wären bereit die grössten Opfer zu tun, wenn nur die Stadt gedemütigt werde›. Und im übrigen Teil des Landes hört man viele Stimmen ‹hätten wir gewusst, wie man es mit den Angehörigen meint, wir hätten uns wohl gehütet, der Stadt Ao. 1795 beizustehen›.»[549]

Während des ganzen Jahres 1797 war die Forderung nach Freilassung der Gefangenen und Rückzahlung der Geldstrafen nicht verstummt. Die aus ihrer Heimat Verbannten suchten direkt bei den fränkischen Nachbarn Unterstützung. Am 20. Oktober 1797 forderte Frankreich in einer Note von der Schweiz eine Amnestie für alle seit 1791 exilierten Anhänger der Revolution.[550] Im November 1797 verlangte Hans Konrad Escher gemeinsam mit vier Stadtbürgern die sofortige Amnestie für alle Verurteilten, auch aus dem Ausland trafen entsprechende Forderungen bei der Regierung ein. Diese Anliegen wurden zwar im Geheimen Rat behandelt, doch lehnte man ein «schädliches Nachgeben» ab. Eine zweite Note Frankreichs und entsprechende Anträge einzelner Zünfte zur Amnestie blieben unbeachtet. Konrad Escher erhielt einen scharfen Verweis.[551] Die Mehrheit der Zürcher Stadtherren wollte und konnte nicht hören. Nach zahlreichen Mahnungen zur Reform schrieb Johann Gottfried Ebel an Paul Usteri: «Das sind meine letzten Worte gewesen; ich schreibe nicht weiter für die Perrüken. Es ist vergebens, da etwas zu hoffen.»[552]

Am 10. Dezember 1797 wurden in der Stadt öffentlich erste Stimmen laut, die der Landbevölkerung Handelserleichterungen gewähren wollten. Die aufgeklärteren Teile der Zürcher Bürgerschaft zeigten jetzt etwas mehr Mut, ihre Ansichten darzulegen,[553] doch war es zu spät, das in Jahren Versäumte nachzuholen. Das Volk merkte, dass seine Regierung unter Druck geraten war. Eine obrigkeitliche Proklamation vom 6. Januar 1798, die in Stäfa und Thalwil von den Kanzeln verlesen wurde, erntete Lachen, Husten und Pfeifen. Für eine weitere Proklamation mit dem Angebot, das Volk könne mit kindlichem Zutrauen seine Klagen in den väterlichen Schoss der Zürcher Regierung ausschütten, hatte man nur noch Spott und Hohn.[554] Die Zürcher Regierung reagierte: am 15. Januar 1798 wurde das Tanzen verboten, und auch die grossen Mahlzeiten und die Schlittenpartien untersagte man![555]

Es begann eine quälende Prozedur. Statt der Landschaft wenigstens bei einigen ihrer Wünsche entgegenzukommen, die man durch das Memorial ja genau kannte, bildete man eine Beschwerdekommission, die zunächst nicht einmal eine Petition zur Gefangenenbefreiung annehmen wollte, und beschloss am 17. Januar, an die alte, so lange nicht mehr geübte Tradition der Volksanfrage anzuknüpfen.[556] Vom 22. Januar 1798 an sandte Zürich Ratsdeputationen auf die Landschaft, um Forderungen und Stimmung der Untertanen zu erkunden! Ruhe herrschte nur noch in den bäuerlichen Gegenden. Überall dort, wo man am Stäfner Handel beteiligt gewesen war, schlugen den städtischen Abgesandten wütende Forderungen entgegen, liess man sie nicht zu Wort kommen oder drohte sogar mit körperlichen Übergriffen.[557] Johann Kaspar Lavater begleitete seinen Bruder, den Ratsherrn Diethelm Lavater, nach Küsnacht: «Der Vortrag des Bruders Ratsherr wurde von der Menge mit Aufmerksamkeit gehört. Nachher aber, als Einige Privataudienz verlangten und der Ratsherr sich zur Anhörung im Amtshause bereit erklärte, zugleich aber auf die neue Kommission in der Stadt verwies, begann der Tumult auf der Emporkirche; man hörte brüllende Stimmen: Gefangene los! Dokumente! Gerechtigkeit! Konstitution! Hab und Gut zurück!, sodaß man sein Wort nicht mehr hörte. Umsonst flehte Lavater mit erhobenen Händen und lauter Stimme um Stille im Gotteshaus. [...] Nicht viel besser ging es Lavater in Wädenswil [...]. Auch hier erlebte er in der Kirche ein wahres Höllengezische.»[558]

An anderen Orten liefen die Versammlungen mit der städtischen Delegation weniger stürmisch ab, doch erhob man hier ebenso entschieden die bekannten Forderungen. Am 22. Januar 1798 versammelten sich Vogt sowie Kleine und Grosse Räte in Elgg und beschlossen unter Berufung auf alte Freiheitsbriefe eine lange Liste von Wünschen und Begehren. Detailliert und sachkundig ausformulierte Forderungen betrafen fast das gesamte Regelungswerk, mit dem Zürich Elgg überzogen hatte.[559] So schlicht formulierte Anliegen wie «Die Kornbesichtigung fällt weg; jeder Bürger kann sein Getreide abschneiden, wenn es reif ist» oder «Die Zeit der Weinlese soll nicht mehr von Vogt und Rat bestimmt werden» lassen erahnen, wie weit die Entmündigung der Untertanen ging und mit welcher Regelungswut in das Alltagsleben der Landbevölkerung eingegriffen worden war.[560]

Schnell verbreiterte sich der Rückhalt für die zuerst im Stäfner Memorial erhobenen politischen Forderungen. Sie fanden nun auch bei solchen Landbürgern zustimmende Unterstützung, die sich in ruhigeren Zeiten um Staatsgeschäfte nicht bekümmerten.[561] Unter diesem Druck erlaubte Zürich Gemeindeversammlungen, die sich schnell zu Revolutionsausschüssen umbildeten. Überall wurden Forderungen zusammengestellt. «Zusehends», so der Stadtbürger und Antistes der Zürcher Kirche Jakob Hess, «nahm eine für Sitten und Religion nicht minder als für den Stat gefährliche Insubordination in gewissen Gegenden überhand.»[562] Er konstatierte ein «täglich tiefer gesunkenes Ansehen» der Regierung.[563] Und Pestalozzi schrieb gar am 27. Januar 1798, auf den grausamen Bürgerkrieg in Frankreich hinweisend: «Ohne Nachgeben ist eine Vendée entschieden.»[564]

Und tatsächlich fehlte während dieser Tage nicht viel dazu. Bürgermeister Wyss wurde von der Tagsatzung in Aarau zu einer denkwürdigen Sitzung des Grossen Rates am 29. Januar 1798 zurückgerufen, während der endlich offene Worte gesprochen wurden. Paul Usteri forderte für das Land «diejenige Freiheit und Gleichheit [...], die vernünftige Menschen kennen und verlangen können».[565] Der Rat müsse sich zur Amnestie entschliessen, zur Rückgabe der alten Urkunden und deren Ersetzung durch eine neue Freiheitsurkunde sowie zur Pressefreiheit.[566] Die Handlungsspielräume zur Verteidigung des Stadtregiments waren nicht mehr gross. Der Pfarrer Johann Kaspar Lavater mahnte Bürgermeister Wyss, dass es angesichts der Stimmung auf dem Lande Zeit für einen «unzweydeutigen Act der Großmuth» sei, «das unglaubliche herzzerschneidende Mißtrauen möglichst zu ersticken».[567] Da überraschte die Ratsherren ein Votum ihres Bürgermeisters, dem offenbar die Gespräche während der Tagsatzung in Aarau die Augen geöffnet hatten über die Aussichtslosigkeit der Situation: «Ich will Euch, Gnädige Herren, lieber geradezu den Vorhang wegziehen und herausreden: Nicht nur gänzliche Amnestie müssen wir geben, sondern zu gleicher Zeit auch Freiheit des Handels, der Handwerke und Studierfreiheit; ohne das ist unser Landvolk nicht befriedigt und finden wir nirgends Beifall. Die ganze Eidgenossenschaft, Alles ist gegen uns gestimmt.»[568] Tatsächlich hatten mehrere eidgenössische Regierungen gemahnt, die starre Haltung der Zürcher Regierung böte Frankreich einen Hebel, um sich in die schweizerischen Angelegenheiten einzumischen.

Jetzt entschloss man sich zur Amnestie. Die Rückzahlung der Bussen wurde ebenso zugesagt wie die Rückgabe der alten Urkunden, die zum Symbol des Stäfner Handels geworden waren. Noch am gleichen Tag gelangte die Nachricht nach Wädenswil. Hier wurde ein grosses Freudenfeuer entzündet, das den Bewohnern Stäfas die frohe Botschaft übermitteln sollte, Boten eilten nach Richterswil und Schönenberg. Freudenschüsse waren weit auf der Zürcher Landschaft zu hören. Paul Usteri gehörte der Sechserkommission an, die am nächsten Tag den zürcherischen Staatsgefangenen die Nachricht von ihrer Befreiung überbrachte.[569] Zahllose Landbewohner kamen in die Stadt, um Bodmer und seine Leidensgenossen zu feiern: «dann wurden sie in Chaisen nach Hause gefahren und von einigen Reutern die Chaisen begleitet [...]. Bodmer ist mit ungeheurem Jubel auf dem ganzen Weg empfangen worden und langte daher erst nachts um halb neun Uhr an der Gränze von Stäfa, in der sogenannten ‹Muzmühle› an. Hier stehen zwey Häuser auf beeden Seiten der Strasse, durch eine Gallerie so miteinander verbunden, dass dadurch ein Thor formiert wird. Dieses wurde in einen Triumphbogen verwandelt, mit Blumen und Guirlanden ausgeschmückt, und die ganze Gemeinde, weissgekleidete Mädchen an der Spitze, empfingen Bodmer mit Fakeln und Blumenkränzen. Unter diesem zahlreichen Geleite langte er dann zu Hause an, wo er von Frau und Kindern schluchzend empfangen und umarmt wurde.»[570]

Auch die Verbannten kehrten zurück auf die Landschaft. Von Horgen aus wurde Johann Kaspar Pfenninger auf einem Schiff unter militärischen Ehrenbezeugungen und unter Glockengeläut nach Stäfa gebracht. Am 1. Februar 1798 konnte sich erstmals ungestraft ein Landsasse öffentlich «Bürger» nennen.[571]

Sogleich nach der Gefangenenbefreiung zeigte sich, dass die unter Druck gefassten Beschlüsse des Grossen Rates nicht mehr die erhoffte Wirkung hatten. Bern erbat eidgenössischen Zuzug – militärische Hilfe – gegen die auf das Waadtland zurückende französische Armee. Offene Weigerung der meisten Gemeinden war die Reaktion auf das Truppenaufgebot. Die Stadt hatte noch immer nichts hinzugelernt. Nicht einmal der Zweck der militärischen Mobilmachung war der Landbevölkerung mitgeteilt worden. Die Reaktionen zeigten, dass man von der den Truppen zugedachten Aufgabe gleichwohl sehr gut wusste. Man wolle nicht ausziehen, um Berner Untertanen zu unterdrücken, so scholl es der Regierung entgegen. Auf den Sammelplätzen in der Stadt fanden sich gerade 1 200 Mann ein.[572]

Auf der Landschaft wurden unterdessen die ersten Freiheitsbäume aufgestellt. Am 3. Februar 1798 kamen in der Kirche von Wädenswil Abgeordnete aus 72 Gemeinden zusammen. Präsidiert von Johann Kaspar Pfenninger wurde über weitere Forderungen beraten. Pfenninger stellte die Sache der Landschaft unter den Schutz Frankreichs und sprach zu den Versammelten: «So stehet auf und schwört mit mir: Wir wollen die Bande der schändlichen Knechtschaft zerreißen und frei leben oder – sterben.»[573] Mit dem Schwur wurden gleiche Rechte für Stadt und Land sowie eine unverzüglich einzuberufende Volksversammlung gefordert. Gefühle der Dankbarkeit fehlten nach der Amnestie auf der Landschaft völlig. Pestalozzi musste nun gar erkennen: «in den Herzen der Gefangenen und der Ausgewanderten herrscht Raache. Vatter Bodmer selber würde im Namen des Herrn einen Kreuzzug gegen die Statt thun, Stapfer selbst athmet Rache, Billeter raset unmenschlich; kurz, wir bedörfen große Krafft, um die Revolution so viel möglich leidenschafftslos zu machen.»[574]

Am 5. Februar demissionierte die Zürcher Regierung. Eine Landeskommission sollte die Vereinigung von Stadt und Land einleiten. Freudenszenen waren in den Gemeinden am See die Folge, in Horgen wurden gleich drei Freiheitsbäume errichtet und allenthalben Kokarden angesteckt. Befehlen Zürichs und der Landvögte wurde nicht mehr Folge geleistet, mit Gewalt die Bekanntmachung obrigkeitlicher Proklamationen verhindert. Jetzt schafften sich auch Gemeinden, die zunächst nur materielle Forderungen angemeldet hatten, eine revolutionäre politische Plattform. Elgg ist ein Beispiel: «Freiheit, Gleichheit, die heiligen unveräußerlichen Rechte der Menschen, und eine Verfassung», so forderte man nun.[575]

Die Ausschüsse der Landgemeinden schlossen sich zum Stäfner Convent zusammen, der den Fortgang der Revolution bestimmte und sich in Konkurrenz zur Landeskommission zu einer Gegenregierung entwickelte.[576] Anders als in Basel, waren die Führer der Landschaft zu einer Zusammenarbeit mit der Stadt vorerst nicht mehr bereit. Alle Versuche städtischer Delegationen, das Land und seine Vertreter mit der provisorischen Zürcher Obrigkeit zu vereinen, schlugen fehl. «Sie hätten können bey Haus bleiben», lautete stets die Antwort, «in kein Gespräch von dieser Art» wolle man sich einlassen.[577]

Am 12. Februar sollte in Zürich die Landeskommission zusammentreten, die später auch als Nationalkonvent, Nationalversammlung oder als Landstände bezeichnet wurde.[578] Am Abend zuvor überbrachte der Stäfner Convent seine Forderungen. Die Landschaft begehrte 75 Prozent der Stimmen in der Landeskommission und ein Fortbestehen des Stäfner Convents bis zur Einführung der neuen Verfassung. Gleichzeitig sollte eine Garnison von 1 000 Mann aus allen Teilen des Landes in die Stadt gelegt werden. Die erste Sitzung der Landeskommission fand ohne die Vertreter der revolutionären Gemeinden statt. Man beschloss, die unerhörten Forderungen der Landbevölkerung zu akzeptieren. Das demütigende Verlangen jedoch, eine Garnison in der Stadt zu postieren, sollte um jeden Preis zurückgewiesen werden. Eine Verhandlungskommission unter Leitung von Diethelm Lavater begab sich nach Stäfa, um die Revolutionäre von dieser Forderung abzubringen. Dort fand die Delegation eine äusserst gereizte und feindselige Stimmung vor. Der Konvent bestand auf der Garnison, man fühle sich sonst in der Stadt nicht sicher. Auch habe man 1795 in Stäfa sogar 2 500 Soldaten ertragen müssen. Die Deputierten aus der Stadt, so Wolfgang von Wartburg, «die keine Vollmacht hatten, Konzessionen zu machen, gerieten in eine ähnliche Lage wie seinerzeit Ludwig XVI. gegenüber den ihn bedrängenden Volksmassen. Sie mußten beim Nachtessen mit dem Volk auf Freiheit und Gleichheit anstoßen und, da die Wirte ihnen Nachtquartier abschlugen, bei Privaten übernachten.»[579] Als

Ratsherr Diethelm Lavater erklären wollte, wie wichtig es sei, Bern zu Hilfe zu eilen, da antwortete ihm ein Bauer, «ganz klein von Statur und bäurisch gekleidet»: «Herr, micht dünkt es ungerecht gegen die Franzosen von uns Landleuten gehandelt, denn wir haben doch eigentlich ihnen unsere Freiheit zu danken.»[580]

Der Bericht, den Lavater daraufhin in Zürich abgab, erregte in der Stadt grosse Empörung. Gleichwohl zwang die Furcht vor einem Bürgerkrieg, der Einlagerung einer Garnison in der Stadt zuzustimmen. Noch vor der Beschlussfassung darüber erschien jedoch eine Delegation aus Stäfa und teilte mit, dass man auf dieser Forderung nicht beharren wolle. Jetzt konnte für den 21. Februar die Landeskommission, in der die Landschaft drei Viertel der Stimmen erhalten sollte, einberufen werden!

Im ganzen Land kam es in diesen Tagen, da die Wahlen für die Landeskommission durchzuführen waren, um die Aufstellung von Freiheitsbäumen zu so erbitterten Auseinandersetzungen zwischen Alt- und Neugesinnten, dass Paul Usteri und Obmann Johann Heinrich Füssli am 19. Februar im Grossen Rat vorschlugen, den Freiheitsbaum zum offiziellen Zeichen zu erheben, damit er nicht Parteizeichen bleibe.[581] Anders als auf der Landschaft Basel drohte in Zürich jede Ordnung verlorenzugehen. In dieser Situation begann am 21. Februar unter Vorsitz des Bürgermeisters Kilchsperger die Landeskommission zu tagen. Im Gegensatz zur Basler Nationalversammlung spielte sie eine wenig rühmliche Rolle. Immerhin aber bedeutete sie für Zürich den Beginn einer neuen Zeit. Erstmals erschienen gedruckte Berichte über parlamentarische Verhandlungen. Durch Eschers und Usteris Zeitschrift «Der schweizerische Republikaner» – sie erschien seit dem 20. Februar[582] – entstand eine politische Öffentlichkeit, die einen Personenkreis weit über die traditionell mit Regierungsgeschäften befassten Männer hinaus erfasste. Die Zeitschrift verkündete «den Sieg der Vernunft, der Freyheit», gleiche Rechte seien nun dem ganzen Volke gesichert.[583] Erstmals konnte sich der Leser über die politischen Geschehnisse in Zürich und in den anderen schweizerischen Kantonen informieren. Das Blatt dokumentiert die revolutionäre Bewegung in der Schweiz, Nachrichten über das Ausland fehlen ganz.

In der «Nationalversammlung» mit ihren 176 Abgeordneten prallten die Gegensätze von Stadt und Land aufeinander. Zu viel Misstrauen hatte sich aufgebaut. Sollte in der Landeskommission ursprünglich nur über Reformen beraten werden, so war sie nun zur verfassunggebenden Versammlung geworden.[584] Einen einheitlichen Willen gab es nicht. Die Abgeordneten der Stadt wollten ihren Kollegen von der Landschaft einen Eid zumuten, in dem zwar das Ziel einer Verfassung auf der Grundlage von Freiheit und Gleichheit genannt war, aber – vom Land als Vorwurf empfunden – darauf hingewiesen werden sollte, dass dies ohne Einwirkung einer fremden Macht zu geschehen habe.[585] Kaspar Billeter und andere Abgeordnete des Landes wiesen darauf hin, dass sie nur den Franzosen ihre Freiheit zu verdanken hätten und ohne diese noch im Zuchthaus sässen und verbannt wären. Frankreichs Rat zurückzuweisen sei undankbar. Mit grossem Verhandlungsgeschick, das die erfahrenen Stadtdeputierten gegen ihre ländlichen Kollegen ungeniert ausspielten, wurde die von den Landesdeputierten verlangte Anfrage an Stadt- und Landbürger über die Eidesformel verhindert und mit 89 zu 83 Stimmen die strittige Eidesformel durchgesetzt. Das noch kaum geknüpfte Band einer Gemeinsamkeit war damit zerschnitten. Die Nationalversammlung hatte sich jeder Möglichkeit beraubt, die weitere Entwicklung aktiv zu gestalten. In Küsnacht tagte das Stäfner Comité: zahlreiche Volksversammlungen fanden statt, in denen einmütige Empörung über die Eidesformel herrschte. Verhindert wurde die Eidesleistung durch mehrere hundert Landleute, die am 26. Februar 1798 drohend in die Stadt zogen.[586] Es fehlt nicht viel zu einem Bürgerkrieg. Die provisorische Regierung forderte die Auflösung des in Küsnacht tagenden Stäfner Comités. Dem setzten die Landesdeputierten entgegen, dass nur dieses Comité über die Autorität verfüge, die zur Vermeidung von Blutvergiessen nötig sei.[587] Zu einer neuen Situation kam es mit dem Einmarsch der Franzosen in die Westschweiz. Die provisorische Regierung unternahm ein zweites Mal den Versuch, ein Truppenaufgebot durchzusetzen. Die einberufene Nationalversammlung wurde jedoch von den Abgeordneten des Landes nicht mehr besucht. Sie nahmen an einer Sitzung des inzwischen in Meilen tagenden Stäfner Comités teil, das sich als neue «Nationalversammlung» proklamierte. Am 6. März erfuhr die provisorische Regierung die bedingungslose Weigerung, an militärischen Aktionen gegen Frankreich teilzunehmen.[588] Am gleichen Tage begann mit der Besetzung der Schlösser Kyburg und Andelfingen der offene Aufstand. Zugleich erging ein Ultimatum der Meilener Nationalversammlung an die provisorische Regierung, dass die ländlichen Abgeordneten auf einen Sturm gegen Zürich nur verzichten und in die Landeskommission zurückkehren würden, wenn diese für die Stadt neu gewählt und ihr die Regierungsgewalt übergeben würde. Gleichzeitig erneuerte man die Forderung, es müsse eine Garnison von 1 000 Mann in die Stadt aufgenommen werden. Dann sei man auch zur Entsendung einer gemeinsamen Delegation bereit, um mit den Franzosen zu verhandeln. Die Annahme der Forderung sei unabdingbar zur Rettung des Vaterlandes, da Frankreich nur die Aristokratie stürzen, nicht aber freie Völker unterdrücken wolle.[589]

Noch am 6. März antwortete die Stadt mit einer Proklamation, die faktisch den Bürgerkrieg erklärte. Das Vorgehen des Comités wurde als «ungesetzliche, tyrannische Gewalttätigkeit» bezeichnet. In dem der Landbevölkerung so verhassten väterlichen Ton hiess es weiter, allen schleunig zu ihrer Pflicht Zurückkehrenden würde «gänzliche Verzeihung» gewährt werden.[590] Gleichzeitig wurde die Stadt in den Verteidigungszustand versetzt. Aus regierungstreuen Teilen der Landschaft brachte man Hilfstruppen nach Zürich. Daraufhin erliess am 7. März – die Flucht vieler Altgesinnter aus Zürich hatte bereits begonnen[591] – auch das Comité der Landbevölkerung ein fast vollständig befolgtes Truppenaufgebot und befahl die Besetzung von Amtshäusern, Schlössern, Kanzleien und Pfarrhäusern. Am 8. März begann – unter Mitführung der in den Schlössern aufgefundenen Kanonen – der Marsch von vier Kolonnen auf Zürich. 14 000 Mann mit mehr als 40 Kanonen standen der Stadt gegenüber. Unter dem Druck dieser Truppen und gleichzeitig unter dem Eindruck der Niederlage Berns kam es zur Bewilligung aller, jetzt etwas modifizierten Forderungen des Comités. In den Verhandlungen äusserten Teile der ländlichen Truppen, sie wüssten wohl, «daß, wenn die Franzosen kämen, beide Teile unglücklich würden; aber sie wollen sich von den Herren in der Stadt nicht länger am Narrenseil herumführen lassen».[592]

Am 12. März 1798 wurden die Friedensbedingungen ratifiziert und die Kriegskosten der Stadt auferlegt. Sie durften nicht dem Staatsschatz entnommen werden, der nun zum Eigentum des Volkes geworden war – die Revolutionäre hatten aus den Urteilen der Zürcher Aristokraten nach dem Stäfner Handel gelernt und vergalten Gleiches mit Gleichem. Es waren die 1795 von der Stadt Verurteilten, die jetzt die aufgebrachte Menge davon abhielten, Rache zu nehmen.

Am 13. März dankte die provisorische Regierung ab. Der auf dem Münsterplatz aufgerichtete Freiheitsbaum war Zeichen der städtischen Niederlage. Die erste Hälfte der Garnison rückte in die Stadt ein, am 15. März erhielt die Landeskommission die Regierungsgewalt. Auf dem Lande wurden Stimmen laut, jeder ihrer Beschlüsse solle dem Volk zur Abstimmung vorgelegt werden.[593] In den folgenden Wochen zerfiel die in Jahrhunderten gewachsene Welt der aristokratischen Herrschaftsschicht. Junker mit den klangvollen Namen der alten Familien mussten als gemeine Soldaten unter dem Anführer der ländlichen Truppen dienen, die Anrede «Herr» wurde durch «Bürger» ersetzt, allenthalben trug man die Stäfner Kokarde. Die Stadtbürger hatten ihre Kirchen- und Amtskleidung auszuziehen, die sie für jeden erkennbar von den Untertanen unterschieden hatte. Die Landeskommission wurde als Landes- oder Kantonsversammlung zur provisorischen Regierung. Jetzt kam es, auch wenn sich das Land noch längst nicht beruhigt hatte, zu ersten Zeichen der Versöhnung,[594] die für die weitere Entwicklung der Stadt wichtig werden sollten. Der Grossteil der gegen Zürich gezogenen Truppen kehrte in die Gemeinden zurück. Überall wurden Freudenfeste gefeiert. In Elgg empfing man die Soldaten des Landsturmes mit einem Trunk «von 5 Eimern».[595]

Revolution in Schaffhausen

*«Es hat sich in der S(chwei)z zwischen dem Bürger- und gemeinen Bauren-
stand ein dritter Stand formirt: der der reichen Bauren. Diese streben, den
Bürgerstand herunter zu sezen und desselben Privilegia, Macht und Vortheile zu theilen. Diese Leüte sind die Seele unserer Revolution.»*

JOHANN GEORG MÜLLER 1798[596]

Die Revolution in Schaffhausen zeigt, dass sich die Schweiz in den ersten Monaten
des Jahres 1798 von unten zur Nation zu bilden begann. Im Januar sandte die
Gemeinde Neunkirch im Schaffhausischen ihren Chirurgen Johann Wildberger
nach Basel, damit er sich dort kundig mache, wie eine Revolution zu organisieren
sei. Allenthalben kursierten Druckschriften, die über die unerhörten Ereignisse in
Basel, im Waadtland und in Zürich informierten. Zur Politisierung der schon seit
den frühen neunziger Jahren unruhigen Landbevölkerung[597] hatte ein Beschluss
der Regierung beigetragen, zum Neujahr 1798 die Reste der Leibeigenschaft aufzuheben. Verbunden war dieser obrigkeitliche Akt mit der Beschwörung eines
Treueeids durch die Bevölkerung der Landschaft.[598] Doch hatten diese Massnahmen nicht die erhoffte beruhigende Wirkung. Dreizehn Gemeinden verfassten
Beschwerden und Forderungen an die Regierung, die sich zur Einrichtung einer
Prüfungskommission gezwungen sah. Noch ging es allein um materielle Wünsche, Erleichterung des Strassenbaues, um Erlass der Abzugsgelder bei Heiraten,
um Fastnachtshühner, Aufhebung des Brachzehnten oder um Kopfsteuern, doch
verlangte man auch Freiheit des Handels. Noch versicherten die Petenten, sie
wollten bei der alten Verfassung bleiben und diese gegen jeden fremden Einfluss
verteidigen – drohend und mahnend nutzte die Landbevölkerung jedoch den
Hinweis auf Frankreich.

Unterdessen war Johann Wildberger aus Basel zurückgekehrt. Offenkundig
hatte er genau geschaut, welche Massnahmen von der Basler Landbevölkerung
ergriffen worden waren. So instruiert, auch in Verbindung mit der Zürcher Landbevölkerung und dem Volkskongress in Marthalen, riefen die Neunkircher auf
den 31. Januar 1798 heimlich Ausschüsse aus allen Gemeinden zu sich, um «über
Veränderung der Verfassung nach Basler Fuß zu beraten».[599] In fünf Punkten
forderte dieser Neunkircher Kongress völlige Gleichheit der Rechte und Freiheiten
für Stadt und Land sowie die Einberufung einer Volksversammlung zur Ausarbeitung einer neuen Verfassung.[600] Die Zeit für allein auf materielle Besserstellung
abzielende Forderungskataloge war auch hier vorbei. Die Abstimmung mit den
Revolutionären anderer Schweizer Orte hatte zu Formulierungen geführt, die
offenkundig durch die Manifeste der Basler Landbevölkerung inspiriert waren.

Man verlangte «gleiche Rechte und Freyheiten mit denen Stadtbürgern» «als zu einem Cörper gehörend», eine Volksversammlung und die «billiche Aufhebung oder Auslösung der Grund- und Boden-Zinßen, VogtsRechte, VogtsSteüren usw.»[601]

Bereits in den Tagen vor dem Kongress gärte es im ganzen Land. Gemeinde-versammlungen wurden erzwungen, Flugschriften aus Basel vor der Landbevöl-kerung verlesen und laut davon gesprochen, «daß sie künftighin weder Zehenden, Grundzinse noch Zinse von ihren schuldigen Capitalien mehr zugeben haben».[602] Am 2. Februar wurde dem Schaffhausener Rat durch vier Deputierte aus Neun-kirch, Hallau, Schleitheim und Thayngen das verabschiedete Memorial über-reicht. Hatte man zuvor in der Stadt noch über «die vor 12 Tagen zu Basel gebohrene Freyheit ... und über ihre Geburtsschmerzen zu Neukirch» gespottet[603], so musste die Regierung nun die Forderungen der Landbevölkerung erfüllen, die nicht weniger bedeuteten als die Aufhebung der städtischen Vorherrschaft und eine Majorisierung der Stadt durch das Land in einer zu bildenden Volksver-sammlung. Nach hektischen Beratungen besonders über das Verlangen nach einer repräsentativen Volksvertretung erfolgte am 6. Februar 1798 eine der be-deutendsten Zäsuren in der Schaffhauser Geschichte[604]: Kleiner und Grosser Rat Schaffhausens erklärten mit Zustimmung der Stadtbürgerschaft und in «vollkommener Einmüthigkeit» den beim Neunkircher Kongress versammelten Gemeindeausschüssen, «1. Daß von nun an Freyheit und Gleichheit zwischen Stadt und Land statt haben solle. 2. Daß der ganzen Landschaft bewilliget seyn soll, aus fünfzig Mann einen Representanten zu wählen».[605]

Der Neunkircher Kongress reagierte «mit allgemeiner Freude und großem Frohlocken» auf die ihm übergebene «feierliche Urkunde».[606] Unblutig und un-verhofft schnell hatte sich die Revolution in Schaffhausen durchgesetzt. Auf der ganzen Landschaft wurde die förmliche Freiheitserklärung mit «unbeschreibli-cher Freude» und «allgemeinem Jubel» aufgenommen, besonders in den wohlha-benderen Gemeinden war man von einem regelrechten Freiheitsrausch erfüllt. In Neunkirch, Hallau und Stein am Rhein wurden Wappen, Brunnenfiguren, In-schriften und andere Symbole der städtischen Herrschaft zerstört.[607] In allen Ge-meinden tanzte man um Freiheitsbäume und steckte sich Kokarden an. Mit der Drohung, sonst die Kirche zu verlassen, wurde in Hallau der siebzigjährige Pfarrer Tobias Schalch gezwungen, geschmückt mit der Kokarde die Kanzel zu besteigen.[608] Das Dorf feierte ein vier Tage dauerndes Fest, überall erschollen die Lava-terschen Schweizerlieder! Einige Dorfbewohner führten die Geschichte Wilhelm Tells auf.[609] In Neunkirch wurde der Freiheitsbaum auf dem Hof des Schlosses, Symbol städtischer Herrschaft, gepflanzt, in Oberhallau dem aus einer Schaffhau-ser Bürgerfamilie stammenden Pfarrer vor das Fenster.[610]

Der Neunkircher Kongress löste sich trotz seines Erfolges nicht auf, sondern etablierte sich als eine Art Nebenregierung. Johann Georg Müller berichtet von der anhaltend grossen Erregung auf der Landschaft. Die Landbevölkerung, so klagte er, sehe in den Franzosen nur Freunde, räsoniere unvernünftig und sei verblendet. Wie ein Zaubertrank wirkten die Worte Freiheit und Gleichheit.[611] Die handlungsunfähige Regierung war nicht mehr in der Lage, ihre «theuren Bundespflichten» zu erfüllen und Truppen zu stellen. Statt gegen Frankreich zu ziehen, beschäftigte man «sich nunmehr damit, diejenigen Repräsentanten zu ernennen, denen nach dem Beispiel des löbl. Standes Basel, nebst dem wichtigen Auftrag eine neue Constitution zu entwerfen, die Regierung wird provisorisch übergeben werden».[612] Auf der Landschaft befand sich alles in Auflösung: Landvögte wurden abgesetzt und Pfarrer von ihrem Amt entbunden.

Der schleppende Verlauf, mit dem die Arbeit an einer neuen Verfassung erfolgte, sollte zeigen, wie begründet der weitere Zusammenhalt des Neunkircher Kongresses war. Mehr und mehr gerieten die Wahlmänner der Landschaft in Verdacht, in Schaffhausen Einflüsterungen der Städter erlegen zu sein. Man befürchtete, die Stadt verfolge mit ihrer hinhaltenden Taktik das Ziel, die versprochenen Rechte schliesslich doch nicht in der Verfassung zu verankern. Der Kongress, an dem auch Abgeordnete aus Stäfa teilnahmen, beschloss, die Stadt mit dem Ziel zu besetzen, «daß mit mehrerem Eifer an einer neüen constitution gearbeitet werde».[613] Am 14. März 1798 rückten fast tausend bewaffnete Klettgauer in Schaffhausen ein. Unter ihnen befand sich als Fähnrich der Küfer Hans Jakob Rahm, der 1790 massgeblich am Aufstand der Hallauer beteiligt gewesen war. Das Kommando hatte Georg Schöttli, den die Schaffhauser Regierung acht Jahre zuvor für 101 Jahre aus der Eidgenossenschaft verbannt hatte.[614] Eine neue provisorische Regierung wurde gebildet, die sich nach Basler Vorbild Nationalversammlung nannte und wie jene besetzt war.[615] Nun ging alles sehr schnell: am 19. März wurde auf dem Herrenacker das Fest des Freiheitsbaumes gefeiert. Am 23. März legte die Stadtbevölkerung, am Sonntag, dem 25. März 1798, die Landbevölkerung den Eid auf die neue Verfassung ab.

Revolution in Freiburg

«Wir erfahren mit Freude [...], dass die Sieger der Welt Ihre Fesslen zernichtet und Ihnen die Wohlthaten unserer ursprünglichen Freiheit geschenkt haben.»

Schreiben der Freiburger an die Berner Regierung, 6. März 1798[616]

Die Freiburger Revolutionsgeschichte ist auf das engste mit der Berns verbunden, auch wenn eigene Konflikte eine gewisse Rolle spielten. Die ersten Veränderungen wurden durch die Revolution im Waadtland ausgelöst, die auf mehrere Freiburger Territorien übergriff und die Verjagung sämtlicher Landvögte zur Folge hatte.[617] Angesichts dieser «schreckenvollen Ereignisse» sah sich die Regierung von Freiburg bewogen, «durch eine öffentliche Kundmachung zu erklären, dass sie das Regiment nunmehr provisorisch fortsetzen werde».[618] Unter dem Eindruck innerer Unruhen und drohender französischer Truppen entschlossen sich die Räte Ende Januar 1798, Abgesandte aus den Gemeinden «nach Freiburg zu berufen, um über die Rettung des Vaterlandes zu beraten und allfällige Wünsche, betreffend erspießlich erachtete Abänderungen in der Regierungsform, zu vernehmen».[619] Gleichzeitig wurde eine 200 Mann starke Bürgerwache in die Stadt gelegt.[620]

Die Einberufung der Ausschüsse aus allen Gemeinden erfolgte zum 1. Februar 1798. Eine neue Verfassung sollte ausgearbeitet werden.[621] Nach stürmischen Auseinandersetzungen kam es auch in diesem Kanton zur Erklärung der Regierung, wonach ein künftiges Staatswesen nach den Prinzipien von Freiheit und Gleichheit organisiert werden sollte.[622] Es war jedoch eine nur halbherzige Bereitschaft, tatsächlich nachhaltige Änderungen vorzunehmen. In allen Massnahmen lag die Hoffnung, bei nachlassendem inneren und äusseren Druck zu den alten Zuständen zurückkehren zu können.

So endete auch die Geschichte des alten Freiburg durch die Invasion Frankreichs. In krauser Sprache abgefasst und von unfreiwilliger Komik ist das Glückwunschschreiben der neuen provisorischen Regierung Freiburgs an die des Kantons Bern, mit dem zur Kapitulation vor den französischen Truppen gratuliert und die «süße Nachricht» mitgeteilt wird, man selbst sei gerade durch die «nämliche Wohlthat [...] beglücket und begünstiget» worden».[623]

Revolution im Unterwallis

> *«Bei so gestalteten Sachen und bedenklichen Umständen waren wir so zu*
> *sagen gezwungen, unsern ehemaligen Unterthanen freundliche Vorschläge*
> *zu machen, ja mit ihnen in eine aufrichtige Unterhandlung zu treten, welche*
> *sich vermittelst unterschiedlichen Bedingnissen auf ihre Freilassung oder gar*
> *auf eine Verbrüderung beziehet [...]. Nur die Gefahr des Eindringens der*
> *Franzosen in unser Lande haben uns auf diesen Gedanken gebracht.»*
> Landshauptmann und Rat der Republik Wallis an Bern[624]

Das Wallis kann als ein Abbild der Eidgenossenschaft im kleinen gelten. Die Hoheitsrechte im Oberwallis lagen bei den sogenannten sieben Zenden, als gemeinsames Bindeglied fungierte ein Landrat, der von Boten der Zenden gebildet wurde. Er wählte die wichtigsten Behörden und Amtsträger und beriet die Gesetze, die
allerdings nicht von vornherein verbindlich waren. Die einzelnen Zenden konnten
Gesetze ablehnen oder annehmen, auf eigene Faust Kriege führen und Bündnisse
schliessen und während der ein- bis zweimal jährlich stattfindenden Landsgemeinden über ihre inneren Einrichtungen bestimmen. Der Form nach demokratisch, war das Staatswesen in der Praxis durch die Einschränkung der Ämter auf
wenige Geschlechter, durch Korruption der Wähler und Käuflichkeit der Ämter
bestimmt. Herrschte schon in Oberwallis Rechtsungleichheit unter den Gemeinden, so galt dies noch ausgeprägter im Unterwallis, das durch Vögte regiertes
Untertanenland des Oberwallis war.[625]

Das Unterwallis war am 4. September 1790 das erste Gebiet der Eidgenossenschaft, in dem unter dem Einfluss der Französischen Revolution Landvögte
verjagt und Freiheitsbäume aufgestellt wurden. Das militärische Eingreifen Berns
dämpfte den Aufstand. Sieben der Hauptanführer wurden mit dem Tode bestraft.
Die Unterwalliser ergriffen nach der Revolution im benachbarten Waadtland die
Gelegenheit, ihre alten Forderungen erneut zu erheben. Auf militärische Hilfe
durch Bern, so wussten die Untertanen, konnten die Walliser Herren diesmal
nicht hoffen, hatten die Ereignisse doch gerade gezeigt, dass Bern nicht einmal
mehr zur Verteidigung der eigenen Untertanengebiete in der Lage war.

Durch die Berichte der Tagsatzungsgesandten darüber aufgeklärt, dass Hilfe
durch andere eidgenössische Orte nicht zu erwarten sei, erklärte das Wallis den
Gemeinden des Unterwallis am 29. Januar 1798, «daß der Souverän bereit ist, alle
möglichen Opfer zu bringen, die beitragen können zum Wohl der öffentlichen
Sache, und wenn Ihr glaubt, dasselbe dadurch zu erreichen, daß den Gemeinden
die Freiheit geschenkt und sie der Hoheit teilhaftig werden, so mögt Ihr morgen
Abgeordnete nach Sitten senden, wo ein Landrat versammelt sein wird».[626] Am

1. Februar wurde die begehrte Freilassung ausgesprochen, womit ein Plan, das Unterwallis an Frankreich anzuschliessen, verhindert wurde.[627]

Die Freilassung geschah allein unter dem Druck der Verhältnisse, wie ein Bericht von Landshauptmann und Rat der Republik Wallis an Bern verrät. Dem alten Bundesgenossen wurde mitgeteilt, dass im Unterwallis allerorten Freiheitsbäume aufgestellt worden seien und man habe feststellen müssen, dass «würklich unsere Untergebene des untern Wallis, so wie es uns scheint, nicht die aufrichtigsten Gesinnungen haben». Nur die Gefahr französischen Eindringens, so wurde Bern versichert, habe die Regierung des Wallis zur Freilassung veranlasst, «um unsere heilige Religion, unser Eigenthum und Unabhängigkeit ohne fremden Einfluss vor einem gänzlichen Umsturz zu retten». Der Einladung, «auf einen Zusammentritt und Verbrüderungsconferenz oder einer vertraulichen Einverständnis-Unterredung zu erscheinen», hätten sich die Unterwalliser verweigert.[628]

Immerhin gehörte das Wallis zu den Regierungen, die relativ früh, wenn auch schon unter unmittelbarem französischen Druck, zu Zugeständnissen bewegt werden konnten. Am 4. Februar trat die provisorische Nationalversammlung von Unterwallis zusammen. Ihr wurde von einer Kommission des Oberwallis eröffnet, man verzichte aus «Gefühlen der Menschlichkeit» «voll und ganz auf alle Hoheitsrechte» und anerkenne «für jetzt und für die Zukunft die Unterwalliser als freies Volk». Grundlage gegenseitiger Verständigung sollte die Unverletzlichkeit des Eigentums sein, das Vergessen der vergangenen Zeit und der Loskauf der Feudallehen mit einer angemessenen Entschädigung.[629] Die Unterwalliser trauten ihren neuen Brüdern nicht und verlangten eine feierliche Urkunde des mündlich abgegebenen Versprechens. Dazu jedoch war eine Beratung der Gemeinden des Oberwallis nötig, die am 15. Februar 1798 in Sitten stattfinden sollte. Bereits am 5. Februar wählte die Nationalversammlung von Unterwallis ein Generalkomitee mit vier Mitgliedern und dem Obersten Karl Emanuel Rivaz als Präsidenten. Ohne Einvernehmen mit den kirchlichen Behörden ordnete dieses Komitee für den 11. Februar einen feierlichen Dankgottesdienst mit einem Te Deum an, um Befürchtungen bei der Bevölkerung zu zerstreuen, dass die katholische Religion durch die Revolution angetastet werden könnte.[630]

In seinem Misstrauen sah sich das Unterwallis bestätigt, als der am 15. Februar tagende Landrat die verlangte Freilassungsurkunde nicht ausstellen wollte und auf erneute Verhandlungen setzte. Am 19. Februar wandte sich die provisorische Regierung des Unterwallis brieflich an den französischen Gesandten Mangourit und bat um Schutz und Unterstützung Frankreichs.[631] Nun endlich erklärten am 22. Februar die Boten der sieben Zenden ihren Verzicht auf alle Hoheitsrechte im Unterwallis und bestätigten durch eine Urkunde die Wochen zuvor gegebene mündliche Unabhängigkeitserklärung. Es begannen die langwierigen Auseinandersetzungen um die neue Verfassung.[632]

Revolution in Solothurn

> *«Schweizer, alle auf ins G'wehr!*
> *Greift nach Keulen, Schwert und Speer,*
> *Wider Frei- und Gleichheitslehren,*
> *Die uns Hab und Gut begehren.*
> *Weiber, Mädchen, kommt herzu,*
> *Schaffet den Aposteln Ruh!»*[633]

In Solothurn kann von einer Revolution eigentlich nicht gesprochen werden. Allerdings kam es unter innerem und äusserem Druck zu Bemühungen der patrizischen Regierung, die eine zwar nicht ernst gemeinte, aber doch durchaus revolutionär zu nennende Verfassungsänderung auf der Basis der Gleichheit von Stadt und Land sowie gleicher politischer Rechte für alle Bürger vorsah.[634]

Das Taktieren der Solothurner Regierung begann am 21./22. Januar 1798 mit der Abschaffung des sogenannten Schanzgeldes und des Kleezehnten. Der ganze Rat, so wird berichtet, war zeitweise zu Tränen gerührt angesichts dieses in der solothurnischen Geschichte ungeheuerlichen Beschlusses, mit dem die Regierung hoffte, den allenthalben geforderten Beitrag zur Vereinigung mit dem Volk geleistet zu haben.[635] Was der Regierung bei den bäuerlichen Untertanen durchaus Beifall bescherte, stand ganz und gar nicht im Einklang mit den maroden Staatsfinanzen, durch die selbst die militärische Verteidigung gefährdet war.[636] Allerdings handelte es sich um einen klugen Schachzug, denn unter dem Einfluss der Französischen Revolution war es zwischen der Stadt und verschiedenen Gemeinden gerade wegen solcher materieller Einzelpunkte zu Konflikten und vorher nicht gekannter Widersetzlichkeit gekommen.[637] Doch soll das Volk des Kantons Solothurn nach dem Bericht eines Zeitgenossen mit wenigen Ausnahmen der Auffassung gewesen sein, seine Regierung sei von Gott eingesetzt und ihr Recht unantastbar.[638] Im ganzen, so kann vermutet werden, war eine religiös-moralisierende Propaganda der Solothurner Regierung bei der katholischen Bauernbevölkerung auf fruchtbaren Boden gefallen.[639]

Auf diese Bevölkerung setzte die Solothurner Regierung gegen eine Opposition, die ihr in Solothurn selbst und in den Landstädten entstanden war und über Veränderungen der Staatsverfassung nachdachte. Trotz Zensur, Überwachung Andersdenkender und Polizeispionage hatte sich um das «Solothurner Wochenblatt» ein ernstzunehmender städtischer Widerstand entwickelt, der konfessionelle Toleranz und praktische Aufklärung verlangte[640] und sich auch selbst bemühte, Einfluss auf ein der Aufklärung «ungewöhntes und fanatisches Volk» zu gewinnen.[641] Einem geheimen Klub gehörten neben Peter Joseph Zeltner als nachherigem ersten helvetischen Gesandten in Paris auch der spätere helvetische Senator und Regierungsstatthalter Xaver Zeltner, der spätere helvetische Direktor Viktor Oberlin[642] und weitere Mitglieder der Helvetischen Gesellschaft und der Solothurner ökonomischen Gesellschaft an.[643]

Eine landstädtische Opposition hatte sich vor allem in Olten gebildet. Die kleine Stadt – etwa 1 000 Einwohner lebten in 200 Haushaltungen – erinnerte sich noch an die nach dem Bauernkrieg an Solothurn verlustig gegangenen Stadtrechte. Während des 18. Jahrhunderts entwickelte der Ort – Sitz zahlreicher «Wollherren» – neues Selbstbewusstsein. Olten galt den umliegenden Dörfern 1798 als «Patriotennest», das von der ländlichen Bevölkerung – zum Teil war sie abhängig von den Oltner Wollverlegern – mit Misstrauen betrachtet wurde.[644] Geschickt hatten es die Oltner gegen die Solothurner Wirtschaftspolitik verstanden, sich ökonomisch zu behaupten. Eine kleine Gruppe von Veränderungswilligen war um den Arzt Urs Peter Joseph Cartier, den Weinhändler Johann Georg Trog und den Wirt des «Halbmondes», Joseph Martin Hammer, bei dem man sich mit «citoyen» begrüsste und regelmässig den «Straßburger Courier» las, entstanden.[645]

Die Altgesinnten in Solothurn setzten alles daran, die Oltner Patrioten als Franzosenfreunde und Religionsfeinde verdächtig zu machen. In einer angespannten Situation – nach der erfolgreichen Revolution in Basel versuchte Solothurn, die Infiltration neuer Ideen durch verstärkte Grenzpatrouillen und Dorfwachen zu verhindern und jeden Kontakt «unserer Nachbarn jenseits des Bergs mit unsern noch so gut gestimmten Angehörigen» zu unterbinden[646] – führte das Misstrauen der Landbevölkerung zu Konflikten zwischen Bauern und Oltner Patrioten. Am 29. Januar war Markttag in Olten und folglich eine grosse Zahl von Bauern in der Stadt. Diese fühlten sich nicht nur dadurch provoziert, dass bäuerliche Standesgenossen aus Basel nach ihrer erfolgreichen Revolution mit angesteckten Kokarden auf dem Markt erschienen, sondern mochten auch nicht mehr hinnehmen, dass die Patrioten in Olten das grosse Wort führen konnten. Am Abend versammelten sich zweihundert Bauern vor dem Haus des als Revolutionsfreund allgemein bekannten Wirtes vom «Halbmond», beschimpften ihn als Vaterlands- und Religionsverräter, warfen ihm die Fenster ein und verlangten seine Verhaftung.[647]

Unterdessen beflügelten die ersten erfolgreichen Revolutionen in der Schweiz die Solothurner Patrioten zu energischeren Aktionen. Im ganzen Lande verlangten Flugschriften das «unveräusserliche Recht» zurück, Regierungsgmitglieder frei wählen zu können, «ausserdem seien das Volk erniedrigende Missbräuche abzustellen.»[648] Selbst aus den stadtnahen Gemeinden erscholl die Forderung, man wolle es wie die Basler Bauern haben. Mehr und mehr baute ein Teil der Patrioten auf französische Unterstützung, wie die an Mengaud gerichteten Bitten um Schutzerklärungen vom 17. Januar und 3. Februar zeigen.[649] Nun erwog auch die Regierung, was in der Situation innerer und äusserer Bedrohung zu tun sei. In den Landgemeinden setzte sie auf Propaganda und wies auf die «schrecklichen Wirkungen einer grausamen Staatsveränderung» hin, die nicht nur die Regierung, sondern auch die «Heilige Religion» unwiederbringlich verlorengehen lassen würde.[650]

Am 29. und 31. Januar 1798 beschloss der Grosse Rat, eine Kommission mit der Abänderung der Staatsverfassung zu beauftragen, «durch welche das Vaterland vor einem fremden Einfall gesichert werden könnte»,[651] und erklärte die Regierung als provisorisch. Am 3. Februar wurde die Wahl von je zwei Ausschüssen aller 30 Gerichte des Landes bestimmt, die sich am 9. Februar in Solothurn einfinden sollten. Ausdrücklich liess die Regierung sich jede Hintertür offen, bei wegfallendem französischen Druck den Rückzug anzutreten. Gleichzeitig wurde durch Verhaftung von Patrioten offensiv gegen die innere Opposition vorgegangen. In Olten war dabei ein Landsturm behilflich, der für die Überführung der bekannten «Franzosenfreunde» in die ohnehin schon überfüllten Solothurner Gefängnisse sorgte.[652]

Die Solothurner Regierung befand sich in einer Zwickmühle. Auf der einen Seite wollte sie Frankreich ihre Abdankung und die Bereitschaft zur Verfassungsreform vortäuschen, auf der anderen Seite wurde sie durch die Landbevölkerung zum Vorgehen gegen die revolutionäre Opposition gedrängt. Vom 9. Februar 1798 datiert ein Schreiben des französischen Geschäftsträgers Mengaud an die Solothurner, das ebenso wie weitere Protestnoten mit Vergeltung drohte, sollte den Gefangenen ein Leid geschehen.[653] Der Fanatismus, so hiess es in dem anonymen Bericht eines Spions an General Brune, sei bis in den letzten Ort der katholischen Kantone getragen worden und besonders auf dem Lande zu finden.[654]

Am 9. Februar 1798 trat in Solothurn der Verfassungsrat mit den Ausschüssen von Stadt und Land zusammen. Es fehlten allerdings die verhafteten oder geflüchteten Patrioten, die in diesen Rat gewählt worden waren. Die Beratungen verliefen paradox, denn die Abgeordneten des Landes mussten davon überzeugt werden, gegen ihren Wunsch nach Beibehaltung der alten Verfassung einer Abschaffung des aristokratischen Regiments ihr Plazet zu geben. Am 11. Februar einigte man sich auf eine Staatsordnung, die jedem Bürger das Recht gab, zu allen Stellen in Regierung und Verwaltung zu gelangen, «völlige Gleichheit» zwischen

Stadt- und Landbürgern bei der Wahl einer Regierung vorsah und alle Unterschiede unter den Stadtbürgern aufhob.[655]

Die neue Verfassung hatte allein den Zweck, dem französischen Beauftragten Mengaud mitgeteilt zu werden. Doch waren die ländlichen Abgeordneten in der Verfassungskommission offenbar auf den Geschmack von einem ausgewogeneren Verhältnis zwischen Stadt und Land gekommen. Als vom 24. Februar 1798 an die Zusammensetzung der gesetzgebenden Gewalt beraten wurde und die Patrizier wie selbstverständlich ihre Majorität absegnen wollten, protestierten die Ausschüsse der Landschaft und forderten, «dass in Ansehen der gesetzgebenden Gewalt eine bessere Gleichheit festgesetzt [...] werden soll». Bereits Hermann Büchi hat angesichts dieses Vorfalles gefragt, ob nicht «das vorhandene Material – lauter gouvernementale Quellen – uns doch ein zu optimistisches Bild von der Anhänglichkeit der Landschaft an das Patriziat vermittelt und diese doch noch in höherem Grade bloss in der Sorge für die Religion wurzelte».[656]

Dieser unerwartet aufbrechende Konflikt zwischen Stadt und Landschaft konnte nicht mehr ausgetragen werden. Jetzt sorgten französische Waffen für das Ende der patrizischen Stadtherrschaft. So unvollkommen und dilettantisch alle Vorbereitungen zur militärischen Verteidigung abgelaufen waren, so schnell brach am 2. März 1798 der Widerstand gegen die Armee Schauenburgs zusammen. Der Rat kapitulierte, öffnete die Stadttore und die Gefängnisse. Die Truppen fühlten sich von ihrer Führung verraten, denn immerhin hatte man mit Solothurn eine Stadt übergeben, die mit ihren Wällen und Gräben als uneinnehmbar galt. Allgemein schimpfte man auf die Obrigkeit, die das Land an die Franzosen verraten habe. Zahlreiche Soldaten schlugen sich zu den Bernern. Ein bunt zusammengewürfelter Landsturm zog auf eigene Faust gegen Olten los, nachdem er sich vom Oltner Stadtkaplan die Generalabsolution hatte erteilen lassen.[657] Entsprechend gross war die Erleichterung in Olten, als am 8. März 1798 eine französische Grenadierkompanie einzog und Schutz vor den eigenen Landsleuten bot. Auf einem Silbertablett übergab man den Besatzern die mit der Trikolore geschmückten Stadtschlüssel. Die gefangen gesetzten Patrioten wurden durch die Franzosen befreit.[658]

Revolution in der Ostschweiz

> *«Der Wunsch nach Freiheit gab der loblichen Eidgenossenschaft das Dasein, und nur durch ihre allgemeine Verbreitung wird sie ihre Fortdauer und unwiderstehliche Festigkeit erhalten. [...] Gewähren Sie das ganz ohne alle fremde Einmischung an Sie gerichtete Ansuchen und laut geäußerten Wunsch so vieler tausend Seelen; das ist das einzige Mittel zur Rettung und Beglückung des theuren Vaterlandes!»*
>
> Denkschrift der Landschaft Thurgau an die Stände vom 8. Februar 1798[659]

Die Ostschweiz des Jahres 1798 stellte sich als buntes Gemisch der in der Eidgenossenschaft möglichen politischen Formen dar. Mit Glarus und dem konfessionell gespaltenen Appenzell – beide werden gesondert zu betrachten sein – existierten zwei regierende Orte. Die Fürstabtei St. Gallen mit der Alten Landschaft und dem Toggenburg war Zugewandter Ort wie die freie Stadtrepublik St. Gallen. Im Südosten gab es die drei Rhätischen Bünde. Thurgau, Rheintal und Sargans waren Vogteien mehrerer Orte, Werdenberg wurde von Glarus regiert. Auf dem Gebiet des heutigen Kantons St. Gallen befanden sich weiter die zürcherische Herrschaft Sax-Forstegg, das Amt Gams unter Schwyz und Glarus, die Stadt Rapperswil unter der Schirmherrschaft von Zürich, Bern und Glarus und schliesslich noch die Schwyz und Glarus untertänigen Landschaften Gaster und Uznach.

Die Revolutionen in der Ostschweiz, die somit unter den unterschiedlichsten konfessionellen und politischen Bedingungen stattfanden, gehören zu den interessantesten Befreiungsbewegungen der Jahre 1797/1798. Für sie gilt in besonderem Masse, dass die Beseitigung der alten Zustände und Regierungen in der Schweiz aus inneren Konflikten und aus eigener Kraft erfolgte. Während des politischen Vorfrühlings 1798 entstanden auf dem Gebiet des heutigen Kantons St. Gallen acht neue Staaten mit eigener Landsgemeinde, eigenem Landammann und Weibel. Für die Revolutionäre in der Ostschweiz waren Demokratie und Landsgemeinde ganz natürlich identische Begriffe. Alle neu entstandenen Staatswesen betrachteten sich als Teile der Eidgenossenschaft und wollten gleichberechtigte regierende Orte einer neu gestalteten Eidgenossenschaft sein.

a. Revolution in den fürstäbtischen Untertanengebieten

«Mein Vaterland Toggenburg wird sich doch noch bey erster Gelegenheit selbst frey machen – Lange genug hat es um mehrere Freyheit gebettelt – um Nachlaß einiger Überbliebsel von Beschwärden – die noch von der Leibeigenschaft herrühren – lange genug gemärtet um Auskaufung einiger Beschwärden – und immer unnachgiebige Gegner gefunden.»

ULRICH BRÄKER
im Dezember 1797[660]

Der «Gütliche Vertrag» zwischen Fürstabt Beda und der Bevölkerung der Alten Landschaft St. Gallen hatte 1795 bewiesen, dass unter glücklichen Umständen eine Versöhnung zwischen revolutionären und konservativen Kräften möglich war. Wie sehr dies aber von der Persönlichkeit des Fürstabtes abhängig war, zeigte die Entwicklung nach seinem Tode im Mai 1796 und nach der Wahl seines Nachfolgers, des Fürstabtes Pankraz Vorster, der jedes Zugeständnis an die Forderungen seiner Untertanen mit Hinweis auf die Rechte des Klosters ablehnte.[661] Zwischen dem Landrat der Alten Landschaft und dem Kloster kam es zu ständigen Auseinandersetzungen, die zeitweise von den Schirmorten geschlichtet werden mussten.[662]

Die erste revolutionäre Bewegung begann jedoch in dem anderen fürstäbtischen Untertanengebiet, im Toggenburg. Sie setzte mit schnell wachsendem Anhang bereits im September 1797 den Toggenburger Landrat so unter Druck, dass dieser vom Fürstabt eine freie Landsgemeinde, das uneingeschränkte Mannschaftsrecht und mit dem Bündnis- und Vertragsrecht sogar das Recht zu einer eigenen Aussenpolitik forderte. Bis in den Januar 1798 zogen sich Verhandlungen über diese Forderungen hin, ohne dass eine vollständige Einigung erreicht werden konnte.[663] Nicht mehr einzelne Zugeständnisse standen zur Debatte, sondern die Staatshoheit des Fürstabtes selbst.

Das Tagebuch des Armen Mannes aus dem Toggenburg verrät, wie immer grössere Teile der Bevölkerung sich auf die Seite der Fordernden und gegen den Fürstabt stellten. Noch im Spätherbst 1797 erschien Ulrich Bräker das Revoltieren als «Nachahmungslust», nicht als gerechtfertigter Ansturm gegen eine unlegitimierte Herrschaft.[664] Doch dann kann er im Dezember nicht begreifen, «wie unsere Voreltern das Recht sollten gehabt haben – uns – als ihren Nachkommen – die Freyheit auf ewig zu verscherzen – oder das wir nicht auch gleiches Recht haben sollten – dieselbe bey erster Gelegenheit wieder an uns zu reißen [...] wie es mich auch billich dünkt – Seelenhirten sollen keine weltliche Besitzungen haben».[665]

Was Bräker von der nun folgenden Umwälzung im Toggenburg berichtet, ist eines der wenigen Zeugnisse, die von unten über die revolutionären Ereignisse in der Eidgenossenschaft Auskunft geben und über die Meinungsbildung bei der ländlichen Bevölkerung berichten. Die Konflikte, die zum Ende der Herrschaft des Fürstabtes von St. Gallen führten, so sieht es auch Ulrich Bräker, sind aus der alten Ordnung erwachsen. Detailliert berichtet er, welchen Eindruck es bei den Toggenburgern hervorrief, dass «Basel den Anfang gemacht und seinen Landleuten Freyheit und Gleichheit zugestanden und verschrieben habe», wie wichtig es war, dass «überall in allen Kantonen starke Bewegungen vorgehen und alles von Freyheitssinn beseelt sei», und wie man in einer grossen Volksversammlung widerspruchslos beschloss, «als ein freyer Toggenburger und echter Schweizer die Freyheit mit Leib und Gut zu verteidigen».[666]

Auch von Abt Pankraz liegen Berichte über die eskalierende Volksbewegung vor. Am 28. Januar schrieb er per Eilpost aufgeregt an die Zürcher Regierung über Freiheitsbäume und revolutionäre Klubs in der Grafschaft Toggenburg. Vor dem Haus des Obervogten und auf dem Grundstück des Pfarrers hätte man zu St. Johann einen solchen Baum aufgestellt, «an welchem ein Fähnlein, einerseits mit der Aufschrift: Der Freiheit zum Ruhm! Es bleibt dabey, der mich ausreißt ist vogelfrey! auf der andern Seite mit den Worten: Freyheit im Toggenburg! festgemacht ware». Weiter sprach er von Freigemeinden, die von einigen Dörfern gefordert worden seien, und von «gefährlichen Verbindungen» zwischen Toggenburg und Alter Landschaft.[667] Zwei Tage später musste der Abt von vier Personen berichten, die «der Gemeinde von Stäfen beigewohnt, um sich zu erkundigen, was im l. Zürcher Canton vorgehe». Auch gebe es Verbindungen zwischen Landeshauptmann Johannes Künzle und den Revolutionären im Thurgau.

In grosser Geschwindigkeit eskalierte die Bewegung[668], bis ein gütlicher Ausgleich nicht mehr möglich war. Ohne jedes Blutvergiessen wurde der alten Ordnung ein fast lautloses Ende gesetzt. Der Fürstabt war bereits nicht mehr in St. Gallen, als die Gemeindevorsteher Versammlungen beschlossen, während derer die Toggenburger über die Loslösung von der alten Herrschaft entscheiden sollten. Am Dienstag, dem 30. Januar, – mitten in der Woche also – fand eine dieser Versammlungen in Wattwil statt. «Man zog in Prozessionen herum», notierte Ulrich Bräker in sein Tagebuch, «und sang tanzend Freyheitslieder. Ein Freyheitsbaum wurde herbeygeschleppt und unter Musik und Tanz auf dem nämlichen Platz, wo die Gemeinde gehalten worden, aufgerichtet, mit einem Freyheitshut, Fahnen und dreifarbigen Bändern geziert. Nun ging das wie ein Lauffeuer durchs ganze Land.»[669]

Zwei Tage später erfolgte am 1. Februar 1798, ebenfalls auf einer Landsgemeinde, in Lichtensteig unter einem Freiheitsbaum die historische Abdankung des Landvogtes.[670] Ulrich Bräker berichtet, wie «er unter Umarmungen, Küssen und Tränen rührenden Abschied von Schultheißen und Rat, wie auch von der ganzen Bürgerschaft und dem gesamten Landvolk» nahm.[671] Bleibt noch hinzuzufügen, dass die Bürgerschaft von Lichtensteig sich bereit erklärte, dem ehemaligen Landvogt das Ehrenbürgerrecht zu verleihen; ein sicher einmaliger, vielleicht sehr schweizerischer Vorgang nach einer Revolution.[672] Toggenburg proklamierte sich als Freistaat und bildete mit seinen 50 000 Einwohnern die grösste der neu entstandenen Republiken.[673]

Am 4. Februar 1798 musste der Fürstabt die Macht auch an den Landrat der Alten Landschaft in Gossau übergeben. In einem Schreiben an Zürich teilte er mit, dass er, «überzeugt dass die bisherige Regierungsform mit dem Geist der gegenwärtigen Zeiten nicht mehr bestehen könne [...], freiwillig und ungezwungen den 4. dieses Monats durch eine Deputation die Landesherrlichkeit samt den damit verbundenen Rechten auf ewige Zeiten dem Volke übertragen und bis zu einer abzuhalten möglichen Landesgemeinde in die Hände des gesammten Landrathes niedergelegt» habe.[674] Am 14. Februar 1798 konstituierte sich die Alte Landschaft auf einer freien Landsgemeinde zur «Republik der Landschaft St. Gallen». Zum Landammann wurde Johannes Künzle gewählt.[675]

Sowohl die Alte Landschaft St. Gallen als auch das Toggenburg stellten sogleich das Ansuchen an die anderen Orte der Schweiz, «als ein unabhängiges Volk in den eidg. Bund aufgenommen» und «als ein Glied der Eidgenossenschaft anerkannt» zu werden.[676]

b. Revolution im Thurgau

> «*Freiheit, Gleichheit, Menschenrechte*
> *Lehrt uns Gott und die Natur;*
> *Alle haben gleiche Rechte,*
> *Keiner ist des andern Knechte,*
> *Alle einen Vater nur.*
> *Es wird gehen, es wird gehen,*
> *Seht den Freiheitsbaum hier stehen,*
> *Heil der Schweizernation!*»
>
> Lied beim Tanz um den Freiheitsbaum in Hauptwil[677]

Bereits 1793 war es unter dem Einfluss der Französischen Revolution in verschiedenen thurgauischen Gemeinden, die wirtschaftlich zur Fürstabtei gehörten, zu stürmischen Auseinandersetzungen gekommen, die unter anderem um die Aufhebung des kleinen Zehnten ausgefochten wurden.[678] Auf eine grundlegende Neu-

141

ordnung des Staatswesens zielte jedoch erst die revolutionäre Bewegung zu Beginn des Jahres 1798, die von Joachim und Enoch Brunschwiler angeführt und von Johann Jakob von Gonzenbach – während der Helvetik erster Regierungsstatthalter des Kantons Thurgau – unterstützt wurde.[679] Vermutlich von letzterem verfasst[680], erschien am 23. Januar 1798 in Zürich die Schrift «Unmaßgebliche Vorschläge eines thurgauischen Volksfreundes zur Erlangung der bürgerlichen Frei- und Gleichheit und einer Volksregierung».[681] Wie die anderen Vogteien der Ostschweiz auch, wurden die Thurgauer in ihren Forderungen nach politischer Selbstverwaltung und Freilassung zusätzlich durch das Verlangen ermutigt, Truppen zur Verteidigung Berns zu stellen. Die Pflicht, sich für das Vaterland zu schlagen, so argumentierte man, könne nicht von Untertanen, sondern nur von freien Schweizern verlangt werden.

Am 1. Februar musste der Obervogt Johann Georg Zollikofer erstmals von der Gefahr eines «allgemeinen Aufstandes» und einem «versammelten Haufen Volks», von Kokarden an allen Hüten und «Frei- und Gleichheitsreden die Menge» berichten. In Weinfelden hatte sich eine Landsgemeinde von 3 000 Menschen zusammengefunden. Noch konnte der Obervogt die Ausrufung der «unabhängigen Freiheit» verhindern, indem er zunächst einen Volksentscheid darüber verlangte.[682] Am 5. Februar tagte in Weinfelden eine Versammlung gewählter Deputierter, die die Zustimmung ihrer Gemeinden überbrachten und mit dem Landeskomitee eine provisorische Regierung des Thurgaus wählten. In einer Denkschrift verlangte sie Befreiung von der Bevogtung und Gleichstellung mit den eidgenössischen Orten. Diese Denkschrift gehört zu den schönsten Dokumenten der Revolutionsliteratur des Jahres 1798 und enthält das ganze Programm der Helvetischen Revolution. Sie verrät Geschichtsbewusstsein und ein Denken der Revolutionäre, das, wäre es ähnlich auch bei den Regierungen vorhanden gewesen, die Schweiz im Frühjahr 1798 vor ausländischer Einmischung hätte retten können. «Edle, weise Väter des Vaterlandes!», so beginnt die Schrift in sehr gemässigtem Ton:

> «Drei Jahrhunderte hindurch genoß Helvetien das Glück, nicht von auswärtigen Mächten angegriffen zu werden. Die glorreichen Thaten unserer Voreltern glänzten in den Geschichtsbüchern der Welt [...]. Im allgemeinen Ruf des Biedersinns pries der Fremdling die Glückseligkeit Helvetiens und ihrer Bewohner. Daselbst, glaubte man, habe Freiheit ihren Sitz aufgeschlagen und die Genügsamkeit eine Freistätte gesucht! Hörte man, wie der Eidgnoss mit Jubel zur Landsgemeinde eilte, um daselbst den Besten, Einsichtsvollsten für seinen Führer zu wählen, dann frohlockend zu den lieben Seinigen zurückzukehren, um ungestört und ganz das Glück des Lebens zu ge-

nießen, so erhob sich das Herz des Menschenfreunds. Aber man achtete nicht, dass indessen viele unter souveränen und aristokratischen Regierungen nicht das gleiche Glück der Freiheit genössen. Die mehr oder wenigern Urfreiheiten wurden durch die Länge der Zeit geschmälert, entstellt oder gar verdrängt. Was Wunders, wenn hie und da biedere Bürger im Stillen ihre Lage beweinten und ihre glücklichern Mitbewohner Helvetiens beneideten. Eine große Macht Europens war es, die sich Schwungkraft genug gab, um sich das Recht eines freigebohrnen Menschen wieder zu verschaffen; durch blutige Schlachten verschaffte sie sich Freiheit und Sieg. Edle, weise Väter des Vaterlandes! Wenn nun durch das Beispiel dieser benachbarten Macht die Liebe zur Freiheit in jedem Schweizer-Herzen lebhaft rege geworden ist, so werden sich Hochdieselben um desto weniger befremden zu vernehmen, dass auch dies der laute, allgemeine und unerschütterliche Wunsch der Einwohner der Landschaft Thurgau seye. Der erste Tag dieses Monats ware es, an deme sich einige Tausend Thurgauischer Bürger und Brüder in Weinfelden versammelten, um vor Gott sich laut für Freiheit und Unabhängigkeit zu erklären. Der Gedanke an Zügellosigkeit, Excesse, stürmische Auftritte und Factionen, als die gemeine Folge aller Revolutionen, beklemmte das Herz vieler Edeln, so sehr sie auch selbst Freiheit und Unabhängigkeit wünschten. Doch weit entfernt, sich von der Menge der Freiheitsbrüder zu entfernen, vereinigten sie sich mit ihnen, um durch ihre Verwendung und ihren Einfluss Ruhe, Ordnung und Sicherheit des Eigenthums zu erhalten. [...] Bruderliebe hat uns alle fest zusammengekettet, und unser aller Wahlspruch ist Religion, Freiheit und Vaterlandsliebe! [...] Gewähren Sie uns unsre drungenlichen Bitten, so sind wir fest entschlossen, Ihnen in blutige Schlachten zu folgen und durch Aufopferung unsers Guts und Bluts zu zeigen dass wir würdig seyen, nicht mehr Knechte, sonder Söhne des Vaterlandes zu heißen.»[683]

Noch kam es zu recht langwierigen Verhandlungen zwischen Abgesandten des Thurgaus und den eidgenössischen Ständen, in denen die Zustimmung zur Freilassung erreicht werden sollte. Zwar schrieb beispielsweise Luzern am 16. Februar 1798 nach Zürich, man habe sich überzeugt, dass «in den gemeinsamen deutschen Vogteien die Wiederherstellung der Ordnung nicht wohl anders erreicht werden könne, als durch das theure, aber wahrhaft vaterländische Opfer der Souveränitätsrechte»[684], doch war die revolutionäre Entwicklung im Thurgau über solch betuliches Bedenken längst hinweggegangen.

c. Revolution im Rheintal

«Wir machten alle ein so braves Volk aus, blühend durch Betriebsamkeit, Ordnung und Fleiß, von ganz Europa geschätzt [...], erwarben uns selbst bei Monarchen eine Achtung, die unsre Existenz in neuern Zeiten mehr sicherte, als unser eigenes politisches Gewicht; auch unsre verschiedenen Religions-Meinungen näherten sich einander immer freundlicher, um unsere Sitten noch mehr zu veredeln. Nur noch eins, Eine Familie Brüder hätten wir sein sollen, und wir wären das erste, glücklichste Volk der Erde gewesen.»

Die Städte und Höfe des obern und untern Rheinthals
an die neun regierenden Stände, 11. Februar 1798[685]

Wie die Landschaft Thurgau, so war auch das Rheintal eine der Gemeinen Herrschaften oder Landvogteien, wurde jedoch nicht von zehn, sondern nur von 9 eidgenössischen Ständen beherrscht. Die niedere Gerichtsbarkeit in einigen Gemeinden übte der Fürstabt von St. Gallen aus. Auch hier gab es während der neunziger Jahre bereits etliche Anzeichen kommender Umwälzungen, doch wie im Thurgau wurde die offene Krise erst durch Truppenanforderungen im Jahre 1798 und durch die Befreiungsbewegungen in den benachbarten Gebieten ausgelöst.[686] «Die Aufforderung, dass man Gut und Blut aufopfern möchte», so berichtet ein Pfarrer, «machte eine starke Sensation.»[687] «Abgeordnete verschiedener Gemeinden kamen am 31. Januar 1798 in Balgach zusammen und riefen für den 5. Februar zu einer Landeskonferenz in Monstein auf, wo ein Antrag auf volle Unabhängigkeit an die regierenden Stände beschlossen wurde. Die Zustimmung des Volkes einzuholen, wurde für den 11. Februar zu einer freien Landsgemeinde in Bernegg aufgerufen. Eine solche Versammlung hatte es seit Jahrhunderten nicht mehr gegeben. Erst jetzt erklärte der Landvogt Jost Anton Müller aus Uri den guten Willen der Obrigkeiten, eingeschlichene Missbräuche abzustellen.[688] Ansonsten tat Müller alles, um der Bewegung Steine in den Weg zu legen.[689]

Die Landsgemeinde in Bernegg, an der auch der Hofkanzler und Geheime Rat des Fürstabtes von St. Gallen, Karl Heinrich Gschwend, teilnahm, beschloss ein Memorial mit Forderungen zu einer künftigen, auf Freiheit und Gleichheit basierenden Verfassung und zur selbständigen Stellung des Rheintales in der Eidgenossenschaft.[690]

Das Rheintal weist eines der bedeutendsten Dokumente der helvetischen Revolutionsliteratur auf. Auf der Landsgemeinde wurde eine – auch gedruckt vertriebene – Denkschrift der «Städte und Höfe des obern und untern Rheinthals an die neun regierenden Stände» verabschiedet, die von dem Dichter Johann Ludwig Ambühl verfasst wurde. Auch hier wieder das gleiche Geschichtsbewusstsein, das die Thurgauer Denkschrift auszeichnet, das gleiche Bewusstsein, als

Untertanen nicht wirklich Teil der Eidgenossenschaft zu sein, die gleiche Drohung, für aristokratische Vorrechte nicht in den Krieg ziehen zu wollen:

«Uns, hochwohlgeborne Herren, kann es durchaus nicht gleichgültig sein, von *wem* und gegen *wen* wir aufgemahnet werden; ob Helvetien überhaupt, oder nur ihre Bünde, die einen Staat im Staate unter verschiedenen Regierungsformen bilden, bedroht werde! Zu dem ersten gehören alle Schweizer, zu den letztern nur Eidsgenossen. Dieser Unterschied ist sehr wesentlich [...]. Nach der Absicht unserer ersten Stifter sollten die Bünde das Glück ihrer Nachkommenschaft, Freiheit und Unabhängigkeit sichern; seit der Zeit aber, dass Schweizer Eroberungen und Unterthanen machten, veränderte sich die Gestalt der Bünde, und sie schienen ebenso sehr gegen uns Unterthanen überhaupt als gegen auswärtige Feinde gerichtet zu sein. Urtheilen Sie nun selbst, hochwohlgeborne Herren! was wäre das Resultat eines Krieges mit einer Nation, [...] die jetzt das Schicksal so vieler Völker entscheidet, und deren System neun Theilen der Schweiz die nämlichen Rechte einzuräumen scheint, die der zehnte Theil bisher ganz allein besessen; könnten Sie wohl erwarten, dass wir unter diesen Umständen für Ihre Vorrechte Gut und Blut aufopfern sollten? Ein Staat erhält sich nur durch die Grundsätze, durch die er gestiftet worden; stellen Sie diese, Freiheit und Gleichheit, und damit Ruhe und Eintracht in unserm Vaterlande wieder her. Frankreichs System scheint durchaus eine Reform unsrer Verfassung zu fordern; auch der Geist der Zeit fordert dieses laut und stark. Sollte eine fremde Nation bewürken müssen, was die höchste Gefahr jetzt Ihnen zur Pflicht macht?»[691]

Auch im Rheintal hatte die Revolution, unterstützt von der grossen Mehrheit der Bevölkerung, faktisch gesiegt. Doch die regierenden Stände hatten keine Eile, die Unabhängigkeitserklärung zu bestätigen und die Freilassung auszusprechen. Weiterhin redete man im alten Ton von «besser denkenden» Teilen der Bevölkerung und von «Uebelgesinnten» und verzögerte die Verhandlungen mit den Deputierten des Rheintales wie des Thurgaus. Erst am 3. März 1798 – die Alte Eidgenossenschaft stand kurz vor ihrem Ende – kam es auf der Frauenfelder Konferenz zur Freisprechung. Und selbst hier noch lauteten die Instruktionen mehrerer Stände, die Freilassung und die Zusicherung zur Aufnahme in die Eidgenossenschaft nur provisorisch auszusprechen. Die Repräsentanten der regierenden Stände jedoch wollten den Zweck ihrer Sendung, «nämlich Ruhe im Land zu erhalten und die Freiheitsgesinnungen desselben zur allgemeinen Wohlfahrt zu benutzen», nicht verfehlen und sprachen die Freilassung aus.[692]

Die nun beginnende politische Organisation der aus eigener Kraft errungenen Republik verrät grosse politische Reife. Die Abgeordneten der Gemeinden
orientierten sich ganz an dem Modell der Landsgemeindedemokratie in Appenzell. Zum 26. März 1798 wurden alle männlichen Landleute vom 16. Lebensjahr
an, und mit einem guten Seitengewehr ausgestattet, zu einer Landsgemeinde
einberufen, «da die Ernamsung des Landammanns und der Landeshäupter unstreitig dem gesamten Landvolke zusteht».[693] Im Rheintal bildete sich ein Landrat,
der entsprechend dem Verhältnis der Konfessionen mit je siebzehn Reformierten
und Katholiken besetzt war. Zum Landammann wurde Karl Heinrich Gschwend
gewählt.

Revolution in den anderen Gemeinen Herrschaften

> «Ist die Eidgenossenschaft nicht unsere gemeinsame Mutter? Ist jener im
> Rütli beschworne Bund nicht unser aller Vater? O, es kam jenen drei tugend-
> haften Helden gewiss nicht in Sinn, dadurch in Zukunft zwischen Freien und
> Unterthanen eine gehässige Scheidewand zu ziehen, sondern ihr ursprüngli-
> cher Plan war, früher oder später alle Schweizer ihrer Bundesfrüchte theil-
> haftig zu machen.»
>
> Bürgerschaften und Gemeinden des Sarganserlandes
> an die VIII alten Orte, 23. Februar 1798[694]

> «[...] um und um mit Landschaften umgeben, die theils das Glück der Frei-
> heit schon genießen, theils bald genießen werden, müssen auch wir suchen
> frei zu werden. Ein Spott aller unserer Nachbarn würden wir, wenn wir's
> nicht thäten; der Fluch unsrer Nachkommen würde uns ins Grab verfolgen,
> wenn wir jezt säumig wären.»
>
> Bittschrifft der Stadt Arbon und der Gemeinde Horn, 24. Februar 1798[695]

Gemeinsam mit Thurgau und Rheintal erhielt die Landschaft Sargans am 3. März
1798 auf der Frauenfelder Konferenz die Freilassung.[696] Auch hier hatten am
15. Februar ein Landrat und Ausschüsse der Gemeinden darüber zu debattieren
begonnen, wie eine Freilassung zu erreichen sei. Am 22. Februar beschlossen die
Ausschüsse, volle Unabhängigkeit und Freiheit zu verlangen. Nach dem Vorbild
des Rheintals und des Thurgaus verfasste man eine devot eingeleitete und unbe-
holfene, aber in ihren Forderungen um so klarere, ebenfalls gedruckt verbreitete
Denkschrift der «Bürgerschaften und Gemeinden des Sarganserlandes» an die
regierenden Orte. In anrührenden Worten hiess es hier:

146

«Stellen Sie sich in uns ein Volk vor, das, gleich allen andern Völkern, mit dem Geiste der Zeit fortgeschritten und nun einmal der Vormundschaft und Minderjährigkeit entwachsen, im Begriffe ist, in die Rechte des selbständigen Alters einzutreten. Freilich, so lang ein Kind unter dem Vogt oder Vormund ist, hat es keinen eigenen freien Willen und muß sich leidend den Befehlen eines Andern fügen; dies ist eine weise Einrichtung der Natur; sobald es aber bei reifern Jahren der Vormundschaft entlassen wird, tritt es sogleich in die natürlichen Menschenrechte ein und hat Sitz und Stimme in der Haushaltung. Nicht anderst glauben wir, dass man auch uns betrachten sollte, nämlich als ein Volk, dem man endlich als vollbürtig und selbständig seine in der Natur sowohl als der ursprünglichen Schweizerverfassung gegründeten Rechte nicht länger vorenthalten sollte. Oder sind wir nicht, gleich allen andern, Schweizer? [...] Lasset nicht zu, dass wir uns ferner des so schönen Schweizernamens gleichsam schämen müssen. Gebet keinem Privatinteresse, noch viel weniger Feinden der Freiheit und Menschenrechte Gehör, die in ihren Angehörigen nur Lastthiere und Halbmenschen zu sehen gewohnt sind! Betrachtet einzig das allgemeine Wohl des Vaterlandes und lasset bald die jedem Menschen, der noch nicht ganz herabgewürdigt ist, süßtönende Antwort in unsern Ohren erschallen: Freiheit und Gleichheit sei euer Loos! Von nun an seid ihr unsere Brüder! Hier, in diesen wenigen, aber viel bedeutenden Worten Freiheit und Gleichheit lesen Euer Gnaden und Herrlichkeiten unser einziges, auf heilige, unverjährbare, unveräußerliche Menschenrechte und Repräsentativsystem sich gründendes Begehren.»[697]

Wie ähnliche Denkschriften war auch diese von den Ideen der Französischen Revolution beeinflusst, doch die Rechtfertigung und Begründung ihrer Ziele fand sie in der Schweizer Geschichte, in den Mythen von den freien Eidgenossen und der Schweizer Freiheit. Am 21. März 1798 entliess der Abt Bendiktus von Pfäfers die Gemeinden Ragaz, Pfäfers, Vättis und Valens aus der weltlichen Gerichtsbarkeit. Am 22. März wurde einer Landsgemeinde dieser Freiheitsbrief gemeinsam mit dem der Frauenfelder Konferenz verlesen. Danach erfolgte die Wahl einer provisorischen Regierung. Der letzte Landvogt musste dem befreiten Volk sein Schlossurbar herausgeben und die Kanzlei öffnen.[698]

Bereits am 12. Februar 1798 beschloss die Basler Nationalversammlung als Vorreiter, aller Rechte auf die ennetbirgischen Vogteien Lugano, Mendrisio, Locarno und Val Maggia förmlich Verzicht zu tun, die Bewohner derselben für frei zu erklären und ihnen die Wahl einer repräsentativen Regierung nach den Grundsätzen von Freiheit und Gleichheit zu überlassen.[699] Auch jenseits der Alpen nahmen die Demonstrationen an Schärfe zu, in denen «schweizerische Freiheit» verlangt wurde, kam es zu Aufständen und zur Pflanzung von Freiheitsbäumen, so dass die auf den 15. Februar datierte Freilassungsurkunde ausgestellt wurde.[700] Die Gefahr eines Anschlusses an die Cisalpinische Republik war damit zunächst gebannt.

Trotz zum Teil starker, sich seit Februar 1798 artikulierender Freilassungsbewegungen entschlossen sich die regierenden Orte in der Regel viel zu spät zu dem nun offenkundig unumgänglichen Akt. Die Leventina erhielt erst am 14. März die Gleichberechtigung innerhalb des Kantons Uri. Riva San Vitale konstituierte sich gar als eigene Republik und schloss sich vom 23. Februar bis 16. März 1798 der Cisalpinischen Republik an.[701]

Mehr oder weniger ähnlich wie im Thurgau, dem Rheintal, Sargans, dem Toggenburg oder der Alten Landschaft verliefen die Befreiungsbewegungen auch in anderen Vogteien und Gemeinen Herrschaften. Verschiedene Freilassungsurkunden wurden erst unter dem Einfluss der französischen Truppen von den nun provisorischen Regierungen ausgestellt. Das obere Freiamt im Aargau erhielt seine Freilassung am 28. März 1798, das untere Freiamt gemeinsam mit Baden am 19. März 1798, nachdem eine Zuschrift der Freiämter mit der Bitte um Aufhebung der Untertanenverhältnisse bereits vom 24. Juni 1797 datierte![702] Die kleine Zürcher Herrschaft Sax im st.-gallischen Rheintal bildete vom 5. Februar bis 24. Mai 1798 die selbständige demokratische Republik Sax.[703]

Am 4. April 1798 gab es erstmals keine untertänigen Gebiete mehr auf Schweizerboden. Die Revolution hatte ein erstes wichtiges, von vielen Bevölkerungen der Gemeinen Herrschaften und Vogteien seit langem ersehntes Ziel erreicht.

Revolutionäre Loslösung der Veltliner von Graubünden

«[...] die Regierung wird von einem Volke an ein anderes übergehen wegen Ungerechtigkeit, Gewalt, Beleidigung und vielfachen Betruges.»
Grafschaft Bormio unter Berufung auf Prediger Salomonis an Graubünden, 9. 7. 1797[704]

Graubünden bietet das erste Beispiel revolutionärer Loslösung eines durch Landvögte verwalteten Untertanengebietes. Ein halbes Jahr bevor die revolutionären Bewegungen auch andere Orte der Eidgenossenschaft erfasste, hätten die schweizerischen Regierungen hier Anschauungsunterricht geniessen können, welche Folgen das Beharren auf Rechtsungleichheit und Untertanenstatus auch für sie haben würde. In Oberitalien waren im Frühjahr 1797 die Ligurische und die Cisalpinische Republik entstanden, was den Gedanken an eine Verbesserung der eigenen Situation auch in den italienischen Untertanenländern der Eidgenossenschaft und Graubündens bestärkte. Bereits seit Jahren schwelende Konflikte, die zu immer wieder vorgebrachten Beschwerden und 1796 gar zu einer grossen Volksversammlung in Morbegno geführt hatten, eskalierten jetzt schnell. Ergebnis der Versammlung war die Formulierung zahlreicher Forderungen an Graubünden.

Als sich die Versuche der Veltliner, eine gleichberechtigte Stellung neben den drei rätischen Bünden zu erlangen, als vergeblich erwiesen, verhandelten Abgeordnete der «Patriotischen Gesellschaft» des Veltlins in Mailand, um die Aufnahme in die Cisalpinische Republik zu beantragen. «Ich erkläre Eurer Weisheit im Namen des freien Volks der Veltliner», so hiess es im Trennungsbrief vom 21. Juni 1797, «daß es in der Republik Graubünden nicht länger seinen Landesfürsten anerkennt und alle politische Bande mit den III Bünden auflöset, indem das Volk der Veltliner sein eignes Schiksal verbessern will, welches durch die vergangnen sehr schlechten Regierungen mehrerer Bündner Repräsentanten, und durch die schlechte Treue derer, die Graubünden leiten, verschlimmert worden».[705] Nach vergeblichen Versuchen, Napoleon zur Vermittlung zu gewinnen, erfolgte die unwiderrufliche Erklärung der Vereinigung mit Cisalpinien am 10. Oktober 1797.[706] Die ehemaligen Untertanengebiete Graubündens waren auf immer für die Eidgenossenschaft verloren.

Schwyz, Uri, Glarus, Nid- und Obwalden, Zug und Appenzell in der Helvetischen Revolution

> «*Eine der ersten Grundlagen der neuen Verfassung würde Freiheit der Religion, der Meinungen und aller Art heutiger Aufklärung sein; wie lange bei diesen Grundsätzen die Religion euerer Väter bestehen würde, mag auch der Kurzsichtigste einsehen.*»
> «*Eure Räthe, eure Landsgemeinden würden dann aufhören; es würde euch einzig das Recht noch übrig bleiben, einige wenige Glieder zu einer großen Versammlung zu wählen, die euch und andere willkürlich beherrschen würde.*»
>
> Landesväterlicher Zuruf von Schwyz an die Landschaft March[707]

> «*[...] so unglaublich es scheint, es gab auch im freien Außerrhoden eine Partei, welche das von den Franzosen emporgehaltene Panier der neuen Freiheit und Gleichheit auch auf unsern Bergen aufzupflanzen wünschte.*»[708]

Nirgendwo auf Schweizer Boden fanden sich so wenige Anhänger der neuen revolutionären Ideen wie in den Landsgemeindekantonen. Die grosse Mehrheit zumindest der vollberechtigten Landbürger empfand die eigene Verfassung als Muster einer demokratischen Konstitution. Die Ursache für Unruhen erkannten sie in den aristokratischen Verfassungen der städtischen Orte, in der Zurücksetzung der dortigen Untertanen und in den Vorrechten der dort regierenden Familien. Besonders Uri, Schwyz und Unterwalden sahen eine Demütigung der mächtigen Aristokratien nicht ungern.[709] Verbunden war dies mit der Überzeugung, Gefahr drohe durch die revolutionären Bewegungen und die französischen Forderungen vorwiegend den Stadtkantonen. Bis Anfang März instruierte man die eigenen Truppen, sie seien allein zur Sicherung der eidgenössischen Integrität befugt, nicht aber zur Verteidigung der Berner Ansprüche auf die Waadt oder zur Rettung der Berner Regierungsform.[710]

Unmittelbar konfrontiert waren die kleinen Kantone mit der aktuellen Krise durch die Tagsatzung, durch die Aufforderung zum militärischen Zuzug für die bedrohten Stände[711] sowie durch revolutionäre Bewegungen in den Gemeinen Herrschaften und in den eigenen Untertanengebieten. Zu den ersten beiden Anlässen hatte man viele gute Ratschläge für die Miteidgenossen bereit. Am 1. Februar 1798 mahnte der Landammann von Schwyz zur «Einigkeit, wie sie unsre Väter kannten», kritisierte das «eigensinnige Festhalten der Regierungen an veralteten Einrichtungen und die unmäßige Beschränkung früherer Rechte und Freiheiten», aber auch den «frechen Sinn der Bürger und das Verlangen nach zügelloser Freiheit». Nötig sei es, «den Span zwischen Volk und Obrigkeit durch zeitgemäßes Nachgeben und kluges Entgegenkommen zu beseitigen».[712]

Die Aufforderung zum «zeitgemäßen Nachgeben» widersprach vollständig der auf der dreiörtigen Konferenz von Brunnen am 7. Februar 1798 von Schwyz mit Uri und Unterwalden abgestimmten Politik gegenüber den eigenen Untertanen. Wer es wagte, sich für Freilassung der Untertanengebiete einzusetzen wie alt Landvogt Jakob Heussi in Glarus, sah seine persönliche Sicherheit in Gefahr, wurde verhaftet oder musste fliehen.[713]

Eine eigentümliche Politik betrieb Glarus. 1795 setzte sich die gesamte Landesregierung, evangelische wie katholische Schranken, für die Aufständischen im Stäfner Handel und 1797 für die Landbevölkerung gegen den Fürstabt von St. Gallen ein. Selbst noch zur vollzogenen Revolution in Basel wurde ein Glückwunsch gesandt, und den Umschwung in Luzern begrüsste man mit den Worten, die Erklärung von Freiheit und Gleichheit sei das einzige Mittel, um «unser Vaterland vor innerer Zwietracht und äussern Kriege kräftigst zu bewahren».[714] Die Einschränkung aristokratischer Machtfülle in den Städten sah man offenbar nicht ungern.

Glarus besass die Vogtei Werdenberg und gemeinsam mit Schwyz die Vogteien Uznach und Gaster. Überall dort gärte es seit dem Beginn des Revolutions-

jahres. Am 11. Februar 1798 erschien gedruckt ein Freilassungsgesuch Werden-
bergs, in dem die Urkunde zurückgefordert wurde, durch die die Rechte von Glarus auf die Vogtei begründet wurden. Ohne jede Ehrerbietung verlangte man die
bedingungslose Erfüllung der Forderung: «Noch hallt in unsern Ohren das Echo
der Klagen unserer Väter, die bedrängt um Milderung flehten, allein, anstatt erhört zu werden, von ihrem Beginnen so geahndet und bestraft abstehen mußten,
dass nur das Andenken daran uns, ihren Söhnen heute noch heiße Thränen aus
den Augen presst.»[715] Doch erst nach den französischen Kriegserfolgen konnten
sich ausserordentliche Landsgemeinden am 5. und 11. März 1798 zur Freilassung
entschliessen. Zu spät erkannte man, dass es im Kampf auch für die eigene Unabhängigkeit der Hilfe der Untertanen bedurfte, die, wie der ehemalige Landvogt
Jakob Heussi meinte, sicher gewesen wäre, wenn man sich ohne Zwang und Heuchelei schon im Januar zur Freilassung entschlossen hätte.[716] Nun war Werdenberg nicht mehr bereit, «bei allem Geklirr der Waffen in den Nachbarschaften [...]
Vorkehrungen gegen Feinde, die wir nicht kannten, mitzuveranstalten».[717] Den
Wünschen der gemeinsam mit Schwyz beherrschten Landschaft Gaster stellte sich
Glarus ebenfalls erst, als die Notwendigkeit bestand, auch in den Untertanenlan-
den Hilfstruppen aufzubieten. Auf einer Landsgemeinde in Schänis wurde den
Versammelten mitgeteilt, dass, wenn «Klägden über eingeschliche Missbräuche»
vorlägen, «Hoheiten billigen Begehren väterlich entsprechen» würden.[718]

Zur gleichen Zeit beschloss die Landeskommission der Landschaft Uznach,
sich zwar von Schwyz und Glarus nicht zu trennen, aber zu beraten, *wie* man bei
ihnen bleiben wolle.[719] Verhandlungen zogen sich endlos hin, bis die Untertanen
die Geduld verloren. Am 5. März mussten die Abgesandten der regierenden Orte
melden, «dass in den Landschaften Gaster und Uznach der Freiheitsgeist überhand genommen» habe, so dass nichts anderes übrig bleibe, als «denselben gänzliche Freiheit zu verheißen».[720] Die Landschaft Gaster erhielt, nachdem sie ein
Ultimatum gestellt hatte, die Freilassungsurkunde. Uznach musste noch bis zum
21. März warten.[721]

Der Text der Freilassungsurkunde, zustande gekommen allein durch «eine
große Anzahl Bauern, mit groben Stecken bewaffnet», stellte nichts anderes dar
als eine grobe Heuchelei. In «gefolg der Neigung, die Wir immer hatten», so hiess
es, und um «der billigen Bitte unser lieben und getreuen Angehörigen zu entsprechen», wolle man «es nicht ferner verschieben», «ihrem durch den Geist der Zeiten erzeugten, aber mit Ehrerbiethigkeit geäusserten Wunsch» zu entsprechen
und sie als «frey und unabhängig» anzuerkennen.[722]

Auch den Untertanen von Schwyz in der Landschaft March war nicht ver-
borgen geblieben, dass Schwyzer Landsgemeinden nicht nur Bern dringend zum
Verzicht auf die Herrschaft über das Waadtland aufgefordert hatten,[723] sondern

Schwyz sich zugleich bemühte, in den Revolutionen der Ostschweiz Einfluss zugunsten einer neuen Verfassung zu nehmen, denen der Urkantone ähnlich.[724] So antworteten Landeskommission und Landsgemeinde der March am 10. und 11. Februar auf die Schwyzer Aufforderung zur Stellung von Truppen, man sei zur militärischen Unterwerfung der Angehörigen anderer Stände nicht bereit.[725] Gleichzeitig wurde die völlige Freilassung von Schwyz verlangt, im Gegenzug stünde man bereit, «für Freiheit, Vaterland und die heil. Religion ins Feld zu ziehen, zu streiten und zu kämpfen».[726] Dies erregte auf einer ausserordentlichen Landsgemeinde in Schwyz am 18. Februar grossen Unwillen und die Entgegnung, dass der Landesherr dem Entschluss zur Lostrennung die Anerkennung verweigere.[727] Ein bereits am 16. Februar ergangener «landesväterlicher Zuruf an das irregeführte Volk in Landschaft March» warnte vor der Trennung: «Eure Räthe, eure Landsgemeinden würden dann aufhören; es würde euch einzig das Recht noch übrig bleiben, einige wenige Glieder zu einer großen Versammlung zu wählen, die euch und andere willkürlich beherrschen würde.»[728] Im Februar 1798 war die Bevölkerung mit solchen Zurufen jedoch nicht von ihren Forderungen abzubringen. Am 8. März stellte Schwyz die Befreiungsurkunde für die March aus.[729] Mehr oder weniger unruhig ging es auch in Einsiedeln und Küssnacht zu, wo man ebenfalls nicht länger «verstiefbrüdert» sein mochte, doch waren die Auseinandersetzungen mit Schwyz hier nicht von gleicher Intensität wie die mit der March.[730]

Eine sehr ähnliche Politik wie Schwyz und Glarus betrieb Obwalden.[731] Allerdings war Obwalden auch zu praktischen Taten bereit und beschloss auf einer Landsgemeinde bereits am 12. Februar 1798, die Gemeinen Herrschaften sollten freigelassen und als selbständige und gleichberechtigte Glieder in die Eidgenossenschaft aufgenommen werden.[732]

Uri besass seit 1441 die Leventina als eigene Landvogtei. Nach einem Aufstand im Jahre 1755 hatte die Talschaft früher besessene Rechte wie Talgemeinde, Talrat und einen eigenen Landeshauptmann verloren und wurde seitdem von einem Landvogt regiert.[733] Mitte Februar, unmittelbar nachdem Truppen aus Uri nach Bern gezogen waren, trafen in Altdorf Nachrichten über aufständische Bewegungen ein. Noch am 1. März appellierte Uri an die Berner Regierung, Rettung der Unabhängigkeit der Schweiz Veränderungen an der Verfassung vorzunehmen,[734] doch erst nach dem Fall Berns beschloss eine Landsgemeinde am 14. März 1798, auch selbst die Untertanenverhältnisse in der Leventina zu beenden. Die Tinte war gerade so weit getrocknet, dass am 16. März eine Delegation die Freilassungsurkunde dem französischen General Brune zum Beweis vorzeigen konnte, dass nun auch Uri keine Untertanengebiete mehr besass.[735] Der Kanton Zug hingegen hatte die Stadtvogteien Zugs bereits Mitte Februar freigelassen.[736]

Das konfessionell gespaltene Appenzell spielte in der Helvetischen Revolution dadurch eine wichtige Rolle, dass es den sich in der Ostschweiz befreienden Landschaften mit seiner Landsgemeindeverfassung ein Vorbild für die konstitutionelle Neugestaltung war. Im protestantischen Appenzell Ausserrhoden kam es im Zuge der Revolution zu den schärfsten innenpolitischen Konflikten aller kleinen Kantone.[737] Ursprünglich war es um die Kompetenzen der Landgemeinden gegangen, deren Beschneidung rückgängig gemacht werden sollte.[738] Die Auseinandersetzungen nahmen eine solche Form an, dass es fast zu einem Auseinanderfallen in zwei Landesteile gekommen wäre. Die Gemeinden hinter der Sitter verweigerten den eidgenössischen Zuzug mit der Begründung, gegen Frankreich als dem Geburtsland wahrer Freiheit nicht kämpfen zu wollen. Die von Johann Ulrich Wetter und Hans Konrad Bondt[739] geführten prorevolutionären Gemeinden setzten sich mit denen vor der Sitter auseinander, wo die Revolutionäre als Verräter des Vaterlandes galten. Bei einer Demonstration in Herisau brachte die revolutionäre Partei 2 000 Menschen zusammen, doch konnten sich auf einer Landsgemeinde am 26. Februar 1798 in Teufen die gegenrevolutionären Kräfte durchsetzen. Von nun an gingen die Gemeinden hinter der Sitter selbständig vor, bildeten aus Abgeordneten Herisaus, Schwellbrunns, Waldstatts und Urnäschs ein Revolutionstribunal und wählten auf einer Landsgemeinde am 15. März in Hundwil eine provisorische Regierung und Johann Ulrich Wetter zum Landammann. Die Auseinandersetzung eskalierte zum Bürgerkrieg, so dass die in der ganzen Schweiz ansonsten so unblutig verlaufene Revolution bei einem nächtlichen Gefecht in Hundwil drei Opfer fand. Bis Anfang Mai blieb die latente Bürgerkriegssituation bestehen, in der die Gemeinden hinter der Sitter als Befürworter der neuen Konstitution gegen ihre über konfessionelle Grenzen verbundenen Landsleute der Landschaft vor der Sitter und Appenzell Innerrhodens standen.[740]

Revolution in Bern – Der Untergang der Alten Eidgenossenschaft

«*Die Mythen, als ob die alte Eidgenossenschaft als solche bis zuletzt ein würdiges Staatswesen gewesen und am Ende noch im Kanonendonner mit kriegerischen Ehren grosser Uebermacht unterlegen sei, die noch vielfach unter uns Geltung haben, sind leider nicht wahr.*»

CARL HILTY 1878[741]

Eine seltsame Stimmung beherrschte nach dem Fall des Waadtlandes und den danach auch in den deutschen Untertanengebieten aufbrechenden Unruhen selbst die Ratssitzungen in Bern: Uneinigkeit, Verlegenheit und Kleinmut wechselten mit Zorn und Kampfeslust.[742] Würde und selbstverständliche Einigkeit waren in der Krisensituation verlorengegangen. Nun beschleunigte man eine Politik, die einen Stein nach dem anderen aus dem Fundament des altehrwürdigen Regierungsgebäudes entfernte, bis es zum Einsturz nur noch eines leichten Stosses bedurfte. Am 26. Januar, in einer Situation höchster Not, machte Abraham Friedrich von Mutach den Vorschlag, «von sämtlichen deutschen Städten und Landschaften Ausschüsse einzuberufen [...] und dann mit derselben Zustimmung Frankreich den Krieg zu erklären. Dadurch sollte derselbe nationalisiert und der im ganzen Lande verbreitete Wahn, als wenn Frankreich nur die Bernische Oligarchie, wie es hieß, und nicht das Volk bekriegen wollte, jedem redlich gesinnten Schweizer benommen werden.»[743]

Nur ein Teil dieses Vorschlages wurde verwirklicht. Am 1. Februar 1798 berief man tatsächlich 52 Abgeordnete der Landstädte und der bernischen Landschaft in den Grossen Rat. Karl v. Reding kommentierte den Schachzug der Regierung, er sei ein «mächtiger Zaum», «um die Herrschsucht der Bürger und Municipalstädte in Schranken zu halten». Die Überzeugung sei allgemein, «dass das Landvolk sich immer weit lieber von der jetzigen Regierung leiten und regieren lässt als von einer neuen, aus den Bürgerschaften». «Das Volk», so Reding weiter, «merkt solches wohl», dass eine neue Regierung aus den ländlichen und landstädtischen Oberschichten es sehr bald «nach französischen Grundsätzen beherrschen würde».[744]

Doch die Massnahme der Berner Regierung hatte nicht die erhoffte Wirkung. Von einer durch Herablassung gleichsam erbettelten Volkstreue sprach ein Mitglied des Rates, die «in Crisen sich selten probhältig erzeiget, weil die große Menge nicht befragt, sondern geleitet, im Augenblick der Gefahr entschlossen angeführt und nicht geschmeichelt sein will». Das Volk erkannte in seinem «allgemein sehr richtigen Gefühl [...] nichts als sichre Merkmale der Furcht und Schwäche und erwidert dieselben, durch Ehrgeizige aufgemuntert, allemal mit Nichtachtung, Ungehorsam und Widerspenstigkeit».[745] Tatsächlich begriff man vielerorts die Hinzuziehung gewählter Abgeordneter der Untertanenlande als Schwäche und als Signal, dass nun die Zeit zu einer grundlegenden Verfassungsänderung gekommen sei. Mit der Abkehr von dem absolutistischen Prinzip, unbefugten Einfluss auf die Regierungsgeschäfte unbedingt zu verhindern, war eine Lawine losgetreten worden, die alles mitriss, was den Berner Patriziern teuer war.

Am 3. Februar 1798 verkündete die bernische Regierung ein in gemeinsamer Sitzung des Grossen Rates und der 52 Abgeordneten der Landschaft ausgearbeitetes «Revolutions-Dekret». So jedenfalls nannte ein altgesinnter Berner jenes historische Dokument, das dem Berner Volk den hochobrigkeitlichen Entschluss mitteilte, «die Regierung mit dem ganzen Volke auf das innigste zu verbinden, und zu diesem heilsamen Endzwecke in Unserer Staatsverfassung diejenigen Veränderungen vorzunehmen, die das Wohl des Vaterlandes erfordern und dem Geist der Zeiten und den Umständen angemessen sind».[746] Einige der wichtigsten Konkretisierungen dieses Dekrets hatten tatsächlich revolutionären Charakter und stellten einen Bruch mit der bernischen Staatsordnung dar. Jeder Staatsbürger sollte gleiches Recht auf alle Stellen in Staat und Regierung erhalten. Auch eine verbesserte Staatsverfassung wurde versprochen. Das Dekret erregte jedoch vielerorts Misstrauen. Neben der Regelung, dass die ebenfalls versprochene Verfassungskommission durch die alte Regierung zu bestimmen war, sollte «der Entwurf dieser Verbesserung der Staatsverfassung innert Jahresfrist den zu dem Ende versammelten Staatsbürgern zur Annahme oder Verwerfung vorgelegt» werden.[747] «Dieser Beschluß», so ein bernischer Patrizier, «führte zu nichts als die allgemeine Landesverwirrung noch zu vermehren.»[748] Mit seinen provokativ langen Fristen erschien das Dekret als ein taktisches Manöver. Auch waren die Versprechungen im ganzen so wenig konkret, dass ein jederzeitiger Rückzug der Regierung möglich erschien.

Die Proklamation ist wohl vor allem als ein Ausdruck der Illusionen zu begreifen, die sich die bernische Regierung weiterhin über die französischen Absichten machte. Noch glaubte man, dem militärischen Zusammenstoss durch Zugeständnisse ausweichen zu können. Diese hatten so auch allein den Zweck, die Forderungen Frankreichs zu befriedigen. Während der Beauftragte der französischen Regierung völlig unbekümmert seine revolutionäre Propaganda entfachte, die der bernischen Regierung hätte vor Augen führen müssen, dass Verhandlungen mit Frankreich keine Erfolgsaussichten beschieden sein würden,[749] erliess Bern gegenüber den eigenen Bürgern ein neues Polizeigesetz, das mit lebenslanger Einkerkerung für den Vertrieb aufrührerischer Schriften drohte![750] Auch verbot man den im Lande kursierenden Entwurf der helvetischen Staatsverfassung, da dieser als «eine von Feinden und Störern der öffentlichen Ruhe ausgestreute Schrift zu betrachten» sei.[751]

Die bernische Regierung hatte Mitte Februar 1798 weder die Kraft, revolutionäre Agitation auf ihrem Gebiet zu verhindern, noch hatte sie die Möglichkeit, mit entschlossenen militärischen Vorbereitungen die Integrität ihres Staatsgebietes zu sichern.[752] Überall in der Eidgenossenschaft hinderten revolutionäre Bewegungen einen freiwilligen und wirksamen Truppenzuzug. An den Waffen kaum geübte Soldaten, Offiziere, deren Hauptqualifikation in ihrer hohen Geburt bestand, und mit Generalmajor von Erlach ein Befehlshaber, «der weder durch eigene Erfahrung noch durch eine ausgedehnte Kriegskunde» für seine Aufgabe gerüstet war, liessen für einen Winterfeldzug gegen die gut organisierten französischen Truppen Schlimmstes befürchten.[753] Nicht viel besser sah es mit den anderen eidgenössischen Truppen aus.[754]

In dieser Situation erhielt der französische General und Oberbefehlshaber der Militäraktionen in der Schweiz, Brune, durch Verhandlungen mit der bernischen Regierung die Möglichkeit, seine Truppen nachhaltig zu verstärken. Am 17. Februar kam es zu einem vierzehntägigen Waffenstillstand bis zum 1. März 1798, der den französischen Truppen täglichen Zufluss verschaffte, die bernischen aber bei ungewissem Abwarten demoralisierte. Ende Februar versagten bereits ganze Bataillone den Gehorsam: «Während die einen Truppen auf beschwerlichen Vorposten standen, lagen die andern angehäuft in Cantonierungen, wo sie allen Aufstiftungen und Revolutionär-Einflüsterungen ausgesetzt als Bürger und Soldaten aufrührisch gemacht und verdorben wurden.»[755]

Ausgerechnet jetzt verlor Bern auch noch die politische Führung. Während die Soldaten immer ungeduldiger auf bestimmte Befehle warteten, erhielt die bernische Regierung am 1. März 1798 das Ultimatum Brunes, sie möge sich innerhalb von 24 Stunden als provisorisch erklären. Am selben Tage erfolgte tatsächlich die politische Kapitulation. In einem Dekret der bernischen Landesregierung hiess es:

«1. Die Regierung nimmt den Grundsatz von politischer Freiheit und Gleichheit der Rechte von nun an als die Grundlage ihrer mit aller Beschleunigung abzufassenden und von den Urversammlungen zu sanctionierenden Constitution unwiderruflich an.

2. Die jetzige Regierung erklärt sich von nun als provisorisch [...], bis die Repräsentativ-Regierung von den Urversammlungen des ganzen Landes gewählt sein wird.

[...]

4. Die Regierung nimmt den Grundsatz der Vereinigung der ganzen Schweiz an in dem Verstand, wie die Cantone ohne fremde Einmischung über die daherige Form sich einverstehen werden.

5. Die wegen politischer Vergehen verhaftete Personen sollen auf die Empfehlung des französischen Directoriums sogleich in Freiheit gesetzt werden.»

Gleichzeitig gab die Regierung «dem ganzen Lande die feierlichste Versicherung [...], dass, sobald die Gefahr von Aussen abgewandt seyn wird, jede einkommende Beschwerde untersucht, und wenn es nur immer mit dem Wohl des Landes bestehen kann, gehoben werden soll».[756]

So kläglich die Berner Regierung versagt hatte, als es zu Zugeständnissen gegenüber den Untertanen noch Zeit war, so kläglich dankte sie nun in einem Augenblick ab, da nur entschlossenen hätte widerstanden werden können. Sie tat dies auf Rat der eidgenössischen Repräsentanten, die sich zu dieser Zeit in Bern befanden.[757] Am 4. März 1798 erfolgte die «feierliche Abtretung der alten Regierung und Einsetzung einer neuen provisorischen Regierung».[758] Vom 5. März datiert ein Schreiben an den französischen Minister Mengaud: Alle Wünsche des Direktoriums seien nun erfüllt, «eine Volksregierung ist an die Stelle der alten getreten [...]. Mit Recht sollen wir erwarten, dass von nun alle Feindseligkeiten gegen uns eingestellt und beide Nationen, noch näher befreundet durch ähnliche Regierungsformen, in friedliche Verhältnisse treten werden.»[759]

Als dieses Schreiben formuliert wurde, war es bereits zum französischen Angriff gekommen. Die westlichen Armeen General Schauenburgs nahmen am 2. März ohne Schwertstreich Solothurn, nachdem sie die Truppen General von Bürens, der unkoordiniert mit von Erlach auf eigene Faust handelte, teils geschlagen, teils umgangen hatten.[760] Noch am selben Tag wurde Freiburg von den vom Waadtland her anrückenden Truppen General Brunes eingenommen.[761] Widersprüchliche Befehle von Erlachs und des bernischen Kriegsrates lösten nun die Ordnung unter den bernischen Truppen vollends auf.[762] Ganze Bataillone liefen auseinander und machten sich daran, ihre Heimatdörfer zu schützen.

In Bern herrschte am 3. März 1798 eine mutlose und niedergedrückte Stimmung. Schon sprach man über Kapitulation. In der Stadt lagen über 5 000 Landstürmer, «Alte, kraftlose Geschöpfe, junge, unbärtige Knaben, Krumme, Lahme und Elende, selten ein rüstiger, stattlicher Kerl [...]. Die Schiessgewehre dieser Leute sind alle unbrauchbar; Andere sind mit Prügeln, Hellebarden und Mordinstrumenten bewaffnet [...]. Diese Mannschaft rennt in den Strassen herum; eine ungeheure Masse sammelte sich vor ein paar Stunden vor dem Rathhause und fing fürchterlich zu lärmen an: ‹Sie seien verkauft! wenn sich die Stadt Bern im Ernst wehren wolle, so solle man sie regimentiren und mit gutem Gewehr und Munition versehen.›» Am Morgen des 4. März war dann die Verwirrung noch weiter fortgeschritten: «Nicht nur will in diesen so entscheidenden Augenblicken Niemand mehr gehorchen, es will Niemand mehr befehlen.»[763]

Die bernische Regierung war nicht mehr Herr der Lage. Misstrauen herrschte gegen sie bei der revolutionär gesinnten Bevölkerung wie bei den regierungstreuen Untertanen. Jede Massnahme war kraftlos und so spät getroffen worden, dass sie das Gegenteil ihres Zweckes erreichte.

Kraftlos war aber auch die Hilfe der anderen, oft nur widerwillig zugezogenen, schlecht bewaffneten und nur zur Defensive bereiten eidgenössischen Truppen.[764] «Eine grosse Confusion herrscht allerorten», so berichtete der Kommandant der st.-gallischen Truppen, Ambrosius Ehrenzeller, «Niemand kann mir sagen, wie ich mich zu verhalten habe».[765] Die Urschweizer Truppen standen in der zweiten Linie und verlangten zudem, dass ihre Milizen möglichst nahe beieinander zu liegen hätten. An einen koordinierten und einheitlichen Einsatz der Zugezogenen war so nicht zu denken. Am 3. März 1798 weigerten sich die Urner und Glarner Truppen, nach Schlüpfen vorzurücken.[766] Es bestünde keine Aussicht auf Rettung Berns, man begehre ehrenhaften Abschied. Auch herrsche unter dem Volk und einem grossen Teil der Truppen eine gefährliche Missstimmung, so dass man den Rückzug antreten wolle, um einer Schändung der Fahne durch eine Kapitulation zu entgehen.[767] Von den Hilfstruppen wurde Bern genau in dem Augenblick verlassen, da es zum Kampf kommen sollte,[768] andere waren von ihren Heimatorten erst in Bewegung gesetzt worden, nachdem der Kampf ein Ende gefunden hatte.[769] Zug beschloss am 7. März die Absendung neuer Hilfstruppen. Aus dem Toggenburg sah man sich zum Zuzug nicht vor einer Landsgemeinde am 15. März in der Lage.[770] In Appenzell Innerrhoden beschloss am 9. März eine Landsgemeinde «unter lautem Rachegeschrei gegen die Feinde», den eidgenössischen Brüdern in Eile mit 160 Mann zuzuziehen![771] So war Bern nach wenigen, oft geschilderten Gefechten am 5. März 1798 gefallen.[772]

Die Kapitulation Berns bedeutete das Ende der Alten Eidgenossenschaft.[773] Am Nachmittag des 5. März besetzten französische Soldaten die Stadt, die nie zuvor fremde Truppen in ihren Mauern gesehen hatte. Aus allen Fenstern flatterten weisse Tücher zum Zeichen der Ergebung. Die abgedankten Soldaten eilten in Wut und Verwirrung ihren Wohnungen zu.[774] Wie in Solothurn richtete sich der Zorn der einstigen Untertanen nun gegen die Patrizierfamilien. Aufgebrachte Soldaten ermordeten mehrere Offiziere und gar ihren Oberbefehlshaber von Erlach. Unter dem Volk blieb die Erzählung vom Verrat der Regierung an ihren Soldaten noch länger als ein Jahrhundert lebendig.[775]

Die Nachricht vom Untergang Berns löste in der Eidgenossenschaft Trauer und Freude gleichermassen aus. Am 7. März 1798 forderte die Provisorische Versammlung des Waadtlandes dazu auf, zum Untergang der Berner Aristokratie die Trommeln zu rühren, die Glocken zu läuten, die Geschütze donnern zu lassen und sich in die Kathedrale zu begeben, dem Höchsten Wesen zu danken. Aus Le Chenit wurde gemeldet, «daß in jener Gemeinde wegen des Falles von Bern die Glocken sogar während 22 Stunden ununterbrochen Sturm läuteten, während sich alle Dorfbewohner auf dem Hauptplatze brüderlich verküßten».[776]

Nach dem Fall Berns sollen nach einer zeitgenössischen Berechnung in der Eidgenossenschaft innerhalb von nur zwei Wochen über 7 000 Freiheitsbäume aufgestellt worden sein.[777] «Ein jedes Dörflein hatte nun quasi seinen eigenen Schutzgott an einem mit zierlichen Fahnen und Bändern ausstaffierten Baum.»[778] Mit welcher Unbeholfenheit die Aufstellung eines Freiheitsbaumes gefeiert wurde, welchen Eindruck diese Zeremonie aber zugleich gemacht haben dürfte, veranschaulicht ein zeitgenössischer Bericht über dieses Ereignis in Dägerlen: «Während ich zu Hause war, wurde auch in unserm Dorf ein Freiheitsbaum aufgerichtet, wo ich auch mit Unter- und Uebergewehr dabei war und man vielmal ein freudiges Salve gab; man aß und trank nach Herzens Lust, und mein Vater gab auch einen Wein zum Besten. Als der Freiheitsbaum stand, wurde auf einem Wiesenplatz ein Stuhl hingestellt, und ein Bauer stieg darauf und hielt eine Rede, die war so gut gemacht, daß er selber weder Anfang noch Ende fand und zulezt das Vaterunser anfieng. Nach diesem ging jedermann zum Schmauß, Männer, Weiber, Knaben und die Töchter an ihrem Arm im Dorf herum, die Knaben waren alle bewafnet und machten mit ihren Gewehren ein großes Lermen.»[779] Liebenswert schweizerisch ging es auch in Dürnten zu, wo die Gemeindemitglieder «schlotternd vor Frost» mangels revolutionären Liedgutes Psalmen unter dem Freiheitsbaum sangen.[780] Die ausgelassensten Feste aber fanden in den Seegemeinden Zürichs statt.[781]

Revolution und Staatsumwälzung in der Schweiz – Charakter, Formen, Mittel und erste Ergebnisse

Die Helvetische Revolution benötigte kaum mehr als zwei Monate, um in der Alten Eidgenossenschaft alle gewachsenen Untertanenverhältnisse aufzulösen. In einzelnen Orten war es zu bürgerkriegsähnlichen Verhältnissen gekommen, doch konnte ein Blutvergiessen fast vollständig vermieden werden. Es handelte sich um eine erstaunlich zivilisierte Revolution, denkt man an Todesurteile und Rachemassnahmen, mit denen einzelne Regierungen in den vorrevolutionären Auseinandersetzungen Aufständische und Revolutionäre abgestraft hatten. Verhindert wurde der Bürgerkrieg, weil den Regierungen die Hände gebunden waren, ihre Untertanen auf gewohnte Weise mit eidgenössischen militärischen Aktionen Gehorsam zu lehren. Man kann so von grosser Würde der Helvetischen Revolution sprechen.[782] Nur vereinzelt kam es zu Akten sinnloser Zerstörung, nur selten wurden Situationen allgemeiner Unordnung zur persönlichen Bereicherung oder zur Begleichung persönlicher Rechnungen genutzt. Im Gegenteil: ehemalige Landvögte wurden vor Racheakten geschützt oder gar zu Ehrenbürgern ernannt, Angehörige der patrizischen Familien in die provisorischen Regierungen gewählt und vielerorts der Versuch der Versöhnung gemacht.

In der Schweiz waren 1798 fünf Formen revolutionärer Umwälzungen zu beobachten, von denen die Stadtkantone und die von einem oder mehreren Orten regierten Untertanengebiete betroffen waren. Die Landkantone hatten sich bis auf Appenzell lediglich mit den Befreiungsbewegungen in ihren Untertanengebieten auseinanderzusetzen.

1. Die Revolution von unten durch Bürger der Munizipalstädte und der ländlichen Oberschichten.

2. Die revolutionäre Befreiung von unten in den Gemeinen Herrschaften und Vogteien.

3. Die Revolution von oben unter Einbeziehung der Landbevölkerung.

4. Die staatsstreichartige Revolution von oben.

5. Revolutionäre Veränderungen als Rückzugsgefechte der Regierenden und als Reaktion auf französische Forderungen bei nur schwacher Volksbeteiligung.

Beispiele für Revolutionen von unten durch Bürger der Munizipalstädte und der ländlichen Oberschichten bei zu vernachlässigender Beteiligung von Bürgern der regierenden Städte bieten das Waadtland und Zürich, aber auch die Landstädte in den deutschen Untertanengebieten Berns. Die wichtigsten Ziele waren hier politische und wirtschaftliche Gleichberechtigung, die Zugänglichkeit aller Ämter unabhängig von der Geburt und eine demokratisch-repräsentative Staatsform.

Beispiele für die revolutionäre Befreiung der Gemeinen Herrschaften und Vogteien finden sich besonders in den Untertanengebieten des Fürstabtes von St. Gallen, der Alten Landschaft und dem Toggenburg, daneben auf der Landschaft March, in Werdenberg, Thurgau, Rheintal, Uznach, Gaster, Sargans, im Unterwallis sowie in den italienischen Vogteien. Den Bewegungen in den Gemeinen Herrschaften kam zugute, dass die Bereitschaft, einer Entlassung aus dem Untertanenverhältnis zuzustimmen, zumindest einiger der regierenden Orte vorhanden war. Ziel war hier neben der Erlangung gleicher politischer und wirtschaftlicher Rechte entweder die gleichberechtigte Vereinigung mit dem regierenden Ort oder eine selbständige Republik. Eine demokratisch-repräsentative Staatsform wurde regelmässig nicht angestrebt. Als Vorbild galten vielmehr die Landsgemeindeordnungen der Landkantone.

Das ausgeprägteste Beispiel einer Revolution von oben durch reformorientierte Bürger einer regierenden Stadt unter Einbezug der Landbevölkerung bietet Basel. Dort ist gut zu beobachten, wie leicht das Konzept einer Revolution von oben durch selbständige Volksaktionen in Gefahr geriet. Die Ziele lagen in der selbständigen Regeneration des Staatswesens, in der Befreiung aus dem Untertanenverhältnis und in der Erlangung gleicher politischer und wirtschaftlicher Rechte. Angestrebt wurde eine demokratisch-repräsentative Staatsform, wobei die Landgemeinden gemeindliche Selbstverwaltung und Selbstbestimmung wünschten.

Die Umwälzung in Luzern steht schliesslich für die staatsstreichähnliche Revolution durch eine kleine Minderheit aufgeklärter Patrizier. Durchgeführt werden musste sie gegen eine Mehrheit in der regierenden Stadt wie gegen die Landbevölkerung. Als Ziel stand hier noch ausgeprägter die selbständige Regeneration des Staatswesens im Vordergrund.

160

Veränderungen, die das Versprechen einer auf Freiheit und Gleichheit basierenden Verfassung beinhalteten, die aber reine taktische Manöver der Regierungen darstellten und Frankreich den Anlass zur Invasion nehmen sollten, fanden in reinster Form in Solothurn statt.

Unabhängig vom Typus der revolutionären Umwälzung ist ein Ablauf charakteristisch, der zumeist in den Gemeinden mit einzelnen, auf materielle Besserstellung gerichteten Forderungen begann und sich dann – regelmässig unter dem Einfluss weiter fortgeschrittener Bewegungen in anderen Landesteilen – eine revolutionäre Plattform schuf. Eines von vielen Beispielen bietet Schaffhausen. Noch am 24. Januar 1798 hatte Johann Georg Müller seinem Bruder Johannes Müller über die Landbevölkerung geschrieben: «Daß sie Bürger werden und an der Regierung Theil nehmen wollen, hat man noch keine Spur.»[783] Nur wenige Tage später war – nachweisbar durch Kontakt mit Basler Revolutionären – die Parole von der «engen Vereinigung der Stadtbürger mit den Landbürgern, als zu einem Körper gehörend» im Umlauf, verbunden mit der Forderung nach Freiheit, Gleichheit und Verfassung. Selbst dort, wo die Politisierung nicht sehr fortgeschritten war, beschwor man, die Gunst geschwächter Regierungen nutzend, mehr oder weniger drückende Beschwernisse.[784]

Mittel der revolutionären Bewegungen in der Schweiz waren revolutionäre Klubs und Komitees, Beschwerden und Petitionen, Volks- und Gemeindeversammlungen, Verweigerung von Truppenaufgeboten, die Installierung von Gegenregierungen, Anrufung französischer Hilfe oder Drohung mit einem Hilfsersuchen, bewaffnete Manifestationen sowie die demonstrative Errichtung von Freiheitsbäumen. Es muss nicht gesondert betont werden, dass bei allen Formen revolutionärer Umwälzungen das Damoklesschwert französischen Eingreifens eine wichtige, allerdings nur vereinzelt allein ausschlaggebende Rolle für das Gelingen spielte.

Das erste Ergebnis der Helvetischen Revolution war in den Stadtkantonen die Installierung einer repräsentativen Demokratie. Diese Regierungsform entsprach dem französischen Vorbild und den Vorstellungen aufgeklärter und reformbereiter städtischer Bürger. Für die einstigen Untertanen stellte die jetzt erreichte politische Gleichheit und die politische Repräsentation nach der Bevölkerungszahl einen spürbaren Fortschritt dar, waren sie doch zuvor auf Staatsebene von der politischen Mitwirkung ausgeschlossen.

Anders war es zumeist in den ländlichen Gemeinen Herrschaften, in den von einem oder mehreren Kantonen verwalteten Vogteien. Hier hatte das bürgerlich-demokratische Staatsmodell nur geringe Ausstrahlungskraft; das Neue bedeutete in den Augen vieler nun befreiter Untertanen nichts anderes als den Austausch einer Herrenschicht gegen eine andere. Fast ohne Ausnahme war das favorisierte Staatsmodell die Landsgemeindedemokratie.

Zu den bedeutendsten Resultaten der Helvetischen Revolution zählt die vollständige Beseitigung der vielen Untertanenverhältnisse der Alten Eidgenossenschaft.

Ein weiteres, von den Zeitgenossen intensiv erlebtes Ergebnis der revolutionären Umwälzungen war die Entstehung einer politischen Öffentlichkeit. Nie zuvor wurde in der Schweiz unter Einbezug aller Bevölkerungsschichten in solcher Weise in Zeitungen und Flugschriften, in Volksversammlungen und revolutionären Gesellschaften, im Wirtshaus und nach dem Gottesdienst über die Situation des eigenen Landes, über politische Verhältnisse, Freiheiten und Rechte der Untertanen und über alternative Staatsformen debattiert. «Eine wichtige Folge unserer jetzigen helvetischen Revolution», so schrieb das «Wochenblatt für den Kanton Säntis», «ist unter anderm auch dies, daß ein großer Theil des Volks, der bisher nur sein Gebetbuch und den Kalender las, nun auch mit dem größten Interesse anfängt nach Zeitungen und andern Blättern zu fragen, in welchen Nachrichten von der Geschichte des Tages und Beurtheilungen derselben vorkommen. Bis dahin bekümmerte sich wohl der einzelne Privatmann um das, was politisches Recht oder Unrecht sey, aber der große Haufe forschte nicht und prüfte nicht.»[785]

6 «Freie Tellensöhne oder Sklaven der Franken?» – Die Rolle der französischen Armee in der Helvetischen Revolution und Republik

«Die Schweiz stand einer großen Verwandlung nahe, auch ohne Frankreichs Einmischung. Diese aber schlug den NationalGeist nieder, störte den Natur-Lauf, und verunstaltete die Revolution.»

HEINRICH ZSCHOKKE 1804[786]

«Die französische Republik ist zu groß, um auf Kosten eines Bundesgenossen eine ungerechte Vergrößerung zu wollen, derer sie nicht bedarf. Sie ist zu edelmüthig, um sich für einen Schutz bezahlt zu machen, den sie für jedes unterdrückte Volk bereit hält.»

Versprechen Mengauds in einem Flugblatt, 6. Februar 1798

Die Verletzung der schweizerischen Souveränität durch französische Truppen und die Unterstützung, die Frankreich schweizerischen Revolutionären bot, stellt ein heikles Kapitel der Helvetischen Revolution und Republik dar.[787] Vom 5. März 1798 an waren Teile der Schweiz besetztes Gebiet. Französische Grossmachtpolitik und die Unfähigkeit der alten schweizerischen Regierungen, Reformen zur politischen Gleichberechtigung ihrer Untertanen aus eigener Kraft zu bewerkstelligen, hatten sich die Hand geboten.

Die Frage, ob es sich bei den vielerorts ausgesprochenen Drohungen der Untertanen, französische Hilfe in Anspruch nehmen zu wollen, um eine Art Landesverrat handelte, dürfte, da sie aus der Sicht späterer nationalstaatlichen Denkens gestellt ist, das Problem nicht treffen. Sie verfehlt das zeitgenössische Verständnis und lässt vor allem die historischen Erfahrungen ausser acht, die die Untertanen gemacht hatten. Wohl fühlten sie sich als Schweizer und beriefen sich auf alte schweizerische Freiheiten, die von den Regierungen verletzt worden seien, doch das Gefühl der Zugehörigkeit zu einem Staatswesen, in dem sie als Untertanen ohne Einfluss auf die Staatsgeschäfte und mit oft sehr eingeschränkten Rechten lebten, war nur bedingt vorhanden. Viele Untertanengebiete waren durch Eroberung oder Kauf zur Eidgenossenschaft gekommen, die Untertanen hatte niemand nach ihrem Willen gefragt. Immer wieder mussten sie die Erfahrung machen, dass die Regierungen auf ausländische militärische Hilfe zurückgriffen, wenn ihre Herrschaft durch Aufstände und Untertanenrevolten bedroht war.

Französische Truppen waren nicht wegen eines Hilferufes von Revolutionären in die Schweiz gekommen, sondern weil dies den Absichten, Plänen und Interessen des von der Revolutionsmacht zur europäischen Grossmacht mutierten grossen Nachbarn entsprach. Als Vorwand für die Invasion diente die unentschlossene, stets zu spät handelnde Politik der schweizerischen Regierungen. Vermutlich hätte es Frankreich nicht gewagt, einer einigen und durch selbst eingeleitete politische Reformen starken Schweiz eine ihr fremde staatliche Neuorganisation aufzuzwingen. In einem solchen Falle wäre es der französischen Regierung schwergefallen, ihre Absichten im eigenen Land durchzusetzen, denn in der französischen Öffentlichkeit argumentierte man nicht mit Grossmachtinteressen, sondern mit der Notwendigkeit der Hilfe für unterdrückte Brudervölker.[788]

Die Motive Frankreichs zur Invasion bestanden nicht allein darin, den Zugriff auf schweizerisches Vermögen zu erlangen. Frankreich wollte an seiner Grenze kein Land mehr dulden, dessen Regierungen man nicht traute, das man englischen Einflüsterungen zugänglich glaubte und dem man Zuverlässigkeit als Bollwerk gegen Österreich nicht zutraute. Auch militärisch-strategische Gründe waren wichtig, bot die Schweiz doch den Weg nach Italien und war Aufmarschgebiet gegen Österreich. Schliesslich störten Frankreich die Emigranten, die von der Schweiz her agierten.[789] Mit dem Frieden von Campo Formio vom 17. Oktober 1797, der den Ersten Koalitionskrieg abschloss, hatte Frankreich freie Hand, seine Grossmachtinteressen in Europa zu verfolgen. Mit Reubel war ein überzeugter Interventionist mit den schweizerischen Angelegenheiten im Direktorium befasst. Die Revolutionierung und Invasion der Schweiz konnte ins Werk gesetzt werden.

Wie empfanden die Zeitgenossen die Politik Frankreichs, die vom Spätherbst 1797 an auf die Invasion der Schweiz gerichtet war, mit tausend Nadelstichen die alten Regierungen zermürbte und mit der Besetzung Freiburgs, Solothurns und Berns endete? Es liegen extrem gegensätzliche Urteile vor. «Nicht die Franzosen waren es, welche die Revolution in der Schweiz machten», so schrieb 1798 der junge, enthusiastische Politiker der Helvetik, Heinrich Zschokke, «sondern die Schweizer fingen sie mit Kraft und Mut an. Wie ein Lauffeuer griff es um sich, und die Oligarchen fielen, nachdem es ihnen gelungen war, mit abscheulichen Lügen und Geld ein Häuflein Volk an sich zu ziehen und auf die Schlachtbank zu liefern. Nein! bei meinem Gewissen, die Schweiz war zur Revolution reif.»[790] Für den Berner Patrizier Abraham Friedrich von Mutach hingegen war die Revolution allein «durch die Gewalt der fränkischen Waffen» bewirkt, inszeniert als «trugvolle Revolutionierung» von aussen und «freche Aufhetzung» einst braver Untertanen.[791] Andere Urteile sind weniger stark durch die aktuellen Auseinandersetzungen geprägt, doch markieren sie die Gegensätze, die bis in die Geschichtsschreibung unseres Jahrhunderts den Umgang mit der Helvetik bestimmten.

Unter den Männern, die nun Politiker der Helvetischen Republik wurden und vor der schwierigen Aufgabe standen, das Beste aus der komplizierten Situation zu machen, hatten viele zuvor alle Anstrengungen unternommen, Revolution und Invasion durch Reformen zu verhindern. Diese Kräfte einer Erneuerung von innen aber waren zu schwach,[792] so dass seit Mitte der neunziger Jahre und dann besonders Anfang 1798 Teile der Untertanen in den französischen Truppen ihre Hauptstütze erblickten. Die Aussagen und Publikationen der helvetischen Revolutionäre durchzieht der einmütige Tenor, dass Frankreich das Land erneuerter Freiheit und Gleichheit sei und zugleich Bündnispartner, diese Errungenschaften auch für die Mehrheit der Schweizer Bevölkerung durchzusetzen. In den Gemeinen Herrschaften und den Vogteien wusste man genau, dass nur französische Drohungen ihre Herren an Freilassung der Untertanen denken liess. Auf der Landschaft Basel wurde von den Liestaler Revolutionären mehrfach gedroht, man werde Frankreich rufen, wenn die Stadt zur Gewalt greife[793] oder eidgenössische Hilfe gegen die Untertanen in Anspruch nehme.[794]

Die Zürcher Landschaft ist das beste Beispiel dafür, wie lange Kerkerstrafen, Demütigungen und Verweigerung jeglicher Reform nicht nur Verzweiflung und Hass erzeugt hatten, sondern auch eine Hoffnungslosigkeit, in der man in den Franzosen Freunde erblickte. Johann Gottfried Ebel, der intime Kenner der französischen Politik, bezeichnete im November 1797 die auf französische Truppen setzenden Revolutionäre als «verblendete Thoren». Sie seien «nicht böse – sie wollen dem Vaterlande nichts Uebels; es gibt deren unzählige». Sie würden, so Ebel weiter, Opfer ihres Wahnes werden, «wenn sie zu spät sehen und fühlen müssen, welche reißende Wölfe sie mit eigener Hand in den Schoß ihrer Familien geführt hätten». Die Hauptverantwortung in dieser Situation aber sah Ebel bei den Schweizern, die Einsicht in die Notwendigkeit politischer Reformen hatten: «Der große politische Streich», so schrieb er an Johann Heinrich Füssli, «bestehet darin, selbst das zu thun, was sonst eine fremde Gewalt despotisch thun wird, wodurch ihr alle das Spielzeug von Elenden werdet, die ihr hundertmal an moralischem und intellectuellem Werth aufwieget, und deren Pläne und schändliche Speculationen ihr vernichten könnet, wenn ihr Energie, Charakter und Mannskraft wirken lassen wollt».[795]

Für grosse Teile der Schweiz wird man feststellen müssen, dass weder das Selbstbewusstsein der Untertanen hinreichend entwickelt war, um eine völlig eigenständige Revolution in der Schweiz durchzuführen, noch das Konfliktpotential dazu gross genug war. Auch die reformbereiten Kräfte in den regierungsfähigen Schichten waren nicht stark genug, um aus eigener Initiative durch eine Art Staatsstreich oder durch eine Revolution von oben nachhaltige Veränderungen zu bewirken. Eine erfolgreiche Nachahmung der Französischen Revolution in der Schweiz wäre also trotz mancher Tendenzen dazu nicht möglich gewesen. Der Redakteur des «Wochenblatts für den Kanton Säntis» beschrieb, wie sich der «grosse Haufen» in den vorrevolutionären Konflikten regelmässig verhalten hatte. Der Untertan, so heisst es, «mußte das Unrecht schwer fühlen, bis er es nicht mehr ertragen wollte, und wenn er sich endlich unter einem muthigen Anführer desselben zu entschlagen wagte, so verließ ihn, bey großem Widerstand, die genugsame Zuversicht an das Gute, was an die Stelle des Unrechts und der Misbräuche kommen sollte; er hielt dann gewöhnlich nicht aus, und seine Anführer wurden das Opfer. Darum konnte in den letzten paar Jahrhunderten durch keine Empörung eine wirklich Staatsumformung in der Schweiz zuwegen gebracht werden, und darum würden auch schwerlich wir jemals, ohne fremden Einfluß, wichtige und vortheilhafte Veränderungen erlebt haben.»[796] Die Helvetische Revolution, so kann man mit anderen Worten sagen, erfolgte vielerorts mit Rückhalt der Bevölkerung, aber für ihr Gelingen war die Bedeutung Frankreichs gross.

Es wäre jedoch falsch, die Helvetische Republik vor allem als einen Vasallenstaat Frankreichs anzusehen. Für viele Schweizer stellte sie den Versuch dar, eine bessere und gerechtere Ordnung durchzusetzen. Ihm widmeten sie trotz aller Widrigkeiten der französischen Grossmacht- und Militärpolitik ihre ganze Kraft. Paul Wernle beschreibt das Dilemma, in dem sich Politiker der Helvetik wie Peter Ochs und Frédéric-César de Laharpe befanden: «Peter Ochs trug tatsächlich die Ideale einer neuen, besseren Schweiz in sich, darin einig mit dem andern großen revolutionären Schweizer, César Laharpe; er fand aber, wie sein großer welscher Freund, den Widerstand der alten Regierungen so zäh und erbittert, daß er nur mit Hilfe Frankreichs seine politischen Ideale zu realisieren hoffen durfte.»[797] Ähnlich urteilt Carl Hilty. Die alten Regierungen hätten dem Volk Reformen verweigert und es so zu «Revolution und Gewalt, als dem zuletzt einzig übrigen Mittel der Notwehr», getrieben. «Die Regierungen der alten Eidgenossenschaft», so folgert er daraus, «müssen daher von einem jeden gerechten Urtheile der Nachwelt auch für Alles das Elend und all' den Irrthum in Erster Linie verantwortlich gemacht werden, der in der nachfolgenden Geschichte der Helvetik zu Tage trat und den ihre Nachkommen oftmals mit Unrecht den Patrioten jener damaligen Zeit allein zugeschrieben haben.»[798]

7 Das Ringen um die neue Verfassung und die Konstituierung der Helvetischen Republik

«Hier sollen teutsch, französisch und italienisch sprechende Schweizer, die einander nicht einmal verstehen würden, bei einander zu sitzen kommen. Ueberhaupt soll alle bestehende Ordnung über den Haufen geworfen und wirkliche Staaten von einander gerissen, sowie andere, sich fremde Ländchen aufs innigste mit einander vereinigt werden. Von einem solchen Amalgam von Leuten, die in Sprache, Religion, Sitten und Gebräuchen, nach ihrer Lage und Verfassung und nach ihren Verhältnissen und Bedürfnissen so ganz verschieden sind, würde sich, auch bei zugegebener Möglichkeit ihrer Einführung, wenig Gutes ahnen lassen.»

Eidgenössische Nachrichten vom 17. Februar 1798[799]

Am 12. April 1798 wurde im franzosenfreundlichen Aarau, der provisorischen Tagungsstadt Helvetiens, die «Eine und unteilbare Helvetische Republik» proklamiert. Erstmals in ihrer Geschichte erhielt die Schweiz eine Verfassung, die allen Bürgern gleiche Rechte und Pflichten gab. 121 gewählte Vertreter aus den Kantonen Aargau, Basel, Bern, Freiburg, Léman, Luzern, Oberland, Schaffhausen, Solothurn und Zürich – die Länderkantone hielten sich fern – waren zusammengekommen, um auf Schweizer Boden eine den grundlegenden Staatslehren der Aufklärung und der Erklärung der Menschenrechte entsprechende Republik zu konstituieren. Der Freiheitsbaum und Wilhelm Tell wurden die Symbole der neuen Ordnung.[800]

Erstmals verpflichtete sich die staatliche Gewalt in der Schweiz, zwei Jahrhunderte später selbstverständlich gewordene Rechte zu gewähren und zu sichern. «Die Gesamtheit der Bürger ist der Souverän oder Oberherrscher», so verkündete die neue Konstitution, und weiter: «Die Regierungsform, wenn sie auch sollte verändert werden, soll allezeit eine repräsentative Demokratie sein.» «Es giebt keine erbliche Gewalt, Rang noch Ehrentitel», so war zu lesen, jeder Versuch, solche wieder zu installieren, sollte durch Strafgesetze verboten werden. Zur Begründung diente der folgende Satz: «Erbliche Vorzüge erzeugen Hochmuth und

Unterdrückung, führen zu Unwissenheit und Trägheit und leiten die Meinungen über Dinge, Begebenheiten und Menschen irre.»

Nach dem Vorbild der französischen und der amerikanischen Verfassung wurden Gedanken der Aufklärung und der naturrechtlichen Staatslehre nun auch für die Schweiz kodifiziert. «Die natürliche Freiheit des Menschen ist unveräußerlich», wurde unter den «Haupt-Grundsätzen» verkündet, «sie hat keine andere Grenzen als die Freiheit jedes andern und gesetzmäßig erwiesene Absichten eines allgemein nothwendigen Vortheils». Als die zwei Grundlagen des öffentlichen Wohls nennt die Verfassung «Sicherheit und Aufklärung»: «Aufklärung ist besser als Reichthum und Pracht.» Als wesentliches Grundrecht wurde die uneingeschränkte Gewissens- und Religionsfreiheit verankert, «jedoch muß die öffentliche Aeußerung von Religionsmeinungen den Gesinnungen der Eintracht und des Friedens untergeordnet sein.» Zur katholischen Religion hiess es: «Die Verhältnisse einer Secte mit einer fremden Obrigkeit sollen weder auf die Staatssachen noch auf den Wohlstand und die Aufklärung des Volkes einigen Einfluss haben.» Völlig neu für die Schweiz war schliesslich die verfassungsmässige Garantie einer freien Presse.[801]

Die helvetische Verfassung ist ein radikaler Text, der trotz der eingehenden Bearbeitung durch das französische Direktorium noch die Handschrift von Peter Ochs trägt.[802] Auffallend sind moralisch-normative Aussagen, die den Bürger in die Pflicht nehmen wollten und Vorstellungen von einer Tugendgemeinschaft und einer Bürgerreligion verpflichtet waren. «Das Gesetz verbietet jede Art von Ausgelassenheit», bestimmte Artikel 5, «es muntert auf, Gutes zu thun.» Aus dem gleichen Geist war Artikel 14 formuliert: «Der Bürger ist gegen das Vaterland, seine Familie und die Bedrängten pflichtig. Er pflegt Freundschaft, opfert ihr aber keine seiner Obliegenheiten auf. Er schwört allen persönlichen Groll und jeden Beweggrund von Eitelkeit ab. Sein Hauptzweck ist die moralische Veredlung des menschlichen Geschlechts; ohne Unterlass ladet er zu den sanften Gefühlen der Bruderliebe ein. Sein Ruhm besteht in der Achtung gutdenkender Menschen, und sein Gewissen weiß ihn selbst für die Versagung dieser Achtung zu entschädigen.» Wichtig ist auch Artikel 12, der die Besoldung der öffentlichen Beamten nach dem Verhältnis der Arbeit und der erforderlichen Talente, aber auch «nach Maßgabe der Gefahr» bestimmte, «wenn die Aemter feilen Händen anvertraut werden oder das ausschließliche Erbtheil der Reichen bilden sollten».[803]

Mit allen Traditionen brach die staatliche und territoriale Neuordnung der Schweiz. «Die helvetische Republik macht einen unzertheilbaren Staat aus», hiess es in Artikel 1 der Verfassung: «Es giebt keine Grenzen mehr zwischen den Cantonen und den unterworfenen Landen noch zwischen einem Canton und dem andern. Die Einheit des Vaterlandes und des allgemeinen Interesse's vertritt künftig das schwache Band, welches verschiedenartige, außer Verhältnis ungleich große, und kleinlichen Localitäten oder einheimischen Vorurtheilen unterworfene Theile zusammenhielt und auf Gerathewohl leitete. Man verspürte nur die ganze Schwäche einzelner Theile; man wird aber durch die vereinigte Stärke aller stark sein.»[804]

Eine stärkere Bundesgewalt entsprach dem Wunsch vieler Schweizer, die in den Jahren zuvor schmerzlich die Handlungsunfähigkeit der Eidgenossenschaft erfahren hatten. Die Einheit war nicht nur aufgezwungen, sondern auch von vielen Eidgenossen angestrebt worden.[805] Doch nun hatte man statt eines Bundesstaates, in dem kantonale und zentrale Gewalten sorgfältig abgewogen worden wären, das dem alten Zustand entgegengesetzte Extrem eines Zentralstaates erhalten. Besonders gedemütigt wurde Bern: der Patrizierstaat zerfiel in die Kantone Bern, Aargau, Waadt (Léman) und dann auch noch Oberland. Den Vorstellungen der Aufklärung entsprach die Bildung konfessionell paritätischer Kantone.[806] Die Schweiz hatte eine Verfassung erhalten, die in wichtigen Grundprinzipien jener nachgebildet wurde, die für das zentralistische Frankreich konzipiert worden war. Föderalistische Traditionen der Eidgenossenschaft blieben fast ganz unberücksichtigt.[807] In ihrem politischen Gehalt stellte die Konstitution durch ihre Garantie wesentlicher Grundrechte und politischer Gleichheit aller Staatsbürger für all diejenigen Schweizer einen Fortschritt dar, die bis 1798 von den Staatsgeschäften und von wichtigen Ämtern ausgeschlossen waren. Sie war eine, wenn man von schweizerischen Verhältnissen ausgeht, städtische Verfassung, die Akzeptanz bei den Patrioten der Städte, in den ländlichen Munizipalstädten und bei Teilen der Landbevölkerung in den ehemaligen städtischen Untertanengebieten fand. Wer allerdings – wie die Landleute der Innerschweiz – bereits in der alten Ordnung das Recht zur unmittelbaren Einflussnahme auf die Staatsgeschäfte gehabt hatte, musste nun bekümmert feststellen, dass die Einflussmöglichkeiten des einzelnen Bürgers auf die staatliche Politik sehr beschränkt, die Regierung hingegen mit einer erheblichen Machtfülle ausgestattet war. Allerdings waren demokratische Mitwirkungsrechte des Volkes enthalten, die einigen demokratisch-repräsentativen Verfassungen – die Bundesrepublik Deutschland ist ein Beispiel – bis heute mangeln.

Entstehung und Durchsetzung der neuen Verfassung stellen ein eigenes aufschlussreiches Kapitel der Helvetischen Revolution dar, das kompliziert und verwirrend ist. Zwar lag mit der bis zum 15. Januar des Jahres 1798 von Peter Ochs in Paris ausgearbeiteten Verfassung ein Entwurf vor, der einen schweizerischen Einheitsstaat vorsah, doch war dieser Entwurf vom französischen Direktorium stark verändert in Druck gegeben und dann während des Monats Februar überall in der Eidgenossenschaft verteilt worden. Die ausführliche Einleitung, in der Ochs ausdrücklich geschrieben hatte, dass der provisorische Entwurf von einem Verfassungsrat zu ersetzen und durch eine Volksabstimmung zu legitimieren sei, war von den französischen Machthabern gestrichen worden. Ochs geriet in die unangenehme Situation, sich entweder von seinen Auftraggebern zu distanzieren oder das Diktat gegen bessere Einsicht zu verteidigen.[808]

Vorreiter in der Verfassungsdiskussion war das Waadtland. In der schwierigen Situation, einerseits den Anschluss an Frankreich, andererseits die scheinbar noch fest im Sattel sitzende Berner Aristokratie fürchten zu müssen, begann nur wenige Tage nach der Revolution die Debatte um eine neue Konstitution. Sie ist deshalb von besonderem Interesse, weil die einzelnen Gemeinden ihren Deputierten in der Assemblée provisoire in Lausanne Wünsche mitgaben. Die Gemeinde Longiroz verlangte die «Erhaltung der Religion der Väter». Delegierte Freiburger Gemeinden wollten für den Fall eines Anschlusses an die Waadt die Beibehaltung der katholischen Religion und die Respektierung der Priester gewährleistet wissen. Vom 7. Februar datiert ein auf solchen Wünschen basierendes Bekenntnis der Assemblée provisoire zur Religion und zur konfessionellen Toleranz.[809] Weitere Forderungen waren auf kommunale Autonomie gerichtet, wobei auch die Gleichberechtigung von Städten und ländlichen Gebieten eine Rolle spielte. Alle diese Vorstellungen standen französischen zentralistischen Strukturen und der in den revolutionären Kämpfen in Frankreich entstandenen grossen Distanz von Staat und Kirche entgegen, so dass solche Verfassungsvorstellungen nicht auf französische Unterstützung hoffen konnten.

Am 7. Februar 1798 wurde der erste Verfassungsentwurf in die Assemblée provisoire eingebracht. Der Vorschlag, der Kanton Léman solle ein gleichberechtigtes Glied einer einheitlichen Helvetischen Republik werden, fand einmütige, frenetische Zustimmung.[810] Die Schweiz, so Laharpe, sollte auf der Grundlage grosser und fester Freiheitsgrundsätze die Einigkeit und Stärke erlangen, die sie vorher nie gehabt hätte.[811] Die Begeisterung kühlte auch nicht ab, nachdem der Verfassungsentwurf an alle Geistlichen beider Konfessionen gesandt worden war, die am 15. Februar unter Glockengeläut die kommunizierenden Bürger ihres Sprengels in den Kirchen versammelten, um den Text zu verlesen. Die Geistlichen hatten die Aufgabe, ein Protokoll der feierlichen Veranstaltung abzufassen und, mit allen zustimmenden Unterschriften versiegelt, an die Assemblée provisoire zu senden. Diese Protokolle bieten «den schlagendsten Beweis dafür, wie die Bevölkerung im Jura, im Mittelland, in den Rebbergen und in den Alpen in ihrer überwiegenden Mehrzahl gemeineidgenössisch empfand und fühlte».[812] Von allen Gemeinden stimmten 83 Prozent der Verfassung in diesem ersten Souveränitätsakt in der Geschichte des Waadtlandes zu.[813] Das ganze Schweizervolk, so meinte man, müsse den Waadtländern als Urhebern seiner Regeneration danken, denn sie seien die würdigen Nachkommen Wilhelm Tells.[814] Nun bemühten die Waadtländer sich, auch andere Teile der Schweiz zur Annahme der gerade beschlossenen Konstitution zu bewegen.

Parallel dazu gab es während der sechs Wochen vom Februar bis Mitte März 1798 verschiedene Versuche, um zu einer eigenen, vom Ochsschen Entwurf abweichenden Verfassung für die Eidgenossenschaft zu kommen. Die provisorische Nationalversammlung in Basel schlug Zürich, Bern, Luzern, Freiburg und Solothurn eine vertrauliche Konferenz vor, auf der man sich über eine einheitliche Verfassung einigen sollte, doch traf der Vorschlag auf Ablehnung.[815] Am 12. März bat Solothurn «um guten Rath und weise Vorschläge zu Einrichtungen», wie sie in Basel getroffen worden waren.[816]

Währenddessen hatten in der provisorischen Nationalversammlung Basels Debatten begonnen, die den Schweizer Revolutionären ihre Grenzen bei der Gestaltung des künftigen Staates zeigten. Die französischen Generäle Brune und Schauenburg vermittelten einer Delegation der Nationalversammlung zunächst den Eindruck, man habe bei der Abfassung der Konstitution noch eigene Spielräume. Am 5. März berichtete die Delegation, «dass die Schweitz als Freund von Frankreich zu nichts werde gezwungen werden, sondern es geschehe einzig der Vorschlag, die auf unsern feyerlich beschworenen Grundsätzen bestehende von ihnen angeratene Constitution anzunemmen, sie aber nach unserem Caracter, nach unseren Localitaeten und Zeit Umständen einzurichten, mithin sie sich in unsere innere Angelegenheiten im geringsten nicht einmischen wollen».[817]

In kürzester Zeit erarbeitete eine Verfassungskommission der Basler Nationalversammlung unter der Leitung von Peter Ochs eine Verfassung, die nicht nur die in der gedruckten und von Frankreich vertriebenen Fassung zu findenden Entstellungen, Druckfehler und Unstimmigkeiten bereinigte, sondern die vor allem stärker auf schweizerische Traditionen Rücksicht nahm und die Zentralgewalt beschnitt. Auch die Möglichkeit, die Verfassung zu ändern, wurde verbessert, doch in den wesentlichen Grundzügen blieb es bei dem einstigen, in Paris erarbeiteten Entwurf, der am 15. März in Basel einmütig mit dem Ruf «Es lebe die Helvetische Republik!» verabschiedet wurde.[818]

Diese Basler Verfassung spielte nun eine Hauptrolle bei den Diskussionen um die neue helvetische Konstitution. Am 26. März trafen zwei Gesandte aus Zürich in Basel ein, unter ihnen aus Stäfa Kaspar Pfenninger, und baten um «Instrucktion und Anleitung in ihren Geschäften», «um sie nach denen unserigen bilden zu können».[819] Die Aktivitäten der Basler Nationalversammlung hatten zur Folge, dass in den meisten Kantonen der Basler Entwurf favorisiert wurde und sich erhebliche Widerstände gegen den ursprünglichen Ochsschen Entwurf bildeten. In dieser Situation grösster Verwirrung erwog das Direktorium, die italienischen Vogteien, das Wallis und die Waadt von der Schweiz abzutrennen und in drei Republiken aufzuteilen. General Brune missverstand eine entsprechende Weisung und legte nun plötzlich ein Projekt vor, das eine Dreiteilung der Schweiz insgesamt vorsah. Entstehen sollte Rhodanien mit den frankophonen Kantonen einschliesslich des Tessins, des Oberwallis und des Berner Oberlandes, ein Tellgau mit der Urschweiz sowie Glarus, Zug und Rätien und schliesslich Helvetien mit dem restlichen Gebiet. Insbesondere im Waadtland war beim Bekanntwerden der Proklamation einer Rhodanischen Republik ein Sturm der Entrüstung losgebrochen. Gerade erst war durch Volksbefragung das Ziel einer einheitlichen Helvetischen Republik mit Zustimmung bedacht worden, so dass die willkürliche Änderung als diktatorischer Akt empfunden wurde. Aus zahlreichen Gemeinden gingen bei der Provisorischen Versammlung in Lausanne scharfe Proteste gegen die Missachtung des Volkswillens ein.[820]

Am 21. März sprach Peter Ochs vor der Assemblée provisoire des Waadtlandes zugunsten der helvetischen Einheit und gegen den Föderalismus, der die Rückkehr der Aristokratie ermöglichen würde. Er wurde als Schöpfer der helvetischen Einheit und Freiheit gefeiert. An diesem Tag war der Plan zur Dreiteilung bereits rückgängig gemacht worden.[821] Die laute Entrüstung im Waadtland hatte dazu beigetragen, dass wenigstens das Staatsgebiet der Schweiz einigermassen unversehrt erhalten blieb.

In den Diskussionen über die Verfassungsentwürfe erwies es sich, dass die Schweizer Politiker nach dem Sieg der französischen Waffen keine eigenen Spielräume zur Änderung der auf dem Entwurf von Peter Ochs basierenden Verfassung mehr hatten. Frankreich wollte keine eigenständige verfassunggebende Versammlung der Schweiz und befürchtete einen Zustand endloser Verwirrung und Konfusion. Überall sprach Frankreich nun die Sprache des Siegers und Eroberers; die Durchsetzung erfolgte durch Drohungen und Ultimaten. Die Furcht, französische Truppen könnten auch andere Teile der Schweiz besetzen, bewog manchen zur Zustimmung, der anderen Regelungen den Vorzug gegeben hätte. Auch die Furcht vor territorialer Zerstückelung der Schweiz spielte eine Rolle, waren doch Biel und Mülhausen als Zugewandte Orte Frankreich einverleibt worden, ein Schicksal, das im April 1798 auch Genf ereilte.[822] Das Diktat der helvetischen Verfassung bedeutete einen ersten starken Dämpfer für den anfänglich vorhandenen revolutionären Enthusiasmus.

Widerstand der Landkantone und der befreiten Landschaften

«Ja Schweizer! Ja Brüder! Nur bei unsrer Verfassung ist wahre Volksfreiheit
[...], nur in unsrer Verfassung liegt nach den Urgesetzen der Natur die höch-
ste Gewalt in den Händen des Volks.»

Aufruf der zum Widerstand vereinigten Kantone, Ende April 1798[823]

«Eine Rotte von Bösewichtern, der Hölle entsprossen, hat sich in Frankreich
der Regierung bemächtigt, nachdem sie mit frevelnden Händen den Thron
des heil. Ludwig umgestürzt [...] und streckt nun, nachdem sie die Altäre ge-
schändet, die Kirche beraubt und ihre Priester mit Schmach und Schande ins
Elend getrieben, ihre räuberischen Hände nach den Schätzen ihrer Nach-
barländer aus. [...] Wollt Ihr diesem Schicksal entgehen, so müßt Ihr kämp-
fen, kämpfen bis zum letzten Athemzug gegen jene Gottlosen.»

Pfarrer Marianus Herzog auf einer Landsgemeinde in Einsiedeln im April 1798[824]

Der energischste Widerstand gegen alle Verfassungsprojekte, die eine einheitliche
Schweiz vorsahen, ging von den Landkantonen und den gerade befreiten Gemeinen Herrschaften und Vogteien aus. Hier fand der Plan General Brunes, aus den
drei Urkantonen samt Zug, Glarus und Graubünden einen föderativen Tellgau zu
bilden, grösste Sympathie[825], sah man sich so doch am ehesten alter Gewohnheiten versichert. Das Projekt eines Tellgaues sah einen Staatenbund nach herge-
brachter Form vor, der die seit Jahrhunderten herrschenden Verfassungen nicht
angetastet hätte. Viele Politiker der gerade konstituierten Republik hingegen vermochten in der jede Bundesgewalt ablehnenden Haltung der Landkantone nur
den Eigennutz zu erkennen, der die Alte Eidgenossenschaft zugrunde gerichtet
hatte. In der strikten Ablehnung demokratisch-repräsentativer Formen sahen sie
Unaufgeklärtheit und Priesterpropaganda am Werke. Berichte von den Landsgemeinden in Schwyz, Uri oder Nidwalden bestätigten sie in dieser Auffassung
ebenso wie Übergriffe gegen Befürworter der Helvetik. In dem Dilemma, eigene,
regionale Traditionen stärker berücksichtigende Verfassungsmodelle nicht
durchsetzen zu können, sahen sie nur die Alternative, den innerschweizerischen
Kantonen eine von der grossen Mehrheit der Bevölkerung abgelehnte Konstitution gewaltsam aufzuzwingen. Die Entstehungsgeschichte der Helvetischen Republik trug so bereits wesentliche Momente des Scheiterns in sich.

Die sogenannten altgefryten Landleute widersetzten sich dem helvetischen
Konzept einer Neugestaltung, das sie als Bedrohung ihrer vertrauten Lebensweise
empfanden. Sie waren Hauptverlierer der neuen Ordnung.[826] Ein wesentliches
Motiv des erbitterten Widerstandes war die Verweigerung unmittelbaren Einflusses auf die Regierungsgeschäfte, wie er durch die Landsgemeinden gegeben war.

Die Bevölkerung von der unmittelbaren Wahl ihrer Obrigkeiten auszuschliessen, so warnte Ende März 1798 der ehemalige Vizekanzler des Fürstabtes von St. Gallen und gewählter Landammann im Rheintal, Karl Heinrich Gschwend, in einem Brief an Peter Ochs, «muß Gährung und innerlichen Krieg, wo nicht Mord und Tod verursachen».[827] Der zweite Einwand richtete sich gegen den von der Verfassung vorgesehenen, den Landkantonen aufwendig erscheinenden Regierungs- und Verwaltungsapparat.[828] Prophetisch schrieb Gschwend: «Glauben Sie, freie Leute, Alpensöhne werden sich unter sein Joch beugen? Ewig nicht; entweder müßten in die Länder tödtende Garnisonen gelegt werden, oder Ihre Constitution kann nicht angenommen werden, nicht gedeihen, und wenn Garnisonen eingelegt werden sollten, so würden sie nach und nach massacrirt werden, weil das Volk sie nicht erhalten könnte und seinen Freiheitssinn nie vergessen würde.»[829]

Der besonders von katholischen Geistlichen sehr polemisch angeheizte Unmut der Bevölkerung[830] trug zur Zuspitzung der Konflikte und zur Konfrontation bei. So konnte die helvetische Regierung der ohnehin nur eingeschränkt möglichen Debatte ausweichen und den Widerstand als gegenrevolutionär und fanatisch abtun. In Schwyz nutzten Geistliche eine Landsgemeinde, um ihren Zuhörern alle Abscheulichkeiten der neuen Verfassung in grellen Farben zu malen und sie in «wilde Raserei» zu versetzen.[831] Die Landleute beschlossen einmütig, «daß das Büchlein der neuen helvetischen Konstitution und alle auf die neue Regierungsform bezüglichen Schriften, so wie die Zeitungen von Zürich und Luzern im Lande Schwyz aberkannt sein sollen. Wer solche Schriften in Händen habe und sie nicht abschaffe, der soll der Hoheit bei Eiden angezeigt und als ein Meineidiger und Vaterlandsverräter malefizisch abgestraft werden. Nicht minder soll derjenige, der die neue helvetische Verfassung in öffentlichen Versammlungen anzunehmen rathe oder auf der Strasse oder bei Zusammenkünften oder auch im Geheimen ihr das Wort rede, sie anrühme oder auslege, malefizisch abgestraft werden, er sei geistlichen oder weltlichen Standes.»[832] Ähnliche Beschlüsse fassten Nidwalden und Glarus.[833] Die Landsgemeinde von Uri befahl am 9. April 1798, jede Kritik an der eigenen Verfassung zu bestrafen und jedes aufgefundene Exemplar der helvetischen Verfassung durch den Scharfrichter zu verbrennen.[834]

Auch wenn Haltungen, wie sie in Nidwalden und Schwyz zum Ausdruck kamen, bei weitem nicht von allen Priestern geteilt wurden, war die unselige Verdächtigung in der Welt, wonach die Befürworter der Verfassung und der neuen Ordnung als Gottesleugner und Religionsfeinde denunziert wurden. Diese Propaganda erzielte bei der katholischen Bevölkerung nicht nur der kleinen Landkantone ebenso grosse Wirkung wie die Behauptung, die städtischen Revolutionäre hätten das Volk an Frankreich verkauft.[835]

Die lauter werdende Bürgerkriegsrhetorik war allerdings nur unschöne Begleitmusik. Auch ohne sie wären die Landkantone mit der übergrossen Mehrheit ihrer Bevölkerungen fest entschlossen gewesen, ihre Verfassungen notfalls auch militärisch zu verteidigen. Geschichtsbewusst argumentierten die Urkantone gegenüber Frankreich, dass sich auch die französischen Revolutionäre auf die Urväter der schweizerischen Freiheit berufen hätten und die alten demokratischen Verfassungen jenen Prinzipien entsprächen, die durch die Französische Revolution propagiert worden seien.[836] Ähnlich äusserten sich Appenzell, St. Gallen, Toggenburg, Rheintal und Sargans in Schreiben an das französische Direktorium: «Aber wie wurden wir überrascht, als auf einmal eine uns bisher unbekannte Verfassung erschien. [...] Vor allem müßen wir fragen: warum will man uns demokratisieren? Ist unsere Verfassung nicht schon demokratisch genug? Ist unser Volk nicht der einzige Souverän, der die Gesetze macht und seine Obrigkeiten erwählt nach einem repräsentativen System, das schwerlich reiner ausgedacht werden könnte.»[837]

In den ehemaligen Gemeinen Herrschaften und den fürstäbtischen Untertanenlanden herrschte eine selbst von den revolutionären Führern der Landbevölkerung kaum zu bändigende elementare Volkswut.[838] Sorge vor dem Raub der gerade gewonnenen Freiheit mischte sich mit religiöser Hysterie, Angst und Verbitterung herrschten.[839] Aus Schwyz wird von Prozessionen berichtet, an denen Tausende teilnahmen, von Schwüren, für den katholischen Glauben zu kämpfen und zu sterben, von Gelöbnissen, Sonn- und Feiertage streng zu halten, sich aller Laster zu begeben, zu fasten und nicht mehr mit Trommelschlag und Pfeifen, sondern mit dem Rosenkranzgebet zur Landsgemeinde zu ziehen.[840]

Am 11. April 1798 setzte der französische Gesandte Marie-Jean-François-Philibert Lecarlier allen Orten, in denen die Verfassung noch nicht angenommen worden war, ein Ultimatum. Gleichentags ergänzte dies General Schauenburg, indem er Priester und Behördenmitglieder der Urkantone für die Annahme innerhalb von zwölf Tagen haftbar machte.[841] Am 13. April wurde eine Blockade gegen die noch nicht zur Helvetischen Republik gehörenden Kantone verhängt.

Am 16. April zogen in Schwyz die Landleute, den Rosenkranz betend, zur Landsgemeinde nach Ibach. Die Versammelten wählten einen Kriegsrat und versetzten das Land in den Verteidigungszustand. Kriegsziele waren die Vertreibung der Franzosen aus der Schweiz und der Sturz der Helvetischen Regierung.[842] Man war entschlossen, «als wahre Schwyzer zu leben und zu sterben».[843] Karl von Reding schrieb in diesen Tagen: «Wer es wagen wollte vernünftiges und gelassenes Fügen in die Allgewalt der Umstände als Rettungsmittel anzuempfehlen, würde ein Gegenstand des Mißtrauens und ein Opfer der Volkswuth werden.»[844]

Zu einem einheitlichen Vorgehen waren die zum Widerstand entschlossenen Gebiete nicht in der Lage. «Je näher die Gefahr heranrückte, desto ungescheuter traten Eigennutz und kleinlicher Ortssinn hervor.»[845] Dem Beistandsgesuch von Schwyz entsprachen unter Zögern und Einschränkungen Uri[846], sodann Nidwalden, Zug, Glarus, die March, Uznach, Gaster, Sargans und das Freiamt. St. Gallen, das Rheintal und das Toggenburg wiesen zunächst auf die eigenen bedrohten Grenzen hin[847], Obwalden hatte die helvetische Verfassung bereits angenommen, zum Schutz vor den Franzosen Grenzsteine mit der Aufschrift «Territorie du Canton ob dem Wald qui a accepté la constitution» gesetzt[848] und Gegner der Annahme verhaftet, doch wurde dies nach Beginn der Kämpfe auf einer Landsgemeinde wieder rückgängig gemacht.[849] Appenzell entschuldigte sich, selbst alle Offiziere und Mannschaften zu benötigen, da man durch die in vier Gemeinden Ausserrhodens erfolgte Annahme der Verfassung in schwieriger Lage sei.[850] Rat und Landsgemeinde in Gossau fragten in Schwyz an, wie man dort über Verhandlungen denke, die «eine Moderation der neuen Verfassung» zum Inhalt hätten.[851] Uri wollte seine Truppen einzig zur Deckung von Nidwalden gebraucht wissen und bedrohte Zuwiderhandelnde gar mit der Todesstrafe.[852] In den ehemaligen Gemeinen Herrschaften hatte man es schliesslich mit Gemeinden zu tun, die für die Annahme der neuen Verfassung eintraten.[853]

Eine Episode zeigt, wie kompliziert in der Helvetischen Revolution Interessengegensätze und Konfliktlinien gelagert waren. In Schwyz weigerten sich die Beisassen nach der Landsgemeinde vom 16. April, ins Feld zu ziehen, weil man ihnen immer noch nicht das volle Bürgerrecht gewährt hatte. Nun sah man, wo allenthalben von Gleichheit gesprochen wurde, die gute Gelegenheit, ebenfalls zu diesem Recht zu kommen. Am 18. April 1798 musste so eine weitere Landsgemeinde zusammenkommen, um die unter der Freifahne ausziehenden Bittsteller zu gefreiten Landleuten zu erklären.[854] Befriedigt waren nun auch diese noch eben von den politischen Rechten Ausgeschlossenen bereit, in die Schlacht gegen die neue Verfassung und gegen diejenigen zu ziehen, die den Gedanken an Freiheit und Gleichheit für die ganze Schweiz träumten. Gleiches geschah in Einsiedeln, wo die Beisassen zur Bewaffnung gezwungen wurden, ihnen im Gegenzug jedoch das Landrecht erteilt wurde.[855]

Zum Befehlshaber der innerschweizerischen Truppen wurde Alois v. Reding ernannt.[856] Verfügen konnte er über ein Heer von etwa 10 000 Mann. Der Kriegsplan hatte zur Voraussetzung, dass der Widerstand möglichst schnell auf eine breitere, weitere Orte einbeziehende Basis gestellt werden konnte. Um unzufriedenen Gegenden den Anschluss zu ermöglichen, sollte in vier Kolonnen ein Angriff auf das Berner Oberland bis nach Thun, die Besetzung Luzerns und Bedrohung Aaraus sowie ein Vordringen an beiden Ufern des Zürichsees bis nach

Oben links:
Senator Johann Jakob Bodmer (1737-1806).
Kupferstich von Felix Maria Diogg, 1798
(Zentralbibliothek Zürich).

Oben rechts:
Der Hafner Heinrich Nehracher (1764-1797)
verfasste 1794 das Stäfner Memorial und
wurde für sechs Jahre in die Verbannung
geschickt, in der er seinem Lungenleiden
erlag. Lithographie von Carl Friedrich
Irminger nach einer 1789 angefertigten
Zeichnung von Heinrich Kölla, 1830er Jahre
(Zentralbibliothek Zürich).

Unten rechts:
Chirurgus Johann Kaspar Pfenninger (1760-
1838). treibende Kraft bei der Abfassung des
Memorials, zu vierjähriger Verbannung ver-
urteilt, später Regierungsstatthalter des
Kantons Zürich und Regierungsrat.
Lithographie aus Pfenningers gedruckter
«Lebensgeschichte». 1835.

Die Bürgermeister David von Wyss und Heinrich Kilchsperger verabschiedeten die zur Unterdrückung der Stäfner Unruhen aufgebotenen Truppen am 6. und 7. September 1795 in Gegenwart des ganzen Rates auf dem Schützenplatz. Aquarell eines unbekannten Malers, 1795 (Zentralbibliothek Zürich).

Titelblatt des 1799 in Stäfa gedruckten Helvetisch-republikanischen Kalenders mit Darstellung der Ötiker Haab, Freiheitsbaum, Gesslerhut, Armbrust und dem Schlagwort «Freyheit» (Ortsmuseum Stäfa).

Nach einer beliebigen Weise zu singen

1. Niclaus v. Flüe ermahnt feine brüder immer in Einheit zu leben, und weder Ehrenzeichen noch Gnade gehalte von auswärtigen Königen und Fürsten anzunehmen.

2. Niclaus schläft in frieden, seine brüder vergeßen seiner Rathschläge, der Teufel gibt ihnen Ehrenzeichen, Gnadengehalte und brav Geld. Daher Misbrauche in ihrer Regierungsart.

3. die unzufriedenen wenden sich an der Große Nation, sie schickt Reiterey und fußvolk, um Ordnung und eine Regierung ein zu führen welche aus 13 nur eine macht, und nimmt den 9.ten und 12.ten brüder unter ihren Schutz.

4. die Oligarchen wollen sich vertheitigen, sie find zu schwach weil sie nicht zusammen stimmen, ieder denkt nur an sich Drum müßen sie der Starke weichen, ihre würden ablegen und all ihr Geld hergeben.

5. die ältern ud kleinern der 13 brüder schlagen anfänglich die neue Regierungsart, stolz auf den Ruhm ihrer vorältern wurden sie wiederspenstig ud sechten wie Löwen aber sie wißen der vernunft nach zu geben

6. Endlich versammelen sich die 13 brüder im Tempel der Eintracht, machen eine auf freyheit gleicheit und Unabhängigkeit gegründete Regierung und arbeiten zum Ruhm und Glück Helvetiens

Chansons a faire sur l'Air qu'on voudra

1. Nicolas de flüe exhorte les freres à etre toujours unis à ne recevoir ni Marques d'honneurs ni penfions des Roix et Princes étrangers.

2. Nicolas dort en paix, les freres oublient les confeils, le Diable leurs donne des marques d'honneurs, des penfions, de l'Argent et fait naitre des abus dans leurs Gouvernements.

3. les mécontens fadreßent à la Grande nation qui envoit du monde à pied et à cheval pour mettre l'ordre, donner un gouvernement qui des 13 n'en faße qu'un, et prend fous fa protection le 9.e et le 12.e des 13 freres.

4. les Oligarches veulent fe defendre, ils font trop foibles n'i ayant point d'union entre eux, chacun ne penfant qu'a foi außi font ils obligés de céder à la force, d'abandonner leur dignités et de donner tout leurs argent.

5. les plus vieux et les plus petits des 13 freres ne veulent d'abord point de nouveau gouvernement, fiers de la gloire de leurs ancêtres ils font têtus se battent comme des lions, mais ils cedent à la Raifon.

6. enfin les 13 freres se r'aßemblent au temple de la Concorde, font un gouvernement fondé fur la liberté l'egalité et l'independance, et travaillent a la Gloire et au Bonheur de l'Helvetie.

Unbekannt.
Politische Propaganda zur Zeit der Entstehung der Helvetischen Republik. Die Bildtafel erzählt die Geschichte der Schweiz vom 15. Jahrhundert bis zur Helvetischen Revolution. 1798, Radierung (Schweizerische Landesbibliothek Bern)

Die Freiamtgemeinde in Mettmenstetten vom 26. März 1795 verlief entgegen den obrigkeitlichen Befürchtungen ruhig. In die wichtigsten Ämter wurden aber reformfreundliche Vertreter gewählt. Kolorierter Kupferstich von 1795 (Zentralbibliothek Zürich).

Der Doppelcharakter der Helvetischen Revolution: Die satirische Darstellung zeigt Schweizer, tanzend unter dem Freiheitsbaum, während französische Soldaten das geraubte Staatsvermögen abtransportieren (Zürcher Kalender auf das Jahr 1848).

Die Landsgemeinde zu Gossau vom 23. November 1795. Nach einem verschollenen Bild.

Ehrenaltar für die drei Gossauer Revolutionäre Künzle, Contamin und Bossart. Das Bild strotzt von Anspielungen auf das Gedankengut der Französischen Revolution und den Gütlichen Vertrag. Anonym 1795 (Genossenschaft Schloss Oberberg, Gossau).

Ein Kartenspiel wirbt für revolutionäre Ideale wie Freiheit, Gleichheit und Pioniergeist. Jede Karte steht für eine Lektion bürgerlicher Tugenden: «Gleichheit der Rechte» fördert die Gerechtigkeit, die mit der Waage in der Hand abgebildet ist; oder die «Religionsfreiheit für alle, dargestellt mit den Hinweisen auf die Gesetzbücher Talmud und Koran für Juden respektive Moslems, bewirkt Brüderlichkeit (Musée historique de Lausanne, collections du Musée industriel).

Verbrüderungsfeier von Stadt und Land Basel auf dem Münsterplatz in Basel vom 22. Januar 1798. Unter dem Druck der Vorgänge auf der Landschaft hatte Basel am 20. Januar 1798 die alten Untertanenverhältnisse auf seinem Territorium aufgehoben.

Das erste aus Volksvertretern gebildete schweizerische Parlament.

Die Helvetische Republik wählte den Tyrannenmörder und Freiheitshelden Tell als offizielles Emblem der Briefköpfe und Staatssiegel. Das Rutenbündel in den Händen Wilhelm Tells ist das Symbol der Regierungspolitik der Helvetischen Republik: Nur in der straffen Einheit ist man stark. Die Kantone sind wie die Stäbe gebündelt. Die Aristokratie erscheint hier als Krone, Zepter und zerbrochenes Joch zu Füssen des Freiheitshelden.

Aus Wilhelm Tell ist ein mittelalterlicher Krieger mit einer Trikolore und drei farbigen Federn auf dem Hut geworden. 4-Franken-Stück der Helvetik, 1801 (Privatbesitz Basel).

Dorfschule im beginnenden 19. Jahrhundert. Die Schule fand oft im Wohnzimmer des Lehrers statt und bestand in sturem Auswendiglernen und in reichlich verabreichten Prügelstrafen (Zentralbibliothek Zürich).

Zürich erfolgen.[857] Gleichzeitig wurde ein Aufruf an die eidgenössischen Nachbarn erlassen: «Brüder! Schweizer! Wer aus euch von dem gleichen Feuer begeistert ist – und gewiss seid ihr es alle, oder unwürdig Schweizer zu sein – wer von diesem Feuer begeistert ist, der trete unter unsre Fahne, unter die Fahne der Freiheit.»[858]

Auf der Gegenseite hatte das Helvetische Direktorium General Schauenburg mit der Unterwerfung der innerschweizerischen Kantone beauftragt. Ihm standen 12 000 Mann, darunter drei Regimenter Kavallerie, zur Verfügung. Für Aufforderungen wie der Vinzenz Rüttimanns an das Direktorium, «doch durch den Weg der Ueberzeugung [...] diese irregeführten Brüder eines Besseren» zu belehren, war es nun zu spät. Am 21. April begannen die Feindseligkeiten, schnell wurden in einer ersten Offensive der innerschweizerischen Truppen der Anschluss Obwaldens sowie die Besetzung Luzerns und Rapperswils erreicht. Die Bevölkerung dieser Gebiete jedoch zum gemeinsamen Kampf zu bereden erwies sich als unerwartet schwierig.[859] In den Landgebieten des Luzerner Oberlandes gab es durchaus Sympathien für die Innerschweizer. Sie waren, wie der Statthalter Luzerns wusste, in den «religiösen Begriffen» des Volkes gegründet, aber auch «in einer gewissen Tendenz nach reiner Demokratie, die der eingeschränkten Fassungskraft unsers Landmanns und seinem Eigensinn besser behaget»[860], doch reichte dies nicht aus, um in grösserer Zahl Kampfgenossen zu gewinnen.[861] Der eigentliche Zweck der ersten Militäroperationen, der immerhin ein Drittel aller zur Verfügung stehenden Streitkräfte band, war somit verfehlt. Nach in erbitterten Kämpfen errungenen Anfangserfolgen wurden die Innerschweizer in die eigenen Grenzen zurückgedrängt.

Jetzt begann der Widerstand zu bröckeln, erste Gemeinden in der Ostschweiz nahmen die Verfassung an. Der revolutionäre Führer und Landammann der Alten Landschaft St. Gallen, Johannes Künzle, schrieb am 1. Mai 1798 an den Regierungsstatthalter von Zürich, Kaspar Pfenninger, es erfordere Zeit, «ein in Tummheit erzogenes Volk auch zur natürlichsten und besten Sache vorzubereiten. Schon ein paar mal stunde ich in der äußersten Gefahr, nur weil ich von weitem darauf deutete, dass doch die Constitution annehmen besser als der Krieg sein könnte [...]. – Nun aber fängt es allgemach an heiterer zu werden.»[862]

In den weiteren, für die französischen Truppen wie für die Innerschweizer teilweise verlustreichen Kämpfen zwangen schlechte Ausrüstung, unzureichende Verpflegung, fehlende Zelte in der Kälte der Berge,[863] fehlgeschlagene Kriegstaktik, Uneinigkeit der Bündnispartner und schliesslich die militärische Überlegenheit des Gegners zur Kapitulation. Mit grosser Verbitterung und Todesentschlossenheit hatten selbst Vierzehnjährige gekämpft.[864] Die zur Verteidigung ihrer Verfassung angetretenen Truppen hatten sich solchen Respekt erworben, dass General Schauenburg in den Kapitulationsverhandlungen die von Schwyz gestellten Bedingungen akzeptierte und Beibehaltung und uneingeschränkte Ausübung der Religion, Unverletzlichkeit des Priesterstandes, Sicherung von Personen und Eigentum, Verzicht auf militärische Besetzung und Truppenaushebung sowie den Verzicht auf Entwaffnung der Mannschaften akzeptierte.[865] Nachdem es am 3. Mai 1798 zum Waffenstillstand gekommen war, genehmigte eine Schwyzer Landsgemeinde in Ibach am 4. Mai die angebotene Kapitulation. «Sie ist freier Männer nicht unwürdig», so Alois Reding, «und wenn wir durch sie unsere alte Verfassung, das theure Erbe der Väter auch verlieren, so darf uns das Bewußtsein trösten, daß wir für ihre Erhaltung Alles gethan haben und mit Ehren gefallen sind.»[866] Erst die Reden zweier Priester jedoch vermochten es, die tumultuarische Landsgemeinde davon zu überzeugen, dass die Kapitulation dem geschworenen Eid nicht zuwider und kein Verrat an der Religion sei.[867] Nun nahm ein Ort nach dem anderen die Verfassung an. Auch die Nidwaldener waren erst nach einem Gutachten der Priesterschaft zu dieser Entscheidung bereit.[868]

Die Helvetische Republik hatte keinen guten Anfang genommen. Während der Kämpfe, die der Annahme der Konstitution vorangingen, waren bereits künftige, noch schwerere Konflikte zu erahnen. Eine erste Konsequenz war die Änderung der gerade erst beschlossenen Verfassung. Peter Ochs sorgte sich vor dem Einfluss, den die 36 Deputierten der drei Kantone Uri, Schwyz und Unterwalden in den gesetzgebenden Organen nehmen würden, und schlug die Zusammenlegung vor.[869] Auf Vorschlag Konrad Eschers ging der Grosse Rat noch weiter und bildete gegen heftigen Widerstand aus Uri, Schwyz, Unterwalden, Zug, Engelberg und Gersau den Kanton Waldstätten mit dem Hauptort Schwyz. Aus Glarus, Werdenberg, Sargans, Gams, Sax, dem oberen Toggenburg, Gaster, der March und Rapperswil wurde der Kanton Linth mit dem Hauptort Glarus. Die beiden Appenzell bildeten mit Stadt und Landschaft St. Gallen sowie dem Rheintal und dem unteren Toggenburg den Kanton Säntis mit dem Hauptort St. Gallen.[870] Bereits vor Konstituierung der Republik hatte der französische Regierungskommissär Lecarlier am 11. April verfügt, die Grafschaft Baden und die freien Ämter hätten, statt zu Zug geschlagen zu werden, den eigenen Kanton Baden zu bilden.[871]

Die Strukturen der neuen Ordnung

«Es kommen mir von allen Seiten her so viele Befehle und Aufträge zu, dass
es mir (...) unmöglich wird, alles zu vollziehen, was man mir aufbürdet.»
Uhrmacher Joseph Burki in seinem Kündigungsschreiben als Unterstatthalter,
August 1799[872]

Die Helvetische Republik brachte für die Eidgenossen so ungeheuer viel Neues mit
sich, warf alles Gewohnte über den Haufen, dass die wichtigsten der neuen
Strukturen etwas detaillierter beschrieben werden müssen.[873] Eine zentrale Regierung, zentrale Parlamente und ein oberstes Gericht waren Institutionen, die in
dem gerade zusammengebrochenen schweizerischen Staatenbund keine Tradition hatten. Die Strukturen in Politik, Justiz und Verwaltung entsprachen französischen Vorbildern und Erfahrungen, doch bedeutete dies nicht, dass in der Praxis
nicht auch schweizerische Besonderheiten zum Tragen gekommen wären. Mit
ihren Institutionen und Behörden bereitete die Helvetik unter grossen Geburtswehen den modernen Verfassungs- und Verwaltungsstaat in der Schweiz vor.

Neu war mit dem von den Räten gewählten fünfköpfigen Direktorium – bezeichnet als Vollziehungs-Direktorium – eine starke, mit grösserer Machtfülle als
das französische Direktorium ausgestattete zentrale Exekutive. Ihr vor allem kam
die Aufgabe zu, die revolutionäre Programmatik in die Praxis umzusetzen und für
die innere und äussere Sicherheit des neuen Staates zu sorgen. Dem Direktorium
standen vier, später sechs Minister zur Seite, die in ihren jeweiligen Bereichen um
die Durchsetzung der Regierungspolitik bemüht waren und während der Helvetik
die eigentliche Reformarbeit leisteten. Die Regierung hatte ihren Sitz zunächst in
Aarau, vom September 1798 bis Mai 1799 in Luzern und danach schliesslich in
Bern, bis sie zwischenzeitlich nach Lausanne flüchten musste.[874]

Mit der Helvetik begann in der Schweiz die Geschichte des Parlamentarismus. Mit Senat und Grossem Rat wirkten zwei parlamentarische Gremien, die
nicht nach dem Bevölkerungsproporz zusammengesetzt waren, sondern – sie
hatten 4 bzw. 8 Mitglieder je Kanton – ein föderatives Moment aufwiesen. Was
der Grosse Rat beschloss, war vom Senat nicht mehr zu verändern, sondern lediglich mit Zustimmung oder Ablehnung zu versehen.

Die helvetische Verfassung bestimmte die bisher selbständigen Kantone zu
Verwaltungsbezirken in einem Einheitsstaat. Allerdings blieb die vormals kantonale Ordnung durch eigene Verwaltungs- und Gerichtsbehörden nicht völlig unberücksichtigt. Auch der durch die Zentralregierung für jeden Kanton bestimmte
Regierungsstatthalter erinnerte an die einstige Organisation.[875] Er wurde vom
Direktorium ernannt und war – wie die gesamte Exekutive der Helvetik – mit

einer Machtfülle ausgestattet, die zu den demokratischen Prinzipien der neuen Verfassung kontrastierte. Er hatte die Aufsicht über alle Behörden und das Recht zur Verhaftung, konnte über die bewaffnete Macht verfügen, ernannte die Präsidenten der Verwaltungskammer, des Kantonsgerichtes und der unteren Gerichte, den öffentlichen Ankläger und selbst den Gerichtsschreiber, die Unterstatthalter des Hauptortes und der Distrikte. Der ausgeprägte Zentralismus der Helvetischen Republik äusserte sich in dem Recht des Direktoriums, den Regierungsstatthalter jederzeit abberufen zu können.

Die Machtfülle des Regierungsstatthalters wurde eingeschränkt durch eine Verwaltungskammer in den einzelnen Kantonen, der die Vollziehung der Gesetze oblag und die sich insbesondere mit Fragen der Finanzen, des Handels, der Künste und Handwerke, der Landwirtschaft und Lebensmittelversorgung sowie mit dem Unterhalt der Städte und Landstrassen befasste. Diese Verwaltungskammer – sie wurde mittelbar durch das Volk von einer Wahlmänner-Urversammlung gewählt – entschied in der Regel sehr viel konkreter über die Dinge des Alltags als der Regierungsstatthalter und kann wohl trotz mancher Einschränkungen als eigentliche Regierung des Kantons bezeichnet werden,[876] deren praktische Tätigkeit das Bild vom allmächtigen Regierungsstatthalter etwas relativiert.[877]

Unterhalb der Regierungsstatthalter amteten die diesem direkt unterstellten Distrikt- oder Unterstatthalter. Auf der untersten exekutiven Ebene, in den Dörfern und Gemeinden, repräsentierten die Agenten die neue Ordnung. Sie wurden vom Distrikstatthalter ernannt und konnten zwei Gehilfen zur Verfügung haben. Ihre Aufgabe bestand in der Durchsetzung der von oben kommenden Befehle und Gesetze sowie in der Sorge für öffentliche Ruhe. Auf der Gemeindeebene oblagen ihnen alle Verwaltungsangelegenheiten, die praktische Umsetzung von Requisitionen und Einquartierungen, die Einziehung von Steuern, die Beantwortung der von der Regierung veranlassten Umfragen, die Abnahme des Bürgereids und die Beobachtung der Volksstimmung. Gegenüber der Bevölkerung war es vor allem der Agent, der die Obrigkeit repräsentierte, von seiner Person hing somit ausserordentlich viel ab. Auf ihn entlud sich aller Zorn über als ungerecht empfundene Massnahmen, gegen ihn richtete sich zunächst jede Opposition.[878]

Waren bis 1798 Exekutive und Judikative nicht getrennt, so brach die Helvetik mit dieser Praxis. Nun wurde das Gerichtswesen institutionell unabhängig von der Staatsverwaltung. Ein Oberster Gerichtshof mit je einem Vertreter und einem Suppleanten aus jedem Kanton bildete die oberste Instanz in wichtigen Kriminalfällen und konnte Urteile der Kantons- und Distriktgerichte kassieren. Auch wirkte er als Staatsgerichtshof bei Anklageerhebung gegen Mitglieder der Legislative und Exekutive.[879] Der Oberste Gerichtshof behandelte bis zum Ende der Helvetik die erstaunliche Anzahl von 3 500 Fällen.[880]

Auf kantonaler Ebene bestand ein dreizehnköpfiges Kantonsgericht, das bei schweren Verbrechen erste, bei minder schweren Appellationsinstanz war. Als erste Instanz in Zivil- und Strafsachen mit Ausnahme von Kapitalverbrechen waren Distriktgerichte vorgesehen, die aus neun gewählten Mitgliedern bestanden. Auf der Ebene der Munizipalitäten waren sogenannte Friedensrichter zur Schlichtung kleiner Streitfälle und Zivilsachen geplant, doch konnte diese Institution nicht verwirklicht werden.[881] Eine Neuheit stellte als Staatsanwalt der öffentliche Ankläger dar, der die Untersuchungen führte und die Prozesse vor das Kantonsgericht brachte. Zu Recht hat Andreas Fankhauser betont, dass sich die richterliche Gewalt während der Helvetik in der Öffentlichkeit eines hohen Ansehens erfreute.[882]

Gleiches kann man nicht für die Exekutive sagen. Die Helvetik hatte einen verhältnismässig schwerfälligen Machtapparat[883] geschaffen, mit dem jedoch bis in die letzte Gemeinde gewirkt werden konnte. Zentralismus und demokratische Mitwirkung standen oft in einem unauflösbaren Gegensatz, gross war bei Beamten und Behörden häufig der Konflikt zwischen Loyalität nach oben und Anforderungen der Bevölkerung im Kanton. Ungeheuer schwierig war es, das Räderwerk der neuen Verwaltung in Gang zu bringen und zu halten, riesig waren die praktischen Probleme. Vom Regierungsstatthalter bis zum Dorfagenten hatten alle Repräsentanten der neuen Ordnung damit zu kämpfen, fast stets nur Forderungen an ihre Mitbürger stellen zu müssen, ohne ihnen jemals Erleichterungen verschaffen zu können.[884] Sie hatten ein kaum zu tragendes Paket an Arbeit aufgebürdet bekommen. Selbst höchste Beamte mussten sich um kleinste Lappalien bekümmern, die Agenten in den Gemeinden waren restlos überfordert durch eine Flut von Aufgaben bei der Umsetzung der zahllosen Verwaltungsanordnungen, beim Gesetzesvollzug und dem Ausfüllen der unzähligen Statistiken, nach denen die Zentralbehörden verlangten.[885] Auch Konflikte zwischen den von oben eingesetzten Beamten und lokalen Behörden blieben nicht aus, bis man im Oktober 1799 zu einer Neuregelung fand, die zumindest die Agenten zu Wahlbeamten machte.[886]

Die Arbeitsbedingungen der neuen Beamten entsprachen in keiner Weise den umfangreichen Pflichten. Sie hatten kaum Hilfspersonal wie Schreiber oder Weibel, mussten ihre Reisekosten selbst begleichen und wurden für Kanzleikosten nur unzureichend entschädigt. Mehrfach finden sich Klagen über den «Ruin häuslicher Geschäfte»; nie konnte das Jahresgehalt voll ausgezahlt werden, so dass die «treue Aufopferung» erstaunt, mit der viele Beamte gleichwohl ihr Amt wahrnahmen.[887] Auf allen Ebenen der helvetischen Beamtenschaft gab es enorme Besoldungsrückstände, doch besonders katastrophale Auswirkungen hatte dies bei den Agenten. «Zahlreich dringen die Agenten auf ihre Entlassung», so musste das

Direktorium im Juni 1799 den gesetzgebenden Räten mitteilen.[888] Speziell dieses Amt war so wenig attraktiv, dass im Juli 1799 ein Amtszwang und eine «Verpflichtung der öffentlichen Beamteten zur Beibehaltung ihrer Stellen» erlassen werden musste.[889] Man male den Agenten Galgen an die Türen und drohe, ihre Häuser zu verbrennen, so wurde in der Debatte berichtet, es fehle am Schutz der Regierungsbeamten, sie seien demoralisiert und entmutigt und wüssten kaum, wie sie ihre Familien ernähren sollten.[890] Die Finanzsituation der Helvetik war für eine insgesamt katastrophale Personalpolitik verantwortlich. Auch engagierte Beamte verloren den Mut. Selbst gegenüber den Landjägern, Polizisten auf der untersten Ebene der Einkommensskala, kam die Helvetik ihren Besoldungsverpflichtungen nur zu einem Viertel nach. Für viele dieser kleinen Beamten wurde die Helvetik zu einer «theuren, verdienstlosen Zeit».[891]

Von den Zeitgenossen wurde der Regierungs- und Verwaltungsapparat als personell aufgebläht und kostspielig empfunden. Er war dies tatsächlich, wenn man zum Vergleich die vorrevolutionären Verhältnisse heranzieht. In absoluten Zahlen erweist sich jedoch eine eher bescheidene personelle Ausstattung. So arbeiteten im Frühjahr 1799 in sechs Ministerien und für die gesamte Regierung kaum mehr als 120 Personen![892] Gegen das häufig geäusserte Urteil kann von einer zentralistischen Aufblähung der Helvetik keine Rede sein.[893] Schwerfällig und langsam wurde der Regierungs- und Verwaltungsapparat allerdings dadurch, dass in ihm häufig verfahren wurde wie in der Verwaltung eines Stadtortes der Alten Eidgenossenschaft. Selbst mit den kleinsten Kleinigkeiten wollte die Staatsführung sich selbst befassen, das Zusammenspiel von Regierung und Verwaltung war überaus kompliziert und häufig durch Kompetenzgerangel gestört.[894] Da wurden Angelegenheiten vor die höchsten Behörden gezogen wie die Heiratsbewilligung für eine Witwe vor Ablauf des Trauerjahres, die Genehmigung für einen Hausbau im Kanton Baden oder die Bewilligung einer freiwilligen Steuer für Brandgeschädigte.[895] Der moderne Verfassungs- und Verwaltungsstaat hatte in jenen Anfangsjahren der Helvetik grösste und kleinste Aufgaben zu meistern.

Träger der Republik – Das Personal der neuen Ordnung

«Da sah man Männer, zusammengezogen aus allen Gegenden und Winkeln des Landes, die sich selbst gegenseitig Fremdlinge waren; Männer, die meistens ausser dem engen Bezirk ihrer Heimat die übrige Schweiz, ihre verschiedenen Bedürfnisse, Sitten und Verhältnisse nicht kannten; Männer von der allerverschiedensten Ausbildung, Gelehrte und unwissende Landleute, zuweilen kaum des Schreibens kundig, fast alle aber in der Regierungskunst unerfahren; Männer, welche entweder die Revolution ihrer Kantone gemacht, oder sich als Freunde oder Feinde derselben ausgezeichnet hatten, und ihren Sinn, mehr oder minder verschleiert, in die Staatsverwaltung brachten.»

HEINRICH ZSCHOKKE
über die Mitglieder des ersten Parlaments der Schweiz[896]

Bereits in den verschiedenen Übergangsparlamenten – so in der Basler Nationalversammlung oder der Zürcher Landeskommission – hatte sich gezeigt, dass die Vertreter der alten Ordnung den Revolutionären an staatsmännischer Erfahrung und im Umgang mit den Regierungsorganen weit überlegen waren. Nicht zuletzt deshalb wurde ein einjähriges Funktionsverbot für ehemalige Mitglieder der alten Regierungen verhängt. Bis in das Direktorium hinein wurden davon jedoch Ausnahmen zugelassen, wären doch ansonsten kaum Regierungsvertreter aus jenen Kantonen auffindbar gewesen, wo die Revolution ein Werk der alten Eliten war. Luzern ist ein Beispiel dafür. Hier wurde der entschiedene Republikaner und Verfechter einer einheitlichen Schweiz, Alphons Pfyffer von Heidegg, Direktor.[897] Bei ihm handelte es sich als Stadtschreiber um eine der bedeutendsten Persönlichkeiten des alten Luzerner Staatswesens.[898] Seit 1785 war er Mitglied der Helvetischen Gesellschaft.[899]

Auch unter den Ministern fanden sich Vertreter der alten Regierungen oder doch zumindest Mitglieder der regimentsfähigen Geschlechter. Franz Bernhard Meyer von Schauensee gehörte seit 1782 dem Grossen Rat in Luzern an und bekleidete verschiedene Landvogtstellen.[900] Zugleich aber war er seit 1786 Mitglied der Helvetischen Gesellschaft und zeitweise deren Präsident, aktiver Freimaurer und Aufklärer, schon vor 1798 vielen städtischen Patriziern als Franzosenfreund verhasst.[901] Von April 1798 bis zum dritten Staatsstreich vom Oktober 1801 amtete er als Justizminister. Er ist ein Beispiel für die Motive derjenigen, die sich nun der neuen Ordnung zur Verfügung stellten. Fünfzehn Jahre lang war er Teil des patrizischen Regiments in Luzern. Aufenthalte in Frankreich vor und nach der Revolution liessen ihn zum Anhänger der neuen Ideen werden. Als Präsident der Helvetischen Gesellschaft hatte er engen Kontakt zu aufklärerisch-reformerischen

Kräften in der ganzen Schweiz. Sein Bruder Maurus kämpfte als Brigadegeneral unter Bonaparte in Italien. Wie viele seiner Gesinnungsgenossen hasste er den Absolutismus und begeisterte sich für Menschenrechte und Volksaufklärung. Wie sie trat er für eine Reform von oben ein. Der Widerstand des Patriziats liess ihn an eine Volkserhebung mit moralischer Unterstützung Frankreichs denken.[902] Er war einer der Hauptverantwortlichen für die demokratische Umgestaltung in Luzern und erlebte schmerzlich den Verlust der schweizerischen Unabhängigkeit. Die Einheit und Unzerteilbarkeit der Schweiz, wie sie von Frankreich diktiert und in der helvetischen Verfassung kodifiziert worden war, bejahte er, «nicht bloß weil wir müssen», wie er am 21. März 1798 an Lavater schrieb, «aber weil nur dieses uns gegen Überdrang eines wilden Haufens, gegen die Majorität der Unvernunft und des religiösen Fanatismus allein noch zu schützen vermag».[903] Er forderte auch andere aufgeklärte Reformfreunde zur Mitwirkung, denn sonst sei die Folge: «hier reine Democratien, in welchen der Pfaff und der abgefeimteste Demagog, und dort Bauern Aristocratien, in welchen wieder der Pfaff und der ausgeschämteste Heuchler – despotisch herrschen würden.»[904] Meyer von Schauensee und seinen Ministerkollegen der ersten Stunde, Albrecht Rengger und Philipp Albert Stapfer, ist es vor allem zu danken, dass während der Helvetik wenigstens ein Teil der revolutionären Programmatik durch Reformen praktisch umgesetzt wurde.

Aufschlussreich und stets die Parteikämpfe während der Helvetik spiegelnd, ist die Zusammensetzung der höchsten vollziehenden Gewalt, des Direktoriums, das nach dem ersten Staatsstreich immer schneller seinen Namen wechselte. Andreas Fankhauser hat die obersten Behörden der Helvetik gründlich untersucht und festgestellt, dass von den 28 Magistraten, die zwischen 1798 und 1803 einen Sitz in der Exekutive hatten, nicht nur viele so jung waren, wie es im Ancien Régime undenkbar gewesen wäre, sondern auch zwölf der Helvetischen Gesellschaft angehört hatten. Mit 19 Männern stammten zwei Drittel aus den Hauptstädten, 6 kamen aus den Munizipalstädten und nur 3 aus den Dorfgemeinden. Mehr als 70 Prozent aller Magistraten kamen somit aus den ehemals regierenden Stadt- und Landsgemeinderepubliken, sieben aus den bernischen Untertanengebieten, der Waadt und dem Aargau. Nur einer stammte aus einer ehemaligen Gemeinen Herrschaft![905] Mit neunzehn Magistraten hatten Zürich, Bern, Freiburg, Luzern und Basel ein erdrückendes Übergewicht. Kaum vertreten war der alpine Raum. Zwei Drittel der Magistraten waren reformierter Konfession, fast alle stammten aus der sozialen Ober- und Mittelschicht und hatten eine höhere Bildung.[906] Hier dominierten im Grunde weitgehend die alten Eliten, so dass von einer sozialen Erneuerung nicht gesprochen werden kann.[907] Eine Erneuerung fand jedoch insoweit statt, als nun die Vertreter einer aufgeklärten, städtischen Reformelite das Heft in die Hand nahmen, die in der Alten Eidgenossenschaft in einer Minderheit verblieben waren. Die Helvetik stellte in ihrer Spitze personell die explosionsartige Auflösung eines Reformstaues dar, von einem radikalen Bruch mit der alten Gesellschaft kann zumindest sozial keine Rede sein.

Erst im Senat und im Grossen Rat waren in beträchtlicher Zahl Männer vertreten, die ohne grössere politische Erfahrungen und als Vertreter der Landbevölkerung ihre politische Tätigkeit erst mit der Helvetik aufnahmen. Der Arzt Heinrich Krauer von Rothenburg stellt ein Beispiel für jenen Kreis von Politikern dar, denen im Ancien Régime die Bekleidung hoher politischer Ämter nicht möglich gewesen war. Als Sohn eines armen Landmannes ermöglichte ihm die Förderung durch einen Pfarrer den Besuch des Luzerner Gymnasiums und das Medizinstudium unter anderem mit dem berühmten Tissot als Lehrer. Er wurde Mitglied der provisorischen Regierung Luzerns und im April 1798 in den Senat gewählt, wo er sich besonders für die Abschaffung des Zehnten engagierte.[908] Im Senat sassen die Revolutionäre der Zürcher Landschaft, Jakob Bodmer und Heinrich Stapfer, von der Basler Landschaft kam der Uhrmacher und Liestaler Revolutionsführer Wilhelm Hoch.[909] Mit Josef Burkhard von Merenschwand und Josef Moser von Hildisrieden/Römerswil entsandte Luzern auch zwei Bauern in den Senat.[910] Die acht Grossräte Luzerns setzten sich vorwiegend aus Vertretern der kleinstädtischen Eliten und der wohlhabenden Bauernschaft zusammen.[911] Prinzipiell galt jedoch auch für die Parlamente der Helvetik, dass viele ihrer Angehörigen schon vor 1798 politische Ämter innehatten und zu den sozialen Eliten der Städte und Munizipalstädte, aber auch der Landschaften gehörten. Neben Wilhelm Hoch entsandte Basel das ehemalige Mitglied des Kleinen Rats Peter Ochs, den ehemaligen Grossrat Johannes Zäslin und den Oberstkommandanten der Miliz Johannes Buxttorf. Basel bietet mit seinen Grossräten allerdings auch ein Beispiel dafür, dass von der Landschaft in grösserer Zahl politisch unerfahrene, in der Revolution aktive Vertreter der ländlichen Bevölkerung, die sich dann im Parlament auf die Seite der Patrioten schlugen und für die Aufhebung der Feudallasten eintraten, gewählt wurden.[912]

Die Räte waren der Ort, an dem die Auseinandersetzungen zwischen den sogenannten Patrioten oder Revolutionären und den sogenannten Republikanern ausgetragen wurden. Waren es vor allem Vertreter der Landgemeinden und Landschaften, die als Patrioten einen radikalen Bruch mit der alten Ordnung zu forcieren suchten, so übernahmen die eher städtisch und auf Reformen orientierten Republikaner – bezeichnet auch als Reformer oder Girondisten – die Interessenvertretung der städtischen Bevölkerungen. Bekenntnisse zur neuen Ordnung legten beide Parteien ab, doch unterschieden sie sich in Tempo und Radikalität der revolutionären Umgestaltung.[913] In den Urteilen der gemässigteren helvetischen Revolutionäre wird diesem ersten Parlament der Schweiz kein gutes

Zeugnis ausgestellt, wobei es interessant ist, dass die radikalere, vor allem bäuerliche Interessen vertretende Partei regelmässig als «Menschen ohne Cultur und Erziehung» denunziert wird, die zwei Drittel der Parlamentarier ausgemacht hätten. Manche Mitglieder, so äusserte sich Albrecht Rengger, seien unmittelbar vom Pfluge an das Staatsruder gegangen, um den «Leidenschaften und Vorurtheilen des Volkes» im Parlament Einzug zu verschaffen: «Selbst unter dem Drittheile, der aus den cultivierten Ständen genommen war, befand sich kaum ein Dutzend Männer von wissenschaftlicher Bildung, so wie sie für einen Gesetzgeber erfordert wird und auch diesen mangelten nicht selten die nötigen Administrations-Kenntnisse, die sich nur durch die Ausübung erlangen lassen.»[914] Daran war durchaus Wahres: eine neue Schicht von Politikern, die zuvor von den Staatsgeschäften ausgeschlossen war, erfuhr in den Jahren der Revolution und der Helvetik ihre erste politische Sozialisation. Die Pathologisierung und Karikierung der zumeist aus den früheren Untertanengebieten kommenden revolutionären Patrioten durch Aristokraten und Bildungsaristokraten hat sich bis in die heutige Historiographie gehalten. Eine sorgfältige und vorurteilsfreiere Analyse wird ihnen ein besseres Urteil ausstellen. Mit ihrer veranschaulichenden Rhetorik und ihrer deutlichen Sprache gaben sie ebenso wie mit radikalen, selbständig aus aufklärerischem und naturrechtlichem Gedankengut entwickelten Forderungen den Wünschen eines beträchtlichen Teiles der Bevölkerung eine Stimme in den Parlamenten. Im Gegensatz zu den Republikanern erhielten bei ihnen die revolutionären Gleichheitspostulate auch eine soziale Dimension.

Grosse Bedeutung für die Helvetik hatten, wie erwähnt, die Regierungsstatthalter, auf deren Auswahl viel Sorgfalt gelegt wurde.[915] Bei den verschiedenen Staatsstreichen waren sie die ersten, die ihr Amt abgeben mussten, weil sie das Vertrauen neuer Machthaber nicht genossen. Nach Möglichkeit bemühte man sich um Amtsinhaber, die mit den kantonalen Verhältnissen vertraut waren, denn von ihnen hing in hohem Masse die Umsetzung der revolutionären Massnahmen ab. Für die Akzeptanz der neuen Ordnung kam es darauf an, dass Regierungsstatthalter ernannt wurden, die im Kanton Ansehen genossen und nicht lediglich von oben oktroyiert wurden.[916]

Unter den Regierungsstatthaltern fanden sich bekannte Revolutionäre wie Johann Kaspar Pfenninger in Zürich, Johann Jakob Schmid in Basel oder Jakob Emanuel Feer im Aargau, ebenso aber auch republikanisch gesinnte Patrizier wie Anton Ludwig Tillier in Bern oder Alois von Matt in den Waldstätten.[917] Andreas Fankhauser hat gezeigt, dass etwa die Hälfte aller 63 Regierungsstatthalter der Helvetik aus den Hauptstädten oder -orten, ein Drittel aus den Munizipalstädten und knapp 20 Prozent aus den Dorfgemeinden kamen.[918] Einer, nämlich Heinrich Zschokke, war Deutscher.[919] Auch sie gehörten praktisch alle den städtischen und ländlichen Oberschichten an und hatten vielfach schon in der Alten Eidgenossenschaft politische Ämter innegehabt.[920] Knapp ein Viertel aller Regierungsstatthalter gehörte vor 1798 der Helvetischen Gesellschaft an oder besuchte ihre Tagungen als Gast.[921]

Auch die von den Regierungsstatthaltern ernannten Distriktstatthalter entstammten häufig den ländlichen Eliten der wohlhabenden Bauern, Wirte oder Bäcker. Besonders häufig waren Ärzte und Chirurgen. Unter ihnen zahlreiche Personen, die ihre politische Tätigkeit erst mit der Helvetik begannen, viele waren «ortsverbundene Lokalmatadore».[922]

Die soziale Zusammensetzung der in den Gemeinden politisch agierenden Agenten ist besonders gründlich für Luzern, die Basler und Zürcher Landschaft sowie für Olten untersucht worden.[923] Waren – etwa in Basel – die wichtigsten Beamten im Dorf bis 1798 als Untervögte, Weibel oder Meier von der städtischen Herrschaft bestimmt worden, so wurden die Agenten nun wiederum von oben eingesetzt. Für die Basler Landschaft ist gezeigt worden, dass keinesfalls alle alten Gemeindebeamten aus ihren Ämtern entfernt wurden, allerdings von 27 Untervögten nur ein einziger weiterhin an der Dorfspitze blieb, nicht wenige von ihnen aber nach einiger Zeit wieder zu politischen Ämtern kamen.[924] Zunächst herrschte unmittelbar nach der Revolution in den Gemeinden die Erwartung, die Gemeindevorsteher selbst wählen zu können.[925] Gross war die Enttäuschung darüber, dass ihnen nun ohne jedes Einwirkungsrecht die Agenten vorgesetzt wurden, die zwar zumeist ortsansässig, aber eben doch von oben ausgewählt worden waren. Auf der Basler Landschaft kam es zunächst zu einem radikalen personellen Wechsel.[926] Wie die helvetischen Funktionsträger insgesamt, so waren auch die Agenten wiederum deutlich jünger als ihre Vorgänger an der Gemeindespitze. Wirte und Müller, die auch in der Revolution eine bedeutende Rolle spielten, Handwerker und Bauern waren die wichtigsten Berufsgruppen, aus denen sie sich rekrutierten. Matthias Manz stellte fest, dass die Agenten zum grössten Teil der grundbesitzenden Oberschicht der Landschaft angehörten und mit der Helvetik somit kein Bruch in der traditionellen sozialen Repräsentanz stattfand. Die Voll- und Halbbauern konnten ihre Dominanz in den Gemeinden behaupten. Die ländlichen Unterschichten und besonders die Heimarbeiter, die – etwa auf der Basler Landschaft – knapp ein Drittel der Bevölkerung stellten, waren bei der Auswahl für dieses Amt extrem unterrepräsentiert.[927] Auch für Olten ist gezeigt worden, dass die Agenten fast ausnahmslos Vertreter alter eingesessener Geschlechter waren.[928] Von den 25 Agenten, die hier im Jahre 1798 im Amt waren, hatten allerdings nur zwei schon vor der Helvetik ein politisches Amt inne, drei Viertel von ihnen waren, ähnlich wie in Zürich und Luzern, Bauern.[929] Zum Teil muss dabei aber berücksichtigt werden, dass es sich um neue Ämter handelte, für die eben neue Personen gefunden werden mussten. Eine luzernische Besonderheit liegt in der starken Vertretung der mit der Kirche verbundenen Berufe wie Sigrist, Orgelmacher oder Stiftsammann, doch lässt sich auch hier verallgemeinernd sagen, dass die Agenten aus den höheren ländlichen Sozialschichten kamen, zwei Drittel von ihnen stammten aus dem oberen Drittel der Besitzhierarchie.[930]

Ein eigenes Kapitel sind die Agenten in den ehemaligen Landsgemeindekantonen, wo dieses Amt bei allgemeinem Widerstand gegen die neue Ordnung besonders unerquicklich sein musste. Hier gab es auf allen Ebenen nur wenige Männer, die unermüdlich und tatkräftig für die Helvetik zu wirken bereit waren. Im Distrikt Altdorf beispielsweise befanden sich unter den 14 Agenten 12 Altratsherren und zwei Altkirchenvögte.[931]

Wie schwer es fiel, bei der Auswahl der neuen Funktionsträger auch solche Personen zu berücksichtigen, die lediglich über geringes soziales Ansehen verfügten, zeigt der Fall des Kleinbauern und Pächters Heinrich Bosshard. Er wurde zunächst unter der Zürcher Interimsregierung zum Amtskommissarius, später dann zum Distriktstatthalter des Bezirks Elgg ernannt. In seiner Lebensbeschreibung schildert er die Reaktionen seiner Mitbauern: «Diese Wahl, welche auf mich, als einen gleich armen als gemeinen Mann fiele, erregte großes Aufsehen; – ob man gleich in diesem Zeitpunkt gewohnt war (bey der helvetischen Centralregierung), – nicht nur gemeine, sondern leidenschaftliche Beamtete zu sehen; – es war aber doch immer etwas ausserordentliches, in einem Bezirke, wo so viele reiche und angesehene Leute sind, einen so gemeinen Mann in einem solchen Amte zu sehen. – Ich hatte in meinem Leben nicht das geringste Amt bekleidet, und soll in diesem kritischen Zeitpunkt das wichtigste Amt im Bezirk übernehmen.»[932] Intrigen bis zur ökonomischen Vernichtung waren die Folgen der Ernennung.

Noch ausgeprägter als bei den höheren politischen Ämtern war die Kontinuität im Verwaltungsapparat. Der nun einbrechenden Regelungswut, die verbunden war mit einer Papierflut, hätte ein unerfahrenes Personal nur unterliegen können. Die Kanzleiangestellten der Verwaltungskammer, des Regierungsstatthalters und des Unterstatthalters von Basel hatten ihre Ämter ausnahmslos auch schon vor 1798 inne, ähnlich verhielt es sich vielerorts.[933] Für zahlreiche Biographien, so Paul Bernet, stellte die Helvetik keine eruptive Bruchstelle, sondern eine etwas ungehobelte Sprosse der Karrierenleiter dar.[934] Für die Landkantone lässt sich pauschalisierend sagen, dass fast alle helvetischen Beamten schon vor 1798 zu Ämtern und Ehren gelangt waren.[935]

Bei den Richterwahlen traten Unterschiede auf, die direkt davon abhängig waren, wie sich in den verschiedenen Gebieten der Schweiz die Helvetik durchgesetzt hatte. Man griff – wie beispielsweise in Luzern – auch auf das Personal der alten Ordnung zurück[936] oder verweigerte – wie in Basel – alten Funktionsträgern konsequent neue Ämter.[937] Durchweg galt auch bei den Richtern, dass häufig nur solche Personen als wählbar galten, die angesehene Berufe ausübten. Müller, Wirte, Ärzte und Wundärzte, Schmiede und wohlhabende Bauern sind hier zu nennen.[938]

Zusammenfassend lässt sich für die Mehrheit der Kantone konstatieren, dass bei der Ämterbesetzung sehr viel mehr Kontinuität vorherrschte als radikaler Bruch mit der alten Ordnung. Für den Kanton Luzern – allerdings ein Extremfall durch eine Staatsumwälzung fast ohne Volksbeteiligung – ist gezeigt worden, dass unter den haupt- und landstädtischen Vertretern in den höchsten Ämtern der Helvetik nicht ein einziger war, der nicht schon ein wichtiges Amt während des Ancien Régime innegehabt hätte.[939] Von 16 Patriziern, die höchste Ämter der Helvetik bekleideten, stand die Hälfte republikanisch-unitarischen Ideen nahe oder hatte die Staatsumwälzung begrüsst, die andere Hälfte war der alten Ordnung zugetan.[940] Die Helvetische Republik stand vor dem grossen Problem, dass sie ausserhalb der bevorrechteten Schichten der alten Gesellschaft kaum Männer fand, die sich durch Bildung und Kenntnisse ebenso ausgezeichnet hätten wie durch Regierungs- oder Verwaltungserfahrung. Noch ausgeprägter stellte sich das Problem in den ehemaligen Landsgemeindekantonen, so dass hier vor allem altgesinnte Bürger, ehemalige Ratsherren, Kirchenvögte und andere Funktionsträger für die neuen Ämter herangezogen werden mussten. Oft hatte man schon zufrieden zu sein, wenn wenigstens ein gemässigt Altgesinnter für ein wichtiges politisches Amt verpflichtet werden konnte.[941]

Allerdings gab es doch auch bemerkenswerte Neuerungen. Die Helvetik ermöglichte – im Vergleich mit dem Ancien Régime – vielen jüngeren Männern politische Karrieren und beteiligte erstmals die ländlichen Oberschichten. Im Justiz- und Polizeiministerium betrug das Durchschnittsalter der Beamten 1799 nur 22, im Ministerium der Wissenschaften und Künste 33 Jahre![942] Heinrich Zschokke wurde mit 28 Jahren Regierungsstatthalter, Albrecht Rengger, Philipp Albert Stapfer und Hans Konrad Finsler mit 34, 32 bzw. 33 Jahren Minister. Zwar gaben vielerorts weiterhin städtische Vertreter den Ton an, eine Tendenz, die sich während der Helvetik zunehmend verstärkte, doch kamen zahlreiche reiche Bauern und landstädtische Magnaten in politische Ämter. Auch für sie gilt, dass viele von ihnen schon vor 1798 Untertanen zugängliche Ämter bekleidet hatten,[943] so dass auf dem Lande diejenigen zu Gestaltern der neuen Ordnung wurden, die sich auch schon zuvor in der politischen Praxis geübt hatten.

Ein beträchtlicher Teil der helvetischen politischen Führungsschicht gehörte vor 1798 der aufklärerisch engagierten Reformelite an, aus der sich viele Männer freiwillig und vom utopischen Charakter der neuen Ordnung angezogen oder eher seufzend und widerwillig der neuen Ordnung zur Verfügung stellten. Auf sie vor allem stützte sich die Helvetik. Wo sie – wie etwa in den ehemaligen Gemeinen Herrschaften – fehlte, war man darauf angewiesen, beispielsweise Regierungs-statthalterposten an Ortsunkundige zu vergeben.[944] Bei den politischen Eliten im Ancien Régime und während der Helvetik gab es, das ist noch einmal zu betonen, nach sozialer und geographischer Herkunft, Berufen, politischer Erfahrung und Bildung weitaus mehr Kontinuität als Bruch mit dem Alten. Die Helvetische Revolution stellte somit personell eine Machtergreifung jener Teile der alten Eliten dar, die vor 1798 entweder von der Mitwirkung an den Staatsgeschäften ausge-schlossen waren oder die sich als Angehörige der regierungsfähigen Familien durch eine aufgeklärte und reformbereite Haltung ausgezeichnet hatten. Hier lässt sich am deutlichsten erkennen, dass die Helvetische Revolution nachholte, was an Veränderungen in der alten Gesellschaft versäumt worden war.

8 Die Republik bemüht sich um die Gunst der Landbevölkerung

«Die Revolutionen haben keinen Werth für die Menschheit; sie sind ihre Plage und eine Quelle der schrecklichsten Uebel, wenn sich ihre Wirkung blos auf den Uebergang der höchsten Gewalt aus der Hand des Einen in diejenige des Andern beschränkt. Denn was nützt dem Volke die Veränderung seiner Machthaber, wenn dadurch sein Loos nicht gebessert wird?»
Gutachten der Grossratskommission
über eine neue Einrichtung des Kriminalgerichtswesens, 24. 1. 1799[945]

Die Helvetische Republik hatte der Landbevölkerung – sie stellte die grosse Mehrheit der Schweizer Einwohnerschaft – dreierlei zu bieten: politische und rechtliche Gleichstellung, konkrete materielle Verbesserungen sowie Propaganda, welche die prinzipielle Überlegenheit der neuen Ordnung gegenüber der alten Ständeordnung erläuterte und Besserstellung für die Zukunft versprach. Auch wenn die Republik mit ihrer bürgerlich-demokratischen Verfassung vorrangig den Vorstellungen und Wünschen der aufgeklärten Intelligenz entsprach und gestützt wurde von einer Minorität derjenigen mit grösserem Wohlstand und besserer Bildung, so hatte die Revolution doch gezeigt, dass in einigen Orten der Schweiz – vorwiegend in den Untertanengebieten der Städte und in den Gemeinen Herrschaften – beträchtliche Teile der ländlichen Bevölkerung bereit waren, die Umwälzung und die neuen Verhältnisse zu akzeptieren, wenn sie sich im Alltag spürbare Verbesserungen versprechen konnten. Die Aufhebung aller Untertanenverhältnisse und die rechtliche Gleichstellung mit den vormaligen Herren verschafften der Republik einen Bonus.

Die Regierung musste zu Massnahmen greifen, deren Nutzen in den Dörfern spürbar wurde, denn das Geschehen im engsten Lebensumkreis war der wichtigste Massstab, nach dem die Landbevölkerung Wert oder Unwert einer Obrigkeit beurteilte. Interessengegensätze und -divergenzen auf dem Lande selbst erschwerten diese Aufgabe der Regierung. Allgemein lässt sich sagen, dass die Garantie oft als abstrakt empfundener Freiheitsrechte der Landbevölkerung wenig bedeutete und dass es vor allem zwei Komplexe waren, von denen das Verhältnis zur neuen Ordnung abhing. Zum ersten hoffte man auf die in der Revolution versprochene Aufhebung der ganzen alten, dem Feudalwesen entsprungenen Abgaben und Lasten und auf deren Ersatz durch ein gerechtes Steuer- und Finanzsystem, zum zweiten wurde eine Gemeindeordnung erwartet, die gemeindliche Selbstverwaltung und Selbstbestimmung ermöglichte.

Die Ablösung der Feudallasten und das neue Steuersystem – Schicksalsfragen der Republik

> *«So ist die allgemeine Rede: Wir hatten uns vergeblich erfreut über das Gesetz, das alle Vedual [Feudalrechte] aufgehoben [...]. Jedermann sagt, wann nur die Auflagen auf das gemeine Wäsen [!] nicht überhand nimmt, so seien wir glücklich, ja überglücklich; aber wann diseres überhand nehmen sollte, o so ist keine, ja keine Ruhe und Bruderliebe zu hoffen; nur dieses nicht.»*
>
> Eingabe von 5 Bürgern an die gesetzgebenden Räte im Dezember 1798[946]

> *«Ueber die Frage von Cartier, ob der Heuzehnten dies Jahr den Landvögten auch noch entrichtet werden müßte, fordert Kuhn die Tagesordnung, indem die Landvögte Gespenster seien, die man in der neuen Republik nicht mehr kenne.»*
>
> Über die Debatte des Grossen Rates vom 28. Mai 1798[947]

Die freie Verfügung des Bauern über den von ihm bearbeiteten Boden, ja möglichst dessen eigentümlicher Besitz, wurde während der ganzen zweiten Hälfte des 18. Jahrhunderts bereits von den Aufklärern in Frankreich, Deutschland, Russland und in der Schweiz intensiv diskutiert.[948] Im Eigentum sah man nicht nur die entscheidende Triebfeder für die angestrebte Verbesserung der Landwirtschaft, sondern auch eine der Grundvoraussetzungen menschenwürdiger Existenz der Landbevölkerung. Die Forderung nach Ablösung der Feudallasten war in der Helvetischen Revolution wichtiger Antrieb für grössere Teile der bäuerlichen Bevölkerung, sich gegen die alte Ordnung zu stellen, nun ergab sich die für das Schicksal der Republik zentrale Frage, ob man dem in Frankreich gegebenen Beispiel einer radikalen Abschaffung aller Feudallasten folgen sollte, durch die die politischen Ergebnisse der Französischen Revolution unumkehrbar geworden waren. Im August 1793 war es jedem Franzosen bei Verlust seiner bürgerlichen Rechte verboten worden, Feudalgefälle einzuziehen.[949]

Bei jeder Massnahme zur wirtschaftspolitischen Befreiung der Landbevölkerung war zu bedenken, dass das ganze System der Feudal- und Bodenlasten auf das engste mit den Finanzen der alten eidgenössischen Staaten und damit zunächst auch der Republik verbunden war. Vom Boden ernährten sich neben den Bauern nicht nur private Landbesitzer, sondern auch die Einnahmen sozialer, kirchlicher und staatlicher Institutionen bestanden aus den Abgaben der bäuerlichen Bevölkerung. Es dürften etwa 6 Millionen Livres de Suisse oder alte Schweizerfranken gewesen sein, die jährlich an Zehntabgaben entrichtet wurden, wozu im Schweizer Mittelland noch Bodenzinsen an den Staat von gut 600 000 Livres und weitere, zum Teil beträchtliche Leistungen grund- und gerichtsherrlicher Art kamen.[950] Fast die Hälfte der Zehnten entfiel auf die Kantone Léman, Zürich und Bern, um ein Drittel geringer belastet waren die Kantone Freiburg, Basel und Luzern. Nahezu frei von Feudallasten war der Boden in den Bergkantonen, wo ein Interesse an Neuregelungen naturgemäss nicht vorhanden war.[951]

Schon die Autoren des Stäfner Memorials hatten auf die Verzahnung von staatlichem Finanz- und Steuersystem mit den Feudalabgaben hingewiesen und den Weg gezeigt, den die helvetische Regierung nun hätte gehen können. «Die mässigen Abgaben», so schrieben sie, «sind ein notwendiges Bedürfnis für den Staat: die zu fordern ist gerecht; solche zu verweigern wäre höchst ungerecht. Aber ist es billig, dass sie nur von den Bauern sollen erhoben werden? Wäre es nicht gerechter und ebensowohl möglich, dass ein jeder, ohne Ansehen seines Standes, Amts und Gewerbes, jährlich von jedem 100 oder 1000 seines Vermögens einen gewissen Tax bezahlte, anstatt dass der Bauernstand diese allein und unter ihnen der Arme so viel als der Reiche tragen soll?»[952] Die Ablösung der Feudallasten musste also mit der Schaffung eines modernen Steuersystems einhergehen.[953]

Bereits in den unruhigen Wochen der Revolution hatte sich die Meinung verbreitet, «dass seit der Revolution die Zehnten, Grundzinse, Zölle etc. aufgehoben seien».[954] Am 3. Mai 1798 schrieb der Regierungsstatthalter des Kantons Léman, «dass die an Frankreich grenzenden Theile des Cantons sich in lebhafter Spannung befanden, weil die Feudalgefälle noch nicht aufgehoben und durch irgend eine gesetzliche Steuer ersetzt waren, und dass desswegen 20 Gemeinden des Districtes Nyon sich in Versammlungen vereinigt hatten, um der Verwaltungskammer ernstliche Vorstellungen zu machen».[955] «Republikanisches Zartgefühl», so hiess es daraufhin im Senat, verbiete dem Volk, «jene drückenden und entehrenden Feudal-Lasten länger zu tragen».[956] Selbst von «Unruhestiftern» musste berichtet werden, die in der Waadt «dem Volke sagen, es dörfe, wenn es sich mit Frankreich vereinige, von allen jenen bisherigen Hoheitsgebühren nichts mehr bezahlen».[957] So kam am 4. Mai 1798 das Gesetz zustande, mit dem «vorläufig das Prinzip» beschlossen wurde, «alle Personal-Feudal-Rechte» seien aufgehoben.[958] Eine nähere Bestimmung der wegfallenden Abgaben fehlte. Das Tempo, mit dem die Verabschiedung des Gesetzes erfolgte, charakterisiert die revolutionäre Umbruchzeit, in der existentielle Probleme nicht mit den im parlamentarischen Geschäft sonst üblichen Fristen behandelbar waren. Die Drohung waadtländischer Gebiete, sich mit Frankreich zu vereinigen, tat ein übriges, zumal man noch unter dem Eindruck des Vereinigungspaktes stand, den Genf gerade mit Frankreich geschlossen hatte. Der Druck auf das Parlament war gross, denn inzwischen erwachte selbst in solchen Gemeinden das Interesse an den nun möglich erscheinenden Vorteilen der Revolution, die sich während des Umsturzes an die Seite der alten Regierungen gestellt hatten.[959] Erstmals wurde ein Prinzip angewandt, das seitdem den radikalen Patrioten in den helvetischen Parlamenten zum Vorwurf gemacht wurde, nämlich Altes wegzureissen, bevor Neues geschaffen war.

Am 31. Mai und am 8. Juni 1798 – die Heuernte verlangte eine Regelung – rang man sich zu Zwischenlösungen durch. Den Zehntpflichtigen wurde erlaubt, die in Naturalform zu entrichtenden Abgaben zunächst einzubehalten und ein endgültiges Gesetz abzuwarten. Anfang August beschloss man, ähnlich auch mit den anderen Feldfrüchten zu verfahren.[960] Regierungsstatthalter Pfenninger verfügte am 13. Juni, den Beschluss auf einem Plakat im Kanton Zürich bekanntzumachen, und forderte seine Mitbürger zur Freude auf, «dass nun der erste Schritt gethan ist, die Lasten und Abgaben des Landes auf eine mehr gleichförmige Weise unter alle Staatsbürger ohne Ausnahme zu vertheilen».[961]

Die Diskussion des Beschlusses liess bereits alle Gegensätze zutage treten, die in dieser Frage in den Räten bestanden. Der polemische Ton zeigte, dass auf Kompromisse kaum zu hoffen war. Senator Lüthi von Langnau meinte, es sei «einmal Zeit, der Gleichheit zu rufen und für das Landvolk zu sorgen».[962] Senator Kubli erklärte die Zehntabgabe für ungerecht,[963] und sein Kollege Münger fand es sonderbar, «dass einige Mitglieder es sogar zur Gewissenssache machen wollen, nicht gegen den Zehnten zu sprechen; vermuthlich sind es Städter, die den Schweiß des Landmanns nicht kennen, und reiche Capitalisten, welche bisher die Lasten des Staats nicht haben tragen helfen. Der Zehnten ist eine Abgabe, und eine ungerechte und ungleiche Abgabe; dennoch will man ihn beibehalten. Was denken auch die Senatoren! Die Constitution spricht ja deutlich, die Abgaben sollen nach dem Vermögen bestimmt werden.»[964] Der durch die Revolution aus dem Zürcher Staatsgefängnis in das Senatorenamt beförderte Johann Jakob Bodmer bestritt – unter Berufung auf das Alte Testament – die von Usteri vertretene Auffassung, dass der Zehnte ein rechtmässiges Eigentum sei.[965] Senator Meyer von Aarau befürchtete, der «helvetische Landanbauer» könnte gegenüber dem französischen in Nachteil geraten, müsse er den Zehnten weiter entrichten.[966]

Den Patrioten, die sich als Vertreter bäuerlicher Interessen fühlten, galt eine Finanzierung der Staatsausgaben durch den Zehnten nicht nur als ungerecht, da sie die von Zehnten freien Kantone und ganze Bevölkerungsgruppen von der Staatsfinanzierung ausnahm, sondern auch als Widerspruch zum Geist der Verfassung.[967] Die in den Räten immer wieder diskutierte Kernfrage lautete, ob es sich bei den Zehnten um ein rechtmässig zustandegekommenes Eigentum der Zehntbesitzer handelte, das den Schutz der Verfassung genoss, oder ob diese Abgaben durch Gewalt, List oder Erschleichung entstanden seien. Erstmals in der Schweizer Geschichte waren es Bauern selbst, die das Werk der Bauernbefreiung als Parlamentarier in die eigenen Hände nahmen.[968] Ihnen trat Konrad Escher mit dem Argument entgegen, die Zehntbelastungen seien über die Jahrhunderte beim Wert der Güter berücksichtigt worden, infolge dessen sei die Zehntaufhebung ein unberechtigtes Geschenk besonders für die reichen Güterbesitzer und für eine die Armen drückende Dorfaristokratie.[969]

Die Stimmung in den Räten war gegen pragmatische Lösungen, die unterschiedliches bäuerliches Vermögen hätten berücksichtigen können. «Ich bin kein Rechtsgelehrter», so äusserte sich etwa der Revolutionär der Zürcher Landschaft, Johann Kaspar Billeter, in einer Rede am 30. Mai 1798, «habe nur so meinen schlichten natürlichen Menschenverstand, bin aber der Sache der Freiheit und Gleichheit von ganzem Herzen zugethan, sowie ich im Gegentheil alles verabscheue, hasse und verachte, was irgend noch das Gepräge von Sklaverei, Leibeigenschaft und Knechtschaft hat oder davon abstammt. Und so bin ich ein geschworner Feind des Zehntens. Denn wie der Todfall, der Bettsprung, das Hennen- und Eiergeld, ebenso ist auch der kleine und große Zehnten ein abscheuliches Ueberbleibsel der Leibeigenschaft und der Sklaverei. Barbarei hat ihn erzeugt, und der Despotismus brachte ihn bis auf uns, und kein wahrhaft freier Mann trägt fernerhin mit Willen das Brandmal der Knechtschaft und Dienstbarkeit. [...] – Unter dem Vorwand der Gerechtigkeitsliebe will man ein Eigenthum schützen, welches Barbaren, Mörder und Diebe zusammenscharrten, und welches dann endlich durch ebenso krumme Wege in die dritte und vierte Hand gerathen ist.»[970]

Pragmatik und Emphase stritten in den Räten nicht wirklich miteinander, sondern redeten aneinander vorbei. Die Diskussion wurde nicht nur während des ganzen ersten Sommers der Republik heftig in den Räten geführt, sondern auch die Öffentlichkeit nahm daran grossen Anteil. Heinrich Pestalozzi bezeichnete den Zehnten in einer Flugschrift an die Bauern als «versteckten Frondienst»[971], erteilte dem Pragmatismus der Republikaner in den Räten eine Absage und trat für einen Neuanfang ein, der den Prinzipien der neuen Ordnung entsprechen sollte, sonst komme es dazu, «daß das Volk beym ersten Abmarsch der französischen Bajonetten die alten Regenten laut auf ihre Stühle zurückwünschen wird».[972] Nur bei einer Aufhebung der Feudalrechte, die begleitet sein müsse von einer allgemeinen Erneuerung der Staatsgrundsätze und einem Festhalten der Regierung an den Revolutionsgrundsätzen, werde der «Bauer für die neue Ordnung der Dinge zahlen, was er im Sack hat».[973] Ähnlich äusserte sich Franz Xaver Bronner.[974]

Unter dem Eindruck einer erheblichen Politisierung und Polarisierung fanden die Räte am 10. November zu einem «Gesetz über die Abschaffung der Feudallasten». Artikel 1 bestimmte, dass von nun an alle Feudallasten und -rechte teils ohne Entschädigung abgeschafft, teils gegen eine Entschädigung aufgehoben sein sollten. Zu den ersteren gehörten allein die kleinen Zehnten und alle neu aufgelegten Zehnten auf Land, das sich noch in der Hand des Urbarmachers befand. Der grosse Zehnte sollte auf verschiedene Weise, in der Regel durch die Bezahlung von 2% des Grundstückspreises an den Staat abgelöst werden. Der Staat wiederum verpflichtete sich zur Entschädigung der Zehntenbesitzer. Die Grund- und Bodenzinsen waren durch die Zahlung des 15- bis 20fachen eines Jahreszinses ablösbar. Der Staat selbst, soweit er Zehntenbesitzer war, ging damit seiner Einnahmen verlustig, denn die zweiprozentige Loskaufsumme für den grossen Zehnten sollte zur Entschädigung der Geistlichen und der Armenanstalten verwandt werden.[975]

Damit war ein Kompromiss gefunden worden, der von den Bauern zwar nicht ein Loskaufen zum tatsächlichen Wert verlangte, auf der anderen Seite aber auch der Auffassung der bäuerlichen Revolutionäre nicht Rechnung trug, dass die Ungerechtigkeit der Feudalabgaben nach den Grundsätzen der neuen Ordnung ohne Wenn und Aber aus der Welt geschafft werden müsse. Zusammen mit dem ersten Steuergesetz der Helvetik bedeuteten die Loskaufbestimmungen eine zumindest vorübergehende doppelte Belastung des Bodens. Die angestrebte Agrarrevolution war nicht zustande gekommen, doch bot das Gesetz der bäuerlichen Bevölkerung einige erhebliche Vorteile und eröffnete die Chance, die soziale Basis der Helvetischen Republik zu verbreitern. Matthias Manz kam auf der Grundlage detaillierter Untersuchungen zu dem Schluss, dass die neuen Regelungen sich für die Landbevölkerung zunächst lohnten.[976]

Das Gesetz blieb während der Jahre der Helvetik stets Zankapfel. Ein administrativer Apparat fehlte, der die komplizierten Vorarbeiten für den Loskauf hätte leisten können. Ein erstaunliches Bündnis, das von den Republikanern über die im Sommer 1799 unter dem Schutz österreichischer Waffen eingesetzten Interimsregierungen bis zu Karl Ludwig von Haller reichte, unternahm Versuche, Zehnten und Bodenzinsen wieder einzuführen.[977] Am 15. September 1800 wurde in Erwägung, «dass die pflichtmässige Achtung für die Rechte des Eigenthums» eine andere Regelung erfordere, die Vollstreckung des Gesetzes ausgesetzt.[978] Der Helvetik war es nicht gelungen, denen wirksam zu helfen, die unter dem Wegfall des Zehnten besonders litten. Gegen die Wiedereinführung der Feudalabgaben kam es in der Endphase der Helvetik zu mehreren Aufständen, die bereits den Verfall der Republik kennzeichneten.[979]

Das Hauptproblem der Helvetischen Republik, zur Finanzierung von Staatsausgaben und Verwaltung zu einem leistungsfähigen Steuersystem zu finden, war während der ersten zwei Jahre vorwiegend und mit besonderer Leidenschaft auf dem Gebiete der Feudallastenablösung verhandelt worden. Die Helvetik scheiterte bei dieser Aufgabe nicht am Gesetz vom 10. November 1798, sondern – neben den erheblichen Lasten durch die französischen Forderungen und den Krieg – an der Unfähigkeit, zu einem gerecht die Staatslasten verteilenden Steuergesetz zu finden.

Die Auseinandersetzungen über diese Steuergesetze sind spannend. «Helvetien hatte noch niemals ein allgemeines und regelmäßiges Finanzsystem», so stellte eine Botschaft des Direktoriums vom 31. Juli 1798 fest: «Jeder Canton hatte seine besondern Einrichtungen, welche das aus dem Föderalismus entstandene Misstrauen und Eifersucht mit einem dichten Schleier umgab. In jedem Canton bezogen die Privilegirten die öffentlichen Einkünfte im Dunkel des Geheimnisses und unter den verschiedensten Formen.»[980] Die Botschaft listete erstmals geplante Steuern und Abgaben auf. Die grösste Einnahme sollte der Staat durch eine Grundsteuer in Höhe von 0,2 % des Bodenwertes erlangen. Daneben war eine Handänderungssteuer in Höhe von 2 % fällig, wenn Güter oder Kapitalien durch Verkauf, Tausch, Schenkung oder Erbschaft ihren Besitzer wechselten. Weiter wurden eine Stempelsteuer auf alle amtlichen Papiere, eine Steuer von 0,2 % auf Hauseigentum, eine Getränkesteuer von 4 % auf alle öffentlich ausgeschenkten Getränke, eine Luxussteuer, Zölle und Brückengelder genannt.[981] Die Handschrift der städtischen Kaufleute, der Fabrikanten und Bankiers war unverkennbar. Eine Steuer auf Kapitalien, Vermögen und Gewinne war vergessen worden. Lediglich die bescheidene Summe von einem Viertel Prozent aus Handelsgewinnen wollte man erheben und die Angaben zur Höhe der Erträge auch noch ausdrücklich der Ehrlichkeit der Steuerpflichtigen überlassen.[982] Vor dem Hintergrund dieses Entwurfes erscheinen die Angriffe der Republikaner gegen die radikalen Vertreter der Bauernschaft, ihr Patriotismus in der Frage der Feudallastenablösung bestünde allein aus Eigennutz, in eigenem Licht.

Das am 17. Oktober 1798 verabschiedete «Gesetz über das Auflagensystem» enthielt dann doch noch Steuern, durch die Gewinne der Fabrikanten, Bankiers und Kaufleute berücksichtigt wurden. Hiermit gelang der Helvetik, indem die Handelsabgabe in eine Umsatzsteuer für den Handel und in eine Gewinnsteuer für Fabrikanten und Bankiers geteilt war, die Einbeziehung eines bis dahin nicht berücksichtigten Bereiches des Bankenwesens und der Industrie. Neu war auch die allgemeine Erbschafts- und Schenkungssteuer. Doch waren die vorgesehenen

Steuern viel zu niedrig angesetzt. Schon am 22. Oktober 1798 mussten die gesetzgebenden Räte einen Aufruf an alle helvetischen Bürger beschliessen, «bei ihren bürgerlichen Pflichten, ihrer Vaterlandsliebe und ihrem Gewissen einen Geldbeitrag zu den öffentlichen dringenden Bedürfnissen darzuschießen».[983] Hinzu kam die Unfähigkeit, das Steuergesetz praktisch durchzusetzen, was zur mehrfachen Erhebung von Sondersteuern führte. Mit dem Steuergesetz und der nicht funktionierenden Steuerverwaltung waren die Grundlagen für die marode Finanzsituation der Helvetik gelegt[984], die auf allen Ebenen zu Auflösungserscheinungen führte, indem die Republik ihre Diener nicht besolden konnte und fast alle Massnahmen unmöglich wurden, die Geld kosteten.[985] Und hier schloss sich der Kreis mit der schliesslich wieder notwendig werdenden Einziehung der Zehnten und der Bodenzinsen. Unter der bäuerlichen Bevölkerung war nun fast niemand mehr, der einen Grund zur Verteidigung der Helvetischen Republik sah.

Ein das Kapitel beschliessendes Nachspiel ist noch zu berichten. Nachdem sich die helvetische Regierung im September 1802 nach Lausanne zurückziehen musste, kam es zu einem speziellen Gesetz für das Waadtland, das den in diesem Kanton besonders drückenden Feudallasten und den «vorzüglichen Anstrengungen der Waadt zur Aufrechterhaltung des Staates und der Verfassung» Rechnung trug.[986] Artikel 2 bestimmte, dass die Zehnten und Grundzinse sowie alle anderen Feudalrechte für immer abgeschafft seien. Die bedrängten Unitarier – es waren diejenigen, die als Republikaner gegen die Aufhebung argumentierten – erhofften sich die Unterstützung derjenigen unter den pflichtigen Bauern, gegen deren Repräsentanten sie im ersten Parlament der Helvetik aufgetreten waren. Es ist nicht ohne Ironie, dass die Unitarier nun zu einer ihren Überzeugungen widersprechenden loskauflosen Ablösung kamen, die der Helvetischen Republik zu einem früheren Zeitpunkt vielleicht bessere Entwicklungsmöglichkeiten verschafft hätte.[987] Sie begnadigten auch den Anführer der «Bourla-papey», Louis Reymond, der die gegen die Feudalabgaben aufständischen Bauern geführt hatte und zum Tode verurteilt worden war.[988]

Demokratie in den Gemeinden

«Das Land sank auf die Ebene eines reinen Verwaltungs-, Gerichts- und Wahlbezirks ohne politische Autonomie. Auch in den Gemeinden war die ehemals weitgehende politische Selbstbestimmung aufgehoben.»[989]

«Wenn man das politische Leben in den Gemeinden betrachtet, kommt man zum Schluss, dass die Helvetik eine eigentliche Entfaltung der kommunalen Institutionen und Aktivitäten brachte.»[990]

Aussagen von Historikern über die Gemeinden während der Helvetik

Das Verhältnis der Landbevölkerung zur Helvetik bestimmte sich nicht zuletzt durch die Gemeindeorganisation, denn Dorf und Gemeinde bildeten den Mittelpunkt ländlichen Lebens. Die hier gebotenen Mitwirkungs- und Selbstbestimmungsmöglichkeiten entschieden weitgehend darüber, wie die neue Ordnung im Alltag erfahren wurde. Hier, so hatte bereits die Revolution gezeigt, war der Ort, wo Konflikte erfahren und ausgetragen wurden, wo sich der Widerstand formierte und die Willensbildungsprozesse der Landbevölkerung stattfanden. Alle revolutionären Aktionen der Landbevölkerung nahmen in den Gemeinden ihren Anfang, stets wurden die gemeinsamen Forderungen in Gemeindeversammlungen beschlossen. «Was dem Menschen am nächsten liegt», so schrieb Regierungsstatthalter Rüttimann dem Innenminister, «interessirt ihn auch am mehrsten. Da also die Bürger einer Gemeinde unmittelbar ihre Municipalbeamten hätten wählen können, denen die Administration der Gemeindgüter, Waisencassen, Weibermittel, die Errichtung von Verschreibungen, Käufen etc. glaublichen anvertraut worden wäre, so hätten sich unsere Dorfbewohner in die volle Ausübung der Souveränitätsrechte eingesetzt geglaubt.»[991]

Es ist allerdings nicht ganz einfach, über das Verhältnis der Landbevölkerung zur helvetischen Gemeindeorganisation verallgemeinernde Aussagen zu treffen, denn wie die neuen Regelungen empfunden wurden, hing vor allem von der vorrevolutionären Situation ab. Und natürlich wurden sie auch von den unterschiedlichen sozialen Schichten verschieden erlebt, denn die nun eingeführte politische Gleichberechtigung aller Gemeindebewohner bedeutete für den reichen Bauern etwas anderes als für den Hintersassen.[992]

Bei der Organisation der Gemeinden spielte die Furcht zahlreicher führender Persönlichkeiten der Helvetik, zu viele Kompetenzen für das Volk könnten zur Anarchie führen, eine wichtige Rolle. Ein starker Zug zur repräsentativen Demokratie kennzeichnete die Helvetik, was insbesondere in den Landsgemeindekantonen mit ihren Traditionen direkter Demokratie und unmittelbarer Volksbeteiligung zu Konflikten führte. Selbst unter den Patrioten wusste man um die Gefahr allzu grosser Freiheit, da «unser Volk noch nicht aufgeklärt genug ist».[993] Dagegen setzte sich in den Diskussionen über ein Gemeindegesetz beispielsweise der Sattler Josef Elmiger von Reiden für eine starke kommunale Versammlung ohne Plazet des Statthalters ein und argumentierte, dass früher die Gemeinden den Landvogt auch nicht hätten fragen müssen, das Bevogten der Gemeinden müsse ein Ende haben.[994] Regelmässig kam es zu Konflikten zwischen einzelnen Gemeinden und den kantonalen Verwaltungskammern, wenn eine Gemeinde ganz selbstverständlich alte Rechte und Gewohnheiten ausübte wie die Erteilung von Wirtspatenten, die Ausstellung von Heimatscheinen, Erteilung von Bäckereirechten, Genehmigung von Hausbauten, die Annahme neuer Nutzbürger, die Organisation der Armenfürsorge oder die Bekämpfung der Viehpest.[995]

Die Helvetische Republik nahm im Gemeindewesen eine Rechtsvereinheitlichung vor, die in den Jahrzehnten zuvor von den alten Regierungen bereits angestrebt worden war. Ausserordentlich kompliziert und unterschiedlich gestaltete Gemeinderechte von der fast vollständigen Autonomie bis zur straffen Regierung durch einen Landvogt wurden nun auf einen Nenner gebracht. Unterschieden wurde zwischen öffentlich-rechtlicher oder politischer Einwohnergemeinde und der privatrechtlichen Bürgergemeinde. Die Bürgergemeinde vereinigte die Anteilhaber am Gemeindegut, wobei jedem helvetischen Bürger ein Einkaufsrecht garantiert wurde, während die Einwohnergemeinde alle Einwohner eines Gemeindebezirkes einschloss. Bestimmte die Bürgergemeinde eine Gemeindeverwaltungskammer zur Verwaltung des Gemeindegutes, so wählte die Einwohnergemeinde den Gemeinderat und die Munizipalität.[996] Die Gemeindeversammlung wählte die Gemeindebeamten und hatte Gemeindesteuern zu bewilligen. Ihre Beschlüsse konnten durch die Verwaltungskammer des Kantons aufgehoben oder abgeändert werden.[997] Die Munizipalitäten hatten die gesamten Verwaltungstätigkeiten auf Gemeindeebene zu organisieren. Eine Zentralmunizipalität oder Ortsvorsteherkonferenz förderte die überkommunale Zusammenarbeit.

Als Widerpart empfanden diese Institutionen häufig die Vertreter des zentralistischen Staates vom Regierungsstatthalter bis zum Dorfagenten. Mit ihren Durchgriffs- und Weisungsrechten wurde die zentrale Exekutive von den Gemeinden als übermächtig empfunden. Allerdings bot die helvetische Neuorganisation vielen Gemeinden ganz neue Möglichkeiten, die eigenen Verhältnisse zu gestalten. Und selbst dort, wo vor 1798 ein hohes Mass an Autonomie vorhanden war, bestand eine grosse Diskrepanz zwischen geschriebener Verfassung, die eine Gemeindeautonomie nicht kannte, und der Verfassungswirklichkeit, die angesichts schlecht organisierter und häufig machtloser zentraler Institutionen die Gemeinden gewähren liess.

Differierend sind die Urteile der Historiker. Matthias Manz hat die in der Geschichtsschreibung regelmässig betonte Einschränkung der lokalen Selbstbestimmung durch die Helvetik als Produkt einer herrschaftszentrierten Historiographie bezeichnet. Den grössten Verlust an Unabhängigkeit hätten die ehemals souverän regierenden Städte und Landstände zu beklagen gehabt, wohingegen sich – am Beispiel Basels – die Angelegenheit aus der Sicht der ehemals untertänigen Landschaft ganz anders dargestellt habe. Ihr fehlte auch vor 1798 jede legislative Kompetenz, erst die Helvetik habe für das politische Leben der Gemeinden eine «eigentliche Entfaltung der kommunalen Institutionen und Aktivitäten» gebracht.[998] Zu ähnlichen Schlüssen kommt auch eine Untersuchung über die Zürcher Landschaft. An der lokalen Selbstverwaltung habe sich sehr viel weniger geändert, so Hans Weber, als man nach einem ersten Blick auf Verfassung und Gesetzgebung annehmen könnte. Die Bedeutung der Gemeinden habe während der Helvetik keineswegs abgenommen, sie hätten die eigentliche Brücke von der alten zur neuen Freiheit gebildet.[999] Zu dem gleichen Ergebnis kommt ein Historiker auch für die Gemeinden im Thurgau.[1000]

Prohelvetische Propaganda und die Presse für einfache Leser

> «*Das Volk ist ein Kind. Wer es emporheben will, muß sich vorher zu ihm niederbeugen. [...] Das Volk ist ein Kind mit beschränkten Begriffen; der Macht der Einbildungskraft und der Gefühle mehr, als dem Gesetz des Verstandes untergeben.*»
>
> HEINRICH ZSCHOKKE ZU JOHANN HEINRICH PESTALOZZI[1001]

Von Beginn an empfanden die helvetischen Politiker die politische Aufklärung der bäuerlichen Bevölkerung als eine der wichtigsten Aufgaben.[1002] Sollte die neue Ordnung auf dem Lande eine breitere Basis gewinnen, so wusste man, dann waren Informationen über Strukturen, Ziele und Vorteile des neuen Staates überlebenswichtig. So ging man zunächst Wege, die an die von den Volksaufklärern seit Mitte des 18. Jahrhunderts in der Schweiz gemachten Erfahrungen anknüpften. Bei allen graduellen Unterschieden und einzelnen Ausnahmen galt, was ein Statthalter am 17. September 1798 dem Minister der Wissenschaften und des öffentlichen Unterrichts, Philipp Albert Stapfer, mitteilte: «Unser Canton hat nur wenige Dörfer, wo die Lectüre Mode wäre; der größere Teil desselben besteht aus Landbauren, die einen schweren rauhen Boden zu bearbeiten haben, welcher ihnen zu jener wenig Zeit übrig lässt.»[1003] Mit anderen Worten: Sollte auf die bäuerliche Bevölkerung gewirkt werden, dann musste das nicht zuletzt auch durch ein Eindringen in die Kommunikationsprozesse geschehen, die auf dem Lande massgebend waren.

Die ersten Bemühungen, mittels politischer Volksaufklärung zur Festigung der neuen Ordnung beizutragen, gingen unmittelbar von der Helvetischen Regierung aus. Bereits am 13. Mai 1798 äusserte das Direktorium den Wunsch, «das Volk durch Schriften, welche seiner Fassungskraft angemessen sind, über seine neuen rechtlichen Verhältnisse zu belehren, die irrigen Begriffe und sein Vorurtheil gegen alles Neue und Ungewohnte, welche so regsam von Priestern und Anhängern der alten Ordnung der Dinge genährt werden, durch helle Einsichten zu verdrängen».[1004] Doch sogleich wurde durch den Justizminister eingeschränkt, dass eine solche Massnahme allein nicht hinreichend, notwendig vielmehr ein mündlicher Unterricht sei: «Die Sache ist noch so neu, unbegreiflich dem Landmann, der sie mit nichts Bekanntem vergleichen kann. Unwissenheit und Arglist verwirren noch mehr die Begriffe, und falsche Gerüchte veranlassen Unruhe und Aufstand.»[1005] Es entstand der Vorschlag, «Freunde der Freiheit und des Vaterlandes auf Schweizerreisen» auszuschicken, die «neue Lehre durch Missionarien verbreiten zu lassen und annehmen zu machen». Die Idee erscheint nicht sehr erfolgversprechend und zeigt in ihrer Praxisferne, wie gross der Abstand zwischen vielen Trägern der Helvetik und dem «Volk» war.[1006] Das Projekt verrät auch, welch niedriger Bildungsstand der ländlichen Bevölkerung angenommen wurde, denn die mündliche Unterweisung dürfte wohl als niedrigste Stufe des Unterrichts anzusehen sein. «Wie im Kindesalter der Cultur», so äusserte sich entsprechend der Generalsekretär des Direktoriums, Johann Rudolf Steck, «der mündliche Unterricht der einzige war, dessen sich die Weisen und Lehrer bedienen konnten, so ist auch jetzt den ungebildeten oder halbgebildeten Menschenclassen nur durch unmittelbare Mittheilung beyzukommen.»[1007] Da sowohl die Indienstnahme des einzigen funktionierenden Kommunikationssystems, das die Kirchen mit ihren Geistlichen in den Dörfern besassen, als auch der Aufbau eines Beamtenapparates, der diese Aufgaben zumindest teilweise hätte übernehmen können, nur schleppend vorankam, gerieten zwangsläufig andere Mittel der Ansprache stärker in das Blickfeld.

Unter den literarischen und publizistischen Mitteln, die während der Helvetik zur politischen Volksaufklärung genutzt wurden, sind die Zeitungen für die bäuerliche Bevölkerung als wichtigste eigenständige Leistung zu nennen. Die gewöhnlichen Zeitungen, so wusste «Der weltkundige Oberländer-Bote», ein «Wochenblatt für den Handwerker und Landmann», «sind gewöhnlich so theuer, daß die arbeitende Classe, die nicht nur für ihre Neugierde, sondern hauptsächlich dafür zu sorgen hat, daß der Magen nicht zusammen falle [...], sie gar nicht zu lesen bekömmt».[1008] Also machte sich die Helvetik an das Werk, preiswerte

«Volkszeitungen» zu schaffen. Hier konnte an deutsche Traditionen und Erfahrungen angeknüpft werden, die seit den achtziger Jahren mit jener eigenartigen Mischung von Zeitung und Zeitschrift gemacht wurden, wie sie von den Aufklärern mit Blick auf die Lesebedürfnisse der ländlichen Bevölkerung entwickelt wurde. Von vielen Aufklärern wurde eine periodisch erscheinende Schrift, die sich das seit langem vorhandene Interesse breiter Bevölkerungskreise an der Zeitungslektüre zunutze machte und neben den aktuellen Meldungen vom Weltgeschehen auch volksaufklärerische Beiträge enthielt, als das effektivste literarische Mittel der Aufklärung angesehen.[1009]

Am 22. Juni 1798 beriet das Direktorium erstmals über ein «Volksblatt» und beauftragte noch am selben Tage Stapfer, «einen neuen und umständlichen Vorschlag» sowohl zu einem offiziellen Tageblatt, das die aktuellen Gesetze enthalten sollte, als auch zu einer Zeitung für das «Volk» zu erarbeiten. Am 20. Juli kam es im Grossen Rat zu einer Debatte, in der sich die fast grenzenlose Zuversicht der Volksrepräsentanten zeigte, die ländliche Bevölkerung würde jeden Widerstand gegen die neue Ordnung aus Einsicht aufgeben, habe man nur erst in ausreichendem Masse Unterricht erteilt. Hätte «das Volk schon die nöthige Aufklärung erhalten, so würden die Feinde eine ‹Nase› bekommen haben, indem das Volk gewußt hätte, dass es von denselben betrogen wird», so lautete einer der typischen Sätze.[1010] Johann Konrad Escher befand die Aufklärung des Volkes «für die Ruhe Helvetiens unentbehrlich» und forderte, das Blatt müsse eine «natürliche und einfache» Erklärung der Gesetze und Beschlüsse enthalten sowie die Gründe angeben, welche diese erforderlich machten.[1011] Beschlossen wurde, ein unterrichtendes, allgemeinverständliches Volksblatt herauszugeben und auf Kosten der Nation in allen Gemeinden zu verbreiten.[1012]

Trotz einiger Bedenken gegen eine offizielle, von der Regierung verantwortete Zeitung[1013] war die Reaktion auf den Beschluss zur Herausgabe des «Helvetischen Volksblattes» allgemeine Begeisterung und Zustimmung. Der künftige Verleger der Zeitung, Heinrich Gessner, bemühte sich um die Mitarbeit von Autoren aus allen Kantonen und gedachte, für das Ausland eine entsprechende Anzeige über Christoph Martin Wieland zu machen. Viel hing von der Wahl eines geeigneten Redakteurs ab, der nicht nur mit dem Denken des einfachen Volkes vertraut sein und dessen Sprache beherrschen sollte, sondern auch noch das Vertrauen der ländlichen Bevölkerung geniessen musste. Manches davon brachte Heinrich Pestalozzi mit, den Stapfer auswählte; seine von den Zeitgenossen hochgelobte Beschreibung des Volkslebens in «Lienhard und Gertrud» schien ihn ebenso zu qualifizieren wie seine Vermittlungsbemühungen zwischen der alten Regierung Zürichs und der Landbevölkerung in den Jahren der grossen politischen Unruhen. Doch schon seine Zustimmung zu einem Vertrag, der ihn verpflichtete, in sein Blatt nichts einzurücken, «was den Absichten der Regierung nicht gemäß wäre oder sie compromittiren könnte», liess nichts Gutes erahnen, denn kompromittiert war mit einer solchen Bestimmung eine Zeitung, die das Vertrauen der Bevölkerung erwerben sollte. Die Regierung verpflichtete sich zur Abnahme von immerhin 3 000 Exemplaren, was dem Blatt eine für schweizerische Verhältnisse sehr hohe Auflage sicherte.

Am 8. September 1798 erschien dann nach einigen Verzögerungen das erste Stück des «Helvetischen Volksblattes». Es war gefüllt mit einem von Stapfer verfassten programmatischen Artikel und einem Dialog «Revolutionsskizzen», in dem Heinrich Pestalozzi sich mit dem öffentlich erhobenen Vorwurf auseinandersetzte, die neue Ordnung gefährde die Religion. Stapfer erläuterte den Sinn und Zweck der neuen Zeitung mit einem grossartigen Bekenntnis zur politischen Aufklärung des «Volkes»[1014], doch war der Beitrag so abgefasst, dass man förmlich das ratlose Kopfschütteln eines bäuerlichen Lesers sieht. Dem Verständnis ungeübter Leser angemessener erscheinen die «Revolutionsskizzen» Pestalozzis, die als Gespräch zwischen dem Bauern Christoph und einigen seiner Standesgenossen gestaltet sind und es in ihren besten Passagen vorstellbar erscheinen lassen, dass ein reales Gespräch so oder so ähnlich hätte stattfinden können. Sprichwörter und aus dem ländlichen Leben stammende Vergleiche sind eingeflochten, doch ist Christoph auch nicht davor gefeit, in lange, pathetisch-agitatorische Reden zu verfallen.

In jedem Falle war das «Helvetische Volksblatt» zur eigenständigen bäuerlichen Lektüre nicht geeignet und auch mit seinen besseren Beiträgen stets auf zusätzliche Erläuterungen und Erklärungen angewiesen. Da dies auch tatsächlich durch Geistliche und Amtspersonen geschah, gibt es wohl für kaum ein zweites Blatt in so reicher Zahl Quellen zur Rezeptionsgeschichte; vom Dorfagenten bis zum Regierungsstatthalter waren die Staatsbeamten zur Berichterstattung über die Aufnahme der Zeitung durch die Bevölkerung verpflichtet. Intensiv bemühte man sich, Geistliche, Schulmeister, Wirte, Staatsbeamte, Barbiere und patriotische Dorfbewohner zur Popularisierung und zum Vorlesen der Zeitung zu gewinnen. Angesichts geringer Anschaulichkeit und übergrosser Länge der Artikel muss es viel Mühe gekostet haben, wenn beispielsweise ein Pfarrer seine Zuhörer fesseln wollte.

Misserfolg und Misshelligkeiten führten dazu, dass Pestalozzi bereits nach sechs Wochen seine Redakteursarbeit abbrach. Im Grossen Rat war man mit dem Blatt unzufrieden, «weil einige Gelehrte da in einem zu hohen Ton mit dem Volke sprechen und ihm glaublich machen wollen, dass es jetzt schon des Glücks der Revolution genieße, was noch nicht der Fall» sei.[1015] Der Antrag auf ein zweckmässigeres Volksblatt wurde von dem Abgeordneten Kuhn mit dem Bemerken zurückgewiesen, «dass eigentlich der ‹Schweizerbote› dem Bedürfnis ziemlich genau entspreche»; gleichzeitig betonte Kuhn, die beste Aufklärung des Volkes bestehe in der «zweckmäßigen republikanischen Organisation der Republik».[1016]

Damit ist eine zweite Zeitung angesprochen, die in vielem ein Gegenbeispiel zu dem offiziösen «Helvetischen Volksblatt» darstellt: «Der Aufrichtige und wohlerfahrene Schweizerbote, welcher nach seiner Art einfältiglich erzählt, was sich im lieben schweizerischen Vaterlande zugetragen und was ausserdem die klugen Leute und die Narren in der Welt thun.»[1017] Dieses Blatt mit seiner für schweizerische Verhältnisse riesigen Abonnentenzahl von mindesten 3 000 wurde von den Zeitgenossen zu Recht als «Muster an Popularität»[1018] empfunden und darf als die grösste journalistische Leistung der Helvetischen Republik gelten.

Am 8. November 1798 erschien das erste Stück des «Schweizerboten». Über die normalen Vertriebswege hinaus versuchte sein Herausgeber Heinrich Zschokke, die Zeitung über Pfarrer oder auch einen Mann wie den bekannten Revolutionär Johannes Künzle in Gossau an die Leser zu bringen. Wie das «Helvetische Volksblatt» wollte auch der «Schweizerbote» nicht von vornherein auf zusätzliche mündliche Erläuterungen oder auf das Vorlesen verzichten, doch war er so gestaltet, dass auch einer individuellen Lektüre nichts im Wege stand. Das Blatt selbst hatte sehr stark den Charakter der Mündlichkeit, nutzte dialogische Formen und legte mit seinem zweispaltigen Satz grössten Wert auf Übersichtlichkeit und ein klar gegliedertes Druckbild. Bevorzugt wurden kleine Meldungen, kurze Beiträge und Abhandlungen, Anekdoten und Erzählungen, welche die Geduld des Lesers nicht über Gebühr beanspruchten. Was zur Popularisierung der neuen Ordnung getan werden konnte, leistete das Blatt, erwarb mit Kritik auch an der Regierung und am Verhalten der Franzosen gegenüber seinen Lesern das Recht, die Kritisierten auch zu loben. Bald bediente sich ebenso die gegenrevolutionäre Literatur und Publizistik der im «Schweizerboten» so erfolgreichen literarischen Formen. Beispielhaft dafür sind «Der alte-redlich-offenherzige Alpenboth»[1019] und «Der aufrichtige und redliche Bote aus Schwaben, welcher seinen lieben Lands-Leuten im Schwabenlande, und auch andern ehrlichen Leuten in Oesterreich, Frankenland, Bayern und in der Schweiz allerley, Altes und Neues erzählt, was zu ihrem Beßten dienen kann».[1020]

Die politischen Auseinandersetzungen während der Helvetik riefen zahlreiche weitere Schriften hervor, mit denen der Landbevölkerung die neuen staatstragenden Werte nahegebracht werden sollten. Dabei fällt auf, dass die prorevolutionären Schriften weit in der Mehrzahl waren, was nicht zuletzt damit zusammenhängen dürfte, dass in der Folge des Zweiten Koalitionskrieges die kurze Zeit der zu Beginn der Helvetik proklamierten Pressefreiheit bereits wieder zu Ende ging. Zu Recht ist von einer «politischen Nationalliteratur» der Schweiz gesprochen worden, die in den Jahren der Helvetik entstand.[1021] Charakteristisch für die politische Volksaufklärung sind unter den mehr als tausend Broschüren und Flugschriften, die während der fünf Jahre der Helvetik erschienen[1022], Titel wie «Katechismus der helvetischen Verfassung», «Kurzer, leichtfaßlicher Unterricht über die helvetische Staatsverfassung in verschiedenen Gesprächen zwischen einem Patrioten und Antipatrioten» oder «Gespräch des guten Vater Klaus über den Geist der Konstitution».[1023] Schon die einfache Tatsache, dass nun verschiedene Druckschriften und für die Landbevölkerung geschriebene Zeitungen existierten, war ein wesentlicher Beitrag zur Entwicklung einer schweizerischen nationalen Identität auf republikanischer Grundlage.

a. Das «Volk» als Teil der Nation – Stolz auf die neue Ordnung als Grundlage schweizerischen Nationalbewusstseins

«Wer ist ein wahrer Schweizer? sprich!
Du siehst mich an, und wunderst dich.
Nur der ist Schweizer fromm und brav
Der weder Herr sein will, noch Sklav;
Der Titel nicht noch Adel preist,
Und stolz ist, weil er Bürger heißt.»[1024]

«Die Krone hat verblüht,
Auf ihrem Grabe glüht
Die Freyheitsblum;
Ihr sanfter Rosenduft
Verscheucht die Fürstenluft
Schafft über ihrer Gruft
Elysium.»[1025]

Als eine ihrer Hauptaufgaben begriff die prohelvetische Propaganda es, mit der Kritik der alten, nun überwundenen Ordnung sowie der Betonung der politischen und sozialen Vorteile der neuen Ordnung bei der bäuerlichen Bevölkerung den Stolz auf die gewonnene Freiheit und Verbundenheit mit der Schweiz als Vaterland herzustellen. Ziel war weiter die Bereitschaft, diese Freiheit gegen innere und äussere Gegner zu verteidigen. In der prohelvetischen wie in der gegenrevolutionären Propaganda wurden nationale Stereotypen und Mythen, die in den Jahrzehnten zuvor bei den Gebildeten der Schweiz entstanden sind, nun auch an das «Volk» vermittelt. Grosser Wert wurde darauf gelegt, das auf das eigene Dorf, auf die enge, bekannte Lebenswelt gerichtete Gemeinschaftsgefühl auf den grossen

Kreis von Schweizern zu übertragen. Im «Helvetischen Volksfreund» wurde den Lesern der Unterschied von «Lokalitäts- und Gemeingeist» erklärt und zugleich versucht, einfachen Lesern den Sinn «patriotischer Gemeinnützigkeit» zu vermitteln.[1026]

Mit der öffentlichen Diskussion von politischen Angelegenheiten, der Mitteilung von Staatsgeschäften und Regierungsbeschlüssen wurde eine erste Voraussetzung dafür geschaffen, dass die Schweiz allmählich als Nation begriffen werden konnte. Durch eine «moralische Revolution» sollte Lebenswärme in das tote Werk der politischen Umwälzung gebracht werden, wozu, wie Zschokke meinte, der «beseelende Hauch des Gemeingeistes unmittelbar aus dem Volk selber hervorgehen» müsse[1027], oder wie Pestalozzi an bäuerliche Leser gerichtet schrieb: «Aber eben diese Freiheit und Gleichheit kann die Obrigkeit allein nicht erschaffen, ihr müßt sie durch euch selber mit ihr erschaffen; dann kanns, dann wirds gehen.»[1028]

«Du bist itzt frey und gleich», so wandte man sich an einfache Leser, «und kannst also, wenn du fleißig und geschickt bist, dir eben so viel Vermögen verdienen mit der Zeit, wie der reiche Mann und seine Vorältern sich verdient haben in ihrer Freyheit. Und deine Kinder und Kindeskinder werden sich freuen, wenn du ihnen etwas hinterlässest; und sie werden einst richten und regieren über die Söhne der Reichen, wenn das Volk sie würdig findet. Wer reich ist, muß viel zahlen, und wer arm ist, wenig. Ehmals zahlte nur der Arme, aber der Reiche gieng frey aus. Deine Söhne können sich niederlassen im Lande wo sie wollen, und ein Gewerb treiben welches sie wollen. Und unter den Soldaten können sie bis zur Feldherrn-Würde emporsteigen, denn es giebt kein vorzügliches Geschlecht mehr und keine Junker. Und du kannst deine höchsten Obrigkeiten selbst wählen helfen. – Und hast du vor dem Richter einen Streit, so hast du soviel Recht, als der Junker.»[1029]

b. Die Beschwörung der nationalen Vergangenheit

> «Unsre Väter waren einmal hochberühmt; und seit ihren Taten hat man das Schweizervolk immer hochgehalten und geehret. [...] Auf unsern Ruhm aber lag der Staub von hundert Jahren – jetzt fangen wir wieder an zu bürsten!»
> Der aufrichtige und wohlerfahrene Schweizerbote 1799[1030]

Die nationalen Gründungsmythen der Schweiz spielten bereits in der Publizistik vor und während der Revolution eine zentrale Rolle. Im «Helvetischen Volksblatt» und im «Schweizerboten» wurde einfachen Lesern nun an einigen ausgewählten historischen Ereignissen eine Traditionslinie aufgezeigt, an deren Ende als folgerichtiges Ergebnis die Helvetische Republik stand. Bei dieser Geschichtskonstruktion ging es erkennbar nicht darum, den mit der Historie ihres Landes wenig vertrauten Lesern Geschichte als Prozess darzustellen oder ihnen gesicherte Kenntnisse zu vermitteln. Statt dessen wurden bestimmte historische Ereignisse so dargeboten, dass in ihnen die Parallele zu den aktuellen Auseinandersetzungen erkannt werden konnte. In seinen tapfer für Freiheit und nationale Unabhängigkeit kämpfenden Ahnen sollte der Leser Vorbilder entdecken, denen nachzueifern war. Der Geschichtsverlauf reduzierte sich auf einige zur Nachahmung überredende Exempel, die aktuellen Kämpfe erschienen als Wiederholung vergangener Konflikte.[1031] Nicht ohne Grund wurde der Tellenhut auf der Stange zum Symbol der Helvetischen Republik.[1032]

Die antihabsburgischen Bewegungen des 13. bis 15. Jahrhunderts waren der wichtigste Bezugspunkt der nationalen Propaganda. Sie boten sich zur nationalen und revolutionären Deutung ebenso an wie zur Aktualisierung. In ihnen, so bemühte sich Heinrich Pestalozzi in einem «Zuruf an die Bewohner der vormals demokratischen Cantone» zu erläutern, sei die «alte schweizerische Freiheit und Vereinigung» errungen worden, als deren Wiederherstellung sich die Helvetische Republik begreifen dürfe.[1033] Drei Komponenten der zur Eidgenossenschaft führenden Auseinandersetzungen wurden betont: Der antiösterreichische Charakter, der Kampf um Freiheit und der Wille zur Einheit. Vermittelt werden sollte, dass Schweizer schon einmal mutig und tapfer für ihre Freiheit gefochten hatten, dass dieser Kampf gegen Österreich geführt werden musste und dass er nur durch Einigkeit gewonnen werden konnte. Damit diente der historische Bezugspunkt nicht nur der Legitimierung der helvetischen Revolutionäre, sondern konnte auch gegen die mit Österreich sympathisierenden Anhänger der alten Ordnung gerichtet werden, die als Verräter des geschichtlichen Erbes erschienen.

In diesem Zusammenhang kamen die historischen Heldengestalten zu Wort, die den Lesern zur Identifikation angeboten wurden. «Unsere neue Staatsverfassung», so hiess es in einer kleinen Schrift mit dem Titel «Der Gleichheitsbaum», «rufe aufs neue unsre biedern Väter in unser Andenken zurück. Heilig und ehrwürdig bleiben uns die Stifter und Befestiger unsers glücklichen Freystaats».[1034] Wie schon in der «Helvetischen Gesellschaft» sind Wilhelm Tell, Niklaus von Flüe und die Drey Eidgenossen die Hauptfiguren. Alle an Beliebtheit übertraf der sagenhafte Wilhelm Tell, der als «Altvater der Schweizer-Freyheit»[1035] nach der Hinrichtung des Königs auch in Frankreich populär geworden war.[1036] Er diente der Helvetik als Siegelprägung und als Titelkopf der amtlichen Erlasse.[1037] Mit der Farbe seiner Kleider wurde die neue Landesfarbe der Schweiz begründet: «Unsre ehmaligen Stückelregierungen (denn sie hatten immer ein Stückel Landes, worin sie Könige sein wollten) schafften mit der Freiheit und Gerechtigkeit auch Wilhelm Tells Farbe ab; doch bald werden die Schilde und Farben der kleinen Herr-scherlein vergessen sein.»[1038] Kein Leser sollte sich der Folgerung entziehen kön-nen: «Ich bin ein Nachkomme Tells, und will die Einheit und Freiheit des Landes wie er».[1039] Und so sprachen die Ahnen «in uralter Schweizertracht» 1798 zu ihren Nachkommen: «Wir haben die Edelleute und ihre Knechte geschlagen, ihr habet sie aber in den Städten wohnen und über euch herrschen lassen, und habet euern Nacken gebeugt unter ihr Joch! Wir haben uns nicht höher gedünkt, und haben uns nicht Herren geheissen, und nicht Knechte noch Unterthänige; sondern wir waren einander gleich, gleich wie Brüder sein sollen; ihr aber habet euch Unter-thanen gesetzt und andern die Freyheit misgönnt. – Wir lebten in süsser Eintracht, ihr aber habet in euern Cantonen Zwiespalt, Hader und Neid! – Und der Baum, den wir gepflanzt haben, hat schlechte Früchte getragen; denn er ist mit der Zeit ausgeartet und zum wilden Baum geworden. Darum soll er ausgerottet und ins Feuer geworfen werden.»[1040]

c. Chauvinismus oder «der Freyheit heilige Liebe» – Nationale Propaganda während des Krieges

«Der Feind zeigt dir die Sklavenketten,
Auf, auf zum Schwerd, Helvetien!
Jezt hast du Zeit noch dich zu retten,
Und harter Knechtschaft zu entgehn.
Sieh, wie sie kommen, Herrn und Grafen,
Mit ihrem Joch und Jammerstrick -
Ach, Schweizer, seht auf andre Sklaven,
Und fühlt dann euer eignes Glück».[1041]

Mit Beginn der kriegerischen Auseinandersetzungen auf Schweizer Boden wan-delte sich die prohelvetische Propaganda. Nun gab man den Lesern der Volks-blätter «Beyspiele militärischen Patriotismus»[1042], forderte zur freiwilligen Mel-dung zu den Soldaten und zum Kampf für die Freiheit auf, denn:

«Wer will auch für Tyrannen fechten,
Und ihrer Habsucht Diener sein?
Und schnizzen sich – ein Hölzern Bein?
Nein, sondern wenn wir kämpfen müssen,
So soll nur unser warmes Blut,
Für Menschenrecht und Freyheit fliessen,
Und nicht für Fürsten Übermuth.

Drum, Schweizer, straft der Fürsten Sünden,
Dann segnen Gott und Menschen euch;
Und glaubet, ihr sollt Freunde finden,
wohin ihr kommet – Zeiget euch!
Laßt euch doch nicht von Fürsten blenden,
Hört lieber auf der Menschen Schrein,
Ihr siegt! ihr sieget aller Enden,
Gern wird dann jeder Schweizer sein!»[1043]

Im «Schweizerboten» wurde die regelmässige Spalte «Kleine Historien oder Ehrenmeldung der Schweizer, wie sie denken und handeln in diesen Tagen» eingerichtet, deren Aufgabe die Erhöhung der Wehrbereitschaft war. Von braven Jünglingen berichtete die Zeitung, die sich trotz väterlicher Bedenken zum Militärdienst meldeten[1044], von einem Dorf, in dem man sich entschlossen hätte, die «Freiwilligen» durch Los zu ermitteln, die einhellige Reaktion der wehrfähigen jungen Männer aber gewesen sei: «fürs Vaterland! – Da ziehn wir Hochdorfer kein Loos, – da gehen wir alle freywillig».[1045] «Und der Schweizerbote ist dann so wohlgemuth und froh», wurden solche Meldungen kommentiert, «daß er in solchen Tagen der Schweizer-Tugend und der Schweizer-Thaten leben kann, und daß er sich von Herzen darüber freuen, und von Dorf zu Dorf laufen kann, um zu erzählen alles, was er gesehen und gehöret.»[1046] Nur Verachtung hingegen verdiente, wer sich dem Militärdienst entzog, die «feigen Buben», «entarteten Schweizer», «Aristokraten» und «armen Sünder»: «Aber schamroth sollen die feigen Memmen, die ausgearteten Schweizerlinge dann verlassen in ihren Winkeln stehen, sie, die sich fürchteten an eurer Seite fürs Vaterland zu fechten! Sie, die keinem freien Schweizer ins Gesicht schauen dürfen.»[1047]

Wie bei der Agitation gegen Österreich überwog auch bei der militärischen Mobilisierung die Warnung vor der Restaurierung der Feudalordnung und stand die Argumentation im Vordergrund, im sich anbahnenden Krieg würde die Schweiz auf der Seite der «freien Völker» stehen. Die Herausbildung einer nationalen Identität scheint, wie nicht nur das Beispiel der Helvetischen Republik zeigt, nur schwer ohne den äusseren Feind auszukommen. Ebenso schwierig ist es offenbar, den Appell an das Nationalbewusstsein von chauvinistischen Tönen freizuhalten. Die Entwicklung eines Nationalbewusstseins, das sich auf Freiheit, Gleichheit und Brüderlichkeit gründet, so mussten die Träger der Helvetik erkennen, erforderte einen langwierigen Erziehungsprozess, der Krieg hingegen kurzfristige propagandistische Massnahmen. Angesichts schriller nationalistischer, das gegnerische Volk pauschal verunglimpfender Worte wurden öffentlich Besorgnisse laut. Der Publizist Paul Usteri mahnte, nur «der Freiheit heilige Liebe» und Enthusiasmus für die «große Sache der Menschheit» könnten Helden schaffen, auch Österreichs Völker seien für die Sache der Freiheit geschaffen, auch ihnen würde «die Sonne der Freiheit aufgehen».[1048]

Entsprechend wurde in der Publizistik die Auseinandersetzung zwischen Österreich auf der einen und Frankreich mit seinen Verbündeten auf der anderen Seite als der grosse Kampf zwischen Völkern und Fürsten dargestellt. Ausgemalt wurden vor allem die Folgen, die eine Restaurierung der Feudalordnung für die Landbevölkerung hätte: «Ho, Landvögte, Soldatenprügel! gnädige Herren und Wasser und Brod! – Nein! mein Herz wird Galle, – mein Blut wird Feuer – o Freyheit! o Väter, o Vaterland! Schweizer bleiben Schweizer, so lange die Welt steht! ja, Gott du im Himmel, wir schwören dir also.»[1049] Im «Schweizerboten» erschien ein fiktiver Brief eines helvetischen Bürgers an den Prinzen Karl von Österreich: «Sie kommen, die alten Rechte wieder aufzuwecken, die das Haus Östreich ehemals auf uns hatte; sagen Sie, Sie kommen uns zu bestrafen, daß wir die Abkömmlinge der Telle, der Stauffacher, der Winkelriede und aller jener tapfern Vertheidiger der Freyheit sind.»[1050] Und über die einfachen österreichischen Soldaten hiess es schliesslich: «O, wie können doch so viele ärger als Hunde behandelte Soldaten gegen uns freie Schweizer mit Muth streiten? und wie können noch einige Schweizer so dumm seyn, und solche gnädige Herren wünschen?»[1051]

d. Volksfeste als Mittel nationaler Vereinigung – Auf der Suche nach nationalen Symbolen

> «Welche Wirkung auf unsere nächsten Nachkommen, wenn ihr so jede Bürgertugend zur Leidenschaft gemacht, für jedes Laster Verachtung eingepflanzt wird? Auf welchen Gipfel der Begeisterung können solche Stiftungen nicht Heldenmuth und Vaterlandsliebe treiben bei einem starken, tieffühlenden, sittlichen Volke, wie die Schweizer sind!»
>
> Aus der Debatte über Nationalfeste[1052]

Anfang 1799 beschlossen die gesetzgebenden Räte der Helvetischen Republik, mit dem 12. April den Tag der Konstituierung der Republik durch ein beständiges und allgemeines Nationalfest zu begehen.[1053] Man orientierte sich dazu an jenen Feiern, die während der Helvetischen Revolution stattgefunden hatten, aber auch an antiken Spielen, den Ritualen in der «Helvetischen Gesellschaft» und den in Frankreich gefeierten Revolutionsfesten.[1054] Wie so vieles während der Helvetik, so gedieh auch die Etablierung von Nationalfesten zwar bis zum Gesetz, doch die praktische Umsetzung scheiterte an Widerständen und den politischen Entwicklungen. Die Debatten über die Nationalfeste sind jedoch von einiger Bedeutung für die Entwicklung der nationalen schweizerischen Festkultur während des 19. Jahrhunderts und geben Auskunft darüber, welcher Art der «helvetische Geist» sein sollte, den die helvetischen Politiker sich im «Volk» zu verankern bemühten.

Ein Volksfest, so wurde im entsprechenden Gesetz formuliert, sei der beste Anlass, «Verdienste zu belohnen, Tugend zu ehren und Vaterlandsliebe fortzupflanzen», gefeiert werden solle es «mit Geschmack, aber einfach, ohne große Unkosten, würdig und fröhlich».[1055] «Männer ohne Bürgersinn», so verfügte man weiter, «Weiber ohne Sittsamkeit, feige Jünglinge und ungerathene Kinder dürfen zu Hause bleiben».[1056] Ihren Beschluss begriffen die Räte als Mittel, durch Gesetze auf Sitten, Gemeingeist und Vaterlandsliebe zu wirken. Volksfeste seien nach den Schulen die wichtigste «Nationalstiftung»: «Ihr Zweck ist Sittenverbesserung, Aufklärung, Patriotismus, Wohlstand und Wohlthätigkeit. [...] Der große menschenverbindende Gedanke, dass wir alle Kinder eines Gottes sind, soll tiefe Wurzeln in den Herzen aller verschiedenen Glaubensgenossen schlagen, dass die späten Nachkommen, wenn Oligarchie und Anarchie vom Erdboden verschwunden und Nomokratie überall eingeführt ist, reif sein mögen, mehr als Volksfeste, Feste der Menschheit zu feiern.»[1057]

Der Direktorialbeschluss zur Ausgestaltung des Nationalfestes konkretisierte den Gedanken der Verfassung an ein Volk als Tugendgemeinschaft. Zur Teilnahme hatte jede Gemeinde über sechzig Jahre alte «Greise» und solche Einwohner namhaft zu machen, «welche sich während der letzten 10 Jahre durch irgend eine wohlbekannte oder erprobte Handlung der Wohlthätigkeit, durch Verwendung zum allgemeinen Besten oder durch patriotische Aufopferungen ausgezeichnet haben».[1058] Die geplante Ausgestaltung der Feste entsprach in Geist und Ton ganz dem, was in der «Helvetischen Gesellschaft» üblich und in den zahlreichen Gesellschaften zur «Aufmunterung des Guten» Programm war. Zum Schmuck des Festplatzes wurde ein Freiheitsbaum bestimmt: «es wird aber ein grünender Baum eingesetzt; unter dem Baum wird ein Vaterlandsaltar errichtet, von grünem Rasen eingeschlossen und die dreifarbige Fahne darauf gepflanzt. Rings um den Altar her sollen Pfeiler mit Fahnen und Tafeln stehen, deren Inschriften an die Hauptgrundsätze der Constitution erinnern, zur Tugend ermuntern oder auf die wohlthätigen Folgen der Vernichtung des Föderalismus und der Vereinigung aller Helvetier in eine Bruderfamilie Bezug haben.»[1059] Als Beginn des Festes bestimmte man einen Gottesdienst, den Beschluss hatten «patriotische Gesänge und militärische Uebungen» zu bilden. Für den Nachmittag wurden unter Berufung auf die Antike Spiele vorgeschrieben, «die Kräfte des Körpers oder kriegerische Talente zu entwickeln fähig sind».[1060] Vieles nahmen diese von Philipp Albert Stapfer formulierten Vorschläge von dem vorweg, was im 19. Jahr-

hundert zum festen Bestandteil der schweizerischen Festtradition werden sollte.[1061]

Lediglich einige wenige Feste wurden während der Helvetischen Republik
tatsächlich begangen. Vereinzelt, wo man sich der Helvetik und Frankreich besonders verbunden wusste wie in Stäfa oder Küsnacht, feierte man den 21. Januar
als Tag der Hinrichtung Ludwigs XVI. und den Jahrestag des Sturmes auf die
Bastille.[1062] Auch Gedenktage der Schweizergeschichte boten Anlass zu gemeinsamen Festen. Am 14. Oktober 1798 begingen helvetische Räte den Bundesschwur
auf dem Rütli mit einem «Schwur der Treue dem Vaterland und Freiheit oder
Tod».[1063]

9 Die Schweiz beginnt ihren Weg zur bürgerlichen Demokratie – Reformen und Neuerungen während der Helvetik

«[...] unmenschliche Gesetze können wohl Unmenschlichkeit und Unsittlichkeit, nicht aber Menschlichkeit und Sittlichkeit befördern. Es muß unsere Pflicht sein, jede Spur, die sich von solchen in unserer alten Gesetzgebung findet, mit Beschleunigung zu vertilgen.»

PAUL USTERI
vor dem Senat[1064]

Wohl nirgendwo sonst neben dem Bildungswesen waren die Antrengungen der Helvetik so gross wie bei der Abschaffung antiquierten oder ausschliesslich den Interessen der alten Eliten dienenden Rechts und bei der Setzung neuen Rechts. Auch wenn oft nur erste Massnahmen getroffen werden konnten, wurde hier doch wie auf keinem anderen Gebiet die Richtung bestimmt, in die sich die Schweiz fortan entwickeln sollte.

Der Bruch mit der Vergangenheit – Die Gesetzgebung während der Helvetik und die Entstehung eines neuen Rechtswesens

«Es ist wahr, die Erfahrung aller Zeiten beweist es, dass die Freiheit am meisten von denen zu fürchten hat, die sie beschützen sollen.»

Gutachten des Grossen Rates
über eine neue Einrichtung des Kriminalgerichtswesens vom 24. Januar 1799[1065]

Erstmals bemühte man sich in der Schweiz während der Helvetik systematisch darum, Grundideen der Aufklärung im Strafrecht – auch im Strafvollzug – zu verwirklichen und ein von den anderen Staatsgewalten getrenntes Gerichtswesen zu schaffen. Alle wesentlichen Grundprinzipien, nach denen heute in den bürgerlich-demokratischen Staaten die Dritte Gewalt organisiert ist, wurden erstmals praktisch erprobt. In den Debatten der Räte kamen Gedanken zum Strafrecht, zur Rechtssicherheit, zum Schutz vor richterlicher Willkür, zum Verhältnis von Schuld und Sühne oder zur Todesstrafe zu Wort.

Eine der ersten Taten der Helvetik war die Abschaffung der Folter am 11. und 12. Mai 1798. Das Gesetzgebungsverfahren erfolgte in unglaublicher Geschwindigkeit. Am 11. Mai forderte der Grossrat Johann Rudolph Suter seine Kollegen auf, «den Anfang ihrer Laufbahn durch Gesetze zu bezeichnen, welche die Menschheit mit dem reinsten Beifall belohnen werde». Der Antrag, durch ein Gesetz die Tortur in ganz Helvetien abzuschaffen, wurde vom Grossen Rat mit lautem Beifall und einmütig angenommen. «Die gesetzgebenden Räthe verordnen», so hiess es schlicht, «dass von jetzt an in ganz Helvetien die Tortur abgeschafft seie». Am 13. Mai wurde das Gesetz auf Plakaten publiziert und am 28. Mai durch einen Erlass ergänzt, nach dem alle Unterbeamten verpflichtet wurden, in den Gefängnislokalen alle der Tortur dienenden Geräte zu zerstören![1066]

a. Das neue Strafrecht

Die Schaffung eines neuen Strafgesetzbuches dauerte trotz des allgemein gefühlten Bedürfnisses gesetzlicher Regelungen bis zum Frühjahr 1799, konnte man doch auf brauchbare schweizerische Vorbilder nicht zurückgreifen. Das Rechtswesen in der vorrevolutionären Schweiz entstammte dem Spätmittelalter, es existierten nur wenige Übereinkommen, die für das ganze schweizerische Gebiet geltende strafrechtliche Prinzipien festlegten.[1067] Einen systematischen Gesetzesausbau gab es nicht, das geschriebene Recht wurde vervollständigt, wenn konkrete Einzelfälle dies erforderten. Entsprechend den absolutistischen Entwicklungen in der Schweiz war in den meisten Orten lokales Recht zugunsten desjenigen der Städte zurückgedrängt worden. Gegen die auch in der Schweiz von Aufklärern formulierten Reformvorschläge zur Strafrechtspflege waren die alten Regierungen weitgehend immun. Folter, Erpressung zu Geständnissen, Willkürurteile und ein inhumaner Strafvollzug, von dem besonders die Ärmsten getroffen wurden, waren bis 1798 keine Ausnahmen.[1068]

Reformen der Kriminalgesetzgebung gehörten so zu den ersten Vorhaben, die von den neuen Staatsorganen der Helvetik in Angriff genommen wurden. Bereits am 27. April 1798, zwei Wochen nach Konstituierung der Helvetischen Republik, wurde eine entsprechende Kommission des Grossen Rates eingesetzt. Die Kodifizierung eines neuen Strafrechtes benötigte eine gewisse Zeit, so dass während des ersten Jahres der Helvetik häufig über den «Mangel an bestimmten Gesetzen» geklagt wurde.[1069] Im Justizwesen, so Regierungsstatthalter Pfenninger im Oktober 1798, herrsche wegen der widersprechenden alten und neuen Ordnung eine «schreiende Verwirrung», von Teilen der neuen Beamtenschaft werde «das ehemalige Beispiel willkürlicher Handlung» der alten Beamten und Landvögte nachgeahmt und herrsche «tyrannische Strenge».[1070] Man muss sich so, wenn man die Bemühungen skizziert, die neuen Ideale in eine Strafrechtsreform einzubringen, vergegenwärtigen, dass die Praxis solchen Idealen oft bei weitem noch nicht entsprach. Die Debatten und Beschlüsse der gesetzgebenden Organe stellten zunächst lediglich erste mühsame Schritte auf dem Weg dar, ein neues Rechtsbewusstsein bei Beamten, Richtern und der Bevölkerung zu verankern und dafür die nötigen gesetzlichen Voraussetzungen zu schaffen. Es bedurfte einer Reihe von rechtsetzenden Urteilen des Obersten Gerichtshofes der Helvetik und von Beschlüssen des Direktoriums, bis sich auch untere Gerichte um eine normative Abstützung ihrer Urteile bemühten. Noch begnügten sich zu Beginn der Helvetik Gerichte damit, Zuchthausstrafen auf unbestimmte Zeit oder lebenslängliche Landesverweisungen moralisierend damit zu begründen, dass der Angeklagte ein «muthwilliger Taugenichts» oder ein «immoralischer und schlechter Mensch» sei.[1071] Es ist allerdings auch durchaus beeindruckend, wie sich einzelne Richter und Gerichte, ohne über eine gesetzliche Grundlage zu verfügen, um rechtsetzende Urteile und sorgfältige Abwägung des richtigen Verhältnisses von Schuld und Strafe bemühten. Besonders die Rechtsprechung des Obersten Gerichtshofes zeichnet sich durch das Bemühen aus, revolutionär-aufklärerische Postulate praktisch umzusetzen und – oft gegen Widerstände der unteren Gerichte – eine humanitären Vorstellungen verpflichtete Rechtspflege durchzusetzen sowie Richterwillkür zu verhindern oder zu korrigieren.[1072]

Nach neun Monaten legte die Strafrechtskommission am 24. Januar 1799 ein von Bernhard Friedrich Kuhn verfasstes Gutachten zur Strafrechtsreform vor. Ausführlich befasste es sich mit der Frage, wie die Schuld eines Angeklagten mit Sicherheit erwiesen und Justizirrtümer vermieden werden könnten. «Die Erhaltung der Freiheit und Sicherheit» wurde als wichtigster «Zweck der Vereinigung aller einzelnen Bürger zum Staate» bezeichnet, das Strafrecht sei keinesfalls selbst «Zweck, sondern blos Mittel jenes obersten Zweckes». Ausdrücklich machte sich der Autor des Gutachtens Gedanken über eine solche «Einrichtung der gerichtlichen Gewalt, die es ihr unmöglich macht, die Mittel, welche ihr zur Beschützung des Bürgers anvertraut sind, zu seiner Unterdrückung zu missbrauchen».[1073]

Rechtssicherheit und Schutz vor richterlicher Willkür wurden als wichtigste Ziele eines Strafgesetzbuches genannt. Ausdrücklich berief man sich auf die negativen Erfahrungen der jüngsten Geschichte Frankreichs, auf «die während dem Schreckenssystem gerichtlich gemordeten Schlachtopfer», auf «den Verlust der großen republikanischen Tugenden und Talente», «die unter dem Mordbeil der Revolutionsgerichte gefallen sind».[1074] Verschiedene, voneinander unabhängige Instanzen seien notwendig, wolle man den Bürger vor der Unvollkommenheit schützen, von der auch der Richter nicht frei sei.[1075] Sorgfältig wurden Leben, Ehre und Freiheit eines Unschuldigen gegen die Schwierigkeiten abgewogen, die mit der Einrichtung einer Revisionsinstanz zu erwarten seien. Von grösster Bedeutung sei schliesslich die Öffentlichkeit und Mündlichkeit der Gerichtsverfahren.[1076] Der Richter müsse eine vollkommene moralische Gewissheit von der Schuld des Angeklagten erlangen, selbst ein Geständnis dürfe nicht als hinreichender Beweis angesehen werden, da psychologische Gründe bewiesen, «dass das Selbstgeständnis gerade das unzuverläßigste unter allen rechtlichen Beweismitteln ist». Die Kriminalgesetzgebung sei «Schutzwehr der bürgerlichen Freiheit», die dazu nötigen Kosten, sie möchten so hoch sein, wie sie wollen, dürften dabei nicht in Anschlag kommen: «Ein Volk, das die Garantie seiner Freiheit von sich stößt, weil sie ihm zu viel Geld kostet, verdient nicht frei zu sein.»[1077]

Das Gutachten Kuhns stiess auf grosse Zustimmung. Zu einem historischen Datum für die Geschichte eines zivilisierten Strafrechtes in der Schweiz wurde dann der 4. Mai 1799. An diesem Tage wurde das neue einheitliche «Peinliche Gesetzbuch» ausgefertigt, das dem französischen Code Pénal nachgebildet war, aber auch Erfahrungen bei der Strafrechtspflege in Nordamerika und in England berücksichtigte.[1078] Von einer blossen Nachahmung des französischen Vorbildes kann nicht gesprochen werden, sondern im Gegenteil sind die eigenständigen Anteile erstaunlich, die trotz der Kürze der Zeit und beim Fehlen eines kodifizierten schweizerischen Rechtes Eingang fanden. Grundsätzlich jedoch war der Code Pénal aus dem Jahre 1791 das die Gesetzgebungsarbeit strukturierende Vorbild, ohne das nicht auszukommen war. Die Erarbeitung eines eigenständigen neuen Gesetzbuches hätte Jahre benötigt. Schon vor der Verabschiedung des Gesetzbuches berief sich der Oberste Gerichtshof der Helvetik mehrfach auf das französische Gesetzbuch, wenn es galt, inhumane Urteile unterer Instanzen zu korrigieren, die sich weiterhin auf die peinliche Halsgerichtsordnung Kaiser Karls V., die Carolina, auf alte Rechtsquellen und gar auf das Mosaische Gesetz beriefen.[1079] Zudem sahen die helvetischen Räte im Code Pénal aufklärerische Vorstellungen zur Strafrechtsreform verwirklicht.[1080]

In der Debatte über das Strafgesetzbuch spielte der Gedanke eine wichtige Rolle, dass für das Volk gerade durch die Rechtspflege die Grundsätze der neuen Ordnung erfahrbar würden. Es müsse «durch wahrhaft republikanische Institutionen zum Gefühle seiner Würde und seiner Freiheit» erhoben werden: «Oder wird ein Sklave fähig zur Freiheit, ehe seine Fesseln zerbrochen sind, und kann der Unglückliche, der Jahre lang im finstern Kerker geschmachtet hat, das Tageslicht ertragen lernen, so lange sich die Thüren seines Gefängnisses nicht öffnen?»[1081]

Bei aller Einmütigkeit, die über die Tauglichkeit des neuen Gesetzbuches für die Schweiz herrschte, wurden in den Debatten der Räte Differenzen deutlich. Konrad Escher bestritt das Recht des Staates, «über das Leben einzelner Menschen gesetzlich zu verfügen oder Todesurtheile auszufällen».[1082] Die Schweiz, in der republikanische Grundsätze am festesten verwurzelt seien, solle anderen Völkern vorangehen: «Helvetien ist würdig, den übrigen Staatsgesellschaften das Beispiel der Anerkennung der rechtlichen Gewalt aufzustellen und also die Todesstrafe zuerst abzuschaffen! Unsere Zeitgenossen, und noch mehr unsere Nachkommen werden uns ehren, wenn die erste helvetische Gesetzgebung der Humanität das Opfer solcher barbarischen Gebräuche zuerst zu bringen wagt.»[1083] Von der Gegenseite wurde die Notwendigkeit der Todesstrafe mit der angespannten politischen Situation begründet. Der Grossrat Johann Wernhard Huber wies auf Konterrevolutionäre hin, die nicht mehr wirksam bekämpft werden könnten.[1084] Zynisch war sein Argument, bei fehlender Todesstrafe und gleichzeitigem humanen Strafvollzug fehle insbesondere gegen die ärmeren Bevölkerungsteile jede Abschreckung.[1085] Die Mehrheit war der Auffassung, die Abschaffung der Todesstrafe sei Aufgabe eines kommenden Jahrhunderts.[1086]

Das schliesslich angenommene neue Helvetische Strafgesetzbuch bedeutete für die Schweiz einen ersten Schritt zu einem einheitlichen, aufklärerischen Grundsätzen verpflichteten Strafrecht. Probleme bereiteten starre Strafzuordnungen[1087] und die Lückenhaftigkeit des Gesetzes, die zu Konflikten mit dem Legalitätsprinzip – nulla poena sine lege – führte.[1088] Schwer war es, die neuen Regeln praktisch durchzusetzen. Manche Gerichte verhängten traditionelle Strafen für Vergehen, die das Gesetzbuch nicht kannte, wenn beispielsweise ein Distriktgericht eine Frau wegen ihrer «ausschweifenden Lebensart», die zum dritten Male zu einer Niederkunft geführt hatte, auf unbestimmte Zeit in das Zuchthaus wies.[1089] Traditionelle Rechtsvorstellungen, die Vergehen gegen Sittlichkeit und Moral besonders verurteilungswürdig befanden, wirkten weiter, auch die Massstäbe der vorrevolutionären Rechtsprechung kamen zur Anwendung.[1090] Rechtsstaatlichkeit war bei Richtern, die regelmässig ohne juristische Ausbildung waren, nur sehr langsam durchzusetzen. Hinzu kamen Unerfahrenheit und Kompetenzschwierigkeiten, wenn sich beispielsweise Distriktgerichte ganz selbstverständlich anmassten, Urteile höherer Instanzen zu revidieren oder unbefugt Begnadigungen auszusprechen.[1091] Überall stritten alte Gewohnheiten und neue Prinzipien, wenn trotz des Verbotes der Folter Massnahmen wie das Fasten, Stockschläge und Krummschliessen angeordnet oder Strafen verhängt wurden wie der Pranger, die Lasterbank, körperliche Züchtigungen oder öffentliche Zurschaustellung vor der Kirchentür.[1092] Der Gedanke an einen humanen, die Rückkehr in die Gesellschaft ermöglichenden und den Gefangenen erziehenden Strafvollzug schuf noch längst nicht die dazu nötigen Gefängnisse.[1093]

b. Das Projekt der Sittengerichte

Für das Weiterwirken alten Rechtsdenkens sind Bemühungen besonders von Geistlichen charakteristisch, die aus vorrevolutionärer Zeit vertrauten Sittengerichte wieder einzurichten.[1094] Im Dezember 1799 war es der Erziehungs- und Kirchenrat des Kantons Bern, der mit diesem Anliegen an die Gesetzgeber trat.[1095] Ausdrücklich ging es ihm um Massnahmen, «wodurch die ehemalige Ordnung und Sittlichkeit wieder hergestellt werden könnte».[1096] Traditionell war die Ahndung sittlich-moralischer Vergehen Sache der Kirchen und der Geistlichkeit, mit der Trennung von Staat und Kirche sollte auch die Vermischung von weltlicher und kirchlicher Strafpraxis beendet werden, doch überantworteten untere Gerichte häufiger den Vollzug von Strafen verfassungswidrig der Aufsicht von Geistlichen.[1097] Wie sehr alte Gewohnheit weiterwirkte, zeigt beispielhaft das Verlangen des Distriktgerichtes Luzern, zur Steuerung der Sittenverderbnis eine Anstalt für «Verpflegung der Bastarde, Bestrafung der Kupplerinnen, Einschließung der Freudenmädchen und Heilung der venerisch Erkrankten» einzurichten.[1098]

Im März 1800 wandte sich der Vollzugsausschuss an die gesetzgebenden Räte und machte sich die Forderungen der Petitionäre zu eigen. Als Ziel von Sittengerichten nannte er die «Hemmung des Sittenverderbens und der öffentlichen Immoralität», die «besonders in Zeiten wie die unsrigen so rasche Fortschritte machen».[1099] Dieser Ton unterschied sich wenig von den Lamenti der Geistlichen. An den vorrevolutionären Zuständen orientierte sich dann ein als Gesetzesvorschlag formuliertes «Gutachten über Sittengerichte», nach dem in jeder Pfarrgemeinde Helvetiens ein Sittengericht eingerichtet werden sollte. Besetzen wollte man es jeweils mit dem Pfarrer und sechs Aktivbürgern. Als Wahlgremium stellte man sich die in der Kirche versammelten Familienväter der Gemeinde vor, die nach alter Gewohnheit nach dem sonntäglichen Gottesdienst zusammentreten sollten. Die Zuständigkeit des Gerichts entsprach ganz der Praxis vor 1798, indem bei der Überwachung «der guten Sitten» und des «öffentlichen Anstands» die weltliche Gerichtsbarkeit wieder mit der Kirchenzucht verknüpft wurde.[1100] Gedanken an Rechtsstaatlichkeit und Rechtssicherheit plagten die Verfasser des Gutachtens nicht sonderlich, sollte doch schon das persönliche Zeugnis eines einzigen Richters als Nachweis eines Vergehens hinreichend sein. Auch ein Verteidiger war ausdrücklich ausgeschlossen. Allerdings reichten die Strafen nur von einem Verweis bis zu einem sechsmonatigen Ausschluss von den Wirtshäusern. Die Aufsicht über die Gerichte sollte der Dorfagent führen.[1101]

In einer kontroversen Diskussion wurden am 16. Mai 1800 die wichtigsten Einwände gegen diesen Gesetzesvorschlag erhoben. Grossrat Rellstab bezeichnete die Vorlage als «so nachtheilig und gefährlich», dass er für Nichtbehandlung plädierte. Da demnächst Friedensrichter installiert werden sollten, «so bedürfe man solcher Sitten- oder vielmehr Inquisitionsgerichte nicht». Es sei gegen die Verfassung, den Geistlichen ein Amt aufzutragen und eine Art «heimlicher Gerichte» einzurichten, die Gewissenszwang herbeiführen würden. Auch wenn er die Geistlichen achte, so sei die Moralität doch relativ und wirksam zudem nur auf gesetzlichen Wegen und durch Erziehung zu befördern.[1102] Gegen mehrere Befürworter der Gerichte stimmte Secretan[1103] Rellstab zu: «In jeder Gemeinde ein Sittengericht, und dieses soll absprechen über Dinge die nicht in Gesetzen bestimmt sind! Sonst war jedem Bürger erlaubt zu thun was nicht gesetzlich verboten war; jetzt will man bestrafen was nicht verboten ist, und was Aergernis bringt! Was ist denn öffentliches Aergernis? Ein blos theologischer Ausdruck! [...] einen Pastoralverweis kann der Pfarrer ohne Einsetzung solcher Gerichte ertheilen.»[1104]

Trotz mancher befürwortender Stimmen erhielt die Gesetzesvorlage zur Einrichtung von Sittengerichten keine Zustimmung. Populär blieben diese Institutionen aber selbst bei solchen Vertretern der Dorfaristokratien, die die Revolution mitgetragen hatten, sich nun aber durch die Abschaffung der alten Stillstände ihrer Rolle beraubt sahen, die sie im Dorf als Richter über ihre Dorfgenossen gespielt hatten. Auch Konrad Escher vermochte solchen «Ermahnungs- und Warnungsbehörden» Positives abzugewinnen: «Oder ist unser Volk auf einer solchen Stufe der Sittlichkeit, dass diese Pflichten auch ohne Gesetze oder irgend eine Aufsicht allgemein erfüllt werden?»[1105] Gedanken an eine Art Tugendgemeinschaft des Volkes und an eine auf Tugend basierende Bürgerreligion, wie sie in der Verfassung zu finden waren, drückten sich auch in dem Vorschlag in Usteris «Republikaner» aus, einen «Minister der Sitten» zu schaffen, der darüber wachen sollte, dass bisher nur bei einzelnen zu findende Tugenden zum «herrschenden Charakter der Nation werden».[1106]

c. Weitere Rechtsmassnahmen aus dem Geiste der Aufklärung und des Naturrechts

«Wenn einst unsere Enkel hören werden, dass es eine Zeit gab, wo die außer der Ehe erzeugten Kinder mit einem besondern Namen, der als Schimpf- und Schandname galt, bezeichnet werden, wo sie von allen bürgerlichen und politischen Rechten ausgeschlossen waren, gleichsam ungeschützt von den Gesetzen und als Gesellschafter nicht anerkannt, in der menschlichen Gesellschaft herumirrten [...] so werden sie, staunend über eine sich bis auf die unschuldigen Kinder der Fehlenden ausdehnende Gesetzesstrenge, fragen: Was mochte dann erst das Schicksal der fehlbaren Eltern so unglücklicher Geschöpfe gewesen sein?»

PAUL USTERI[1107]

«Der konservative, allen die Stellung der Frau betreffenden Neuerungen ganz besonders hartnäckig abholde Schweizersinn hat sich hier selbst in einer Zeit der umfassenden rechtlichen Umwälzungen allen modernen Theorien zum Trotz nicht überrumpeln lassen.»

HANS STAEHELIN[1108]

In vielen Bereichen bemühte sich die Helvetik um eine Gesetzgebung aus dem Geist der Aufklärung und der bürgerlichen Neuordnung. Auch auf dem Gebiet des Zivilrechts war man mit der unüberschaubaren Mannigfaltigkeit der alten Rechtssysteme und -regelungen konfrontiert, gegen die einheitliches, für die ganze Schweiz geltendes Recht zu setzen war. Die im Dezember 1798 eingesetzte Kommission zur Ausarbeitung eines allgemeinen Bürgerlichen Gesetzbuches brachte keinen systematischen Entwurf zustande, so dass im wesentlichen Einzelregelungen auf dem Gebiet des Eherechts, des Vormundschaftsrechts oder des Familienrechts vorliegen. Sie fügen sich jedoch durchaus zu einem Gesamtbild, das den Charakter der neuen Gesetzgebung erkennen lässt: Hauptziele waren die Rechtseinheitlichkeit und die Durchsetzung der Rechtsgleichheit, wobei die Gesetzgebung sich sehr stark an den schweizerischen Gegebenheiten und Besonderheiten ausrichtete.[1109]

Dafür einige Beispiele: Eines der ersten Probleme, mit denen sich die Räte befassen mussten, war die Situation der Unehelichen, die zum Schutze von Sittsamkeit und «heiliger Ehe» nach den alten Gesetzen grösste Nachteile hatten. Wie immer gab es auch hier gegensätzliche Auffassungen. Johann Konrad Escher hielt eine vollständige Gleichstellung von ehelichen und unehelichen Kindern für «höchst gefährlich für die Moralität» und sah sie als ein sehr wirksames Mittel zur

Beförderung der Ehelosigkeit an.[1110] Dagegen empörte sich Grossrat Nucé: «Werden wir denn niemals Menschen werden? Sollen unsere Gesetze, die dem Naturrecht geradezu widersprechen, immer noch die Menschlichkeit von uns entfernt halten? Das heiligste Recht der Natur, sein eigen Kind anzuerkennen, will man dummen Vorurtheilen aufopfern.»[1111] Ein Gesetz zur «Tilgung des Makels der unehelichen Geburt» stellte Uneheliche bis auf wenige Einschränkungen gleich.[1112]

Widerstand selbst bei als Revolutionären bekannten Grossräten – Grossrat Trösch wollte zunächst bei den Bischöfen anfragen, ob die geplante Regelung wider die Religion sei – fand die Aufhebung des Verbots von Ehen zwischen Geschwisterkindern.[1113] Beseitigt wurden weiter die mit teilweise scharfen Strafen bewehrten Verbote von Ehen unterschiedlicher Glaubensgenossen. Auch erhielt sein Bürgerrecht zurück, wer es wegen einer konfessionellen Mischehe unter den alten Regierungen verloren hatte.[1114] Die Einführung von Zivilstandsregistern entsprach der Auffassung, dass die Ehe vor allem als bürgerlicher Vertrag, erst in zweiter Linie als kirchliches Institut anzusehen sei.

Keinerlei Fortschritte gab es auf dem Gebiet der rechtlichen Gleichstellung der Frau. Zwar waren auch in der Schweiz Stimmen laut geworden, dass die «beständige Unmündigkeit der Weiber» – sie drückte sich in mehreren eidgenössischen Orten in der Geschlechtsvormundschaft aus – ein Überrest barbarischer Sitten sei, doch wurde die privatrechtliche Handlungsfähigkeit von Frauen offenbar nicht als besonders drängendes Problem betrachtet.[1115] Niemand kam in den Räten auf die Idee, ein Aktivbürgerrecht auch für Frauen zu verlangen.[1116] Dass es solche Forderungen in der Öffentlichkeit gegeben haben mag, verrät ein Artikel im «Republikanischen Weltbeobachter» unter dem Titel «Weiber-Revolution»: «Ein witziger Kopf machte kürzlich die Motion man sollte für die Weiber ein neues Gesetz schaffen; denn ihr Ton lautet ungefehr so: ‹Es ist Tyranney, daß Männer unsre Hausherrn, unsre Meister, ja das Oberhaupt seyn wollen. Die Ehegesetzformel: Und er soll dein Herr seyn› müsse abgeändert werden.»[1117]

In die Zukunft weisende Beschlüsse gab es auf anderen Gebieten. Eingeführt wurde das Metersystem, wozu deutsche Benennungen erdacht wurden. Die ersten Anfänge eines einheitlichen Grenzzollsystems sind der Helvetik ebenso zu verdanken wie der Patentschutz. Freizügigkeit wurde durch gesetzliche Regelungen erhöht und die unterschiedliche Behandlung von Schweizern und Ausländern in verschiedenen Bereichen beendet.[1118] Mit einem eigenen Gesetz wurden die Bodenschätze der Schweiz zum Nationaleigentum erklärt[1119] da «die im Schosse der Erde liegenden Mineralienschätze, wenn sie nicht schon wirklich bestimmtes und erweisliches Eigentum geworden sind, offenbar der ganzen Nation angehören».[1120] Auch die ehemaligen Staatswälder erklärte man zu Nationaleigentum. Durch mehrere Gesetze wurde die uneingeschränkte Handelsfreiheit zwischen den Kantonen ebenso gewährleistet wie die Gewerbe- und Niederlassungsfreiheit oder die Aufhebung des Zunftzwanges.

Revolution ist Bildung – Die Volksschule als Nationalstiftung

«Und wenn dann reiche und mächtige Völker mit der erhabenen Pracht ihrer Anstalten prahlen, so möge der Helvetier ihnen bald antworten können: In meinem Vaterlande gibt es niemand, der nicht lesen, schreiben und rechnen könne.»[1121]

«Wer rechnen lehrt, dä ka der Wirth,
Au wenner d'Kryden dopplet führt,
Nid bschyssen, will Er's selber weis,
Was öppen g'schlagen hed.»[1122]

Die Helvetik kann als Wende im schweizerischen Volksschulwesen bezeichnet werden.[1123] «Die Freiheit», so wusste das Direktorium, «kann weder auf die Unwissenheit noch auf den Fanatismus zählen; der Aufklärung allein kömmt es zu, dieselbe zu verteidigen; diese hat auch die Revolution herbeigeführt; ihr ist es auch vorbehalten, dieselbe zu befestigen, und der helvetischen Republik muss es besonders daran gelegen sein, solche bis in die entferntesten Täler eindringen zu lassen».[1124] Auf keinem anderen Gebiet hat die Helvetische Republik anfangs so grosse Anstrengungen unternommen wie auf dem der Verbesserung der Volksbildung. Revolution ist Bildung, so lautete ein Schlagwort. Nicht die Verbesserung des höheren Bildungswesen erschien vorrangig, denn die «schönsten Collegien sieht man in den Ländern, wo die gröbste Unwissenheit das Erbtheil der untersten Volksclasse ist». Der Würde einer Nation, «die unter ihren Befreiern Landleute und Hirten zählt» sei es angemessen, «denjenigen Anstalten den Vorzug zu geben, welche den Unterricht der Gesamtheit des Volkes [...] zum Zwecke haben».[1125] Im Gegensatz zu früheren Auffassungen, die Bildung des Volkes sei eine Gefahr für die Regierung, war man nun überzeugt, eine bessere Bildung sei nicht allein für den allgemeinen Wohlstand, sondern gerade für die Regierbarkeit des Volkes die wichtigste Voraussetzung. Zudem vertrat man die Überzeugung, dass Volksherrschaft ohne ein gebildetes Volk von vornherein unmöglich sein müsse.

Während das eigens gebildete «Bureau für Nationalkultur» für die politische Volksaufklärung verantwortlich war, machte sich der Minister der Wissenschaften und Künste Philipp Albert Stapfer daran, durch eine Enquete Überblick über den Zustand des niederen Schulwesens in den Kantonen zu gewinnen. Da gab es

Kantone wie Luzern, in denen man bis zur Revolution noch längst nicht in allen Gemeinden Schulen fand. Doch kannte man auch Gegenden wie das Berner Landgebiet, wo am Ende des 18. Jahrhunderts nur noch ausnahmsweise Dörfer ohne eine eigene Schule existierten. Insgesamt war es in den protestantischen Gegenden um das Volksbildungswesen besser bestellt als in den katholischen. Das protestantische Interesse an einer eigenständigen Bibellektüre hatte seit der Reformation doch wenigstens einige Anstrengungen für die Vermittlung zumindest von Grundfertigkeiten im Lesen zur Folge gehabt, wogegen das katholische Misstrauen gegen geistige Selbsttätigkeit der kirchlichen Untertanen solchen Bemühungen wenig förderlich war. So mussten in katholischen Gebieten selbst gegen das Lesenlernen Widerstände überwunden werden, die nicht einmal vorwiegend von den Geistlichen, sondern häufig von der ländlichen Bevölkerung selbst ausgingen.[1126]

Doch auch dort, wo Schulen vorhanden waren, kann deren Zustand nur als katastrophal bezeichnet werden. Die Schulenquete Stapfers zeigt anschaulich, wie wenig trotz aller Reden von Aufklärung für die Volksbildung bis dahin getan worden war.[1127] Trägerin der Volksbildung war fast ausschliesslich die Kirche. Sie zeichnete für die innere Organisation der Landschulen verantwortlich und hatte die Aufsicht über den Schulmeister dem Dorfgeistlichen überlassen, von dessen Engagement somit alles abhing. Besassen einzelne Gemeinden eigene Schulhäuser, so klagten die Lehrer häufig über völlig unzureichende Bedingungen, über zu niedrige und zu kleine, über feuchte oder schwer beheizbare Räume, über mangelnden Schutz gegen Unwetter und Baufälligkeit. Eine Rarität waren Schulen, die über das ganze Jahr Unterricht erteilten. Armut, Geringschätzung von Bildung und Angewiesensein auf die kindliche Arbeitskraft waren die Ursachen für einen unregelmässigen Schulbesuch.

Eines der dunkelsten Kapitel eines Jahrhunderts, das die Bedeutung der Volksbildung gerade erst zu entdecken begann, war die materielle und gesellschaftliche Stellung des Schulmeisters. Kaum ein Schweinehirt war geringer geachtet als derjenige, der neben dem Pfarrer die grösste Verantwortung für Wissen und Bildung der Jugend trug. Sie rekrutierten sich aus den untersten Berufsgruppen und übernahmen ihr Amt, weil sie auf einen Nebenverdienst angewiesen waren. Gern wählte man den Bewerber, der den geringsten Anspruch auf Lohn geltend machte, ein Glück, wenn ein solcher Kandidat dann wenigstens hinreichend lesen und schreiben konnte. Der Erziehungsrat des Aargaus musste im Jahre 1800 melden, von 133 Lehrern könnten höchstens 20 ordentlich schreiben und 10 rechnen.[1128]

Im allgemeinen Verständnis war der Schulunterricht neben der Predigt, der von Pfarrer und Schulmeister durchgeführten Kinderlehre und den Examina der erwachsenen Bevölkerung der wichtigste Teil der kirchlichen Volksbildung. Das erste Ziel war deshalb traditionell die Vermittlung der Kirchenlehre. Andere in der Schule vermittelte Fähigkeiten wie Lesen und Schreiben waren Mittel zu diesem Hauptzweck. Gleichzeitig war die Lesefertigkeit eine wichtige Voraussetzung für die übliche Form, in der man den Religionsunterricht durchführte. Ein Schüler, der wenigstens einige Jahre die Schule besucht hatte, konnte so am Ende des 18. Jahrhunderts halbwegs lesen. Wie das Rechnen gehörte auch das Schreiben zumal für die Ärmeren und für die Mädchen zu den verbotenen Künsten, wie man überhaupt sagen kann, dass Wissen und Bildung in der alten Schweiz ein Privileg der Reichen und der Städter waren.

Die alten Regierungen hatten der Helvetischen Republik also kein leichtes Erbe hinterlassen. Mit grossem Elan ging Stapfer, aber auch so mancher Schulmeister und Pfarrer an die Arbeit. Aufgabe der Volksschule sollte nun die Beförderung einer «ächt religiösen, sittlichen und bürgerlichen Aufklärung» sein[1129], auch die staatsbürgerliche Erziehung, die Vermittlung von Kenntnissen der schweizerischen Geschichte und der «Liebe zum Vaterland» erhielten ihren Platz. Daneben war die Belehrung über die Vorteile der neuen Ordnung vorgesehen: «Indem wir dem Volke die Vortheile der bessern Belehrung und Erziehung verschaffen, wird es nach und nach die vorübergehenden Uebel der Revolution vergessen.»[1130] Die Helvetische Republik, so versicherte Stapfer, «wird ihre Würde und ihre Stärke auf die größtmögliche Ausbildung des Verstandes ihrer Staatsbürger gründen. Die Verbesserung der Schulen, die Vervollkommnung des öffentlichen Unterrichts wird ihr heiligstes Mittel zum allgemeinen Volksglück ausmachen.»[1131] Insgesamt sind die Anordnungen zu Unterrichtsinhalten und -methoden stark der volksaufklärerischen Programmatik verpflichtet, wie sie sich während des 18. Jahrhunderts herausgebildet hatte, so dass sich auch hier ein Anknüpfungspunkt zur Tätigkeit der gemeinnützig-aufklärerischen Gesellschaften ergab. Auf guter Besorgung des Bildungswesens, so meinte man, beruhe die «wahre Freiheit und Gleichheit»,[1132] aus der Revolution sollte «wahrer Gewinn für Menschenveredlung» erwachsen.[1133]

Auf keinem anderen Gebiet hat sich die Helvetik so sehr um Mitwirkung auch der untersten sozialen Gruppen der Bevölkerung bemüht. Sozial deklassierte Schulmeister, die mit ihrer Situation unzufrieden waren, sahen nun endlich eine Möglichkeit, ihre Situation zu verbessern. Einige von ihnen hatten sich ein erstaunlich selbständiges Urteil erarbeitet und sich die aufklärerische Überzeugung von der grossen Bedeutung der Volksbildung zu eigen gemacht. So liest man in den Schulmeisterantworten auf die Stapfersche Umfrage anrührende Klagen über Ignoranz und Widerstände gegenüber jeglichen Neuerungs- und Besserungsversuchen. Auf die Frage, was in seiner Schule gelehrt werde, antwortete der Schulmeister von Grosshöchstetten: «Die Arithmetik ist noch schwach! Geographia soweit die Augen sehen, also sehr dunkel; doch wären hier noch Kinder von fähigkeit, Wenn nicht der gemeine Ruf: (Es nüze nichts), die Saat, als durch eine Kälte, zugefrört machte. O Himmel, schenke doch einen Funken von der wahren Aufklärung, damit doch der allzuvest angewurzelte Irr- und Aberglaube von dem Liechte möchte durchschimmert und die Ewigen Unnüzen Vor Urtheile besiegen möchten.»[1134] Der «gemeine Ruf», «Es nüze nichts», wurde nicht nur von diesem Lehrer berichtet, sondern als vorherrschende Auffassung der Landbevölkerung und wichtigstes Hindernis aller Änderungsbemühungen genannt.

Der erste revolutionäre Schritt Stapfers bestand darin, die Schule von einem kirchlichen in ein staatliches Institut umzuwandeln. Durch einen Direktoriumsbeschluss vom 24. Juli 1798 wurde die Aufsicht über die Schulen kantonalen Erziehungsräten – diese Institution ist heute noch bekannt – übertragen. Damit waren die Geistlichen aus ihrer Rolle als geborene Aufseher der Schulen ebenso verdrängt, wie der Kirche das Recht genommen wurde, die Lehrinhalte zu bestimmen. Da Stapfer jedoch genau wusste, dass eine Schulreform auf die Geistlichen angewiesen war, bemühte er sich intensiv um ihre Mitwirkung.[1135] Als Vorbilder wurden ihnen Volksaufklärer genannt wie Schlez, von Rochow, Zerrenner und Pestalozzi.[1136] Eine Trennung von Staat und Kirche wurde auch dadurch eingeleitet, dass der Religionsunterricht nun nicht mehr durch den Schulmeister, sondern durch den Geistlichen selbst zu erteilen war.[1137]

Erstmals wollte die Helvetik auch den Armen Kenntnisse vermitteln, die über eine elementare Bildung hinausgingen. Selbst als Mittel, den eigenen Stand zu verlassen, wurde Bildung jetzt begriffen. «Die jungen Bürger», so lautete die revolutionäre Bestimmung, «welche sich in den Primarschulen auszeichnen und von ihren Eltern oder Vormündern für einen Stand bestimmt sind, welcher ausgebreitetere Kenntnisse erfordert, denen aber die Hülfsmittel zur Fortsetzung ihrer Studien manglen, sollen in den obern Schulen auf Kosten der Nation erhalten werden. Sie führen den Namen von Freischülern oder Zöglingen des Vaterlandes.» Weiter wurde ein jährliches Fest «in Gegenwart des Volkes» bestimmt, das der Austeilung von «Prämien und Ehrenpfennigen zur Aufmunterung der Schüler» dienen sollte.[1138]

Es folgte so manche weitere in die Zukunft weisende Bestimmung, deren Verwirklichung nicht sofort möglich war. Der unbedingte Vorrang der Kinderarbeit vor der Schulpflicht sollte ein Ende haben. Selbst einen Arzt sah man für die Distrikte vor, der während jeder der vier Jahreszeiten Schüler und Schulgebäude zu untersuchen hatte.[1139] Grosse Anstrengungen wurden zur Verbesserung der Lehrerausbildung wie der Situation des Lehrers insgesamt unternommen.[1140] Erstmals sollte für ein Gehalt und eine Pension der Schulmeister gesorgt werden, von dem eine Familie auch ohne Nebentätigkeit existieren konnte. Die Gemeinden wurden angewiesen, für die nötige Wohnung des Schulmeisters, für einen Gemüsegarten und für Brennholz zu sorgen. Gleichzeitig schränkte man die Möglichkeiten der Willkür ein, die in dem Wahlrecht lagen, das viele Gemeinden bei der Ernennung der Lehrer traditionell hatten oder mit der Helvetischen Revolution als altes Recht wieder in Anspruch nahmen.[1141] Zu häufig gaben bei der Wahl ganz andere Erwägungen den Ausschlag als die Sicherung einer möglichst guten Erziehung der Schuljugend. Wie so oft während der Helvetik standen die Politiker vor dem Problem, dass sie sich durch eine möglichst direkte Demokratie bei der Durchsetzung ihrer Ziele eher behindert als unterstützt glaubten.

Im Volksbildungswesen sind nicht nur Zukunftsprojekte, sondern auch eine Reihe von handfesten Verbesserungen feststellbar. Vielerorts wurde das Angebot an Volksschulen beträchtlich vergrössert und die Schulzeit verlängert, die Zahl der die Schule besuchenden Kinder erheblich vermehrt und die Qualität des Schulunterrichts verbessert. Man orientierte sich an den Lehrmethoden Pestalozzis und Johann Ignaz Felbigers, bildete trotz aller finanziellen Engpässe achtzig Lehrer aus und schreckte auch darüber hinaus nicht vor Massnahmen zurück, die Geld kosteten.[1142] Dies ging nicht ohne Widerstände ab. In Luzern befürchteten Eltern, die Schulreform wolle die Kinder der Religion abspenstig machen. «An einigen Orten», so musste gar der Erziehungsrat melden, «zeigte sich so großer Widerstand, etwas einzurichten, das einer Schule gleich sah, aber es mußte doch geschehen, und es ist nun damit so viel gewonnen, daß man auch daselbst glaubet, daß auf künftigen Winter der Schule nicht werde auszuweichen sein». Eltern, so hiess es weiter, suchten nach Wegen, ihre Kinder von der öffentlichen Schule zu befreien, «die in dem Verdacht stund, daß dadurch eine neue, der Religion vielleicht gefährliche Lehre sollte nach und nach eingeführt werden». Die neuen Schulbücher wurden als lutherische Ketzerschriften denunziert und die neuen Bildungsanstalten als «Franzosenschule» oder «Jacobiner Schuoll» beschimpft.[1143] Leichter waren aufgeschlossene Priester zu finden, die die Volksbildungsbestrebungen der helvetischen Regierung tatkräftig unterstützten, als die Eltern mit der neuen weltlichen Schule anzufreunden.

Auch wenn die fünf Jahre der Helvetik nicht ausreichten, um im ersten Anlauf nachhaltige Schulverbesserungen flächendeckend umzusetzen, trug der pädagogische Enthusiasmus der Helvetik dazu bei, den Gedanken der Volksbildung in weiten Kreisen zu popularisieren,[1144] wie man sich darum auch in der prohelvetischen Publizistik bemühte. Unspektakulär, aber beispielhaft ist ein «lustiges Schullied für fleissige Knaben», das nach der Melodie des von Martin Usteri 1793 gedichteten «Freut euch des Lebens» gesungen werden konnte. An einfache Leser gewandt, hiess es in dem elfstrophigen Lied unter anderem:

«Es brucht jez nur e guten Kopf
Und Flyss, se kann en armen Tropfe
Se wyt ab wie der rychist cho,
Wenn Er sy Sach verstod.
Drum thued men Ech jez d'Schulen uf,
Und lehrt Ech – Buben merkid uf -
Die schäzten Pflichten gängenand
Und Gott und Vatterland.
Das hed die neu Regierig g'macht
Die nur für eüsers Besti wacht,
Sie nimmt si drum de Schulen zerst
Mit allem Ifer a.»[1145]

Das Kirchenwesen während der Helvetik

«Beide damals in Helvetien herrschende Religionsparteien schienen sich in die Wette zu beeifern, den sanften Geist des Christenthums, der nur Liebe und Verträglichkeit lehrt, durch eine schädliche Verfolgungssucht zu verläugnen.»

BERNHARD FRIEDRICH KUHN
im Grossen Rat[1146]

«Ein Geistlicher aber, der gegen die Obrigkeit lästert, der ist ein unheiliger Mensch, und kein Nachfolger unseres Heilands!»
Der aufrichtige und wohlerfahrene Schweizerbote[1147]

Im Verhältnis von Staat und Kirche bedeutete die Helvetik mit der Absage an jedes Staatskirchentum und der Proklamierung des konfessionslosen Staates einen radikalen Bruch mit dem in der Eidgenossenschaft über Jahrhunderte Üblichen.[1148] Die Trennung von Staat und Kirche entsprach den aufklärerischen Religionsvorstellungen der führenden Träger der Helvetik.[1149] Die Verfassung garantierte die uneingeschränkte Gewissens- und Religionsfreiheit und verbot die Bevorzugung einer Konfession.[1150] Verbannen wollte man die «Intoleranz, die keiner Religion eigen, sondern das Verderben aller Religionen ist».[1151]

Ausdrücklich wurden durch ein Gesetz vom 12. Februar 1799 jede Bestrafung wegen abweichender religiöser Ansichten verboten und entsprechende Strafurteile der alten Regierungen aufgehoben.[1152] Nur der Gottheit allein komme es zu, über Gedanken und Meinungen zu richten, allen Religionen sei Duldung zugesichert, und es seien ihre «Bekenner zu gegenseitiger Verträglichkeit und Bruderliebe verpflichtet».[1153] Alle helvetischen Bürger, «welche entweder selbst, oder deren Eltern oder Voreltern wegen religiösen Meinungen verbannt worden sind und wieder in den Schoß ihres nun frei gewordenen Vaterlandes zurückzukehren wünschen», waren aufgerufen, sich beim Direktorium zu melden.[1154] Zugleich wurde bestimmt, alle «unter dem Namen der Schandsäulen oder sonst auf irgend eine Weise errichtete[n] und in Helvetien noch vorhandene[n] Denkmäler religiöser Verfolgungen» sogleich abzuschaffen.[1155]

Das Gesetz ist eines jener Beispiele für wirklich Neues, das von der Helvetik geschaffen wurde. Es wurde aus Anlass einer Bittschrift Balthasar Schmidlins beschlossen, dessen Vater Jakob Schmidlin 1747 in Luzern wegen des Abhaltens von religiösen, pietistischen Versammlungen, in denen die Bibel als einzige Richtschnur des Glaubens galt, durch ein von der Regierung eingesetztes und mit vier Geistlichen besetztes Gericht als Ketzer zunächst erwürgt und dann mit allen seinen Büchern und Schriften verbrannt wurde. Auch sein Haus übergab man den Flammen, an dessen Statt wurde eine Schandsäule errichtet. Weiter konfiszierte die Obrigkeit sein Vermögen, verurteilte zwei seiner Brüder auf die Galeeren und verwies 71 weitere Personen, «männlich und weiblich, Alte und Junge, auf ewig der Eidgenossenschaft».[1156] Der Bittsteller, als einjähriges Kind aus der Schweiz ausgewiesen, wurde Nutzniesser der Helvetischen Revolution: er erhielt sein Bürgerrecht und konnte als Zweiundsechzigjähriger in seine Heimat zurückkehren.

Die zwar nicht religions- oder kirchenfeindliche, die vormaligen Rechte der Kirchen jedoch stark einschränkende Politik der Helvetik, die Aufhebung von Klöstern und die Überführung von deren Vermögen in Nationaleigentum, das Verbot von Prozessionen und Wallfahrten oder die Aufhebung konfessioneller Ehehindernisse waren Ursache manchen Misstrauens in einer Bevölkerung, der aufklärerische Religionsbegriffe fremd waren.[1157] Von grössten Folgen war die Aberkennung der politischen Rechte – «Die Diener irgend einer Religion werden keine politischen Verrichtungen versehen noch den Urversammlungen beiwohnen»[1158] –, die Artikel 26 der helvetischen Verfassung gegenüber den Geistlichen aussprach. Hier erwies sich besonders, dass die Nachahmung des französischen Vorbildes – dort sollte der Einfluss katholischer Priester auf das Volk vermindert werden – von grösstem Schaden war. Denn auf sonst kaum jemanden war die Helvetische Republik bei der Vermittlung der neuen Staatsvorstellungen und bei der Aufklärung der Bevölkerung so sehr angewiesen wie auf die Geistlichen. Zur Konfrontation trug schnell die verzweifelte materielle Lage bei, in der sich viele Pfarrer durch die Aufhebung des Grossen Zehnten und den Verlust ihrer Einnahmen befanden. «Die verkümmerte Stellung der Geistlichen», wurde an das Direktorium berichtet, bilde «einen Sauerteig, dessen Wirkung kaum noch auszurotten» sei.[1159] Starke Widerstände gab es gegen die Versuche, die Geistlichen zu reinen Sittenlehrern zu machen, gegen die Entziehung der Aufsicht über das Schul- und Armenwesen oder den Entzug der Tauf- und Eheregister.[1160] «Die Konstitution», so stellte Stapfer fest, «trennt die Kirche vom Staat. Sie bricht die gefährlichen Bande, die den Staat der Kirche unterwarfen, aber sie löste auch die wohltätige Bindung, wodurch die Religion die Bürgerpflichten heiligte.»[1161]

Den wichtigsten Politikern der Helvetik – insbesondere dem für die Religionsdiener zuständigen Minister Stapfer – war bewusst, dass die Bevölkerung an der Religion hing und die neue Ordnung nicht gegen die Geistlichen popularisiert werden konnte. «Die Gesetzgeber», so meinte er, «werden, durch Wort und Beispiel belehrt, die Wichtigkeit der religiösen Volkslehrer, welche zwischen der Regierung und dem Volk in der Mitte stehen, immer mehr einsehen.»[1162] Ein Anliegen der helvetischen Regierung war die Gewinnung von Pfarrern zur Verlesung und Erläuterung der Gesetze und Verordnungen sowie des «Helvetischen Volksblattes». Auf dem Lande, wusste man, hatte das Wort von der Kanzel eine Autorität, die man sich gerne zunutze machen wollte.[1163] Natürlich gab es dagegen von seiten der Geistlichen auch Widerstände, so dass etwa in Solothurn die Verlesung auf «zum Wohl des Landes abzielende Aufrufe an das Volk» eingeschränkt wurde, die anderen Gesetze aber «durch einen Unterbeamten, der des Lesens wohl erfahren» verkündet wurden.[1164] Auch blieb es nicht aus, dass Geistliche ihre Meinung zu den verlesenen Gesetzen kundtaten. Im Wallis äusserte sich ein Pfarrer zu dem Gesetz, das die Ehen zwischen Geschwisterkindern erlaubte, dasselbe sei «schismatisch und verdiene keinen Glauben».[1165] Allerdings gab es auch zahlreiche berichtete Fälle, wo «patriotische Geistliche» das «Helvetische Volksblatt» oder den «Schweizerboten» vorlasen und erläuterten, zur Ruhe mahnten und sogar die Vorteile der republikanischen Ordnung erklärten.[1166] Insgesamt lässt sich sagen, dass es unter den Geistlichen nur Minderheiten waren, die der Helvetik positiv gegenüberstanden oder sie bekämpften. Die Mehrheit verhielt sich zurückhaltend,[1167] wenngleich für die reformierten Pfarrer gilt, dass die Bereitschaft grösser als bisher angenommen war, Reformen mitzutragen.[1168]

In der Presse für einfache Leser ist eindrücklich zu verfolgen, wie intensiv sich die prohelvetische Publizistik gerade um eine religiöse Legitimierung der neuen Ordnung bemühte und zu erläutern versuchte, dass deren Grundsätze mit den ethischen und moralischen Maximen des Christentums in Übereinstimmung seien. Betont wurden demokratische Elemente des Christentums, bewusst das in der bäuerlichen Bevölkerung lebendige antiaristokratische Religionsverständnis angesprochen, das vereinbar schien mit den aufklärerischen Vorstellungen einer «Natürlichen Religion», gereinigt von den dogmatischen Hinzufügungen der konfessionellen Parteien. Im «Schweizerboten» wurde – in biblischem Ton – die

Republik gar als Ergebnis göttlichen Wollens vorgestellt. Gottes Wille sei es gewesen, «daß es solle anders werden, Gott sah in unserm Vaterlande das Unrecht und die Sünde, und die Knechtschaft, und die Wollust, und die Bosheit und den Betrug der Menschen – und seine Strafe kam über die Sünder. – Er sah den Hochmuth der Reichen, und die Ungerechtigkeit der Richter, und die Falschheit vieler Obrigkeiten, und die Ruchlosigkeit vieler falscher Diener der Kirche, so das Volk irre führten – und hörte die Klagen der Unterthanen, zählte die Thränen der Bedrängten, und vernahm das Schmachten nach Freyheit derer, die nicht frey waren. – Und Gott der Allmächtige wollte, – und auf seinen Wink wurde alles anders. Was zu hoch war, ward erniedrigt, und das Niedere wurde erhöht.»[1169]

Die neue Presse der Helvetik – Pressefreiheit in Wort und Tat

«Den Herrn von Haller wollen wir – nicht durch ein Decret, aber – durch unsern einstimmigen Ausruf für einen schlechten Bürger erklären; wir wollen ihn, jeder von uns, wo er den Anlass hat, in aller seiner Nacktheit und von seinen elenden Sophismen entblößt darstellen.»

SENATOR USTERI[1170]

«Die Aufsicht über Zeitschriften, die dem Directorium ertheilt wird, ist ebenfalls unbedenklich; denn republikanische Schriftsteller wird das Directorium nie stören.»

SENATOR KRAUER[1171]

Die alten Regierungen der Schweiz fühlten sich durch wenig so bedroht wie durch die ihrer Kontrolle entzogenen Gasthöfe auf dem Lande und die dort gelesenen Zeitungen und politischen Schriften. Solche Wirtschaften gebe es am Zürichsee in grosser Menge, so hiess es in einem aufschlussreichen gegenrevolutionären Gedicht:

«Sie nennen sich zum Hirschen und zum Reeh,
Zum Raben, zur Sonne, zu der Kronen;
[...]
Dort kommen oft zwey alte Weiber hin
Frau Zeitung, heissen sie, und Frau Broschüre,
Giftmischerinnen, truz der La Voisin,
Die streuen Gift, gemengt in Confitüre;
Dann tischt's Frau Lese-Sucht als Wüscherin
Den Gästen auf und nennt den Quark Lektüre.

Den Buben fährt das Sublimat in's Blut,
Gibt Pest und Krebs und Schwindel und Hirnwuth.»[1172]

Zutreffend sah der Autor, dass die revolutionären Bestrebungen eng verbunden waren mit der Lektüre von Zeitungen und politischen Flugschriften. Unter den von den Lesegesellschaften am Zürichsee abonnierten periodischen Schriften fehlten die zensurierten Blätter aus der Eidgenossenschaft fast ganz. Statt dessen bezog man in den neunziger Jahren August von Hennings «Geißel» oder das «Neue Graue Ungeheuer», wo die Ereignisse in Frankreich intensiv diskutiert wurden, und las die französischen Zeitungen.[1173] Dies war nicht überall möglich: In Glarus beschloss eine Landsgemeinde noch am 15. April 1798 ein Einfuhrverbot für Zeitungen selbst aus Zürich, Schaffhausen und Chur.[1174] Ein ähnlicher Beschluss erging auf einer Landsgemeinde in Schwyz.[1175]

Die Bevorzugung französischer Blätter hatte mit der Konstituierung der Helvetischen Republik ein jähes Ende genommen. Erstmals in ihrer Geschichte verzeichnete die Lesegesellschaft von Wädenswil während ihrer Jahrestagung ein Minus in der Kasse, verursacht durch den Bezug mehrerer schweizerischer Zeitungen und Zeitschriften.[1176]

Erstmals erlebte die Schweiz die Garantie einer freien Presse. «Die Pressfreiheit ist eine natürliche Folge des Rechts, das jeder hat, Unterricht zu erhalten», so hiess es in der ersten Verfassung. Jetzt entdeckte man vollends die Bedeutung der Druckerpresse für die öffentliche Debatte, für Lenkung und Beeinflussung der öffentlichen Meinung. In jenem Frühling der Pressefreiheit entstand explosionsartig eine Vielzahl von Zeitungen und Zeitschriften, die als «Baumschulen des kommenden Blätterwaldes» bezeichnet werden können.[1177] Das neue Recht wurde von Freunden und Gegnern der Republik gleichermassen genutzt.[1178] Fast von einem Tag zum anderen verdoppelte sich die Zahl der Zeitungen und Zeitschriften. In der Zeit des politischen Umbruches und allgemeiner Anspannung des Interesses an Staatsangelegenheiten profitierten besonders die Zeitungen, deren Zahl sich von 27 auf 84 mehr als verdreifachte[1179], unter ihnen die bereits behandelten Zeitungen für einfache Leser.[1180]

Mit der Helvetik entstand ein grundsätzlich neues Verhältnis zur Öffentlichkeit. Die Verbannung der Diskussionen über Staatsangelegenheiten in geheime Kollegien sollte ein für allemal beendet sein. Natürlich war dieses Prinzip stets auch gefährdet, doch zunächst verschafften Räte und Regierung ihm Geltung. «Allein mit der Darstellung des dürren Resultats ihrer Arbeiten, die das Gesetz enthält», so monierte Grossrat Kuhn, erfüllten die Gesetzgeber noch nicht ihre Pflicht zur «Rechenschaft gegen die Nation». Das Volk habe das Recht, «über die gewissenhafte Verwaltung der seinen Repräsentanten übertragenen Gewalt eine

Aufsicht auszuüben, deren Resultat die öffentliche Meinung heißt. Seine Stellvertreter sind nicht nur nicht befugt, dem Richterstuhl derselben ihre Meinungen und Handlungen zu entziehen, sondern sie sind schuldig, die Mittel ihrer Bekanntwerdung zu begünstigen, damit die öffentliche Meinung jeden unter ihnen nach Verdienst beurteilen könne.» Auch die Bekanntmachung der Gesetze allein in deutscher Sprache sei nicht zulässig, denn sie beraube «unsre französisch und italienisch redenden Brüder» ihres Rechtes, das dem der «deutschen Teile der Einwohner Helvetiens» völlig gleich sei. Nur durch die regelmässige Mitteilung ihrer Verhandlungen und Beschlüsse könnten die Gesetzgeber sich «mit dem Lichte und den Erfahrungen unsrer Mitbürger» umgeben.[1181]

Die von Kuhn geforderte Öffentlichkeit der Gesetzgebung und der Parlamentsverhandlungen wurde – bei allen Unvollkommenheiten und praktischen Schwierigkeiten – während der Helvetik tatkräftig hergestellt. Mittel waren das Vorlesen und die mündliche Erläuterung, Plakate – manche erschienen in einer Auflage von 20 000 Exemplaren![1182] –, offizielle Gesetzesblätter in drei Sprachen,[1183] Broschüren und Flugblätter,[1184] die in der ganzen Schweiz vertriebenen Zeitungen und Zeitschriften[1185] und – besonders wichtig – die nun allenthalben entstehenden Kantonsblätter. Eingaben an die gesetzgebenden Räte zeigen, dass diese Bemühungen, soweit sie vom Gesetzgeber ausgingen, auch wahrgenommen wurden. Im Dezember 1798 beklagten sich fünf Bürger in schwerfälliger Sprache, «dass wiewohl wir erkennen, dass Ihre Proclamationen und Gesetze gänzlich zum Wohl des Landes abzwecken, selbe dennoch in einer Sprache erscheinen, die dem Landmann nicht fasslich genug ist, sodass er nicht allemal versteht, was man will und was man tun soll». Dadurch entstünden «oftmalen viele Missverstendereien».[1186]

In zuvor nie erlebter Intensität konnte sich die Bevölkerung zu Beginn der Helvetik über politische Fragen informieren, teilhaben an der Debatte über die Probleme und Schwierigkeiten der neuen Ordnung, über die Ansichten ihrer Repräsentanten und über die unterschiedlichen Vorstellungen zur Ausgestaltung des republikanischen Staates. Eine Art Revolution war es, dass die bedeutendste Zeitschrift der Helvetik, der «Republikaner» Eschers und Usteris, regelmässig über die Verhandlungen im Grossen Rat und im Senat berichtete,[1187] dessen jede Nummer «ein neuer Brandstoff war».[1188] Zeitschriften wie der «Helvetische Genius», die «Helvetische Monatsschrift» oder der «Republikanische Weltbeobachter» ermöglichten Information und Diskussion. Erstmals wurden die Staatsangelegenheiten zur Sache prinzipiell aller Bürger. Der «Volksfreund von Stäfa» stellte sich das Ziel, der neuen helvetischen Regierung «den Eingang in das Herz des Volkes zu bahnen». «Das Volk», so heisst es im 1. Stück vom 1. November 1798, «das sich vorher so geduldig hatte treiben, hudeln und mißhandeln lassen, das mit keiner lauten Silbe sich gegen die ehemaligen willkürlichen Verordnungen äußern durfte, fängt an, sich nun selbst zu fühlen; aufgeklärt über seine menschlichen und bürgerlichen Rechte lernt es sein eigenes großes Interesse kennen und es beschränkt seinen Beobachtungsgeist nicht mehr auf das, was um seine Hütte herumliegt, sondern es nimmt warmen Anteil an dem gemeinsamen Schicksal seiner helvetischen Brüder. Kein Gegenstand wird in der helvetischen Gesetzgebung behandelt, kein gesetzlicher Beschluß des Senats durch das Vollzugsdirektorium bekannt gemacht, daß nicht darüber in jeder Schenke wie in jedem häuslichen Zirkel räsoniert und gekanngießert wird.»[1189]

Zu Beginn der Helvetik unterschied sich die Praxis gegenüber der Presse somit sehr deutlich von der der vorrevolutionären Zeit. Oppositionelle Schriften wurden nicht der öffentlichen Diskussion entzogen, sondern man suchte die Debatte vor dem Publikum, um die Schädlichkeit oppositioneller Blätter argumentativ zu erweisen.[1190]

Das Recht auf Pressefreiheit, mag es auch verfassungsmässig kodifiziert und garantiert sein, ist stets und immer gefährdet.[1191] Dies galt besonders in einer Situation, in der sich Freunde und Feinde der Republik so unerbittlich gegenüberstanden, wie in den Jahren nach der Revolution, in Zeiten des latenten und offenen Bürgerkrieges und des Krieges auf Schweizer Boden. Aber auch für aufgeklärte Republikaner war es ungewohnt, mit einer Presse zu leben, die ohne Einschränkungen ihre Meinung sagte. Besonders die von Karl Ludwig von Haller redigierten «Helvetischen Annalen» nahmen kein Blatt vor den Mund, wenn es galt, die Helvetik und helvetische Politiker zu kritisieren. Wichtige Politiker jedoch standen zu diesem Recht. So hiess es in Artikel 5 des Verfassungsentwurfes einer Senatskommission, der am 8. Januar 1799 vorgelegt wurde, noch schärfer als in der helvetischen Verfassung selbst: «Die Freiheit des Menschen, insofern sie sich auf den ungehinderten Gebrauch seiner Gemüthskräfte bezieht, heißt Denkfreiheit; sie schließt in sich die Freiheit der Mittheilung der Gedanken, somit Rede-, Schreib- und Pressfreiheit.»[1192] Erst mit dem Beginn der Staatsstreiche spielte die Pressefreiheit – wie die individuellen Freiheitsrechte insgesamt – nur noch eine Nebenrolle. Auch alle 1801 und 1802 erarbeiteten Kantonsverfassungen hielten sie keiner Erwähnung mehr für wert.[1193] Nach dem Bodenzinssturm verlangte selbst der unermüdliche Publizist und Vorkämpfer für die Pressefreiheit in der Schweiz, der Basler Regierungsstatthalter Heinrich Zschokke, die Zensur aller Veröffentlichungen, wurde allerdings vom Justizminister zurechtgewiesen.[1194]

Für manchen helvetischen Politiker gilt, dass er sich an die neuen Spielregeln nur schwer gewöhnen konnte. Patriotischer Eifer und alte Gewohnheit gleichermassen führten zu Übergriffen. Bemühungen um Verbote und Zensur waren schnell keine Ausnahmen mehr.[1195] Hierzu gehörten auch Eingriffe in ein prinzipiell gebotenes freies Spiel der Presse, die durch Begünstigung helvetikfreundlicher Blätter über Subventionierung, Aufkauf eines Teils der Auflage, Befreiung von den Postgebühren oder Verpflichtung von Amtspersonen zum Abonnement erfolgten. Die häufig geäusserte Kritik, die Helvetik habe das von ihr gesetzte Recht auf eine freie Presse schon bald selbst nicht mehr beachtet, ist nicht ohne Berechtigung, doch wäre es falsch, sich den helvetischen Staatsapparat als monolithischen Block vorzustellen. So manche Massnahme war auf eigenmächtiges Handeln einzelner Agenten oder Statthalter zurückzuführen, selbst unter den Ministern herrschten unterschiedliche Auffassungen.[1196] Als der Regierungsstatthalter von Baden dem Drucker des Kantons gebot, alle Manuskripte vor Drucklegung vorzuweisen, protestierte der Justizminister mit dem Hinweis, die Verfassung garantiere Pressefreiheit, der Statthalter habe kein Zensurrecht und das Gesetz mache nur den Autor verantwortlich.[1197] Mehrfach riet Minister Stapfer von Massnahmen gegen «freiheitsmörderische Blätter» ab, und ein anderer Regierungsstatthalter erhielt die Rüge des Direktoriums, weil er Einfluss auf den Inhalt eines Blattes zu nehmen versuchte.[1198] Prinzipiell ist allerdings zu bemerken, dass mit antihelvetischen Aufständen und Krieg die Nervosität stieg und vermehrt «gegenrevolutionäre Flugblätter» konfisziert, die Grenzen auf Einschleusung von Druckschriften und die Märkte auf den Verkauf missliebiger Druckerware überwacht wurden. Anfang 1799 kam es sogar zur öffentlichen Verbrennung «aufwieglerischer Schriften» durch den Scharfrichter.[1199] Während der ganzen Zeit der Helvetik gab es Verteidiger der Pressefreiheit, doch waren auch Politiker nicht selten, denen das neue Recht nichts oder wenig bedeutete.

Dies zeigte sich in besonderem Masse in Diskussionen um «Sicherheits- und Strafmaßregeln gegen feindliche Zeitungsschreiber und Unruhestifter überhaupt», die zu einem Beschluss der Räte führten, das Direktorium solle gegen «fälschlich erdichtete und boshafter Weise ausgestreute Gerüchte» und Verleumdungen der Zeitungen vorgehen, mit denen die Ruhe des Vaterlands gestört und die konstitutionelle Freiheit umgestürzt werden sollten.[1200] Karl Ludwig von Haller hatte die Parlamentarier durch polemische Angriffe aufgebracht, aber auch durch die Meldung, das Direktorium sei von Frankreich zur Aufstellung von 20 000 Mann Truppen aufgefordert worden, um vereint mit der französischen Armee zu kämpfen. Dabei handelte es sich um einen sehr empfindlichen Punkt, waren entsprechende Gerüchte doch ohnehin im allgemeinen Umlauf.[1201] Vergeblich warnte Escher, die Gesetzgeber seien Partei, nur ein Richter könne gegen Haller vorgehen, «denn darin soll die wahre Freiheit bestehen, dass jeder Bürger unter dem Schutz der Gesetze und vor jeder Willkürlichkeit sicher sei».[1202] Verschiedene Abgeordnete traten für die Pressefreiheit ein, doch die Mehrheit in den Räten war für ein Vorgehen gegen von Haller.[1203] Schon zwei Tage später stellte das Direktorium die Presse unter Polizeiaufsicht.[1204]

Das neue Recht der Pressefreiheit wurde auch und ganz besonders von reaktionären Kräften missachtet, die in verschiedenen Kantonen der Helvetischen Republik ihren Einfluss wahrnahmen. Als es vom November 1801 bis April 1802 nach dem dritten Staatsstreich zur föderalistischen Periode der Helvetik kam, etablierte sich in Luzern das sogenannte Genhart-Regime, in dem Peter Genhart das Amt des Regierungsstatthalters bekleidete.[1205] Durch einen Erlass vom 23. November 1801 führte Genhart eine strenge Zensur ein.[1206] Paul Usteris Zeitschrift «Der Republikaner» erschien nun häufig mit weissen Flecken. Usteri musste Luzern verlassen, und die oppositionelle Meyersche Buchdruckerei wurde geschlossen und versiegelt.[1207] Genhart konnte sich auf ein Schreiben der Regierung an alle Regierungsstatthalter berufen, «dass sie einstweilen die Censur aller Zeitungen und Druckschriften welche in ihren Cantonsbezirken erscheinen auf sich nehmen und solche, worin aufwieglerische und ruhestörende Aeußerungen zum Vorschein kommen würden, sogleich verbieten, auch die Verfasser nöthigenfalls arretiren lassen».[1208] Ende Dezember 1801 wurden in Freiburg, «um der Sittenlosigkeit zu wehren», sogar Bücherzensoren angestellt, von denen vorgeschlagen wurde, den Verkauf aller unzensurierten Bücher und den von Romanen und Schauspielen ganz zu verbieten![1209]

Der Umgang mit Minderheiten – Bemühungen um die Judenemanzipation

> *«Die Geschichte von den Schicksalen der Anhänger des mosaischen Gesetzes ist die Geschichte von der Schande des menschlichen Geschlechtes. Nur ein Menschenfeind wird sie einst mit Würde schreiben können. Denn welcher Mann von Gefühl könnte sein ganzes Leben den Untersuchungen und Darstellungen einer Geschichte weih, die einen Zeitraum von mehr denn vier Jahrtausenden [...] und alles Ekelhafte und Grausenvolle umfaßt, was menschlicher Aberglaube, Vorurtheil, Fanatismus, und die Barbarei der Priester, Fürsten und des Pöbels jemals von Verbrechen übten?»*
> HEINRICH ZSCHOKKE[1210]

Für die Geschichte der Juden – auch in der Schweiz – gilt, was 1806 in einer aufklärerischen Aarauer Zeitschrift zu lesen ist: «Die sonst berühmten Hauptverfolgungen der Christen waren nur Spielerei gegen die Verfolgungen der Juden, welche sie vorzüglich durch Christen erduldeten durch alle Jahrhunderte.»[1211] Allgemeines Unglück, Hungersnöte und Naturkatastrophen trafen sie stets ganz besonders, denn bequem waren sie als Sündenbock zur Hand, verloren in Pogromen Leib und Gut.

Seit Mitte des 14. Jahrhunderts hatten auch die schweizerischen Städte das Recht, «Juden zu halten». Gegen bestimmte Abgaben wurde ihnen ein – nicht immer sicherer – Schutz gewährt. Als am Ende des 14. Jahrhunderts das kanonische Zinsverbot in einigen Städten aufgehoben wurde, waren die Juden als Geldverleiher entbehrlich geworden. Vertreibungen folgten oder doch zumindest das Verbot weiteren Zuzugs von Juden. Am Ende des 18. Jahrhunderts lebten sie nur noch in zwei Ortschaften, Lengnau und Endingen in der Grafschaft Baden, wo sich Juden niederlassen und als «fremde Schutzgenossen» dauerhaft leben durften. Sie unterlagen einer Reihe von diskriminierenden und oft beschwerlichen Bestimmungen. Von den Handwerken waren sie durch die Zunftordnungen ausgeschlossen, Grundbesitz war ihnen untersagt, Jude und Christ durften nicht gemeinsam wohnen, und selbst noch die den Juden verbleibenden Tätigkeiten waren reglementiert. Die in einigen europäischen Ländern schon abgeschafften entwürdigenden Leibzölle, durch die Juden mit Tieren und Waren gleichgesetzt wurden, waren in der Schweiz noch in Kraft. «Le Juif à cheval huit crutzers», so konnte man den Zolltarifen etwa entnehmen, und es folgten die Gebühren für Esel, Rinder und Pferde.[1212]

Es war eine kleine Zahl von Menschen, die am Vorabend der Helvetischen Revolution unter solchen Verordnungen und Gesetzen litten, die eigens für die jüdische Volksgruppe erlassen wurden. Im Jahre 1774 zählte man 108 Familien mit 553 Personen, und die Aufnahme fremder Glaubensgenossen war ausdrücklich untersagt. Wollte ein unter dem Schutz des Landvogtes von Baden stehender Jude eine fremde Jüdin heiraten, so musste diese die hohe Summe von 500 Gulden mitbringen.

Ganz langsam im Verlaufe des aufgeklärten Jahrhunderts schaffte sich humaneres Denken Platz, wurden religiöser Fanatismus und Intoleranz auch in der Schweiz zurückgedrängt, kam die Lebenssituation von Minderheiten noch nicht in ein allgemeines, aber doch in das Bewusstsein der Gebildeten. Auch in der Schweiz las man Lessings Lustspiel «Die Juden», vernahm man seine Stellungnahme gegen die diesem Volk durch die Christen aufgezwungene Randexistenz. In Iselins Zeitschrift «Ephemeriden der Menschheit» diskutierte man über Wege und Mittel der «bürgerlichen Verbesserung der Juden», konnte man August Schlettweins «Bitte an die Großen wegen der Juden» lesen und wurde gar gefordert, endlich die Berufsbeschränkungen für die Juden aufzuheben.[1213] Doch hatten solche Vorschläge einen schweren Stand, denn nicht nur fürchtete so mancher zusätzliche Konkurrenz, es konnte sich das allgemeine Bewusstsein auch nur schwer brauchbare Menschen unter den Juden vorstellen. Selbst von engagierten

Aufklärern war zu hören, vor seiner bürgerlichen Gleichstellung müsse der Jude erzogen werden. Nur die besten Köpfe unter den deutschen und den schweizerischen Aufklärern forderten uneingeschränkt die politische und wirtschaftliche Emanzipation, verzichteten auf die anmassende Forderung, die Juden müssten zuvor ihre Eigenarten aufgeben. Eine grosse Zahl von Gebildeten aber sprach lieber von Judenerziehung. Erst das revolutionäre Frankreich zeigte den europäischen Nachbarvölkern, dass die politische und rechtliche Gleichheit sich auch auf die Juden zu erstrecken habe.

Bereits am 8. Mai 1798 beschäftigte den Grossen Rat erstmals die Situation der Juden. Der Abgeordnete Herzog klagte über die Verordnung einer Verwaltungskammer, welche den im Kantonsgebiet ansässigen Juden untersagte, ihre Handelsgeschäfte zu betreiben. Herzog forderte, auch den Juden solle der Genuss der Menschenrechte zuteil werden.[1214] Sogleich in dieser ersten Diskussion war zu spüren, dass die Abgeordneten mit eigenen Vorurteilen zu tun hatten und Rücksicht glaubten nehmen zu müssen auf antijüdische Vorbehalte bei der Bevölkerung. Die Juden selbst seien es, so widersprach der Abgeordnete Huber der Forderung Herzogs, die sich durch ihre Gesetze und Gebräuche absonderten.[1215] Zur Prüfung wurde eine «Kommission der Reformation helvetischer Judengesetze» eingerichtet, der neben Herzog und Huber Secretan, Carrard und Suter angehörten.

Diese Kommission bereitete ein Ruhmesblatt der helvetischen Gesetzgebung vor. Schon am 31. Mai beschloss der Grosse Rat die «Grundsätzliche Abschaffung der persönlichen und besonderen Steuern auf Juden», der Senat folgte am 1. Juni.[1216] Dem Gesetz vorausgegangen war eine Petition der beiden jüdischen Dörfer, sie von einer Sondersteuer zu befreien, die sie seit jeher auf Messen bezahlen mussten. So kam es zu einem Beschluss, der über die eigentliche Bitte hinausging und bestimmte, dass «forthin alle persönlichen Steuern und Abgaben, welche auf die Juden besonders gelegt waren, als eine Verletzung der Menschenrechte in ganz Helvetien abgeschafft seyn sollen».[1217] Das Protokoll vermerkt, der Beschluss sei dadurch motiviert, dass «nur die Unwissenheit und die Verfolgungssucht eines rohen Zeitalters eine beschimpfende Last» den Juden auferlegt habe.[1218]

Die Anfänge der Helvetischen Republik waren geprägt durch Begeisterung für die Verwirklichung der Menschenrechte. Nur im Einzelfall legten die Gegner der Judenemanzipation offen die Gründe ihrer Ablehnung dar, lieber verbargen sie sie unter aufklärerischer Phraseologie. Noch herrschte in den helvetischen Räten die Überzeugung vor, alle Völker seien für die Sache der Freiheit geschaffen. Zwar blieb der Mediziner Johann Rudolf Suter mit seinem Appell, im Namen der Menschheit solle man den Juden, die doch auch Menschen seien, die Menschenrechte sogleich durch Akklamation erteilen, mit seinem Klatschen allein und ohne Widerhall, doch dem Argument, die Konstitution unterscheide keine Religionen, «wir sollen alle Brüder sein»,[1219] verschloss man sich jedenfalls insoweit nicht, als man zunächst einmal alle die Juden besonders belastenden Bestimmungen aufhob.

Anders sah es aus, als im August 1798 darüber diskutiert wurde, ob auch die Juden den Bürgereid schwören sollten. Angesichts der riesigen Schwierigkeiten bei der Durchsetzung des Eides muss man sich wundern, weshalb die Regierung von sich aus auf die Frage kam, ob von diesem Eid eine ganze Volksgruppe auszuschliessen sei. Schon der Gedanke daran widersprach dem Geist der Verfassung, wie einige Abgeordnete meinten. Inzwischen aber kamen ganz ungeniert tief eingewurzelte Vorurteile zur Sprache. Die Argumente gegen die verlangte Bürgerrechtserteilung glichen verblüffend denen, die – allerdings erfolglos – auch in der französischen Nationalversammlung gegen die Emanzipation der Juden vorgebracht wurden. Ein Abgeordneter tat sich mit der Behauptung hervor, die Juden befänden sich «in einem solchen Zustand von Verdorbenheit, daß sie als unverbesserlich anzusehen» seien.[1220] Im Kanton Baden, so ein Kollege, hätten sie sich als «Pest» erwiesen und als «Schwamm, der allen Reichtum» dieses Landes aufsauge.[1221] Mehrfach äusserte sich Furcht vor jüdischer Konkurrenz im Handel, die Schweizern keinen Platz mehr lasse, der Jude gebe schlechte Ware und betrüge, sein Eid sei nichts wert, da eine Bestimmung seiner Religion ihn von allen Verpflichtungen gegen Andersgläubige entbinde, und schliesslich hielt es ein Abgeordneter sogar für zweifelhaft, dass Juden überhaupt ein Gewissen hätten.[1222] Das Bürgerrecht sollte man ihnen aber auch verweigern, «weil sie nun alle Nationalgüter aufkaufen würden und in dieser Hinsicht dem Staat höchst schädlich werden könnten». Dann aber hiess es, unter den Juden seien vorwiegend Arme, von denen man selbst schon genug habe und die der Allgemeinheit zur Last fielen.[1223]

Die Debatten über das Bürgerrecht für Juden und die Ableistung des Bürgereides zeigen, dass die Abhängigkeit von Frankreich und die Nachahmung französischer Regelungen durchaus Grenzen hatten. Erstmals immerhin gab ein Schweizer Parlament die Möglichkeit, öffentlich für die jüdische Minderheit einzutreten. Ein Denkmal setzte sich der Zofinger Johann Rudolf Suter, indem er das Sammelsurium an antijüdischen Vorbehalten detailliert zerpflückte. «Die Christen», so resümierte er gegen das Murren des Grossen Rates:

«betrügen wohl ebenso viel und oft noch mehr. Ja, Bürger Repräsentanten, ich nehme meine Worte nicht zurück! Die Christen betrügen noch mehr, indem sie die Juden um alle ihre Menschenrechte betrügen. Und dann laß ich mich nie mit platten Gemeinsprüchen abspeisen und finde es immer schwach und unlogisch, wenn man über eine ganze Menschenklasse so schal und in so starken Ausdrücken absprechen will. Ich bleibe dabei, denn ich habe die ganze Philosophie und Geschichte für mich. [...] Nun komme ich noch zu den traurigsten Vorwürfen, die man den Juden gemacht hat, nämlich sie seien keine Menschen, hätten kein Gewissen und wären unverbesserlich. Wahrlich, es schmerzt mich tief in der Seele, daß ich solche harte, unmenschliche Worte in dieser Versammlung hören mußte. Wo ist der Mensch nicht Mensch? Wo kann er es nicht sein? Wo hat er kein Gewissen? Dies verdient keine Widerlegung. Aber das, sie seien unverbesserlich, das ist stark! Ein Mensch sollte unverbesserlich sein? Gott im Himmel! Wo und was wäre die Tugend, wenn man sie nicht erreichen könnte, wenn sie nicht anpassend wäre jedem Herz, das sie sucht! [...] Unverbesserlich ist nichts in dieser Welt, und jeder edle Mensch soll es sich zur heiligen Pflicht machen, seinen irrenden Bruder zu bessern. Fehlt der Jude, ist er schlimmer als Andere, gebt ihm Menschenrecht, macht ihn zum Bürger, macht ihn frei, und er wird besser sein.»[1224]

Die Mehrheit in den Räten war bereit, auf Kosten einer Minderheit vor vermuteten antisemitischen Stimmungen bei der Bevölkerung zurückzuweichen. Offenkundig kam dies auch eigenen Vorurteilen entgegen. Die ganze Volksstimmung sei wider die Juden, behauptete ein Grossrat, und würde es auch gegen die Repräsentanten sein, sorgten diese für die Juden.[1225] Auf die Frage des waadtländischen Abgeordneten Henry Carrard, wie wohl «vor dem Tribunal des Allmächtigen entschieden würde», wollte man eine ganze Menschenklasse von jedem Bürgerrecht ausschliessen[1226], kam die Replik, das Volk sei noch nicht aufgeklärt genug für die grossen Grundsätze allgemeiner Menschenrechte.[1227] Er werde jeden Menschen, so wiederum Johann Rudolf Suter, «er sei Heide, Türke, Hottentot oder Irokese, als meinen Bruder und Mitbürger umarmen. Was nun den Willen unsers Volkes betrifft, dessen Stellvertreter wir hier sind, so lasse ich mir von demselben nicht imponieren, so lang es auf Vorurtheile sich stützt. Es ist unsere Pflicht, dieses Volk aufzuklären; es ist unsre Pflicht, seinen Willen so zu leiten, daß es nur die Wahrheit, das Gute wolle, und ich verlasse mich auf dieses Volk, daß Moralität und Menschenrechte ihm heilig sein werden.»[1228]

Am 17. August 1798, der Senat folgte einen Tag später, beschloss der Grosse Rat, «die Eidesleistung der Juden zu verschieben, bis derselben politische Existenz in Helvetien des näheren wird bestimmt sein».[1229] Mit einer erneuten Bittschrift der beiden jüdischen Gemeinden, ihnen das Bürgerrecht zu gewähren, bewiesen die schweizerischen Juden noch einmal, dass sie selbst es nicht waren, die sich ausgrenzen wollten. Gewährt wurde ihnen auch diesmal lediglich das Patent der in Helvetien ansässigen Fremden, das ihnen wenigstens einige Verbesserungen gegenüber den restriktiven Bestimmungen zu Zeiten der alten Eidgenossenschaft bescherte. Das Verhalten vieler Behörden und Verwaltungen besonders gegenüber fremden Juden blieb jedoch feindlich.[1230]

Noch während der Helvetischen Republik sollte sich zeigen, wie berechtigt die eindringlichen Warnungen einiger Abgeordneter in den Debatten der Räte waren, dass mit einer Verweigerung des Bürgerrechts für die Juden die Aversionen von Teilen der Bevölkerung gegen ihre jüdischen Mitbürger höchstobrigkeitlich abgesegnet und vielleicht Ausschreitungen erst ermutigt würden.[1231] Durch das taktierende, eine positive Entscheidung verhindernde Hinundherschieben des Problems zwischen den Räten, dem Direktorium und der Kommission zur Revision der Judengesetze war Schaden angerichtet worden. In der Phase der allgemeinen Auflösung der Helvetischen Republik kam es im Zusammenhang mit dem sogenannten «Stecklikrieg» zu Pogromen gegen die Juden in der Schweiz, dem sogenannten «Bändelikrieg».[1232] An den schweren Plünderungen und Misshandlungen sollen benachbarte Bauern beteiligt gewesen sein, denen schon die Behandlung der Juden als Fremde und die damit erfolgte Besserstellung zu weit ging. So hatten nun die Juden am Ende der Helvetischen Republik, da jede staatliche Ordnung am Zerfallen war und obrigkeitlicher Schutz vollends fehlte, erneut den Unwillen der christlichen Bevölkerung zu erfahren. Es war das Verhängnis der Helvetischen Republik, dass sie so viele Reformen nur halb durchführen wollte oder konnte.[1233]

Ausländer sind willkommen – Die Helvetik und die Fremden

«Diese Republik, die unser Vaterland ist, muß immer die edle Verfechterin der ewig wahren Grundsätze von Freiheit und Gleichheit sein, auf denen ihr ganzes Wesen beruht. Diese Republik [...] wird der Zufluchtsort aller aufgeklärten, thätigen, weisen und tugendhaften Menschen werden. [...] Die Erfahrung der Geschichte beweist überdies zur Genüge, wie wohlthätig immer für alle Staaten milde Gesetze gegen Fremde und eine aufgeklärte, auf Menschenliebe gegründete Politik war.»

Bericht der Fremdenkommission des Grossen Rates[1234]

«[...] aber alle Bedenklichkeiten hoben sich von selbst auf, sobald wir das schöne Ganze im Auge hatten.»

Bericht der Fremdenkommission des Senats[1235]

Die Debatte über die Judenemanzipation hatte gezeigt, dass der revolutionäre Gedanke der alle Menschen umfassenden Brüderlichkeit nicht so leicht gegen Vorurteile und Widerstände zu praktizieren war. Zu Recht glaubte man in den

Räten, «das Volk werde nicht gern sehen, dass andere Fremde als die schon im Lande wohnenden zu Bürgern angenommen werden». In diesem Fall jedoch wurden «solche beschränkte Ansichten» im Grossen Rat mehrheitlich bedauert. Der Gesetzgeber eines freien Volkes habe «weit über örtliche Rücksichten und engen Repressaliengeist erhaben» zu sein.[1236]

Das Gesetz über die Niederlassung und die Rechtsverhältnisse von Fremden dokumentierte Ende Oktober 1798, dass die Gesetzgeber diesmal entschlossen waren, auch gegen die auf Abschliessung gerichteten alten Dorfordnungen und gegen die Besorgnis, Fremde könnten als Arme zur Last fallen, ihren Einsichten zu folgen. Das entsprechende Gesetz ging von der Erwägung aus, «dass das National-Interesse, die politische Aufklärung und die Grundsätze der Freiheit und Gleichheit, sowie die Anerkennung allgemeiner Menschenrechte es erfordern, dass den Fremden alle Erleichterung zu ihrer Aufnahme in Helvetien gestattet werde».[1237] Jeder Fremde – ausgenommen waren französische und andere Emigranten aus «auf das Repräsentativ-System gegründeten neuen Republiken» – erhielt das Recht, sich mit einem problemlos zu erlangenden[1238] Erlaubnisschein in Helvetien häuslich niederzulassen. Auch wurde der Erwerb von Liegenschaften gestattet, wenn Schweizer im Herkunftsland des Fremden gleiches Recht hatten. Ein Fremder, der sich zwanzig Jahre in der Schweiz aufgehalten hatte, erhielt weitgehenden Anspruch auf das helvetische Bürgerrecht.[1239]

Offensiv setzten sich die Parlamentarier mit fremdenfeindlichen Stimmungen in der Bevölkerung auseinander. «Die Selbstsucht und der Neid», so hiess es im Bericht der Fremdenkommission des Grossen Rates, «welche Fremdlingen ein Land versperren, worin sie gerne wohnen möchten, versperren dieses Land auch zugleich aller Industrie, aller Cultur, aller Vervollkommnung in Künsten und Wissenschaften und allen Nationalreichthum. Durchgehen Sie die Staaten von allen Welttheilen, und Sie werden auf jedem Blatt ihrer Geschichte diese Wahrheit bestätigt finden. Regierungen hingegen, welche gegen Fremde gefällig und human waren und ihnen gerne einen Zufluchtsort in ihren Ländern gestatteten, wurden dafür immer durch tausend wesentliche Vortheile in Rücksicht auf den Staat belohnt.» Es folgten Gedanken, die den aufgeklärten und radikal-liberalen Geist charakterisieren, der im ersten Parlament der Schweiz anzutreffen war: «Ein Land das so viele Naturvorzüge hat; ein Land das um der Seltenheit seiner Reize willen von allen Ausländern besucht und geliebt wird; ein Land das dem Forschungstrieb der Menschen unerschöpfliche Quellen darbietet darf nicht karg sein; das darf vor Fremden seine Gränzen nicht schließen. Ein Volk endlich, das unter einer glücklichen Verfassung lebt, das auf dem Wege der Vervollkommnung zu seiner hohen Bestimmung immer fortschreiten will; ein Volk das durch seine glückliche Lage, durch die Einfachheit seiner Sitten und Grundsätze und durch die Mannigfaltigkeit seiner Sprachen der Bindungspunkt zwischen verschiedenen Nationen sein kann; ein Volk das die heiligen Menschenrechte in ihrer ganzen Ausdehnung ehrt und vertheidigt; dessen Beispiel für die gute Sache unendlich viel entscheiden kann, ein solches Volk darf keinem andern an Humanität nachstehen. Es muß in seinen schönen Bergen den Tempel der Freiheit und Sicherheit allen Gleichheit liebenden Menschen aufschließen; es muß alle fremden Brüder mit offenen Bruderarmen aufnehmen.»[1240]

Ausnahmsweise sollen einmal nicht die Gegenstimmen zu Wort kommen und all die praktischen Probleme behandelt werden, die der Ausführung des Gesetzes im Wege standen,[1241] sondern statt dessen einige Gedanken aus dem Bericht der Fremdenkommission des Senats zitiert werden: «Es ist eine liebliche Erfahrung für den Menschenfreund, Bürger Senatoren, dass die Nationen gegen alle Mitmenschen um so humaner denken und handeln, je seliger sie sich selbst im Vollgenusse der Menschenrechte fühlen, und wenn man bemerkt, wie der freie Mann nicht nur die Menschheit in jedem seiner Mitbrüder auf das heiligste respectirt, sondern ihm auch den Mitgenuss aller seiner Seligkeiten aus ganzer Seele gönnt, so kömmt es einem schwer an, den großen Gedanken aufzugeben, dass das Menschengeschlecht dermaleinst nur eine einzige Familie ausmachen werde. – Dass alle Menschen unsere Brüder seien, dass Gottes Erde von Gott für Alle geschaffen worden, dass kein Volk das Recht habe, seine Mitbrüder, als andere Wesen, von dem Genuss eines ihnen beliebigen Erdenfleckens auszuschließen; dass es sogar politisch nützlich sei, jeden wackern arbeitsamen Menschen in seine Mitte aufzunehmen; dies waren längst schon unumstößliche Wahrheiten, die nur Despotismus unterdrücken, nur engherziges Spießbürgerthum verkennen konnte, die auch Helvetien anerkennen mußte, sobald es die Würde einer einzigen und freien Nation erhalten hatte.»[1242]

Schon träumte man in den Räten davon, einen Grafen Rumford, einen Sokrates, Plato, Solon, Lykurg, Locke, Montesquieu, Leibniz und Kant zu helvetischen Mitbürgern zu erwählen.[1243] Theorie und Praxis in Übereinstimmung zu bringen, war das Hauptproblem der Helvetik ...

Armenversorgung während der Helvetik

«Nutze die Kräfte jedes Menschen so lange es immer möglich ist, zur Arbeit, und laß ihn durch Mangel an Arbeit zur Untätigkeit nicht herabsinken, selbst wenn auch bei seiner Arbeit einiger Verlust sein sollte.»

«Vervollkommnung wäre es gewiss, wenn man nicht blos fortführe, die Not der Dürftigen zu erleichtern, sondern ihnen noch mehr als bis dahin für die Dauer Hülfe leistete.»[1244]

Bis weit in das 18. Jahrhundert begriffen bei allen sonst vorhandenen Unterschieden beide Konfessionen die Armut und die Armen als Teil einer natürlichen und von Gott gewollten Ordnung, die durch Menschen nur bedingt veränderbar war. Diese Auffassung wurde durch die Aufklärung langsam in Frage gestellt. Die ökonomischen und landwirtschaftlichen Gesellschaften setzten Preise aus für Schriften über die Vor- und Nachteile der bestehenden Armenversorgung, über die Ursachen der Armut und die Möglichkeiten der Abhilfe. Aufklärerisch denkende Pfarrer beteiligten sich oft mit kleinen Abhandlungen, in denen zu lesen war, Sittenverfall, moralische Verderbnis, Trunksucht oder Faulheit seien die bei den Armen selbst zu entdeckenden Gründe. Langsam aber entdeckte man auch wirtschaftliche Ursachen wie geringe Löhne, Arbeitslosigkeit, schlechte Organisation der Landwirtschaft, Teuerung, nachlässige Obrigkeiten oder schlechte berufliche und allgemeine Ausbildung. Unverkennbar ist jedoch die Tendenz, sittlich-moralische Gründe in den Vordergrund zu stellen, denn hier war, wie man glaubte, durch Erziehung und Aufklärung am leichtesten Abhilfe zu schaffen.[1245] Die Aufmerksamkeit richtete sich besonders auf die Kinder der Armen, die zu Arbeitsamkeit und beruflicher Tüchtigkeit erzogen werden sollten, oder es wurden Arbeits- und Industrieschulen vorgeschlagen. Als wesentliches Mittel der Erziehung begriff man die Arbeit selbst, so dass sich manche Anstrengung darauf richtete, die Arbeitslosigkeit zu mildern und den Beschäftigungslosen die Möglichkeit zu eigener Tätigkeit zu geben.

Nach der Helvetischen Revolution konnte die aufklärerische Überzeugung, die Sorge für die Armen sei nicht Aufgabe individueller Wohltätigkeit, sondern der gesamten Gesellschaft, in staatlichen Massnahmen Ausdruck finden. Es sei des Menschen erste Pflicht, so hiess es am 30. Mai 1798 im Grossen Rat, «für den Unglücklichen zu sorgen, der sich vor Seinesgleichen in den Staub legen muß, um seinen notdürftigsten Unterhalt zu finden. [...] als Gesetzgeber insbesonders sollen wir für alle Klassen des Volkes sorgen und die Menschheit in ihren untersten Stufen am allerwenigsten vernachläßigen.»[1246] Es wurde ein nach neuen Grundsätzen organisiertes staatliches Armenwesen angestrebt, das die Zufälligkeit der alten Regelungen aufheben und Bedürftigen unabhängig von ihrem Wohnort die gleiche Unterstützung zukommen lassen sollte.[1247] Doch am Beispiel der Armenversorgung wurde besonders deutlich, dass all die Reformen, die grössere Geldsummen erforderten, während der Helvetik zwar programmatisch formuliert werden konnten, ihre praktische Umsetzung aber an der Finanzsituation scheiterte. Die diskutierten Pläne zeigten immerhin die Richtung an, in die sich die Armenfürsorge in der Schweiz künftig entwickeln sollte.

Für die Armenpflege war zunächst der Polizei- und Justizminister, ab dem 2. Juli 1798 der Innenminister Albrecht Rengger zuständig.[1248] Auch er wollte, wie es dem protestantischen und aufklärerischen Verständnis der Armenversorgung entsprach, Müssiggänger und wirklich Bedürftige voneinander trennen, doch von der alten Praxis, auch die sittlich-moralische Würdigkeit des Armen zu prüfen, wich er ab, indem Massstab für die Armenunterstützung allein der Grad der Bedürftigkeit sein sollte. Der Innenminister stand vor grossen Problemen, denn die schlechte Konjunktur hatte besonders der Heimindustrie geschadet und für extremen Lohnverfall bei Spinnern und Webern gesorgt. Allein im Kanton Zürich war ein Siebtel der Bevölkerung arbeitslos, in einzelnen Gemeinden wie Fischenthal hatten bis zu drei Viertel der Erwerbsfähigen keinen Verdienst.[1249] Die Zahl der Bettler vervielfachte sich.[1250]

Im Mittelpunkt aller Reformvorstellungen stand der Gedanke, durch Erziehung und Hilfe zur Selbsthilfe die Armut wirksam zu bekämpfen. Menschenfreundliche Ideen kamen zu Wort, aber auch inhumane Vorschläge. In Arbeitshäusern sollte der Berufsbettler zur Arbeit erzogen werden, der zeitweilig Arbeitslose die Möglichkeit zur Tätigkeit, die Alten und Gebrechlichen einen Erwerb finden. Was bisher für Almosen ausgegeben worden war, wollte man in den Aufbau entsprechender Anstalten stecken.[1251] Durch «einen wohltätigen Zwang» sollten Bettler und Arme «zu nützlichen Wesen» umgeschafft werden, wobei immerhin die Forderung neu war, dass «dergleichen Anstalten von den eigentlichen Zuchthäusern und für größere und geringere Vergehen bestimmten Gefängnisse völlig abgesondert bleiben» sollten, so dass sie attraktiv auch für freiwillig eintretende und Arbeit suchende Arme würden.[1252] Einzelne Abgeordnete wollten das unwürdige Hin- und Hergeschiebe der Armen beendet sehen. «Von einer wachsamen Polizei», so wusste man, «können freilich die fremden Armen und Bettler leicht über die Grenzen geführt werden; ob aber durch diese Maxime der Menschheit und den benachbarten Staaten ein wesentlicher Dienst geschieht, ist keine verwickelte Streitfrage.»[1253] Heinrich Zschokke schlug militärisch organisierte Arbeitsgesellschaften statt der Arbeitshäuser vor[1254], doch scheiterte die Verwirklichung solcher und ähnlicher Vorhaben, weil «die Ausführung selbst so beträchtliche Vorschüsse» erforderte, dass an «so ausgedehnte Unternehmungen in dem gegenwärtigen Zeitpunkt nicht gedacht werden darf».[1255]

Die praktischen Leistungen der Helvetik sind auf einige kleinere Reformregelungen begrenzt. Für die Armenversorgung in den Gemeinden war es neu, dass uneheliche Kinder – sie hatten im Ancien Régime kein Heimatrecht – die gleichen Rechte auf Nutzniessung am Armengut wie eheliche erhielten.[1256] Verbessert wurde die Situation der Heimatlosen, die häufig von der Armenversorgung ausgeschlossen waren. Zur Bekämpfung der Armut wurde den Anteilhabern an Gemeingütern das Recht gegeben, den ihnen zukommenden Anteil des Landes selbständig zu bebauen, um «aus unfruchtbaren Hügeln Gärten» entstehen zu lassen.[1257] Auf Regierungskosten sollten arme Gegenden mechanische Webstühle erhalten[1258], doch die kosteten Geld – und blieben Projekt. Über ein menschenwürdigeres Armenwesen konnte vorderhand nur nachgedacht und diskutiert werden, es zu schaffen, blieb der Zukunft vorbehalten.

10 Probleme und Schwierigkeiten bei Aufbau und Festigung der neuen Ordnung

«Wir müssen die Revolution nicht als vollendet ansehen, so lange noch das kleinste Glied jener Kette, die unser Volk gefangen hielt, den Fuß des ärmsten Bürgers umschlingt.»

Gutachten der Grossratskommission
über eine neue Einrichtung des Kriminalgerichtswesens, 24. 1. 1799[1259]

Das Hauptproblem, vor das sich die Helvetische Republik gestellt sah, war der Widerstand gegen die neue Ordnung.[1260] Es war nur natürlich, dass Teile der aristokratischen und patrizischen Eliten dem Neuen entgegentraten, die Gegenrevolution betrieben und selbst mit einer militärischen Niederschlagung der neuen Ordnung liebäugelten.[1261] Weniger leicht begreifbar ist der Widerstand des «Volkes» sowie in manchen Gegenden selbst derjenigen, die gerade noch zu Trägern der Helvetischen Revolution gehört hatten. Dieser Widerstand war gemeinsam mit Lasten und Problemen, für die die Helvetik nur bedingt verantwortlich gemacht werden kann, für das schliessliche Scheitern der Republik ausschlaggebend, zumal er sich häufig – insbesondere in den alpinen Orten – mit dem Widerstand der im Ancien Régime Privilegierten verband und dort zu grosser Geschlossenheit, ja sogar zu militärischer Schlagkraft fand.[1262]

Die Volksstimmung in den Kantonen

«Langsam gehts freilich mit Entwerfung der Gesetzen; doch nur Geduld! Er wird endlich auch kommen, der frohe Tag! Wo unser Volk die Vortheile der neuen Constitution fühlen wird.»

Grossrat Heussi an den Regierungsstatthalter von Linth[1263]

Mit Heinrich Zschokke soll ein wichtiger Politiker der Helvetik zu Wort kommen, der sich, basierend auf vielfältigen eigenen Erfahrungen, darum bemühte, die Stimmung der Bevölkerung in den einzelnen Kantonen zu beschreiben. Auch wenn man sich seine Urteile nicht zu eigen macht, ist deren Kenntnis wichtig, will man die Haltung verstehen, mit der auch andere helvetische Politiker der einfachen Bevölkerung gegenüberstanden, denn die Beschreibung Zschokkes ist aus den Amtsberichten der kantonalen Behörden und den Berichten extrahiert, die Regierungsstatthalter über die Volksstimmung abgaben.[1264]

«Im Ganzen», so beschrieb Zschokke die Situation im Frühjahr 1799, «war die grosse Masse des Volks gleichgültig gegen die alte und gegen die neue StaatsVerfassung, weil es beider Zwek und Werth zu wenig kannte, und nur einzelne Theile derselben auf seine eigenthümlichen Verhältnisse beziehend, würdigte. Derer, welche aus Grundsätzen oder unedlern Rüksichten, die alte Ordnung, oder die neue, mit Geräusch verfochten, waren bei weitem der geringere Theil der Nation. Ihre Tätigkeit sezte die träge Massen von Zeit zu Zeit in Bewegung. Welche den rohen, nur auf das augenblikliche Bedürfniß gewandten Neigungen, und den Vorurtheilen und dem LieblingsWahn des grossen Haufens am beßten zu schmeicheln verstanden, hatten den zahlreichern Anhang.

Im Kanton L u z e r n wünschte der LandMann auf keine Weise die ehmalige Verfassung zurük. Einem guten, aber unerzogenen Kinde ähnlich, hatte er die häuslichen Tugenden seiner Vorfahren, ohne deren republikanischen Sinn und die heroische Liebe des Vaterlandes geerbt. ReligionsCultus und ParticularNuzzen, Furcht vor dem Umsturz der Altäre, wie Frankreichs Beispiel angedroht hatte, und Furcht vor Abgaben an den Staat, lähmte die Theilnahme der Menge an Begünstigung der Revolution.

Auch der LandMann des Kantons S o l o t h u r n ward von gleicher Furcht vor allzuschweren Abgaben bewegt. Die reichen Gehalte, so die höchsten Obrigkeiten der Republik sich selbst mit freigebiger Hand bestimmt hatten, schienen die Sorgen des Volkes zu bestätigen. Indem also Mißmuth an die Stelle des Zutrauens in aller Herzen trat, und viele den ehmaligen Zustand heimwünschten, fo[r]derten von der andern Seite die Gemeinden in der Nähe der vormals herrschenden Stadt strengere Gleichheit mit deren Bewohnern. Schwer hielt es, das Volk überall gehörig zu belehren. Der größte Theil der Agenten (vom Unterstatthalter ernannte Beamten der vollziehenden Gewalt in den einzelnen Gemeinden) arbeitete mit Schlaffheit und Unwillen, weil keine Besoldung für seine Bemühungen statt fand.

Im Kanton L i n t h, zu welchem das Land Glarus, und die Bezirke von Rapperswyl, Werdenberg, Mels, Neu St. Johann und Schännis gezählt wurden, fehlte fast gänzlich ein der neuen Verfassung zugewandter Sinn. Die vornehmsten Ursachen davon waren theils die Klage der ehmals herrschenden LandLeute über den Verlust ihrer Hoheiten, Gerechtsame und LandsGe-

meinden, theils die Gewohnheit an den vormaligen Einrichtungen, Orts-
Geist, gekränkter Stolz reicher Geschlechter, ZunftGeist und Monopolien-
Sucht der Kauf- und HandelsLeute, gänzlicher Mangel der Industrie und
guter ErziehungsAnstalten.

Dem Kanton S ä n t i s, welcher die Rhoden des Appenzell, die Landschaften
von St. Gallen, Toggenburg und Rheinthal umfieng, sah man von politischen
Partheien zerrissen, welche aus der ehmaligen Verfassung in das Gewühl der
Revolution mit verdoppeltem Grimm übergiengen. Die reformirten Gegenden waren beinah durchaus für die neue Constitution gestimmt, aber die
katholischen zitterten noch immer vor den nachtheiligen Folgen des BürgerEides auf ihre Seligkeit. Sie waren daher der neuen Verfassung, und deren durch fremde Namen und Worte verdunkelten Gesezzen Feind. Ihren
Priestern getreu, deren Einflüstrungen sie begierig nahmen, und meistens so
unwissend und in Rohheit erwachsen, daß von mehrern hundert LandLeuten kaum einer selbst lesen konnte, mußten die Geistlichen Vorleser und
Ausleger der neuen Gesezze werden. Wie nun diese, so mannigfach ge-
kränkten, Diener der Kirche erklärten, glaubten die gutmüthigen Laien.

Im W a a t l a n d e waltete Ruhe. Ohne Murren weihte man seinen Gehor-
sam allen Verordnungen. Doch lebhafter Enthusiasmus für die Constitution
gebrach auch hier, und zwar aus Ursachen, welche denen in andern Theilen
Helvetiens ganz entgegengesezt waren. Man fo[r]derte die unentgeldliche
Aufhebung aller FeudalLasten, und hatte sie von der Revolution als eine ihrer ersten Früchte erwartet. Die LoskäuflichkeitsErklärung, welche noch vor
Kurzem als eine Wohlthat angesehen worden wäre, galt in den Augen der
Menge nun, einer Akte der Tyrannei gleich. Dazu gesellte sich der Mißmuth
derer, welche sich durch die Aufhebung der kleinen OrtsVorrechte verwun-
det fühlten, oder den Werth ihrer Gemeindsbürgerschaften sinken sahn.

B a s e l die Stadt, welche nur aus Furcht zuerst in den Strom der Revolution
getaucht hatte, theilte nicht mit dem Volke ihrer Landschaft die Freude an
den grossen Umwandlungen. Zwar zählte sie auch in ihren RingMauern
manchen entschiednen Republikaner, aber mehrere noch erblikten in dem
Waffenglanz der neuen Coalition und der aus dem tiefsten Norden durch
Europa ziehenden Russen die MorgenRöthe ihrer alten Herrschaft wieder,
und spendeten selbst den abentheuerlichsten Gerüchten ihren Glauben. Nur
wenige waren stark genug, sich auf den Ausgang des grossen Schauspiels
gefaßt zu halten, Muth einzuflössen und die Ueberzeugung zu gewinnen, daß
man nun einmal um der Nachkommen Wohl Willen, das schwerste Opfer
leicht finden solle. – Unter der mittlern und ärmern Klasse der Handwerker

aber entspann sich vorzüglich Furcht wegen gänzlicher Aufhebung der Innungen und Zünfte und Einführung der GewerbsFreiheit.

Der Kanton B e r n seufzte vornemlich über den Druk der Gemeinden vom fränkischen Militair. Die Stadt bedauerte ihre verlorne Hoheit. Viele schwebten in Angst vor dem nahen Kriege; viele hingegen zogen ihn dem damaligen Zustand des Landes vor, und erwarteten von seinem Ausgang zuversichtliche Rettung vom tiefen Kummer.

Das Volk des Berner O b e r l a n d e s fieng an sich dem Neuen allmählig anzuschliessen. Doch mit den SchildWorten Freiheit und Gleichheit knüpften die LandLeute gern nur diejenigen Begriffe zusammen, so ihren Wünschen am reizendsten schmeichelten. An manchen Orten war ihnen Freiheit die Erlaubniß nach jedem Gelüst zu handeln, und Gleichheit die Austheilung des Staats- und GemeindsVermögens. Der Bürger, welcher nun seine Vorsteher aus eigner Mitte wählen konnte, und sie nicht mehr von Gott eingesezt glaubte, fand, daß er über sie erhaben, und daher berechtigt sey, ihnen nur dann zu gehorchen, wann ihre Befehle mit seinen Vorstellungen und Bedürfnissen zusammenträfen.

Im A a r g ä u war des Volkes Abneigung gegen die neue Ordnung der Dinge durch die unaufhörlichen Durchmärsche, Requisitionen und harten Behandlungen vom fränkischen Militär fast allgemein worden. Die Gemeinde Lenzburg allein hatte binnen sieben Monaten 80 000 Mann Einquartierung gehabt. Daher fanden die VolksAufwiegler überall Gehör und Glauben, die Worte der Regi[e]rung aber verschlossene Herzen. Doch mehr, als auf dem Lande, webte noch in den Städten des Aargäus republikanischer Geist. A a r a u, A a r b u r g und B r u g g inzwischen übertrafen L e n z b u r g und Z o f i n g e n in Kraft und Dauer freier, nicht nach dem vergangnen Zustand zurükschmachtender Gesinnungen.

Des W a l l i s fünf deutsche Bezirke, deren Volk ehmals bei democratischer Verfassung über das UnterWallis gebot, beklagten die eingebüßte Majestät und Ungebundenheit. So schmerzlich ihnen die Trennung von alten Uebungen gewesen, eben so lebhaft war nach ihnen das Heimweh nun. Alles hoffte man von den Siegen der damals gegen Frankreich neuaufsteigenden Kriegs-Verbindung der Fürsten; alles fürchtete man von der Fortdauer der helvetischen Republik in derzeitiger Form – Zerstörung der Religion, Entführung der jungen Mannschaft zu fernen Kriegen, Verarmung durch Uebermaaß der Abgaben. Nur die Söhne reicher und gebildeter Geschlechter, denen längst die Herrschaft der Priester ekelte, fanden mit Vergnügen in der stellvertretenden RegirungsArt Schirm gegen der Geistlichen Gewalt, und gegen die souveränen Launen des Volks.

Die Gelände von B a d e n und S c h a f h a u s e n theilten aller andern Kantone Besorgnisse und Hoffnungen, ohne sich durch leidenschaftliche Thätigkeit weder für noch wider die Sache der StaatsVerwandlung zu bezeichnen. Stilles Ergeben in den Gang der Schiksale schien in diesen Gegenden aller Bürger Wahlspruch zu seyn, so daß weder die Umtriebe der Priester inner den Gränzen Badens, noch die Eifersucht der LandLeute gegen die Stadt Schafhausen auffallende Ergebnisse bewirken konnten.

Ein rüstigeres Volk, voller Gährung und wilden Zwietracht beherbergte der Kanton Z ü r i c h. Der LandMann, in alter Fehde mit der sonst gebietenden Stadt, wachte hier eifersüchtiger über die neuempfangnen Rechtsame; die Stadt äusserte unverholner ihren Zorn gegen die StaatsUmwälzung. Beider Theile Erbitterung schlug jeden Tages tiefre Wurzeln. Wenn aber auch die Bewohner des Landes zuweilen ihre Klagen in die der Stadt gegen die Regirung mischten, so geschah es wegen der Unverständlichkeit der Gesezze, oder gegen die allzugrossen KriegesLasten, oder gegen die Sorglosigkeit der Regirung, wenn sie ‹Aristokraten› oder Feinde der nunmehrigen StaatsOrdnung in Aemter und Würden hob.

In den italiänischen Kantonen L u g a n o und B e l l i n z o n a dauerte noch immer, wiewohl schwächer, der in den ersten Monden der Revolution entstandne PartheiZwist zwischen denen fort, welche das Land jenseits der hohen AlpenKette an den jungen FreiStaat Cisalpinien schliessen, und denen, welche der helvetischen Republik angehören wollten. Das Volk selbst nahm an den Umtrieben der PartheiFührer freilich nur geringen Antheil. Bei des Landes grosser Armuth fühlte es nur den harten, ungewohnten Druk des fränkischen Militärs. – Laut erhob es seine Klagen, wozu sich, wie überall in Helvetien die Furcht vor Gewaltsamer Aushebung der jungen Mannschaft zum KriegDienst mischte, und der Priester schrekliche Weissagung vom nahen Untergang der Religion.

So herrschte in Helvetien kein GemeinGeist, kein allgemeines Sehnen nach Rükkehr nach dem untergegangenen StaatsVerhältniß, aber auch keine Liebe für die neue Verfassung. Was die Völkerschaften seit einem Jahre verloren, und was sie empfangen hatten, war nicht ihres Strebens, sondern fremder Urheber Wirkung. Freude und Kummer hatten in allen Gegenden immer verschiedene Quellen. Nur in dem Einzigen stimmten alle Kantone überein, daß die ungeheuern Beschwerden welche die Beherbergung eines fränkischen Heeres veranlaßte, unerträglich seyen, und daß die Central-Regirung, unvertraut mit dem Geist der Nation, allzu schonungslos deren Vorurtheile und Meinungen verwunde.»[1265]

251

In dieser Beschreibung der Volksstimmung in den Kantonen werden – natürlich mit den Akzentuierungen, die Zschokkes Engagement als helvetischer Politiker geschuldet sind – nahezu alle Gründe genannt, die für Widerstände gegen die Republik verantwortlich waren.

Der Widerstand des «Volkes»

> *«So ist die Schweizerische Refeluzion: sie will wännig Regäntschafft, anstatt dessen bekomen sie noch so vill … sie will wäniger abgaben, anstatt dessen Müssen sie noch so fill bezallen, sie wollen Mehr freyheit in Geschäfft, anstatt dessen wirt sie innen genommen … sie will, das der Baurr auch zu der Regierung komme, und zu dem sind wir kommen zu unßerm grösten unglük.»*
>
> *«Die Refeluzion ist alle Mall, wen der baurren wuth verbey ist, Mehr vor den stettler als vor der baur. Anstatt 8 Tag freyh(ei)ts kirby haben wir sollen 8 Wochen Trauer anlegen. Wan ich alles wollte bemerken, so würde es die bäbstliche Clerissey weit über Träffen.»*
>
> Notizen des Hallauers Johannes Fotsch in sein Schreibebuch[1266]

Die Helvetische Republik hatte es während der ganzen Zeit ihres Bestehens mit intensivem, teils koordiniertem, teils spontanem Widerstand zu tun. Er war kombiniert mit der latent vorhandenen grossen Unzufriedenheit angesichts der Truppeneinquartierungen und Requisitionen.[1267] Der Widerstand der arbeitenden Bevölkerungsschichten, der kleinen und mittleren Bauern, der Handwerker, Tagelöhner, Heimarbeiter und der Handarbeiter insgesamt – oft als «Volk» bezeichnet –, resultierte aus einem Gemisch unterschiedlichster Motive, flammte zu höchst disparaten Anlässen auf und äusserte sich in vielfältigen Formen. Mehr oder weniger alltägliche, von Beginn der Helvetik an beobachtbare Widerstandsformen waren die Ablegung der helvetischen Nationalkokarde oder die Beschimpfung von Trägern derselben[1268], das mit körperlichen Angriffen verbundene Abreissen von Kokarden[1269], die Verbreitung von Gerüchten[1270], öffentliche Reden, der Kaiser werde bald kommen und helfen, demonstrative Instandsetzung von Gewehren[1271], Klageschriften und Petitionen in grosser Zahl, Missachtung von Regierungsbefehlen[1272], Ungehorsam gegen Beamte, wogegen sogar ein eigenes Gesetz erlassen werden musste[1273], Misshandlungen von bekannten Anhängern der Helvetik[1274], Zerstörung oder Beschädigung von Häusern helvetischer Amtsträger[1275], Verweigerung von Musterungen[1276], Abhaltung von Landsgemeinden[1277], Gefangensetzung von Regierungsstatthaltern[1278], Verweigerung des Bürgereides, die in einigen Gebieten zum «point d'honneur» der Landleute wurde[1279], Arretierung von Verwaltungsbeamten[1280], Wiedereinsetzung einer alten Regierung durch Landsgemeinden[1281], Sturm auf Zeughäuser[1282], Übergriffe auf Angehörige der französischen Armee und immer wieder bewaffnete Aktionen. Man wagte, «in den öffentlichen Wirthshäusern die Räthe auszuspotten und zu sagen, die Mitglieder seien lauter Dummköpfe, und ihre Versammlung sehe einer Maskerade von läppischen Gesichtern ähnlich».[1283] Zum Ende der Helvetik brach dann der militärische Aufstand gegen die helvetische Staatsordnung los, der bereits Zeichen des Zerfalls war.[1284]

Jeder Versuch einer systematisierenden Charakterisierung der wichtigsten Triebkräfte des Widerstandes wird unvollkommen bleiben müssen, denn fast immer emulgierten verschiedene Anliegen zu einem explosiven Gemisch. Von der umfassenden Ablehnung der neuen Ordnung, die sich schon in der Revolution äusserte, bis zur Kritik an einzelnen Massnahmen, Ungerechtigkeiten und Widrigkeiten reichte die Spannweite. Wie in jeder Revolution gab es auch Bevölkerungsschichten, denen die Umwälzung nicht schnell genug ging oder denen die Massnahmen der neuen Regierung nicht grundlegend genug und halbherzig erschienen. Grundsätzlich hatte es die Helvetik nach einer Definition des Justizministers mit zwei gegensätzlichen Formen des Widerstandes zu tun, nämlich mit jenem, welcher «der neuen Ordnung der Dinge abgeneigt» war, und mit solchem, welcher «die Schranken der Verfassung unter dem Schein des Patriotism überschreitet und Verwirrung und Gesetzlosigkeit einzuführen» trachtete.[1285] Insgesamt war der aus Ablehnung resultierende Widerstand stärker als solcher, der die Revolution vorantreiben wollte oder restaurative und undemokratische Massnahmen der helvetischen Politik bekämpfte. Überspannte Furcht vor der Republik nach französischem Muster sowie überspannte Erwartungen an das Neue destabilisierten die Republik jedoch gleichermassen.

Bevor einige Schlaglichter auf den Widerstand gegen die Helvetische Republik geworfen werden, sollen zusammenfassend die wichtigsten Ursachen und Motive der antihelvetischen Bewegungen genannt werden:

1. Entzug der Unterstützung für die Helvetik und Widerstand aus Enttäuschung über unerfüllte Erwartungen und neue Lasten.

2. Eng damit verknüpft, Widerstand als Folge der ökonomischen und Finanzkrise.

3. Singulärer und temporärer Widerstand gegen einzelne Massnahmen während der Helvetik. Widerstand gegen zuvor unbekannte Leistungen an den Staat.

4. Anarchische Widersetzlichkeiten (Holzschlag, Jagd etc.), «falsche» Vorstellungen von Freiheit und Gleichheit.

5. Widerstand gegen Truppenaushebungen und Belastungen durch französische Truppen und den Krieg.

6. Widerstand gegen die Aufhebung Alten Rechtes und alter Privilegien. Widerstand gegen das egalisierende helvetische Bürgerrecht. Ständischer Widerstand gegen die Gewerbe- und Niederlassungsfreiheit sowie gegen andere Modernisierungsbestrebungen, die als Frontalangriff auf die eigene Lebensweise empfunden wurden.

7. Eng verbunden damit, Widerstand gegen die Missachtung traditioneller Strukturen und Werte der ländlichen Gesellschaft. Hier besonders der sich als Antizentralismus, das Dorf als autonomes Gebiet betrachtende, sich als Antimodernismus äussernde Widerstand.

8. Widerstand aus Ablehnung der repräsentativen Demokratie und als Folge der Popularität der direkten Landsgemeindedemokratie.

9. Widerstand wegen befürchteter Gefährdung der Religion und gegen den Bürgereid.

10. Widerstand gegen aufklärerische und bürgerlich-demokratische Wertvorstellungen.

11. Widerstand, der aus antikapitalistischen und/oder gegen die neue Führungsschicht gerichteten Strömungen erwuchs.

12. Antifeudalistischer Widerstand, dessen Ziel die Beschleunigung der Revolution war oder sich gegen restaurative Massnahmen der Republik richtete. Widerstand gegen unrepublikanische Massnahmen und Erscheinungen, gegen Ämtermissbrauch, Nachahmung des alten Gottesgnadentums in neuer Verhüllung, hohe Gehälter oder fehlende Kenntnis der Sorgen des gemeinen Mannes.

Über die der Republik an vielen Orten schnell ungünstige Bevölkerungsstimmung unterrichten Hunderte von Berichten, die Agenten auf eigens dafür eingerichteten Formularen regelmässig an den Regierungsstatthalter abzugeben hatten und dieser an den Justizminister senden musste. Auch geheime Missionarien zur Erkundung der Volksstimmung und Überwachung des Betragens der Geistlichen und der Mönche wurden unternommen.[1286] Man äussere sich ohne Hehl, berichtete allerdings ein Reisender, das «vielfältige Ungemach der Revolution» werde so allgemein empfunden, «daß es den Genuß der unleugbaren Vortheile weit überwiegt». Unter dem «Druck der Leiden» seufzten heimlich selbst die, «welche ihr Interesse dabei finden, die Revolution zu preisen».[1287] Nachdem es besonders wegen aufrührerischer Reden zu unangemessen harten Reaktionen gekommen war, mahnte der Justizminister in einem Rundschreiben an die Regierungsstatthalter, die Aufgabe «einer guten Polizei» sei es, nicht zu schrecken, sondern zu schützen. Sie habe nicht das Recht, «jede liberale Aeußerung und Bemerkung über öffentliche Angelegenheiten, wodurch die öffentliche Meinung kann gebildet werden,» zu hemmen oder «Privatrache und niedrige Leidenschaften» zu begünstigen. «Pressfreiheit und die Freimüthigkeit in Aeußerungen» würden über Sorgen und Probleme des Volkes «die hellsten Aufschlüsse geben, sobald die öffentlichen Beamten nicht nach enggeistigen und furchtsamen Grundsätzen verfahren, die jeden Seufzer, jede Regung des Gefühls unterdrücken, sie in die Herzen der Menschen concentriren und zu Gährungen Anlass geben, die in ihren Folgen um so fürchterlicher sind, da sie nicht vorgesehen waren».[1288]

Gar zu oft wurde nicht nach diesen Grundsätzen verfahren, sondern nach alter Gewohnheit, die jede kritische Äusserung als illegetim und dem Untertan nicht zukommend ansah. Die «gute Polizei» hatte viel Arbeit. Nach der Konstituierung der Helvetischen Republik ist eine schnell wachsende Enttäuschung angesichts der Ergebnisse der Revolution zu konstatieren. Viele Wünsche, die an die neue Ordnung geknüpft waren, erfüllten sich nicht, statt materieller Vorteile kamen neue Lasten auf die Bevölkerung zu, Requisitionen und Einquartierungen drückten die ländlichen Gemeinden, und später nahm der Krieg der Republik jede Möglichkeit zu Massnahmen, die ihr Popularität hätten verschaffen können. Alles Übel schien seine eigentliche Ursache in der Revolution zu haben.

Gleichgültigkeit gegenüber der neuen Ordnung und Desillusionierung wurden als massenhafte Erscheinungen beobachtet. Vielerorts war die Unterstützung der Revolution an ganz konkrete materielle Forderungen und die Hoffnung auf Besserstellung geknüpft gewesen, nun klagte man, es müssten Abgaben über Abgaben entrichtet werden, die ursprüngliche Begeisterung für die Revolution sei vollständig verschwunden.[1289] Von der Zürcher Landschaft berichtete Regierungsstatthalter Pfenninger über die enttäuschte Hoffnung, «man müsse bei der Revolution an Geld gewinnen».[1290] Resignation war bald sogar bei aktiven Trägern der Revolution zu beobachten. All dies steigerte sich mit den bürgerkriegsähnlichen und kriegerischen Verwicklungen, in welche die Helvetische Republik bald geriet, bis der neue Staat selbst unter seinen Vätern immer weniger Freunde hatte.[1291]

Zu einem Klima, in dem Widerstand gedeihen konnte, trug auch ein beträchtlicher Teil der Bevölkerung bei, der sich durch die unruhigen Zeiten und die zahllosen Neuerungen ganz einfach überfordert fühlte. Johann Kaspar Pfenninger sprach von einer «Art Ungewissheit, ob aus der Revolution etwas Gutes hervorgehen werde», die den Bemühungen der Unzufriedenen weiten Spielraum gebe und böse Gerüchte veranlasse.[1292] Unlust am Neuen führte zur Idealisierung der alten Ordnung als der guten alten Zeit, in der noch Ordnung und Sittsamkeit herrschten.[1293]

Neben Unzufriedenen, Desillusionierten und Gleichgültigen stand der Republik in der Bevölkerung der Landsgemeindekantone eine weitere grosse Gruppe voll erbitterter Ablehnung gegenüber, denn «es ist ohnstreitig wahr, dass sie durch die neue Verfassung manche Einschränkung erlitten, die sie schmerzt».[1294]

Die militärisch geführten Kämpfe gegen den Anschluss an die Helvetische Republik sind mit ihren Motiven an anderer Stelle geschildert worden.[1295] Verständlicherweise änderte sich an der Stimmung der Bevölkerung nichts zum Positiven, nachdem ihr die neue zentralistische Ordnung aufgezwungen worden war. Ende August, Anfang September 1798 flammte dieser Widerstand im Aufstand Nidwaldens noch einmal auf und wurde von französischen Truppen blutig niedergeschlagen. Schon im Juli hatten sich Gerüchte verbreitet, nach denen «das Landvolk nach vollendeter Ernte über die Franken herfallen und solche zum Lande heraustreiben» wolle.[1296] Auch noch im Dezember 1798 musste der Regierungsstatthalter aus Schwyz berichten: «Das Volk im Ganzen genommen sieht unsere Verfassung als Mörderin der Freiheit an und beinebens in vielen Bezirken, wo Orden und Pfaffen ihre Schirmvögt sind, als einstweilige Strafe Gottes.»[1297]

Ähnlich verbittert war die Bevölkerung in all jenen Gebieten, die sich wie die Gemeinen Herrschaften und grosse Teile der Ostschweiz weitgehend selbständig mit revolutionären Mitteln befreit hatten und sich nun mit einer nie angestrebten Staatsverfassung um den Lohn aller Mühen gebracht sahen.[1298] Hier wie auch auf einigen Landschaften der ehemals patrizischen Kantone – Luzern ist ein Beispiel – dominierte ein bäuerlich-demokratischer Widerstand, der das diffuse Ideal einer der Landsgemeindeordnung nahestehenden Demokratie verfolgte. Er ist dadurch charakterisiert, dass er zwar eine Rückkehr zu den alten Verhältnissen ablehnte, aber seine Wünsche auch durch die Helvetik nicht befriedigt sah. Die Luzerner Landbevölkerung war für bewaffnete Landstürme gegen die Helvetik ebenso verantwortlich, wie sie sich im September 1802 gegen die Versuche der Patrizier wehrte, die städtische Vorherrschaft wiederherzustellen.[1299] Insgesamt war die Popularität der Landsgemeindeordnung eine der wichtigsten Ursachen des Widerstandes gegen die neue Ordnung.[1300]

Wichtig für Stärke und Motivierung des Widerstandes waren konfessionelle Bindungen. Verallgemeinernd lässt sich sagen, dass der Widerstand in allen Gegenden mit katholischer Bevölkerung grundlegender und stärker war als in den reformierten. Es ist bereits darüber berichtet worden, wie die Milizen der Urkantone den Rosenkranz betend in den Kampf zogen. Der Widerstand bedurfte nicht der Aufhetzung durch Priester, wie viele helvetische Politiker meinten. Die Befürchtung, aufklärerisch-demokratisches Gedankengut gefährde die Religion, hatte in der Bevölkerung bereits eine längere Tradition und wurde durch die scheinbar Altäre stürmende, tatsächlich viele Priester vertreibende Politik in Frankreich bestärkt. Sie entwickelte sich zu einer der wichtigsten Triebkräfte des antihelvetischen Widerstandes, denn vermeintliche Angriffe auf die Religion richteten sich nicht auf etwas der Landbevölkerung Äusserliches, sondern stellten an einem zentralen Punkt ihre gesamte Lebensweise in Frage. Gerade in den

Landsgemeindekantonen, aber auch in anderen katholischen Gebieten, waren rituelle Praxis, demokratische Selbstverwaltung und alltägliches Leben eine enge Einheit. Zahlreiche Beispiele zeigen, dass die Aussage, lieber sterben zu wollen als die neue Ordnung zu akzeptieren, keine Phrase war.[1301] Auch die hartnäckige Weigerung, den Bürgereid zu leisten, war vorwiegend religiös motiviert. Immer wieder lösten Gerüchte über Angriffe auf religiöse Symbole Aktionen aus.

Überhaupt spielten Gerüchte für den Widerstand eine grosse Rolle. Ihnen lieh man allenthalben das Ohr. Berichte über bald zu erwartende hohe Auflagen und Steuern machten die Runde und vergrösserten, angefeuert durch phantastische Zahlen zu den Gehältern der Regierungsmitglieder und Parlamentarier, die «Forcht vor der kostbaren Verfassung».[1302] Mehrfach war während der Auseinandersetzung um den Bürgereid von Erzählungen französischer Soldaten gegenüber der Landbevölkerung die Rede, «auch sie hätten dergleichen wiederholte Eide leisten müssen, bis man sie zuletzt um die Religion brachte und als Soldaten aus dem Land führte».[1303] Grösstes Aufsehen erregte die sich seit dem 3. Mai 1798 schnell verbreitende Nachricht, die Franzosen hätten Einsiedeln besetzt und den Schatz des Klosters auf zwanzig Wagen hinweggeschafft.[1304] An mehreren Orten vergriff man sich an den revolutionären Symbolen und fällte Freiheitsbäume.[1305] Nach dem Bericht eines Regierungsstatthalters wurden Leute angeworben, um der Jungfrau von Einsiedeln zu Hilfe zu eilen und die Franzosen zu verjagen. In Wangen bedrohten mit Knüppeln bewaffnete Bauern den französischen Geschäftsträger Mengaud.[1306] Erst einer halben Grenadierkompanie gelang es, die Ordnung wiederherzustellen. Stark aufgebauschte Vorkommnisse im Kanton Solothurn wurden in den Verhandlungen der gesetzgebenden Räte über ausserordentliche Sicherheitsmassnahmen zu dem Vorschlag genutzt, dem Direktorium fast diktatorische Vollmachten zu übertragen und ihm zu erlauben, zur Verhinderung von Unruhen «von jedem zu diesem Zwecke dienlichen Mitel nach seinem Gutdünken Gebrauch zu machen».[1307] Erst im Senat wurde dieser Vorschlag als verfassungswidrig verworfen; Peter Ochs sprach von dem Versuch eines 18. Fructidor und damit von einem Staatsstreich nach französischem Vorbild.[1308]

Ein weiterer zentraler Punkt, an dem sich der Widerstand auch der reformierten Landbevölkerung entzündete, war die Frage der Gemeindeautonomie und der Selbstverwaltung. Fast alle ländlichen Revolten des 17. und 18. Jahrhunderts hatten mit dieser Frage zu tun gehabt, mit grösster Erbitterung waren absolutistisch-zentralistische Angriffe auf die Gemeinderechte abgewehrt worden, und nun kam die Helvetik mit ihren Agenten, ihrer zentralen, auch in Gemeindeangelegenheiten eingreifenden Regierung und mit ihrem egalisierenden Bürgerrecht. Der Widerstand gegen die Einschränkung der Gemeindeselbstverwaltungsrechte ist weniger als Konterrevolution anzusehen denn als ein Aufbegehren gegen zentralistische Machtausübung, gehe sie aus, von wem sie wolle. Es waren in zahlreichen Fällen dieselben Konflikte, dieselben Gemeinden und dieselben Personen, die vor 1798 in Auseinandersetzungen mit den alten Obrigkeiten in Erscheinung getreten waren und die nun auch der helvetischen Regierung Kopfzerbrechen bereiteten. In diesem Sinne kann der Widerstand der Gemeinden auch als Bewegung des Landes gegen die Städte begriffen werden, die im Extremfall – wie in den luzernischen Landgebieten – in Pläne münden konnte, «die Städte zu überfallen, wo sich Garnisonen befinden, die Patrioten und die Franzosen zu tödten».[1309] Die Helvetische Revolution erschien grossen Teilen der Landbevölkerung als städtische Revolution, die neue Verfassung als Konstitution der Städte. «Es ist eine Wahrheit, die mir unumstößlich scheint», so der Regierungsstatthalter Rüttimann, «dass der Bauer in der ganzen Schweiz mehr Neigung für die Demokratie als für die repräsentative Regierung zeigt, indem jene seinen Begriffen näher liegt. Man muß also alles thun, damit diese Neigung nicht in Thätigkeit ausbreche; ansonsten würde es um die Bewohner aller Städte Helvetiens übel stehen.»[1310]

Häufig entzündete sich Widerstand an Massnahmen, die für die Landbevölkerung stark symbolbeladen waren. Nach der Abschaffung des in einigen Gegenden der Schweiz noch geltenden Julianischen Kalenders kulminierte bei einer Bevölkerung, der man gerade alle ihre alten politischen Formen genommen hatte, die ganze Abneigung gegen das Neue an diesem Punkt.[1311]

Von grosser symbolischer Kraft schon vor und während der Revolution waren die Freiheitsbäume. Diente ihre Aufstellung der provokativen Herausforderung der alten Obrigkeiten, so kam es nun in zahllosen Fällen zum Umschlagen dieses Zeichens der neuen Ordnung.[1312] Ein Bericht des Regierungsstatthalters Bolt über die Prozedur gegen drei Baumschänder zeigt, wie, wiederum sehr symbolbeladen, in der Ostschweiz mit ertappten «Übeltätern» umgegangen wurde: «Alle drei sollen durch 4 Soldaten und einen Corporal an Ort und Stelle gebracht werden, wo sie die Freiheitsbäume umgethan. Dem Joseph Anton Baumann sollen auf ebendemselben Platz durch den Corporal 25 Stockstreiche aufgemessen werden, und dann solle er die Gemeindsgenossen, die er durch seine unbesonnene That in Kosten und Schaden gebracht, um Verzeihung bitten.»[1313] Der Justizminister hatte an den Strafen auszusetzen, dass sie «wohl etwas milder und menschenwürdiger hätten sein dürfen».[1314] Häufig zeigte sich, dass das Umschlagen von Freiheitsbäumen weniger Ausdruck organisierten Widerstandes war als vielmehr Spontanhandlung von Betrunkenen oder Wichtigtuereien von Jugendlichen.

Zu den aufschlussreichsten Auseinandersetzungen während der Helvetik, in die die Regierung fast mutwillig ging, gehört die Ableistung des Bürgereides, zu der alle Schweizer gezwungen waren. Das Direktorium, «noch nicht genug gewitzigt [...] durch alle unselige Erfahrungen der französischen Republik über die

Revolutionseide»[1315], provozierte damit dort, wo der Eid noch ein heiliger, unbedingt bindender Akt war, den Bürgerkrieg.[1316] Die Erzwingung des Eides – ähnlich die Anordnung zum Tragen von Nationalkokarden, die aus Protest manchenorts den Hunden angelegt wurden[1317] – selbst bei denen, die als Gegner des Neuen bekannt waren, die Untersagung des Zusatzes, der Eid geschehe ohne Schaden für die katholische Religion, all dies richtete als völlig unnötige Machtprobe riesigen Schaden an, der, wie die Debatten in den Räten beweisen, selbst von den gemässigten Republikanern nicht vorausgesehen wurde.[1318] «Der Eid ist die feierliche Versicherung der Gesinnungen des Volks», so meinte der Justizminister, «Ihn nicht leisten oder mit ungesetzlichen Zusätzen begleiten, würde Verbrechen gegen die Verfassung und Capitulation sein.»[1319] Selbst dort, wo sich wie beispielweise auf der Luzerner Landschaft der Widerstand anfänglich in Grenzen hielt, kam es zu tumultuarischen Szenen.[1320] Neben der immer beschworenen Gefahr für die Religion stand die Sorge im Mittelpunkt, ein Eid verpflichte dazu, militärisch gegen die eidverweigernden Landkantone vorzugehen.

Schwersten Schaden richtete die Durchsetzung des Bürgereids an. Zahlreiche Gemeinden mussten militärisch besetzt werden, Todesopfer waren zu beklagen, zurück blieben nichts als Verbitterung und vermehrter Hass auf die neue Ordnung.[1321] Vielerorts wurde der erzwungene Eid mit dem Zusatz «unschädlich der Religion» geleistet.[1322] Aus Uri und Freiburg wurde gemeldet, dass nur der mässigende Einfluss von Priestern eine ruhige Eidesleistung ermöglicht habe.[1323] Oft murmelte man beim Festakt statt «wir schwören's», «wir hören's».[1324]

Grösste Probleme auf dem Lande bereitete der Versuch der Regierung, zur Verteidigung der Landesgrenzen eine Armee aufzustellen. Parallel zur Werbung der helvetischen Halbbrigaden wurde mit einem Gesetz vom 13. Dezember 1798 ein Milizheer beschlossen, das alle Männer vom 20. bis zum 45. Lebensjahr zum Wehrdienst verpflichtete. Dieses Heer sollte zu einem Drittel aus einer Elite von Unverheirateten und zu zwei Dritteln aus einer Reserve bestehen.[1325] Für jeden Kanton wurde durch das Direktorium ein Generalinspektor bestellt, der die Aushebung von in der Regel 1 500 Mann des insgesamt 20 000 Mann umfassenden Heeres vorzunehmen hatte. Überall stellten sich die gleichen Probleme. Furcht, mit Frankreich in den Krieg ziehen zu müssen, machte die Aushebung zu einem schwierigen Geschäft. Wenig halfen Bemühungen einzelner Statthalter, die Bevölkerung «außer Kummer und Sorge zu setzen, in die sie die boshaft ausgestreute Lüge gebracht, als wenn jeder Jüngling, der auf dem Verzeichnis stünde, an die Franken verkauft würde».[1326] In den Truppen herrschte durch fehlende Uniformierung, schlechte Bewaffnung, mangelnde Besoldung und unzureichende Verpflegung, ein unerfahrenes Offizierskorps und insgesamt mangelhafte Organisation ebenfalls Unzufriedenheit. Flucht, Widerstand gegen die Aushebung und Desertion waren massenhafte Erscheinungen.

Bei vielen Vorkommnissen ist schwer zu entscheiden, ob Aktionen als Widerstand zu werten sind oder ob sie ganz einfach, wie von helvetischen Politikern behauptet, Folgen «missverstandener Freiheit und Gleichheit» waren, die sich in einem Rausch anarchischer Ungebundenheit äusserten. Besonders häufig wurde über eigenmächtigen Holzschlag in Staats- und Klosterwäldern geklagt.[1327] Insgesamt war es wohl so, wie der Berner Regierungsstatthalter beobachtete, dass die Staatsumwälzung beim «Volk» «den Geist der Insubordination oder, wie man es heißt, der Unabhängigkeit» erhöht hatte, worunter die neuen Autoritäten zu leiden hatten.[1328] Jagdgesetze wurden missachtet, eigenmächtig Pfarrwahlen durchgeführt, und der Regierungsstatthalter des Kantons Schaffhausen musste feststellen, es sei höchst unangenehm, «in höherem Namen Befehle zu erteilen, die nicht befolgt werden».[1329] In einer Situation, da die Obrigkeiten jedes Ansehen verloren hatten, wurden Verstösse gegen die Gesetze mit dem Wort gerechtfertigt, es herrsche nun Freiheit. In der Hoffnung, die Landgüter würden nun nach dem Prinzip der Gleichheit verteilt, stellte ein Dorf bereits die zur Ausmessung nötigen Messstangen her.[1330] Von der Landschaft Zürich meldete Regierungsstatthalter Pfenninger «Falsche Begriffe von Volkssouveränität», die zu der Auffassung führten, «der Gesetzgeber könne nichts verordnen, was einem Theile des Volkes nicht gefalle, und man dürfe nur seine Willensmeinung ernstlich zu Tage leben, um Aenderungen der Gesetze unfehlbar zu bewirken». Umgekehrt seien aber auch viele Beamte mit dem «Geist der Constitution» noch ganz unbekannt, «indem sie das ehemalige Beispiel willkürlicher Handlung der Beamten und Landvögte mitunter nachahmen, und noch sehr geneigt sind, das Volk, wenn es ungeahndet hingienge, mit tyrannischer Strenge zu unterdrücken».[1331] Unwillen errege auch, dass «zu Verwalterstellen fast lauter Aristokraten gewählt» und «viele Stellen nach Gunst und Oligarchen Freundschaft vertheilt werden».[1332]

Zuweilen verbergen Widerstandsformen und Forderungen die dahinter stehenden Motive und Ziele mehr, als dass sie sie deutlich werden lassen. Im Kanton Basel musste der Regierungsstatthalter im Juni 1798 berichten, in mehreren Gemeinden herrsche Unruhe, indem die – zunächst unsinnig und verworren erscheinende – Forderung erhoben worden sei, «das Cantonsvermögen sollte unter sämtliche Bürger vertheilt werden».[1333] Es kam sogar zu einer Zusammenkunft der Ausschüsse von zehn Gemeinden, in der dieses Anliegen bekräftigt wurde. Als ein Anführer der Bewegung verhaftet werden sollte, wurde deutlich, welche Ziele hinter der Aktion standen. Ursache war das Gerücht, die Franzosen würden die Kantonskasse leeren. Sodann beschwerten sich die Gemeinden, dass der Regierungsstatthalter sie nicht als Gesamtheit habe anhören wollen: «Man wolle wissen, was die alte Obrigkeit gesammelt habe; die Repräsentanten seien dafür bestellt worden und hätten Rechnung vorlegen sollen; da sie es nicht gethan, so seien sie schuld an der Unruhe, und das Volk werde gewiss nicht stille, bis es erfahre, was an Frucht, Wein, Geld, Metall und Geräth vorhanden sei. Man solle sich hüten, jemand gefangen zu nehmen, und die schon Verhafteten wohl besorgen», «denn die Rechnung muß doch gezeigt werden».[1334] Die unruhigen Gemeinden verhielten sich in dieser Staatskassenaffäre gegen die neue Regierung genau wie gegen die alte Obrigkeit, verlangten Auskunft und sahen ihr Recht auf Gemeindeversammlungen verletzt, die vom Regierungsstatthalter als «ungesetzlich» bezeichnet wurden.[1335] Erst durch Truppen von 400 Mann konnten die widerspenstigen Gemeinden zur Ruhe gebracht werden. Die verhängten Strafen wurden später gemildert, da es sich bei der Mehrzahl der verurteilten Personen um Männer handelte, «die sich s.Z. für die Revolution erklärt und dieselbe in ihren Gemeinden, ohne die Ordnung zu stören, in Gang gebracht und überhaupt bis auf den Augenblick ihres Vergehens sich so betragen haben, dass sie die Achtung jedes wahren Patrioten verdienen».[1336]

Bittschriften und Klagen verdeutlichen, worum es Gemeinden ging, die der Revolution durchaus zugeneigt waren, nun aber gegen Massnahmen der Regierung Widerstand leisteten. Die Gemeinden am Zürichsee und im Oberland verlangten eine gerechte Verteilung der Lasten durch die französischen Truppen auf alle Schweizer Bürger, freie Wahlen der Gemeindevorsteher, Pfarrer und Schulmeister sowie die Aufhebung der sogenannten Ehehaften, einer Abgabe, die für ein Gebäude entrichtet werden musste, in dem bestimmte Gewerbe ausgeübt wurden.[1337] Regierungsstatthalter Pfenninger musste, als entsprechende Regierungsbeschlüsse ausblieben, von Klagen der Gemeinden über «Wiederauflebung des ehemaligen Druckes» berichten und schrieb, das Direktorium müsse «alles beitragen, um die Revolution allen Classen der Bürger vortheilhaft und ersprießlich zu machen».[1338] Umgekehrt aber gab es auch Widerstand gegen die nach Ansicht einzelner Bevölkerungsgruppen zu weit getriebene Gewerbefreiheit.[1339] Der Basler Statthalter Schmid berichtete von grossen Befürchtungen wegen der Aufhebung des Innungszwanges: «Bereits verlaute z.B. dass einige reiche Gerber eine Schuhfabrik errichten wollen, und dass dadurch mancher ärmere Schuhmacher genöthigt werden könnte, bei ihnen im Taglohn zu arbeiten. Wo solche Bekümmernis einziehe, sei es dem öffentlichen Beamten schwer, Liebe zu der neuen Ordnung der Dinge zu pflanzen.»[1340] Ähnliche Konflikte verursachte die verfassungsmässig garantierte Niederlassungsfreiheit und das Recht, Immobilien zu erwerben. Im Kanton Zürich wehrten sich ganze Gemeinden gegen zuziehende Handwerker.[1341] So manche neue Regelung hatte Verlierer in den unteren Bevölkerungsschichten. Es sind solche konkreten Punkte, die in vielen Gemeinden zu schweren Auseinandersetzungen führten und die zeigen, welch komplizierte Zeit des Umbruches die Helvetik darstellte.

Der durch die Revolution ausgelöste demokratische Schub, die enorme Politisierung und der bei grossen Bevölkerungsteilen entfachte Drang, selbst auf die politischen Angelegenheiten Einfluss zu nehmen, wurde der Helvetischen Republik unbequem, so dass am 17. November 1798 ein Gesetz verabschiedet wurde, das Gemeindeversammlungen nur noch mit Genehmigung des Unterstatthalters vorsah, da man von ungenehmigten Gemeindeversammlungen alle Unruhen ausgehen sah.[1342]

Der im Grunde prohelvetische, die neue Ordnung prinzipiell bejahende Widerstand war insgesamt durchaus beträchtlich, wie im Zusammenhang mit den Auseinandersetzungen über die Zehnten und Bodenzinsen zu zeigen sein wird.[1343] Er war überall dort stark, wo schon in den Jahrhunderten zuvor die Grenzen einer rein agrarisch strukturierten Gesellschaft gesprengt worden waren und Handel, Gewerbe und Kapital Fuss gefasst hatten. Umgekehrt äusserte sich überall dort stärker traditionalistischer Widerstand, wo noch rein agrarisch bestimmte Wirtschaften vorzufinden waren. In allen ländlichen Gebieten jedoch wehrte man sich gegen Einschränkungen der demokratischen Beteiligung an dem Ort, wo man lebte und arbeitete. Durch die Revolution war der Widerstand gegen Massnahmen, mit denen die Autonomie der Gemeinden eingeschränkt werden sollte, legitimiert worden. Weshalb sollte er gegen ähnliche Massnahmen der neuen Regierung nun unrechtmässig sein?

Immerhin erwähnt werden muss, dass es auch Gebiete gab, von denen keinerlei antihelvetische Aktionen ausgingen. Das revolutionsfreundliche Urserntal ist hier ein Beispiel, wo durch die Revolution die Rechtsgleichheit mit Uri erreicht worden war und stets die Besorgnis herrschte, die Ergebnisse der Revolution könnten von Uri rückgängig gemacht werden.[1344]

Immer wieder sprachen die helvetischen Politiker davon, der antihelvetische Widerstand sei von aussen gesteuert. Ohne Frage gab es die altgesinnten Kräfte, die ihn zu schüren suchten, die Priester, die die Gefahren für die Religion und die Gottlosigkeit der neuen Ordnung in grellen Farben malten, doch im wesentlichen brachen Revolten dort aus, wo breite Bevölkerungsschichten unzufrieden waren oder sich in ihren wesentlichen Interessen und Bedürfnissen verletzt sahen. Häufig wirkten die alten Eliten und Geistliche, die die Gefahren des Widerstandes erkannten, sogar beschwichtigend auf den Volkszorn.[1345] Luzern ist Beispiel für einen Kanton, in dem patrizische Agitation gegen die neue Ordnung bis 1802 sogar fast ganz fehlte.[1346] Selbst wo es Bündnisse zwischen Bevölkerung und Altgesinnten gab, spricht vieles dafür, dass das «Volk» durchaus nicht verführt war, sondern sehr genau wusste, was es wollte. Im Südtessin bildete sich zu Beginn der

Helvetik ein breiter Zusammenschluss von alten Eliten und grösseren Teilen der ländlichen Bevölkerung.[1347] Dieses Bündnis wurde erst gesprengt, als sich Teile dieser Eliten entschlossen, unter dem gemässigten provisorischen Vollziehungsausschuss von 1800 selbst Ämter in Regierung und Verwaltung zu übernehmen. Der Widerstand war führungslos geworden und verlor seine Wirksamkeit. Es zeigte sich aber deutlich, dass die Zschokkesche Auffassung, derjenige gewinne die Massen für sich, der am meisten verspreche, falsch war. Die Bevölkerung suchte sich neue Anführer. Ein Schulterschluss von Altgesinnten und unteren und mittleren sozialen Schichten auf dem Lande war auch in Bern zu beobachten. Patrizier machten sich zum Fürsprecher dieser Volksschichten gegen die gebildetere, die Helvetik tragende Bevölkerungsschicht auf dem Lande und gegen den «Bauerndespotismus»,[1348] wobei das Bündnis nur funktionieren konnte, weil ausgesprochen wurde, was das die Helvetik ablehnende «Volk» dachte. Mehr als einmal gelang es den Altgesinnten, sich ein diffuses Misstrauen der unteren Bevölkerungsteile gegen die neuen Trägerschichten der Helvetik zunutze zu machen.[1349]

Wie nun gingen die helvetischen Politiker, die gebildeten Sympathisanten der neuen Ordnung mit diesem Widerstand um? Die helvetischen Parlamentarier erlebten besonders die mit militärischen Mitteln Aufständischen als leichtgläubige, durch jedes Gerücht schnell beeinflussbare, vernunftlose Masse und sprachen vom «fanatischen Charakter dieser Bevölkerung»[1350], von «dummer Besorgnis» über die Gefährdung der Religion[1351], vom Einfluss einer Verschwörung katholischer Priester[1352], von «Schlangen und Spitzbuben» oder von «Schurken», doch begriff man auch, «dass gerade im Canton Waldstätten jetzt noch so leicht Unruhen ausbrechen, weil die Einwohner desselben noch nicht ganz die Vorzüge der jetzigen Freiheit vor ihrer bisherigen, weit größeren Freiheit, die sie verloren glauben, einsehen».[1353] Es wurde bedauert, dass immer noch «jener kleine Gemeindsgeist» herrsche, «der das Fundament des Föderalismus ausmachte», auch beruhigte man sich, die inneren Unruhen seien vom Ausland unterhalten,[1354] oder meinte, ein grosser Teil der aufrührerischen Gemeinden habe «sich übrigens schon unter der alten Regierung als immoralisch ausgezeichnet, meistens aus Mangel an würdigen Pfarrherren».[1355] Heinrich Pestalozzi sprach von «Irregeführten», von landesverräterischen Massnahmen der Aufrührer und schrieb: «Menschen, die durch Umkehrung der alten Ordnung gelitten haben, oder auch nur beleidigt worden sind, gaben das Vaterland ihren Leidenschaften preis, und warfen die schrecklichsten Besorgnisse ins Volk.»[1356] Beim Anfang einer repräsentativen Regierungsform, so tröstete sich ein Regierungsstatthalter, «kann man bei einem Volk, das seine ehemaligen Regenten von Gott eingesetzt glaubte, nie eine gänzliche Subordination hoffen».[1357]

Das Volk benötige «Belehrung und Unterricht», so lautete das am häufigsten genannte Mittel zur Abhilfe, dann werde es ruhiger werden.[1358] Regierungsstatthalter Rüttimann, schrieb aus Luzern: «Man kann nicht sagen, dass das Volk die neue Ordnung der Dinge vorzüglich liebe; man liebt nur das, was man kennt, und bis dahin ist zu wenig für den Unterricht der niedern Volksclasse gethan worden [...]. Der Landmann ist gewohnt, von der Güte einer Sache nach den augenblicklichen Nebenwirkungen zu urtheilen, die sie begleiten.»[1359] Allgemein sah man die Ursachen widerständigen Verhaltens in fehlender Aufklärung und schlechter Bildung. «Jetzt nur frisch zu dem Landmann geredet», so empfahl Johannes von Müller, «er bedarf Unterricht; er werde zum Gefühl der Nationalwürde gewekt, und er werde geleitet. Darauf kömt es wesentlich an, daß er früh die solide Speise der Geschichte und Erfahrung und des gesunden Verstandes [...] vorziehen lerne. Wenn man dieses zu thun weiß, so ist die Schweitz erneuert, ihre Kraft verdoppelt, vervielfacht.»[1360] Regierungsstatthalter Rüttimann sah seine Luzerner Landbevölkerung als «gutes aber unerzogenes Kind», das nur zwei Gegenstände kenne, denen es anhänge: «ihre Religion, d.h. der katholische Cultus mit all seinem Prunk und Ceremonien, und ihr Particular-Interesse; so oft sie diese in Gefahr glauben, werden sie ungestüm und lärmen». Auch er wünschte vor allem «zweckmäßigen Unterricht» darüber, «was unumschränkte Gewalt der Fürsten, Heuchelei der Priester und Unwissenheit im Laufe von Jahrhunderten nur in unserm Europa für Elend gestiftet haben». Das Volk «würde sich dann leicht überzeugen, dass wenn auch die Einführung der neuen Ordnung der Dinge mit Schwierigkeiten verbunden ist, sie dennoch der sicherste Damm abgeben wird gegen willkürliche Gewalt und gegen die Barbarie[!] der vorgehenden Zeiten».[1361]

Im ganzen muss man vielen Regierungsstatthaltern bescheinigen, dass sie sehr kluge Analysen der Situation in ihrem Kanton abgaben und die Volksstimmung genau kannten, doch scheint durch ihre Berichte auch stets das Gefühl der Machtlosigkeit angesichts der bedrängenden Lasten, Missstände und Unzulänglichkeiten, die es so schwer machten, der neuen Ordnung zusätzliche Freunde zu erwerben.

Jeder Hebel, das Volk zu bewegen, so wusste der Justizminister, «muß im Verhältnis mit der zu bewegenden Masse sein. Zu diesem hin müssen die Beamten ihre eigenen Kräfte anwenden und das Volk einsehen lernen, dass es sich ihren gesetzlichen Befehlen unterwerfen solle».[1362] Die Massnahmen der Regierung gegen den Widerstand reichten von intensiven, oft nicht sehr geschickten Überzeugungs- und Aufklärungsversuchen über Ermahnungen, Geld- und Gefängnisstrafen, Deportationen von Patriziern, Entziehung des Bürgerrechts und ehrenrührige Strafen wie Stockschläge und Wirtshausverbote bis hin zu militärischer Unterdrückung von Aufständen und Entwaffnung. Häufig mussten aufrührerische Gemeinden die Kosten für den entstandenen Schaden und das Truppen-aufgebot bezahlen.[1363] In einer Proklamation des Direktoriums vom 4. September 1798 wurden die Aufständischen gar als «Verräther des Vaterlandes» vogelfrei erklärt[1364] und zum Teil harte, mehrfach auf dem Gnadenweg aber gemilderte Strafen verhängt.[1365] Im Frühjahr 1799 kam es während des Regierungskommis-sariats Wernhard Hubers im aufständischen Solothurn zu mehreren Todesurtei-len, die auch vollstreckt wurden und zur Opposition selbst der helvetischen Amtsträger im Kanton Solothurn führten.[1366]

Die Ausplünderung durch die französische Armee gefährdet die Republik

«Bei dem allem habe zum öftern wahrgenommen, dass die Kraft der jetzigen Regierung ziemlich auf der Gegenwart der fränkischen Truppen beruht.»
Regierungsstatthalter Joneli an den Innenminister[1367]

«O Freyheit, wirst du uns nicht saur
Bey so viel Einquartieren?
So denkt der G'meine, wie der Bauer,
Wir müssen viel verlieren!
Die Freyheit tragt uns wenig ein
Wollt lieber bey dem alten seyn.»
Der aufrichtige und wohlerfahrene Schweizerbote[1368]

Sofort nach der Besetzung Berns, Solothurns und Freiburgs mussten die helveti-schen Revolutionäre erfahren, dass die Versprechungen Frankreichs, einem un-terdrückten Volk Hilfe leisten zu wollen und keinerlei Absicht auf Besetzung und Bereicherung zu haben, das Papier nicht wert waren, auf dem sie Mengaud ge-druckt und als Flugschriften verteilt hatte. Nicht nur wurden die Gebiete der be-siegten Kantone besetzt, sondern die Truppen ernährten sich auf Kosten der Be-völkerung, beschlagnahmten Kriegsmaterial, trieben Requisitionen ein und auf-erlegten den Besiegten hohe Geldkontributionen.[1369] Der Berner Staatsschatz und andere öffentliche Kassen wurden geplündert und den alten Regierungen und einigen Stiften eine Kontribution von 16 Millionen Franken diktiert, zu deren Sicherung Berner und Solothurner Patrizier als Geiseln genommen wurden.[1370] Das Land, das auch vielen Schweizern noch als Heimstatt der Revolution und Garant von Freiheit und Gleichheit galt, beraubte die Schweiz systematisch der Mittel, die zum Aufbau der neuen Ordnung nötig gewesen wären. Das öffentliche Gut der Kantone Bern, Freiburg, Solothurn, Luzern und Zürich wurde zu französischem Eigentum erklärt. Allein 12 1/2 Millionen Pfund an barem Geld wurden ausser Landes geschleppt.[1371] Ein Vielfaches der Summe stellte die französische Beute dar, die der Helvetischen Regierung während der Jahre ihres Bestehens für die Staatsausgaben zur Verfügung stand.

Zur materiellen Ausplünderung kamen sofort nach der Konstituierung der Helvetischen Republik Verletzungen der Souveränität. Am 16. Juni 1798 wurden durch französischen Eingriff die Direktoren Ludwig Bay und Alphons Pfyffer abgesetzt.[1372] Durch den französischen Regierungskommissär Rapinat wäre die Schweiz gar zur französischen Militärdiktatur degradiert worden, hätte das französische Direktorium das eigenmächtige Handeln Rapinats nicht desavouiert und die entsprechenden Erlasse wieder rückgängig gemacht. Gleichwohl aber vollzogen die gesetzgebenden Räte den Willen Rapinats nach Absetzung Bays und Pfyffers nach und wählten am 29. Juni 1798 Peter Ochs und Frédéric-César de Laharpe zu neuen Direktoren. Konrad Escher stand fast allein, als er dazu aufforderte, nicht auf «eine solche bloße Anzeige hin die Unabhängigkeit unsrer Nation dahinzugeben, sondern sie mit festem Muthe zu schützen!»[1373]

Zwar spricht die Militärgeschichtsschreibung davon, das Verhalten der Besatzungstruppen in der Schweiz sei im internationalen Vergleich als sehr gemässigt einzuschätzen,[1374] doch nahm die Belastung der Bevölkerung durch französisches Militär derart dramatische Ausmasse an, dass sie eine ernsthafte Gefährdung der Republik bedeutete. Im Oktober 1798 berichtete Regierungsstatthalter Heussi aus Glarus, dass selbst die «besten Patrioten» durch die Last der Einquartierungen mutlos seien.[1375] «Wenn ich ihnen sage», so klagte der Regierungsstatthalter Feer gegenüber dem Innenminister, «dass die Gemeine Lenzburg seit etwan 7 Monaten allein 80 000 Mann, sage achtzigtausend, einquartiert hat, so haben sie einen Maßstab dessen, was die Gemeinden an der großen Straße haben leiden müssen. Die Volksaufwiegler wissen diese Stimmung in den Gemeinden nur allzu wohl zu benutzen; sie reden nach den Gefühlen des Volks und finden daher Glauben. Alle Hülfe und die unverdrossene Thätigkeit der Cantonsautoritäten, den Beschwerden möglichst abzuhelfen oder sie zu erleichtern, wird als unbedeutend angesehen. Die Vorstellungen, die Belehrungen durch Proclamationen und Volksschriften finden wenig Eingang, sowie alles was von der Regierung kommt wenig Glauben. Das ist die schwarze Seite des Gemäldes; gibt es Friede, so wird es von selbst heiter werden; dauert dieser Zustand noch lange, oder gibts Krieg, so bedarf es stets der größten Anstrengung von Seiten der Regierung und aller Beamten, den Ausbrüchen des Unwillens zuvorzukommen oder sie mit Gewalt zu unterdrücken.»[1376]

Alle Belehrungen, alle Tröstungen und alle Appelle, die augenblicklichen Belastungen als Investition in eine bessere Zukunft zu betrachten, mussten bei einer Bevölkerung, die seit Angedenken fremde Truppen in ihrer Heimat nicht kannte, ohne grosse Wirkung bleiben. Zum Hauptproblem für die Helvetik wurden die Lasten, die Beherbergung und Beköstigung der Besatzungsarmee und durchziehender Truppen verursachten. «Mancher gebrechliche Hausvater», so lautet die «wehmüthige Klage» des Unterstatthalters Steiner aus den «patriotisch gesinnten Districten Elgg, Andelfingen, Winterthur», «muß sein Zimmer verlassen, muß Menschen Platz machen, die unter dem Namen Freunde, Befreier, ihn quälen, plagen und so zu sagen den letzten Bissen ihm mit Gewalt abfordern. [...] wenn die fränkischen Truppen nicht bald unsere Gegenden verlassen, so tritt Verzweiflung an die Stelle der Vernunft, wo dann weder die Stärke der Beredsamkeit noch die Macht der Waffen zurückschrecken würde, sich selbst Genugthuung [...] vielleicht auf eine fürchterliche Art zu verschaffen.»[1377] Die Klageschrift an das Direktorium war mit einem empfehlenden Schreiben des ansonsten stets so enthusiastischen Regierungsstatthalters Pfenninger versehen, denn dieser Bericht vom 9. September 1798 schilderte keinen Einzelfall. Überall, wo sich französische Truppen befanden, schwand die «für die Constitution gehabte Anhänglichkeit».[1378] Leicht ist vorstellbar, wie es um die Stimmung in solchen Gegenden bestellt war, wo diese Anhänglichkeit nie existiert hatte. Alle Beschwerden der helvetischen Regierung und zahlreicher Einzelpersonen bei den französischen Machthabern blieben ohne grossen Erfolg.[1379]

Die Einquartierungen und Requisitionen waren nicht nur objektiv eine grosse Last. Sie wurden es subjektiv um so mehr, wo die Regierung nicht für eine gerechte Verteilung sorgte. Der Besitzer eines kleinen gepachteten Hofes hatte ebenso viele Soldaten aufzunehmen wie ein Bauer, der einen grossen Hof sein eigen nannte. «Den ganzen Winter», so berichtet Heinrich Bosshard über die Zeit 1798 bis 1799, «hatten wir Einquartierungen, und ich mußte wegen meinem Lehen so viele Mannschaft einquartieren, wie ein Bauer; ob man gleich meine ärmlichen Umstände kannte, und wohl wußte, daß ich alles Essen kaufen muß. – Nichts drückte mich mehr, als daß ich immer die Stuben voll Militairs hatte; ich konnte nichts lesen, noch denken, – wegen dem ewigen Gewühl und Lärmen.»[1380] Bosshard war glücklich, dass er einen Bäcker fand, der ihm bis zur nächsten Ernte Brot auf Kredit gab. 23 Personen hatte er täglich am Tisch sitzen. Was ihm durch die Ernährung der Soldaten nicht genommen wurde, verlor er dann durch Plünderungen. «Die drückenden Einquartierungen», so berichtete er, «währten den ganzen Winter und Frühjahr [1798/1799] hindurch ununterbrochen fort, bis endlich die betrübte Dienstagsnacht, den 21. May, kam, da sich die französ. Truppen [im Kanton Zürich] zurückziehen mußten; – da schlugen dieselben bey unserm Ort ein Lager auf. – Dieses war für uns eine sehr traurige und unglückliche Nacht. Es wurden uns beynahe alle Habseligkeiten weggenommen, selbst dem Vieh wurde nicht geschont; – mir wurde ein 12wöchiges Kalb weggenommen und geschlachtet, und ein neues Bett, nebst vielen hausräthlichen Sachen. Acht Tage lang hatten die französ. Truppen ein Lager bey uns; ich mußte mein Vieh wegflüchten, weil bey meiner Lehenscheuer eine Hochwacht von einem Korps Jäger ihr Lager aufgeschlagen hatten. Den 28. May rückten die Oesterreichischen Truppen bey uns ein [...], die wollten bey uns noch alles plündern und wegnehmen, was uns die Franzosen noch übrig gelassen hatten.»[1381] Die bittere Erfahrung, erst von französischen und dann auch noch von kaiserlichen und russischen Soldaten allen Eigentums beraubt zu werden, machten zahlreiche Dörfer.[1382]

Die Helvetische Republik war durch die französische Besatzungspolitik in einen Teufelskreis geraten. Ohne französische Truppen hätte sie kaum existieren können, doch mit ihnen schien das auch immer weniger möglich.

Die Schweiz als Schauplatz auf dem europäischen Kriegstheater

«Das Herz des Landmanns war ganz fröhlich, dan alles erschallte von Freyheit, Gleichheit und Menschenrechte. Aber durch die strenge Blage des darauffolgenden Kriegs wurde manchem seine Freyheit zimlich theuer.»
Zeitgenössische Steiner Chronik[1383]

Durch die Besetzung der Schweiz war Österreich in eine militärstrategisch ungünstige Position geraten, so dass sich bereits seit Mitte 1798 neuerliche Auseinandersetzungen zwischen Österreich und Russland auf der einen und Frankreich auf der anderen Seite abzeichneten. Zu einem ersten militärischen Konflikt kam es in Graubünden. Die helvetische Verfassung nannte dieses Land als Teil der Republik und lud es förmlich dazu ein, sich dem neuen Einheitsstaat anzuschliessen. Dem widersetzte sich energisch die starke aristokratische Partei Bündens unter der Führung der Familie Salis. In einer Volksabstimmung entschied sich die Mehrheit der Gemeinden gegen den Anschluss an die Helvetische Republik, es begann eine Art Schreckensherrschaft gegen alle, die als prohelvetisch bekannt waren.[1384] Am 18./19. Oktober 1798 marschierten österreichische Truppen in Bünden ein, um, wie es hiess, die «bedrohten Landesgränzen und Pässe» zu schützen.[1385] Frankreich reagierte mit der Besetzung der Gotthardstrasse bis Bellinzona, von Glarus und Basel. Es zeichnete sich immer deutlicher ab, dass die Schweiz Kriegsschauplatz werden würde. Die Helvetische Republik unternahm grösste, wenig erfolgreiche Anstrengungen zur Aufstellung eines helvetischen Hilfskorps und eines ersten nationalen Schweizer Heeres.[1386] Am 6. März 1799 begann eine erfolgreiche französische Militäraktion gegen Graubünden, die am 21. April 1799 zum Anschluss Graubündens an die Helvetische Republik führte. Die Schweiz befand sich mitten im Zweiten Koalitionskrieg. Durch die Offensiv- und Defensivallianz mit Frankreich vom 19. August 1798 war ihr Schicksal untrennbar mit dem Frankreichs verbunden. Unter dem Oberbefehl General Johann Konrad Hotzes[1387], eines gebürtigen Schweizers, marschierten Mitte Mai 1799 gemeinsam mit der österreichischen Armee ein schweizerisches Emigrantenkorps von gut 700 Mann in die Ostschweiz ein. Mit englischem Geld ausgestattet, hatten die Emigranten in Neu-Ravensburg, einem Besitz der Fürstabtei St. Gallen, vor dem alten bernischen Schultheissen Friedrich von Steiger die Wiederherstellung der von den «ruhmvollen Vorfahren hinterlassenen Verfassung» beschworen.[1388]

Vorerst war das Kriegsglück auf der Seite der Österreicher und der mit ihnen verbündeten Emigranten. Ende Mai 1799 kehrte der st.-gallische Fürstabt Pankraz Vorster in sein Kloster zurück.[1389] Sogleich erliess er eine Proklamation an seine Untertanen, in der er ihnen erläuterte, wie wenig legitim ihr revolutionäres Handeln gegen ihn gewesen sei, auch den alten obrigkeitlichen Ton hatte er nicht verloren: «Wir gebieten daher allen Einwohnern unserer alten und neuen Landschaft, auch unseren Angehörigen im Thurgau und Rheinthal ...»[1390]

Am 6. Juni 1799 sah Zürich österreichische Soldaten in seinen Mauern. Nach mörderischen Schlachten hatte der französische General Masséna sich zum Rückzug entschliessen müssen. Nun befanden sich die gesamte Ostschweiz, Graubünden, das Tessin und der Gotthardpass sowie ein Teil der Innerschweiz nicht mehr im Machtbereich der Helvetischen Republik. Im Spätsommer des Jahres 1799, am 25. September, wendete die zweite Schlacht von Zürich mit einem Sieg Massénas über die russischen Truppen Korsakoffs das Kriegsglück. Im Oktober waren bis auf Schaffhausen, Graubünden und das Tessin das gesamte Territorium der Helvetischen Republik wieder in französischer Hand, bis im Mai und Juli 1800 auch diese Gebiete wieder Teil der Republik wurden. Massenhaftes Elend und unermessliche Schäden waren die Folge dieses auf Schweizer Boden ausgetragenen Krieges, an dem Truppen aus halb Europa beteiligt waren.[1391] Der Regierungskommissär Zschokke schrieb aus dem Kanton Waldstätten, dessen Zustand sei «so über alle Beschreibung traurig, dass ich an seiner Rettung und Wiedergewinnung seines Volks für die Republik verzweifeln und sie in einem halben Jahrhundert nicht für möglich halten würde».[1392] Das Heu war im September 1799 durch den Regen verdorben, Viehzucht und alle Nahrung gefährdet, die Wiesen von Menschen und Pferden zertreten, alles Vieh geschlachtet, wohlhabende Familien geflüchtet und die Armen ohne Brot und Verdienst.[1393] Das Regieren war durch die Kriegsfolgen und durch den Unterhalt der mehr als 70 000 Mann zählenden französischen Armee noch schwieriger geworden. Was sie verzehrte, fehlte der schweizerischen Bevölkerung, die auch noch unter den Folgen der Kriegszerstörungen und neuer französischer Kontributionen litt. Der Sieg über die äusseren

Feinde und die Vertreibung der Emigranten brachten keine Atempause in den inneren Auseinandersetzungen, die nun mit neuer Härte entbrannten.

Die schweizerischen Emigranten – Pläne für eine militärische Intervention – Zusammenarbeit mit Österreich und England

> *«Verräter an dem Vaterlande,*
> *Anführer einer Räuberbande,*
> *Voll Stolz, voll Ehrgeiz und voll Schande,*
> *Ein Heuchler ohne Herz, voll Mord- und Goldbegier.*
> *Hier hängt sein Bild! Ach hing er selber hier!»*
> Über Peter Ochs in dem von Emigranten in die Schweiz geschmuggelten
«Aufrichtigen und redlichen Boten aus Schwaben»

Die Schweizer Emigration war zahlenmässig von sehr viel geringerer Bedeutung als die aus Frankreich, wo Ströme von Menschen – Schätzungen sprechen von 150 000 bis 300 000 Personen[1394] – nach der Revolution aus politischen oder religiösen Gründen das Land verliessen.[1395] Aber sehr ähnlich war das Ziel, mit Hilfe ausländischen Militärs oder durch einen Volksaufstand die neue Ordnung in der Heimat wieder zu beseitigen. Die Schweizer Emigranten suchten Hilfe bei den Mächten, die wie England, Österreich, Russland oder Preussen gegen die Revolution standen, und erhofften sich Unterstützung bei der militärischen Bekämpfung der Revolution in der Schweiz. Daneben entfachten sie mit Hilfe von Emissären und Druckschriften eine Propaganda, die die Stimmung für einen Aufstand gegen die Helvetik schaffen sollte.[1396]

Es waren überall in der Schweiz nur kleine Minderheiten unter den alten Führungsschichten, die unmittelbar nach der Helvetischen Revolution – sie kam eben fast ganz ohne Brudermord aus – ihre Heimat verliessen. Überall schwor die überwiegende Mehrheit der Patrizier den Bürgereid und blieb in der Schweiz.[1397] Anfänglich waren es fast ausschliesslich Angehörige der regierenden Familien aus Bern und Solothurn sowie die geistlichen Herren der Ostschweiz, die ihre Tätigkeit überwiegend von Süddeutschland und Vorarlberg aus organisierten und insgesamt kaum mehr als hundert Personen aus der Westschweiz und einige hundert aus der Ostschweiz zählten.[1398] Die Regierung der Helvetischen Republik sorgte sich nicht sehr um die Emigranten. Im Grossen Rat vertraten Abgeordnete die Ansicht, es sei besser, die Gegner der Republik im Ausland zu haben als in der Schweiz, weshalb ein Gesetz gegen ihre Rückkehr eher geboten erscheine als eines, das die Emigration verbiete.[1399] Nach vorsichtiger Schätzung verliessen in verschiedenen Emigrationswellen etwa 8 000 bis 9 000 Menschen die Schweiz.[1400]

Zu den Führern der Emigranten gehörten der Berner Oberkommissär Franz Salomon von Wyss, der Waadtländer und Berner Bürger Oberst Ferdinand de Rovéréa und der Berner alt Schultheiss Niklaus Friedrich von Steiger. Hinzu kamen der letzte Fürstabt von St. Gallen, Pankraz Vorster, und der Basler Johann Rudolf Burckhardt.[1401] Daneben stellte sich General von Hotze mit seinen militärischen Fähigkeiten in den Dienst der gegenrevolutionären Sache. Als Vermittler zu Österreich wirkte in Wien Johannes von Müller.

Die von den Emigranten in der Schweiz entfachte und von England bezahlte Propaganda wurde – man hatte von den Revolutionären gelernt – durch als Hausierer oder Handwerker verkleidete Emissäre organisiert. Die Agitatoren hatten zugleich die Aufgabe, die Stimmung der Bevölkerung zu erkunden, wobei sie übrigens zu recht ähnlichen Ergebnissen kamen wie die Berichte der helvetischen Agenten und Statthalter.[1402] Eng war die Verbindung von Emigration und innerem Widerstand in den Urkantonen, koordiniert unter anderem auf einer Konferenz in Feldkirch am 24. Juli 1798, an der auch der Kapuzinerpater Paul Styger teilnahm.[1403] Er hatte den Aufständischen in Nidwalden gepredigt, französische Kugeln könnten den Kämpfern für die heilige Sache nichts anhaben. Unautorisiert versprachen einige führende Emigranten den Innerschweizern österreichische Unterstützung, wenn die Verweigerung des Bürgereides zum französischen Eingreifen führen würde.[1404] Zwar ist die Behauptung in einem Bericht des Direktoriums vom 17. September 1798, der Aufstand in Nidwalden sei von aussen angezettelt worden, einseitig, denn die Wut der Bevölkerung loderte auch ohne äusseren Einfluss hoch, doch die Feststellung, die Emigranten wollten in der Schweiz einen Bürgerkrieg entfachen, entsprach ebenso wie die Beschreibung der propagandistischen Mittel, mit denen von aussen Einfluss genommen wurde, den Tatsachen.[1405] Im Kampf gegen die Emissäre schloss die helvetische Regierung am 17. Dezember 1798 die gesamte Nordgrenze der Schweiz vom Bodensee bis Basel, offen blieben nur die Rheinbrücken von Schaffhausen und Basel sowie die Aarebrücke von Brugg. Der Kapuzinerpater Paul Styger wurde zu einer der Hauptreizfiguren für die prohelvetische Propaganda. Eine Proklamation des Direktoriums teilte den helvetischen Bürgern am 1. Februar 1799 mit, welche Sicht ihre Regierung von den im Ausland befindlichen Schweizer Emigranten hatte, die «wie die bösen Geister an den helvetischen Grenzen» herumstrichen.[1406] Aus St. Gallen und anderen Orten wurden Geistliche ausgewiesen.

Das Scheitern des Aufstandes in Nidwalden bestärkte die Emigranten in der Überzeugung, dass der Sturz der helvetischen Regierung nur durch einen künftigen Krieg möglich sein würde, in dem österreichische Besetzung der Schweiz mit einem Volksaufstand einhergehen sollte.[1407] Darauf bereitete man sich nun vor. Der Solothurner Patrizier Ludwig Gugger, letzter Landvogt von Dorneck, unterhielt 1798 gemeinsam mit Berner Patriziern ein Werbe- und Spionagezentrum für Österreich im Fricktal.[1408] Von hier und von Rheinfelden aus wurden die Auswanderung der militärdienstpflichtigen Mannschaft, die Anwerbung für ein aufzustellendes Emigrantenkorps und die Agitation in der Schweiz organisiert.[1409]

Anfang März 1799 begann dann der von den Emigranten sehnlichst erwartete Krieg. Um die Operationen der Franzosen gegen Graubünden zu stören, bemühten sie sich in den kleinen Kantonen um einen Aufstand, wobei schwer zu beurteilen ist, wieweit die vom Toggenburg über Glarus bis Solothurn aufflammenden Revolten und die Weigerungen im Aargau, in Bern, Freiburg, im Oberwallis und Tessin, Milizen zu stellen, tatsächlich vorwiegend von aussen beeinflusst waren.[1410] Denn insgesamt waren die Aktionen nur sehr unvollkommen vorbereitet und koordiniert, so dass sie von Frankreich schnell gedämpft werden konnten.

Besser vorbereitet war die militärische Beteiligung der Emigranten an der nun beginnenden kriegerischen Auseinandersetzung. Schon seit Herbst 1798 – die helvetische Regierung machte sich an die Organisation des Militärwesens – und besonders im Februar 1799 – jetzt kam es zu Truppenaushebungen – nahm die Auswanderung aus der Schweiz zu, deren Hauptmotiv Furcht vor einem Militärdienst an der Seite Frankreichs war. Zudem wirkte das von Emigranten ausgestreute Gerücht anziehend, Flüchtlinge könnten in englische Dienste treten, wenn sie an der Gegenrevolution teilnähmen.[1411] So ergab sich die Möglichkeit, ein Emigrantenkorps aufzustellen. Mit englischem Geld war es im März 1799 rekrutiert und umfasste 700 Mann unter dem Oberst Rovéréa und dem Oberkommando von Hotzes.[1412] Im Mai 1799 marschierte es gemeinsam mit den Österreichern in die Ostschweiz ein.[1413]

In einer «Erklärung der zur Wiederherstellung ihres Vaterlandes vereinigten Schweizer, bei ihrem Wiedereintritt in die Schweiz», die vom vormaligen Berner Schultheiss von Steiger unterzeichnet war, wurden im Mai 1799 die Zustände in der Helvetischen Republik in düsteren Farben beschrieben,[1414] doch die Frage, wie die «befreite Schweiz» politisch gestaltet werden sollte, blieb in dieser Flugschrift unbeantwortet.

Trotz einiger Bemühungen kam es nicht zu einem politischen Programm der Schweizer Emigranten für die Neuordnung der Schweiz, das über den Sturz der Helvetischen Regierung hinausgegangen wäre.[1415] Vermutlich spürten die führenden Köpfe unter den Flüchtlingen, dass programmatische Diskussionen nur zur Entzweiung führen würden.[1416] Ein Mann wie alt Schultheiss von Steiger hatte sich längst von der Schwäche erholt, mit der er in den Tagen der Revolution eine vollständige Wiederherstellung der alten Ordnung ausgeschlossen hatte. Selbst den früheren Gemeinen Herrschaften wollte er die erlangte Selbständigkeit nicht mehr belassen, sondern sie zu Schirmorten der dreizehn alten Stände machen.[1417] Ähnlich dachte auch Karl Ludwig von Haller, der bei manchen Reformvorstellungen das Ziel der alten Beschränkung der Regierungsgewalt und der höheren Bildung auf eine kleine Zahl von Familien vorfolgte.[1418] An grundlegende Reformen dachte auch der 1799 von Patriziern in Bern gegründete Wiederherstellungsverein nicht.[1419] Den Waadtländer Rovéréa konnte naturgemäss die Restauration der uneingeschränkten Herrschaft der Städte nicht reizen. Er trat für eine Neuordnung ein, die bei kantonaler Souveränität doch immerhin eine eidgenössische Zentralgewalt vorsah. Ähnliche Ziele verfolgte der militärische Kopf der Emigranten, Hotze, der gemeinsam mit Venner von Kirchberger den Plan entwarf, bei Wiederherstellung der föderativen Struktur und einer «gemässigten» Aristokratie einen Prinzen aus einer mächtigen Dynastie – gedacht war an Prinz Friedrich von Oranien – an die Spitze der Eidgenossenschaft zu stellen.[1420] Doch der Ausersehene starb Anfang 1799.

Während der Okkupation der Ostschweiz von Mai bis September 1799 war es nur Österreich, insbesondere Erzherzog Karl, zu verdanken, dass eine vollständige Restauration der alten Verhältnisse nicht durchgesetzt werden konnte. Es zeigte sich, dass trotz der antifranzösischen und in der Folge antihelvetischen Stimmung die Bevölkerung eine Rückkehr zur alten Ordnung nicht wollte, Stimmungen, denen Österreich Rechnung trug, während England und viele Emigranten das Ziel vollständiger Restauration verfolgten.[1421] Österreich wollte eine neutrale Schweiz als Schutzwall gegen Frankreich, eine mit Österreich unzufriedene Bevölkerung aber hätte diesem Ziel nur geschadet. Allein die Bevölkerung der Landsgemeindekantone ersehnte uneingeschränkt die Wiederherstellung der vorrevolutionären Strukturen. Die gegen die Restauration gerichtete Haltung der Bevölkerung in den anderen Gebieten lässt erahnen, welche Möglichkeiten die Helvetische Republik ohne französische Besetzung und Krieg gehabt hätte. In den kurzen Sommermonaten des Jahres 1799 hätten die altgesinnten Kräfte in den von Österreich besetzten Gebieten die Möglichkeit gehabt, Reformfähigkeit und Reformwillen unter Beweis zu stellen. Statt dessen aber herrschte kleinliche Reaktion vor, die deutlich zeigte, dass man aus der Helvetischen Revolution nichts oder wenig gelernt hatte.[1422]

Das Reale an den Bestrebungen der Emigranten, so lässt sich mit Oechslis Urteil über Steiger und Haller polemisch zusammenfassen, «war also die vorbehaltlose Herstellung des Alten».[1423] Ähnlich lautet das Urteil des Chronisten der Emigration, Felix Burckhardt: «Wahr ist es: die Emigrierten standen grollend abseits, als die Helvetik alle die Samenkörner ausstreute, deren Frucht wir heute ernten und in Zukunft noch ernten werden. Wahr ist es: Sie haben sogar auf alle Weise das Werk der jungen Republik zu stören gesucht, trotzdem sie nichts an deren Stelle zu setzen hatten, als die alte Ordnung, die sich als unzulänglich erwiesen hatte.»[1424] Gescheitert allerdings, das muss auch gesagt werden, ist die Helvetische Republik nicht an den Steinen, die ihr Emigranten in den Weg legten.

11   Die Helvetische Republik zerfällt

«...alles zu Heftige dauert nicht lange ...»
Senatsdebatte über den ersten Staatsstreich[1425]

Es ist nicht ganz einfach, ein Datum zu setzen, das für den Anfang vom Ende der Helvetischen Republik steht. Als der Krieg endlich vorbei und die Schlachten gegen die aufrührerischen Gegenden gewonnen waren, hatte man einen Zustand erreicht, dem auch die aktiven Träger und Befürworter der Helvetik ratlos gegenüberstanden. Unermesslich war das Ausmass an Elend und Not, an Verzweiflung und Mutlosigkeit. Rechte Freude über die Befreiung der helvetischen Gebiete von den Truppen der Koalition konnte nicht aufkommen. Weiterhin waren Zwangsanleihen[1426] für die französische Armee zu tragen und die Last der Einquartierungen. Der Zustand des latenten Bürgerkrieges war längst nicht beendet.

Das Pathos der frühen Helvetik, als sich Aufklärer, reformbereite Politiker und basisdemokratische Bewegungen an das Werk der Neugestaltung machten, war Ende 1799 ebenso vollständig verflogen wie Illusionen über die Gestaltungsmöglichkeiten, die Schweizern beim Ausweg aus der Krise geblieben waren. In allen Auseinandersetzungen, die nun unter den Trägern der Helvetik folgten, war Frankreich stets der entscheidende Faktor. Als Befreier und brüderlichen Freund sahen selbst unter den engagiertesten Revolutionären nur noch wenige den grossen Nachbarn.

Verfassungskämpfe und Staatsstreiche

«Die fürchterlichsten Kriege in der Welt waren immer Meinungskriege. Wenn die Menschen einmal auf den Punkt gebracht sind, dass sie sich würgen um ihrer Meinungen willen, so sind gegen sie die wildesten Tiger noch voll Barmherzigkeit.»[1427]

«... die Klugheit gebeut noch in einer andern Rücksicht, dass wir mit dem Schwamm der Liebe recht geschwind die Sünden der Interimsregierung auswischen und hurtig alles in das Meer der Vergessenheit versenken; wir sollen mit zärtlicher Freundschaft die so thätigen als abscheulichen Antirepublikaner an unsere Freiheit athmende Brust drücken und zu gewinnen suchen, vielleicht gar noch den Strick küssen, an den sie uns alle aufhängen würden, wenn sie die Oberhand erhielten.»

KASPAR BILLETER[1428]

Kaum zu zählen sind die Staatsstreiche während der Helvetik, die als Ausdruck der ab 1800 immer labileren Situation der Republik gesehen werden müssen.[1429] Der erste Staatsstreich vom 7. Januar 1800 bereitete sich in den Diskussionen darüber vor, wie gegen die Mitglieder der Interimsregierungen vorgegangen werden solle, die mit der österreichischen Besatzungsmacht zusammengearbeitet hatten. Verlangte eine Partei Massnahmen der Versöhnung, wie sie in Frankreich nach dem 18. Brumaire – dem Staatsstreich Bonapartes vom 9. November 1799 – durchgeführt wurden, so pochte eine andere auf Bestrafung. Laharpe und die eine harte Linie fordernden Patrioten vertraten die Auffassung, dass nur unerbittliche Härte gegen die Verantwortlichen für den Aufruhr und gegen diejenigen, die den geschworenen Gegnern der Republik die Hand gereicht hatten, die Rückkehr zur alten Ordnung verhindern könnte. In Zürich weigerte sich das Kantonsgericht, über die Mitglieder der Interimsregierung zu urteilen,[1430] und auch in den Räten wurden Stimmen laut, dieser unter österreichischer Besetzung eingesetzten Regierung sei man, statt ihre Bestrafung zu verfolgen, Dank für Mässigung und Umsicht schuldig.[1431]

Konrad Escher, der aufgeklärte Stadtzürcher, teilte im Grossen Rat mit, er sei mit mehreren Mitgliedern der Interimsregierung befreundet, und warnte davor, der Rachgier Spielräume zu eröffnen, durch die «wir vielleicht, statt Ruhe zu bewirken, die Fackel des Bürgerkriegs aufstecken und dadurch unser Vaterland noch mehr zu Grunde richten als die fremden Armeen, die unser armes Land auszehren!»[1432] Konträr war die Ansicht des Revolutionärs von der Zürcher Landschaft, Kaspar Billeter: Statt den Dank des Vaterlandes zu verdienen, lade die

Interimsregierung durch ihre Restaurationsmassnahmen und Misshandlungen von Patrioten den «Fluch des Volkes auf sich», habe sie doch «Zehnten, Monopolien, Privilegien und den ganzen alten Plunder» wieder eingeführt und helvetische Bürger aufgefordert, «gegen die neue Ordnung der Dinge und gegen ihre Mitbürger zu fechten».[1433]

Die Mehrheit besonders im Senat wollte Schluss machen mit Bürgerkrieg und Konfrontation und befürwortete eine Amnestie, die nach den Befürchtungen der Minderheit die Kräfte der Restauration ermutigen würde. Bei den Patrioten herrschte Empörung darüber, dass tatsächliche und vermeintliche Anhänger des Alten ungehindert und ungestraft auftreten konnten und öffentliche Verteidigung fanden. Die Republikaner hingegen bemühten sich um Mässigung und Zusammenarbeit auch mit dem politischen Gegner. Die Republik, so muss man sagen, war zu diesem Zeitpunkt wohl weder durch revolutionären Terror, mit dem einige Patrioten liebäugelten, noch durch eine Politik des Nachgebens, wie sie von einem Teil der Republikaner verfolgt wurde, zu retten. Unnachgiebige Verfolgung hätte die Fronten weiterhin verschärft, die Politik der Kompromisse entzog der Republik auf andere Weise den Boden. Das Schweizer Volk war entmutigt und demoralisiert, bereit, denen zu folgen, die Rückkehr zu Ruhe und Normalität versprachen. Die Zeiten revolutionären Elans gegen jene, «die selbst am dürren Boden der Despotie ihr Glück finden und meinen, es gebe sonst kein Glück als da», waren vorbei.[1434]

Während in den Räten über die Behandlung der Interimsregierung gestritten wurde, schmiedete Laharpe Pläne für einen Staatsstreich mit französischer Unterstützung, durch den er sich der Gegner einer hart durchgreifenden Regierung entledigen wollte. Seine Absicht, die Räte aufzulösen, fand jedoch nicht die Unterstützung Bonapartes, wurde aber in den Räten bekannt, die nun – unter Mitwirkung auch einiger empörter Patrioten – förmliche Anklage wegen Hochverrates gegen Laharpe erhoben. Am 7. Januar 1800 lösten die gesetzgebenden Räte das Direktorium auf und schlossen die Direktoren Laharpe, Secretan und Oberlin aus. Die vollziehende Gewalt wurde den Direktoren Dolder und Savary übertragen.[1435] Laharpe war mit seiner Politik, die Republik mit den «verbrauchten Rezepten des französischen Jakobinertums» zu retten, gescheitert.[1436] Grösste Widerstände hatte sein Plan gefunden, die finanzielle Situation durch hohe Zwangsanleihen auf die handeltreibenden Städte Zürich, Basel und St. Gallen sowie auf die Berner Patrizier zu stabilisieren. Freunde machten ihm auch die beabsichtigte Einziehung des Stubengutes der Zünfte, der Familienbörsen, der kaufmännischen Fonds der Handelsstädte und des Kirchensilbers sowie die sofortige Aufhebung der Klöster und Verkauf ihrer Güter nicht.[1437] Nach Peter Ochs war so ein zweiter derjenigen Politiker aus der Regierung verdrängt, die massgeblich an der Helvetischen Revolution beteiligt waren. Die Politik einer Verteidigung der Republik mit energischen oder gar radikalen Mitteln war mit dem Sturz der Direktoriumsmehrheit endgültig gescheitert.

Ohne Frage hatten die gestürzten Direktoren mit ihren Plänen den Boden der Legitimität verlassen. Die Räte taten es ihnen jetzt nach. Sie ersetzten die entlassenen Direktoren nicht durch Neuwahlen, sondern schufen einen siebenköpfigen Vollziehungsausschuss, der ohne jede gesetzliche Grundlage war. In ihm waren auch gemässigt aristokratische Kräfte vertreten, durch die man hoffte, die Altgesinnten mit der Republik versöhnen zu können. Der ehemalige Berner Sekkelmeister Karl Albrecht von Frisching, der ehemalige st.-gallische Hofkanzler Karl Heinrich Gschwend und der ehemalige Luzerner Schultheiss Niklaus Dürler bildeten neben den ehemaligen Direktoren Glayre, Dolder und Savary sowie dem von Laharpe entlassenen Finanzminister Finsler die höchste vollziehende Gewalt.[1438]

Die Helvetische Republik war damit, was den Wünschen Frankreichs entsprach, ein Provisorium geworden. «Wenn ein Loch in die Constitution gemacht ist», meinte Grossrat Graf am 8. Januar, «so will das zweite nicht viel mehr sagen».[1439] Es begann eine drei Jahre dauernde Periode der Staatsstreiche und des Bürgerkrieges, die es den Anhängern der alten Ordnung erlaubte, den Verfechtern einer demokratischen und einheitlichen Schweiz Stück für Stück an Boden abzugewinnen.

Die ersten Beschlüsse des Vollziehungsausschusses waren die Aufhebung der Anklagen gegen die Interimsregierungen und eine allgemeine Amnestie für politische Vergehen.[1440] In Verhandlungen mit Frankreich bemühte man sich – allerdings erfolglos – um grössere Unabhängigkeit vom Nachbarn. In den Räten setzte sich unterdessen die Auseinandersetzung zwischen Patrioten und Republikanern fort. Die Debatten über eine neue Verfassung kreisten um die zentrale Frage, ob eine möglichst starke Demokratisierung und Einbeziehung der Bevölkerung in die politische Gestaltung angestrebt oder ob das «Volk» von den politischen Entscheidungen möglichst entfernt gehalten werden sollte. Den Republikanern Usteri, Rengger und Kuhn, die in der Verfassungskommission des Senats auf eine Mehrheit bauen konnten, ging in ihrem Verfassungsentwurf selbst schon die indirekte Volkswahl durch Wahlmänner zu weit.[1441] Bildungsaristokratismus der Aufklärung, Sozialisation in einem aristokratischen Milieu, die Erfahrungen in den helvetischen Parlamenten im Umgang mit den Patrioten und mit unberechenbaren Landsgemeinden, das dürften die Gründe gewesen sein, dass man nun «falsche» Wahlen der Bevölkerung durch die Beseitigung des Prinzips der Volkssouveränität und der repräsentativen Demokratie verhindern wollte. Die Volksbeteiligung sollte sich auf die Benennung wählbarer Kandidaten beschränken!

Einer sich selbst ergänzenden Versammlung, einem sogenannten Landgeschwo-renengericht[1442], war die Aufgabe zugedacht, aus den für wählbar Erklärten die endgültige Wahl zu treffen. Als Vorbild «dieser sehr zweckmäßigen Einrichtung» nannte Usteri ausdrücklich die alten schweizerischen Verfassungen, speziell den sogenannten Sechzehner-Rat in Bern.[1443] Ausschliessen wollte er eine «Stellvertretung für die Unvernunft, für die Verkehrtheit, für die Unsittlichkeit, für die Unwissenheit und für die Thorheit»,[1444] sein Ziel war eine Konstitution, die «eine Garantie für die Güte der Wahlen der öffentlichen Beamten» bot.[1445] Das Volk, so noch einmal Usteri, das die zu höheren Ämtern nötigen Fähigkeiten und Einsichten nicht besitze, könne deren Vorhandensein «ebenso wenig beurtheilen als der Blinde im Stande ist, über die Güte der Gesichtsorgane des Sehenden zu urtheilen».[1446]

Noch war man sich in der Verfassungskommission einig, dass die Schweiz eine einheitliche Republik bleiben sollte, in der die Gleichheit der Rechte und das Prinzip der Stellvertretung galten.[1447] Allerdings höhlte der Verfassungsentwurf der Republikaner die beiden letzteren Grundsätze schon entscheidend aus.

Für die folgende Entwicklung der Schweiz mit einer Volksbeteiligung, die weitergehend ist als in nahezu allen anderen Staaten der Welt, sind die Stellung-nahmen der patriotischen Minderheit in der Senatskommission von Bedeutung. Die Patrioten spürten, «wie viele Schwierigkeiten sich darbieten, wenn man die Oberherrschaft des Volks als Grundsatz stets in den Augen haben will, ohne Fol-gerungen daraus zu ziehen, die bürgerliche und politische Freiheit zu zerstören, und jenen Zustand ohne Regierung hervorzubringen, den man die thierische und wilde Herrschaft des Volks nennt, [...] wie behutsam diese Einschränkungen müs-sen gemacht werden, dass nicht durch Erstickung der Stimme des Volks und der daher entspringenden Lähmung des Nationalwillens nach und nach wieder eine Regierung von Wenigen die Oberhand gewinne und Helvetien in Fesseln lege».[1448] «Lassen wir uns durch keine Nachahmungssucht dahinreißen», wurde mit Hin-weis auf die Ausschaltung der Volksrepräsentanten in Frankreich verlangt, «zeigen wir den benachbarten Völkern, dass wir den Charakter unserer Urväter nicht völlig ausgezogen haben. Die Oberherrschaft des Volks soll in der umgeän-derten Verfassung kein leerer Name, nicht eitler Wortklang sein; sie soll, will's Gott, nicht blos in Ernennung wählbarer Beamten bestehen.»[1449] Das Landge-schworenengericht erinnere an das «Bild des seiner Knechtschaft zueilenden rö-mischen Volks»: «Das Volk würde, wie ehemals zu Rom, gezwungen sein, Tyran-nei durch seine eigenen Stimmen zu bestätigen und Unterdrücker, statt Beschüt-zer, zu wählen. [...] Der natürliche Wächter über die Verfassung ist das Volk in seinen Stellvertretern. Die Gewähr der Constitution muß in der Mehrheit der Na-tion liegen; jede andere Garantie ist entweder unnütz oder gefährlich. [...] Das

Landgeschwornen-Gericht [...] ist die gefährlichste Gewalt die jemals in einer Republik existiert hat.» Eingriffen einer Gewalt in die andere könne nur die «öffentliche Meinung» vorbeugen,[1450] und dass «das Volk nicht nur die Tugendhaftesten, sondern auch die Einsichtsvollsten zu den höchsten Stufen in der Republik zu wählen im Stande sei, dafür muß der öffentliche Unterricht sorgen, der will's Gott in der neuen Ordnung der Dinge durch keine Staatslist mehr hintertrieben wird. Der öffentliche Unterricht wird für die Güte der Wahlen eine bessere und sicherere Garantie abgeben als das von der Majorität vorgeschlagene Mittel, welches einer erschlichenen Celebrität und gelehrten Windbeuteln den Zutritt zu den höchsten Ehrenstellen öffnet.»[1451]

Erstmals standen die helvetischen Parlamentarier vor der Aufgabe, eine Verfassung zu erarbeiten, die relativ unbeeinflusst war von fremdem Diktat. Mit grosser Ernsthaftigkeit wurde erwogen, wer wodurch zu Wahlen befähigt sei – eine Sternstunde des frühen schweizerischen Parlamentarismus. Im Senat fragte Cart, wer die 45 Mitglieder des geplanten Landgeschworenengerichts erstmals ernennen solle. Es sei ja klar, dass dies nicht durch einen Rat von Volksrepräsentanten geschehen könne, da dieser, «durch ein unwissendes und blindes Volk gewählt, selbst nicht sehr hell sehen, also unfähig sein wird, unter den wählbaren Bürgern 45 Staatsmänner zu wählen. Zudem finden sich 45 solcher Männer nicht so gar leicht, nähme man auch die Laterne des Diogenes zur Hand. Ganze Jahrhunderte bringen nur einzelne hervor. Hüten wir uns also, bei Behandlung eines so wichtigen Gegenstandes uns ins Land der Chimären führen zu lassen.» Zudem gebe es in der Schweiz nicht jene deklassierten Volksklassen, die in den grossen Städten anderer europäischer Länder zu Hause seien: «Wir haben höchstens drei Städte vom sechsten Rang, deren Bevölkerung 12-15000 Seelen nicht übersteigt; sonst finden sich allenthalben nur Städtchen, Flecken, Dörfer und zerstreute Höfe. Daher kommt es, dass wir keinen sogenannten Pöbel haben, und daraus erklärt es sich, wie unsere Revolution durch so wenig Ausschweifungen befleckt ward. Die meisten Activbürger sind Landbebauer und Eigenthümer, somit zur Freiheit und zur Ausübung der daraus fließenden Rechte geeignet. [...] Allerorten ist es dazu vorbereitet. Ein System, welches sein Wahlrecht zu den ersten Staatsämtern zu sehr beschränkt oder zu verwickelt macht, kann ihm daher nicht behagen. Es wird das System der wählbaren Bürger viel mehr als ein Auschließungs- denn als ein Wahlsystem ansehen und der ihm zugeschriebenen Dummheit ungeachtet alle Gefahren desselben unschwer zu berechnen wissen. Es wird fühlen dass seine Souveränität auf eine Scheinrolle reducirt wird und man ihm damit neue Ketten schmiedet.» Ausdrücklich berief sich Cart auf Amerika. Die Verhältnisse dieses Landes seien denen der Schweiz sehr ähnlich, dort kenne man eine Ausschliessung des Volkes von den Wahlen nicht.[1452] Ganz unakzeptabel sei die Selbstergänzung der geplanten Notabelnversammlung. Man wagt es, so noch einmal Cart zu den Parlamentariern, «euch die Schaffung eines ersten Staatskörpers vorzuschlagen, der sich selbst erneuern und für immer vom Volk und von dessen Wahl unabhängig sein wird, oder, was auf eins hinauskömmt, man schlägt euch geradezu die Grundlage vor, der alle Oligarchien der Schweiz ihren Ursprung verdanken, und die das Volk in zwei Classen theilt: Die Patrizier und die Heloten, die Herren und die Sklaven.»[1453]

Die Gegenargumente der Republikaner blieben blass. In nur wenigen Wortmeldungen erschöpften sie sich in der Beteuerung, von einer Einschränkung der Volkssouveränität könne keine Rede sein. Ihr Vorschlag, so wurde ihnen entgegengehalten, gleiche «dem grünen Strick, den der Großsultan seinen Unterthanen sendet, an dem sie sich hängen sollen».[1454]

Der Streit – er stellt ein denkwürdiges Ereignis der schweizerischen Demokratiegeschichte dar – leitete den nächsten Staatsstreich ein. Das von den Patrioten verfochtene Ideal eines «höchst möglich reinen Demokratismus», wie es kritisch von Senator Lüthardt bezeichnet wurde[1455], fand eine deutliche Mehrheit im Senat.[1456] Die von der Mehrheit der Parlamentarier favorisierte Verfassung hielt an dem Prinzip der Volkswahl fest. Einig waren sich Patrioten und Republikaner darin, dass vom zwölften Jahr der Republik an derjenige, der sich in die Wähler listen eintragen wollte, Lese- und Schreibfähigkeit nachweisen sollte.[1457]

Ihre Niederlage bestärkte die Republikaner darin, das ins Werk zu setzen, was Laharpe gerade als Hochverrat vorgeworfen worden war. Am 7. August 1800 legte der Vollziehungsausschuss – er hatte sich vorher gemeinsam mit den Führern der Republikaner französischer Unterstützung versichert – den Räten eine Proklamation vor, die den Gesetzgebern Unfähigkeit und Eigennutz vorwarf und ihre Vertagung verlangte.[1458] Als der Senat sich weigerte, seiner Selbstauflösung die sofortige Zustimmung zu geben, ergriffen die Putschisten Massnahmen, die den Widerstand der Parlamentsmehrheit ins Leere laufen liessen.[1459] Verstärkt aufgebotenes Militär sorgte in den Strassen für Einschüchterung, Sperrung der Versammlungslokale erschwerte koordinierte Gegenwehr. Der Vollziehungsausschuss ernannte im Einvernehmen mit den Republikanern einen neuen gesetzgebenden Rat. Ein leicht abgewandeltes Prinzip des republikanischen Verfassungsentwurfes war Realität geworden: nicht das Volk, sondern die Regierung wählte sich das Parlament. Jetzt erkannte man in der Debatte des Senats, dass die Absetzung des Parlaments eine Frucht des ersten Staatsstreiches war.[1460] «Ich bin überzeugt», so Senator Kubli, «dass nun die Patrioten aus der Gesetzgebung entfernt werden sollen, wie die Vollziehung nach dem 7. Jenner die bewährtesten Männer aus den Aemtern entfernte; dann treten die gnädigen Herren wieder auf.»[1461] Zunächst einmal, so das Ergebnis der ersten Staatsstreiche, konnten die Republikaner in den höchsten Staatsorganen ohne Behinderung durch die nun ausgeschaltete missliebige Mehrheit agieren.

Die weitgehende Ausserkraftsetzung der Verfassungsprinzipien muss als Werk der Republikaner gelten, wenngleich der erste Staatsstreich vom Direktorium provoziert worden war. Hatte der erste Staatsstreich eine der Konstitution nicht entsprechende Regierung zur Folge, so war nun ein gesetzwidriges Parlament das Ergebnis. Die Republik verlor, auch aus der Sicht der einfachen Bevölkerung, die demokratische Legitimation, auf die sie stolz gewesen war.[1462] Das so negative Urteil der Republikaner über die Patrioten, das sich viele Historiker zu eigen gemacht haben, lässt sich aus den Debatten, die dem zweiten Staatsstreich vorausgingen, nur schwer nachvollziehen: aus ihrem Munde allein hörte man eine Verteidigung der wesentlichen Prinzipien einer möglichst weitgehenden Volksbeteiligung, auf die die Schweiz stolz ist. Würdelos war nicht die Aufregung der Senatoren wegen der Auflösung des Parlaments, sondern die Beschimpfung der verjagten Volksvertreter durch den Präsidenten des Vollziehungsausschusses Finsler während der Begrüssung des neuen gesetzgebenden Rates am 8. August 1800.[1463]

Mit dem zweiten Staatsstreich war für die Gegner der Revolution endgültig der Zeitpunkt gekommen, ihren Einfluss geltend zu machen. Schon bald sollten auch die Republikaner spüren, dass sie Interessen und Zielen vorgearbeitet hatten, die nicht die ihren waren. Es begann der grosse Streit zwischen Unitariern und Föderalisten. Traten jene – hier fanden sich Patrioten und Republikaner nun wieder zu einem Bündnis – für den Erhalt einer einheitlichen Schweiz ein, so versammelten sich im Lager der Föderalisten nicht nur die Freunde einer möglichst weitgehenden Souveränität der Kantone, sondern die Altgesinnten insgesamt, wenngleich nicht alle Föderalisten die Restauration wünschten. Sehr geschickt lavierte Frankreich zwischen den beiden Parteien. Bonaparte erkannte, dass eine föderalistische Schweiz leichter lenkbar sein würde, hielt aber zugleich an dem Prinzip der Rechtsgleichheit fest, so dass auch die Hoffnung derer genährt wurde, welche die Rückkehr zur alten Ordnung mit ihren Geburtsvorrechten verhindern wollten. Neuerliche Staatsstreiche waren so nur eine Frage der Zeit.

Zunächst entstand in den neuen Staatsorganen ein von Rengger redigierter Verfassungsentwurf, der den Vorstellungen der Republikaner entsprach. Der Entwurf sah einen Senat vor, der mit weitreichenden Machtbefugnissen, lebenslanger Amtsdauer und Selbstergänzung an die oligarchischen Strukturen der alten Schweiz erinnerte. Aus dem Landgeschworenengericht war nun ein «Erhaltungs-Senat» geworden.[1464] Die erstmalige Besetzung vieler Stellen bei Inkrafttreten der Verfassung sollte durch den Vollziehungsrat und die Verfassungskommission erfolgen – hier besassen die Republikaner sichere Mehrheiten. Eine

Aristokratie nicht mehr der Geburt, sondern eine der Bildung und des Besitzes sah diese Verfassung vor, die als ein Projekt des wohlhabenden städtischen Bürgertums erscheint. Ein neues Steuergesetz kapitulierte vor den grossen Schwierigkeiten, welche die Eintreibung der Kapitalsteuer bereitete, und ersetzte diese durch eine Grundsteuer.[1465] Eine gleichzeitig geplante Abgabe auf Grossvieh wurde immerhin wieder gestrichen,[1466] jedoch der Wiederbezug der Zehnten und Bodenzinsen verordnet.[1467]

Die Zeit des Parteienstreits in den Parlamenten – so die Hoffnung der Republikaner – sollte vorbei sein, statt dessen Einsicht und Vernunft regieren. So manches Gesetz rechtfertigt das Urteil, es habe nun eine, wenn auch kurze Periode der ruhigen Reformtätigkeit eingesetzt. Regelungen, die sich als untauglich oder unpraktikabel erwiesen hatten, wurden korrigiert und alte Rechtsverhältnisse beseitigt. Doch erwies sich auch, dass das Fehlen einer Opposition nicht von Vorteil sein muss, wie am krassesten die Interessenpolitik in der Steuer- und Feudalabgabengesetzgebung zeigte. Auch die Opposition ausserhalb des Parlaments wurde behindert. Das Verbot politischer Vereine und kollektiver politischer Willensbekundungen,[1468] Untersagung von Gemeindeversammlungen,[1469] die Aussetzung von Wahlen und die eigenmächtige Bestimmung von Amtsträgern in Verwaltung und Gerichten durch die Regierung[1470] dienten dem Zweck, «alle Vorkehrungen zu treffen, um besonders während einem Zeitraum die innere Ruhe der Republik zu erhalten, der der Annahme einer neuen Verfassung vorangehen soll».[1471] Ganz offen gestand man aber auch ein, dass mit den getroffenen Massnahmen dem Widerstand gegen den Wiederbezug der Feudalabgaben begegnet werden sollte.[1472]

Die Republikaner sahen keine Chance, ihre Verfassungsvorstellungen in öffentlicher Diskussion und Auseinandersetzung durchzusetzen. So wandten sie sich an den Ersten Konsul Frankreichs. Er war schon jetzt der von allen Parteien akzeptierte Schiedsrichter, von dessen Machtspruch alles abhing. Gleiches taten die Föderalisten, die sich gemeinsam mit Berner und Zürcher Aristokraten um den französischen Gesandten Reinhard geschart hatten, der immer offener und in enger Verbindung mit Finsler und Frisching in die Schweizer Angelegenheiten eingriff.[1473] Jetzt wachte in den Diskussionen um die Einheit der Republik auch die Bevölkerung noch einmal auf und protestierte gegen die beabsichtigte Wiedereinführung des Föderalismus.[1474] Der Regierungsstatthalter Heinrich Zschokke behauptete, das Volk wolle in seiner grossen Mehrheit «nicht mehr die Herstellung des alten Eids- und Bundesgenossenwesens»: «gereizt vom einmal gehabten Genuss der Freiheit und politischen Rechtsgleichheit – ein Genuss welchen selbst alle Schreckensstunden der Revolution nicht verbittern konnten – sieht die überlegne Mehrheit der Gemeinden nur in der Erklärung der Einheit und Ungetheiltheit der Schweiz die sichere Bürgschaft für die Aufbewahrung und Rettung der Freiheit zum Besten der Nachkommenschaft.»[1475] Die Schweizer Politiker jedoch, so wurde immer deutlicher, waren zu einer Einigung aus eigener Kraft nicht in der Lage. In unzähligen Flugschriften, Broschüren und Zeitungen tobte der Kampf zwischen Unitariern und Föderalisten.

Nach den Richtlinien Bonapartes entstand nach endlosem Hin und Her die Verfassung von Malmaison, die einen Kompromiss zwischen Föderalismus und Zentralismus darstellte und zugleich das erste Verfassungsprojekt für die Schweiz mit ausgeprägt bundesstaatlichen Elementen war. Auch wenn der Gesetzgebungsrat Ende Mai 1801 seine vorläufige Zustimmung geben musste, war niemand mit dieser Verfassung so recht zufrieden. Gegenüber dem Entwurf der Republikaner enthielt er bedeutend mehr politische Mitwirkungsrechte der Bevölkerung. Den Unitariern missfiel die in Teilen wiederhergestellte Souveränität der Kantone, den alten Landsgemeindekantonen ging die Selbständigkeit nicht weit genug, und die Berner Patrizier sahen sich in ihrer Hoffnung betrogen, die Waadt und den Aargau wieder ihrem Gebiet zugeschlagen zu sehen.[1476] Allen zuwider war die Abtretung des strategisch bedeutsamen Wallis an Frankreich. Immerhin begann nun überall die Arbeit an neuen Kantonsverfassungen. Für den Ausgang des Streits zwischen Unitariern und Föderalisten hing viel von den Tagsatzungswahlen ab, deren Durchführung aus Furcht vor «falschen» Ergebnissen hintertrieben wurde, die dann aber unerwartet mit einer Niederlage der Föderalisten endeten.

Die Unitarier sahen ihre Stellung gestärkt, verdarben es aber mit Frankreich, indem sie statt Annahme der von Bonaparte oktroyierten eine eigene Verfassung ausarbeiteten. Sie trug stärker einheitsstaatliche Züge und nannte das Wallis als Teil der Schweiz. Damit war der Boden für den dritten Staatsstreich bereitet, denn nun stellte sich das Einverständnis der Föderalisten mit Frankreich her, die um der Selbständigkeit ihrer Kantone willen auf der weiteren Zugehörigkeit des Wallis zur Schweiz nicht bestanden.

Der Staatsstreich vom 28. Oktober 1801 bedeutete den Sieg eines Bündnisses zwischen den alten Aristokratien der Landsgemeindekantone und den Altgesinnten der Städte. Den Republikanern widerfuhr, was sie zuvor in zwei Staatsstreichen gegen die Partei der Patrioten vollzogen hatten: sie wurden aus der politischen Macht gedrängt.[1477] Allgemein verstand man den Staatsstreich als endgültiges Ende der Revolution. Überall tauchten in den politischen Gremien Namen auf, die man aus der Zeit vor 1798 gut kannte. Die letzten Emigranten wurden zurückgerufen, und zahllose helvetische Politiker traten zurück, weil sie an dem Marsch zurück zur alten Ordnung nicht beteiligt sein wollten. Zum Landammann wurde Alois Reding gewählt, die Mehrheit der Regierung bestand aus erklärten Gegnern der Revolution,[1478] die das Werk der Föderalisierung und der Ausschaltung ihrer

Gegner betrieben. Die Politik der Staatsstreiche hatte zum politischen Todesstoss für die Helvetische Republik lange vor ihrem tatsächlichen Ende geführt.

Noch einmal erlebte die Schweiz im April 1802 einen neuerlichen Umschwung. Diesmal benutzten die Unitarier die französische Duldung und – wie im klassischen Staatsdrama – die Osterzeit, während der sich Reding in seiner Heimat aufhielt, um eine gewaltsame Veränderung durchzusetzen.[1479] Wieder beseitigten Putschisten ihresgleichen. Doch langsam interessierte sich für die wechselnden Formen und Zusammensetzungen der obersten Staatsorgane niemand mehr so recht. Die Bevölkerung war von anderen Sorgen geplagt, der ewige Zwist hatte zur Abstumpfung geführt, von den schweizerischen Regierungen erwartete man keine Lösung der existentiellen Fragen mehr.

Mit dem vierten Staatsstreich erhielt die Schweiz die von den Republikanern schon so lange gewünschte Notabelnversammlung. Sie arbeitete die zweite, von der Verfassung von Malmaison ausgehende helvetische Verfassung aus, die dem Volk Anfang Juni 1802 zur Abstimmung vorgelegt wurde.[1480] Eine Mehrheit für die Annahme ergab sich dadurch, dass die Nichtstimmenden als Annehmende gezählt wurden. Gut 70 000 Wähler stimmten zu, gut 90 000 lehnten ab. Fast 170 000 Wahlberechtigte sahen keinen Sinn mehr darin, über das Projekt auch nur abzustimmen. In Schwyz, Unterwalden, Uri und Zug gab es nur 150, 122, 162 bzw. 92 annehmende Wähler! Tatsächliche Mehrheiten fand die Verfassung im Aargau, in Baden, Basel, Luzern, im Oberland, in Schaffhausen, Thurgau und Zürich.[1481] Die Ablehnung war in den Landsgemeindekantonen besonders stark, aber auch im Waadtland, wo Erbitterung wegen der Feudalabgaben herrschte. Am 2. Juli 1802 wurde das neue Staatsgrundgesetz verkündet; zweimal vierzig Kanonenschüsse zeigten die Freude über das Ende des verfassungslosen Zustandes. Am 5. Juli 1802 bestimmte der Senat die letzte helvetische Exekutive, den aus dem Landammann und zwei Statthaltern bestehenden Vollziehungsrat. Mit dem ehemaligen Direktor Dolder wurde ein Mann gewählt, der es bei jedem der Staatsstreiche verstanden hatte, sich zu arrangieren. Die Republik hatte nun das Staatsoberhaupt, das sie kurz vor ihrem Ende verdiente.

Aufstände gegen den Wiederbezug der Zehnten und Bodenzinsen

«[...] andere hingegen haben gesagt, sie anerkennen keinen Zehenden mehr.
Sie haben unter dem Freiheitsbaum auf keine dergleichen Lasten ein Eid ge-
schworen.»

Bericht der Gemeinde Erlenbach an den Unterstatthalter im Jahre 1801[1482]

Nach dem 2. Staatsstreich vom 7. August 1800 erhielt der Vollziehungsausschuss zahlreiche Glückwunschschreiben und Bittbriefe. Am 25. August meldeten sich auch der Distriktstatthalter von Stans und die dortige «Central-Municipalität» als «Vorsteher eines durch seine unglücklichen Schicksale in der helvetischen Revolutionsgeschichte so bekanntgewordenen Volks», um Wünsche anzumelden: «Sonderlich bitten und beschwören wir euch im Namen der Religion und des Vaterlandes, ein übereiltes, durch kleinliche Nebenabsichten erzwungenes, dem Staat seine letzte Kraft raubendes Gesetz, wie das der Zehntaufhebung ist, wieder zurückzunehmen.»[1483] Allgemein machten nach dem Staatsstreich die Gegner des Gesetzes aus dem Jahre 1798 mobil[1484], nachdem dieses schon im Dezember 1799 Einschränkungen erfahren hatte.[1485] Am 15. September 1800 – die Vertreter der Bauernschaft waren nicht mehr im Parlament – beschloss der Vollziehungsausschuss, die Gesetze zur Ablösung der Feudallasten in ihrem Vollzug auszusetzen.[1486] Jetzt protestierten besonders auf der Basler und Zürcher Landschaft und im Waadtland zahlreiche Gemeinden.[1487]

Doch die Zeit für Grundsatzdiskussionen war vorerst vorbei. Entschlossen setzten die mehrheitlich von Republikanern beherrschten Staatsorgane den Wiederbezug der Bodenzinsen durch. Auf der Basler Landschaft kam es zum Bodenzinssturm, einem regelrechten Aufstand, dessen Entstehung, Organisationsformen und Kontaktaufnahmen über die Kantonsgrenzen hinweg an die revolutionären Ereignisse Anfang 1798 erinnerten.[1488]

In den zeitgenössischen Berichten[1489] erscheint dieser grösste Aufstand auf der Basler Landschaft gegen die Helvetik und für die revolutionären Prinzipien, wie sie von der Landbevölkerung verstanden wurden, als politisch gut organisierte und in bewusster Opposition zur helvetischen Zentralgewalt stehende Bewegung. Versammlungen von fast dreissig Gemeinden beschlossen Petitionen, in denen an die ursprünglichen revolutionären Versprechungen erinnert wurde, denen man die Wiedererhebung der Bodenzinsen durch einen demokratisch nicht legitimierten Gesetzgeber widersprechen sah. Gegen die Versuche zur Eintreibung der Zinsen wurde offener Widerstand geleistet. Die Gemeinde Bubendorf wollte die Zinsen mit Schuldscheinen verrechnen, die für die von den Gemeinden ausgeführten Lieferungen an die französischen Truppen ausgestellt worden waren![1490]

Am Beispiel des Rapports eines Agenten hat Matthias Manz gezeigt, dass die auch von den gemässigten Kräften während der Basler Revolution gebrauchten Schlagworte nun auf diese zurückfielen. «Jeder Bürger sagt», so hiess es in diesem Rapport, «dass die Entrichtung der Boden-Zinse zur Slaverey führen und dieses kan man Ihnen nicht ausreden, in dem ess etwass im grund in sich hatt und weilen um der Slaverey willen eine Staatts-Verfassung ist angenohmen worden, so wolle man gantz keine Slaverey mehr dulden.»[1491] Von 28 Gemeinden waren nur zwei zur Entrichtung der Zinsen bereit, die zum Teil für die Jahre 1798 und 1799 nachzuentrichten waren. Mit der Bitte um Unterstützung sandten die sich Weigernden Emissäre in die benachbarten Kantone.

Der bewaffnete Aufstand von mehr als 2 000 Bauern wurde durch helvetische Truppen, die Regierungsstatthalter Zschokke am 3. Oktober 1800 in den Kanton Basel kommen liess, gedämpft. Zur Lähmung führte die Drohung, auch französische Truppen gegen die Aufständischen einzusetzen. Die widerspenstigen Gemeinden wurden dann tatsächlich von 1 800 französischen Soldaten besetzt und entwaffnet. Keine drei Jahre war es her, da hatte die Landbevölkerung damit gedroht, die Franzosen zu ihrer Befreiung von der städtischen Herrschaft zu Hilfe zu rufen!

Entmutigung und Niedergeschlagenheit waren gross. Nicht allein aus prinzipiellen politischen Überlegungen hatte man sich der Einziehung der Bodenzinsen widersetzt, sondern auch, weil zur Bezahlung einfach das Geld fehlte. Zschokke wusste, wie seinen Berichten zu entnehmen ist, sehr genau von den vorauszusehenden «unzähligen Schwierigkeiten» bei der Einziehung der Bodenzinsen, «da nur der Reiche seine diesfällige Pflicht thun könne, der Mittelmann durch die Zahlung ruinirt werde, und der Arme gar nichts leisten könne. [...] Jetzt fehle wegen der Einquartierungen, Requisitionen etc. fast überall das Geld, und Getreide sei noch nicht ausgedroschen. Aber nicht das Quantum, sondern die Art der Abgabe missfalle dem Volk.»[1492] Die Bodenzinsen wurden gleichwohl unerbittlich eingezogen. Sie waren gesetzlich für die Pfarrer bestimmt. In ihren Petitionen hatten die Aufständischen darauf hingewiesen, dass jeder in die Kirche gehen könne, eine Bezahlung der Geistlichen allein durch die Bearbeiter des Bodens sei nicht gerecht ...

Matthias Manz hat den Bodenzinssturm als letzten Versuch der Landbevölkerung gewertet, die ursprünglichen Ziele der Revolution noch zu retten, als verzweifelten Kampf gegen die Sinnentleerung der Staatsumwälzung, an der die Bevölkerung der Basler Landschaft massgeblich beteiligt war. Die Helvetik hatte ihre Rolle als Hoffnungsträgerin endgültig verspielt.[1493]

In der Spätphase der Helvetik kam es zu weiteren Aufständen gegen die Leistung des Zehnten, die oft auch gleichzeitig gegen den Staatsstreich vom Oktober

1801 gerichtet waren.[1494] Als die Vertreter der föderalistischen Regierung, allen voran der Regierungsstatthalter «Junker» Reinhard von Zürich[1495], streng die rückständigen Zehnten und Bodenzinsen einzutreiben begannen, flammte Widerstand unter anderem in den Distrikten Wald, Andelfingen, Winterthur, Horgen, Meilen und Mettmenstetten auf.[1496] Auf der Zürcher Landschaft wurden in den Distrikten Fehraltorf und Wald Freiheitsbäume aufgestellt und Unterstatthalter Scheuchzer als Geisel festgehalten. Wohl tausend Menschen versammelten sich in Altorf vor dem Wirtshaus Hecht und verkündeten laut ihre Absicht, keinen Zehnten mehr zu bezahlen oder Anordnungen der Regierung entgegenzunehmen.[1497] Erst drei Kompagnien französischer und helvetischer Infanterie konnten den Aufstand niederschlagen. In Pfäffikon bewaffneten sich Scharen von Bauern gegen eintreffendes Militär und bedrohten den Distriktstatthalter.[1498] Wie schon auf der Basler Landschaft handelte es sich auch hier um Gebiete, in denen die Bevölkerung während der Helvetischen Revolution überdurchschnittlich aktiv gewesen war und in ihrer Mehrzahl die Staatsumwälzung begeistert begrüsst hatte.[1499] Gleiches gilt für bewaffnete Aufstände in der Waadt im Frühjahr 1802. In ihnen wurden gegen den Wiederbezug der Zehnten und Bodenzinsen und in ausdrücklicher Opposition gegen eine restaurative Regierung zahlreiche Schlösser zerstört, Archive gestürmt und Urkunden mit den feudalen Besitztiteln verbrannt. Die Aufständischen wurden danach «Bourla-papey», Papierverbrenner, genannt. Ihr Anführer, Louis Reymond, wurde in Abwesenheit zum Tode verurteilt, nachdem sein Club «Amis de la Liberté» und sein Blatt «Le Régénérateur» schon zuvor verboten worden waren.[1500] Aus fast allen prohelvetischen Gegenden sind letzte Versuche zu berichten, die Ergebnisse der Revolution zu retten und Widerstand gegen restaurative Tendenzen zu leisten.[1501]

Der endgültige Zusammenbruch der Helvetischen Republik

*«Ja! theure und biedere Bewohner des Aergäus, euere Wünsche sind erfüllt,
euer Bitten ist erhört worden, und so wie ein Vater seine lang vermissten
Kinder in seine Arme schließt, so nimmt euch euere treue Mutter, unsere gütige Obrigkeit herzlich wieder in ihren Schoß auf; sie wird euch wieder väterlich pflegen; sie wird euch die unverkennbarsten Zeichen ihrer nie erkalteten
Liebe wieder geben.»*

Aufruf der restaurierten Berner Regierung für den Aargau, 21. 9. 1802

Nach dem vierten Staatsstreich und der Verkündung der neuen Verfassung hatte
Bonaparte als Termin für den Abzug der französischen Truppen den 22. Juli 1802
festgelegt. Die Versuche der unitarischen Regierung, den gänzlichen Rückzug der
ihr Schutz gewährenden Truppen zu verhindern, waren vergeblich. Jetzt sahen die
Oppositionsgruppen jeder Art ihre Stunde gekommen. Das von Berner Patriziern
gegründete Wiederherstellungskomitee und eine Vereinigung von reichen Gross-
grundbesitzern in Oberland nahmen Einfluss auf die Meinungsbildung auch beim
einfachen Volk und konzentrierten ihre Anstrengungen zum Sturz der Regierung
und zur Wiederherstellung des alten Staatenbundes in der Schweiz. War es das
Ziel der Altgesinnten Berns und der der anderen Städte, das Volk von der politischen Teilhabe wieder ganz auszuschliessen, so träumte man in den Landsgemeindekantonen von der Rückkehr zur direkten Demokratie. Diese Differenzen
hinderten nicht am gemeinsamen Vorgehen, bei dem die Landsgemeindekantone
die Truppen zum Schlagen stellen sollten.

Am 24. Juli 1802 fand in Gersau eine Konferenz der wichtigsten Führer der
Föderalisten statt, mit der das Signal zum offenen Widerstand gegen die Zentralregierung gesetzt wurde. Hier wurden Landsgemeinden für den 1. August in
Schwyz, Stans und Sarnen beschlossen, die sich Landammann, Kantonsbehörden
und Rat wählten. Es folgten diesem Beispiel die Appenzeller, die Glarner und
Graubündner. Damit war die offene Machtfrage gestellt. Die helvetische Regierung hatte in der nun beginnenden militärischen Auseinandersetzung, der Unterstützung durch die Bevölkerung beraubt, keine Chance. Unentschiedene Anwei-
sungen, Unentschlossenheit und Verrat taten das übrige. Neben den Landkantonen leistete die Stadt Zürich offenen Widerstand, und unter der Führung des Berner Obersten Rudolf Ludwig von Erlach erfasste der Bürgerkrieg auch die Mittel-
schweiz. Noch während Zürich von helvetischen Truppen belagert wurde, erran-
gen die Aufständischen unter v. Erlach im Aargau grosse Erfolge und nahmen mit
Baden, Brugg und Aarau die wichtigsten Städte ein.[1502] Es schlossen sich den
Truppen einige tausend Unzufriedene an, deren schlechte Bewaffnung mit Stök-

ken und bäuerlichen Arbeitsgeräten dem Aufruhr den Namen «Stecklikrieg» gegeben hat. Allerdings kann von schlechter Organisation und Führungslosigkeit keine Rede sein. Im Stecklikrieg nahmen in der Armee der Aufständischen vormalige Emigranten und ihre Vertrauten Spitzenpositionen ein. So zum Beispiel General Bachmann, Stabschef Gady und Oberst Ziegler.[1503] In den Mannschaften kämpften als Kerntruppe Teilnehmer der militärischen Emigration noch in ihren alten Uniformen.[1504] Diese Truppen begannen am 16. September den Marsch auf Bern, den Sitz der Regierung. Die Belagerung der Stadt führte zur Kapitulation, die helvetische Regierung verlegte ihren Sitz nach Lausanne.[1505]

Überall brachen die helvetischen Gewalten zusammen. Altgesinnte Interimsregierungen übernahmen die Macht.[1506] Unter Führung Alois Redings bildete sich die sogenannte Schwyzer Tagsatzung, die sich als Gegenregierung verstand.[1507] Am 27. September eröffnete Reding im Beisein von Gesandten aus Appenzell, Bern, Graubünden, Glarus, Schwyz, Uri, Zürich, Unterwalden und Zug unter freiem Himmel auf dem Dorfplatz von Schwyz die Sitzung. «Diese feierliche Versammlung», so Reding, «wird der tötende Stoß auf die helvetischen Machthaber sein.» Ihn zu führen, standen die Truppen der Landkantone unter General Aufdermauer und die Berns unter General Wattenwyl zur Verfügung.[1508] Man wusste um das Misstrauen gegen diese Truppen, die so offenkundig das Alte wiederherstellen sollten. So wurde ein «Aufruf der demokratischen Kantone [...] an die Bewohner der ehemals aristokratischen Kantone und untergebenen Lande» erlassen. «Wir betreten euere Cantone und Lande nicht als Feinde», hiess es hier, «sondern als Freunde und Brüder, mit der feierlichen Zusicherung, von dem edeln Vorhaben beseelt zu sein, eine gleiche Theilung von Rechten und Freiheiten zwischen Städten und Landen aufzustellen, zu befestigen und unser ganzes Ansehen dahin zu verwenden, dass solche Vereinigung zwischen Städten und Landen von einer aus allen Cantonen rechtlich aufgestellten Central-Regierung garantirt werden.»[1509] Auch Fürstabt Pankraz Vorster wurde zur Aussöhnung mit seinen ehemaligen Untertanen aufgefordert.[1510] Abgeordneten von Entlebuch versicherten die Urkantone, «dass wir zu Herstellung der Aristokratie nicht nur niemals Hand bieten, sondern vielmehr uns derselben allenthalben soviel möglich mit Worten und Werken widersetzen werden».[1511]

Die Briefe, die Alois Reding in den Tagen der bevorstehenden Entscheidung an altgesinnte Bündnisgenossen schrieb, zeigen seine ehrliche Überzeugung, dass eine «Vereinigung der Gemüther» und die «Herstellung einer wahren, auf die natürlichsten Rechte gegründeten Freiheit» möglich sein würde; sie lassen aber auch erkennen, dass die alten Herren unter den Patriziern und Aristokraten daran überhaupt nicht dachten, sondern von der Wiederherstellung ihrer vorrevolutionären Vorrechte träumten.[1512] Welcher Ton sogleich nach der Einnahme Berns durch die Patrizier wieder herrschte, zeigt eine Proklamation vom 21. September 1802, in der «WIR Schultheiß, Räth und Burger der Stadt und Republik BERN» sich an alle «Unsern getreuen Angehörigen zu Stadt und Land» wandten: «Ja, Liebe und Getreue! Euere Väter sind wieder bei und mit euch und werden väterlich für euch sorgen [...]; unwandelbare Gerechtigkeit wird Jedermann wie vorher zugetheilt werden [...]. Eure Obrigkeit ist entschlossen, allen denen die in diesen letztverlebten unseligen Zeiten sich irreführen lassen, die Hand des Friedens zu reichen und ihnen die Thüre zur Reue und zur Besserung zu öffnen.»[1513]

Alle Zeichen wiesen darauf hin, dass man in den alten Führungsschichten aus den revolutionären Ereignissen wenig gelernt hatte und nun auch der alte Kantonsegoismus wieder zurückkehrte.[1514] Die frisch restaurierte Berner Regierung handelte mit der helvetischen Regierung ein Kapitulationsabkommen aus, das allein die Berner Interessen berücksichtigte, nicht aber die gemeinsamen Ziele der gegenrevolutionären Bündnispartner. Alois Reding war bestürzt, «daß die Zentralregierung nur den Sitz geändert und ihre Kraft sozusagen in nichts anderem als in der öffentlichen Meinung verloren» hatte.[1515] Die «Schwyzer Tagsatzung» war so, wollte sie ihre Ziele erreichen, zu direkten militärischen Aktionen gegen die helvetische Regierung gezwungen.

Bonaparte hatte die Schweiz in dem Zustand, den er vorhergesehen hatte und der ihm ein Eingreifen ermöglichte. Alles befand sich in Auflösung, restaurierte oder Interimsregierungen hatten das Heft in die Hand genommen, ganze Kantone fielen auseinander in kleine und kleinste Staatswesen. Die Tagsatzung unter Alois Reding hatte beschlossen, der Helvetik ein schnelles Ende zu machen. Man wusste, dass die helvetischen Truppen durch Führungsschwäche und zögerndes Verhalten der Regierung demoralisiert waren und kein entscheidender Widerstand mehr möglich sein würde. Am 3. Oktober 1802 wurden die helvetischen Truppen in drei Kolonnen angegriffen. Ein ganz schneller Sieg wurde verhindert, weil General Aufdermauer, statt rasch vorzurücken, erst noch einen Sonntagsgottesdienst zelebrieren liess. Doch die helvetischen Truppen hatten dem Ansturm auch nach dieser Verzögerung nichts entgegenzusetzen.[1516] Am Abend nahmen die Föderalisten Payerne; der Rückzug der helvetischen Armee glich einer Flucht. Doch aus dem geplanten weiteren Vormarsch auf Lausanne wurde nichts. Gerade jetzt, da die föderalistischen Heere so kurz vor dem «letzten Stoss» gegen die verhasste Helvetik standen, griff Napoleon ein und gebot ein Ende der Feindseligkeiten.

Die Mediation Napoleons

«Gewiss, Völker Helvetiens! wart Ihr dem Glück nie so nahe; allein wenn ihr der Stimme Bonapartes taub bliebet, so würdet ihr auch nie so nahe euerem Untergange gewesen sein.»

Der Senat an das helvetische Volk, 5. 10. 1802

«Sollte wider Vermuthen noch von Demokratisirung der aristokratischen Cantone und namentlich des Cantons Bern die Rede sein, so werdet Ihr [...] vorstellen dass das Volk nicht dafür, sondern zu Herstellung seiner alten Regierung die Waffen ergriffen habe.»

Anweisung der Berner Standeskommission
an den Gesandten zur Konferenz in Schwyz, 23. 9. 1802[1517]

Das Auf und Ab der Parteikämpfe war für den Augenblick gestoppt. Was als Mediation Napoleons bezeichnet wird, geschah zu einem Zeitpunkt, als es für ein vermittelndes Eingreifen eigentlich zu spät und der Sieg der Föderalisten und Altgesinnten ebenso abzusehen war wie das Ende der Helvetischen Republik.[1518] Die Führungsschichten aus der Zeit vor der Revolution waren bereits dabei, die alte Ordnung wieder einzurichten. Doch der Machtspruch Bonapartes bereitete der Gegenrevolution ein vorläufiges Ende. Es handelte sich durchaus um kein Angebot zur Vermittlung, sondern um einen Befehl, dem unbedingt Folge zu leisten war. Die vom Adjutanten des Ersten Konsuls, Jean Rapp, am 4. Oktober 1802 überbrachte Proklamation gab der Einheitsregierung noch einmal eine Gnadenfrist.[1519] Der sich abzeichnende vollständige, aus eigener Kraft errungene Sieg der Föderalisten war nicht in französischem Interesse. Der helvetische Senat konnte nach Bern zurückkehren, und die Verwaltung wurde wieder in die Hände der helvetischen Behörden gegeben. Alle während des Aufstandes neugebildeten Gewalten hatten sich aufzulösen, vor allem aber die nichthelvetischen Truppen. Dem Senat und den Kantonen wurde befohlen, Abgeordnete nach Paris zu senden, um dort die Mittel anzugeben, «die zur Herstellung der Einigkeit und Ruhe und zur Versöhnung aller Parteien» nottaten. Von frohlockender Freude bei der schon fluchtbereiten Regierung in Lausanne bis zu nachdenklicher Erleichterung bei den Anhängern der Republik, die allenthalben die schnelle Rückkehr zur alten Ordnung mitansehen mussten, reichten die Reaktionen. Dankbar nahmen die helvetisch Gesinnten die Vermittlung an.[1520]

Bei den Föderalisten und den restaurierten Kantonsregierungen herrschte grösste Empörung, war man doch um die Früchte aller Anstrengungen gebracht. Schon am 5. Oktober musste einem Waffenstillstand mit den helvetischen Truppen zugestimmt werden, der den Bürgerkrieg beendete. Die Tagsatzung in Schwyz lehnte die Vermittlung Bonapartes jedoch ab[1521] und blieb auch hartnäckig bei der Weigerung,[1522] bis am 21. Oktober 1802 neuerlich französische Truppen die Schweiz überzogen, die widerständigen Kantone entwaffneten und gemeinsam mit Alois Reding einige Föderalisten verhafteten, die bis zum März 1803 auf der Festung Aarburg gefangengehalten wurden.

Nun war der Weg für Wahlen zu der von Bonaparte befohlenen Konsulta in Paris frei.[1523] Noch einmal machten die republikanisch Gesinnten mobil, um ihren Grundsätzen Geltung zu verschaffen. Die Gesandten waren mehrheitlich Unitarier. Unter ihnen der kurzzeitig von den Föderalisten verhaftete ehemalige Zürcher Regierungsstatthalter Pfenninger, Heinrich Pestalozzi, Paul Usteri, Bernhard Friedrich Kuhn, Henri Monod, Louis Secretan, Jules Muret und Philipp Albert Stapfer. Auch der ehemalige Direktor Peter Ochs war anwesend[1524]; der im französischen Exil lebende Laharpe hatte die Teilnahme abgelehnt. Die führenden Föderalisten blieben fern, doch reisten vier Berner Patrizier in die französische Hauptstadt. Insgesamt waren die Altgesinnten in der Minderzahl, doch verstanden sie es, sich bemerkbar zu machen. Schon während der Präsentationsvisite bei Talleyrand beschwerte sich der Solothurner Peter Glutz-Ruchti: «Euer Exzellenz! Es ist wahrhaftig betrübt, dass wir, Mitglieder der alten Familien, diese Reise nach Paris unternehmen und so viele Anstrengungen machen müssen, um unsere angebornen Rechte wieder zu erhalten.»[1525]

Am 10. Dezember 1802 wurde die Konferenz eröffnet, die französische Kommission leitete der frühere Botschafter Barthélemy. Die herbeste Enttäuschung für die Unitarier war, dass Bonaparte nicht daran dachte, die Schweiz weiterhin einheitsstaatlich zu organisieren, sondern den Föderalismus als die den schweizerischen Traditionen und Gegebenheiten angemessene Staatsform bezeichnete. Ein Staatenbund von neunzehn Kantonen sollte die Schweiz fortan sein, doch war der Bund mit seiner wiederhergestellten Tagsatzung mit nur geringen Vollmachten ausgestattet. Das Heer- und Zollwesen, das Münz- und Postregal überliess die Mediationsverfassung den Kantonen, die Tagsatzung war befugt, Krieg zu erklären, Frieden, Bündnisse und Handelsverträge zu schliessen. Die Gewalt, der Verfassung der Schweizerischen Eidgenossenschaft in den Kantonen Respekt zu verschaffen, hatte der Bund nicht.

Auch für die Föderalisten bestand kein Grund zur reinen Freude. Eine vollständige Rückkehr zu den vorrevolutionären Zuständen wurde unmöglich gemacht. Die Berner Patrizier hatten auf ihre ehemaligen Untertanenlande, auf die Waadt und den Aargau, Verzicht zu tun. Widerwillig mussten sie auch die politische und Rechtsgleichheit akzeptieren, die durch die Mediationsurkunde weiterhin Verfassungsgebote blieben. Am 19. Februar 1803 übergab der Erste Konsul, umringt von den Mitkonsuln, dem Staatsrat und dem gesamten Senat, die Mediationsakte an zehn schweizerische Abgeordnete. Sie bescherte der Schweizerischen Eidgenossenschaft mehr als ein Jahrzehnt relativer innerer und äusserer Ruhe. Darauf vor allem beruht ihr guter Ruf.[1526] Die auf dem Weg zur Bundesverfassung wichtigen Punkte wie die Gleichberechtigung zwischen den alten und den neuen, aus den vormaligen Untertanengebieten gebildeten Kantonen, die – wenn auch eingeschränkte – Rechtsgleichheit der Bürger oder die Niederlassungsfreiheit entstammten der ersten, revolutionären Verfassung für die Schweiz. Und diese hatte noch mehr besessen, was der Mediationsverfassung fehlte und erst einige Regenerationsverfassungen und dann die Bundesverfassung wieder aufnehmen sollten: ein allgemeines und rechtlich gesichertes Bürgerrecht, die Religions- und Koalitionsfreiheit, auch die Petitions- und nicht zuletzt die Pressefreiheit. Einen Schritt zurück bedeutete die Mediation hinsichtlich der Trennung der Gewalten und der Garantie demokratischer Freiheitsrechte insgesamt[1527]. Sie stellte den im Jahre 1803 möglichen Kompromiss dar.

Unabhängigkeit von Frankreich brachte die neue Verfassung indes nicht, ja, die Abhängigkeit der Schweiz war während der Mediationszeit zumindest ebenso ausgeprägt wie während der Helvetik. Mit der Unterzeichnung der Mediationsakte hörte die Helvetische Republik auf zu existieren. Am 10. März 1803 mussten die helvetischen Behörden zurücktreten und den neuen Gewalten Platz machen. Die Revolution war beendet. Die Legende will es, dass Bonaparte entsprechende Worte bei der Verabschiedung der Schweizer Delegierten am 21. Februar 1803 zu Peter Ochs sprach, der die erste auf Freiheit und Gleichheit gegründete Verfassung für die Schweiz erarbeitet hatte.[1528]

12 Ursachen für das Scheitern der Helvetischen Republik – Die Ergebnisse der Helvetik

«Die Helvetik ist der erste Versuch, die Herrschaft der Demokratie auf dem Boden der historischen Eidgenossenschaft zu begründen. Darin, nicht in dem äusserlichen Moment der Einheitsform, in der es geschah, liegt ihr Charakteristisches und ihre Bedeutung für alle Zeiten.»

CARL HILTY 1878[1529]

«Unsre Zeitgenossenschaft ist allerdings noch nicht für das Beste reif. Es ist aber leichter eine neue Konstitution als ein neues Volk zu machen.»

HEINRICH ZSCHOKKE[1530]

«Das ist die beste Seite der Natur des Menschen und speziell der Natur unseres Volkes, dass sie auf die Dauer doch das sittlich Grossartige, nicht die materielle Wohlfahrt, noch weniger die ungestörte Ruhe zu dem Massstabe macht, nach dem die einzelnen Perioden der Schweizergeschichte [...] beurtheilt werden.»

CARL HILTY 1878[1531]

Der Traum von Freiheit und Gleichheit konnte – auch in der Schweiz – nicht im ersten Anlauf verwirklicht werden. Eine in Jahrhunderten gewachsene Ordnung war nicht innerhalb weniger Jahre durch vollständig Neues und Fremdes zu ersetzen. Alte Gewohnheiten behaupteten ihre Kraft. In den amtlichen Wahllisten der Helvetik fand sich der «Bürger alt Landvogt» verzeichnet, im Bewusstsein der Bevölkerung war er gar der «Herr alt Landvogt».[1532] Überall ist zu beobachten, dass die Helvetik ein aberwitziger und viel zu früh gekommener Entwurf war, der untergehen musste, sich in der Folge aber in vielem als richtig erwies.[1533] Sie durcheilte vorschnell die ganze Bahn, die danach noch einmal schrittweise abgelaufen werden musste.[1534] Mit zahllosen Dingen verhielt es sich wie mit dem Urmeter, das der Helvetischen Republik 1801 von der Französischen Republik überreicht worden war, durch ein schweizerisches Gesetz mit eigenen Benennungen wie «Hand» für das Mass von 10 cm aufgenommen wurde, dann aber bis 1875 warten musste, bis es die Eidgenossen endgültig akzeptierten und einbürger-ten.[1535]

Viele Ursachen für das Scheitern der Helvetik – nicht aber des Modells einer auf Rechtsgleichheit gegründeten, bürgerlichen Freiheitsrechten verpflichteten Schweiz – sind in den vorangegangenen Kapiteln, insbesondere bei der Darstellung des antihelvetischen Widerstandes, deutlich geworden. Für längst nicht alle trugen helvetische Politiker die Verantwortung. Haupthindernis einer ruhigen Entwicklung der neuen Ordnung war die französische Grossmachtpolitik. Ohne sie wäre die Republik kaum entstanden – mit ihr konnte sie nicht existieren. Eine Revolution, deren Sieg nur bedingt aus eigener Kraft der Schweizer Revolutionäre errungen wurde, war ein schlechter Ausgangspunkt. Die französische Praxis der rücksichtslosen Ausplünderung und Einmischung schuf dann eine solche, durch den Krieg noch vergrösserte Not und Demoralisierung, dass der Republik jede Grundlage entzogen wurde. Alle weiteren Ursachen des Scheiterns können nur vor diesem Hintergrund betrachtet werden. Gerade für die einfache Bevölkerung waren Requisitionen und Einquartierungen nicht nur eine materielle Last; der unfreiwillige Gastgeber konnte sich im wahren Sinne des Wortes nicht mehr als eigener Herr im Hause fühlen.[1536] Dieses Gefühl der Fremdheit, verstärkt durch allerlei Ungewohntes, übertrug sich auf die Helvetische Republik.[1537]

Fragt man weiter nach den Ursachen des Scheiterns, dann muss man sich die Erwartungen in Erinnerung rufen, die mit der Helvetischen Revolution und der Republik verbunden waren. Die in den Darstellungen der Helvetik neben Krieg, Besetzung und fremder Bevormundung immer wieder in ähnlichen Kombinationen genannten Gründe wie «Naturwidrigkeit des Einheitsstaates»[1538] oder Widerspruch von Helvetik und «Geist des Volkes»[1539], Ersetzung der örtlichen Rechte durch einen einförmigen, von oben gelenkten Einheitsstaat[1540], Finanzzustände[1541], unbedachte Reformen wie radikale Ablösung der Feudalrechte oder abrupte Trennung von Staat und Kirche[1542], Notlage der Geistlichen[1543], fehlende Militärmacht[1544], unfähige und ungeeignete Beamtenschaft[1545] oder das «Partheiwesen»[1546] tragen alle mehr oder weniger Wahrheit in sich, sind aber nur erhellend, wenn zu ihnen in Beziehung gesetzt wird, wer diese Helvetische Revolution aus welchen Gründen und mit welchen Zielen wollte.[1547]

Diejenigen aus den städtischen Führungsschichten, die als wohlhabende und gebildete, aufklärerisch und reformorientierte Kräfte entweder – wie in Basel – gemeinsam mit der Landbevölkerung, wie in Zürich durch die Landbevölkerung gedrängt oder – wie in Luzern – selbständig das Werk der Staatsumgestaltung in Angriff genommen hatten, strebten Veränderungen aus eigener Kraft an, wollten ein auf Rechtsgleichheit basierendes, demokratisch-repräsentatives Staatswesen und eine einheitliche oder doch zumindest als Ganzes handlungsfähige Schweiz.

Grosse Teile der Bevölkerung – auszunehmen sind hier allerdings nahezu vollständig die Einwohner der Landsgemeindekantone[1548] – verbanden mit der Revolution ebenfalls Rechtsgleichheit und Aufhebung des Untertanenstatus sowie Gleichberechtigung von Land und Stadt, darüber hinaus und vor allem aber konkrete materielle Besserstellungen und ein gewisses Mass an demokratischen Mitwirkungs- und Gestaltungsrechten.

Der Hauptgrund für das Scheitern der Helvetischen Republik sind die enttäuschten Erwartungen an die Revolution. Die Republik verlor in dem Augenblick jeden Rückhalt, als die Bevölkerung den Eindruck gewann, dass gegen die augenblickliche Not nicht einmal das Versprechen einer gerechteren sozialen Ordnung für die Zukunft auf der Habenseite der Revolution blieb. War der Krieg für einen ersten Stimmungsumschwung verantwortlich, so bildete der Wiederbezug der Bodenzinsen in der Empfindung der Landbevölkerung das Ende jeder Hoffnung auf grundlegende Besserung und damit das Ende der Republik. Die Helvetik hatte den «Kampf um die Hoffnungen der Bürger verloren»[1549], weil, wie Heinrich Pestalozzi meinte, dem Volk der «sinnliche Spielraum der Freiheit» fehlte. Im nun einsetzenden Machtkampf zwischen den Vertretern der alten und der neuen Ordnung hatten die Republikaner praktisch keinerlei Unterstützung der Bevölkerung mehr. Nun war nicht mehr möglich, was die meisten Politiker der Helvetik von Beginn an mehr oder weniger vermieden hatten: die Mobilisierung der Bevölkerung für die Ziele der Revolution.

Diese Staatsmänner der Helvetik waren keine Revolutionäre, sondern geprägt von den Reformidealen der Aufklärung. Männer wie Rengger, Rüttimann, Meyer von Schauensee, Usteri, Ochs oder Stapfer bemühten sich um deren Realisierung, nachdem ihnen die Helvetische Revolution mehr oder weniger unverhofft die Möglichkeit praktischer Umsetzung jener Ziele eröffnete, die während der Jahrzehnte der Aufklärung in der Publizistik, der Helvetischen Gesellschaft und in den anderen patriotischen Sozietäten formuliert wurden. Der Gedanke an ein gleichberechtigtes Zusammenwirken mit dem einfachen «Volk», das ihnen als eine Art Kind mit eingeschränkten Begriffen erschien[1550], war ihnen vollständig fremd. Sie unterschieden sich von anderen Mitgliedern der alten Eliten vor allem durch eine grössere Aufgeschlossenheit gegenüber notwendigen Reformen und durch die Einsicht, dass die alte Ordnung sich überlebt hatte. Dem hauptsächlich verdankte ein grosser Teil der helvetischen Führungskräfte die Berufung in politische Ämter. In manchen Kantonen war kaum ein Politiker zu finden, der nicht schon während des Ancien Régime ein Amt innegehabt hätte![1551] Der Schweiz fehlte ein gebildeter Mittelstand[1552], ein dritter, von den alten Eliten unabhängiger Stand von Bürgern, der das Ruder hätte in die Hand nehmen können. Personell stellte die Helvetik sehr viel weniger einen Bruch mit der alten Ordnung dar, als dies die scheinbar unversöhnlich mit den Traditionen brechende politische Neuordnung vermuten lässt. Selbst die meisten der radikaleren Politiker wurden schnell pragmatischer und anpassungsfähiger. Eine politische Karriere konnte zunehmend nur machen, wer sich vom radikalen Patriotismus der frühen Helvetik lossagte.[1553]

Zu jenen Politikern, deren Weltbild durch Aufklärung und Bildungsaristokratismus bestimmt war, gesellten sich schnell solche Mitglieder der alten aristokratischen und oligarchischen Führungsschichten, die sich geschickt darum bemühten, das aus ihrer Sicht Schlimmste zu verhüten und durch die Übernahme von Ämtern Einfluss zu erlangen. Solothurn und Luzern sind Beispiele dafür, wie der traditionellen Vormachtstellung der Städte gegenüber dem Land auch weiterhin personell Geltung verschafft wurde.[1554] Durch die ganze Zeit der Helvetik zieht sich das Problem, politisch zuverlässige, demokratisch und republikanisch denkende Funktionsträger zu finden.[1555] Im Einzelfall verfolgte die helvetische Regierung sogar das Ziel, bekannte Gegner der Helvetik durch die Berufung in wichtige politische Ämter gleichzeitig zu kontrollieren und zu integrieren.[1556] Nach Aufhebung des Betätigungsverbotes für Angehörige des Patriziats liessen sich in Bern so viele altgesinnte Politiker in die Munizipalität Berns wählen, dass sie dort die Oberhand gewannen. Ein Altgesinnter wie der Berner Abraham Rudolf Fischer konnte sogar Regierungsstatthalter des Kantons Oberland werden.[1557] Für die Vergabe von Staatsämtern galt, dass «allenthalben die G e ü b t e s t e n der alten Ordnung den Lehrlingen der neuen» vorgezogen wurden.[1558]

Auch wenn sich im ersten Parlament der Helvetik radikale Patrioten als Vertreter der Landbevölkerung lautstark zu Wort meldeten, so nahmen doch mehr und mehr jene Republikaner das Heft in die Hand, die auf Mässigung und Kompromiss setzten und zur Umsetzung ihrer Politik eher den Dialog mit Angehörigen der alten Führungsschichten suchten, als dass sie bereit gewesen wären, dem Volk eine lebendige Teilnahme an den Staatsgeschäften zu ermöglichen oder es gar für revolutionäre Ziele zu mobilisieren.[1559] Schnell galten den Republikanern jene Patrioten als Hauptstörenfriede der Republik, die für eine Volksbeteiligung und die radikale Feudallastenablösung eintraten. Der mancherorts im Kampf gegen die alte Ordnung entfachte revolutionäre Geist wurde mit Konstituierung der Republik sofort zurückgedrängt[1560], der «von der Revolution erwachte und lebhafft gemachte Man[n] so kraftvoll zurückgezäumt und außer Einfluß gesetzt, daß es der Nation qua solche geradezu unmüglich werden mußte, mit Kopf und Herz an der Revolution theilzunehmen.»[1561] Heinrich Pestalozzi beklagte gegenüber dem Republikaner Meyer von Schauensee – er gehörte zu jener Aristokratie des Geistes, die sozial eng mit den alten Führungseliten verbunden war und nichts mehr befürchtete als den «Überdrang eines wilden Haufens» und die

«Majorität der Unvernunft»[1562] – die «Unklugheit, mit der wir den G e i s t d e r
R e v o l u t i o n wie einen armen Sünder zum Tod gebracht, sobald der Deus ex
Machina die neue Verfassung auf den Altar, den wir auf keine Weise verehren,
abzustellen bewilliget».[1563]

Die grossen Anstrengungen auf dem Gebiet der Volksbildung sind der positive Ausdruck jenes Bildungsaristokratismus, der sich in der politischen Praxis
der Helvetik hindernd auf den Aufbau der neuen Ordnung auswirkte.[1564] Die Vorstellung, Bildung habe Voraussetzung politischer Mitwirkung zu sein, sorgte für
eine vorher nie gekannte Initiative, diese Bildung der Bevölkerung auch tatsächlich zu vermitteln. Aber man vergass, dass man das «Volk» und seine Unterstützung sofort benötigte, wollte man die neue Ordnung sichern. Und man ignorierte
auch, dass, wo Bildung als Voraussetzung für die Bekleidung von politischen
Ämtern verlangt wurde, man gewollt oder ungewollt diejenigen bevorzugte, die
diese Bildung durch das in der alten Ordnung herrschende Bildungsprivileg allein
hatten erwerben können. Nur die Patrioten – das durchgängig negative Urteil der
Geschichtsschreibung über sie erscheint hier ungerechtfertigt und ungerecht –
vertraten jenes Prinzip einer möglichst weitgehenden demokratischen Beteiligung, das sich in der weiteren Entwicklung der Schweiz schliesslich durchsetzte.
Es bleibt der Zwiespalt, dass diejenigen republikanischen Kräfte, deren Verdienst
wesentliche Reformprojekte der Helvetik waren, zugleich dafür verantwortlich
zeichneten, dass der Revolution schnell jede Kraft geraubt wurde und sich die
Helvetik in ihrer zweiten Phase zur Diktatur einer Minderheit von «Reichtum und
Intelligenz» entwickelte, die bei dem von der Mitwirkung ausgeschalteten und mit
Bodenzinsen erneut belasteten Volk keinen Rückhalt mehr fand.[1565] Im behut-
samen Verändern aus dem Geist einer reformorientierten, auf die Vernunft der
gebildeten Eliten setzenden Aufklärung, oft als grösste Stärke der Helvetik bezeichnet,[1566] liegen so zugleich auch die Gründe ihres Scheiterns.[1567] Selbst der
Staatsumwälzung sehr skeptisch gegenüberstehende Zeitgenossen anerkannten
den «merklich weiseren, gemäßigteren Charakter», durch den die Helvetische sich
im Vergleich mit der Französischen Revolution auszeichnete.[1568] Ein kraftvolles
Vorgehen gegen die Gegner der Republik lehnten die Republikaner ab. Ihre Haltung, das Volk nur als Empfänger von Aufklärung, Belehrung und Erziehung zu
akzeptieren, tat das übrige dazu, dass die Republik keine aktiven Verteidiger
mehr fand und die Anhänger der alten Ordnung Aufwind erhielten.[1569]

Das Ausschalten der überwiegenden Mehrheit der Bevölkerung von der politischen Mitwirkung kann vielleicht als Hauptirrtum der Helvetik bezeichnet
werden. Sie ist von der Regierung bis zur Gemeinde auf allen Ebenen zu beobachten und durchzieht die Geschichte der Helvetischen Republik wie ein roter
Faden. Die von der Verfassung vorgesehene Volksbeteiligung stellte zwar in vielen

Gegenden der Schweiz einen Fortschritt dar, war aber vorwiegend auf mittelbare Einflussnahme beschränkt.[1570] Von Beginn an waren die Landbevölkerungen jener Gemeinen Herrschaften und der Gebiete der Ostschweiz in den helvetischen Parlamenten und Behörden unterrepräsentiert, in denen revolutionäre Bewegungen selbständig und weitgehend unabhängig von äusserer Unterstützung die alte Herrschaft abgeschüttelt hatten. Der Grund war, dass hier die aufklärerisch-reformerische Schicht fehlte, die während der Helvetik den Aufbau einer neuen Ordnung trug.[1571] Auch gelang es der Helvetik nicht, die Bevölkerung der Landsgemeindekantone – nennenswerte prohelvetische Bevölkerungsgruppen fehlten hier[1572] – mit ihrer Forderung nach möglichst direkter Demokratie in die neue Staatsordnung zu integrieren. Unterrepräsentiert blieben schliesslich überall die einen erheblichen Teil der Bevölkerung ausmachenden unteren sozialen Schichten auf dem Lande, die Heimarbeiterschaft, die Tagelöhner und landarmen Bauern.

Basisdemokratischer Elan, der in einigen Kantonen zu beobachten war, wurde systematisch gedämpft und mit grossem Misstrauen betrachtet.[1573] Regierungsstatthalter Pfenninger bereiste die Zürcher Gemeinden und vergab für den vorgefundenen Patriotismus Noten von 1 (ganz gut) über 1 1/2 (ziemlich gut) und 2 (nicht sehr patriotisch) bis 3 (antirepublikanisch).[1574] Wie in alten Zeiten beobachtete man die Versammlungsorte der Landbevölkerung, um dann nicht viel Neues berichten zu können, «denn vast alle Bürger unserer Gemeind müssen von dem frühen Morgen bis an den späten Abend stets arbeiten und haben desnahen nicht vil Zeit in Wirths- oder Schenkhäusern sich über Politische Gegenstände zu besprechen und zu resonieren».[1575] Am 12. September 1800 wurde zur Verhinderung von Zwietracht und Parteigeist das «Zusammentreten mehrerer Personen, um sich in berathende Gesellschaften zu bilden, die über politische Angelegenheiten Beschlüsse fassen» verboten.[1576] Hatten sich in der Revolution Gemeindeversammlungen als wichtigster Ort der Demokratie und des organisierten Widerstandes erwiesen, so schränkte sie die helvetische Regierung ein, als sie ihr unbequem wurden, und selbst das Petitionsrecht blieb nicht unangetastet.[1577] Das Recht, sich öffentlich und gemeinsam über Staatsangelegenheiten zu äussern, wurde behaupteten vorrangigen Staatszwecken untergeordnet.

Es mag als ein Paradoxon erscheinen, dass die Helvetik gerade für die politischen Volksrechte[1578] und die bundesstaatliche Organisation der Schweiz – Felder, auf denen sie offenkundig die grössten Probleme hatte – ein epochales Datum darstellt. Epochal wurde die Helvetik deshalb, weil die von 1798 bis 1803 gemachten Erfahrungen zu einer ersten Synthese von schweizerischen Traditionen und neuen politischen und staatsrechtlichen Vorstellungen zwangen. Ihr kommt hier auch die Bedeutung eines «Ideenlabors» zu, einer Nahtstelle zwischen alter und neuer Schweizer Geschichte.[1579]

Die Helvetische Revolution erhob erstmals auf dem gesamten Gebiet der Schweiz das Volk zum Souverän. Dazu im offenkundigen Widerspruch standen die Machtfülle der zentralistischen Regierung und die geringen Möglichkeiten der Volkseinwirkung, was Wilhelm Oechsli dazu bewog, von einem absolutistischen Beamtenstaat mit republikanischer Etikette zu sprechen.[1580] Für die ehemaligen Untertanen bedeutete diese neue Ordnung einen grossen Fortschritt, doch stand sie von Beginn an im Widerstreit mit jenen Teilen der Eidgenossenschaft, in denen mit den Landsgemeinden ein grösseres Mass an direkter Demokratie üblich war. Dieser Konflikt stellt den Ausgangspunkt aller nach der Helvetik geführten Diskussionen in der Schweiz dar, wie demokratisch-repräsentative Prinzipien mit denen einer weitgehenden Volksbeteiligung versöhnt werden könnten. Bereits in der helvetischen Publizistik wurden die «Schattenmajestät des Volkes» beklagt und verfassungsmässige Mittel der Einwirkung auf die Gesetzgebung verlangt.[1581] Mit ausdrücklichem Bezug auf die Landsgemeindedemokratie wurde Vorstellungen widersprochen, dass nur «die Weisen, die Verständigen, die Edeln» Gesetze geben sollten.[1582]

Die Helvetik konnte den Konflikt noch nicht lösen, aber sie brachte ihn in das Bewusstsein der Zeitgenossen und leitete eine Entwicklung ein, welche die Schweiz zu einem der Länder mit den ausgedehntesten politischen Volksrechten werden liess. Die in der Helvetik erstmals Verfassungsrang gewinnende Überzeugung, dass die Staatsgewalt im Volke ruhe, vereinigte sich mit dem traditionellen Initiativrecht der Landsgemeinden und ermöglichte es dem Bürger, fortschreitend seit den Verfassungen der Regeneration über die Bundesverfassung von 1848 bis hin zu Verfassungsrevisionen am Ende des 19. Jahrhunderts, durch Initiative und Referendum Gesetze und Verfassungsänderungen zu verlangen und zu verwerfen.

Eine ähnliche Bedeutung hat die Helvetik für den Weg der Schweiz zum Bundesstaat, der vielen Schweizern nach den gemachten Erfahrungen als quasi natürlicher Kompromiss zwischen dem alten extremen Föderalismus und dem aufgezwungenen Einheitsstaat erschien. Schon in den Jahren der Helvetik wurde vielfach eine tragfähige Abwägung von Zentralgewalt und kantonalen Selbstverwaltungsinteressen diskutiert. Dieser Lernprozess bei den helvetischen Politikern ist unter umgekehrten Vorzeichen auch bei den Gegnern der Republik zu beobachten, unter denen sich selbst ein Karl Ludwig von Haller der Idee einer eidgenössischen Zentralregierung nicht mehr verschliessen konnte. Auch wenn die von ihm vorgesehene Bundesgewalt Zwang nur gegen aufmüpfige Untertanen, nicht aber gegen einzelne Kantone ausüben sollte[1583] und sie so nach Oechslis Wort nichts anderes als «eine gegenseitige Assekuranz der wiederhergestellten Aristokratien»[1584] war, sind hier doch erste Anfänge auf dem schwierigen Weg zum Bundesstaat erkennbar. «Grosse Ideale», so formulierte Carl Hilty sein Resümee zur Helvetik, «müssen fast immer mehrmals in Angriff genommen werden und sind ein Vermächtnis, das die Besten eines Volks oft lange Zeit hindurch von Generation zu Generation einander überliefern.»[1585]

Der in der Helvetik formulierte Nationalitätsgedanke hatte anders als in Deutschland seine Quellen nicht in Gegenaufklärung und politischer Romantik, sondern in der Aufklärung und der bürgerlich-demokratischen Ideologie. So wie die nationalen Stereotypen und Argumentationen während der Helvetik an die brüderlich-patriotische und nationale Rhetorik der frühen aufklärerischen Publizistik und der «Helvetischen Gesellschaft» anknüpften, so lebte diese auch in den Jahren nach 1803 fort.

Trotz aller Not und Konflikte, welche die Helvetik in ihrer Zeit der Eidgenossenschaft bescherte, markiert sie doch die Anfänge der modernen demokratischen Schweiz. Epochal waren die Einführung bürgerlicher Gleichheit und die Auflösung der Untertanenverhältnisse, und nicht zuletzt bedeutete sie für die Wirtschaft eine grundlegende Revolutionierung mit langfristigen Auswirkungen.[1586] Durch die Helvetik wurden Tatsachen geschaffen, die eine vollständige Rückkehr zu den eidgenössischen Zuständen des Ancien Régime trotz aller Restaurierungsanstrengungen nach 1803 und 1813 unmöglich machten und die Voraussetzungen für die Regeneration der Jahre 1830/31 ebenso bildeten wie für die Ereignisse der Jahre 1847 und 1848, die zum Fanal für die bürgerlichen Revolutionen in Europa wurden.

Dem Nichtschweizer, der die Jahre der Helvetik überblickt, erscheinen Helvetische Revolution und die kurzen Jahre der Helvetischen Republik als ganz und gar schweizerisches Projekt. Unbestreitbar ist das französische Diktat, das den politischen Rahmen für die Schweiz setzte. Doch in den revolutionären Auseinandersetzungen erweist sich die Behauptung vorwiegend fremden Wirkens als Legende. Schweizer standen sich gegenüber. Als Verteidiger der alten Ordnung oder aktiv für die Umgestaltung, davon träumend, die neuen, in Amerika und in Frankreich in Verfassungen gegossenen Vorstellungen von unveräusserlichen Menschenrechten könnten auch ihnen eine gerechtere politische und gesellschaftliche Ordnung bescheren. Es waren nicht wenige Schweizer, die von dem lebendigen Streben beseelt waren, die neue demokratische Staatsidee auf schweizerischem Boden zu verwirklichen[1587] und praktisch umzusetzen, was Schweizer Aufklärer gedacht hatten. Viele Projekte und Diskussionen zeigen ein beträchtliches Mass an Eigenständigkeit der helvetischen Politiker, die fremde Einflüsse aufnahmen, aber auch alte schweizerische Gewohnheiten zur Geltung kommen liessen.[1588] Bis in die kleinsten Kleinigkeiten, so belehrt das grosse Quellenwerk

Johannes Stricklers und Alfred Rufers, die «Actensammlung aus der Zeit der Helvetischen Republik», waren es Schweizer, die den vorgegebenen Rahmen ausfüllten und um die Ausgestaltung des neuen Staates stritten. Wer die mehr als tausend Flugschriften zur Hand nimmt, in denen nun erstmals öffentlich über die Gestaltung einer politischen Ordnung gestritten werden konnte, wird auf Schweizer Autoren treffen, die sich keineswegs widerwillig der Republik zur Verfügung stellten, sondern sie als Chance begriffen, Neues und Besseres zu schaffen. Durch sie wird die Helvetik zum Beschleuniger einer nach 1803 wieder gebremsten Modernisierung.[1589]

Die Helvetische Republik habe mit schweizerischen Traditionen gebrochen, so wird eingeworfen. Ja, das hat sie, wenn man allein jene mit dem Kopf konstruierte zentralistische Verfassung betrachtet. Nein, schweizerische Traditionen waren überaus lebendig, wenn man mehr als einen flüchtigen Blick darauf richtet, wie Schweizer bei der Einrichtung dieses Staatswesen Hand anlegten, regionale Besonderheiten berücksichtigten, wenn sie etwa das bis heute in der Schweiz existente Zweikammersystem schufen, sich über die Vertretung der kleinen Kantone Gedanken machten oder die Unterscheidung von Einwohner- und Bürgergemeinde erfanden. Und man sehe sich einmal die Volksfeste an, die die Helvetik zu etablieren versuchte. In ihnen waren in neuer Interpretation Traditionen von Schweizer Freiheit und Einigkeit lebendig, wie in den Jahrzehnten vor der Revolution bei den Trägern der alten Ordnung schon lange nicht mehr.

Die Helvetik stellt keinen Bruch mit der Schweizer Geschichte dar. Bewusst knüpfte sie an alte schweizerische Freiheitsrechte an. Erstmals sassen Vertreter jener Schweizer Bauern in den Parlamenten, denen die Revolution politische Gleichberechtigung beschert hatte.[1590] Erstmals lernte auch der einfache Bürger und Bauer, dass er mit gleichen Rechten und Pflichten seinen zwei Millionen Mitschweizern verbunden war.[1591] Mit der Helvetik war der einmal geträumte Traum von Freiheit und Gleichheit nicht mehr aus dem Bewusstsein der Bevölkerung zu bringen, und es war «die Erbschaft der Helvetischen Republik, die der Schweiz in der Mitte des 19. Jahrhunderts einen geradezu phänomenalen demokratischen Vorsprung vor den umliegenden Staaten geschenkt hatte».[1592] Ihr ist es zu verdanken, dass während der Restauration – viele Schweizer Regierungen bemühten sich, das Rad der Zeit zurückzudrehen – in einer Zeitung für einfache Leser ein zuversichtlich bessere Zeiten erwartendes Gedicht erscheinen konnte[1593]:

«Der Winter übet streng Zensur
Im großen Leben der Natur;
Das freie Keimen und Erblühen,
Er konnt' es alles überziehen
Mit weißem Leichentuch.
Doch was da schläft, das ist nicht todt;
Denn bald erwacht ein Morgenroth
Mit Frühlingshauch aus Wintersschrecken,
Der Freiheit junge Kraft zu wecken,
Im Schweizer Alpenthal.»

Anmerkungen

Einleitung

1   Peter Ochs Brief Nr. 7, Basel, April 1996, S. 1.
2   Urs Altermatt, Zu feiern wäre eine Erfolgsstory. In: Die Weltwoche, Nr. 23, 8. Juni 1995, S. 41.
3   Hilty, Vorlesungen 1878, S. 1f.
4   Siehe zu den Historikerurteilen über die Helvetik: Zbinden, Provokationen 1995, und Luminati, Geschichtsschreibung 1983.
5   Ich meine damit Schilderungen der schweizerischen Verhältnisse wie die folgende «Alles in allem herrschte eine gewisse Gleichheit. Das Herrenhaus war nur Akzent, es erdrückte weder Kirche noch Bauernhaus. Es gab keine Paläste neben den Hütten der Armen. Die Mitte dominierte als Resultat langer Friedenszeiten, einer landesväterlichen Regierungsart, einer fleißigen, rührigen und selbstbewußten Bevölkerung. Das Volksvermögen verteilte sich auf breite Schichten. Doch war auch richtige Armut vorhanden, besonders in Gebirgsgegenden, aber auch versteckt in den reichen Mittellanddörfern. [...] An sich war die Zahl der Armen und deren Lage nicht so, daß sie zu einem politischen Problem geworden wären.» Vgl. Im Hof, Ancien Régime 1977, S. 762f.

Kapitel 1

6   Johann Wolfgang Goethe, Reise in die Schweiz 1797, Berliner Ausgabe, Bd. 15, S. 426.
7   Wolfgang Griep hat an der Landesbibliothek Eutin eine Datenbank der Reisebeschreibungen aufgebaut, die solche quantitativen Aussagen ermöglicht.
8   Meiners, Reise 1791, I, S. IV.
9   Ein Musterbeispiel dafür bietet Ebel, Schilderung 1798/1802.
10   Meiners, Reise 1791, I, S. 1.
11   Siehe dazu: Ziehen, Friedrich der Große 1924.
12   Zahlreiche weitere Beispiele bei Ziehen, Schweizerbegeisterung 1922.
13   Dazu und zum englischen Schweizbild insgesamt siehe Ziehen, Philhelvetism 1925.
14   Zschokke, Selbstschau, S. 54. Vgl. unzählige weitere Belege bei: Ziehen, Schweizerbegeisterung 1922, und Ders., Philhelvetism 1925.
15   Zschokke, Selbstschau, S. 55, 61.
16   Zur Rezeption dieses Werkes: Siegert, Aufklärung und Volkslektüre 1978.
17   Noth- und Hülfs-Büchlein 1788, S. 266ff.
18   Zschokke, Selbstschau, S. 63.
19   Sklaverey 1797, S. 97.
20   Ebenda, S. 98.
21   Monatliche-Gespräch 1714, III, S. 13, 11f.
22   Helvetisches Volksblatt, Nr. 4, S. 59, 63.
23   Im Hof, Ancien Régime 1977, S. 762.
24   Das Stäfner Memorial von 1794. In: Memorial und Stäfner Handel 1995, S. 135.
25   Siehe zu den unterschiedlichen Zahlen: Schluchter, Bevölkerung 1988, sowie ASHR 11, S. 104ff.
26   Siehe zur Herausbildung aristokratischer Staatsformen: Peyer, Anfänge 1976, S. 1-28.

27 Geschichte der Schweiz und der Schweizer, Bd. 2, 1983, S. 138.
28 Diese und weitere Angaben zu den anderen eidgenössischen Orten bei: Walter, Soziologie 1966, S. 213.
29 Walter, Soziologie 1966, S. 21.
30 Diese und weitere Angaben zu den anderen eidgenössischen Orten bei: Walter, Soziologie 1966, S. 213.
31 Zimmermann, Verfassung 1983, S. 11.
32 Vgl. Nabholz, Schichtung 1934, und Guyer, Schichtung 1952.
33 Vgl. zur Verfassungsgeschichte Zürichs: v. Wartburg, Zürich 1956, sowie Kölz, Verfassungsgeschichte 1992.
34 Meiners, Reise 1791, I, S. 281.
35 Veiras, Heutelia 1969, S. 285.
36 Meiners, Reise 1791, I, S. 288. Siehe die schöne Beschreibung des alten Bern bei: Guggisberg, Fellenberg 1953, S. 240ff.
37 Meiners, Reise 1791, I, S. 296, 302, 310.
38 Veiras, Heutelia 1969, S. 285.
39 Dazu detailliert: Meiners, Reise 1791, I, S. 313f.
40 Wicki, Bevölkerung 1979, S. 5.
41 Ebenda, S. 7.
42 Bernet, Luzern 1993, S. 130.
43 Siehe Schärer, Olten 1979, S. 19.
44 Zum Solddienst mit Literatur zu den verschiedenen Orten und speziell für Zürich: Bührer, Solddienst 1977.
45 Oechsli, Geschichte 1903, S. 47.
46 Siehe Schärer, Olten 1979, S. 19.
47 Siehe beispielsweise: Veiras, Heutelia 1969, S. 400f.
48 Walter, Soziologie 1966, S. 227.
49 Siehe zu anderen Zahlenangaben, die aber am Prinzip der Aussage wenig ändern: Ebenda, S. 230ff.
50 Meyer von Knonau, Lebenserinnerungen 1883, S. 43.
51 Walter, Soziologie 1966, S. 229.
52 Ebenda, 1966, S. 234.
53 Meyer von Knonau, Lebenserinnerungen 1883, S. 31.
54 Siehe Widmer, Zürich 1979, S. 67.
55 Siehe dazu und zu weiterer Literatur: Braun, Ancien Régime 1984.
56 Siehe den zeitgenössischen Bericht bei: Meiners, Reise 1791, I, S. 218.
57 Ebenda, 1791, I, S. 223.
58 Schmidt, Schweizer Bauer 1932, Bd. 1, S. 17.
59 Vgl. die Auflistung dieser Ämter bei Ebenda, Bd. 2, S. 48f.
60 Ebenda, 1932, Bd. 1, S. 16.
61 Meiners, Reise 1791, I, S. 257f.
62 de Reynold, Wie sie denken 1917, S. 17.
63 Siehe zu den sich aus dieser Situation ergebenden Konflikten: Simon, Untertanenverhalten 1981, S. 50ff. Zu Basel insgesamt: Manz, Basler Landschaft 1991. Mit Posament ist der Besatz zum Verzieren von Kleidung, Polstermöbeln gemeint, z. B. Borte, Schnur.
64 Oechsli, Geschichte 1903, S. 42.
65 Schärer, Olten 1979, S. 20.
66 Siehe Büchi, Vorgeschichte 1925/1927.
67 Vgl. Meyer, Verfassungszustände 1921.
68 Schenkel, Grundlasten 1931, S. 8f.
69 Simon, Untertanenverhalten 1981, S. 26f.
70 Ebenda, S. 28.
71 Meiners, Reise 1791, I, S. 291.
72 Siehe Bosshard, Lebensgeschichte 1810, Th. 2.
73 Siehe die detaillierte Schilderung von Iris Ritzmann in: Memorial und Stäfner Handel 1995, S. 95ff.

74 Siehe zu dieser Einrichtung auf der Landschaft Zürich: Daniel Pünter in: Ebenda, S. 71ff. Ebenda, S. 112, die interessante Beobachtung von Iris Ritzmann: «In Stäfa begann sich zwar politischer und wirtschaftlicher Widerstand gegen die Regierung in Zürich zu regen, doch weder die Gedanken der Aufklärung noch antiklerikale Strömungen vermochten die althergebrachten Wertvorstellungen der Seegemeinde zu erschüttern."

75 Siehe für Basel: Simon, Untertanenverhalten 1981, S. 44; für Zürich: Böning/Siegert, Volksaufklärung 1990ff., Bd. 1, Anhang, sowie Ziegler, Sittenmandate 1978.

76 Siehe dazu die Untersuchung von Simon, Untertanenverhalten 1981.

77 Zum schweizerischen Bauernkrieg und weiterer Literatur siehe Mühlestein 1977.

78 Bürki, Wirtschaftslage 1937.

79 Afsprung, Reise 1784. Zit. nach dem von Thomas Höhle herausgegebenen Neudruck Leipzig 1990, S. 53.

80 Jakob Steinmüller, Rede an die Herren Land-Leute von Glarus, Glarus 1765, S. 18f. Zit. nach Stauffacher, Herrschaft 1989, S. 142.

81 Ebel, Schilderung 1798/1802 I, S. 442.

82 Ebenda, S. 300. Zu Afsprung siehe Höhle, Reisebeschreibungen 1991.

83 Ebenda.

84 Afsprung, Reise 1784. Zit. nach dem von Thomas Höhle herausgegebenen Neudruck Leipzig 1990, S. 40.

85 Meiners, Reise 1791, III, S. 118ff. Meiners gab seine insgesamt sehr abfälligen Urteile über Appenzell nach einem eineinhalbtägigen Aufenthalt in dem Land ab. Alle diese Urteile waren zuvor bereits von anderer Seite im «Journal von und für Deutschland» publiziert, woraus Meiners sie offenkundig exzerpiert hatte. Siehe dazu Ebel, Schilderung 1798/1802 I, S. 436f.

86 Ebenda, S. 314f.

87 Zur Literatur über die Landkantone und zur Landsgemeindedemokratie siehe besonders Stauffacher, Herrschaft 1989. Die klassische Darstellung der Landsgemeindedemokratie gibt Dierauer, Geschichte 1921.

88 Teilweise gab es das Stimmrecht auf Landsgemeinden schon mit vierzehn Jahren.

89 So beispielsweise in Glarus. Siehe Stauffacher, Herrschaft 1989, S. 56f.

90 Kälin, Magistratenfamilien 1991, S. 23.

91 Am Beispiel Uri zeigt dies Kälin, Magistratenfamilien 1991.

92 V.B. Tscharner an J.G. Zimmermann 1749. Zit. nach Stauffacher, Herrschaft 1989, S. 60.

93 Ebenda, S. 144.

94 Ebenda, S. 148f.

95 Für Uri zeigt dies eindrücklich Kälin, Magistratenfamilien 1991.

96 Weber, Wirtschaft und Gesellschaft 1922, S. 170. Erst durch den Aufstieg von erfolgreichen Kaufleuten und industriellen Unternehmern im frühen 19. Jahrhundert veränderte sich die Zusammensetzung der politischen Elite. Siehe zu Glarus: Stauffacher, Herrschaft 1989.

97 Stauffacher, Herrschaft 1989, S. 63f. Siehe dort auch zu den Versuchen, andere Wahlverfahren wie das Losen durchzusetzen und zu dessen Praktizierung in Glarus.

98 So Arnold, Uri 1984/85, S. 9f. und Stauffacher, Herrschaft 1989, S. 85f.

99 Siehe zu Uri: Kälin, Magistratenfamilien 1991, sowie insgesamt Stauffacher, Herrschaft 1989.

100 Oechsli, Geschichte 1903, S. 37. Zu unterscheiden ist zwischen Bei- und Hintersassen. Hintersassen waren Ausländer, deren Niederlassung wohl geduldet war, die aber kein aktives Bürgerrecht erhielten. Beisassen waren Landsleute, die nicht in der Gemeinde wohnten, in welcher sie Gemeindebürger waren. Beide waren von vielen politischen Rechten ausgeschlossen. Siehe Arnold, Uri und Ursern 1984/85, S. 11.

101 Für Uri siehe: Kälin, Magistratenfamilien 1991; für Schwyz: Ehrler, Trutmann 1964, S. 12.

102 Siehe dazu Beeler, Das Landammann-Amt 1914.

103 So Steinauer, Schwyz 1861, S. 10.

104 Vgl. Felder, Typologie 1976, S. 358.

105 Ebel, Schilderung 1798/1802 I, S. 32, 42ff.

106 Kälin, Magistratenfamilien 1991, S. 26.

107 Gotthold Ephraim Lessings sämtliche Schriften. Hrsg. von Karl Lachmann. 3. Aufl., Bd. 5, Stuttgart 1890, S. 104.

108 Siehe Felder, Typologie 1976, S. 373ff.

109 Ebenda, S. 354.

110 Ebenda, S. 353.

111 Siehe: Feller, Geschichte Berns 1955, Bd. 3, S. 447ff.; Dierauer, Geschichte 1921, S. 340ff. Aufschlussreich ist auch der infame, allein auf Gerüchten basierende Bericht des deutschen Hofrates und Reisenden Christoph Meiners. Siehe Meiners, Reise I, S. 265ff., wo der Bericht wie folgt beginnt: «Nie, glaube ich, hat es einen verächtlichern und unbesonnern Haufen von Verschwornen gegeben, als diejenigen waren, welche im Jahre 1749 in Bern bestraft wurden, und um welcher willen die Regierung in Bern in fremden Ländern, vorzüglich in Teutschland, auf das ungerechteste ist verläumdet worden.»

112 Die unvollständige Bittschrift in: Helvetia I, hrsg. von J.A. Balthasar, Zürich 1823, S. 401-448, das Zitat S. 423.

113 Gotthold Ephraim Lessings sämtliche Schriften. Hrsg. von Karl Lachmann. 3. Aufl., Bd. 5, Stuttgart 1890, S. 104.

114 Meiners, Reise I, S. 268. Ihn konnte, so heisst es, weder die Gnade des Rates noch die Heiligkeit seines Amtes gegen die allgemeine Abscheu schützen.

115 Ebenda, S. 269f. Weitere Mitverschworene erhielten lebenslängliche Haft, wurden verbannt oder, soweit sie geflohen waren, in Abwesenheit zum Tode verurteilt.

116 Ebenda, S. 270.

117 Siehe Erich Schmidt, Lessing. Geschichte seines Lebens und seiner Schriften. Bd. 1, 3. Aufl. Berlin 1909, S. 215.

118 Siehe Meiners, Reise I, S. 265ff. Danach wollten die Verschwornen nicht nur die Macht in der Stadt an sich reissen, um in den Genuss aller Besitztümer zu kommen, sondern zugleich auch die Stadt an allen Ecken anzünden und vernichten.

119 Lessing in der Erläuterung seines Fragments. In: Gotthold Ephraim Lessings sämtliche Schriften. Hsg. von Karl Lachmann. 3. Aufl., Bd. 5, Stuttgart 1890, S. 111. Henzi wurde von Historikern als eigennützig kritisiert. Siehe Feller, Geschichte der Schweiz 1938, S. 223ff.

120 Felder, Typologie 1976, S. 351.

121 Siehe dazu die Schrift: Der von J.C. Lavater glücklich besiegte Landvogt Grebel, Arnheim 1769.

122 Lindau 1762.

123 Siehe detailliert: Dierauer, Geschichte 1921, S. 349f., und Wernle, Protestantismus 1923-1925, Bd. 2, S. 297f.

124 Die Schrift ist abgedruckt bei Heinrich Morf, Vor hundert Jahren. Winterthur 1867 (=Neujahrsblatt der Hülfsgesellschaft Winterthur).

125 Der Müller-Handel ist detailliert behandelt bei Stadler, Pestalozzi 1988-1993, Bd. 1, S. 95ff.

126 So Felder, Typologie 1976, S. 383.»

127 Müller, Waser 1780, speziell die Einleitung Müllers S. 1ff.

128 Göttingen 1776-1782.

129 Briefwechsel Th. VI, H. 32. Detailliert und ohne die die Integrität Wasers in Zweifel ziehenden Unterstellungen, die in der Historiographie lange üblich waren, ist der Fall dargestellt bei Graber, Waser-Handel 1980. Dort auch die weitere Literatur.

130 Zu diesen Zahlen: Bickel, Bevölkerungsgeschichte 1947, S. 88ff.

131 Briefwechsel Th. VI, H. 31, S. 67. Auch zitiert bei Müller, Waser 1780, S. 16.

132 Eine Auseinandersetzung mit weiteren Veröffentlichungen erfolgt bei Ebenda, S. 19ff.

133 Graber, Waser-Handel 1980, S. 339.

134 Das Urteil bei Müller, Waser 1780, S. 9ff.

135 Überaus detailliert setzt sich mit den an den Haaren herbeigezogenen Begründungen und Vorwänden für das Todesurteil Müller, Waser 1780, auseinander.

308

136 Im Gegenteil. Siehe etwa: Anrede an die Kunst-Schüler, am Gerichtstag des gewesenen Pfarrer Wasers vom Herrn Professor Meister. Den 27sten May, 1780. In: Lavater, Briefe 1780, S. 22-31.

137 Die Schrift erschien anonym 1780.

138 J[ohann] C[aspar] Lavater, Wasers des unglücklichen Briefe an seine Verwandte, und einige sein Schicksal betreffende kleine Schriften nebst einer Predigt und Gebet über diesen Vorfall von Herrn Diacon J.C. Lavater. Schaffhausen 1780. Die Schrift ist teilweise identisch mit der anonymen in Berlin und Leipzig erschienenen. Auf S. 36 ist Waser Lavater ein «armer vor Gott höchst unwürdiger Sünder», dessen Bussfertigkeit er rühmt.

139 Frankfurt a.M. 1782. Diese Schrift rechtfertigt das Todesurteil.

140 Ebenda, S. 3.

141 Ebenda, S. 82f.

142 Ebenda, S. 86.

143 Ebenda, S. 101.

144 Felder, Typologie 1976, S. 355f. Dort z. d Auseinandersetzungen in Luzern u. Freiburg.

145 Ebenda, S. 379.

146 Siehe die ausführliche Schilderung bei: Dierauer, Geschichte 1921, S. 368ff.

147 Braun, Ancien Régime 1984, S. 278ff. Siehe zu dem Konflikt auch: Hugger, Chenaux-Handel 1973, sowie Brugger, Bauernaufstand 1890.

148 Zu den Eingriffen in die Volksfrömmigkeit - u.a. die Aufhebung eines Klosters: Hugger, Chenaux-Handel 1973, S. 325f.

149 Ebenda, S. 331.

150 So Ebenda, S. 332. Die Litanei in: Ebenda S. 331f.

151 Dierauer, Geschichte 1921, S. 374f. Mehr Bedauern findet sich in der Geschichtsschreibung zumeist darüber, dass durch diesen Vorfall ein strategisch wichtiges schweizerisches Gebiet von der Eidgenossenschaft abgelöst wurde.

152 Die verschiedenen Unruhen, Aufstände und Konflikte haben zahlreiche Darstellungen erfahren. So etwa durch Dierauer, Geschichte 1921. Systematisierend behandelt werden sie von Felder, Typologie 1976. 200 Jahre später wurde in Faido der «Märtyrer der Freiheit» gedacht. Zu dem Fest wurde auch die Urner Regierung eingeladen.

153 Siehe gerade auch zu den Unterschieden bei Motivierung und Organisation, Zielen und Erscheinungsformen der Revolten: Felder, Typologie 1976.

154 Becker, Ueber Wasern 1782, S. 96.

155 Siehe Bogel, Schweizer Zeitungen 1973.

156 Siehe Markus, Geschichte 1909.

157 Dazu und zum vorhergehenden Komplex vgl.: Im Hof, Ancien Régime 1977, S. 764f.

158 Lüthi, Zeitungswesen 1925.

159 Müller, Zensur 1904, S. 143.

160 Siehe die Auflistung der verbotenen Schriften bei: Müller, Zensur 1904, S. 196ff. Dort detailliert zur Praxis der bernischen Zensur.

161 Meiners, Reise 1791, I, S. XXVI.

162 Ebenda, S. 303f.

163 Wipf, Schaffhausen 1973, S. 141f. Zu Basel siehe Gysin, Zensur 1944.

164 Wipf, Schaffhausen 1973, S. 142f.

165 Baumann, Beitrag 1907, S. 14f. Dort insgesamt zu Presse und Zensur in Solothurn.

166 Zu Appenzell: Schläpfer, Pressegeschichte 1978; zu Glarus: Stauffacher, Herrschaft 1989, S. 179; zum Tessin: Burkhard, Tessiner Presse 1977.

167 Stauffacher, Herrschaft 1989, S. 179.

168 Brief vom 4.1.1781 an Iselin, in: Pestalozzi, Briefe, Bd. 3, S. 104.

169 Zahlreiche Beispiele dafür bei Brandes, «Gesellschaft der Maler» 1974, Anhang.

170 1725 gründet er die «Literarische Gesellschaft», 1727 die «Helvetische Gesellschaft», 1762 die «Historisch-politische Gesellschaft» und die «Helvetisch-vaterländische Gesellschaft zur Gerwi». Siehe im einzelnen: Erne, Sozietäten 1988.

171 Siehe das Kapitel zum Stäfner Handel.

172 Meiners, Reise 1791, I, S. XXXII.

173 Ebenda, S. XXVIIff.

Kapitel 2

174 Monatliche-Gespräch, 1723, S. 162ff.

175 Im Hof, Ancien Régime. 1977, S. 697ff.

176 Monatliche-Gespräch 1723, S. 185ff.

177 Ebenda, 1717, S. 79.

178 Siehe Dütsch, Tschudi 1943, insbesondere S. 192ff. Die Arbeit vermittelt nicht nur wichtige Anregungen, sondern ist auch eine wesentliche Hilfe bei der gezielten Lektüre der Zeitschrift.

179 Monatliche-Gespräch, 1723, S. 133 u. 165.

180 Ebenda, 1714, III, S. 13.

181 Ebenda, 1715, XV, S. 245f.

182 Ebenda, 1714, III, S. 19.

183 Ebenda, 1715, S. 255.

184 Ebenda, 1723, S. 137.

185 Ebenda, 1723, 187f. Hier heisst es: «Mit einem Wort die Schweitz ist ein Fleisch-Marckt/ allwo die Fürsten nicht allein Gelt/ sondern auch gute Worte geben müssen.»

186 Monatliche-Gespräch, Märzstück 1714, S. 15.

187 Discourse der Mahlern 1721-1723. Zu dieser Zeitschrift und weiterer Literatur: Brandes, «Gesellschaft der Maler» 1974.

188 Schwarber, Nationalbewußtsein 1922.

189 Zürich: Orell und Co. 1735-1741.

190 Zürich: Orell und Co. 1739.

191 Siehe Lang, Zeitschriften 1939.

192 Eine gewisse Ausnahme bildet hier Basel, wo die bedeutenden «Ephemeriden der Menschheit» Iselins erscheinen konnten.

193 Verhandlungen der Helvetischen Gesellschaft 1773, S. 104.

194 Zit. nach Im Hof, Öffentlichkeit 1983, S. 147.

195 Siehe zu den Gesellschaften: Erne, Sozietäten 1988. Hier auch weiterführende Literatur zu den einzelnen Vereinigungen.

196 Ein Beispiel ist die 1764 gegründete «Societas constans» in Zürich.

197 Siehe detailliert: Wernle, Protestantismus 1923-1925, Bd. 2, S. 160ff.

198 Bereits die Träger des gemeinnützig-ökonomischen Engagements in der Schweiz bezeichneten sich als Ökonomische Patrioten. Siehe zu dieser Bewegung vor allem: Schmidt, Schweizer Bauer 1932.

199 Schmidt, Schweizer Bauer 1932, Bd. 1, S. 109.

200 Siehe Böning, Zschokke 1983.

201 Vereinzelte gemeinnützig-ökonomische Bestrebungen und Bemühungen, volksaufklä-rerisch zu wirken, gab es bereits während der ersten Hälfte des 18. Jahrhunderts. Siehe dazu: Böning/Siegert, Volksaufklärung 1990ff., Bd. 1.

202 Benutzt wurde auch die Bezeichnung «Naturforschende Gesellschaft» und ab 1759 auch «Physikalisch-ökonomische Gesellschaft».

203 Siehe Abhandlungen der Naturforschenden Gesellschaft in Zürich. 3 Bde., Zürich 1761-1766. Einen Überblick über die Mitgliederstruktur bietet Erne, Sozietäten 1988, S. 135ff.

204 Zu diesem Hauptziel der Volksaufklärung auch in Deutschland: Böning/Siegert, Volksaufklärung 1990ff., Bd. 1 ff.

205 Hirzel, Wirthschaft 1761.

206 Zur praktischen Tätigkeit der Gesellschaft detailliert: Schmidt, Schweizer Bauer 1932.

207 Abhandlungen und Beobachtungen der ökonomischen Gesellschaft zu Bern. Jg. 1-14, Bern 1762-1773, Bd. 6, 3. St., S. 171.

208 Siehe zur Geschichte der Gesellschaft: Guggisberg/Wahlen, Kundige Aussaat 1958.

209 Betrachtungen über den Landbau, in: Abhandlungen und Beobachtungen der öko-nomischen Gesellschaft zu Bern, 1. St., 1760, S. VIIIf.

210 Ebenda, S. 39f.

211 Siehe Leo Altermatt, Die Ökonomische Gesellschaft in Solothurn 1761-1798. In: Jahrbuch für Solothurnische Geschichte 8 (1935) S. 83-163.

212 Siehe, wie für die anderen Gesellschaften auch: Erne, Sozietäten 1988, S. 311ff. In Genf wurde schon 1762/63 der Versuch unternommen, eine «Société économique» zu gründen.

213 Siehe dazu: Abhandlungen von der ökonomischen Gesellschaft in Basel herausgegeben. Bd. 1, St. 1-3, Basel 1796-1797.

214 Hier ist an erster Stelle zu nennen: Im Hof/de Capitani, Helvetische Gesellschaft 1983.

215 Erne, Sozietäten 1988, S. 16.

216 Emanuel Feer und Karl Friedrich Zimmermann aus Brugg sind hier zu nennen, der Aarauer Johann Georg Fisch, Johann Rudolf Suter aus Zofingen und Albrecht Rengger.

217 Zu den einzelnen genannten Mitgliedern und zur Mitgliederstruktur siehe de Capitani, Gesellschaft im Wandel 1983.

218 Zit. nach Im Hof, Öffentlichkeit 1983, S. 214.

219 Vgl. Schmidt, Schweizer Bauer 1932, Bd. 2, S. 63.

220 Vgl. zur Einführung in die vorrevolutionären Verhältnisse in der Schweiz neben der bereits genannten Literatur: Geschichte der Schweiz - und der Schweizer, Bd. 2, Basel 1983, wo sich auch die wichtige Forschungsliteratur befindet, sowie Ulrich Im Hof, Mythos Schweiz. Identität - Nation - Geschichte, 1291-1991, Zürich 1991.

221 So unter Berufung auf Friedrich Nicolai [Johann Kaspar Bundschuh]: Ueber die zu verbessernde Erziehung unserer Künstler und Handwerker, besonders in Rücksicht auf die in den Gesetzen ihnen vorgeschriebenen Wanderungen in die Fremde, Nürnberg 1788.

222 Verhandlungen der Helvetischen Gesellschaft, 1791, S. 31.

223 Dazu Schmidt, Schweizer Bauer 1932, Bd. 1, S. 179.

224 Siehe beispielsweise Tschudis Monatliche Gespräche 1717, V, S. 70ff.

225 Siehe Simon, Untertanenverhalten 1981, S. 47, sowie Teucher, Aufklärung 1935 und Ders., Hieronymus Christ 1938.

226 Zu Pestalozzis Roman siehe Böning/Siegert, Volksaufklärung 1990ff., Bd. 2.

227 Ulrich Bräker, Tagebuch einer Reise vom 18.9.-8.10.1793.

228 Bergier, Wirtschaftsgeschichte 1983, S. 167.

229 Ebenda, S. 171.

230 Ebenda, S. 177.

231 Ebenda, S. 186.

232 Schärer, Olten 1979, S. 23.

233 Zu Bräker siehe: Böning, Bräker 1985 und Chronik Ulrich Bräker 1985.

234 Ulrich Bräker, Tagebuch einer Reise vom 18.9.-8.10.1793.

235 Siehe, auch zur weiteren Literatur, Braun, Ancien Régime 1984. Vgl. auch Pfister, Protoindustrialisierung 1991.

236 Bergier, Wirtschaftsgeschichte 1983, S. 184ff.

Kapitel 3

237 Kreis, Weg zur Gegenwart 1986, S. 11.

238 Salomon v. Orellis Darstellung des Memorialhandels. In: Hunziker, Zeitgenössische Darstellungen 1897, S. 1-40, hier S. 12.

239 Zum Verhältnis Bräkers zur Französischen Revolution siehe Böning, Bräker 1985.

240 Politisches Journal, Hamburg 1789, Bd. 2, S. 1049.

241 Soboul, Französische Revolution 1983, S. 13f.

242 Ebenda, S. 31.

243 m Hof, Ancien Régime 1977, S. 765.

244 Zu den Wirkungen der Französischen Revolution siehe detailliert u.a. La Suisse 1989.

245 Wipf, Schaffhausen 1973, S. 143. Siehe zur Behinderung der Berichterstattung in Solothurn aber auch Baumann, Beitrag 1909, S. 23.

246 Salomon v. Orellis Darstellung des Memorialhandels. In: Hunziker, Zeitgenössische Darstellungen 1897, S. 1-40, hier 11f.

247 Fretz, Lesegesellschaft 1940, S. 170, Anm. 37.
248 Wipf, Schaffhausen 1973, S. 121.
249 Simon, Basler Landschaft 1982, S. 74.
250 So zitiert Manz, Basler Landschaft 1991, S. 21, den Rickenbacher Geschworenen Jakob Bitterlin.
251 Alle Beispiele wurden zusammengetragen von Simon, Basler Landschaft 1982, S. 76f.
252 1749-1823. Siehe zu ihm: Manz, Basler Landschaft 1991, S. 31.
253 Zu ihm Bosshard, Lebensbeschreibung, Th. 1, 1804, Th. 2, 1810.
254 1760-1832. Zu ihm Manz, Basler Landschaft 1991.
255 Wipf, Schaffhausen, S. 127.
256 Ebenda, S. 136ff. Siehe auch Fretz, Lesegesellschaft 1940, S. 54.
257 Verhör von Meinen Gnädigen Herren den Heimlichern gehalten mit Jakob Gemperle vom 21. Januar 1796 bei Müller, Reden und Lieder 1994/95, S. 66f. Der Hausierer verkaufte Broschüren über die Revolution auf der Alten Landschaft St. Gallen.
258 Mittler (Hrsg.), Schweiz 1982, S. 33.
259 Wipf, Schaffhausen 1973, S. 146.
260 Ebenda, S. 146f.
261 Wernle, Protestantismus 1923-1925, Bd. 3, S. 514.
262 Siehe dazu: Soboul, Französische Revolution 1983, S. 219ff.
263 Allerdings auch die Behausungen von Juden, die Kreditoren von Bauern waren. Siehe Kopp, Peter Ochs 1992, S. 62.
264 Guggenbühl, Usteri 1924, I, S. 39f.
265 Ebenda, S. 43.
266 Kopp, Peter Ochs 1992, S. 64.
267 Siehe Ebenda, S. 60ff.
268 Ebenda, S. 83.
269 Zu Rengger siehe: Flach, Rengger 1899, sowie Wydler, Rengger 1847.
270 Rufer, Salis-Seewis 1938, S. 9f.
271 Zum Verhältnis Pestalozzis zur Französischen Revolution siehe: Pestalozzi, Politische Schriften 1991, Rufer, Pestalozzi 1928, sowie vor allem Stadler, Pestalozzi 1988-1993.
272 Tobler, Protokoll 1903, S. 65f., 69.
273 Der Wortlaut des Sendschreibens bei Méautis, Le Club 1969, S. 234-243.
274 Tobler, Protokoll 1903, S. 65f., 78.
275 Es wäre weit übertrieben, wollte man wie Tobler, Protokoll 1903, S. 65f., 85, in diesem Klub den eigentlichen Urheber der späteren französischen Invasion der Eidgenossenschaft erblicken.

Kapitel 4

276 National-Zeitung der Teutschen, Jg. 1799, 13. St., Sp. 278.
277 5. Auflage, Zürich 1788, S. 30.
278 Siehe dazu: Chronik Ulrich Bräker 1985 und Böning, Bräker 1985.
279 Siehe zu den Ereignissen detailliert: Wipf, Hallauer Unruhen 1971.
280 Ebenda.
281 Siehe die Schilderung bei: Spahr, Studien 1963.
282 Eine Schilderung aus Berner Sicht bei: v. Mutach, Revolutions-Geschichte 1934, S. 19f.
283 Ebenda, S. 20.
284 Zu Laharpe siehe: Boehtlingk, Laharpe 1925, sowie Correspondance 1982-1985.
285 Simon, Basler Landschaft 1982, S. 82. Siehe auch: Kopp, Peter Ochs 1992, S. 66, sowie Ochs, Geschichte, Bd. 8, und v. Wartburg, Aufhebung 1992.
286 Es blieb vor allem der Abzug erhalten, der beim Todesfall zu entrichten war. Dazu im einzelnen: Manz, Basler Landschaft 1991, S. 18f.
287 Zu den Vorgängen und Zitaten: Simon, Basler Landschaft 1982, S. 84, sowie Manz, Basler Landschaft 1991, S. 18ff.

288   Die Missstände werden in allen Details geschildet von Zschokke, Denkwürdigkeiten, Th. 1, 1803.

289   Siehe Böning, Zschokke 1983, S. 39ff.

290   Vgl. die Schilderung der Ereignisse bei: Büchi, Vorgeschichte 1925/1927, Bd. 2, S. 269ff.; Rufer, Salis-Seewis 1938.

291   Der Alpenboth, 13. St. vom 23.9.1794.

292   Im Hof, Ancien Régime 1977, S. 770.

293   La Suisse 1989, S. 118ff., sowie Peter, Genève 1921.

294   Peter, Genève 1921.

295   Ebenda. Siehe dazu die detaillierte zeitgenössische Schilderung: Briefe über die Revoluzionen in Genf, an Friedrich Matthisson. In: Deutsches Magazin, Bd. 14, Altona 1797, S. 350-370.

296   Siehe die Schilderung bei: Ulrich Bräker, Tagebuch vom Dezember 1795.

297   Dazu Wernle, Protestantismus 1923-1925, Bd. 3, S. 539ff.

298   Ebenda, S. 540f.

299   Heinrich Pestalozzi, Über den Zustand und Lage des zürcherischen Landvolks und des Magistrats - seine daher resultirenden Beschwerden etc. und das Benehmen des leztern. In: Ders., Sämtliche Werke, Bd. 10, S. 276.

300   Hollenstein, Ereignisse 1994/95, S. 11f., sowie Thürer, St. Galler Geschichte 1953/1972, 2,1, S. 94.

301   Ein weiterer Punkt war die umstrittene Offizierswahl für das äbtische Truppen-kontingent, das sich in Basel an der eidgenössischen Grenzsicherung beteiligen sollte. Der Fürstabt von St. Gallen hatte nach Zürich, Bern und Luzern mit 1 000 Mann den grössten Zuzug zu stellen, um im Ersten Koalitionskrieg Basel Schutz zu bieten, doch rückten die Truppen schliesslich nur in Kompaniestärke zum Grenzschutz.

302   Ulrich Bräker, Tagebuch vom Juni 1795.

303   Siehe zum Ablauf der Bewegung neben den Genannten: Meier, Vorster 1954; Baumgartner, Geschichte 1868; Vogler, Fürstabtei St. Gallen 1990.

304   Hollenstein, Ereignisse 1994/95, S. 11.

305   Ebenda.

306   Diese Notiz bezieht sich zwar auf Unruhen im Toggenburg im Jahre 1794, doch bestimmte diese Haltung das Vorgehen des Fürstabtes auch schon zuvor. Zit. nach Ebenda, S. 13.

307   Vgl. die Darstellung der Ereignisse bei: Hollenstein, Ereignisse 1994/95 sowie Thürer, St. Galler Geschichte 1953/1972, 2,1, S. 94ff.

308   Siehe Kaiser, Wiler Klaglibell 1994/95, wo die Ereignisse im Wiler Amt einschliesslich eines Klaglibells gegen die Revolutionäre detailliert beschrieben sind.

309   Ehrerbietige Vorstellungen 1795. Die Schrift erlebte drei Auflagen.

310   Briefe Johannes Künzles vom 11. Oktober an den St. Galler Benediktiner Hofrat Blasius Müller und vom 13. Oktober 1795 an Karl Müller-Friedberg. Zit. bei Bischof, Künzle 1994/95, S. 52f.

311   Zitiert nach Hollenstein, Ereignisse 1994/95, S. 14.

312   Vortrag und Schluß-Rede des Herrn Major Küenzle von Gossau, an der gehaltenen Lands-Gemeinde den 23ten Wintermonath 1795. Samt dero Beschlüssen, 1795. Zitiert nach Göldi, «Erfreue dich...» 1994/95, S. 84. Dort auch verschiedene Berichte über die Landsgemeinde, denen hier gefolgt wird.

313   Zu Gschwend siehe Boesch, Gschwend 1948.

314   Siehe den Bericht Peter Scheitlins, der als Sechzehnjähriger Augenzeuge der Landsgemeinde war, bei Fässler, Scheitlin 1929, S. 32-35.

315   Kaiser, Wiler Klaglibell 1994/95, S. 37.

316   Fässler, Scheitlin 1929, S. 34.

317   Dieses Bild bei Robert Grimm, Geschichte der Schweiz. Zürich 1976, S. 266.

318   Bischof, Künzle 1994/95, S. 54.

319   Zur Biographie Künzles siehe: Kuenzli, Geschichte 1804; Dierauer, Künzle 1902; Staerkle 1961 und Bischof, Künzle 1994/95, S. 47ff.

320 Siehe beispielsweise das Faksimile eines Briefes an den stift-st.-gallischen Hofrat P. Blasius Müller vom 11. Oktober 1795. Abgebildet bei Bischof, Künzle 1994/95, S. 50f.

321 So seine Tochter in: Kuenzli, Geschichte 1804. Zit. nach Bischof, Künzle 1994/95, S. 49. Zu Müller-Friedberg siehe: Dierauer, Müller-Friedberg 1884, und Kind, Müller Friedberg 1930.

322 Thürer, St. Galler Geschichte 1953/1972, 2, 1, S. 94.

323 So Kind, Müller-Friedberg 1930, S. 504.

324 Dierauer, Müller-Friedberg 1884, S. 63.

325 Herabsetzende Würdigungen Künzles sind häufig. Siehe beispielsweise Kind, Müller-Friedberg 1930, S. 504.

326 Brief Karl Müller-Friedbergs an Johannes von Müller vom 10. Dezember 1795, in: Maurer-Constant (Hrsg.), Briefe an Johannes von Müller. Bd. 5: Zu Johannes von Müllers sämmtlichen Werken. Supplement. Schaffhausen 1840, S. 171-176, hier 172.

327 Nachruf Karl Müller-Friedbergs auf Johannes Künzle, in: Der Erzähler, Jg. 1820, Nr. 45, S. 223. Zit. nach Bischof, Künzle 1994/95, S. 58.

328 Zur Verhaftung eines der Kolporteure entsprechender Flugschriften siehe den Brief von P. Sigisbert von Arx vom 6. Januar 1796, bei: Müller, Reden und Lieder 1994/95, S. 62.

329 Das Klaglibell ist eine interessante Quelle für die Argumentation der gegenrevolutionären Kräfte. Zitiert nach Kaiser, Wiler Klaglibell 1994/95, S. 41.

330 Vortrag und Schluß-Rede des Herrn Major Küenzle von Gossau, an der gehaltenen Lands-Gemeinde den 23ten Wintermonath 1795. Samt dero Beschlüssen, 1795. Zitiert nach Göldi, «Erfreue dich...» 1994/95, S. 86.

331 Die Flugschrift hat den Titel: An Beda, Fürst und Abt zu St. Gallen und sein Volk, die Männer der alten Landschaft. Über die grosse Landsgemeinde zu Gossau, gehalten den 23. Wintermonat 1795.

332 Pestalozzi, Note über die Natur der im Zürichgebieth sich äußernden Volksbewegung. In: Ders., Sämtliche Werke, Bd. 10, S. 285.

333 Ulrich Bräker, Tagebuch vom 26. Juli 1795.

334 Zuletzt in der schönen Festschrift: Memorial und Stäfner Handel 1995. Dort auch weitere Literatur zu den Ereignissen.

335 Heinrich Pestalozzi, Über den Zustand und Lage des zürcherischen Landvolks und des Magistrats - seine daher resultirenden Beschwerden etc. und das Benehmen des leztern. In: Ders., Sämtliche Werke, Bd. 10, S. 272. Siehe auch die Schilderung bei Bosshard, Lebensbeschreibung, Th. 2, 1810, S. 44f.

336 Siehe zur Wädenswiler Gesellschaft: Fretz, Lesegesellschaft 1940; zu den anderen Gesellschaften: v. Wartburg, Zürich 1956.

337 Fretz, Lesegesellschaft 1940, S. 199, musste Zschokkes «Wallfahrt nach Paris» nach Exzerpten zitieren. In die Lesegesellschaften hatte das Werk zwar Eingang gefunden, nicht aber in die Stadtbibliothek.

338 Salomon v. Orellis Darstellung des Memorialhandels. In: Hunziker, Zeitgenössische Darstellungen 1897, S. 1-40, hier 11f.

339 Heinrich Pestalozzi, Note über die Natur der im Zürichgebieth sich äußernden Volksbewegung. In: Ders., Sämtliche Werke, Bd. 10, S. 281.

340 Johann Kaspar Pfenninger wurde 1760 als 13. Kind des Säckelmeisters Jakob Pfenninger in Stäfa geboren und begann bereits als Elfjähriger eine Lehre bei dem Chirurgus Kunz in Grüningen. Ab 1782 war er patentierter Wundarzt und Geburtshelfer. Er heiratete die wohlhabende Müllerstochter Anna Elisabeth Schulthess. In den achtziger Jahren begann er einen florierenden Grundstückshandel und publizierte medizinische Beobachtungen. Auch er wurde auf sechs Jahre verbannt. Nicht zuletzt auf Druck Frankreichs wurde er Anfang 1798 amnestiert, um dann während der Helvetik hohe politische Ämter auszuüben.

341 Der gerade dreissigjährige Hauptverfasser hat eine sehr interessante Bildungsbiographie. 1764 als Sohn eines Ofenbauers in Ötikon geboren, ergriff auch er selbst den Beruf des Hafners und erwarb sich autodidaktisch eine aussergewöhnliche Bildung. Er las schon früh Herder, Kleist, Haller, Gellert, Gessner,

Winckelmann, Theokrit oder Moses Mendelssohn und verfasste zahlreiche Aufsätze, Gedichte und Aphorismen. Als ländlicher Handwerker mit aussergewöhnlichen geistigen Interessen fand er bei gebildeten Zürchern zwar Aufmerksamkeit, fühlte sich aber gönnerhaft-herablassend behandelt und machte die Erfahrung, dass seine Liebe zu einer Stadtzürcherin keine Aussicht auf Erfüllung hatte. Nehracher gehörte zu den wegen des Memorials Verbannten. Er lebte in Jebsheim im Elsass, war zeitweise als Schulmeister tätig und bereitete seine Tagebücher zur Veröffentlichung vor. Er litt sehr unter der Verbannung und starb im Januar 1797 im Alter von 32 Jahren an Lungentuberkulose oder an Heimweh, wie es auf der Erinnerungstafel steht, die später an seinem Stäfner Wohnhaus angebracht wurde. Über ihn berichtet: Hinterlassene Schriften des Volks- und Vaterlandsfreundes H. Nehracher von Stäfa, mit vorangehender Beschreibung von dessen Leben, herausg. von J. J. Leuthy, Zürich 1839.

342 Siehe detailliert: v. Wartburg, Zürich 1956, S. 200ff.

343 Siehe detailliert: Memorial und Stäfner Handel 1995, S. 225ff., sowie Brändli, Ämtlerhandel 1995. Beteiligt waren unter anderem der Müller Johannes Frick aus Rifferswil, Johannes Frick von Unter-Rifferswil, der Chirurgus Näf und Heinrich Frick von Maschwanden. Später stiessen auch der Arzt Heinrich Frick aus Maschwanden hinzu sowie der Wirt Hegetschweiler aus Ottenbach.

344 Zum Verhalten der linksufrigen Gemeinden am Zürichsee im Stäfner Handel siehe den Beitrag von Peter Ziegler in: Memorial und Stäfner Handel 1995, S. 207ff.

345 v. Wartburg, Zürich 1956, S. 200.

346 Siehe Gagliardi, Waldmann 1912.

347 Zuletzt abgedruckt in: Memorial und Stäfner Handel 1995, S. 127-138. Ebenfalls bei Hunziker, Zeitgenössische Darstellungen 1897, S. 231-249. Dort auch Dokumente zur Geschichte des Memorials, über die in Umlauf gebrachten Auszüge des Memorials und Teile der Finalverhöre mit Pfenninger, Nehracher, Stapfer, Ryffel, Staub und Morf.

348 Das Stäfner Memorial von 1794. In: Memorial und Stäfner Handel 1995, S. 127.

349 Ebenda.

350 Ebenda, S. 128.

351 Ebenda.

352 Ebenda, S. 129.

353 Ebenda, S. 129f.

354 Bosshard, Lebensbeschreibung, Th. 2, 1810, S. 43f.

355 Siehe dazu Salomon v. Orellis Darstellung des Memorialhandels. In: Hunziker: Zeitgenössische Darstellungen 1897, S. 1-40, hier 12f.

356 Das Stäfner Memorial von 1794. In: Memorial und Stäfner Handel 1995, S. 131.

357 Ebenda, S. 131f.

358 Ebenda, S. 132f.

359 Ebenda, S. 135.

360 Ebenda, S. 137.

361 Fässler, Scheitlin 1929, S. 32.

362 Das repräsentative Werk der schweizerischen Geschichtsschreibung bezeichnet das Vorgehen der Zürcher Seebevölkerung als «an sich harmlose Bewegung», die von der Obrigkeit jedoch «als revolutionärer Akt ausgelegt» worden sei, «obwohl sie gewerblich-konservativ von den alten Privilegien ausging». Im Hof, Ancien Régime 1977, S. 772.

363 Das Stäfner Memorial von 1794. In: Memorial und Stäfner Handel 1995, S. 137.

364 Ich folge weitgehend dem Geschehensablauf, wie er sich durch Hunziker, Zeitgenössische Darstellungen 1897 und durch die Beiträge und Schilderungen in: Memorial und Stäfner Handel 1995 darstellt. Am wichtigsten jedoch ist die detaillierte Darstellung und Analyse der Vorgänge bei v. Wartburg, Zürich 1956, S. 207ff.

365 Heinrich Pestalozzi, Note über die Natur der im Zürichgebieth sich äußernden Volksbewegung. In: Ders., Sämtliche Werke, Bd. 10, S. 286.

366 Zit. nach v. Wartburg, Zürich 1956, S. 222.

367 Er hatte die typische Laufbahn eines Zürcher Aristokraten hinter sich. 1766 war er Sekretär der Zürcher Abgeordneten nach Genf, 1768 Unterschreiber, 1771-1778 Landvogt in Kyburg, 1778 Ratsherr des Geheimen Rats, 1781 Gesandter Zürichs nach Genf, 1783 Seckelmeister und 1785 Gesandter Zürichs nach Frauenfeld.

368 Zu den Konflikten, die durch den Stäfner Handel zwischen den eidgenössischen Orten und zwischen Zürich und Bünden ausgelöst wurden, siehe den Beitrag von Meinrad Suter in: Memorial und Stäfner Handel 1995, S. 191ff. Siehe auch Laube, Balthasar 1956, S. 125ff.

369 Memorial und Stäfner Handel 1995, S. 220.

370 Heinrich Pestalozzi, Zur Abwendung der Gefahr. In: Ders., Sämtliche Werke, Bd. 10, S. 293.

371 Der Text dieser Proklamation ist abgedruckt in: Proclamation den 19ten Julius 1795. Von allen Canzeln des Cantons Zürch verlesen. In: Der Genius der Zeit, Altona 1795, Septemberstück, S. 109-122, hier 117. Der Text ist der Zeitschrift vermutlich von Paul Usteri eingesandt worden. Die Proklamation findet sich ebenfalls abgedruckt bei Hunziker: Zeitgenössische Darstellungen 1897, S. 308-311. Zum Kappeler Brief hiess es in der Proklamation lapidar, «daß derselbe eigentlich nur auf die damaligen Zeiten, Personen und Umstände gerichtet war».

372 Proclamation den 19ten Julius 1795. Von allen Canzeln des Cantons Zürch verlesen. In: Der Genius der Zeit, Altona 1795, Septemberstück, S. 109-122, hier 117f.

373 Ebenda, S. 121.

374 Siehe das Urteil über die sechs Hauptangeklagten nach dem Originalplakat bei Hunziker, Zeitgenössische Darstellungen 1897, S. 314-318.

375 Siehe Ebenda.

376 Rede 1795, S. 5.

377 Siehe dazu ausführlich bei: v. Wartburg, Zürich 1956 und den Beitrag von René Zeller in: Memorial und Stäfner Handel 1995, S. 247ff.

378 Eintracht im Schweizerland. In: Hoch-Obrigkeitlich bewilligtes Donnstags-Blatt, No. 1 vom 1. Januar 1795.

379 Geschichte 1798.

380 Verfasser laut Katalog der Zentralbibliothek in Zürich, wo sich die Schrift unter der Signatur XXXI.233/20 findet.

381 Aufmunterung 1795, S. 3f.

382 Ebenda, S. 11f.

383 Ebenda, S. 14f.

384 Siehe zu den Lebensdaten und zu den sonstigen gegenrevolutionären Schriften Armbrusters Deutsches Biographisches Archiv.

385 Rede 1795, S. 5. Von der Schrift existieren ausserdem ein Nachdruck, eine «Beylage zur Rede des alten Gutmanns enthaltend die Antwort seiner Gemeindsgenossen. Im Herbstmonat 1795», o.O.: o.V. und eine Fortsetzung «Zweyte Rede des alten Gutmanns im Dorfe N.N. An seine lieben Mitlandleute, als die Unruhen gestillt und die Häupter derselben gestraft waren. o.O.: o.V. Alle Schriften in der UB Basel: Falk.2985.No.1, VB.K.273.No.4a, Hist.Ges.b.191.a.No.2u.3, Ki.Ar.G.11.No.7 sowie noch ein Zeitschriftenabdruck unter VB.K.278.No.8.

386 Johann Heinrich Rahn. Neujahrsblatt der Gesellschaft von der ehemaligen Chorherren-stube auf das Jahr 1836, S. 8.

387 Wyss, Handbuch 1796 (Vorrede unterzeichnet: David Wyss [d.J.]). Mehrere Exemplare in der ZB Zürich: IV GG 830. - 36.766.

388 Ebenda, S. 6.

389 Siehe die detaillierten Schilderungen bei v. Wartburg, Zürich 1956, S. 365ff.

390 Brief 1795. Die Schrift erschien ohne Druckort und Verfasser. Ein Exemplar in der UB Basel: Falk.2985.No.2.

391 Sklaverey 1797, S. 77. Niederschlag fanden die Ereignisse in: Nachricht von den neuesten Unruhen im Kanton Zürich. In: Berlinische Monatsschrift. (1796) 27. Bd. S. 119-180 sowie in: Meyer v. Knonau, H.K., Huldigungs-Rede zu Regenstorf, gehalten den 26. Junius 1796. In: Neues Schweitzerisches Museum. (1796) 3. Jg. S. 128-141. Vgl. ansonsten v. Wartburg, Zürich 1956.

392   Sklaverey 1797, S. 96. Weiter heisst es S. 95f.: «Wenn freylich der Rath der Stadt Zürich, nachdem er seinen Trotz in vollem Maaße geäusert, den Kürzern gezogen hätte, wenn die übrigen Gemeinden, welches anfänglich leicht zu besorgen war, zu der Parthey der Unruhigen getreten wären: So wäre wohl mancher Hans Waldmann in Verlegenheit wegen seines Kopfes gewesen, und hätte ein Experiment an sich erfahren können, das er dem ehrlichen Jakob Bodmer zugedacht hatte. Die Stadt Zürich hätte ihre tyrannischen Anmaßungen auf die Fabriken der Landleute aufgeben müssen; jeder Mann von Kopf, und wenn es auch der Hirtensohn von Stäfa wäre, hätte das Recht erlangt, sich durch Geschicklichkeit und Talente zu einem höhern Stande zu qualifiziren, und die ersten Rechte der Menschheit, Freyheit, Gleichheit, Sicherheit und Eigenthum wären wieder auf den Thron gesetzt worden.»

393   Guggenbühl, Usteri 1924, I, S. 60.

394   Siehe detailliert: Büchi, Vorgeschichte 1925/1927, Bd. 1, S. 285ff.

Kapital 5

395   Brief Ebels an J.H. Füssli in Zürich vom 25.11.1797. In: ASHR 1, S. 51ff.

396   Brief Johannes Müllers an J.K. Fäsi in Zürich vom 10.12.1797. In: Strickler, Die alte Schweiz 1899, S. 126.

397   Zschokke, Denkwürdigkeiten 1803-1805.

398   Zit. nach Wipf, Schaffhausen 1973, S. 115.

399   Hilty, Vorlesungen 1878, S. 112.

400   Vgl. die anschauliche Schilderung bei: Guggisberg, Fellenberg 1953, S. 316ff.

401   Zit. nach Guggisberg, Fellenberg 1953, S. 320.

402   Zu seinen Briefpartnern in der Schweiz u.a. Guggisberg, Fellenberg 1953, S. 322f.

403   Abdruck des Briefes in: ASHR 1, S. 40f.

404   So die einleitende Charakterisierung beim Abdruck dieser Briefe im «Schweizerischen Republikaner» im Juli 1799. Weiter heisst es, die Freunde, an die diese Briefe gerichtet gewesen seien, hätten seinerzeit nicht versäumt, «ihren ganzen Inhalt den Männern, welche an der Spitze der schweizerischen Regierungen stunden, ans Herz zu legen und sie zu beschwören»: «Aber vergeblich». Abdruck in: ASHR 1, S. 46.

405   Brief Ebels an J.H. Füssli in Zürich vom 1.11.1797. In: ASHR 1, S. 46f. Hier anlässlich der Entsendung lediglich eines Berner Gesandten nach Frankreich.

406   Ebenda.

407   Brief Ebels an J.H. Füssli in Zürich vom 9.11.1797. In: ASHR 1, S. 49f.

408   So beispielsweise in Briefen Ebels an J.H. Füssli in Zürich vom 11.11., vom 25.1. oder vom 29.11.1797. In: ASHR 1, S. 50ff.

409   Brief Ebels an J.H. Füssli in Zürich vom 29.11.1797. In: ASHR 1, S. 54. Man rufe Ochs nach Paris, so schreibt Ebel, «weil man siehet, dass es unmöglich wäre, die gewünschten Stellvertreter des Volkes zu erhalten, und weil man glaubt, Herr Ochs könne sie am besten ersetzen». Brief Ebels an J.H. Füssli in Zürich vom 29.11.1797. In: ASHR 1, S. 54.

410   Siehe Guggisberg, Fellenberg 1953, S. 319ff.

411   Gemeint ist der Sturz des gemässigten Direktoriums in Frankreich in der Nacht vom 3. auf den 4. September 1797, dem neben anderen der der Schweiz wohlgesinnte frühere Gesandte bei der Eidgenossenschaft, Barthélemy, zum Opfer fiel. Bonaparte gewann nun freie Hand für seinen Umgang mit den Nachbarländern.

412   Brief Ebels an Paul Usteri in Zürich vom 17.12.1797. In: ASHR 1, S. 58f. Der Brief, von dem Ebel hier berichtet, wurde vermutlich an Franz Bernhard Meyer von Schauensee geschrieben, der als Präsident der Helvetischen Gesellschaft unter den Reformfreunden in der Schweiz bekannt war.

413   Brief Johannes Müllers an J.K. Fäsi in Zürich vom 15.12.1797. In: Strickler, Die alte Schweiz 1899, S. 128.

414   Instruction für Landammann Alois Weber und a.LA. Joseph Meinrad Schuler, zu der ausserordentlichen Tagleistung in Aarau vom 23.12.1797. In: ASHR 1, S. 118.

415   ASHR 1, S. 123f., hier 124.

416   Schreiben Solothurns an Schwyz. In: ASHR 1, S. 121.

317

417 Revolutions-Almanach 1799, S. 68.

418 Siehe das Schreiben von Glarus an Zürich vom 9.1.1798. In: ASHR 1, S. 123f., hier 124.

419 Basel an die Tagsatzung in Aarau vom 22. Januar 1798. In: ASHR 1, S. 125.

420 ASHR 1, S. 245.

421 Brief an seinen Sohn im Juli 1798. In: Burckhardt-Biedermann, Staatsumwälzung 1888, S. 188.

422 Matthias Manz hat diese Hausbibel entdeckt; seiner vorzüglichen, die Ereignisse auf der Landschaft umfassend darstellenden Arbeit über die Basler Revolution habe ich dankbar das Zitat entnommen. Siehe Manz, Basler Landschaft 1991, S. 81.

423 Zum Ablauf der wichtigsten politischen Ereignisse Steiner, Befreiung 1932 sowie Manz, Basler Landschaft 1991.

424 So Simon, Basler Landschaft 1982, S. 92.

425 Burckhardt-Biedermann, Staatsumwälzung 1888, S. 192. Peter Ochs hingegen berichtet: «der Anzug wurde mit einem solchen stürmischen Unwillen angehört, dass einige Führer der Mehrheit eher rasende Wahnsinnige als Rathgeber einer gesetzgebenden Versammlung darstellten».

426 Manz, Basler Landschaft 1991, S. 25f., verzeichnet die Mitglieder und ihre späteren Funktionen.

427 Zit. nach Manz, Basler Landschaft 1991, S. 26.

428 So sowohl Burckhardt-Biedermann, Staatsumwälzung 1888 als auch Manz, Basler Landschaft 1991.

429 Burckhardt-Biedermann, Staatsumwälzung 1888, S. 194f., schreibt: «zu meinem Verdruss und Kummer auch unser Lukas», womit der Sohn des Autors, Johann Lukas Burckhardt, gemeint ist.

430 Sie sind namentlich und mit ihren Funktionen während der Helvetik aufgeführt bei Manz, Basler Landschaft 1991, S. 28f.

431 Siehe die Schilderung bei Burckhardt-Biedermann, Staatsumwälzung 1888, S. 194f.

432 So Manz, Basler Landschaft 1991, S. 27.

433 Abdruck der Forderungen bei Manz, Basler Landschaft 1991, Anhang 2, S. 535.

434 Manz, Basler Landschaft 1991, S. 32. Zu Recht meint Manz, dass der Forderungskatalog ein Beispiel für die Rezeption des revolutionären Gedankengutes unter ungebildeten Landleuten wie auch für die Versprechungen der städtischen Patrioten zur Gewinnung der Landbevölkerung sei.

435 Ebenda, S. 29ff.

436 Siehe zur Chronologie der Basler Revolution: Manz, Basler Landschaft 1991, Anhang 1, S. 531ff.; Burckhardt-Biedermann, Staatsumwälzung 1888; Steiner, Befreiung 1932; Ochs, Geschichte, Bd. 8, 1822.

437 Simon, Basler Landschaft 1982, S. 88.

438 Burckhardt-Biedermann, Staatsumwälzung 1888, S. 196.

439 Siehe detailliert Manz, Basler Landschaft 1991, S. 46f.

440 Zu Legrand siehe Buser, Legrand 1900.

441 Unterzeichnet ist die Erklärung vom 13. Januar von Bürgern Liestals und Seltispers. Abgedruckt bei Manz, Basler Landschaft 1991, Anhang 3, S. 537. Dass die Erklärung Eindruck machte, zeigt die Schilderung bei Burckhardt-Biedermann, Staatsumwälzung 1888, S. 196. Siehe dazu die «Publication von Bürgermeister, kleinen und großen Räthen des eidsgenössischen Freistandes Basel» vom 20. Januar 1798. In: ASHR 1, S. 368.

442 Manz, Basler Landschaft 1991, S. 48f.

443 Matthias Manz zeigt, wie sehr die vier Forderungen, die ganz auf der politischen und staatsrechtlichen Ebene angesiedelt sind, sich von allen Forderungskatalogen unterschieden, die in den Jahren zuvor auf dem Land erhoben worden waren und die durchweg auf materielle Besserstellung und alte Rechte abhoben.

444 Die Vorstellungen einer Revolution von oben wurden beispielhaft von Peter Ochs vertreten. Siehe ausführlich: Kopp, Peter Ochs 1992.

445 Diese Hilfe hatte, wie Manz betont, nicht nur den Zweck, eine Zersplitterung auf unterschiedliche materielle Forderungen zu verhindern, «mit denen kein (neuer) Staat

zu machen war, sondern zugleich gelang es so, die Kontrolle über die Forderungen des Landes zu erlangen.

446 Siehe dazu den Bericht Wilhelm Hochs in Steiner, Zeitgenössischer Bericht 1951, S. 98.

447 Acten 1898, Nr.12 vom 9.1.1798.

448 ASHR 1, S. 367.

449 Burckhardt-Biedermann, Staatsumwälzung 1888, S. 197.

450 Steiner, Zeitgenössischer Bericht 1951, S. 98f.

451 Französische Festungsbesatzung.

452 ASHR 1, S. 368.

453 Siehe zu den möglichen Brandstiftern: Manz, Basler Landschaft 1991, S. 55ff.

454 Burckhardt-Biedermann, Staatsumwälzung 1888, S. 201.

455 Steiner, Zeitgenössischer Bericht 1951, S. 99. Burckhardt-Biedermann, Staatsumwälzung 1888, S. 197, berichtet sogar von einer 4 000 Mann umfassenden Landmiliz.

456 Ebenda, S. 197f.

457 Ebenda, S. 198.

458 Manz, Basler Landschaft 1991, S. 60.

459 Ebenda, 1888, S. 199.

460 Steiner, Befreiung 1932, S. 100.

461 ASHR 1, S. 368.

462 Manz, Basler Landschaft 1991, S. 74, berichtet über den «furiosen Reaktionär» Emanuel Burckhardt, der die jungen Mädchen als Huren bezeichnete.

463 Burckhardt-Biedermann, Die Staatsumwälzung 1888, S. 200, wo es im Anschluss an diesen Bericht lautet: «Und nun, heisst es, haben die Franzosen eine Freude an uns, weil wir das altfränkische Kleid ablegen und das neufränkische anziehen. Noch heisst es allgemein: wir wollen Schweizer bleiben - und äffen doch alles Französische nach! Kurz, die Sache ist diese. Es giebt in der Schweiz, wie auch in Teutschland viele, denen das französische System gefällt; die werden dann politische Schwärmer und zünden das Feuer des Missvergnügens und der Empörung bei den Bauern an. Die Obrigkeiten haben versäumt zur rechten Zeit das Joch zu erleichtern, nun werfen es die Landleute selbst ab.»

464 «Es war dies für Basel», so schreibt Burckhardt-Biedermann, Staatsumwälzung 1888, S. 204, «die kurze Periode, in der es an der Spitze des Fortschrittes zu stehen die zweifelhafte Ehre hatte, wo es nicht nur seine eigene Verfassung der Gleichheit vorläufig ins Reine brachte, sondern auch durch wiederholte Gesandtschaften nach Bern und in die Ostschweiz bei seinen eidgenössischen Mitständen für die neuen Ideen Propaganda machte.»

465 Burckhardt-Biedermann, Staatsumwälzung 1888, S. 206.

466 Ebenda, S. 200.

467 Ochs, Geschichte, Bd. 8, 1822, S. 270.

468 Ebenda, S. 304.

469 Nach Manz, Basler Landschaft 1991, S. 93. Die Berufe der weiteren Abgeordneten sind unsicher.

470 Siehe detailliert Manz, Basler Landschaft 1991, S. 94.

471 Ebenda, S. 102.

472 Ebenda, S. 102, bemerkt, eine solch hohe Beteiligung sei erst Jahrzehnte später erneut erreicht worden.

473 Ldv. Thormann an den Geheimen Rat. 16.1.1798. In: ASHR 1, S. 145. Eine bemerkenswert hellsichtige Beschreibung für ein bernisches «Standesglied», die zeigt, dass einzelne Landvögte die Wandlung in der Waadt sehr genau und treffend beobachteten.

474 Geißelhiebel für die Schweizer Oligarchen, oder die Neutralität der Schweizerregierung seit 1789. Vom Obersten Friedrich Caesar Laharpe. In: Die Geißel, Heft vom Dezember 1797, S. 302-336, Heft vom Januar 1798, S. 7-9, hier 7f., 335f. Zu dieser Zeitschrift siehe Böning, Deutsche Presse, Bd. 2: Altona u.a., Stuttgart 1997.

475 Siehe ein entsprechendes Schreiben bei v. Mutach, Revolutions-Geschichte 1934, S. 427ff., hier S. 430.

476 Ebenda, S. 35.

477 Siehe die Schilderung, in: Ebenda, S. 37.

478 Siehe die schöne Schilderung dieser Reise bei: Kopp, Peter Ochs 1992, S. 100ff.

479 Spahr, Studien 1963, S. 63.

480 Wernle, Helvetik 1938, Bd. 1, S. 21, spricht sogar von einer «friedlichen Selbstbefreiung der Waadt, die in der Vertreibung oder Arrestierung der Landvögte gipfelte und jedes Blutvergießen zu verhüten suchte».

481 Siehe detailliert Spahr, Studien 1963, S. 59ff.

482 Er sei nicht umstürzlerisch, so schreibt Gonzague de Reynold über den Waadtländer, halte aber doch gerne an seiner Eigenart fest: «1798 hat er bei Fremden einen Rückhalt gesucht, Fremde in sein Land hereingelassen, er tat es, um nicht länger Berner bleiben zu müssen, um Waadtländer zu bleiben, vielmehr, um es sein zu dürfen, keineswegs aber, um Franzose zu werden. Der lang unterjochte Bauer hat aber den Geist des Mißtrauens bewahrt.» Siehe de Reynold, Wie sie denken 1917, S. 17. Siehe auch Spahr, Studien 1963.

483 Schreiben des Landvogtes E.H. v. Diessbach an den geheimen Rat von Bern. In: ASHR 1, S. 70f.

484 ASHR 1, S. 71ff., siehe auch 45.

485 ASHR 1, S. 77.

486 ASHR 1, S. 136.

487 ASHR 1, S. 137.

488 ASHR 1, S. 138.

489 v. Mutach, Revolutions-Geschichte 1934, S. 42f.

490 ASHR 1, S. 145.

491 ASHR 1, S. 141.

492 v. Mutach, Revolutions-Geschichte 1934, S. 44f.

493 Hilty, Vorlesungen 1878, S. 163.

494 ASHR 1, S. 143.

495 ASHR 1, S. 179f.

496 ASHR 1, S. 180f.

497 ASHR 1, S. 181.

498 ASHR 1, S. 183.

499 Spahr, Studien 1963, S. 67.

500 Ebenda, S. 66. Wernle, Helvetik 1938, Bd. 1, S. 21, schreibt, die französische Armee habe sich durch ihre «gute Disziplin die Achtung der Ernstgesinnten» erworben.

501 ASHR 1, S. 186.

502 Dazu v. Flüe, Obwalden 1961, S. 24.

503 Wernle, Helvetik 1938, Bd. 1, S. 26f.

504 Ebenda, S. 24.

505 v. Mutach, Revolutions-Geschichte 1934, S. 46.

506 ASHR 1, S. 248.

507 Schreiben Karl v. Redings an Schwyz, 27. Januar 1798. In: ASHR 1, S. 184f.

508 Robé, Berner Oberland 1972, S. 22ff.

509 Ebenda.

510 Weisung des Geheimen Rates. 5.1.1798. In: ASHR 1, S. 231.

511 Dokumentiert ist eine bei weitem nicht vollständige Liste solcher Massregeln in: ASHR 1, S. 231ff.

512 Der Geheime Rat an die Zweihundert. 25.1.1798. In: ASHR 1, S. 233.

513 ASHR 1, S. 233f.

514 Schreiben des Landvogtes Fischer nach Bern. In: ASHR 1, S. 245.

515 Wernle, Helvetik 1938, Bd. 1, S. 28.

516 ASHR 1, S. 245f.

517 Der provisorische Sicherheits-Ausschuss an Bern. Aarau 1. Februar 1798, in: ASHR 1, S. 246.

518 Wernle, Helvetik 1938, Bd. 1, S. 28.
519 Bericht des Hofmeisters C. v. Gross an den Kriegsrat in Bern vom 1. Februar 1798. In: ASHR 1, S. 247.
520 Ebenda.
521 Oberst v. Gross an den Kriegsrat in Bern vom 4. Februar 1798. In: ASHR 1, S. 248.
522 ASHR 1, S. 248.
523 ASHR 1, S. 249.
524 ASHR 1, S. 372.
525 Laube, Balthasar 1956, S. 127.
526 v. Segesser, Rechtsgeschichte, Bd. 3 1857, Abt. 1, S. 369 schreibt: «Alle Actenstücke, welche über diese Tage einiges Licht verbreiten, beweisen, daß die Hoffnung, durch Aufopferung der aristocratischen Staatsform den Frieden mit Frankreich zu erhalten, das vorzüglichste Motiv der Abdankung war.»
527 ASHR 1, S. 370.
528 Siehe hierzu und zu weiterer Literatur: Bernet, Luzern 1993, S. 31ff.
529 Siehe: Dommann, Rüttimann 1923; Ders., Schauensee 1926, sowie Bernet, Luzern 1993.
530 Zu den Biographien detailliert: Bernet, Luzern 1993, S. 32ff.
531 v. Segesser, Rechtsgeschichte, Bd. 3 1857, Abt.1, S. 370.
532 Zu Balthasar: Bernet: Luzern 1993, S. 33f.
533 v. Segesser, Rechtsgeschichte, Bd. 3 1857, Abt. 1, S. 370.
534 Der Bericht ist abgedruckt bei Ebenda, S. 371ff.
535 Vollständiger Wortlaut, der noch die weitere Verfahrensweise enthält, Ebenda, S. 374f.
536 Die Kundmachung ist abgedruckt bei Ebenda, S. 375f.
537 Ebenda.
538 Ebenda, S. 377
539 Zu Alphons Pfyffer, der sich während der Helvetik - zeitweise gemeinsam mit Franz Xaver Bronner - auch publizistisch betätigte, siehe Bernet, Luzern 1993, S. 39f. Zeitweise war er Mitglied des Helvetischen Direktoriums, musste auf französischen Druck hin jedoch am 29.6.1798 zurücktreten. Zu Bronner und seiner Publizistik: Radspieler, Bronner 1967.
540 Der Schluss der Schrift ist abgedruckt in: ASHR 1, S. 371f.
541 Siehe Bernet, Luzern 1993, S. 37.
542 Sklaverey 1797, S. 98.
543 Heinrich Pestalozzi, An mein Vaterland im Hornung 1798. In: Ders., Sämtliche Werke, Bd. 12, S. 263-267, hier 263.
544 Hilty, Vorlesungen 1878, S. 111f.
545 Sklaverey 1797, S. 99.
546 Die folgende Darstellung ist vor allem v. Wartburg, Zürich 1956, Hunziker, Zeitgenössische Darstellungen 1897 und Memorial und Stäfner Handel 1995, verpflichtet.
547 In: Heinrich Pestalozzi, Sämtliche Werke, Bd. 11, S. 55-76.
548 Heinrich Pestalozzi, Sämtliche Werke, Bd. 11, S. 68.
549 Zit. nach Kramer, Hirzel 1974, S. 117.
550 Zum Inhalt siehe ASHR 1, S. 80f.
551 v. Wartburg, Zürich 1956, S. 412f.
552 Abdruck des Briefes in: ASHR 1, S. 58f.
553 Wie ängstlich und ohne grosse Wirkungen dies geschah, zeigt am Beispiel Paul Usteris Guggenbühl, Usteri 1924, I, S. 72ff.
554 Siehe v. Wartburg, Zürich 1956, S. 414ff.
555 Hauser, Geschichte 1895, S. 587.
556 Dändliker, Volksanfragen 1898, S. 216. Dort heisst es S. 216f.: «und das alte Zürich gieng nicht am wenigsten durch den Abgang der Volksanfragen unter, oder besser: dieser Abgang war das Zeichen der Erkrankung, die zuletzt zur Katastrophe der Auflösung führte.»

557 Siehe Hunziker, Zeitgenössische Darstellungen 1897, S. 141-147.
558 Wernle, Helvetik 1938, Bd. 1, S. 35f.
559 Siehe die vollständigen Forderungen bei: Hauser, Geschichte 1895, S. 587ff.
560 Hauser, Geschichte 1895, S. 590.
561 Siehe den Brief Heinrich Pestalozzis an Lavater, um den 31. Januar 1798. In, Ders., Sämtliche Werke, Bd. 4, S. 6-8, hier 7.
562 Hess, Predigten 1799/1800, Bd. 1, S. XIII. Die Predigten stellen eine Art Chronik der Revolution in Zürich dar.
563 Hess, Predigten 1799/1800, Bd. 1, S. XIV.
564 Briefe Pestalozzis an Lavater, um den 26.1.1798 und vom 27.1.1798. In: Ders., Sämtliche Werke, Bd. 4, S. 4.
565 Guggenbühl, Usteri 1924, I, S. 81.
566 Ebenda.
567 v. Wartburg, Zürich 1956, S. 418.
568 Ebenda, S. 419.
569 Guggenbühl, Usteri 1924, I, S. 82.
570 Meister, Über den Gang 1798, S. 49f.
571 Fretz, Lesegesellschaft 1940, S. 142.
572 Guggenbühl, S. 82; v. Wartburg, Zürich 1956, S. 422.
573 Memorial und Stäfner Handel 1995, S. 264.
574 Brief Heinrich Pestalozzis an Lavater, 13.2.1798. In: Ders., Sämtliche Werke, Bd. 4, S. 11-12, hier 12.
575 Hauser, Geschichte 1895, S. 591.
576 Selbst eine Art Aussenpolitik betrieb man, indem man am 10. Februar nach Schwyz mit Hinweis auf den Kappeler Brief erläuterte, weshalb man nicht an dem Truppenaufgebot teilnehmen wolle. Siehe ASHR 1, S. 373.
577 v. Wartburg, Zürich 1956, S. 427.
578 Die Schilderung der Ereignisse nach Ebenda, S. 427f.
579 Ebenda, S. 428.
580 Hunziker, Zeitgenössische Darstellungen 1897, S. 165.
581 Ebenda, S. 154f.; v. Wartburg, Zürich 1956, S. 432; Fretz, Pestalozzi 1946, S. 124.
582 Zum «Republikaner» siehe Markus, Zeitungspresse 1909, S. 92ff. Zur publizistischen Tätigkeit Usteris Guggenbühl, Usteri 1924.
583 Der Schweizerische Republikaner, Zürich, 1. Stück vom 20. Februar 1798.
584 Guggenbühl, Usteri 1924, I, S. 83.
585 Die verschiedenen Eidesformeln bei Hunziker, Zeitgenössische Darstellungen 1897, S. 175f.
586 Ebenda, S. 177.
587 Die Auseinandersetzungen sind im «Schweizerischen Republikaner» dokumentiert.
588 Siehe Hunziker, Zeitgenössische Darstellungen 1897, S. 199; v. Wartburg, Zürich 1956, S. 443.
589 Hunziker, Zeitgenössische Darstellungen 1897, S. 332.
590 Ebenda, S. 332ff.
591 v. Wartburg, Zürich 1956, S. 449. Am 8. März wurde das Verlassen der Stadt verboten. Gleichwohl emigrierten noch am 10. März Bürgermeister Wyss, Statthalter Hirzel, Zunftmeister Irminger und andere.
592 Hunziker, Zeitgenössische Darstellungen 1897, S. 206.
593 Ebenda, S. 211ff.
594 Siehe detailliert: v. Wartburg, Zürich 1956, S. 454.
595 Hauser, Geschichte 1895, S. 592f.
596 Zitiert nach Wipf, «Freiheit und Gleichheit» 1974, S. 96.
597 Siehe dazu: Wipf, Schaffhausen 1973 und Ders., Hallauer Unruhen 1971.
598 Zum Verlauf der Schaffhauser Revolution siehe vor allem: Lang, Schaffhausen 1903, Wanner, Studien 1865, und Wipf, «Freiheit und Gleichheit» 1974.
599 Briefwechsel 1893, S. 85f.
600 Lang, Schaffhausen 1903, S. 9.
601 Vollständig abgedruckt bei Ebenda, S. 9.

602 Zitiert nach Wipf, «Freiheit und Gleichheit» 1974, S. 93.
603 Johann Georg Müller, zit. nach Wipf, «Freiheit und Gleichheit» 1974, S. 97.
604 So Ebenda, S. 89.
605 Ebenda sowie ASHR 1, S. 372. Abgedruckt auch bei Lang, Schaffhausen 1903, S. 11.
606 ASHR 1, S. 372f.
607 Wipf, «Freiheit und Gleichheit» 1974, S. 90f.
608 Wernle, Helvetik 1938, Bd. 1, S. 30.
609 Wipf, «Freiheit und Gleichheit» 1974, S. 114f.
610 Siehe die Schilderung ebenda.
611 Briefwechsel 1893, S. 98, 89, 110, 91. Siehe auch Wipf, «Freiheit und Gleichheit» 1974, S. 99.
612 Schaffhausen an Solothurn, 16.2.1798. In: ASHR 1, S. 348.
613 Briefwechsel 1893, S. 104f.
614 Lang, Schaffhausen 1903, S. 22.
615 Bemerkenswert ist die Wahl von Johann Georg Müller durch die Landbürger, die diesem auch noch bedeuteten, ihre fehlenden Fähigkeiten beim Regierungsgeschäft hätten ihre Ursache im schlechten Schulunterricht, ihnen läge sehr an einer Verbesserung von Kirche und Schule. Siehe Wipf, «Freiheit und Gleichheit» 1974, S. 102.
616 Die provis. Regierung der Gemeinde Freiburg an die Berns. 12. März 1798. In: ASHR 1, S. 417.
617 Siehe den Bericht Karl v. Redings in: ASHR 1, S. 184f.
618 Gesandtschaftsbericht Karl v. Redings an Schwyz, 3. Februar 1798. In: ASHR 1, S. 403.
619 Das Schreiben ist abgedruckt bei Segesser, Rechtsgeschichte, Bd. 3 1857, Abt.1, S. 371f. Siehe auch ASHR 1, S. 401.
620 ASHR 1, S. 401.
621 Amtlicher Bericht über die Ereignisse im Kanton Freiburg. In: ASHR 1, S. 402ff.
622 Siehe zu den Verhältnissen in Freiburg im einzelnen: Castella, Histoire 1922; Michaud, La contre-révolution 1978.
623 Die provis. Regierung der Gemeinde Freiburg an die Berns. 12. März 1798. In: ASHR 1, S. 417.
624 L andshauptmann und Rat der Republik Wallis an Bern, 23. Februar 1798. In: ASHR 1, S. 407.
625 Imesch, Kämpfe 1899, S. 2.
626 Ebenda, S. 11.
627 Siehe zu diesem Plan Hilty, Vorlesungen 1878, S. 124.
628 Landshauptmann und Rat der Republik Wallis an Bern, 23. Februar 1798. In: ASHR 1, S. 407. Siehe auch Imesch, Kämpfe 1899, S. 12.
629 Imesch, Kämpfe 1899, S. 13.
630 Ebenda, S. 15.
631 Ebenda, S. 16.
632 Siehe Ebenda, S. 22ff.
633 Trösch, Helvetische Revolution 1911, S. 98.
634 Von einer prinzipiellen Abdankung des Patriziats, von der Oechsli, Geschichte 1903, S. 134, spricht, kann im Grunde keine Rede sein.
635 ASHR 1, S. 400.
636 Büchi, Vorgeschichte 1925/1927, Bd. 2, S. 195.
637 Siehe Schärer, Olten 1979, S. 21, und Büchi, Vorgeschichte 1925/1927, Bd. 2, S. 195 u. 227. Ebenfalls am 21. Januar setzte die Regierung eine Kommission ein zur «Abhelfung der Missgebräuchen, welche sowohl bei der Protensionsform als auch selbst in der Regierungsform eingeschlichen sein und zu Mißvergnügen Anlaß gegeben haben möchten».
638 U. Munzinger, Geschichtliche Erinnerungen aus den Jahren 1798-1814. In: Sonntagsblatt zum Oltner Wochenblatt 1889, 1. Jg., Nr. 28ff. Zit. nach Büchi, Vorgeschichte 1925/1927, Bd. 2, S. 198.
639 Schärer, Olten 1979, S. 21.

640 Siehe dazu und zur weiteren Literatur über die Solothurner Patrioten: Büchi, Vorgeschichte 1925/1927, Bd. 2, S. 198ff.

641 Büchi, Vorgeschichte 1925/1927, Bd. 2, S. 205.

642 Zu Oberlin siehe Weber, «Werther Associé» 1962.

643 Detailliert Büchi, Vorgeschichte 1925/1927, Bd. 2, S. 205ff.

644 Siehe ausführlich Schärer, Olten 1979, S. 21ff.

645 Ebenda, S. 27f.

646 Büchi, Vorgeschichte 1925/1927, Bd. 2, S. 226.

647 Schilderung nach Schärer, Olten 1979, S. 32ff. Dort auch weitere Literatur zu den Oltener Ereignissen und zur Revolution in Solothurn.

648 Schreiben eines biedern solothurnischen Patrioten an die dasige Regierung. Zitiert nach Büchi, Vorgeschichte 1925/1927, Bd. 2, S. 230.

649 Ebenda, S. 230f. und Schärer, Olten 1979, S. 34.

650 Büchi, Vorgeschichte 1925/1927, Bd. 2, S. 232.

651 ASHR 1, S. 401.

652 Siehe die Schilderung bei Schärer, Olten 1979, S. 43ff.

653 ASHR 1, S. 199.

654 ASHR 1, S. 282.

655 Büchi, Vorgeschichte 1925/1927, Bd. 2, S. 243.

656 Ebenda, S. 244.

657 Schilderung nach Schärer, Olten 1979, S. 43ff.

658 Mösch, Solothurn 1939, S. 11.

659 Denkschrift der Landschaft Thurgau an die Stände. 8. Februar 1798. In: ASHR 1, S. 451f.

660 Tagebuch vom Dezember 1797.

661 Zu den Ereignissen in den zur Fürstabtei gehörenden Gebieten und in St. Gallen siehe: Bucher u.a., Französische Revolution 1989; Vogler, St. Gallen 1990; Meier, Vorster 1954; Baumgartner, Geschichte 1868, Thürer, St. Galler Geschichte 1953/1972; Dierauer, St. Gallen 1899.

662 Thürer, St. Galler Geschichte 1953/1972, 2,1, S. 100f.

663 Siehe im einzelnen Thürer, St. Galler Geschichte 1953/1972, 2,1, S. 101ff.

664 Detailliert: Böning, Ulrich Bräker 1985.

665 Ulrich Bräker, Tagebuch vom Dezember 1797.

666 Ders., Tagebuch vom Februar 1798.

667 Abt Pankraz an Zürich. 28.Januar 1798. In: ASHR 1, S. 369.

668 Ebenda.

669 Ulrich Bräker, Tagebuch vom Februar 1798.

670 Die Abdankungsrede in ASHR 1, S. 370f.

671 Ulrich Bräker, Tagebuch vom Februar 1798.

672 Thürer, St. Galler Geschichte 1953/1972, 2,1, S. 104ff.

673 Ebenda, S. 107.

674 Obmann, Ausschüsse und Räte des gesamten Landrats an Zürich. 6. Februar 1798. In: ASHR 1, S. 372; wie freiwillig die Machtübergabe tatsächlich geschah, zeigt ein Brief des Fürstabtes an Zürich vom 3. März 1798. In: ASHR 1, S. 378f.

675 Thürer, St. Galler Geschichte 1953/1972, 2,1, S. 106f.

676 ASHR 1, S. 377.

677 Zit. nach Wernle, Helvetik 1938, Bd. 1, S. 55.

678 Wernle, Protestantismus 1923-1925, Bd. 3, S. 552f.

679 Zur revolutionären Bewegung und den Zuständen im Thurgau siehe: Hungerbühler, Staat und Kirche 1954; Brüllmann, Befreiung 1948; Hasenfratz, Thurgau 1908.

680 Hungerbühler, Staat und Kirche 1954, S. 29. Gonzenbach schlug sich im Mai 1799 auf die Seite der Kaiserlichen und wurde Chef einer Interimsregierung. Im September 1799 floh er und kehrte erst nach dem Luneviller Frieden zurück.

681 Text bei Brüllmann, Befreiung 1948, S. 127ff.

682 Joh. Georg Zollikofer an den eidgenössischen Landvogt(?). 1. Februar 1798. In: ASHR 1, S. 449.

683 Denkschrift der Landschaft Thurgau an die Stände. 8. Februar 1798. In: ASHR 1, S. 451f.
684 Luzern an Zürich. 16. Februar 1798. In: ASHR 1, S. 459. Zu den Verhandlungen: Ebenda, S. 456ff.
685 Die Städte und Höfe des obern und untern Rheinthals an die neun regierenden Stände. 11. Februar 1798. In: ASHR 1, S. 453f., hier 454.
686 Zu den Bewegungen der neunziger Jahre Dierauer, Befreiung 1898, S. 24ff.
687 Johann Konrad Zürcher an Antistes Hess in Zürich. 12. Februar 1798. In: ASHR 1, S. 456.
688 Detailliert: Dierauer, Befreiung 1898, S. 27ff.
689 ASHR 1, S. 451.
690 ASHR 1, S. 455.
691 Die Städte und Höfe des obern und untern Rheinthals an die neun regierenden Stände. 11. Februar 1798. In: ASHR 1, S. 453f.
692 Die Repräsentanten der das Thurgau und Rheintal regierenden Stände. 3. März 1798. In: ASHR 1, S. 463.
693 Detailliert: Dierauer, Befreiung 1898, S. 32ff.
694 Bürgerschaften und Gemeinden des Sarganserlandes an die VIII alten Orte, 23. Februar 1798. In: ASHR 1, S. 460ff.
695 Bittschrift der Stadt Arbon und der Gemeinde Horn, 24. Februar 1798. In: ASHR 1, S. 462.
696 ASHR 1, S. 464.
697 Bürgerschaften und Gemeinden des Sarganserlandes an die VIII alten Orte, 23. Februar 1798. In: ASHR 1, S. 460ff.
698 Thürer, St. Galler Geschichte 1953/1972, 2,1, S. 112f.
699 ASHR 1, S. 467.
700 Siehe im einzelnen ASHR 1, S. 466ff. Das genaue Datum der Freilassungsurkunde ist nicht festzustellen, sie ist laut ASHR 1, S. 468, rückdatiert. Siehe zum Valle Maggia und Lavizzara: Billeter, Mainthal 1977, S. 156ff. Das Datum des 15. Februar dürfte sich auf Lugano und Mendrisio beziehen. Locarno wurde erst am 6. März, Val Maggia im Laufe des März frei erklärt.
701 Siehe im einzelnen: Rossi, Cantone Ticino 1941; Guzzi, Logiche della rivolta rurale 1994 Billeter, Mainthal 1977.
702 Müller, Freiamt 1953, S. 5; siehe auch Leuthold, Kanton Baden 1933.
703 Hilty, Vorlesungen 1878, S. 155f.
704 Zit. nach Hilty, Vorlesungen 1878, S. 117.
705 Zschokke, Historische Denkwürdigkeiten, Th. 1, 1803, S. 24.
706 Detailliert: Ebenda sowie Hilty, Vorlesungen 1878, S. 116ff.
707 ASHR 1, S. 375.
708 Tanner, Revolution 1861, S. 24f.
709 Siehe dazu: die Dokumentation der Verhandlungen über den eidgenössischen Zuzug in: ASHR 1, S. 328ff., sowie v. Flüe, Obwalden 1961, S. 28.
710 v. Flüe, Obwalden 1961, S. 30.
711 Siehe Boesch, Hilfe 1948 und Durrer, Bundeshilfe 1932.
712 Steinauer, Schwyz 1861, S. 126f.
713 Stauffacher, Herrschaft 1989, S. 177. Siehe auch Bossard, Bildungs- und Schulgeschichte 1984, S. 45.
714 ASHR 1, S. 369, 375. Siehe zu diesen Beispielen: Blumer, Glarus 1867, S. 68ff., sowie Stauffacher, Herrschaft 1989, S. 173f.
715 Freilassungsgesuch der Landschaft Werdenberg an Glarus. 11. Februar 1798. In: ASHR 1, S. 374.
716 Blumer, Glarus 1867, S. 84f.
717 Siehe das anrührende Schreiben, mit dem sich Werdenberg am 3. April 1798 auch im Namen der Landschaft Sax an Zürich um Rat wandte, wie man sich nun zu verhalten habe.
718 ASHR 1, S. 457.
719 ASHR 1, S. 459.

720 ASHR 1, S. 464.
721 ASHR 1, S. 464.
722 Eidgenössische Abschiede, Bd. 8, S. 674. Ebenda, S. 667, die Urkunde für Stadt und Landschaft Uznach. Abgedruckt bei Hilty, Vorlesungen 1878, S. 154f., der zu der Urkunde meint: «Sie zeigt, wie auch selbst jetzt noch, in einer Zeit, die gewaltig wie ein Wettersturm durch alle unwahren Zustände fuhr, die offizielle Heuchelei der alten Regierungen nicht einer bessern Gesinnung Platz zu machen vermochte. Womit dann nur konsequent verbunden war, dass im Jahre 1814 und 1815 fast alle diese Herren, die 'aus eigenem Antrieb' und mit so schönen Worten ihre Mitbürger befreit hatten, das Möglichste versuchten, um auch auf diesem Gebiete eine Restauration zu Stande zu bringen und ihr Wort von 1798 zurückzunehmen.»

723 Wyrsch-Ineichen, Schwyz 1991, S. 190.
724 Siehe beispielsweise das Schreiben von Schwyz an Toggenburg. 26. Februar 1798. In: ASHR 1, S. 377. Hier heisst es sinnig, man erwarte freundschaftlichen Anteil an dem gerechten Schmerz, den man über das Betragen der March empfinde, die sich loszureissen suche. Weiter die Instruktion der Schwyzer Gesandten zur Frauenfelder Konferenz: Ebenda, S. 460. Hier heisst es, jedem Versuch der Toggenburger, eine «auf französischem Fuß gemodelte Regierung» einzuführen, solle man sich widersetzen.

725 ASHR 1, S. 374.
726 Steinauer, Schwyz 1861, S. 130 sowie ASHR 1, S. 373f.
727 Unter Vorbehalt des Entscheids der Mai-Landsgemeinde wurde immerhin die Freilassung von Einsiedeln, Küssnacht, Pfäffikon (Kanton Schwyz) und Wollerau beschlossen. ASHR 1, S. 375f.
728 ASHR 1, S. 375. Ein vollständigeres Zitat und weitere Aufrufe an die Schwyzer Untertanen bei Steinauer, Schwyz 1861, S. 131ff.
729 Wyrsch-Ineichen, Schwyz 1991, S. 192. Siehe weiter: Styger, Denkwürdigkeiten 1898 und Ders., Geschichtsschreibung 1941.
730 Siehe Steinauer, Schwyz 1861, S. 134ff., sowie Ehrler, Trutmann 1964 zur Revolution in Küssnacht. Das Zitat S. 14.
731 v. Flüe, Obwalden 1961, S. 26.
732 Ebenda, S. 26f. und ASHR 1, S. 476.
733 Arnold, Uri 1984/85, S. 11f.
734 ASHR 1, S. 355.
735 ASHR 1, S. 512 und Arnold, Uri 1984/85, S. 34.
736 Bossard, Bildungs- und Schulgeschichte 1984, S. 161.
737 Siehe detailliert: Tanner, Revolution 1861.
738 Tanner, Revolution 1861, S. 27f.
739 Zu ihnen: Ebenda, S. 25f.
740 Siehe: Blumer, Staats- und Rechtsgeschichte 1850/1859; Wernle, Helvetik 1938, Bd. 1, S. 56ff.; Tanner, Revolution 1861.
741 Hilty, Vorlesungen 1878, S. 143.
742 v. Mutach, Revolutions-Geschichte 1934, S. 46f.
743 Ebenda, S. 47.
744 Gesandtschaftsbericht Karl v. Redings an Schwyz, 3. Februar 1798. In: ASHR 1, S. 403.
745 v. Mutach, Revolutions-Geschichte 1934, S. 48.
746 Der Wortlaut: Ebenda, S. 48f.
747 Der Wortlaut: Ebenda, S. 49.
748 Ebenda, S. 50.
749 ASHR 1, S. 195ff.
750 Neues Polizei-Gesetz gegen politische Umtriebe. 7. Februar 1798. In: ASHR 1, S. 235f.
751 Aufruf der Obrigkeit zur Einlieferung ruhestörender Druckschriften. 10. Februar 1798. In: ASHR 1, S. 236.
752 Zur Militärverfassung Berns äussert sich v. Mutach, Revolutions-Geschichte 1934, S. 53.

753 Diese Charakterisierung der bernischen Truppen: Ebenda, S. 52ff. Siehe auch Meiners, Reise 1791, I, S. 245.

754 Beispielhaft der Bericht bei U. Munzinger, Geschichtliche Erinnerungen aus den Jahren 1798-1814. In: Sonntagsblatt zum Oltner Wochenblatt 1889, 1. Jg., Nr. 28ff. Zit. bei Büchi, Vorgeschichte 1925/1927, Bd. 2, S. 195.

755 v. Mutach, Revolutions-Geschichte 1934, S. 54. Siehe auch ASHR 1, S. 204.

756 ASHR 1, S. 263f. und Hilty, Vorlesungen 1878, S. 169f.

757 Die eidg. Repräsentanten an den Geheimen Rat. 1. März 1798. In: ASHR 1, S. 270f.

758 ASHR 1, S. 265.

759 ASHR 1, S. 266.

760 Siehe Hilty, Vorlesungen 1878, S. 170f., und Mösch, Solothurn 1939, S. 13ff.

761 ASHR 1, S. 284.

762 Detaillierte Schilderungen bei: Oechsli, Geschichte 1903, S. 138ff.; Mutach, Revolutions-Geschichte 1934, S. 55ff., Hilty, Vorlesungen 1878, S. 170ff.

763 Siehe die vollständigen Berichte in: Eidgenössische Abschiede, Bd. VIII, S. 695ff. Teilweise abgedruckt bei Hilty, Vorlesungen 1878, S. 172ff.

764 Der eidgenössische Zuzug war nicht ohne Komik. Die Bewaffnung der Ursner zeichnete sich dadurch aus, dass alle Gewehre unbrauchbar waren. Am 12. Februar 1798 brachen 600 Mann aus Uri nach Luzern auf, wo sie in Wirtshäusern einquartiert sogar das Schlafgeld bezahlen mussten. Siehe Arnold, Uri 1984/85.

765 Dierauer, St. Gallen 1899, S. 9. Siehe auch Wyrsch-Ineichen, Schwyz 1991, S. 193.

766 ASHR 1, S. 360 und Arnold, Uri 1984/85, S. 30.

767 Arnold, Uri 1984/85, S. 30f.

768 ASHR 1, S. 359ff.

769 ASHR 1, S. 361ff.

770 Weitere Beispiele: Ebenda S. 365f.

771 ASHR 1, S. 366.

772 Siehe im einzelnen: Oechsli, Geschichte 1903, S. 136ff.; v. Mutach, Revolutions-Geschichte 1934, S. 56ff.

773 Historiker der Urkantone sehen die Eidgenossenschaft erst mit der Kapitulation der Urkantone untergehen. Siehe: Wyrsch-Ineichen, Schwyz 1991, S. 201f.

774 Siehe v. Mutach, Revolutions-Geschichte 1934, S. 61ff.

775 Siehe dazu Lüthi, Zum 5. März 1798, 1916, S. 5.

776 Spahr, Studien 1963, S. 86.

777 Heinzmann, Chronik 1801, S. 380f. Siehe auch Ebert, Tanz der Gleichheit 1996.

778 Wipf, «Freiheit und Gleichheit» 1974, S. 112.

779 Leu, Jugendgeschichte 1816, S. 11.

780 Hunziker, Zeitgenössische Darstellungen 1897, S. 171ff.; v. Wartburg, Zürich 1956, S. 430.

781 Siehe den Bericht bei Zschokke, Historische Denkwürdigkeiten, Th. 1, 1803, S. 207ff.

782 So Im Hof, Ancien Régime 1977, S. 777. Zu gleichen Ergebnissen kommt für die Landschaft Zürich Weber, Landgemeinden 1971, und mehr oder weniger ausdrücklich auch die anderen für einzelne Kantone vorliegenden Darstellungen.

783 Briefwechsel 1893, S. 83.

784 Ein Beispiel ist die Revolution in Kloster Rheinau. Siehe Erb, Kloster Rheinau 1895.

785 Wochenblatt für den Kanton Säntis. Nro. 1.2, 14. Juni 1798.

Kapitel 6

786 Zschokke, Historische Denkwürdigkeiten, Th. 1, 1803, S. 210. Die Titelfrage dieses Kapitels war die Überschrift eines Kolloquiums, das 1993 in Bern stattfand.

787 Siehe zu diesem Thema und zur weiteren Literatur insgesamt die Beiträge in Dossier Helvetik 1995. Paradoxerweise war es die Helvetik, die mit ihrem einzigen aussenpolitischen Erfolg, der Teilnahme am Reichsdeputationshauptschluss von 1803, die landesherrlichen Rechte von Reichsständen in der Schweiz ablösen konnte. Siehe Jorio, Reichsdeputationshauptschluss 1995.

788 Siehe dazu den Brief Ebels an J. H. Füssli in Zürich vom 25.11.1797. In: ASHR 1, S. 51ff.
789 Dazu der Brief Ebels an J. H. Füssli in Zürich vom 17.12.1797. In: ASHR 1, S. 55ff.
790 Brief Heinrich Zschokkes 1798. Zit. nach Böning, Heinrich Zschokke 1983, S. 392.
791 v. Mutach, Revolutions-Geschichte 1934, S. 11, 15.
792 Dazu anschaulich: Guggisberg, Fellenberg 1953, S. 320f.
793 Siehe das Kapitel zur Revolution in Basel.
794 Burckhardt-Biedermann, Staatsumwälzung 1888, S. 198.
795 Brief Ebels an J. H. Füssli in Zürich vom 25.11.1797. In: ASHR 1, S. 51ff.
796 Wochenblatt für den Kanton Säntis. Nro. 1.2, 14. Juni 1798.
797 Wernle, Helvetik 1938, Bd. 1, S. 10. Zu Ochs auch Barth, Ochs 1901, und Kopp, Peter Ochs 1992.
798 Hilty, Vorlesungen 1878, S. 112f.

Kapitel 7

799 Abgedruckt in: ASHR 1, S. 489.
800 Zu Formen und Symbolen der Helvetik Röthlin, Symbole 1995.
801 Erste Verfassung der helvetischen Republik. In: ASHR 1, S. 567ff.
802 Siehe zur helvetischen Verfassung: Kölz, Verfassungsgeschichte 1992, und Ders., Quellenbuch 1992. Dort weitere Literatur. Weiter zur Entstehung: Bauer, Einfluß 1962; Domeisen, Verfassungsgeschichte 1978; Hafen, Sieyes 1995; Kaiser/Strickler, Geschichte 1901; Netzle, Amerika 1997; Rufer, Verfassungsgerichtsbarkeit 1955.
803 ASHR 1, S. 569.
804 Erste Verfassung der helvetischen Republik. In: ASHR 1, S. 567ff., hier 567.
805 Guggisberg, Fellenberg 1953, S. 365f.
806 Wernle, Helvetik 1938, Bd. 1, S. 11
807 Der Bericht Johann Konrad Eschers an den Zürcher Präsidenten der Landes-versammlung Kilchsperger. In: ASHR 1, S. 509, zeigt, dass dies auch dem Wunsch einzelner Schweizer entsprach.
808 Kopp, Peter Ochs 1992, S. 127, schreibt dazu: «Dies ist der folgenschwerste Fehler seines Lebens: Gegen bessere Einsicht hat er sich von den französischen Machthabern als Werkzeug missbrauchen lassen, und sich dem Anschein ausgesetzt, als billige er ihre diktatorischen Methoden.»
809 Spahr, Studien 1963, S. 69ff.
810 Ebenda, S. 75.
811 Ebenda, S. 72.
812 Ebenda, S. 78.
813 Ebenda, S. 79.
814 Ebenda, S. 85.
815 Manz, Basler Landschaft 1991, S. 99.
816 Müller, Nationalversammlung o.J., S. 56.
817 Ebenda, S. 33.
818 Ebenda, S. 62. Zu wichtigen Änderungen im Basler Entwurf: ASHR 1, S. 506f. Siehe auch His, Staatsrecht 1920, Bd. 1; Herzog, Abhängigkeitsverhältnis 1911.
819 Müller, Nationalversammlung o.J., S. 74f.
820 ASHR 1, S. 524f., sowie Spahr, Studien 1963, S. 92f.
821 Siehe dazu Zschokke, Historische Denkwürdigkeiten, Th. 3, 1805, S. 95f.
822 ASHR 1, S. 742ff. Siehe weiter: Häberli, Biel 1948; Histoire de Genève 1951; Histoire de Genève 1974. Siehe weiter: Peter, Genève 1921 Wernle, Helvetik 1938, Bd. 1, S. 63ff. Siehe auch den Bericht Johann Konrad Eschers in Basel, der über die Patrioten berichtet, diese hätten nur zugestimmt, um ein weiteres Vorrücken der französischen Truppen zu verhindern. Selbst Peter Ochs vertrat die Auffassung, nur so könne sich Helvetien vor weiterer Waffengewalt Frankreichs schützen. ASHR 1, S. 509.
823 ASHR 1, S. 709.
824 Steinauer, Schwyz 1861, S. 188.

825 v. Flüe, Obwalden 1961, S. 34ff.
826 So Urs Kälin in einem Thesenpapier zum Widerstand in den Landkantonen, Helvetik-Kolloquium 1996.
827 Karl Heinrich Gschwend an Peter Ochs. 22. März 1798. In: ASHR 1, S. 530-532, hier 530.
828 Ebenda.
829 Ebenda.
830 ASHR 1, S. 497, sowie Steinauer, Schwyz 1861, S. 182ff.
831 Steinauer, Schwyz 1861, S. 183. Weitere Reden von Geistlichen: Ebenda, S. 182f.
832 Ebenda, S. 183f.
833 Blumer, Glarus 1867, S. 82.
834 Arnold, Uri 1984/85, S. 38f.
835 ASHR 1, S. 501f.
836 ASHR 1, S. 495f.
837 Steinauer, Schwyz 1861, S. 177ff. Siehe zu weiteren Erklärungen und Briefen der Landkantone an das französische Direktorium: Ebenda, S. 168ff.
838 Siehe den Bericht über die Misshandlung einer Kommission aus Basel, die in St. Gallen für die neue Verfassung werben sollte, in: Oberrheinische Zeitung, Nr. 40. 25. März 1798. Abgedruckt in ASHR 1, S. 537f.
839 Beispiele in ASHR 1, S. 545f. u. 622.
840 So Wyrsch-Ineichen, Schwyz 1991, S. 194.
841 Arnold, Uri 1984/85, S. 38; ASHR 1, S. 622ff.
842 Wyrsch-Ineichen, Schwyz 1991, S. 196.
843 Steinauer, Schwyz 1861, S. 184.
844 Ebenda, S. 185.
845 Ebenda, S. 190, heisst es: «Diese Zersplitterung in dem Augenblicke der Gefahr war eine Folge des Föderalismus, der seiner Natur nach engherzig und selbstsüchtig und seine Zwecke und Anstrengungen immer mehr auf die eigene Erhaltung, als auf die Wohlfahrt des Ganzen richtet. Die Abgeschlossenheit der Länder und daher stammende Bechränktheit der Begriffe und Anschauungen leisteten diesem Uebel noch Vorschub.»
846 ASHR 1, S. 701; Arnold, Uri 1984/85, S. 39ff.
847 Siehe die Dokumente in ASHR 1, S. 700ff., sowie zu späteren Modifikationen dieser Beschlüsse zugunsten einer Teilnahme an den Kämpfen: Ebenda, S. 705ff.
848 Eggers, Bemerkungen, Bd. 6, 1806, S. 80.
849 ASHR 1, S. 698, 700 und 737f.; Wyrsch-Ineichen, Schwyz 1991, S. 196.
850 ASHR 1, S. 697.
851 ASHR 1, S. 701.
852 ASHR 1, S. 701. Die Antwort Uris ebenda, S. 706.
853 Siehe beispielsweise ASHR 1, S. 708.
854 Wyrsch-Ineichen, Schwyz 1991, S. 196.
855 Steinauer, Schwyz 1861, S. 189.
856 Zu Reding siehe: Mestral, Aloys von Reding 1945; Wyss, Alois Reding 1936; Züger, Alois Reding 1977.
857 Siehe dazu neben den Dokumenten in ASHR 1, S. 700ff., 763ff., und zahlreichen weiteren Schilderungen der kriegerischen Auseinandersetzungen: Zschokke, Kampf und Untergang 1801; Nabholz, Fremdherrschaft 1921; Styger, Geschichtliche Denkwürdigkeiten 1898; Ders., Geschichtsschreibung 1941; Arnold, Uri 1984/85; Steinauer, Schwyz 1861; Wyrsch-Ineichen, Schwyz 1991. Dort auch weitere Literatur.
858 ASHR 1, S. 709f.
859 Siehe die Berichte in: Ebenda, S. 732.
860 ASHR 1, S. 734.
861 Siehe auch ASHR 1, S. 782ff.
862 ASHR 1, S. 773.
863 ASHR 1, S. 705.
864 ASHR 1, S. 817.
865 ASHR 1, S. 919ff.

866 Steinauer, Schwyz 1861, S. 227.
867 Ebenda, S. 228ff.
868 ASHR 1, S. 924.
869 ASHR 1, S. 779.
870 Siehe die Dokumentationen der Debatten in ASHR 1, S. 794ff.
871 ASHR 1, S. 620ff.
872 Zit. nach Fankhauser, Zentralbehörden 1993, S. 46.
873 Zu den Staatsstrukturen und -institutionen: Hilty, Vorlesungen 1878, S. 350ff.; Oechsli, Vor hundert Jahren 1899, S. 35ff.; Ders., Geschichte 1903, S. 145ff.; Staehelin, Helvetik 1977, S. 791f. u. 808ff.; His, Staatsrecht 1920, Bd. 1; Fankhauser, Zentralbehörden 1993; Ders., Exekutive 1986; Ders., Regierungsstatthalter 1994; Dürsteler, Exekutive 1912.
874 Siehe detailliert: Stadler, Hauptstadtfrage 1971. Weiter: Noseda, Hauptstadtprojekte 1995.
875 Siehe Fankhauser, Regierungsstatthalter 1994. Im Einzelfall, wenn rasches Handeln erforderlich war, wurden auch Regierungskommissäre eingesetzt, die der Regierung unmittelbar verantwortlich waren und zumeist eingesetzt wurden, wenn die innere Sicherheit gefährdet war, doch wurden sie auch zu diplomatischen Aufgaben gebraucht. Siehe Ders., Zentralbehörden 1993, S. 37ff.
876 So: Bernet, Luzern 1993, S. 62; Junker, Bern, Bd. 1, S. 48f.; Manz, Basler Landschaft 1991, S. 126f. Manz bezeichnet die Verwaltungskammer S. 133 als eigentliche Regierung des Kantons, Junker betont S. 50 stärker die Einschränkungen, die ihrer Tätigkeit gesetzt waren. Bernet zeigt S. 73, dass sie in Hunderten und Aberhunderten von alltäglichen Problemen selbständig entschied.
877 Zur Kritik am gängigen Bild des Regierungsstatthalters siehe: Manz, Basler Landschaft 1991, S. 127f., und Fankhauser, Regierungsstatthalter 1994.
878 Zu Anfeindungen, die manchmal gar das Leben des Agenten gefährdeten, siehe Bernet, Luzern 1993, S. 227ff.
879 Siehe Levi, Gerichtshof 1945.
880 Fankhauser, Zentralbehörden 1993, S. 49.
881 Siehe zur Organisation der Gerichte und zu weiterer Literatur: Alkalay, Strafrecht 1984, S. 125f.
882 Fankhauser, Zentralbehörden 1993, S. 49.
883 Siehe dafür ein schönes Beispiel bei Fankhauser, Zentralbehörden 1993, S. 45.
884 So Regierungsstatthalter Genhart in Luzern. Siehe Bernet, Luzern 1993, S. 79.
885 Siehe dazu Mattmüller, Umfragen 1994.
886 ASHR 5, S. 96ff.
887 So für die Distriktstatthalter: Bernet, Luzern 1993, S. 111; siehe auch Manz, Basler Landschaft 1991, S. 184f.
888 ASHR 4, S. 928.
889 ASHR 4, S. 927f.
890 ASHR 4, S. 931.
891 Bernet, Luzern 1993, S. 182.
892 Fankhauser, Zentralbehörden 1993, S. 42.
893 Dies belegen auch die Zahlen zu den Kosten des Apparates bei Landmann, Finanzlage 1909, S. 38ff.
894 Beispiele dafür bei Fankhauser, Exekutive 1986, S. 146ff.
895 Siehe beispielhaft das Inhaltsverzeichnis von ASHR 2.
896 Büchi, Parteien 1917, S. 158.
897 Vom 29. Juni 1798 an nur noch Senator und später Mitglied des Gesetzgebenden Rates.
898 Siehe zu Pfyffer und zur biographischen Literatur über ihn: Bernet, Luzern 1993, S. 39f. Pfyffer verfasste verschiedene volksaufklärerische Schriften, in denen er die neuen Begriffe «Freiheit» oder «Volksregierung» erläuterte oder in der Schrift «Ist dem Kaiser zu trauen oder Aufruf an alle helvetischen Bürger» vor Österreich warnte, gab gemeinsam mit Franz Xaver Bronner den «Freiheitsfreund» heraus und arbeitete

am «Republikaner» und dem «Helvetischen Volksblatt» mit. Zur publizistischen Tätigkeit Pfyffers, Markus, Zeitungspresse 1910, S. 197ff.

899 Siehe de Capitani, Gesellschaft im Wandel 1983, S. 197.

900 Melchior Mohr, der vom 12. Dezember 1800 an Nachfolger Stapfers wurde, entstammte ebenfalls einer regimentsfähigen Luzerner Familie, war zunächst Offizier in fremden Diensten und dann Pfarrer. Auch er war wie Meyer von Schauensee ab 1795 Mitglied der Helvetischen Gesellschaft und engagierter Aufklärer. Auch er demissionierte nach dem föderalistischen Staatsstreich vom Oktober 1801. Zu Mohr, Bernet, Luzern 1993, S. 42, sowie Capitani, Gesellschaft im Wandel 1983, S. 195.

901 Zu Meyer und zur biographischen Literatur über ihn siehe: Dommann, Schauensee 1926, und Bernet, Luzern 1993, S. 41.

902 Ich folge Dommann, Schauensee 1926, hier S. 290ff.

903 Zitiert nach Dommann, Schauensee 1926, S. 291.

904 Brief an Fellenberg vom 21.3.1798. Zit. nach Guggisberg, Fellenberg 1953, S. 36.

905 Fankhauser, Exekutive 1986, S. 125ff.

906 Ebenda, S. 128ff.

907 Vgl. neben der Studie von Fankhauser zu den Magistraten der Helvetik die folgende biographische Literatur: Barbey, Libertés voudoises 1953; Boehtlingk, Der Waadtländer Friedrich Caesar Laharpe 1925; Boesch, Carl Heinrich Gschwend 1948; Buser, Johann Lukas Legrand 1900; Correspondance de Frédéric-César de La Harpe 1982-1985; Dommann, Rüttimann 1923; Elmer, Dolder 1927; Flach, Rengger 1899; Frick, Johann Conrad Finsler 1914; Gilomen, Ludwig Bay 1920; Itten, Karl Albrecht v. Frisching 1910; Jomini, Pierre Maurice Glayre 1943; Kopp, Peter Ochs 1993; Mestral, Aloys von Reding 1945; Müller-Wolfer, Dolder 1953; Staehelin, Peter Ochs 1952; Steiner, Korrespondenz des Peter Ochs 1927-1937; Weber, «Werther Associé» 1962; Wyss, Alois Reding 1936; Züger, Alois Reding 1977.

908 Zu Krauer und zur biographischen Literatur über ihn: Bernet, Luzern 1993, S. 44f.

909 Manz, Basler Landschaft 1991, S. 121.

910 Zu ihren Biographien Bernet, Luzern 1993, S. 45ff.

911 Bernet, Luzern 1993, S. 47.

912 Zu den Basler Parlamentariern detailliert: Manz, Basler Landschaft 1991, S. 121ff. Eine Liste aller Parlamentarier in: ASHR 1, S. 627ff.

913 Siehe: Büchi, Parteien 1917, sowie Staehelin, Helvetik 1977.

914 Büchi, Parteien 1917, S. 159.

915 Siehe dazu: Fankhauser, Zentralbehörden 1993, und Ders., Exekutive 1986, sowie Ders., Regierungsstatthalter 1994.

916 Siehe dazu am Beispiel Rüttimanns in Luzern: Bernet, Luzern 1993, S. 63ff.

917 Siehe Fankhauser, Regierungsstatthalter 1994. Dort S. 240ff. die umfangreiche biographische Literatur zu den Regierungsstatthaltern.

918 Fankhauser, Regierungsstatthalter 1994, S. 263.

919 Böning, Zschokke 1983.

920 Beispielhaft Blumer, Glarus 1869, S. 7.

921 Fankhauser, Regierungsstatthalter 1994, S. 267.

922 Manz, Basler Landschaft 1991, S. 130.

923 Siehe: Bernet, Luzern 1993, S. 251ff.; Manz, Basler Landschaft 1991, S. 150ff.; Weber, Landgemeinden 1971, S. 172ff.; Schärer, Olten 1979, S. 82ff.

924 Manz, Basler Landschaft 1991, S. 150.

925 Ebenda, S. 148.

926 Ebenda, S. 151.

927 Ebenda, S. 152f., 156.

928 Schärer, Olten 1979, S. 83.

929 Weber, Landgemeinden 1971, S. 176; Bernet, Luzern 1993, S. 262; Schärer, Olten 1979, S. 87.

930 Bernet, Luzern 1993, S. 264, S. 273.

931 Arnold, Uri 1984/85, S. 370.

932 Bosshard, Lebensbeschreibung, Th. 2, 1810, S. 73. Die Ernennung erfolgte im Juli 1799, die zum Distriktstatthalter im Juni 1800.

933 Manz, Basler Landschaft 1991, S. 183.
934 Bernet, Luzern 1993, S. 100.
935 v. Flüe, Obwalden 1961, S. 228. S. 234ff. ein Verzeichnis aller öffentlichen Beamten in Obwalden.
936 So Ebenda, S. 207f.
937 So Manz, Basler Landschaft 1991, S. 145.
938 Bernet, Luzern 1993, S. 209. Bernet zeigt S. 210f., dass gerade unter den Distriktrichtern entsprechend viele Äusserungen gegen die Helvetik laut wurden.
939 Ebenda, S. 130ff. Gleiches gilt auch für die Zeit nach der Helvetik!
940 Wäber, Berner Patrizier 1983, S. 135.
941 Siehe detailliert: Arnold, Uri 1984/85, S. 367ff.; Blumer, Glarus 1869, S. 7f.
942 Fankhauser, Zentralbehörden 1993, S. 42.
943 Bernet, Luzern 1993, S. 131.
944 Fankhauser, Regierungsstatthalter 1994, S. 268.

Kapitel 8

945 Gutachten der Grossratskommission über eine neue Einrichtung des Kriminalgerichtswesens, 24.1.1799, in: ASHR 4, S. 415ff., hier 423.
946 ASHR 11, S. 81f.
947 ASHR 2, S. 24.
948 Diese Diskussionen sind dokumentiert bei: Böning/Siegert, Volksaufklärung 1990ff.; für die Schweiz bei: Schmidt, Schweizer Bauer 1932.
949 Siehe dazu: Soboul, Französische Revolution 1983.
950 Zu diesen Zahlen und den damit verbundenen Unwägbarkeiten und Unsicherheiten siehe die grundlegende Arbeit zum Thema: Schenkel, Grundlasten 1931, S. 19ff. Dort auch weitere Literatur.
951 Siehe detailliert bei Ebenda, S. 21ff.
952 Das Stäfner Memorial von 1794. In: Memorial und Stäfner Handel 1995, S. 131f.
953 Schenkel, Grundlasten 1931, S. 48.
954 ASHR 1, S. 932.
955 ASHR 1, S. 934.
956 ASHR 1, S. 934.
957 ASHR 1, S. 933.
958 ASHR 1, S. 931ff.
959 So beispielsweise die berntreue Gemeinde Greifensee. Siehe ASHR 2, S. 712.
960 ASHR 2, S. 163ff.
961 ASHR 2, S. 163.
962 ASHR 2, S. 165.
963 ASHR 2, S. 165.
964 ASHR 2, S. 166.
965 ASHR 2, S. 167.
966 ASHR 2, S. 167.
967 ASHR 2, S. 12f.
968 So Schenkel, Grundlasten 1931, S. 66f. Siehe auch am Beispiel des Abgeordneten Kilchmann, Bernet, Luzern 1993, S. 51f., und ASHR 2, S. 33f., 44f.
969 ASHR 2, S. 24f.
970 ASHR 2, S. 33f.
971 Heinrich Pestalozzi, Ueber den Zehnden. Aarau 1798. In: Ders., Sämtliche Werke, Bd. 12, S. 305-328, hier 306ff.
972 Ebenda, S. 311.
973 Ebenda, S. 318.
974 Dazu Radspieler, Bronner 1967, S. 36ff.
975 Siehe das Gesetz in ASHR 3, S. 430ff.
976 Siehe ausführlichst: Manz, Basler Landschaft 1991.
977 Schenkel, Grundlasten 1931, S. 152f. sowie ASHR 4, S. 1268ff.
978 ASHR 6, S. 153.

979 Siehe dazu das nächste Kapitel.
980 ASHR 3, S. 123f., hier 124.
981 ASHR 3, S. 125ff.
982 ASHR 3, S. 126.
983 ASHR 3, S. 246.
984 Zur Finanzsituation der Helvetischen Republik vgl. Landmann, Finanzlage 1909.
985 Was dies auf der Ebene der Kantone und Gemeinden bedeutete, zeigen beispielhaft: Stark, Jakob, «Schlechter Hausvater...» 1990; Manz, Basler Landschaft 1991, S. 391ff., sowie mit durchgängig ähnlichen Ergebnissen weitere kantonal orientierte Arbeiten zur Helvetik. Manz kommt S. 494f. zu dem Ergebnis, dass sich das helvetische Steuersystem für die Landschaft gelohnt habe, da politischer Wille und zurückhaltende Veranlagungspraxis zu einer starken Steuerentlastung geführt habe.
986 ASHR 8, S. 1322ff. Siehe auch Schenkel, Grundlasten 1931, S. 202.
987 Ansonsten bemühte sich die Helvetik auf dem Gebiet der Agrarpolitik, durch die Ökonomischen Patrioten begonnene Reformvorhaben fortzuführen. Der Kulturzwang für landwirtschaftliche Flächen war durch die neuen gesetzlichen Grundlagen aufgehoben, so dass nun der Bauer sein Land bebauen konnte, wie er es für richtig hielt. Durch das Gesetz vom 10. November 1798 fielen Regelungen weg, die bis dahin die Interessen des Zehntherrn schützten. So konnte der Bauer nun sein zehntpflichtiges Land bebauen, ohne darum um Erlaubnis bitten oder Entschädigung leisten zu müssen. Auch das freie Verfügung über den Boden empfindlich einschränkende Zugrecht, das dem Grundherrn erlaubte, ein verkauftes Grundstück gegen Entschädigung der Kaufsumme vom Käufer an sich zu ziehen, wurde aufgehoben und der Freikauf von Weiderechten ermöglicht. Siehe in dieser Reihenfolge: ASHR 3, S. 287f. u. 618; ASHR 2, S. 1006ff.; ASHR 5, S. 895ff.
988 Mottaz, Les Bourla-Papey 1903.
989 Stauffacher, Herrschaft 1989, S. 178.
990 Manz, Basler Landschaft 1991, S. 524.
991 ASHR 3, S. 268.
992 Überaus reichhaltiges Material zum Gemeindewesen in ASHR 11, S. 258ff.
993 So äusserte sich Johann Baptist Wyder von Hildisrieden. Siehe ASHR 3, S. 215f. Zu Wyder siehe: Bernet, Luzern 1993, S. 47.
994 ASHR 3, S. 1200. Zu Elmiger siehe: Bernet, Luzern 1993, S. 53.
995 Bernet, Luzern 1993, S. 76f.
996 Was diese Institutionen für die Gemeinden bedeuteten, zeigt anschaulich die insgesamt aufschlussreiche Darstellung der Helvetischen Revolution und Republik in dem Ort Biberist von Fankhauser, Biberist 1993, besonders S. 209ff.
997 Wichtige Kernbestimmungen in den Bechlüssen zur Gemeindeorganisation in ASHR 1, S. 149, 569, 571; III, 536ff., 1133ff., 1158ff. 1171ff.; VI, 269.
998 Manz, Basler Landschaft 1991, S. 523ff., hier 524. Siehe auch: Ders., Zentralismus 1993, speziell S. 74f., und Walter, Enjeux historiographiques 1993.
999 Weber, Die Zürcherischen Landgemeinden 1971, S. 259ff., speziell 263f.
1000 Rosenkranz, Thurgau 1969, S. 144ff.
1001 Zschokke, Erinnerungen an Heinrich Pestalozzi, in: Prometheus 1832-1833, Th. 1, S. 245-261, hier 249f.
1002 Charbon, Literatur 1995, weist darauf hin, dass die Literatur der Helvetik noch kaum erforscht ist. Siehe aber Trösch, Dichtung 1911, und Ders., Lavater 1911.
1003 Schreiben des Statthalters Maurer an Stapfer vom 17.9.1798. In: ASHR 3, S. 288f., hier 288.
1004 Das Direktorium an Usteri und Fischer. In: ASHR 1, S. 1126.
1005 Ebenda, S. 1127.
1006 Ebenda.
1007 Johann Rudolf Steck in: Helvetische Monatsschrift, Jg. 1799, H. 1, S. 48.
1008 1. Stück, Thun 13.12.1800, Titelseite.
1009 Siehe Böning, Zeitungen 1992.
1010 ASHR 2, S. 590.
1011 Vgl. die Diskussion in: Ebenda, S. 590f.

1012 Ebenda der Beschluss S. 589f.
1013 Siehe Ebenda, S. 591.
1014 Helvetisches Volksblatt, 1. St., S. 6.
1015 Siehe die Diskussion in ASHR 3, S. 1260f.
1016 Ebenda.
1017 Siehe zur Zeitung wie zur Volksaufklärung in der Schweiz: Böning, Zschokke 1983.
1018 Über senatorische und gesetzgeberische Zeitungsschreiberey 1801, S. 26. Ein Exemplar dieser interessanten kleinen Schrift, die sich mit der journalistischen Tätigkeit von Mitgliedern der Räte und mit den offiziellen Zeitungen der Helvetik befasst, befindet sich im Kantonsarchiv Aarau im Nachlass Zschokkes.
1019 Alpenboth 1799.
1020 Siehe den Titel im Quellenverzeichnis sowie Pfister, Publizistik 1975.
1021 Vgl. Spinner, Flugschriftenliteratur 1876, S. 393.
1022 Ebenda, S. 391. Ein Drittel der Autoren dieser Schriften waren Geistliche.
1023 Vgl. im einzelnen Ebenda.
1024 Schweizerbote, Jg. 1798, No. 7.
1025 Unterschrift unter einem Bild, das als Symbol der habsburgischen Macht den zu grüssenden Hut auf der Stange zeigt. Graphische Sammlung ZB Zürich.
1026 Der helvetische Volksfreund 1799-1801, Jg. 1799, S. 45ff.
1027 Zschokke, Selbstschau, S. 105.
1028 Heinrich Pestalozzi, Revolutionsskizzen. In: Das Helvetische Volksblatt, N. 3, S. 34.
1029 Schweizerbote, Jg. 1798, S. 36.
1030 Ebenda, Jg. 1799, Bd. 2, S. 4f.
1031 Siehe auch: Frei, Nationalbewusstsein 1964.
1032 Zum Verhältnis von Gessler-Hut und Tellenhut siehe Ebert, Tanz 1996, S. 57ff. Dort auch S. 109ff. zu den helvetischen Farben. Grün als Farbe Lémans, Tells und als Farbe der Hoffnung und des Neubeginns.
1033 ASHR 1, S. 1081-1084, hier 1084.
1034 Der Gleichheitsbaum 1798, Vorrede.
1035 Schweizerbote, Jg. 1799, S. 86.
1036 Siehe Labhardt, Wilhelm Tell 1947 sowie zur aktuellen Diskussion Kutter, Peter Ochs 1994.
1037 Siehe Im Hof, Mythos Schweiz 1991 sowie Ders., Symbolik 1993, S. 18-24.
1038 Schweizerbote, Jg. 1799, S. 86.
1039 Ebenda.
1040 Ebenda, Jg. 1798, S. 52.
1041 Ebenda, Jg. 1799, S. 135.
1042 Helvetisches Volksblatt, No. 15, S. 232f.
1043 Schweizerbote, Jg. 1799, S. 135.
1044 Ebenda, S. 144.
1045 Ebenda, S. 149.
1046 Ebenda, S. 157.
1047 Ebenda, S. 174.
1048 ASHR 4, S. 163,165.
1049 Siehe dazu detailliert: Böning, Zschokke 1983, S. 237ff.
1050 Schweizerbote, Jg. 1799, II, S. 58-60.
1051 Ausdrücklich zu widersprechen ist Daniel Frei, der den «Schweizer-Boten» als Beleg für seine These nennt, es habe nahegelegen, «den zum nationalen Erbfeind aller vergangenen und zukünftigen Zeiten gestempelten Gegner auch sämtlicher anderer Laster zu bezichtigen». Siehe dazu Frei, Nationalbewusstsein 1964, S. 74, sowie Schweizerbote, 1799, S. 200f.
1052 ASHR 3, S. 1318.
1053 Siehe de Capitani, Rituale 1993.
1054 Mösch, Solothurn 1939, S. 1-546, hier 31, schildert ein solches Fest. Am 25. März fand auf dem mit einem Freiheitsbaum geschmückten Marktplatz von Solothurn das «Fest der Constitution» statt. Hochgestimmt und in hohem Ton hielt Bürger Joseph Lüthy die Festrede: «Daß ich imstande wäre, Euch ein Gemälde zu entwerfen von dem

wahrhaft goldenen Zeitalter, dem wir entgegensehen, wo wir im Vollgenusse unserer Menschenrechte, im Vollbesitze der von unsern Väter[n] erkämpften Freiheit, unter dem Schutze weiser Gesetze alle unsere physischen und moralischen Kräfte aufbieten können und dürfen, um uns in den Wohlstand zu versetzen, dessen wir uns würdig machen - einem Zeitalter, wo Religion in ihrer Urschönheit sich wird sehen lassen, wo Künste und Wis[s]enschaften blühen, wo Viehzucht und Ackerbau vervollkommnet werden, und wo der Handel befördert und erweitert wird.»

1055 ASHR 3, S. 1315.
1056 ASHR 3, S. 1316.
1057 ASHR 3, S. 1317.
1058 ASHR 3, S. 1352. Beschluss vom 14. März 1799.
1059 ASHR 3, S. 1353.
1060 ASHR 3, S. 1354.
1061 Vgl. dazu und zu weiteren Vorschlägen Stapfers: de Capitani, Ideen 1990. Beschrieben sind die nationalen Feste und Feiern weiter bei: Wernle, Helvetik 1938, Bd. 1, S. 272ff.
1062 Schweizerbote, 1799, S. 92.
1063 Der Schweizerische Republikaner, Jg. 1798, S. 816ff.

Kapitel 9

1064 ASHR 3, S. 848f.
1065 ASHR 4, S. 415.
1066 ASHR 1, S. 1088.
1067 Siehe dazu und zur älteren Literatur über diesen Komplex: Alkalay, Strafrecht 1984. Speziell zum Strafrecht der Alten Eidgenossenschaft S. 110ff.
1068 Siehe beispielsweise Vogel, Ueber die Schweiz 1801, insbesondere S. 21ff.
1069 Bericht des Staathalters Pfenninger an den Minister des Innern vom 30.11.1798. In: ASHR 3, S. 275ff., hier 277.
1070 Bericht des Statthalters Pfenninger an den Minister des Innern vom 30.11.1798. In: ASHR 3, S. 275ff. Dazu auch Alkalay, Strafrecht 1984, S. 129.
1071 Alkalay, Strafrecht 1984, S. 136.
1072 Siehe Beispiele dafür: Ebenda, S. 136ff.
1073 Gutachten der Grossratskommission über eine neue Einrichtung des Kriminalgerichtswesens, 24.1.1799, in: ASHR 4, S. 415ff., hier 415.
1074 ASHR 4, S. 416.
1075 ASHR 4, S. 417.
1076 ASHR 4, S. 419.
1077 ASHR 4, S. 421f.
1078 Der Text in ASHR 4, S. 393ff., siehe auch 415.
1079 Alkalay, Strafrecht 1984, S. 143f.
1080 Verhandlung des Senats, 3. Mai 1799, in: ASHR 4, S. 441f., hier 442.
1081 Gutachten der Grossratskommission über eine neue Einrichtung des Kriminalgerichtswesens, 24.1.1799, in: ASHR 4, S. 415ff., hier 423.
1082 ASHR 4, S. 432.
1083 ASHR 4, S. 432f.
1084 ASHR 4, S. 434.
1085 ASHR 4, S. 435.
1086 ASHR 4, S. 437ff.
1087 Siehe detailliert Alkalay, Strafrecht 1984, S. 168ff.
1088 Siehe dazu den Diskussionsbeitrag Eschers in ASHR 5, S. 813: «Noch auffallender ist aber die Behauptung, dass die Bürger tun dürfen was in den Gesetzen nicht verboten ist; eine solche Äusserung in dem Augenblick wo wir ein durchaus fehlerhaftes und unvollständiges Strafgesetzbuch haben, kann wahrlich nicht ohne Grund uns den Vorwurf zuziehen, dass die Verunsittlichung des Volkes von unserer Mitte ausgehe.»
1089 Dieses und weitere Beispiele bei: Alkalay, Strafrecht 1984, S. 178f.
1090 Siehe die Beispiele: Ebenda, S. 179f.

335

1091 Beispiele bei Bernet, Luzern 1993, S. 217ff.
1092 Ebenda, S. 195f.
1093 Eindrückliche Beispiele bei Alkalay, Strafrecht 1984, S. 190, und Bernet, Luzern 1993, S. 196ff. Detailliert zu den praktischen Hindernissen eines verbesserten Strafvollzuges: Halder, Strafvollzug 1935, insbes. S. 151ff. und S. 157ff. die Instruktionen für die Leiter von Zuchtanstalten. Zu den weiteren Verdiensten der Helvetik auf dem Gebiet der Rechtspflege zählt, ein vom zivilen Strafrecht unabhängiges einheitsstaatliches Militärstrafrecht geschaffen zu haben, das dazu noch auf den Prinzipien der Mündlichkeit und der - begrenzten - Öffentlichkeit basierte. Zumindest ein erster Schritt war so getan, in diesem Bereich der Willkür Schranken zu setzen und die Kriegsgerichtsbarkeit nicht ausschliesslich militärischen Erfordernissen unterzuordnen. Siehe zur Militärjustiz der Helvetik: Huber, Militärjustiz 1988; His, Staatsrecht 1920; Lüthi, Gesetzgebung 1938; ASHR 6, S. 405ff.
1094 Siehe Herzog, Religionsfreiheit 1884, S. 24ff.
1095 ASHR 5, S. 801f. Siehe zu weiteren ähnlichen Eingaben von Geistlichen: Ebenda S. 802ff. u. 814.
1096 So in einer weiteren Eingabe des Kirchenrates vom 28. Mai 1800. Siehe ASHR 5, S. 814.
1097 Zahlreiche Beispiele bei Alkalay, Strafrecht 1984.
1098 ASHR 5, S. 814.
1099 ASHR 5, S. 807.
1100 ASHR 5, S. 809ff.
1101 ASHR 5, S. 811f.
1102 ASHR 5, S. 812f.
1103 Zu Secretan Barbey, Libertés vaudoises 1953.
1104 ASHR 5, S. 812.
1105 ASHR 5, S. 813.
1106 Der Republikaner, St. vom 30.4.1799.
1107 ASHR 3, S. 848.
1108 Staehelin, Civilgesetzgebung 1931, S. 174.
1109 Siehe dazu detailliert: Ebenda.
1110 ASHR 2, S. 213.
1111 ASHR 2, S. 213.
1112 ASHR 3, S. 844ff.
1113 ASHR 3, S. 103ff. Tröschs Einwand: Ebenda, S. 104.
1114 ASHR 2, S. 760f.
1115 Siehe Staehelin, Civilgesetzgebung 1931, S. 169ff.
1116 Einen Überblick zu diesem Thema gibt das angekündigte Dossier Helvetik II 1997. Mir lagen nur die Beiträge in: Akten des 3. Helvetik-Kolloquiums, 1994, vor. Die dortigen Skizzen verdeutlichen die schlechte Quellenlage zum Thema Frauen und Helvetik.
1117 Republikanischer Weltbeobachter, Nro. 2 vom 8. Brachmonat 1798. Der Autor spricht sich im folgenden gegen diese Forderung aus.
1118 ASHR 6, S. 275f., 318, 519f., 806ff., 854ff.
1119 Siehe ASHR 14, S. 437ff.
1120 ASHR 14, S. 449f.
1121 ASHR, 3, S. 1058.
1122 Schweizerbote, 1799, S. 132.
1123 So am Beispiel Luzerns: Bernet, Luzern 1993, S. 788ff.
1124 Das Direktorium an den Grossen Rat, 4. Oktober 1798, in: ASHR 3, S. 70ff., hier 72.
1125 ASHR, Bd. 3, S. 1057.
1126 Siehe am Beispiel Luzern Bernet, Luzern 1993, S. 788ff.
1127 Siehe Hunziker, Volksschule 1881, sowie zu Stapfer: Luginbühl, Stapfer 1887. Eine Arbeit, die die Ergebnisse der Stapferschen Schulenquete einbezieht, liegt von Schneiders, Bernische Landschule 1905, vor.
1128 Siehe auch Böning, Zschokke 1983.
1129 ASHR 3, S. 315.

336

[1130] ASHR 3, S. 317.
[1131] ASHR 3, S. 318.
[1132] ASHR 3, S. 614.
[1133] ASHR 3, S. 615.
[1134] Schneiders, Bernische Landschule 1905, S. 186f. Dort sind weitere Schulmeister-antworten dokumentiert, die das Denken dieser Berufsgruppe veranschaulichen.
[1135] Siehe beispielsweise das Schreiben Stapfers an die Religionslehrer Helvetiens in: ASHR 3, S. 314ff.
[1136] ASHR 3, S. 315.
[1137] ASHR 3, S. 609.
[1138] Botschaft des Direktoriums an die Räthe betreffend einen Plan zur Neugestaltung des Erziehungswesens, mit Vorlage eines Gesetzentwurfs über Volksschulen. In: ASHR 3, S. 602ff.
[1139] Siehe im Detail: Ebenda.
[1140] Siehe beispielhaft: Abt, Fischer 1882. Zur Gründung eines Lehrerseminars in Burgdorf S. 52ff.
[1141] Siehe zu daraus folgenden Konflikten auf der Landschaft Zürich: Weber, Landgemein-den 1971, S. 30f.
[1142] Im Detail bei Bernet, Luzern 1993, S. 789ff. Siehe auch verschiedene weitere Mass-nahmen zur Bildungsreform teilweise auch des höheren Bildungswesens in ASHR 6, S. 289f., 443f., 448f., 450, 524f., 820. Zur Praxis, die weit hinter der Utopie zurück-blieb, aber auch Bossard, Zug 1984; für den Kanton Linth Landolt, Schule 1973, insbes. S. 82ff.
[1143] Zu den Widerständen im Kanton Luzern: Bernet, Luzern 1993, S. 796ff. Zu Zug: Bossard, Zug 1984.
[1144] Bossard, Zug 1984, S. 224.
[1145] Schweizerbote, 1799, S. 132.
[1146] ASHR 3, S. 1079.
[1147] Schweizerbote 1799, II, S. 32.
[1148] Hier können zu diesem Thema nur wenige Ausschnitte behandelt werden. Zum staatsrechtlichen Zusammenhang siehe: His, Staatsrecht 1920, Bd. 1.
[1149] Zu dem gesamten Komplex am detailliertesten Wernle, Helvetik 1938, Bd. 1. Siehe weiter Damour, Kirchenpolitik 1930; Hungerbühler, Staat und Kirche 1954, allgemein S. 44 und weiter zur Praxis im Kanton Thurgau; Herzog, Religionsfreiheit 1884, speziell S. 15ff. zum schulischen Religionsunterricht und S. 53ff. zur Einschränkung der Kirchenregierung. S. 84ff. zur Kultusfreiheit und S. 89ff. zur ökonomischen Lage der Geistlichen. Aufschlussreich für das Verhältnis des Katholizismus zur Helvetik Schihin, Ideen 1936 sowie Schwegler, Geschichte 1943, S. 255ff., und Lüber, Klerus 1993.
[1150] ASHR 1, S. 568.
[1151] ASHR 3, S. 1079.
[1152] ASHR 3, S. 1075ff.
[1153] ASHR 3, S. 1075.
[1154] ASHR 3, S. 1076.
[1155] ASHR 3, S. 1076.
[1156] ASHR 3, S. 1078f.
[1157] ASHR 1, S. 1026ff. Nicht behandelt werden kann hier, dass es durch die Aufhebung der alten, oft kompliziert geregelten Kirchenhoheit zu zahllosen Problemen und Kompetenzschwierigkeiten kam. Reiches Material bietet ASHR 16, S. 143ff.
[1158] ASHR 1, S. 572. Zu Konflikten ASHR 16, S. 143ff.
[1159] ASHR 5, S. 207.
[1160] ASHR 16, S. 146ff.
[1161] ASHR 16, S. 147f., hier 147.
[1162] ASHR 16, S. 148.
[1163] Siehe beispielsweise: ASHR 11, S. 92ff.
[1164] Die Verordnung galt für Solothurn. ASHR 11, S. 68.
[1165] ASHR 11, S. 78.

1166 Detailliert Böning, Zschokke 1983.
1167 Lüber, Klerus 1993, S. 60 beschreibt dies für den katholischen Klerus.
1168 Zu den protestantischen Geistlichen s. Wenneker, Pfarrer 1993, speziell S. 63 u. 66.
1169 Schweizerbote 1799, S. 53.
1170 ASHR 3, S. 407.
1171 ASHR 3, S. 407.
1172 Es handelt sich um die Strophen 8 und 9 des 64 Strophen umfassenden Liedes «Romanze auf den Stäfner Auflauf» von Ulysses von Salis-Marschlins. Zit. nach Fretz, Lesegellschaft 1940, S. 134.
1173 Zu diesen Zeitschriften: Böning, Deutsche Presse, Bd. 2: Altona u.a., Stuttgart 1997.
1174 Blumer, Glarus 1867, S. 82.
1175 Steinauer, Schwyz 1861, S. 183f.
1176 Fretz, Lesegellschaft 1940, S. 142f.
1177 Siehe Brändli, Baumschulen 1992, sowie zum Pressewesen der Helvetik: Markus, Zeitungspresse 1910.
1178 Siehe Guggenbühl, Formen und Funktionen 1996, S. 47, sowie mit der weiterführenden Literatur: Ders., Zensur 1996.
1179 Zur Statistik siehe Markus, Zeitungspresse 1910, S. 70ff.
1180 Siehe das Kapitel: Die Republik bemüht sich um die Gunst der Landbevölkerung.
1181 ASHR 11, S. 73ff., hier 74f.
1182 ASHR 11, S. 84.
1183 Welche Probleme die zügige Herausgabe bereitete, ist in ASHR 11, S. 67ff., dokumentiert.
1184 Siehe ASHR 16, S. 94ff. Dort auch zu Zensurmassnahmen gegen Broschüren.
1185 Siehe ASHR 16, S. 103ff.
1186 ASHR 11, S. 81.
1187 Siehe ASHR 16, S. 111ff.
1188 Zeitungsschreiberey 1801, S. 4f.
1189 Titel der Zeitschrift im Literaturverzeichnis.
1190 Siehe Guggenbühl, Formen und Funktionen 1996, S. 48.
1191 Siehe das Material in ASHR 16, S. 84ff.
1192 ASHR 4, S. 1326.
1193 Markus, Zeitungspresse 1910, S. 29f.
1194 ASHR 16, S. 88.
1195 Siehe besonders Haasbauer, Presseprozess 1951.
1196 Beispiele in ASHR 16, S. 84ff.
1197 ASHR 16, S. 85.
1198 ASHR 16, S. 85 u. 86.
1199 Berner Zeitung vom 23.1.1799.
1200 ASHR 3, S. 404ff.
1201 ASHR 3, S. 408.
1202 ASHR 3, S. 406.
1203 ASHR 3, S. 405.
1204 ASHR 3, S. 424f.
1205 Zu Genhart Bernet, Luzern 1993, S. 68ff.
1206 Siehe u.a. ASHR 16, S. 89.
1207 Bernet, Luzern 1993, S. 69f.
1208 ASHR 7, S. 709f.
1209 ASHR 16, S. 89. Auch hier musste der Justizminister darauf hinweisen, dass eine entsprechende gesetzliche Grundlage fehlte.
1210 Über den jetzigen Zustand der Juden in den kultiviertesten Ländern Europas, in: Miscellen für die Neueste Weltkunde, hrsg. von Heinrich Zschokke, Aarau 1809, Nr. 54, S. 213.
1211 Ebenda, S. 214.
1212 Zur Geschichte der Juden in der Schweiz siehe Juden 1983. Ein solcher Zolltarif ist abgedruckt: Ebenda, S. 26.

1213 Vgl. die Diskussion in: Ephemeriden der Menschheit, Jg. 1776, 10. St., S. 47-54, und 1777, St.1 u. 2, S. 31-34 u. 126-138.

1214 ASHR 2, S. 72.

1215 Ebenda.

1216 Ebenda.

1217 Ebenda.

1218 ASHR 2, S. 74.

1219 Ebenda.

1220 ASHR 2, S. 875.

1221 ASHR 2, S. 876.

1222 ASHR 2, S. 874-884.

1223 ASHR 2, S. 876f.

1224 ASHR 2, S. 881f.

1225 ASHR 2, S. 879f.

1226 ASHR 2, S. 878.

1227 ASHR 2, S. 880.

1228 ASHR 2, S. 881f. Mit Irokese ist ein Angehöriger eines nordamerikanischen Indianerstammes gemeint.

1229 ASHR 2, S. 874.

1230 Siehe beispielhaft ASHR 11, S. 208.

1231 ASHR 2, S. 882, 879.

1232 Siehe mit weiterführender Literatur dazu: Hebeisen, Bändelikrieg 1996.

1233 Zum praktischen Umgang mit den Juden detailliert: ASHR 11, S. 206ff.

1234 ASHR 3, S. 297f.

1235 ASHR 3, S. 300f., hier S. 301.

1236 ASHR 3, S. 301 sowie 11, S. 163. Zu Beschlüssen und Debatten über dieses Problem: Ebenda, S. 161ff.

1237 ASHR 3, S. 293ff., hier 293.

1238 Vgl. Weber, Landgemeinden 1971, S. 255.

1239 Er musste dafür auf fremde Bürgerrechte Verzicht tun und den Bürgereid schwören. Vgl. - auch die Einschränkungen und genauen Bestimmungen - in ASHR 3, S. 293ff. Zur späteren Verschärfung der Bestimmungen: ASHR 6, S. 399ff.

1240 ASHR 3, S. 297f.

1241 S. dazu beispielhaft: Weber, Landgemeinden 1971, S. 259ff., sowie Beschwerden von Gemeinden über die «Bedingnisse der Einbürgerung» in ASHR 11, S. 167ff. Auch die Räte waren bei der Einbürgerung eher zurückhaltend. Siehe dazu ASHR 11, S. 177ff.

1242 ASHR 3, S. 300f, hier 300.

1243 ASHR 3, S. 301.

1244 ASHR 11, S. 493.

1245 Die Quellen zur Diskussion über das Armenproblem bei: Böning/Siegert, Volksaufklärung 1990ff.

1246 ASHR 11, S. 628.

1247 Die Armenpflege der Helvetik ist im wesentlichen dokumentiert in ASHR 11, S. 488ff. Siehe weiter: Hausmann, Armenpflege 1969, sowie Bächlin, Unterstützungswesen 1945; detailliert für katholische Gebiete: Schihin, Ideen 1936, S. 16ff.

1248 Zur Geschäftsverteilung der Ministerien: ASHR 2, S. 467ff.

1249 ASHR 11, S. 1044.

1250 ASHR 11, S. 630.

1251 Diskussionen und Vorschläge in ASHR 11, S. 656ff.

1252 ASHR 11, S. 665.

1253 ASHR 11, S. 675.

1254 Vorschlag Heinrich Zschokkes zur Organisation von Arbeitsgesellschaften. In: ASHR 11, S. 674ff., hier 675.

1255 ASHR 11, S. 679.

1256 Siehe ein praktisches Beispiel in ASHR 11, S. 120.

1257 ASHR 4, S. 379ff.

1258 ASHR 5, S. 317ff.

Kapitel 10

1259 Gutachten der Grossratskommission über eine neue Einrichtung des Kriminalgerichtswesens, 24.1.1799, in: ASHR 4, S. 415ff., hier 423f.

1260 Zu diesem Komplex alle Beiträge in: Akten des 5. Helvetik-Kolloquiums, Flüelen 1996.

1261 Dazu detailliert: Burckhardt, Emigration 1908.

1262 Guzzi, Widerstand 1993 unterscheidet zu Recht die Konterrevolution der alten Eliten und den Widerstand des «Volkes». Siehe auch Ders., Autonomies locales 1992.

1263 ASHR 2, S. 638f.

1264 Siehe dazu: ASHR 3, S. 256ff.

1265 Zschokke, Historische Denkwürdigkeiten, Th. 2, 1804, S. 220-229.

1266 Schreibbuch des Johannes Fotsch, 1820. Zit. nach Wipf, «Freiheit und Gleichheit» 1974, S. 103f.

1267 Dazu alle Beiträge in: Akten des 5. Helvetik-Kolloquiums, Flüelen 1996, sowie zu systematisierenden Fragestellungen, die ich in meine Kategorisierung des Widerstandes aufnehme, Guzzi, Widerstand 1993, und Schnyder-Burghartz, HistorikerInnen und Eliten 1993.

1268 ASHR 2, S. 173.

1269 ASHR 2, S. 651.

1270 ASHR 2, S. 174, 636.

1271 ASHR 2, S. 174f.

1272 ASHR 2, S. 638.

1273 ASHR 2, S. 1011ff.

1274 ASHR 2, S. 1033.

1275 Fankhauser, Widerstand 1996, S. 34., Jufer, Oberaargau 1967, S. 1345.

1276 Ebenda.

1277 ASHR 2, S. 1034.

1278 ASHR 2, S. 1039.

1279 ASHR 2, S. 1040.

1280 ASHR 2, S. 1050.

1281 ASHR 2, S. 1050.

1282 ASHR 2, S. 1113.

1283 ASHR 2, S. 1051.

1284 Siehe Kapitel 11.

1285 ASHR 2, S. 649.

1286 ASHR 2, S. 639f.

1287 Eggers, Bemerkungen 1805, Bd. 5, S. 22.

1288 ASHR 2, S. 648f.

1289 Wipf, «Freiheit und Gleichheit» 1974, S. 103.

1290 ASHR 3, S. 275.

1291 Beispiele bei Wipf, «Freiheit und Gleichheit» 1974, S. 104.

1292 ASHR 3, S. 275.

1293 Beispielhaft die Klage von Bendicht Lüscher im Juli 1798. Abgedruckt in: ASHR 2, S. 647.

1294 Beispielhaft der Bericht des Regierungsstatthalters Weber an den Minister des Innern, 30.11.1798. In: ASHR 3, S. 277ff., hier 277.

1295 Siehe Kapitel 7.

1296 ASHR 2, S. 650.

1297 ASHR 3, S. 279.

1298 Siehe Kapitel 7.

1299 Siehe Bossard-Borner, Aspekte 1996, S. 16.

1300 Beispielhaft der Bericht des Regierungsstatthalters Weber an den Minister des Innern, 30.11.1798. In: ASHR 3, S. 277ff., hier 277.

1301 Siehe die in Kapitel 7 berichteten Beispiele.

1302 ASHR 3, S. 269f.

1303 ASHR 3, S. 269.

1304 ASHR 1, S. 1016
1305 ASHR 1, S. 1017.
1306 ASHR 1, S. 1017, und Schärer, Olten 1979, S. 61.
1307 ASHR 1, S. 1018.
1308 ASHR 1, S. 1018.
1309 ASHR 2, S. 635.
1310 ASHR 2, S. 1041.
1311 Siehe den Bericht in ASHR 2, S. 646. Bei Blumer, Glarus 1869, S. 11ff., wird die Reaktion auf das Gerücht geschildert, ein dem französischen nachgebildeter Kalender solle für die Schweiz eingeführt werden. Hier werden, S. 14f., anschaulich auch weitere, beim Volk Widerstand findende Massnahmen geschildert wie beispielsweise die Öffentlichkeit von Gerichtsverhandlungen in Zivilsachen.
1312 ASHR 2, S. 1034.
1313 ASHR 2, S. 647f.
1314 ASHR 2, S. 648.
1315 So Eggers, Reise, Bd. 5, 1805, S. 240f.
1316 Siehe die Debatten und Beschlüsse darüber in ASHR 2, S. 521ff., 577f., 602f., 781ff., 1038ff.
1317 Die Reaktionen der Bevölkerung in den Landkantonen sind anschaulich geschildert bei: Blumer: Glarus 1869, S. 9ff., speziell 11.
1318 Siehe insbesondere ASHR 2, S. 801f.
1319 ASHR 2, S. 929f., hier S. 930.
1320 Siehe den Bericht in ASHR 2, S. 1042.
1321 Siehe die Schilderungen in ASHR 2, S. 1044ff.
1322 ASHR 2, S. 1046.
1323 ASHR 2, S. 1047f. Die Auseinandersetzung um den Bürgereid der Geistlichen selbst ist umfangreich dokumentiert: Ebenda, S. 781ff.
1324 Fässler, Scheitlin 1929, S. 44.
1325 ASHR 3, S. 755f.
1326 Regierungsstatthalter Weber an den Minister des Innern, 30.11.1798. In: ASHR 3, S. 277ff., hier 278.
1327 Siehe beispielsweise: ASHR 2, S. 173f., 177.
1328 ASHR 3, S. 260.
1329 ASHR 3, S. 260.
1330 Diese und weitere Beispiele bei: Wipf, «Freiheit und Gleichheit» 1974, S. 129ff. Siehe auch ASHR 3, S. 269f.
1331 ASHR 3, S. 275.
1332 ASHR 3, S. 275, 277.
1333 ASHR 2, S. 306ff. Dargestellt bei Manz, Basler Landschaft 1991, S. 186ff. Dazu aufschlussreiche Überlegungen bei Schnyder-Burghartz, HistorikerInnen und Eliten 1993.
1334 ASHR 2, S. 307.
1335 ASHR 2, S. 309.
1336 ASHR 3, S. 111f.
1337 Siehe die Dokumentation solcher Klagen in ASHR 2, S. 226ff.
1338 ASHR 2, S. 227.
1339 Siehe dazu auch Oppliger, Handels- und Gewerbefreiheit 1994.
1340 ASHR 3, S. 273.
1341 Weber, Landgemeinden 1971, S. 256ff.
1342 ASHR 5, S. 579. Der Gesetzestext S. 578.
1343 Siehe den entsprechenden Abschnitt in diesem Kapitel.
1344 Arnold, Uri 1984/85, S. 434.
1345 Der Widerstand von Geistlichen gegen die neue Ordnung und ihr Verhalten während der Helvetik ist detailliert behandelt u.a. bei Bernet, Luzern 1993, gesamter 2. Teil der Arbeit, und bei Arnold, Uri 1984/85, S. 403ff.
1346 Siehe Bossard-Borner, Aspekte 1996, S. 16.
1347 Guzzi, Widerstand 1993, S. 102.

1348 Wäber, Berner Patrizier 1983, S. 144.
1349 Siehe beispielsweise: ASHR 1, S. 403, oder die Äusserungen Ulrich Bräkers in: Tagebuch vom 25.2.1798.
1350 ASHR 2, S. 1035.
1351 ASHR 2, S. 1040.
1352 ASHR 2, S. 1035.
1353 ASHR 2, S. 1050.
1354 ASHR 2, S. 1051.
1355 ASHR 2, S. 1042.
1356 Heinrich Pestalozzi, An mein Vaterland. In: Ders.: Sämtliche Werke, Bd. 12, S. 347-350, hier S. 347. Ähnlich in: An Helvetiens Volk. In: Ebenda, S. 353-358.
1357 ASHR 3, S. 269.
1358 ASHR 2, S. 1042.
1359 ASHR 3, S. 267.
1360 Zit. nach Wipf, «Freiheit und Gleichheit» 1974, S. 131f.
1361 ASHR 3, S. 268.
1362 ASHR 2, S. 1043.
1363 ASHR 3, S. 111f.
1364 ASHR 2, S. 1054.
1365 ASHR 3, S. 111f.
1366 Fankhauser, Widerstand 1996, S. 35.
1367 ASHR 3, S. 269.
1368 Jg. 1798, S. 36.
1369 Im einzelnen sind die Massnahmen dokumentiert in: ASHR 1, S. 425ff. Siehe auch: Herzog, Abhängigkeitsverhältnis 1911, insbesondere S. 18-24, und Herzog, Lieferungen 1948; als zeitgenössischer Bericht von Johann Gottfried Pahl, Kriegsvölker 1800.
1370 ASHR 1, S. 610ff.
1371 ASHR 1, S. 718ff., 836ff.
1372 Zu diesen Vorgängen: ASHR 2, S. 229ff., 253ff., 257ff., 287ff., 319ff., 353ff.
1373 ASHR 2, S. 259.
1374 Engelberts, La présence militaire 1995.
1375 ASHR 3, S. 263.
1376 ASHR 3, S. 271ff. Siehe auch ASHR 16, S. 94ff. Dort auch zu Zensurmassnahmen gegen Broschüren.
1377 Unterstatthalter Steiner an das Direktorium. Winterthur, den 9.9.1798. In: ASHR 1, S. 195f.
1378 Ebenda, S. 1150.
1379 ASHR 1, S. 829ff., 838ff.
1380 Bosshard, Lebensbeschreibung, Th. 2, 1810, S. 66.
1381 Ebenda, S. 69f.
1382 Beispielhafte Schilderung durch Stauber, Töß 1926, S. 170ff.
1383 Helvetien ein Kriegs-Theater, aufgezeichnet von Joh. Jacob Immenhauer von Stein, 1798. Zit. nach Wipf, «Freiheit und Gleichheit» 1974, S. 103.
1384 Siehe Zschokke, Historische Denkwürdigkeiten, Th. 1, 1803.
1385 ASHR 1, S. 140f.
1386 Siehe Staehelin, Helvetik 1977, S. 805; Frey, Armee 1888; Bernoulli, Halbbrigaden 1934; Wyss, Armee 1889; Petitmermet, Militärwesen 1968; Rufer, Salis-Seewis 1938, sowie Nabholz, Fremdherrschaft 1921. Beck, Wehrpflicht 1978, betont, dass durch die Helvetik erstmals eine gesamtschweizerische Wehrorganisation auf der Grundlage allgemeiner Wehrpflicht entstand, woran die Bundesverfassung von 1874 wieder anknüpfte (S. 343). Siehe auch Fankhauser, Militärorganisation 1995, sowie im weiteren Zusammenhang Moos, Truppenstellung 1995, und Czouz-Tornare, Les soldats 1995.
1387 Geboren als Hotz von Richterswil, 1796 erhielt er den Titel Friedrich, Baron von Hotze. Siehe Meyer-Ott, Hotze 1853.

342

[1388] Siehe zur schweizerischen Emigration und ihren Aktivitäten: Burckhardt, Emigration 1908, speziell S. 200.
[1389] Thürer, St. Galler Geschichte 1953/1972, 2,1, S. 125f.
[1390] ASHR 4, S. 629ff.
[1391] Die Kriegsschäden sind eindrucksvoll dokumentiert in ASHR 11, S. 859ff.
[1392] ASHR 11, S. 863.
[1393] Ebenda.
[1394] Siehe dazu François Furet/Mona Ozouf (Hrsg.), Dictionnaire critique de la Révolution Française: Acteurs. Paris 1992.
[1395] Zu den verschiedenen Emigrationswellen und den Motiven der Emigranten: Foerster, Emigration 1995, S. 92f. und 96.
[1396] Die folgenden Informationen über die Emigration nach dem umfassenden Standardwerk von Burckhardt, Emigration 1908, sowie für die militärische Emigration mit weiterführender Literatur: Foerster, Emigration 1995. Siehe weiter Baumann, Volkserhebung 1912.
[1397] So für Solothurn Fankhauser, Widerstand 1996, S. 37.
[1398] Zu Zweifeln an den Angaben Burckhardts und zur Zusammensetzung insbesondere der militärischen Emigration: Foerster, Emigration 1995, S. 98ff.
[1399] ASHR 2, S. 855.
[1400] Foerster, «Vaterlandslose Gesellen?» 1997, S. 25.
[1401] Aufschlussreich sind die Memoiren Rovéréas, Mémoires écrits par lui-même. 4 Bde. Bern, Zürich, Paris 1848.
[1402] Siehe Kapitel 10 den Abschnitt «Die Volksstimmung in den Kantonen» und Burckhardt, Emigration 1908, S. 106ff. u. 125, sowie Baumann, Volkserhebung 1912, S. 237ff.
[1403] Zu seinem Wirken in Glarus Blumer, Glarus: 1869, S. 16f.
[1404] Burckhardt, Emigration 1908, S. 111.
[1405] ASHR 2, S. 1191ff. Siehe auch Burckhardt, Emigration 1908, S. 119ff.
[1406] ASHR 3, S. 1009ff.
[1407] Burckhardt, Emigration 1908, S. 118f.
[1408] Fankhauser, Widerstand 1996, S. 37.
[1409] Burckhardt, Emigration 1908, S. 128f.
[1410] Ebenda, S. 135f.
[1411] Ebenda, S. 172f.
[1412] Insgesamt erreichten die Emigrantentruppen nach Foerster, «Vaterlandslose Gesellen?» 1997, S. 26, eine Stärke von «wohl über 6 000 Mann mit einem Anteil von 95% Schweizern».
[1413] Siehe den Abschnitt: Die Schweiz als Schauplatz auf dem europäischen Kriegstheater.
[1414] Burckhardt, Emigration 1908, S. 231.
[1415] Ebenda, S. 76ff.
[1416] Dazu Foerster, Emigration 1995, S. 110f.
[1417] Siehe zu von Steiger, Haller, Niklaus Friedrich Steiger 1901 sowie Henking, Korrespondenz 1904-1905. Weiter zur politischen Programmatik: Burckhardt, Emigration 1908, S. 206ff.
[1418] Burckhardt, Emigration 1908, S. 267f.
[1419] Wäber, Berner Patrizier 1983, S. 143 sowie Burckhardt, Emigration 1908, S. 252f.
[1420] Burckhardt, Emigration 1908, S. 209f.
[1421] Ebenda, S. 249ff.
[1422] Dazu Burckhardt, Emigration 1908, S. 275ff.
[1423] Oechsli, Geschichte 1903, S. 250.
[1424] Burckhardt, Emigration 1908, S. 7.

Kapitel 11

[1425] ASHR 5, S. 551.

[1426] Dazu Luginbühl, Zwangsanleihen 1897.

[1427] Gutachten der Mehrheit einer Grossratskommission in den Verhandlungen über den Umgang mit der Züricher Interimsregierung. In: ASHR 5, S. 355ff., hier 356.

[1428] ASHR 5, S. 384.

[1429] Wer sie in allen Details nachverfolgen will, kann dies in drei umfangreichen Bänden bei Tillier, Geschichte der helvetischen Republik. Bern 1843, oder bei Oechsli, Geschichte 1903, tun.

[1430] ASHR 5, S. 346f.

[1431] ASHR 5, S. 348ff.

[1432] ASHR 5, S. 351.

[1433] ASHR 5, S. 351f.

[1434] ASHR 5, S. 393f.

[1435] ASHR 5, S. 524ff.

[1436] So: Oechsli, Geschichte 1903, S. 278.

[1437] ASHR 5, S. 219ff.

[1438] ASHR 5, S. 545ff. Zu Finsler siehe Frick, Johann Conrad Finsler 1914.

[1439] ASHR 5, S. 547.

[1440] ASHR 5, S. 541.

[1441] ASHR 5, S. 1304ff. Siehe speziell S. 1318ff. Zu Usteris politischer Tätigkeit: Guggenbühl, Usteri 1924.

[1442] ASHR 5, S. 1317 und im Entwurf S. 1321.

[1443] ASHR 5, S. 1315.

[1444] ASHR 5, S. 1316.

[1445] ASHR 5, S. 1315.

[1446] ASHR 5, S. 1317.

[1447] ASHR 5, S. 1326.

[1448] ASHR 5, S. 1328.

[1449] ASHR 5, S. 1330.

[1450] ASHR 5, S. 1330.

[1451] ASHR 5, S. 1332.

[1452] ASHR 5, S. 1352ff.

[1453] ASHR 5, S. 1356.

[1454] ASHR 5, S. 1361.

[1455] ASHR 5, S. 1366.

[1456] Gasser, Irrweg 1947, S. 439, schreibt, der Entwurf der Republikaner sei, vom Standpunkt der Demokratie und Selbstverwaltung aus bewertet, «ein schlechtweg katastrophales Werk».

[1457] ASHR 5, S. 1306.

[1458] ASHR 5, S. 1498ff.

[1459] Zum Ablauf der Ereignisse ASHR 5, S. 1516ff., und Oechsli, Geschichte 1903, S. 292ff.

[1460] ASHR 5, S. 1518ff.

[1461] ASHR 5, S. 1519f.

[1462] So Manz, Basler Landschaft 1991, S. 119.

[1463] ASHR 5, S. 1529f. Siehe das Urteil bei Staehelin, Helvetik 1977, S. 810.

[1464] ASHR 6, S. 526ff.

[1465] ASHR 6, S. 301ff. u. 458ff.

[1466] ASHR 6, S. 466.

[1467] Siehe den nächsten Abschnitt.

[1468] ASHR 6, S. 133ff., 556ff.

[1469] ASHR 6, S. 298ff.

[1470] ASHR 6, S. 47, 468ff. u. 831ff.

[1471] ASHR 6, S. 136.

[1472] ASHR 6, S. 299.

1473 Siehe ASHR 6, S. 566ff., 716ff., 752ff.

1474 ASHR 6, S. 742. Dort zahlreiche weitere Zuschriften an die Regierung.

1475 ASHR 6, S. 743f.

1476 Siehe detailliert: Oechsli, Geschichte 1903, S. 325ff.

1477 Nach dem föderalistischen Umsturz vom 27./28. Oktober 1801 kam es in neun Kantonen zur Auswechselung der Regierungsstatthalter. Ebenfalls traten vier Minister und mehrere hohe Verwaltungsbeamte zurück. Siehe dazu: Fankhauser, Zentralbehörden 1993, S. 37, 43.

1478 ASHR 7, S. 724f.

1479 Föderalismus und Freiheit 1994, S. 31ff.

1480 ASHR 7, S. 1372ff.

1481 ASHR 8, S. 259

1482 Zit. nach Graber, Widerstände 1996, S. 42.

1483 ASHR 6, S. 19-21, hier 21.

1484 Die entsprechenden Petitionen in ASHR 6, S. 11ff.

1485 Siehe die zahlreichen Petitionen in ASHR 6, S. 154ff.

1486 ASHR 6, S. 153.

1487 Siehe beispielsweise: ASHR 6, S. 173ff., 183f.

1488 Siehe dazu und zu weiterer Literatur: Manz, Basler Landschaft 1991, S. 356ff.

1489 Siehe ASHR 6, S. 221f., 223ff., 227f., 229. Siehe aber die spätere Charakterisierung des Aufstandes durch den damaligen Regierungsstatthalter Zschokke, Selbstschau, S. 161.

1490 Manz, Basler Landschaft 1991, S. 363.

1491 Ebenda, S. 364.

1492 ASHR 6, S. 230f.

1493 Manz, Basler Landschaft 1991, S. 377.

1494 Schenkel, Grundlasten 1931, S. 195.

1495 Ebenda.

1496 ASHR 7, S. 887ff., 963ff.; 8, 1434ff.

1497 ASHR 7, S. 894ff.

1498 Siehe die Darstellung der Ereignisse und zu weiterer Literatur: Graber, Widerstände 1996.

1499 Ebenda, S. 40.

1500 Mottaz, Les Bourla-Papey 1903.

1501 Siehe zu Solothurn Fankhauser, Widerstand 1996.

1502 ASHR 8, S. 1228. Siehe zu den gesamten Ereignissen die umfassende Darstellung in: Föderalismus und Freiheit 1994. Dort auch die weitere Literatur. Siehe auch von Flüe, Obwalden 1961, S. 170ff.

1503 Foerster, Gady 1992.

1504 Ders., Emigration 1995, S. 116f. und Ders., «Vaterlandslose Gesellen?» 1997, S. 26.

1505 ASHR 8, S. 1207ff., 1217ff.

1506 Siehe zu den Auseinandersetzungen u.a. ASHR 8, S. 361ff., 403ff., 626ff., 654ff., 662ff., 716ff., 881ff., 1016ff., 1022ff.

1507 Zu den Ereignissen auch vor diesem Zeitpunkt, besonders in Schwyz Wyrsch-Ineichen, Schwyz 1991, S. 220ff.

1508 ASHR 8, S. 1254.

1509 ASHR 8, S. 1215.

1510 ASHR 8, S. 1233.

1511 ASHR 8, S. 1237.

1512 ASHR 8, S. 1239f.

1513 ASHR 8, S. 1256f.

1514 Siehe zu wenigen Gegenbeispielen: Föderalismus und Freiheit 1994, S. 177, wo sich darüber hinaus die detailreichste und umfassendste Darstellung des Aufstandes gegen die Helvetik findet.

1515 Siehe dazu: Mestral, Alois Reding 1945; Wyss, Alois Reding 1936; Züger, Alois Reding 1977.

1516 ASHR 9, S. 116, sowie detaillierte Schilderung bei: Oechsli, Geschichte 1903, S. 279ff.
1517 SHR 8, S. 1269f.
1518 Zu den Vorgängen um die Mediation siehe detailliert Föderalismus und Freiheit 1994, S. 241ff.
1519 SHR 9, S. 114ff.
1520 ASHR 9, S. 126.
1521 ASHR 9, S. 172.
1522 Siehe dazu die Verhandlungen zwischen der Tagsatzung der Berner Standeskommission in ASHR 9, S. 210ff., sowie die Verhandlungen zwischen Rapp und der Tagsatzung: Ebenda, 266ff.
1523 Zum Wahlverfahren ASHR 9, S. 327ff., 405f., 460ff.
1524 Siehe Kopp, Peter Ochs 1992, S. 148ff.
1525 Zit. nach Kopp, Peter Ochs 1992, S. 149. Siehe auch Gerber-Hess, Sulzer 1972.
1526 Siehe detailliert und zu weiterer Literatur, Kölz, Verfassungsgeschichte 1992.
1527 Ebenda.
1528 Kopp, Peter Ochs 1992, S. 151.

Kapitel 12

1529 Hilty, Vorlesungen 1878, S. 7.
1530 Zschokke, Selbstschau, S. 135, Selbstzitat aus einem Brief an Paul Usteri vom 1.2.1800.
1531 Hilty, Vorlesungen 1878, S. 683.
1532 Dieses schöne Beispiel bei Weber, Landgemeinden 1971, S. 258.
1533 So Markus Kutter 1997 in einem Brief an mich.
1534 So sinngemäss Abt, Fischer 1882, S. VI.
1535 Kutter, Anfang 1996, S. 117ff.
1536 Siehe beispielhaft die in Kapitel 10 zitierte Schilderung durch Bosshard, Lebensbeschreibung, Th. 2, 1810, S. 66.
1537 Manz, Basler Landschaft 1991, S. 521, beschreibt anschaulich und detailliert, welche Faktoren zu einem wachsenden Gefühl der Fremdheit bei der Landbevölkerung beitrugen.
1538 Oechsli, Geschichte der Schweiz 1903, Bd. 1, S. 158f.
1539 Tillier, Geschichte 1843, I, S. VIII.
1540 Staehelin, Helvetik 1977, S. 836; Gasser, Irrweg 1947, S. 430f.; Oechsli, Geschichte der Schweiz 1903, Bd. 1, S. 158, spricht von einem absolutistischen Beamtenstaat mit republikanischer Etikette, der die lebendige Teilnahme des Volkes an den Staatsgeschäften verhindert habe.
1541 Rufer, Helvetische Republik 1921-1934, S. 178; Hilty, Vorlesungen 1878, S. 670; Tillier, Geschichte 1843, I, S. IX.
1542 Staehelin, Helvetik 1977, S. 836.
1543 Beispielhaft: Bossard, Zug 1984, S. 176ff.; zu Luzern, Bernet, Luzern 1993.
1544 Rufer, Helvetische Republik 1921-1934, S. 178; Tillier, Geschichte 1843, I, S. IX.
1545 Arnold, Uri 1984/85, gesamtes Kapitel 6 gemeinsam mit weiteren Problemen wie Widerstand der Landkantone gegen Finanzpolitik.
1546 Tillier, Geschichte 1843, I, S. IX. Einen knappen Überblick über alle Ursachen geben Hunziker/Fankhauser/Bartlome, Zentralarchiv, Bd. 1, 1990, S. 16ff.
1547 Zur grundlegenden Kritik der Helvetik siehe Gasser, Irrweg 1947, wo, S. 427, die Auffassung vertreten wird, es sei die «jahrhundertelange Schulung in der kommunalen Selbstverwaltung, die die schweizerischen Untertanen im 19. Jahrhundert schließlich zur demokratischen Selbstregierung fähig machte».
1548 Dies zeigen hinreichend: Arnold, Uri 1984/85; Stauffacher, Herrschaft 1989 und zahlreiche weitere Arbeiten.
1549 Am Beispiel Basels: Manz, Basler Landschaft 1991, S. 503ff., hier 513.
1550 Siehe dazu: Böning, Menschenbild 1997, sowie Fankhauser, Exekutive 1986, S. 188.
1551 Bernet, Luzern 1993, S. 130ff.

1552 Guggenbühl, Geist 1925.

1553 Bernet, Luzern 1993, S. 134; Wäber, Berner Patrizier 1983, S. 141; Brändli, Die Helvetische Generation 1990, S. 204f.

1554 Siehe detailliert: Mösch, Solothurn 1939, S. 32ff., sowie ASHR 1, Einleitung S. 526; für Luzern: Bernet, Luzern 1993, S. 130ff.

1555 Verschiedene Regierungsstatthalter erwiesen sich in Konfliktsituationen als Gegner der Republik. Siehe Fankhauser, Regierungsstatthalter 1994, S. 269ff.

1556 Ein Beispiel ist der Plan, Alois Reding zum Regierungsstatthalter des Kantons Oberland zu ernennen. Der entsprechende Beschluss des Direktoriums stammt vom 7. Juli 1799. Siehe Fankhauser, Regierungsstatthalter 1994, S. 269.

1557 Wäber, Berner Patrizier 1983, S. 143.

1558 So Heinrich Pestalozzi 1798 in einem Brief an den Justizminister Meyer von Schauensee. In: Ders., Briefe, Bd. 4, S. 15-17, hier S. 16f.

1559 Siehe Rufer, S. 178; dagegen und insgesamt zur Charakterisierung der Gruppierungen im ersten Schweizer Parlament: Büchi, Parteien 1917, S. 161ff. Bei ihm, S. 175, streifte die Partei der Patrioten «einigemal die schlüpfrige, abschüssige Bahn sozialistisch-anarchistischer Forderungen».

1560 Gasser, Irrweg 1947, S. 436, spricht davon, die Partei der Patrioten habe sich redlich abgemüht, «den Einheitsstaat durch Fortschreiten zu vermehrter Demokratisierung doch noch irgenwie populär zu machen». Tadel verdienten die Republikaner als volksabgewandte Doktrinäre, die vor aller Demokratie und Selbstverwaltung tiefen Abscheu gehabt hätten.

1561 Pestalozzi, Briefe, Bd. 4, S. 15-17, hier 17.

1562 Siehe Dommann, Schauensee 1926, speziell S. 291.

1563 Pestalozzi, Briefe, Bd. 4, S. 15-17, hier 16.

1564 Arnold, Uri 1984/85, S. 432, spricht von übergrosser Zurückhaltung der repräsentativen Demokratie bei der Übertragung direkter Macht an das Volk. Guggenbühl, Geist 1925, S. 23f., meint, dass schon die erste Verfassung besonders mit ihrem Wahlmännersystem mit der Übertragung unmittelbarer politischer Macht an den Bürger gezeigt habe.

1565 So Rufer, Helvetische Republik 1921-1934, S. 178.

1566 Staehelin, Helvetik 1977, S. 836.

1567 Bereits Hermann Büchi, Parteien 1917, S. 156, schrieb: «Vielmehr eignet der helvetischen Revolution der Charakter einer *Reformation*; ihr eignet das Streben den Uebergang vom Polizei- und Privilegienstaat des Ancien Régime zum modernen Staat der Freiheit und Gleichheit durchzuführen und unter möglichster Schonung berechtigter Interessen und Forderungen. Nicht Willkür, Gewalt und Beraubung, sondern Ablösung und Vergütung sind ihr Losungswort. In diesem ihrem Charakter beruht ihre historische Grösse, aber auch ihre damalige Schwäche.»

1568 Eggers, Bemerkungen 1805, Bd. 5, S. 241.

1569 Siehe auch Rufer, Helvetische Republik 1921-1934, S. 178.

1570 Siehe die detaillierte Darstellung der Beteiligungsmöglichkeiten durch Wahlen bei Manz, Basler Landschaft 1991, S. 173ff.

1571 Ehrler, Trutmann 1964, zeigt am Beispiel Franz Josef Ignaz Trutmanns, Regierungstatthalter des Kantons Waldstätten, welche Ausnahme prohelvetische Politiker in der Innerschweiz waren.

1572 Arnold, Uri und Ursern 1984/85, S. 433.

1573 Siehe detailliert: Manz, Basler Landschaft 1991, S. 172, sowie ASHR 6, S. 136ff.

1574 Rütsche, Zürich 1900, sowie ASHR 1, S. 1128.

1575 Zit. nach Weber, Landgemeinden 1971, S. 33.

1576 ASHR 6, S. 133ff.

1577 ASHR 5, S. 579. Der Gesetzestext S. 578.

1578 Zu diesem Komplex Kutter, Doch dann regiert das Volk 1996.

1579 So insgesamt zur Helvetik: Hunziker/Fankhauser/Bartlome, Zentralarchiv, Bd. 1, 1990, S. 13.

1580 Oechsli, Geschichte der Schweiz 1903, Bd. 1, S. 158.

1581   Siehe dazu Heinrich Zschokke in: Der Schweizerische Republikaner, Bd. II, Nov.1798-März1799, S. 299ff.

1582   Johann Stuve bei Ebel, Schilderung 1798/1802 I, S. 444, 451; auch in Stuve, Bemerkungen 1794; Rufer, Helvetische Republik 1921-1934, S. 178.

1583   Burckhardt, Emigration 1908, S. 267ff.

1584   Oechsli, Geschichte 1903, S. 250.

1585   Hilty, Vorlesungen 1878, S. 693.

1586   So Oppliger, Handels- und Gewerbefreiheit 1994. Siehe auch Lenzinger, Wirtschaftsideen 1936.

1587   Johann Rudolf Fischer ist dafür eines von vielen Beispielen. Siehe Abt, Fischer 1882, speziell S. 11.

1588   Ähnlich äussert sich zur Zivilgesetzgebung: Wernle, Helvetik 1938, Bd. 1, S. 170.

1589   So Braun, Ancien Régime 1984, S. 313.

1590   Dazu Guggenbühl, Geist 1925.

1591   Im «Schweizerboten» wurde eigens ein Beiblatt eingerichtet, «auch der feigen Buben, der entarteten Schweizer, der Aristokraten und andrer armer Sünder Erwähnung [zu] thun. Aber unter den ehrlichen Schweizern sollen sie nicht stehen; sondern so, wie im Mistkarren hinterher fahren!» Siehe dazu Jg. 1799, S. 143.

1592   Markus Kutter, Manuskript Masch. zur Helvetik, S. 11.

1593   Das Gedicht erschien, die Regeneration bereits erahnend, in: Schweizerbote, 1830, S. 1. Es ist gezeichnet mit E.Z., könnte also von Zschokkes Sohn Emil sein.

Bibliographie

Es wird auf die Verzeichnung der neueren Forschungsliteratur Wert gelegt. Zur weiteren älteren Literatur siehe besonders das Handbuch der Schweizer Geschichte, Bd. 2. Zürich 1977 (2. Aufl. 1980). Nur vereinzelt benutzte Quellen und Literatur sind in den Anmerkungen nachgewiesen.

Quellen

Acten der Basler Revolution 1798, auf Befehl der Regierung gesammelt (von R. Wackernagel). Basel 1898.

Afsprung, Johann Michael, Reise durch einige Cantone der Eidgenossenschaft. Leipzig 1784.

Aktenstücke zur Geschichte der französischen Invasion in der Schweiz im Jahre 1798. In: Archiv für Schweizerische Geschichte 12. Zürich 1858, S. 227-496; 14, 1864, S. 175-414; 16, 1868, S. 179-420.

Der Alpenbothe, eine politische Zeitschrift. [Hrsg.: Andreas Otto]. Nr. 1-18. Chur 1. Juli-28. Oktober 1794.

Der alte-redlich-offenherzige Alpenboth aus denen ewigen drei Bünden. Marschlins 1799.

ASHR - Aktensammlung aus der Zeit der helvetischen Republik (1798-1803), bearbeitet von Johannes Strickler und Alfred Rufer. Bd. 1-11, Bern 1886-1911, Bd. 12-16. Freiburg i.Ue. 1940-1960.

Aufmunterung und Belehrung eines vernünftigen und braven Zürcher-Landmanns an alle seine lieben Mitlandleute in Betreff der inneren Unruhen. A. 1795. Aus wahr-vaterländischer Absicht geschrieben und zu Erreichung derselben gedrukt. [Verf.: Geilinger Sohn von Bulach]. Zürich 1795.

Der aufrichtige und redliche Bote aus Schwaben, welcher seinen lieben Lands-Leuten im Schwabenlande, und auch andern ehrlichen Leuten in Oesterreich, Frankenland, Bayern und in der Schweiz allerley, Altes und Neues erzählt, was zu ihrem Beßten dienen kann. [Hrsg.: Johann Michael Armbruster (nach mehreren zeitgenössischen Quellen wohl nicht Karl Ludwig von Haller)]. St. 1-15, o.O. [Günzburg] 1799.

Der aufrichtige und wohlerfahrene Schweizer-Bote, welcher nach seiner Art einfältiglich erzählt, was sich im lieben schweizerischen Vaterlande zugetragen, und was ausserdem [d]ie klugen Leute und die Narren in der Welt thun. [Hrsg.: Heinrich Zschokke; Red. ab 39. St. oder früher wahrscheinlich Heinrich Gessner]. Bd. 1-2, Nr. 1-26 und 27-52, o.O. [Luzern; das letzte St. trägt den Vermerk, Bern] o.J. [8. oder 15. November 1798-17. Dezember 1800] und Aarau 1804-1879.

Aus Philipp Albert Stapfers Briefwechsel. Hrsg. von Rudolf Luginbühl. Bd.1-2. Basel 1891 (Quellen zur Schweizer Geschichte, Bd. 11 u.12).

Becker, Wilhelm Gottlieb, Ueber Wasern und seinen Prozeß an Herrn Canonicus Gleim von W.G. Becker nebst Herrn Prof. Schlözers zerstreuten Anmerkungen darüber. Frankfurt a.M. 1782.

Belehrendes Gespräch über den Entwurf der helvetischen Constitution. Zürich 1798.

Bericht des Erziehungs-Raths des Kantons Luzern über den Zustand der Landschulen in diesem Canton. Luzern 1801.

Beylage zur Rede des alten Gutmanns enthaltend die Antwort seiner Gemeindsgenossen. Im Herbstmonat 1795. O.O. [vermutl. Zürich].

Boßhard, Heinrich, Heinrich Boßhard, eines schweizerischen Landmannes Lebensgeschichte, von ihm selbst beschrieben. Herausgegeben von Johann Georg Müller. Winterthur 1804. Th. 2, o.O. 1810.

Bräker, Ulrich, Tagebücher und sonstige Schriften. Manuskripte in der Vadiana St. Gallen und im Staatsarchiv St. Gallen. Briefe in der ZB Zürich.

Brief eines Deutschen über die politischen Bewegungen im Kanton Zürich, an H****. Mitgetheilt dem Helvetischen Publikum zu näherer Prüfung und Beurtheilung. O.O. 1795.

Briefwechsel, meist historischen und politischen InhaltS. Hrsg. von August Ludwig Schlözer, Th. 1-10, Heft 1-60 nebst Anhang. Göttingen 1776-1782.

Der Briefwechsel 1806-1848 zwischen Ignaz Heinrich von Wessenberg und Heinrich Zschokke. Bearb. von Rudolf Herzog und Othmar Pfyl. Hrsg. von der Allg. Geschichtforschenden Gesellschaft der Schweiz. Basel 1990 (Quellen zur Schweizer Geschichte, Neue Folge, III. Abt.).

Der Briefwechsel der Brüder J. Georg Müller und Joh. v. Müller, 1789-1809, hrsg. von Eduard Haug. Frauenfeld 1893.

Brüllmann, Fritz, Die Befreiung des Thurgau. Weinfelden 1948.

Demokratische Grundsätze für das Appenzeller-Volk mit Hinsicht auf den gegenwärtigen Zustand im Lande. [Verf.: Heinrich Heidegger]. Appenzell o.V. 1798.

Denkmal der feyerlichen Einsetzung des Erziehungs-Rathes und der Schul-Inspektoren des Kantons Linth. Gestiftet, in Glarus auf dem Rath-Hause den 20ten Jenner 1801. O.O. («Gedruckt zu Glarus») 1801.

Die Discourse der Mahlern. [Titel von Th. 4: Die Mahler. Oder, Discourse Von den Sitten Der Menschen.]. Zürich 1721-1723.

(Duncker, B.A.), Randzeichnungen nach der Natur zum Freyheitslied im Helvetischen Revolutions Almanach für 1799. O.O. [Zürich] o.J. [1800].

Ebel, Johann Gottfried, Schilderung des Gebirgsvolkes vom Kanton Appenzell. Leipzig 1798; 2. Th.: Schilderung der Gebirgsvölker der Schweiz. Leipzig 1802.

Eggers, C[hristian] U[lrich] D[etlev Freiherr von], Bemerkungen auf einer Reise durch das südliche Deutschland, den Elsaß und die Schweiz in den Jahren 1798 und 1799. Bd. 5. u. 6, Kopenhagen 1805 u. 1806.

Ehrerbietige Vorstellungen an den Hochwürdigsten, Gnädigsten Fürsten, Decan und Convent des Hochlöblichen Stifts St. Gallen. Eingegeben von dasigen getreuen Gottshausangehörigen samtl. alten Landschaft. Unter dem 3ten Juni 1795. Gedrukt Helvetien im nehmlichen Jahre.

Eine Zeit zerbricht. Aus dem Briefwechsel zweier Berner Offiziere in holländischen Diensten mit ihrer Familie während der Jahre 1789-1796, hrsg. von James Schwarzenbach. Bern-Bümpliz 1942.

Einfältiges Gespräch, zwischen einem Agent und einem Dorf Schulmeister, auf ihrer Reise von Zürich nach Wädenschwyl über die gegenwärtige politische Lage der Schweiz besonders des Cantons Zürich. O.O. [Zürich] o.V. «Am Bechtoldstage 1800».

Freundes-Zuruf der Bürger der Stadt Zürich an die Bürger der Landschaft Zürich. [Motto] Aus dem Grabe unserer bisherigen Staatsverfassung soll auferstehen Liebe, Zutrauen, Eintracht! O.O. o.J. [1798].

Der Freyheitsfreund oder das alte helvetische Tagblatt. [Hrsg./Red.: Franz Xaver Bronner und Alphons Pfyffer; ab 22.3.1800 Pfyffer allein; Titel ab 22.7.1800: Der Freyheitsfreund]. Bern 1799-1801.

Frö[h]liche Aufklärung für unaufgeklärte Bürger. Von einem Zürcher Landmann. Im Jahr der Wiedergeburt Tells. O.O. 1798.

Der Geist der neuen helvetischen Konstitution. Gespräche des guten Vaters Klaus mit seinen Gemeindsgliedern. Bern 1798 «Erstes Jahr der einen und untheilbaren helvetischen Republik».

Gemeinnütziges Wochenblatt zur Belehrung und Unterhaltung. [Hrsg.: Johann Jacob Schweizer]. H.1, Bogen [= Stücke] 1-8. Winterthur 16. Dezember 1800-Februar 1801.

Geschichte der politischen Bewegungen im Kanton Zürich, vom Jahr 1795. [Verf.: Johann Kaspar Billeter] 2. verm. u. verb. Aufl., «Stäfa am Zürchersee im ersten Jahr der schweizerischen Einheit. 1798.» [1. Aufl. 1796; 3. Aufl. u.d.T. «Blatt aus der Geschichte des Kantons Zürich». Glarus 1831. - Auch n. A. Luzern 1799].

Der Gleichheitsbaum, Seitenstück zum Freiheitsbaum. Ein Gleichniß, gedichtet am Geburtstage der Zürcherischen Freyheit und Gleichheit. 2. Aufl. Zürich 1798.

Häfliger, [Jost Bernhard], Lieder im helvetischen Volkston. Luzern 1801.

Heidegger, Heinrich, Beherzigungen für die Landesväter und Bürger Helvetiens. [Titel des Anhanges, Heinrich der Mörder. Oder die traurige Folge einer kostspieligen Proceß-Ordnung und des unbegränzten Advokaten-Einflusses.]. Zürich 1800.

Der helvetische Genius. Eine periodische Schrift herausgegeben von H[einrich] Zschokke. Ersten Bandes 1.-2. St. Luzern und Zürich 1799.

Helvetische Monathsschrift. Herausgegeben von D[r]. Albrecht Höpfner, in Verbindung mit einer Gesellschaft helvetischer und auswärtiger Gelehrten. Bd.1-[2]; Heft 1-8, 1799, 1799, 1800, 1800, 1800, 1801, 1800[!], 1802; Bandtitel Bd.1 1800, Bd.2 ohne Bandtitelblatt. Winterthur 1799-1802.

Das Helvetische Volksblatt. [Hrsg. von der Regierung der Helvetischen Republik in der Person Philipp Albert Stapfers; Redakteur während der ersten sechs Wochen Heinrich Pestalozzi; danach wahrscheinlich Franz Xaver Bronner und evtl. auch Heinrich Zschokke]. St. 1-19, Beilage zum 6. St., Beilage zum 9. St. O.O. [Luzern] 8.9.1798-1799.

Der helvetische Volksfreund. (Hrsg.: Joh[ann] Jac[ob] Hausknecht). Jg. 1799-1801. St. Gallen 1799-30.12.1801.

Der Helvetische Volksfreund. [Hrsg.: Johann Baptista von Tscharner und Heinrich Zschokke, wahrscheinlich unter Beteiligung von Johann Peter Nesemann]. [Nr. 1-40]. O. O. [Chur] 1797.

Der helvetische Zuhörer. Jg. 1801, Nr. 1-5. O.O. [Bern] 7.2.1801-17.2.1801.

Helvetischer Zuschauer. [Hrsg.: Emanuel Jacob Zeender]. Jg. 1800, Nr. 1-118 u. Jg. 1801, Nr. 1-15. O.O. [Bern], o.V. 1.4.1800-3.2.1801.

Heß, Jakob, Der Christ bey Gefahren des Vaterlandes. Predigten zur Revolutionszeit gehalten. Bd. 1-2. Winterthur 1799-1800.

Heß, Johann Jakob, Helvetiens neue Staatsverfassung von Seite des Einflusses der Religion und Sittlichkeit auf das Glük der Freystaaten betrachtet. Zürich 1798.

Hirzel, H[ans] Caspar, Die Wirthschaft eines Philosophischen Bauers. Zürich 1761.

Korrespondenz des Peter Ochs (1752-1821), hrsg. u. eingel. von Gustav Steiner. 3 Bde. Basel 1927-1937 (Quellen zur Schweizer Geschichte, NF, Abt.III, Bd.I; II,1; II,2).

Küenzli, Maria, Geschichte meiner Familie. Vornehmlich während den sturmvollen Jahren der St. Gallischen Revolution. St. Gallen 1804. Gedruckt nach einer wörtlichen Abschrift des handschriftlichen Originals, in: Oberberger Blätter 1971/72, S. 35-56 u. 1979, S. 46-57.

Kurzes Gespräch zweyer Landbürger durch die gegenwärtigen Zeitumstände veranlasst. [Verf.: Johann Georg Schulthess]. Zürich 1798 [2. Aufl. ebenfalls 1798].

Lavater, J[ohann] C[aspar], Wasers des unglücklichen Briefe an seine Verwandte, und einige sein Schicksal betreffende kleine Schriften nebst einer Predigt und Gebet über diesen Vorfall von Herrn Diacon J.C. Lavater. Schaffhausen 1780.

Lehrreiche/Lustig-erbauende Monatliche-Gespräch. Hrsg.: [Johann Heinrich] (T)[schudi]. Zürich 1714-1726.

L[eu], J[ohann] K[onrad], Jugendgeschichte von ihm selbst beschrieben, Oder Andenken vom verlornen Sohn. Als Manuscript für Freunde. O.O. 1816.

Mallet-Dupan, Jacques, Essai historique sur la destruction de la Ligue et de la liberté helvétique. London 1798.

Meiners, C[hristoph], Briefe über die Schweiz. Theil 1-2, 2. verbesserte und vermehrte Auflage, Theil 3-4, Tübingen 1791.

Meister, Leonhard, Über den Gang der politischen Bewegungen in der Schweiz. Zürich 1798.

Merkwürdige Schriften und Anecdoten von dem am 27. May in Zürich enthaupteten Prediger Heinrich Waser. Berlin und Leipzig 1780.

Meyer von Knonau, Ludwig, Lebenserinnerungen. Herausgegeben von G. Meyer von Knonau. Frankfurt 1883.

Miscellen für die Neueste Weltkunde, hrsg. von Heinrich Zschokke. Aarau 1807-1813.

Monatliche-Gespräche: siehe Lehrreiche ...

[Müller, Christoph Heinrich]. Waser. O.O. 1780.

Müller, Johann Jacob, Geschichte der provisorischen National Versammlung allhier zu Basel in Meinungen, Bemerkungen und Schlüssen, über den in den Sitzungen vorgekommenen und abgehandelten Gegenstand in A° 1798. Abschrift nach einem Original-Manuskript und Anmerkungen durch André Salvisberg. Masch. O.O. o.J.

Mutach, A[braham] Friedrich v., Revolutions-Geschichte der Republik Bern 1789-1815. Hrsg. von Hans Georg Wirz. Bern und Leipzig 1934.

Nagelneues Gespräch, in der Dorfschenke zum Kreuz gehalten. [Verf.: ... Hartmann]. O.O. o.J. [1798].

Neue Volkslieder für helvetische Bürger. Zu singen bey den Freuden der Herbstzeit. Helvetien 1798.

Neues helvetisches Volksblatt. Herausgegeben von [Johann] Jacob Schweizer. H.1-4 zu je 8 Bogen [= Stücken]. O.O. [Winterthur] o.J. [März-Dezember 1800].

Nicklaus von der Flue Patriot und Eremite im fünfzehnten Jahrhundert an die Helvetischen Patrioten des Achtzehnten. Basel «im ersten Jahre der konstitutionellen Vereinigung Helvetiens» [1798].

Noth- und Hülfs-Büchlein für Bauersleute. Oder lehrreiche Freuden- und Trauer-Geschichte des Dorfs Mildheim. Für Junge und Alte beschrieben. Gotha und Leipzig 1788.

[Pahl, Johann Gottfried v.]: Das Betragen der französisch- österreichisch- und rußischen Kriegsvölker in der Schweiz. Frankfurt und Leipzig 1800.

Pestalozzi, Johann Heinrich, Politische Schriften. Hrsg. von Ruedi Graf. Basel 1991.

Pestalozzi, Johann Heinrich, Sämtliche Briefe. Hrsg. vom Pestalozzianum und von der Zentralbibliothek in Zürich. 13 Bde. Zürich 1946-1971.

Pestalozzi, Johann Heinrich, Sämtliche Werke. Kritische Ausgabe. Berlin und Leipzig, dann Zürich 1927ff.

Pestalozzi, (J[ohann] H[einrich]), Ueber den Zehnden. «Arau» [Aarau] 1798.

Prometheus. Für Licht und Recht. Herausgegeben von Heinrich Zschokke und seinen Freunden. Th. 1-3, Aarau 1832-1833.

Rede des alten Gutmanns im Dorfe N.N. an seine lieben Mitlandleute, als sie gegen ihre väterliche Obrigkeit sich auflehnen wollten. Im Julius 1795. [Verf.: Johann Michael Armbruster]. O.O. [Zürich].

Les relations diplomatiques de la France et de la République Helvétique 1798-1803. Hrsg. von Emile Dunant. Basel 1901 (Quellen zur Schweizer Geschichte, Bd.19).

Rengger, [Albrecht], Ueber die politische Verketzerungssucht in unsern Tagen. Frankfurt und Leipzig 1794 [Neudruck der Ausgabe Basel 1793 in: Dossier Helvetik 1995, S. 167-185].

Republikanischer Weltbeobachter. Oder Proben einer gemeinnüzzigen Zeitung für die Nationalbildung nach den Bedürfnissen der Zeit. Hrsg.: Joh[ann] Georg Heinzmann [2.Herausgeber: Pfarrer Tribolet. – Stücktitel: «Neue Berner Zeitung»]. Bern 5.6.1798-30.3.1799.

Die Revolution in der Schweiz im Jahre 1798; von einem Augenzeugen. Zürich und London 1798.

Der Rhätische Staatsbothe, im ersten Jahr der neuen Helvetischen Republik. Bogen 3 u. 4 u.d.T.: Der Rhätische Staatsbothe. Faßliche Beschreibung der neuen schweizerischen (helvetischen) Staatsverfassung, zur deutlichern Kenntniss für die Bündnerischen Landleute, Nebst eigenen Bemerkungen über einige wesentliche Fehler in dieser neuen Verfassung, zur Beherzigung derer, von denen die Gestaltung und Bearbeitung der nothwendigen Verbesserungen abhängt. [Red.: (wahrscheinlich) Heinrich Zschokke]. Bd. 1, 1. Heft, Bogen 1-6, Malans 1798.

Rohr, Adolf (Hrsg.), Philipp Albert Stapfer. Briefwechsel 1789-1791 und Reisetagebuch. Aarau 1971.

Saly's Revoluzionstage. Herausgegeben [recte, verfaßt] von Ulrich Hegner. Winterthur 1814.

Schlumpf, (Gallus), Der beleidigte Toggenburger. Ueber die infame Schrift wegen eines Jakobiner-Complots. Für alle biedere Landleute, die solche gelesen[,] von Capitain-Lieutenant Schlumpf. Wattwyl 1795.

Der Schweizerische Republikaner. [Hrsg.: Johann Konrad Escher und Paul Usteri]. Zürich [später Luzern u. Bern] 1798-1800.

Sklaverey in der Schweiz, vornemlich im Canton Zürich. In: Das Neue Graue Ungeheuer, H.8, Altona 1797, S. 77-100.

Stapfer, Philipp Albrecht, Einige Bemerkungen über den Zustand der Religion und ihrer Diener in Helvetien. Bern 1800.

Stuve, Johann, Einige Bemerkungen über Herrn Hofrath Meiners Schilderung von Appenzell Außer Rhoden. In: Kleine Schriften gemeinnützigen Inhalts von Johann Stuve. Nach dem Willen des Verstorbenen gesammelt und herausgegeben von seinem traurenden Freunde Joachim Heinrich Campe, Th. 2, Braunschweig 1794, S.333-371.

Thomann, Johannes, Eines alten 78jährigen Bauren Poetische Gedanken. Ueber das sehr merkwürdige Jahr 1798. 2. Aufl. O.O. [Zürich] 1798 [1. Aufl. 1798].

Der Thurgäuischer Erinnerer. Eine Monatschrift, zur Beförderung des wahren Patriotismus und zur Erweckung moralisch guter Gesinnungen und Handlungen, herausgegeben von Johann Heinrich Müller. St. 1-12. Bischofszell 1799-1800.

Ueber den Gewinn, den der Landmann von Aufhebung des Zehnden und Grundzinses zu hoffen hat. Geschrieben im Canton Aargau im May 1800. [Verf.: Heinrich Schinz]. O.O. o.J. (1800) [2.A. ebenfalls 1800].

Über senatorische und gesetzgeberische Zeitungsschreiberey. O.O. 1801.

Veiras, Hans Franz, Heutelia, Das ist, Beschreibung einer Reiß, so zween Exulanten durch Heuteliam gethan, darinn verzeichnet, 1. Was sie denckwürdig gesehen und in obacht genommen, so wol in Geistlichen als Weltlichen. 2. Was sie für Discursen gehalten. 3. Was jhnen hin und wider begegnet. Neu hrsg. von Walter Weigum. München 1969.

Die verdeckte Brut eines Jakobiner-Komplots im Toggenburg. Den getreuen Patrioten zur Warnung dargestellt. O.O. 1795 [Verf. lt. hs. Eintrag auf dem T des Ex. Basel UB, «Pfr. Dudle»].

[Vogel, David], Ueber die Schweiz und über die Mittel und Bedingnisse einer neuen Organisation der helvetischen Republik für die Interessen des europäischen Staatensystems. Tübingen 1801.

Der Volksfreund von Stäfa. [Hrsg.: Ignaz Aloys Fidel Studer]. Stäfa 1.11.1798-9.5.1799.

Wochenblatt für den Kanton Säntis. [Hrsg./Red.: Georg Leonhard Hartmann]. St. Gallen 14.7.1798-25.5.1799.

Wyß, David v., Politisches Handbuch für die erwachsene Jugend der Stadt und Landschaft Zürich. Zürich 1796.

Zschokke, Heinrich, Des Schweizerlandes Geschichten für das Schweizervolk. Aarau 1822.

Zschokke, Heinrich, Eine Selbstschau. In: Ders., Werke in zwölf Teilen, hrsg. von Hans Bodmer. Bd. 1. Berlin, Leipzig, Wien, Stuttgart 1910.

Zschokke, Heinrich, Geschichte vom Kampf und Untergang der schweizerischen Berg- und Waldkantone, besonders des alten eidgenössischen Kantons Schwyz. In vier Büchern. Bern und Zürich 1801.

Zschokke, Heinrich, Historische Denkwürdigkeiten der helvetischen Staatsumwälzung. Bd. 1-3, Winterthur 1803, 1804, 1805.

Zweyte Rede des alten Gutmanns im Dorfe N.N. An seine lieben Mitlandleute, als die Unruhen gestillt und die Häupter derselben gestraft waren. O.O. [vermutlich Zürich] o.J.

Literatur

Abt, Siegfried, Johann Rudolf Fischer von Bern. Eine historisch-pädagogische Studie. Frauenfeld 1882.

Akten des 4. Helvetik-Kolloquiums, Oktober 1995. Schloß Waldegg/Feldbrunnen 1995.

Alkalay, Michael, Das materielle Strafrecht der Französischen Revolution und sein Einfluss auf Rechtsetzung und Rechtsprechung der Helvetischen Republik. Zürich 1984 (Zürcher Studien zur Rechtsgeschichte, Bd. 10).

Altermatt, Felix, Keine Ställe mehr für Löwen und Lindwürmer. Symbolische Formen der politischen Praxis in der helvetischen Revolution. In: etü («Elfenbeintürmler», Zeitschrift Zürcher Geschichtsstudenten), Jg.13, Nr. 2, Zürich 1997, S.13-15.

Arnold, Werner, Uri und Ursern zur Zeit der Helvetik 1798-1803. Altdorf 1985.

Auf dem Weg zu einer schweizerischen Identität 1848-1914. Probleme - Errungenschaften - Misserfolge. Für die SAGW herausgegeben von François de Capitani und Georg Germann. Freiburg (Schweiz) 1987.

Auf der Maur, Jörg, Zinsen - Schulden - Konjunkturen. Das Vermögen von Karl Zay, Ein Beitrag zur Sozial- und Wirtschaftsgeschichte des Alten Landes Schwyz zur Zeit der Helvetik und der Mediation. In: Der Geschichtsfreund, Bd. 143, 1990, S. 165-230.

Bächlin, Max, Das Unterstützungswesen der Helvetik. Staatliche und private Maßnahmen zur Linderung der Kriegsnot. Basel 1945.

Bächlin, Max, Pestalozzi als Sozial-Revolutionär. Zürich 1946.

Barbey, Frédéric, Libertés vaudoises, d'après le journal inédit de Philippe Secrétan (1756-1826). Genf 1953.

Barth, Hans, Untersuchungen zur politischen Tätigkeit von Peter Ochs während der Revolution und Helvetik. In: Jahrbuch für schweizerische Geschichte 26, 1901, S. 145-204.

Bauer, Klaus F., Der französische Einfluss auf die Batavische und die Helvetische Verfassung des Jahres 1798. Nürnberg 1962.

Baumann, Rudolf, Die schweizerische Volkserhebung im Frühjahr 1799. In: Schweizer Studien zur Geschichtswissenschaft, Bd. 4, H. 2, 1912, S. 225-382.

Baumann, Rudolf, Ein Beitrag zur Geschichte der solothurnischen Buchdruckerei und der solothurnischen Zeitungen bis zum Jahre 1848. Balsthal 1909.

Baumgartner, Gallus Jakob, Geschichte des schweizerischen Freistaates und Kantons St. Gallen, mit besonderer Beziehung auf Entstehung, Wirksamkeit und Untergang des fürstlichen Stiftes St. Gallen. Zürich und Stuttgart 1868.

Beck, Roland, Die Helvetik im Lichte der allgemeinen Wehrpflicht. In: Schweizerische Zeitschrift für Geschichte 28, 1978, S. 289-345.

Beeler, Gaetano, Das Landammann-Amt des Kantons Glarus. Diss. Zürich 1914.

Bergier, Jean-François, Die Wirtschaftsgeschichte der Schweiz. Von den Anfängen bis zur Gegenwart. Zürich und Köln 1983.

Bernard, Jacques, Le village fribourgeois sous l'Helvétique et la Médiation. Fribourg 1922.

Bernet, Paul, Der Kanton Luzern zur Zeit der Helvetik. Aspekte der Beamtenschaft und der Kirchenpolitik. Luzern 1993.

Bernoulli, Fernando, Die helvetischen Halbbrigaden im Dienst Frankreichs 1798-1805. Frauenfeld 1934.

Bickel, Wilhelm, Bevölkerungsgeschichte und Bevölkerungspolitik der Schweiz seit dem Ausgang des Mittelalters. Zürich 1947.

Billeter, Heinrich, Die Landvogtei Mainthal (Valle Maggia und Lavizzara). Die eidgenössische Herrschaft von 1513 bis 1798. Zürich 1977.

Bischof, Franz Xaver, «An dem Landesherrn wollte ich niemals untreu werden, aber ebensowenig an dem Vaterland». Der Gossauer Volksführer Johannes Künzle (1749-1820). In: Oberberger Blätter 1994/95. Sonderheft: Landsgemeinde in Gossau 1795, Gossau [1995], S. 47-59.

Blumer, J[ohann] J[akob], Der Kanton Glarus in der Revolution vom Jahr 1798. In: Jahrbuch des historischen Vereins des Kantons Glarus, 1867, S. 67-96.

Blumer, J[ohann] J[akob], Der Kanton Glarus unter der Helvetik. In: Jahrbuch des historischen Vereins des Kantons Glarus, 1869, S. 6-26.

Blumer, Johann Jakob, Staats- und Rechtsgeschichte der schweizerischen Demokratien oder der Kantone Uri, Schwyz, Unterwalden, Glarus, Zug und Appenzell. Th. 1-2, St. Gallen 1850-1859.

Boehtlingk, Arthur, Der Waadtländer Friedrich Caesar Laharpe. 2 Bde. Bern und Leipzig 1925.

Boesch, Gottfried, Die militärische Hilfe der V alten Orte an Bern im März 1798. In: Der Geschichtsfreund Bd. 101, Stans 1948, S. 300-344.

Boesch, Jakob, Carl Heinrich Gschwend 1736-1809. Ein Lebensbild. In: Neujahrsblatt des Historischen Vereins des Kantons St.Gallen 88, 1948, S. 1-25.

Bogel, Else, Schweizer Zeitungen des 17. Jahrhunderts. Beiträge zur frühen Pressegeschichte von Zürich, Basel, Bern, Schaffhausen, St. Gallen und Solothurn. Bremen 1973.

Böning, Holger, Das «Volk ist ein Kind mit beschränkten Begriffen» - Gedanken zum Menschenbild der Volksaufklärer. In: Historie und Eigen-Sinn. Hrsg. von Axel Lubinski, Thomas Ruder und Martina Schattkowsky. Weimar 1997, S. 23-30.

Böning, Holger, Heinrich Zschokke und sein «Aufrichtiger und wohlerfahrener Schweizerbote». Die Volksaufklärung in der Schweiz. Bern und Frankfurt a. M. 1983.

Böning, Holger, Profranzösische Dramatik gegen den Strich der öffentlichen Meinung. «Der Freiheitsbaum». In: Jahrbuch des Instituts für Deutsche Geschichte. Tel-Aviv, XIII, 1984.

Böning, Holger, Revolution in der Schweiz. Das Ende der Alten Eidgenossenschaft und die Helvetische Republik 1798-1803. Bern, Frankfurt am Main und New York 1985.

Böning, Holger, Ulrich Bräker. Der Arme Mann aus dem Toggenburg. Leben, Werk und Zeitgeschichte. Königstein/Ts. 1985.

Böning, Holger, Vom Schweigegebot zum «Blätterwald der Helvetik». In: etü («Elfenbeintürmler», Zeitschrift Zürcher Geschichtsstudenten), Jg.13, Nr. 2, Zürich 1997, S. 19-21.

Böning, Holger, Zeitungen für das «Volk» während der Helvetischen Republik. In: Akten des 4. Helvetik-Kolloquiums, 1995, S. 21-25.

Böning, Holger (Hrsg.), Deutsche Presse. Biobibliographische Handbücher zur Geschichte der deutschsprachigen periodischen Presse von den Anfängen bis 1815. Kommentierte Bibliographie der Zeitungen, Zeitschriften, Intelligenzblätter, Kalender und Almanache sowie biographische Hinweise zu Herausgebern, Verlegern und Druckern periodischer Schriften. Bd. 1.1, 1.2, 1.3: Hamburg. Holger Böning, Emmy Moepps. Stuttgart-Bad Cannstadt 1996; Bd. 2: Altona, Bergedorf, Harburg, Schiffbek, Wandsbek. Holger Böning, Emmy Moepps. Stuttgart-Bad Canstatt 1997.

Böning, Holger (Hrsg.) Französische Revolution und deutsche Öffentlichkeit. Wandlungen in Presse und Alltagskultur am Ende des achtzehnten Jahrhunderts. München 1992.

Böning, Holger; Siegert, Reinhart (Hrsg.) Volksaufklärung. Biobibliographisches Handbuch zur Popularisierung aufklärerischen Denkens im deutschen Sprachraum von den Anfängen bis 1850. Bd. 1ff., Stuttgart/Bad Cannstatt 1990ff.

Bonjour, Edgar, Geschichte der schweizerischen Neutralität. Vier Jahrhunderte eidgenössischer Aussenpolitik. Bd. 1: Entstehung und Entwicklung bis zur Mitte des 19. Jahrhunderts. 6., durchgesehene Aufl. 1997, Basel 1975.

Borgeat-Pignat, Les droits politiques des femmes durant l'Helvétique. In: Akten des 3. Helvetik-Kolloquiums, 1994.

Bossard, Carl, Bildungs- und Schulgeschichte von Stadt und Land Zug. Eine kulturgeschichtliche Darstellung der zugerischen Schulverhältnisse im Übergang vom Ancien Régime zur Moderne. Zug 1985.

Bossard-Borner, Heidi, Aspekte des antihelvetischen Widerstandes im Kanton Luzern. In: Akten des 5. Helvetik-Kolloquiums, Flüelen 1996, S. 15-19.

Brändli, Sebastian, Baumschulen des kommenden Blätterwaldes. Zur Popularisierung der Presse und Politisierung der Bevölkerung in der Helvetik. In: Böning, Holger (Hrsg.), Französische Revolution 1992, S. 297-308.

Brändli, Sebastian, Der Ämtlerhandel. Patriotische Parallelbewegungen zu Memorial- und Stäfner Handel im Knonauer Amt. Affoltern, Hausen 1995.

Brändli, Sebastian, Die ländliche Zürcher Oberschicht des ausgehenden Ancien Régime. Luxus, Puritanismus und republikanische Mäßigung. In: Alltag in der Schweiz seit 1300, Zürich 1991, S. 181-190.

Brandes, Helga, Die «Gesellschaft der Maler» und ihr literarischer Beitrag zur Aufklärung. Eine Untersuchung zur Publizistik des 18. Jahrhundert. Bremen 1974.

Braun, Rudolf, Das ausgehende Ancien Régime in der Schweiz. Aufriß einer Sozial- und Wirtschaftsgeschichte. Göttingen und Zürich 1984.

Brugger, Hans, Der freiburgische Bauernaufstand oder Chenaux-Handel (1781). Diss. Bern 1890.

Brupbacher, Fritz, Die Helvetische Revolution und die Arbeiterbewegung in der Schweiz (1798-1851). Zürich 1912.

Bucher, Silvio, Die Luzerner Gesellschaft im Ancien Régime. In: 600 Jahre Stadt und Land Luzern, Bauern und Patrizier, 1986, S. 43-45.

Bucher, Silvio; Mayer, Marcel; Vogler, Werner, 1789. Die Französische Revolution und St. Gallen. Dokumentation zur Ausstellung im Waaghaus St. Gallen vom 25. August bis 16. September 1989. St. Gallen 1989.

Büchi, Hermann, Die politischen Parteien im ersten schweizerischen Parlament (12. April 1798-7. August 1800. Die Begründung des Gegensatzes zwischen deutscher und welscher Schweiz. In: Politisches Jahrbuch der Schweizerischen Eidgenossenschaft 31, 1917, S. 153-428.

Büchi, Hermann, Vorgeschichte der helvetischen Revolution mit besonderer Berücksichtigung des Kantons Solothurn. 2 Teile, in: Mitteilungen des Historischen Vereins des Kantons Solothurn, H. 13/14, 1925/27.

Bührer, Walter, Der Zürcher Solddienst des 18. Jahrhunderts. Sozial- und wirtschaftsgeschichtliche Aspekte. Bern und Frankfurt a.M. 1977.

Bürki, Fritz, Berns Wirtschaftlage im Dreissigjährigen Krieg. In: Archiv des Historischen Vereins des Kantons Bern, 34. Bd., 1. H., Bern 1937.

Burckhardt, Felix, Die schweizerische Emigration 1798-1801. Basel 1908.

Burckhardt-Biedermann, Th., Die Staatsumwälzung des Jahres 1798. Nach den Papieren eines alten Baslers. In: Beiträge zur vaterländischen Geschichte. Herausgegeben von der Historischen und Antiquarischen Gesellschaft zu Basel. Neue Folge, 2. Bd., Basel 1888, S. 183-224.

Burkhard, Roland, Die Tessiner Presse - eine publizistikwissenschaftliche Struktur- und Problemanalyse. Zürich 1977.

Buser, Hans, Johann Lukas Legrand, Direktor der helvetischen Republik. In: Basler Biographien, Bd.1, Basel 1900, S. 233-288.

Capitani, François de, Beharren und Umsturz. In: Geschichte der Schweiz und der Schweizer. Bd. II, Basel, Frankfurt a.M. 1983, S. 97-175.

Capitani, François de, Die Ideen der Französischen Revolution und die schweizerische Festkultur. In: Jahresbericht 1989 der Schweizerischen Akademie der Geisteswissenschaften. Fribourg 1990, S. 15-25.

Capitani, François de, Rituale der «Religion civile». Zur Selbstdarstellung der Helvetischen Republik. In: Helvetik - neue Ansätze, Itinera, 15, 1993, S. 25-29.

Castella, Gaston, Histoire du Canton Fribourg depuis les origines jusqu'en 1857. Freiburg i.Ü. 1922.

Cavelti, Urs Josef, «Die Aufstandsbewegung hatte damit den Bodensee berührt». Die Landsgemeinde im Umfeld der revolutionären Schweiz. In: Oberberger Blätter 1994/95. Sonderheft: Landsgemeinde in Gossau 1795, Gossau [1995], S. 97-105.

Chapuisat, Edouard, La Suisse et la Révolution Française. Genf 1945.

Charbon, Rémy, Zur Bedeutung der Literatur in der Propaganda für und gegen die Helvetik. In: Akten des 4. Helvetik-Kolloquiums, 1995, S. 26-30.

Chessex, Pierre, Les artistes et la République helvétique. In: Akten des 4. Helvetik-Kolloquiums, 1995, S. 2-3.

Chronik Ulrich Bräker. Auf der Grundlage der Tagebücher 1770-1798. Zusammengestellt und herausgegeben von Heinz Graber, Christian Holliger, Claudia Holliger-Wiesmann, Karl Pestalozzi. Bern und Stuttgart 1985.

Correspondance de Frédéric-César de La Harpe sous la République helvétique, publiée par Jean-Charles Biaudet et Marie-Claude Jéquier. Bd.1-2. Neuchâtel 1982-1985.

Custer, Annemarie, Die Zürcher Untertanen und die Französische Revolution. Diss. Zürich 1942.

Czouz-Tornare, Alain-Jacques, Les soldats suisses au service de France entre 1792 et 1798. In: Dossier Helvetik 1995, S. 135-153.

Czouz-Tornare, Alain-Jacques; Maradan, Evelyne, De la constance dans les opinions. Le chef-résistant Glaronnais Niklaus-Franz von Bachmann (1740-1831), un contrérevolutionaire permanent? In: Akten des 5. Helvetik-Kolloquiums, Flüelen 1996, S. 21-26.

Damour, Carl, Die Kirchenpolitik der Helvetik und Ph. A. Stapfer. Diss. phil. Zürich 1930.

Dändliker, Karl, Zürcher Volksanfragen von 1521 bis 1798. In: Jahrbuch für schweizerische Geschichte 23, 1898, S. 147-225.

Dann, Otto; Dinwiddy, John (Hrsg.), Nationalism in the Age of the French Revolution. London 1988.

356

Dann, Otto (Hrsg.), Nationalismus in vorindustrieller Zeit. München 1986.

Dierauer, Johannes, Die Befreiung des Rheintals 1798. Lindau 1898 (Schriften des Vereins für Geschichte des Bodensees und seiner Umgebung, H. 27).

Dierauer, Johannes, Die Stadt St. Gallen im Jahre 1798 (1799). In: Neujahrsblatt des historischen Vereins der Stadt St. Gallen. 1899 (1900), S. 3-28, 3-22.

Dierauer, Johannes, Geschichte der Schweizerischen Eidgenossenschaft. Bd. 4 u. 5. 2., verb. Aufl. Gotha 1921 u. 1922.

Dierauer, Johannes, Johannes Künzle. In: St. Galler Blätter 1902, S. 1-7, 13-15.

Dierauer, Johannes, Müller-Friedberg. Lebensbild eines schweizerischen Staatsmannes (1755-1836). St. Gallen 1884.

Domeisen, Norbert, Schweizer Verfassungsgeschichte, Geschichtsphilosophie und Ideologie. Bern, Frankfurt a.M., Las Vegas 1978.

Dommann, Hans, Franz Bernhard Meyer von Schauensee als helvetischer Minister und als Politiker. In: Zeitschrift für Schweizerische Geschichte 6, 1926, S. 289-352, 417-488.

Dommann, Hans, Vinzenz Rüttimann und die eidgenössische Politik in der Zeit der Helvetik, der Mediation und Restauration. In: Zeitschrift für Schweizerische Geschichte 3, 1923, S. 241-321, 369-425.

Donnet, André, La révolution valaisanne de 1798. Bibliotheca Vallesiana 17-18, Lausanne 1984.

Dossier Helvetik - Dossier Helvétique. Hrsg. von Christian Simon und André Schluchter. Vol. 1: Souveränitätsfragen - Militärgeschichte. Basel und Frankfurt a.M. 1995.

Dossier Helvetik II - Dossier Helvétique II. Hrsg. von Christian Simon. Sozioökonomische Strukturen - Frauengeschichte/Geschlechtergeschichte. Basel und Frankfurt a.M. 1997.

Droux, Joëlle, Innovation et résistance: L'evolution «revolutionaire» du réseau hospitalier valaisan de 1798 à 1813. In: Akten des 3. Helvetik-Kolloquiums, 1994.

Dunant, Emile (Hrsg.), Les Relations diplomatique de la France et de la République Helvétique. 1798-1803. Recueil de documents tirés des archives de Paris. Basel 1901 (Quellen zur Schweizer Geschichte, Bd. 19).

Durrer, Robert, Die Bundeshilfe Luzerns und Unterwaldens für Bern und Solothurn im Frühjahr 1798. In: Archiv des Historischen Vereins des Kantons Bern, Bd. 31, Bern 1932, S. 167-198.

Dürsteler, Johannes, Die Organisation der Exekutive der Schweizerischen Eidgenossenschaft seit 1798 in geschichtlicher Darstellung. Aarau 1912.

Dütsch, Adolf, Johann Heinrich Tschudi und seine «Monatlichen Gespräche». Ein Beitrag zur Geschichte der Aufklärung in der Schweiz. Frauenfeld und Leipzig 1943 (Wege zur Dichtung. Zürcher Schriften zur Literaturwissenschaft, Bd. XLI).

Ebert, Wilfried, Der frohe Tanz der Gleichheit. Der Freiheitsbaum in der Schweiz 1798-1802. Zürich 1996.

Ebert, Wilfried, Zum Verständnis der Symbolik in der Helvetik. In: Helvetik - neue Ansätze, Itinera, 15, 1993, S. 30-34.

Ehrler, Franz, Franz Josef Ignaz Trutmann, 1725-1821. Ein Innerschweizer Politiker der Helvetik. Freiburg 1964.

Elmer, Alice, Dolder als helvetischer Politiker 1798-1803. Diss.phil.I Zürich. Affoltern a.A. 1927.

Engelberts, Derck C.E., La présence militaire française en Suisse en 1798: sources, données statistiques et judicaires. In: Dossier Helvetik 1995, S. 63-81.

Engelberts, Derck C.E., Une histoire militaire revisitée de la chute de l'Ancien Régime à l'occupation française. In: etü («Elfenbeintürmler», Zeitschrift Zürcher Geschichtsstudenten), Jg.13, Nr. 2, Zürich 1997, S. 22-24.

Engelberts, Derck C.E., «Une seconde Vendée» en Suisse? La perception française de la révolte de Nidwald. In: Akten des 5. Helvetik-Kolloquiums, Flüelen 1996, S. 27-32.

Erb, August, Das Kloster Rheinau und die helvetische Revolution. Zürich 1895.

Erne, Emil, Die schweizerischen Sozietäten. Lexikalische Darstellung der Reformgesellschaften des 18. Jahrhunderts in der Schweiz. Zürich 1988.

Escher, Hermann, Die schweizerischen Bibliotheken in der Zeit der Helvetik, 1798-1803. In: Jahrbuch für schweizerische Geschichte 16, 1936, S. 294-324.

Fankhauser, Andreas, Annäherung an die Helvetik. In: etü («Elfenbeintürmler», Zeitschrift Zürcher Geschichtsstudenten), Jg.13, Nr. 2, Zürich 1997, S. 7-9.

Fankhauser, Andreas, Biberist zur Zeit der Helvetik (1798-1803). In: Peter Kaiser u.a., Biberist. Dorf an der Emme. Biberist 1993, S. 183-241.

Fankhauser, Andreas, Die Exekutive der Helvetischen Republik 1798-1803. Personelle Zusammensetzung, innere Organisation, Repräsentation. In: Studien und Quellen 12, Bern 1986, S. 113-193.

Fankhauser, Andreas, Die helvetische Militärorganisation, Absichten und Probleme. In: Dossier Helvetik 1995, S. 47-62.

Fankhauser, Andreas, Die Regierungsstatthalter der Helvetischen Republik 1798-1803. In: Studien und Quellen, Bd. 20, Bern 1994, S. 219-282.

Fankhauser, Die Zentralbehörden des helvetischen Einheitsstaates. Organisation und Funktionieren. Helvetik - neue Ansätze, Itinera, 15, 1993, S. 35-49.

Fankhauser, Andreas, Widerstand gegen die Helvetik (und die Mediation) im Kanton Solothurn. In: Akten des 5. Helvetik-Kolloquiums, Flüelen 1996, S. 33-38.

Fässler, Oskar, Professor Peter Scheitlin von St. Gallen, 1779-1848. St. Gallen 1929.

Felder, Pierre, Ansätze zu einer Typologie der politischen Unruhen im schweizerischen Ancien Régime. In: Schweizerische Zeitschrift für Geschichte 26, 1976, S. 324-389.

Feldmann, Josef, Propaganda und Diplomatie. Eine Studie über die Beziehungen Frankreichs zu den eidgenössischen Orten vom Beginn der Französischen Revolution bis zum Sturz der Girondisten. In: Schweizerische Zeitschrift für Geschichte, Beiheft 10, 1957.

Feller, Richard, Geschichte Berns. Bd. 3, Bern 1955.

Feller, Richard, Geschichte der Schweiz im 17. und 18. Jahrhundert. In: Nabholz/Muralt/Feller/Bonjour: Geschichte der Schweiz. Zürich 1938, Bd. 2, S. 217-283.

Flach, Heinrich, Dr. Albrecht Rengger. Ein Beitrag zur Geschichte der helvetischen Revolution und der Helvetik. Teil 1, Aarau 1899.

Flouck, François, La paysannerie vaudoise et la Révolution helvétique. Aspects économiques et sociaux. In: Akten des 3. Helvetik-Kolloquiums, 1994.

Flüe, Niklaus v., Die Verhältnisse in Obwalden. In: Akten des 5. Helvetik-Kolloquiums, Flüelen 1996, S. 75-80.

Flüe, Niklaus v., Obwalden zur Zeit der Helvetik 1798-1803. Freiburg 1961.

Foerster, Hubert, Der Aargau und die Zürcher Unruhen 1804 («Bockenkrieg»). In: Argovia 103, 1991, S. 5-106.

Foerster, Hubert, Der Freiburger Nicolas Gady und seine Kompanie im Schweizer Emigrantenregiment im 2. Koalitionskrieg (1799-1801). In: Freiburger Geschichtsblätter 69 (1992), S. 105-208.

Foerster, Hubert, Die militärische Emigration 1798-1801. Offene Fragen zur Motivation, Zusammensetzung, Bedeutung und zum Souveränitätsverständnis der Auswanderungsbewegung. In: Dossier Helvetik 1995, S. 83-124.

Foerster, Hubert, «Vaterlandslose Gesellen?». In: etü («Elfenbeintürmler», Zeitschrift Zürcher Geschichtsstudenten), Jg.13, Nr. 2, Zürich 1997, S. 25-27.

Frei, Daniel, Die Förderung des schweizerischen Nationalbewußtseins nach dem Zusammenbruch der alten Eidgenossenschaft 1798. Diss. Zürich 1964.

Fretz, Diethelm, Die Entstehung der Lesegesellschaft Wädenswil. Streiflichter auf die materielle und geistige Kultur des Zürichseegebietes im ausgehenden 18. Jahrhundert. Wädenswil 1940 (Neujahrsblatt auf das Jahr 1940 der Lesegesellschaft Wädenswil).

Fretz, Diethelm, Pestalozzi in Wädenswil. Wädenswil 1946 (Neujahrsblatt auf das Jahr 1946 der Lesegesellschaft Wädenswil).

Frey, Adolf, Die Helvetische Armee und ihr Generalstabschef J.G. v. Salis-Seewis im Jahre 1799. Zürich 1888.

Frey, Hans, Basel während der Helvetik. In: Neujahrsblatt, hrsg. von der Gesellschaft zur Beförderung des Guten und Gemeinnützigen, Basel 1877.

Frick, Hans, Johann Conrad Finslers politische Tätigkeit zur Zeit der Helvetik. Zürich 1914.

Gabathuler, Heinz, Ochs, Usteri, Escher & Co. In: etü («Elfenbeintürmler», Zeitschrift Zürcher Geschichtsstudenten), Jg.13, Nr. 2, Zürich 1997, S. 16-18.

Gagliardi, Ernst, Geschichte der Schweiz von den Anfängen bis Gegenwart. Umgestaltete und erweiterte Ausgabe. Bd. 3: Vom Zusammenbruch des Ancien Régime bis zur Gegenwart, 1798-1937. Zürich und Leipzig 1937.

Gagliardi, Ernst, Hans Waldmann und die Eidgenossenschaft des 15. Jahrhunderts. Basel 1912.

Gantner, Theo, Pfarrer Roman Heer und die Helvetische Regierung. In: Basler Volkskalender 1969, S. 61-69.

Gasser, Adolf, Der Irrweg der Helvetik. In: Zeitschrift für Schweizerische Geschichte 26, 1947, S. 425-455. Ebenfalls in Ders., Ausgewählte historische Schriften (1933-1983). Basel 1983, S. 330-352.

Gautherot, Gustave, La Révolution française dans l'ancien Evêché de Bâle. Paris 1908, In: La République Rauracienne, II: Le Département du Mont-Terrible.

Gerber-Hess, Rudolf, Johann Rudolf Sulzer 1749-1828. Biographische Untersuchung zur Entstehung der Mediationsverfassung. Bern und Frankfurt a.m. 1972.

Geschichte der Schweiz und der Schweizer. Bd. II, Basel, Frankfurt a.M. 1983.

Gilomen, Hermann, Ludwig Bay, Direktor der helvetischen Republik. Diss.phil.I Bern, Leipzig 1920.

Godechot, Jacques, Les commissaires aux armées sous le directoire. Bd. 1-2, Diss. Paris 1937.

Göldi, Wolfgang, «Erfreue dich St. Gallisch Land, Fürst Beda siegt, der Konvent erliegt...» Die Rezeption der Landsgemeinde in Wort und Bild. In: Oberberger Blätter 1994/95. Sonderheft, Landsgemeinde in Gossau 1795, Gossau [1995], S. 83-96.

Graber, Rolf, Bürgerliche Öffentlichkeit und spätabsolutistischer Staat. Sozietätsbewegung und Konfliktkonjunktur in Zürich 1746-1780. Zürich 1993.

Graber, Rolf, Der Waser-Handel. Analyse eines soziopolitischen Konflikts in der Alten Eidgenossenschaft. In: Schweizerische Zeitschrift für Geschichte 30, 1980, S. 321-356.

Graber, Rolf, Pro-helvetische Widerstände gegen restaurative Tendenzen in der Spätphase der Helvetik, Die Zehntunruhen im Distrikt Fehraltorf als Fallbeispiel. In: Akten des 5. Helvetik-Kolloquiums, Flüelen 1996, S. 39-45.

Graf, Ruedi, Pestalozzi als neuer Intellektuellentypus. Zur Entstehung neuer Intellektuellenschichten und -funktionen in einer Umbruchzeit. In: Akten des 4. Helvetik-Kolloquiums, 1995, S. 15-20.

Grieder, Fritz, Das Postwesen im helvetischen Einheitsstaat (1798-1803). Basel 1940.

Gugerli, David, Zwischen Pfrund und Predigt, die protestantische Pfarrfamilie auf der Zürcher Landschaft im ausgehenden 18. Jahrhundert. Zürich 1988.

Guggenbühl, Christoph, Formen und Funktionen des Widerstandes in der antihelvetischen Publizistik. In: Akten des 5. Helvetik-Kolloquiums, Flüelen 1996, S. 47-52.

Guggenbühl, Christoph, Zensur und Pressefreiheit. Kommunikationskontrolle in Zürich an der Wende zum 19. Jahrhundert. Zürich 1996.

Guggenbühl, Gottfried, Bürgermeister Paul Usteri 1768-1831. 2 Bde. Aarau 1924/1931.

Guggenbühl, Gottfried, Geschichte der Schweizerischen Eidgenossenschaft. Bd. 2, Vom Jahre 1648 bis zur Gegenwart. Erlenbach-Zürich 1948.

Guggenbühl, Gottfried, Vom Geist der Helvetik, Schweizergeschichtliche Charakteristiken, H. 1. Zürich, Leipzig, Berlin 1925.

Guggisberg, Kurt u. Hermann Wahlen, Kundige Aussaat - köstliche Frucht. Zweihundert Jahre Ökonomische und gemeinnützige Gesellschaft des Kantons Bern, 1759-1959. Hrsg. von der Ökonomischen und gemeinnützigen Gesellschaft des Kantons Bern zum Jubiläum des 200jährigen Bestehens der OGG vom 27. Januar 1959. Bern 1958.

Guggisberg, Kurt, Philipp Emanuel von Fellenberg und sein Erziehungsstaat. Bd. 1: Die Vorbereitung. Bd. 2: Das Werk. Bern 1953.

Guyer, Paul, Die soziale Schichtung der Bürgerschaft Zürichs vom Ausgang des Mittelalters bis 1798. In: Schweizerische Zeitschrift für Geschichte 2, 1952, S. 569-598.

Guzzi, Sandro, Autonomies locales et systèmes politiques alpins, la Suisses italienne aux XVIIe et XVIIIe siècles. In: Bergier, Jean-François; Guzzi, Sandro (Hrsg.): La découverte des Alpes. Basel 1992 (Itinera 12).

Guzzi, Sandro, Logiche della rivolta rurale. Insurrezioni contro la republica elvetica nel Ticino meridionale. Bologna 1994.

Guzzi, Sandro, Widerstand und Revolten gegen die Republik. Grundformen und Motive. In: Helvetik - neue Ansätze, Itinera, 15, 1993, S. 84-104.

Gysin, Werner, Zensur und Preßfreiheit in Basel während der Mediation und Restauration. Basel 1944.

Haasbauer, Adolphine, Johann Kaspar Lavater und der berühmteste Presseprozess der Helvetik. In: Schweizerische Zeitschrift für Geschichte 1, 1951, S. 105-109.

Häberli, Wilfried, Biel unter Frankreichs Herrschaft. Biel 1948.

Hafen, Thomas, Der Einfluss der Souveränitätskonzeption von Emmanuel Joseph Sieyes auf ausgewählte helvetische Verfassungsentwürfe. In: Dossier Helvetik 1995, S. 15-34.

Halder, Nold, Der Strafvollzug zur Zeit der Helvetik. In: Schweizerische Zeitschrift für Strafrecht, Jg. 49, 1935, S. 137-171.

Haller, Berchtold, Niklaus Friedrich Steiger, der letzte Schultheiss der alten Stadt und Republik Bern 1729-1799. Bern 1901.

Hasenfratz, Helene, Die Befreiung des Thurgau 1798. In: Thurgauische Beiträge zur vaterländischen Geschichte, H. 48, 1908.

Hasenfratz, Helene, Die Landgrafschaft Thurgau vor der Revolution 1798. Diss. phil. Zürich 1908.

Hauser, Albert, Der Bockenkrieg. Ein Aufstand des Zürcher Landvolkes im Jahre 1804. Zürich 1938.

Hauser, Albert, Über die Lebenshaltung im alten Zürich. In: Schweizerische Zeitschrift für Geschichte 12, 1962, S. 170-187.

Hauser, Karl, Geschichte der Stadt, Herrschaft und Gemeinde Elgg. Elgg 1895.

Hausmann, Karl Eduard, Die Armenpflege in der Helvetik. Basel und Stuttgart 1969 (Basler Beiträge zur Geschichtswissenschaft, Bd. 115).

Hebeisen, Erika, Der Bändelikrieg, manifester Widerstand auf Abwegen - ein Werkstattbericht. In: Akten des 5. Helvetik-Kolloquiums, Flüelen 1996, S. 53-59.

Heger-Etienvre, Marie-Jeanne, La Réception Baloise de la Politique culturelle de Philipp Albert Stapfer. In: Akten des 4. Helvetik-Kolloquiums, 1995, S. 9-14.

(Heinzmann, Johann Georg), Neue Chronik für Schweizer. Bern 1801.

Heinzmann, Johann Georg, Neuere Geschichte der Schweizer 1700-1804 mit Einschluß der Revolutionsgeschichte von Helvetien. Bern 1805.

Helvetik - neue Ansätze. Referate des Helvetik-Kolloquiums vom 4. April 1992 in Basel, Itinera, 15, Basel 1993.

Henking, Karl, Die Korrespondenz Joh. v. Müllers mit Schulth. Steiger, Generallieut. v. Hotze und Oberst v. Rovéréa 1798 und 1799. Teil 1-2, Schaffhausen 1904-1905.

Herzog, Eduard, Über Religionsfreiheit in der helvetischen Republik mit besonderer Berücksichtigung der kirchlichen Verhältnisse in den deutschen Kantonen. Bern 1884.

Herzog, Theodor, Das Abhängigkeitsverhältnis der Schweiz in den Jahren 1798-1803. Zürich 1911.

Hilty, Carl, Öffentliche Vorlesungen über die Helvetik. Bern 1878.

His, Eduard, Geschichte des neuern Schweizerischen Staatsrechts, Bd. 1: Die Zeit der Helvetik und der Vermittlungsakte 1798 bis 1813. Basel 1920. Neudruck Frankfurt a.M. 1968.

Histoire de Genève des origines à 1798, publiée par la Société d'histoire et d'archéologie de Genève. Genf 1951.

Histoire de Genève, ed. Paul Guichonnet. Toulouse et Lausanne 1974.

Historisch-biographisches Lexikon der Schweiz. 7 Bde. und Supplement. Neuenburg 1921-1934.

Höhle, Thomas, Möglichkeiten der Reisebeschreibung am Beispiel einiger ausgewählter Reisebücher über die Schweiz im 18. Jahrhundert. In: Sehen und Beschreiben. Europäische Reisen im 18. und frühen 19. Jahrhundert. Hrsg. von Wolfgang Griep, Heide 1991, S. 107-114.

Hollenstein, Lorenz, «Es will halt alles frei sein!». Der Ablauf der Ereignisse aus der Sicht des St. Galler Klosters. In: Oberberger Blätter 1994/95. Sonderheft, Landsgemeinde in Gossau 1795, Gossau [1995], S. 9-26.

Huber, Michael, Die Militärjustiz der Helvetik. Zürich 1988 (Zürcher Studien zur Rechtsgeschichte, Bd. 18).

Hugger, Paul, Kommentare zum Freiburgischen Chenaux-Handel von 1781. Ein Beitrag zur Geschichte der chiliastischen und nativistischen Strömungen in der Schweiz. In: Schweizerische Zeitschrift für Geschichte 23, 1973, S. 324-340.

Hungerbühler, Hugo, Staat und Kirche im Thurgau während Helvetik und Mediation, 1798-1814. In: Thurgauische Beiträge zur vaterländischen Geschichte, H. 91, Jg. 1954, S. 1-188.

Hunziker, Guido, Die Schweiz und das Nationalitätsprinzip im 19. Jahrhundert. Die Einstellung der eidgenössischen Öffentlichkeit zum Gedanken des Nationalstaats. Basel und Stuttgart 1970 (Basler Beiträge zur Geschichtswissenschaft, Bd. 120).

Hunziker, Guido; Andreas Fankhauser; Niklaus Bartlome, Das Zentralarchiv der Helvetischen Republik 1798-1803. Bd. 1-2, Bern 1990-1992.

Hunziker, O[tto], Geschichte der Schweizerischen Volksschule in gedrängter Darstellung mit Lebensabrissen der bedeutenderen Schulmänner und um das schweizerische Schulwesen besonders verdienter Personen bis zur Gegenwart. Unter Mitwirkung zahlreicher Mitarbeiter herausgegeben von O. Hunziker. Bd. 1-2, Zürich 1881.

Hunziker, O[tto] [Hrsg.], Zeitgenössische Darstellungen der Unruhen in der Landschaft Zürich 1794-1798. Basel 1897 (Quellen zur Schweizer Geschichte, Bd. 17).

Hutson, James H., The Sister Republics. Die Schweiz und die Vereinigten Staaten von 1776 bis heute. Bern 1992.

Im Hof, Ulrich, Ancien Régime. In: Handbuch der Schweizer Geschichte, Bd. 2, Zürich 1977 (2. Aufl. 1980), S. 673-784.

Im Hof, Ulrich, Die helvetische Überbrückung des konfessionellen Gegensatzes. Zur Frage der Begegnung zwischen katholischer und reformierter Schweiz im 18. Jahrhundert. In: Gottesreich und Menschenreich, Festschrift Staehelin. Basel/Stuttgart 1969.

Im Hof, Ulrich, Mythos Schweiz. Identität - Nation - Geschichte, 1291-1991. Zürich 1991.

Im Hof, Ulrich, Symbolik - Emblematik - Mythologie. In: Helvetik - neue Ansätze, Itinera, 15, 1993, S. 18-24.

Im Hof, Ulrich, Vor 200 Jahren, Albrecht Rengger, politische Diskriminierung - heute. In: Dossier Helvetik 1995, S. 163-166.

Im Hof, Ulrich, Wirkungen der französischen Revolution auf die schweizerische Öffentlichkeit. In: Böning, Holger (Hrsg.), Französische Revolution 1992, S. 27-45.

Im Hof, Ulrich; Capitani, François de, Die Helvetische Gesellschaft. Spätaufklärung und Vorrevolution in der Schweiz. Bd. 1 Ulrich Im Hof, Die Entstehung einer politischen Öffentlichkeit in der Schweiz. Struktur und Tätigkeit der Helvetischen Gesellschaft. Unter Mitarbeit von Adrian Hadorn und Christine Weger-Hug. Bd. 2 François de Capitani, Die Gesellschaft im Wandel. Mitglieder und Gäste der Helvetischen Gesellschaft. Frauenfeld und Stuttgart 1983.

Imesch, Daniel, Die Kämpfe der Walliser gegen die Franzosen in den Jahren 1798 und 1799. Sitten 1899.

Itten, Gottfried, Karl Albrecht v. Frisching, ein Politiker aus dem alten Bern 1734-1801. Diss. phil. I, Bern 1910.

Jörin, Ernst, Der Aargau 1798-1803. Vom bernischen Untertanenland zum aargauischen Grosskanton. Aarau 1929.

Jörin, Ernst, Der Kanton Oberland 1798-1803. Diss. Bern, Zürich 1912.

Jomini, Edmond, Pierre Maurice Glayre. Homme d'Etat vaudois et helvétique 1743-1819. Lausanne 1943 (=Editions de la Grande Loge suisse Alpina No 2).

Jorio, Marco, Die Helvetische Republik und der Reichsdeputationshauptschluss von 1803. In: Dossier Helvetik 1995, S. 35-45.

Jorio, Marco, «Vendée rauracienne» - Widerstand im Département Mont-Terrible (ehemals Fürstbistum Basel) im Jahre 1793. In: Akten des 5. Helvetik-Kolloquiums, Flüelen 1996, S. 65-68.

Juden in der Schweiz. Glaube - Geschichte - Gegenwart. Im Auftrag des Schweizerischen Israelitischen Gemeindebundes hrsg. von Willy Guggenheim. Küsnacht und Zürich 1983.

Jufer, Max, Der Oberaargau in der Helvetik 1798-1803. In: Jahrbuch des Oberaargaus 13, 1970, S. 99-125. Auch in: Schweizerische Lehrerzeitung, Jg. 112, 1967, S. 1273f., 1343f., 1561f.

Junker, Beat, Geschichte des Kantons Bern seit 1798. Bd. 1, Helvetik, Mediation, Restauration 1798-1802. Bern 1982.

Kaiser, Markus, «Grob musste man also sein, um Gossau gleich zu werden». Das Wiler Klaglibell - Die Revolution im Fürstenland aus der Sicht der Gegner. In: Oberberger Blätter 1994/95. Sonderheft, Landsgemeinde in Gossau 1795, Gossau [1995], S. 27-46.

Kaiser, Simon; Strickler, Johannes, Geschichte und Texte der Bundesverfassungen der schweizerischen Eidgenossenschaft von der helvetischen Staatsumwälzung bis zur Gegenwart. Bern 1901.

Kälin, Paul, Die Aufklärung in Uri, Schwyz und Unterwalden im 18. Jahrhundert. In: Mitteilungen des Historischen Vereins des Kantons Schwyz 45, 1945.

Kälin, Urs, Die Urner Magistratenfamilien. Herrschaft, ökonomische Lage und Lebensstil einer ländlichen Oberschicht 1700-1850. Zürich 1991.

Kamber, Peter F., Bibliotheken und ihr Publikum im helvetischen Luzern. In: Akten des 4. Helvetik-Kolloquiums, 1995, S. 36-40.

Kämpfen, Peter Joseph, Freiheitskämpfe der Oberwalliser in den Jahren 1798 und 1799. Stans 1867.

Kästli, Tobias, Die Helvetische Republik und die Frauen. In: etü («Elfenbeintürmler», Zeitschrift Zürcher Geschichtsstudenten), Jg.13, Nr. 2, Zürich 1997, S. 10-12.

Kind, Ernst, Karl Müller-Friedberg und Gallus Jakob Baumgartner, die Bildner des Kantons St. Gallen. In: Zeitschrift für Schweizerische Geschichte 10, 1930, S. 502-526.

Klages, Reno, Die Zeitschrifen der deutschen Schweiz zur Zeit der Helvetik und Mediation 1798-1813. Diss. phil. Zürich, Turbenthal 1945.

Kölz, Alfred, Neuere Schweizerische Verfassungsgeschichte. Ihre Grundlinien vom Ende der Alten Eidgenossenschaft bis 1848. Bern 1992.

Kölz, Alfred, Quellenbuch zur neueren schweizerischen Verfassungsgeschichte. Vom Ende der Alten Eidgenossenschaft bis 1848. Bern 1992.

Kopp, Peter F., Das Helvetische National-Drama von Peter Ochs. In: Akten des 4. Helvetik-Kolloquiums, 1995, S. 31-32.

Kopp, Peter F., Peter Ochs. Sein Leben nach Selbstzeugnissen erzählt und mit Bildern authentisch illustriert. Basel 1993.

Kramer, Silvia, Hans Caspar Hirzel - ein Zürcher Staatsmann an der Wende zwischen Ancien Régime und Helvetik, 1746-1827. Zürich 1974.

Krause-Vilmar, Dietfried, Liberales Plädoyer und radikale Demokratie. Heinrich Pestalozzi und die Stäfner Volksbewegung. Meisenheim a.Gl. 1978.

Kreis, Georg, Der Weg zur Gegenwart. Die Schweiz im neunzehnten Jahrhundert. Basel, Boston, Stuttgart 1986.

Kutter, Markus, Der Anfang der modernen Schweiz. Übergang von der alten Eidgenossenschaft zur Helvetischen Republik (1798-1803). Basel 1996.

Kutter, Markus, Die Schweizer und die Deutschen. Zürich 1995.

Kutter, Markus, Doch dann regiert das Volk. Ein Schweizer Beitrag zur Theorie der direkten Demokratie. Zürich 1996.

Kutter, Markus, Heinrich Zschokke, Erfinder des schweizerischen Nationalgefühls. In: Akten des 4. Helvetik-Kolloquiums, 1995, S. 51-55.

Kutter, Markus, Peter Ochs statt Wilhelm Tell? Zurück zu den Ursprüngen der modernen Schweiz. Basel und Berlin 1994.

Labhardt, Ricco, Wilhelm Tell als Patriot und Revolutionär 1700-1800. Wandlungen der Tell-Tradition im Zeitalter des Absolutismus und der Französischen Revolution. Basel 1947 (Basler Beiträge zur Geschichtswissenschaft, Bd. 27).

Lafontant, Chantal, La résistance à la Révolution de 1798 dans le Jura vaudois. Lausanne 1989.

Landmann, Julius, Die Finanzlage der Helvetischen Republik. In: Politisches Jahrbuch der schweizerischen Eidgenossenschaft, Jg. 23, 1909, S. 15-158.

Landolt, Hermann, Die Schule der Helvetik im Kanton Linth 1798-1803 und ihre Grundlagen im 18. Jahrhundert. Zürich 1973 (Zürcher Beiträge zur Pädagogik, Bd. 12).

Lang, Carl Ludwig, Die Zeitschriften der Deutschen Schweiz bis zum Ausgang des 18. Jahrhunderts (1694-1798). Leipzig 1939.

Lang, Robert, Der Kanton Schaffhausen im Revolutionsjahr 1798. In: 12. Neujahrsblatt des Historisch-antiquarischen Vereins und des Kunstvereins der Stadt Schaffhausen, Schaffhausen 1903

Laube, Bruno, Joseph Anton Felix Balthasar 1737-1810, ein Beitrag zur Geschichte der Aufklärung in Luzern. (Basler Beiträge zur Geschichtswissenschaft, Bd. 81). Basel 1956.

Lenzinger, Paul, Die Wirtschaftsideen der Helvetik. Diss. Bern 1936.

Leuthold, Rolf, Der Kanton Baden 1798-1803. In: Argovia 46, Aarau 1934.

Levi, Robert, Der oberste Gerichtshof der Helvetik. Diss. jur. Zürich 1945.

Lüber, Alban Norbert, Der Widerstand der Oberwalliser 1798/1799 gegen die Helvetik und die Franzosen in den Quellen «von unten». In: Akten des 5. Helvetik-Kolloquiums. Flüelen 1996, S. 69-74.

Lüber, Alban Norbert, Die Stellung des katholischen Klerus zur Helvetischen Republik. In: Helvetik - neue Ansätze, Itinera, 15, 1993, S. 50-61.

Luginbühl, Rudolf, Die Zwangsanleihen Massenas bei den Städten Zürich, St. Gallen und Basel, 1799-1819. In: Jahrbuch für schweizerische Geschichte 22, 1897, S. 1-164.

Luginbühl, Rudolf, Ph. Alb. Stapfer helvetischer Minister der Künste und Wissenschaften. (1766-1849). Basel 1887.

Luminati, Michele, Die Helvetische Republik im Urteil der schweizerischen Geschichtsschreibung. In: Zeitschrift für Neuere Rechtsgeschichte, Jg. 5, 1983, S. 163-175.

Lüthi, E., Zum 5. März 1798, ein Beitrag zur Geschichte der Helvetik. Bern 1916.

Lüthi, Karl J., Das bernische Zeitungswesen. In: Das Buch der schweizerischen Zeitungsverleger. Zürich 1925, S. 521-661.

Lüthi, Werner, Das Kriminalgerichtswesen der Helvetischen Republik im Jahre 1798. Bern 1931.

Lüthi, Werner, Die Gesetzgebung der Helvetischen Republik über die Strafrechtspflege. Bern 1938.

Lüthi, Werner, Die Sicherheitspolizei der Schweiz zur Zeit der Helvetik. In: Zeitschrift für Schweizerische Geschichte 49, 1939.

Mallet, Paul-Henri, Histoire des Suisses ou Helvétiens. Genf 1803.

Manz, Matthias, Die Basler Landschaft in der Helvetik. Über die materiellen Ursachen von Revolution und Konterrevolution. Liestal 1991.

Manz, Matthias, Zentralismus und lokale Freiräume, Die Ebene der Kantone und der Gemeinden. In: Helvetik - neue Ansätze, Itinera, 15, 1993, S. 68-78.

Markus, S[amuel], Geschichte der Schweizerischen Zeitungspresse zur Zeit der Helvetik. 1798-1803. Zürich 1910.

Marti, Hanspeter, Zwei Klosterbibliotheken in der Zeit der Helvetik und aus helvetischer Sicht. In: Akten des 4. Helvetik-Kolloquiums, 1995, S. 41-45.

Marti, Karin und Hanspeter, Das Bild der Frau in den deutschsprachigen Zeitschriften während der Helvetik. In: Akten des 3. Helvetik-Kolloquiums, 1994.

Mattern, Günter, Die Flaggen und Kokarden der Schweiz zwischen 1792 und 1848. In: Archives héraldiques suisses, 1974, S. 14-22.

Mattmüller, Markus, Der politische Kontext der Helvetischen Volkszählung von 1798. In: André Schluchter, F. Kurmann, Die Bevölkerung der Schweiz um 1800. Bern 1988, S. 7-10.

Mattmüller, Markus, Die Umfragen der Helvetik. In: Akten des 3. Helvetik-Kolloquiums, 1994.

Méautis, Ariane, Le Club helvétique de Paris (1790-1791) et la diffusion des idées révolutionaire en Suisse. Neuchâtel 1969.

Meier, Alfred, Abt Pankraz Vorster und die Aufhebung der Fürstabtei St. Gallen. Freiburg/Schweiz 1954.

Meier, Alphons, Die Anfänge der politischen Selbständigkeit des Kantons Thurgau in den Jahren 1798-1803. Diss. Zürich 1911.

Memorial und Stäfner Handel 1794/1795. Herausgegeben von Christoph Mörgeli unter dem Patronat von Gemeinderat und Lesegesellschaft Stäfa. Stäfa 1995.

Messmer, Kurt; Hoppe, Peter: Luzerner Patriziat. Sozial- und wirtschaftsgeschichtliche Studien zur Entstehung und Entwicklung im 16. und 17. Jahrhundert. Mit einer Einführung von Hans Conrad Peyer. Luzern und München 1976.

Mestral, Aymon de, Aloys von Reding. Ein Held des nationalen Widerstandes. Zürich 1945.

Meyer, K., Solothurnische Verfassungszustände zur Zeit des Patriziats. Olten 1921.

Meyer-Ott, Wilhelm, Johann Konrad Hotze. Zürich 1853.

Michaud, Marius, La contre-révolution dans le canton de Fribourg (1789-1815). Fribourg 1978.

Mittler, Max (Hrsg.), Die Schweiz im Aufbruch. Das 19. Jahrhundert in zeitgenössischen Berichten. Zürich 1982.

Monnard, Karl, Schweizerbilder aus der Geschichte des achtzehnten Jahrhunderts. Deutsche, vom Verfasser besorgte, erweiterte Ausgabe. Elbersfeld 1855.

Monnier, Victor, Le géneral. Analyse juridique de la fonction du commandant en chef d l'armée fédérale suisse de 1798 à 1874. Basel 1991.

Moos, Carlo, Für eine übergreifende Betrachtung von Helvetik und Mediation entlang dem Wechselspiel von Kontinuität und Bruch. In: Akten des 3. Helvetik-Kolloquiums, 1994.

Moos, Carlo, Plädoyer für die Helvetik. In: etü («Elfenbeintürmler», Zeitschrift Zürcher Geschichtsstudenten), Jg.13, Nr. 2, Zürich 1997, S. 6.

Moos, Carlo, Zur Schweizer Truppenstellung an Napoleon. In: Dossier Helvetik 1995, S. 125-133.

Mösch, Johann, Der Kanton Solothurn zur Zeit der Helvetik. In: Jahrbuch für Solothurnische Geschichte, Jg. 12, 1939, S. 1-546.

Mottaz, Eugène, Les Bourla-Papey et la révolution vaudoise. Lausanne 1903.

Mugglin, Beat, Olten im Ancien-Régime. Sozialer Wandel in einer Kleinstadt. Olten 1982.

Mühlestein, Hans, Der grosse schweizerische Bauernkrieg. Zürich 1977.

Müller, Hans, Das Freiamt 1798-1803. In: Unsere Heimat, Jahresschrift der Historischen Gesellschaft Freiamt, Jg. 27, 1953, S. 5-24.

Müller, Karl, Die Geschichte der Zensur im alten Bern. Diss. phil. Bern 1904.

Müller, Peter, «Ihr verkauft schöne Reden und Lieder?» Die Geschichte des Jakob Gemperle. In: Oberberger Blätter 1994/95. Sonderheft: Landsgemeinde in Gossau 1795, Gossau [1995], S. 60-68.

Müller-Wolfer, Theodor, Johann Rudolf Dolder (1753-1807). In: Lebensbilder aus dem Aargau. In: Argovia 65, 1953, S. 11ff.

Muralt, Leonhard v., Alte und neue Freiheit in der helvetischen Revolution. In: Der Historiker und die Geschichte. Ausgewählte Aufsätze und Vorträge, Festgabe für Leonhard von Muralt. Zürich 1960, S. 147-160.

Nabholz, Hans, Die Schweiz unter Fremdherrschaft 1798-1813. In: Schweizer Kriegsgeschichte, Bd. 3, H. 8, Bern 1921, S. 5-152.

Nabholz, Hans, Die soziale Schichtung der Bevölkerung der Stadt Zürich bis zur Reformation. Zürich 1934.

Netzle, Simon, Der verpasste «Great Compromise». Amerika in der helvetischen Verfassungsdiskussion. In: etü («Elfenbeintürmler», Zeitschrift Zürcher Geschichtsstudenten), Jg.13, Nr. 2, Zürich 1997, S. 28-31.

Niederberger, Ferdinand, Grenzbesetzung und Kriegswirtschaft in Unterwalden nid dem Wald anno 1798. Beiträge zur Geschichte Nidwaldens 11 (1938).

Noseda, Irma, Städtebauliche und architektonische Hauptstadtprojekte für Aarau und Luzern 1798/1799. In: Akten des 4. Helvetik-Kolloquiums, 1995, S. 4-6.

Ochs, Peter, Geschichte der Stadt und Landschaft Basel. Bd. 8, Basel 1822.

Ochsner, Martin, Die kirchlichen Verhältnisse in Einsiedeln zur Zeit der Helvetik. In: Der Geschichtsfreund 64, 1909, S. 1-133.

Oechsli, Wilhelm, Geschichte der Schweiz im 19. Jahrhundert, Bd. 1: Die Schweiz unter französischem Protektorat 1798-1813. Leipzig 1903.

Oechsli, Wilhelm, Die Schweiz in den Jahren 1798 und 1799. Zürich 1899 (Vor hundert Jahren, T. 1).

Ökumenische Kirchengeschichte der Schweiz. Im Auftrag eines Arbeitskreises herausgegeben von Lukas Vischer, Lukas Schenker und Rudolf Dellsperger. Freiburg (Schweiz) 1994.

Oppliger, Ernst, Neuenburg, die Schweiz und Preußen 1798-1806. Diss. Bern. Zürich 1914.

Oppliger, Sven, Diskussionspapier «Handels- und Gewerbefreiheit in der Helvetik». In: Akten des 3. Helvetik-Kolloquiums, 1994.

Peter, Marc, Genève et la Révolution (1792-1794). Genf 1921.

«Peter Ochs Brief» (Mitteilungsblatt), hrsg. von der Peter Ochs Gesellschaft, Nr. 1-8, Basel 1990-1997.

Petitmermet, Roland, Das Militärwesen der Helvetischen Republik. In: Figurina Helvetica 27, 1968, H. 1, S. 6-11, H. 2, S. 10-15.

Peyer, Hans Conrad, Die Anfänge der schweizerischen Aristokratien. In: Messmer/Hoppe, Luzerner Patriziat 1976, S. 1-28.

Peyer, Hans Conrad, Die wirtschaftliche Bedeutung der fremden Dienste für die Schweiz vom 15. bis 18. Jahrhundert. In: Beiträge zur Wirtschaftsgeschichte, Bd. 5. Nürnberg 1978.

Pezold, Klaus, Casimir Ulrich Böhlendorff, deutscher Autor und Freund Hölderlins, als Chronist der «Helvetischen Revolution». In: Akten des 4. Helvetik-Kolloquiums, 1995, S. 46-50.

Pfister, Christian, Geschichte des Kantons Bern seit 1798. Bd. IV: Im Strom der Modernisierung. Bevölkerung, Wirtschaft und Umwelt 1700-1914. Bern 1995.

Pfister, Christoph, Die Publizistik Karl Ludwig von Hallers in der Frühzeit 1791-1815. Bern und Frankfurt a.M. 1975.

Pfister, Rudolf, Kirchengeschichte der Schweiz. Bd. 3, Zürich 1984.

Pfister, Ulrich, Protoindustrialisierung, Die Herausbildung von Gewerberegionen, 15. - 18. Jahrhundert. In: Schweizerische Zeitschrift für Geschichte 41, 1991, S. 149-160.

Radeff, Anne, Initiatives communales et pouvoir central sous l'Helvétique: l'exemple du commerce périodique. In: Akten des 3. Helvetik-Kolloquiums, 1994.

Radspieler, Hans, Franz Xaver Bronner. Leben und Werk 1794 bis 1850. Ein Beitrag zur Geschichte der Helvetik und des Kantons Aargau. Aarau 1967.

Raoul-Rochette, D., Histoire de la Révolution helvétique de 1797 à 1803. Paris 1823.

Rapp, Georges; Hofer, Viktor, Der schweizerische Generalstab. Bd. 1: Von den Anfängen bis zum Sonderbundskrieg. Basel, Frankfurt a.M. 1983.

Reynold, Gonzague de: Wie sie denken. Der Standpunkt der welschen Schweiz und das Interesse der Gesamtschweiz. St. Gallen 1917.

Röthlin, Niklaus, Politische Formen und Symbole der Helvetischen Republik. In: Peter Ochs Brief 6, 1995, S. 1-5.

Robé, Udo, Berner Oberland und Staat Bern. Untersuchungen zu den wechselseitigen Beziehungen in den Jahren 1798 bis 1846. Bern 1972.

Rosenkranz, Paul, Die Gemeinden im Thurgau vom Ancien Régime bis zur Ausscheidung der Gemeindegüter 1872. Diss. Zürich, Frauenfeld 1969.

Rossi, Giulo u. Eligio Pometta, Storia del Cantone Ticino. Lugano 1941 [deutsch bearbeitet von Max Grütter-Minder. Bern 1944].

Rudolf, Brigitte, Gesundheit, Hygiene und bürgerliche Normen um 1800. In: Alltag in der Schweiz seit 1300. Zürich 1991, S. 199-206.

Rufer, Alfred, Das Problem der Verfassungsgerichtsbarkeit während der Helvetik. In: Schweizerische Zeitschrift für Geschichte, 5. Jg., 1955, S. 273-304.

Rufer, Alfred, Ein Beitrag zur helvetischen Revolutionsgeschichte auf Grund eines Memoires von Ph. A. Stapfer. In: Jahrbuch für schweizerische Geschichte 36, 1911, S. 155-180.

Rufer, Alfred, Helvetische Republik. In: Historisch-biographisches Lexikon der Schweiz. Neuenburg 1921-1934, Bd. 4, S. 142-178.

Rufer, Alfred, Johann Gaudenz v. Salis-Seewis als Bündner Patriot und Helvetischer Generalstabschef. Chur 1938.

Rufer, Alfred, La Suisse et la révolution française. Recueil préparé par Jean-René Suratteau. Paris 1974.

Rufer, Alfred, Pestalozzi, die Französische Revolution und die Helvetik. Bern 1928.

Rütsche, Paul, Der Kanton Zürich und seine Verwaltung zur Zeit der Helvetik 1798-1803. Diss. phil. Zürich 1900.

Salamin, Michel, Histoire politique du Valais sous la République helvétique, 1798-1802. Diss. Freiburg i.Ü. 1957.

Salvisberg, André, Die Auswanderung nach dem Ende der Helvetik. In: etü («Elfenbeintürmler», Zeitschrift Zürcher Geschichtsstudenten), Jg.13, Nr. 2, Zürich 1997, S. 32-33.

Salvisberg, André, Fragwürdige Kurzauftritte. Zur Rolle der Frauen in Berichten über die Basler Revolution von Januar bis März 1798. In: Akten des 3. Helvetik-Kolloquiums, 1994.

Schafroth, Max F., Der Fremdendienst. In: Schweizerische Zeitschrift für Geschichte 23, 1973, S. 73-87.

Schär, Markus, Seelennöte der Untertanen. Selbstmord, Melancholie und Religion im Alten Zürich. Zürich 1985.

Schärer, Peter, Stadt und Distrikt Olten in der Helvetik 1798-1803. Basel 1979.

Schenkel, Hans, Die Bemühungen der helvetischen Regierung um die Ablösung der Grundlasten 1798-1803. Affoltern 1931.

Schihin, Louis, Sozialpolitische Ideen im schweizerischen Katholizismus. Die Anfänge 1798-1848. Zürich 1936.

Schläpfer, Walter, Pressegeschichte des Kantons Appenzell Ausserrhoden. Herisau 1978.

Schluchter, André, Die Bevölkerung der Schweiz um 1800. Eine Auswertung der Helvetischen Volkszählung von 1798 und anderer zeitnaher Erhebungen, mit Einbezug der Bevölkerungsentwicklung bis 1980. Amtliche Statistik der Schweiz, Nr. 170. Bern 1988.

Schmidt, Georg C.L., Der Schweizer Bauer im Zeitalter des Frühkapitalismus. Die Wandlung der Schweizer Bauernwirtschaft im achtzehnten Jahrhundert. Bd. 1. Bern 1932, Bd. 2. Bern und Leipzig 1932.

Schmidt, Uwe, Südwestdeutschland im Zeichen der Französischen Revolution. Stuttgart und Ulm 1993 (Forschungen zur Geschichte der Stadt Ulm, Bd. 23).

Schnegg, Brigitte, Frauen in der Helvetik. - Überlegungen zu einem brachliegenden Forschungsgebiet. In: Akten des 3. Helvetik-Kolloquiums, 1994.

Schneider, Ernst, Die Bernische Landschule am Ende des XVIII. Jahrhunderts. Bern 1905.

Schnyder-Burghartz, Albert, HistorikerInnen und Eliten: Anmerkungen zu einem Problem der Historiographie der Helvetik. In: Helvetik - neue Ansätze, Itinera, 15, 1993, S. 105-109.

Schubiger, Benno, Die Helvetik im Spiegel der Denkmäler. In: Akten des 4. Helvetik-Kolloquiums, 1995, S. 7f.

Schudel-Benz, Rosa, Der appenzellische Landhandel, 1732-1735. Nach Briefen des Dr. med. Laurenz Zellweger an J.J. Bodmer. In: Zeitschrift für Schweizerische Geschichte 13, 1933, S. 65-110.

Schwarber, Karl, Nationalbewußtsein und Nationalstaatsgedanken der Schweiz von 1700 bis 1789. Diss. phil. Masch. Universität Basel 1922.

Schwegler, Theodor, Geschichte der katholischen Kirche in der Schweiz. Stans 1943.

Schweiz unterwegs - Die Schweiz unterwegs 1798-? Ausgewählte Geschichtsschreibung und -Deutung. Hrsg. von Paul König. Zürich 1969.

Schweizer, Paul, Geschichte der Schweizer Neutralität. Frauenfeld 1895.

Segesser, Anton Philipp v., Rechtsgeschichte der Stadt und Republik Lucern. Bd. 3 u. 4. Luzern 1857 u. 1858.

Siegert, Reinhart, Aufklärung und Volkslektüre. Exemplarisch dargestellt an Rudolph Zacharias Becker und seinem «Noth- und Hülfs-Büchlein». Mit einer Bibliographie zum Gesamtthema. In: AGB (Archiv für Geschichte des Buchwesens), Bd. 19, 1978. Auch als Sonderdruck Frankfurt a.M. 1978.

Simon, Christian, Die Basler Landschaft und die französische Revolution. Aspekte des Verhältnisses zwischen Obrigkeit und Untertanen 1789-1797. In: Basler Zeitschrift für Geschichte und Altertumskunde, Bd. 82, 1982, S. 65-96.

Simon, Christian, Die Helvetik: eine bäuerliche Revolution? Bäuerliche Interessen als Determinanten revolutionärer Politik in der Helvetik. In: Tanner, Albert; Head-König, Anne-Lise (Hrsg.), Die Bauern in der Geschichte der Schweiz. Schweizerische Gesellschaft für Wirtschafts- und Sozialgeschichte, H. 10, Zürich 1992, S. 169-185.

Simon, Christian, Freiheit und Unterwerfung, Tradition und Innovation. Zeitgenössische Rechtfertigungen des Offensiv- und Defensivbündnisses zwischen der Helvetischen Republik und Frankreich. In: Dossier Helvetik 1995, S. 157-161.

Simon, Christian, Untertanenverhalten und obrigkeitliche Moralpolitik. Studien zum Verhältnis zwischen Stadt und Land im ausgehenden 18. Jahrhundert am Beispiel Basels. Basel und Frankfurt a.M. 1981 (Basler Beiträge zur Geschichtswissenschaft, Bd. 145).

Soboul, Albert, Die Große Französische Revolution. Ein Abriß ihrer Geschichte (1789-1799). 4. Aufl. der durchgesehenen deutschen Ausgabe, Frankfurt a.M. 1983.

Spahr, Silvio, Studien zum Erwachen helvetisch-eidgenössischen Empfindens im Waadtland. Diss. Bern 1963, Zürich 1963.

Spinner, W., Die Flugschriftenliteratur zur Zeit der Helvetik. In: Central-Blatt der Zofingia, 16. Jahrgang 1876, Nr. 8-10, S. 277-303; 317-342; 358-393.

Sprecher, J[ohann] A[ndreas] v., Kulturgeschichte der Drei Bünde im 18. Jahrhundert. Bearbeitet und neu herausgegeben mit Einführung, wissenschaftlichem Anhang, Textergänzungen und Literaturnachtrag von Dr. Rudolf Jenny. Chur 1976.

366

Stadler, Alois, «Der Pöbel weiss selbst nicht, was er will!» Ulrich Bräker und die revolutionäre Bewegung in der Fürstabtei St. Gallen 1795. In: Oberberger Blätter 1994/95. Sonderheft: Landsgemeinde in Gossau 1795, Gossau [1995], S. 69-82.

Stadler, Peter, Die Hauptstadtfrage in der Schweiz 1798-1848. In: Schweizerische Zeitschrift für Geschichte 21, 1971, S. 526-582.

Stadler, Peter, Pestalozzi. Geschichtliche Biographie. 2 Bde., Zürich 1988-1993.

Staehelin, Andreas, Helvetik. In: Handbuch der Schweizer Geschichte, Bd. 2, Zürich 1977 (2. Aufl. 1980), S. 785-839.

Staehelin, Andreas, Peter Ochs als Historiker. Basel 1952 (Basler Beiträge zur Geschichtswissenschaft, Bd. 43).

Staehelin, Ernst, Die amtlichen Akten über Johann Caspar Lavaters Deportation vom Jahre 1799. In: Jahrbuch für schweizerische Geschichte 24, 1944, S. 531-580.

Staehelin, Hans, Die Civilgesetzgebung der Helvetik. In: Abhandlungen zum schweizerischen Recht, H. 69, Bern 1931.

Staerkle, Paul, Geschichte von Gossau. Gossau 1961.

Stark, Jakob, «Schlechter Hausvater oder nachlässiger Beamter». Die zersetzenden Folgen des Finanzmangels für die helvetische Staatsverwaltung, am Beispiel des Kantons Thurgau. In: Schweiz im Wandel, Festschrift Rudolf Braun, Basel 1990, S. 331-344.

Staub, Robert, Appenzell-Außer-Rhoden in der ersten Epoche des Kantons Säntis, Mai 1798 bis Ende 1799. Diss. Zürich 1921.

Stauber, Emil, Geschichte der Gemeinde Töß. Winterthur 1926.

Stauffacher, Hans Rudolf, Herrschaft und Landsgemeinde. Die Machtelite im Evangelisch-Glarus vor und nach der Helvetischen Revolution. Glarus 1989.

Steinauer, D., Geschichte des Freistaates Schwyz vom Untergang der dreizehnörtigen Eidgenossenschaft bis auf die Gegenwart. Bd. 1, Einsiedeln 1861. Neudruck Genf 1979.

Steiner, Gustav (Hrsg.), Korrespondenz des Peter Ochs (1752-1821), 3 Bde., Basel 1927-1937.

Steiner, Gustav, Der Untergang der alten Eidgenossenschaft. In: Schweizer Kriegsgeschichte, Bd. 3, H. 7, Bern 1918, S. 59-113.

Steiner, Gustav, Die Befreiung der Landschaft Basel in der Revolution von 1798. In: Neujahrsblatt der Gesellschaft für das Gute und Gemeinnützige, 110, Basel 1932.

Steiner, Gustav, Mittel und Wege zur Helvetischen Revolution. In: Basler Zeitschrift für Geschichte und Altertumskunde 30, 1931, S. 43-133.

Steiner, Gustav, Zeitgenössischer Bericht über die Basler Revolution von 1798. In: Basler Jahrbuch 1951, S. 75-102.

Stierlin, S., Schweizerischer Ehrenspiegel. Edle Züge aus der Geschichte der Väter, mit moralischen Bemerkungen, zum Gebrauch für Landschulen. 2. Aufl. Bern 1828.

Strickler, Joh[annes], Die alte Schweiz und die helvetische Revolution. Frauenfeld 1899.

Stüssi-Lauterburg, Jürg, illustriert unter Mitwirkung von Derck Engelberts, Föderalismus und Freiheit. Der Aufstand von 1802: ein in der Schweiz geschriebenes Kapitel Weltgeschichte. Brugg 1994.

Styger, Dominik, Zur neueren Geschichtsschreibung über den Schwyzerischen Franzosen-Krieg von 1798. Einsiedeln 1941.

Styger, M[artin], Geschichtliche Denkwürdigkeiten von 1798. Zur 100jährigen Erinnerungsfeier an die Heldenkämpfe der Schwyzer gegen die Franzosen. Der Schuljugend und dem Schwyzervolk gewidmet von der Regierung 1898. Schwyz 1898.

La Suisse et la Revolution française. Images, Caricatures, Pamphlets, Catalogues, Musée Historique de Lausanne 1989.

Suratteau, Jean-René, Le Département du Mont-Terrible sous le régime du Directoire (1795-1800). Paris 1964.

Suratteau, Jean-René, Un paradoxe: l'echec de l'unité nationale suisse et le développement du nationalisme helvétique (1792-1815). In: Actes du Colloque Patriotisme et nationalisme en Europe à l'époque de la Révolution française et de Napoléon. Paris 1973, S. 59-83.

Suter, Anton, Sie tanzten um den Freiheitsbaum. Beromünster in den Jahren 1798-1898. Beromünster 1997.

Suter, Meinrad, Von «Ächtem Bürger-Sinn» und patriotischer Gemeinnützigkeit. Winterthurer Korporationen und Gesellschaften im ersten Drittel des 19. Jahrhunderts. In: Schweizerische Zeitschrift für Geschichte 42, 1992, S. 358-387.

Tanner, [Bartholome], Die Revolution im Kanton Appenzell in den Jahren 1797-1803. In: Appenzellisches Jahrbuch, 2. Folge, H. 2, Trogen 1861, S. 24-81, H. 4, S. 3-56.

Teucher, Eugen, Die schweizerische Aufklärung als Wegbereitung der sozialen Emanzipation 1712-1789. Diss. Basel 1935.

Teucher, Eugen, Hieronymus Christ, Landvogt von Münchenstein, als Physiokrat. In: Baseler Zeitschrift für Geschichte 37 (1938), S. 147-165.

Thürer, Georg, St. Galler Geschichte. Kultur, Staatsleben und Wirtschaft im Kanton und Stadt St. Gallen. Von der Urzeit bis zur Gegenwart. Bd. 1, St. Gallen 1953, Bd. 2, 1. u. 2. Halbband, ebenda 1972.

Tiet, Max, Der Sutterhandel in Appenzell Innerrhoden 1760-1829. Ein Beitrag zur Geschichte der politischen Unruhen in der Schweiz des Ancien Régime. Appenzell 1977.

Tillier, Anton v., Geschichte der helvetischen Republik. Bd. 1-3, Bern 1843.

Tobler, Gustav, Das Protokoll des Schweizerklubs in Paris. In: Jahrbuch für schweizerische Geschichte 28, 1903, S. 61-85.

Trösch, Ernst, Die Helvetische Revolution im Lichte der deutsch-schweizerischen Dichtung. Leipzig 1911. Neudruck Hildesheim 1977.

Trösch, Ernst, J.K. Lavater, H. Zschokke und die Helvetische Revolution. Leipzig 1911.

Trümpy, Hans, Der Freiheitsbaum. In: Schweizerisches Archiv für Volkskunde 57, 1961, S. 25-39.

Vischer, Fritz, Der Kanton Basel von den Anfängen der Nationalversammlung bis zum Ausbruch des 2. Koalitionskrieges. Basel 1905.

Vogler, Werner, Die Fürstabtei St. Gallen und die Französische Revolution. In: Rorschacher Neujahrsblatt 80, 1990, S. 91-102.

Wäber, Adolf, Landes- und Reisebeschreibungen. Ein Beitrag zur Bibliographie der Schweizerischen Reiseliteratur 1479-1900. Neudruck der Ausgabe 1899, 1909. Topos 1987.

Wäber, J. Harald, Berner Patrizier in hohen Staatsämtern der helvetischen Republik. In: Berner Zeitschrift für Geschichte und Heimatkunde, Jg. 45, H. 3, 1983, S. 135-146.

Wälchli, Karl F., Der bernische Landvogt im Aargau, am Beispiel von Obervogt Niklaus Emanuel Tscharner von Schenkenberg. In: Argovia 103, 1991, S. 108-124.

Walter, Emil J., Soziologie der Alten Eidgenossenschaft. Eine Analyse ihrer Sozial- und Berufsstruktur von der Reformation bis zur Französischen Revolution. Bern 1966.

Walter, François, Echec à la départementalisation: les découpages administratifs de la République helvétique (1798-1803). In: Revue suisse d'Histoire 40, 1990, S. 67-85.

Walter, François, Enjeux historiographiques, variantes régressives et progressives de l'autonomie locale et régionale. In: Helvetik - neue Ansätze, Itinera, 15, 1993, S. 79-83.

Walter, François, L'idée de République helvétique en Suisse. In: Actes du IIe Symposium humaniste international de Mulhouse. Mulhouse 1991, S. 89-95.

Walter, François, La République helvétique. In: La Révolution française et l'Europe 1789-1799. Paris 1989, S. 708-711.

Wanner, Martin, Studien über die Staatsumwälzung des Kantons Schaffhausen im Jahre 1798. Schaffhausen 1865.

Wartburg, Beat v., Eine Analyse der gescheiterten Revolution. Peter Ochs' Nationaldrama. In: Akten des 4. Helvetik-Kolloquiums, 1995, S. 33-35.

Wartburg, Beat v., «In der Klasse der Tiere und der leblosen Dinge...» Die Aufhebung der Leibeigenschaft auf der Basler Landschaft. In: Peter Ochs Brief 3, 1992, S. 4-7.

Wartburg, Beat v. Musen & Menschenrechte. Peter Ochs und seine literarischen Werke. Basel 1997.

Wartburg, Wolfgang v., Zürich und die Französische Revolution. Die Auseinandersetzung einer patriarchalischen Gesellschaft mit den ideellen und politischen Einwirkungen der Französischen Revolution. Basel 1956 (Basler Beiträge zur Geschichtswissenschaft, Bd. 60).

Weber, Hans, Die Zürcherischen Landgemeinden in der Helvetik 1798-1803. Zürich 1971.

Weber, Hermann, «Werther Associé». Briefe von Viktor Oberlin, Direktor der Helvetischen Republik an Joseph Buri (1798-1800). In: Jahrbuch für Solothurnische Geschichte 35, 1962, S. 241-263.

Weber, Max, Wirtschaft und Gesellschaft. In: Grundriß der Sozialökonomie 3, Tübingen 1922.

Weiß, Leo, Die politische Erziehung im alten Zürich. 1940.

Wenneker, Erich, Die Stellung der reformierten Pfarrer zur Helvetik. In: Helvetik - neue Ansätze, Itinera, 15, 1993, S. 62-67.

Wernle, Paul, Der schweizerische Protestantismus im XVIII. Jahrhundert. 3 Bde., Tübingen 1923-1925.

Wernle, Paul, Der schweizerische Protestantismus in der Zeit der Helvetik. 2 Bde., Zürich und Leipzig 1938-1942.

Wicki, Hans, Staat - Kirche - Religiosität. Der Kanton Luzern zwischen barocker Tradition und Aufklärung. Luzern 1990.

Widmer, Sigmund, Zürich - Eine Kulturgeschichte. Bd. 7, Zürich 1979.

Winteler, Jakob, Geschichte des Landes Glarus. Bd. 2, Glarus 1954.

Wipf, Hans Ulrich, «Freiheit und Gleichheit» - Die Wirkung der Proklamation vom 6. Februar 1798 auf Stadt und Landschaft Schaffhausen. In: Schaffhauser Beiträge zur Geschichte, H. 51, Jg. 1974, S. 89-134.

Wipf, Hans Ulrich, Die Hallauer Unruhen von 1790. Schaffhausen 1971.

Wipf, Hans Ulrich, Schaffhausen unter dem Eindruck der Französischen Revolution. In: Schaffhauser Beiträge zur Geschichte, H. 50, Jg. 1973, S. 112-184.

Wolf, Kaspar, Die Lieferungen der Schweiz an die französischen Besatzungstruppen zur Zeit der Helvetik. Basel 1948 (Basler Beiträge zur Geschichtswissenschaft, Bd. 29).

Würgler, Andreas, Das Modernisierungspotential von Unruhen im 18. Jahrhundert. Ein Beitrag zur Entstehung der politischen Öffentlichkeit in Deutschland und der Schweiz. In: Geschichte und Gesellschaft 21 (1995) S. 195-217.

Wydler, Ferdinand, Leben und Briefwechsel von Albrecht Rengger, Minister des Innern der helvetischen Republik. 2 Bde. Zürich 1847.

Wyrsch-Ineichen, Paul, Vom Freistaat zum Bezirk Schwyz 1798-1848. In: Vom Alten Land zum Bezirk Schwyz. Festgabe des Alten Landes Schwyz an seine Bürgerinnen und Bürger aus Anlass der 700-Jahrfeier der Eidgenossenschaft. Hrsg. vom Historischen Verein des Kantons Schwyz. Schwyz 1991 (Mitteilungen des Historischen Vereins des Kantons Schwyz 83, 1991), S. 177-280.

Wyss, Friedrich v., Die helvetische Armee und ihr Civilkommissär Kuhn im Kriegsjahr 1799. Zürich 1889.

Wyss, Hans A., Alois Reding, Landeshauptmann von Schwyz und erster Landammann der Helvetik. In: Der Geschichtsfreund 91, 1936, S. 157ff.

Zaeslin, Peter Leonhard, Die Schweiz und der lombardische Staat im Revolutionszeitalter 1796-1814. Basel 1960 (Basler Beiträge zur Geschichtswissenschaft, Bd. 115).

Zbinden, J[ürg], Provokationen im politischen Diskurs über die Helvetik. In: Akten des 4. Helvetik-Kolloquiums, 1995, S. 56-61.

Zeichen der Freiheit. Das Bild der Republik in der Kunst des 16. bis 20. Jahrhunderts. Ausstellungskatalog, hrsg. von Dario Gamboni, Georg Germann und François de Capitani. Bern 1991.

Ziegler, Peter, Zürcher Sittenmandate. Zürich 1978.

Ziehen, Eduard, Die deutsche Schweizerbegeisterung in den Jahren 1750-1815. Frankfurt a.M. 1922.

Ziehen, Eduard, Friedrich der Große und die Schweiz. Leipzig 1924.

Ziehen, Eduard, Philhelvetism. Marburg 1925.

Zimmermann, Werner, Verfassung und politische Bewegung. In: Zürich im 18. Jahrhundert, Zürich 1983, S. 9-34.

Zschokke, Helmut, Die Französische Revolution und die Schweiz. Die Helvetische Republik 1798-1803. Zürich 1938.

Züger, Edwin, Alois Reding und das Ende der Helvetik. Diss. phil. Zürich 1977.

Zurfluh, Anselm, Das Volk von Uri würde mit Freuden auf die «Vorteile» der Revolution verzichten, wenn es gefragt würde. In: Akten des 5. Helvetik-Kolloquiums, Flüelen 1996, S. 81-85.

Verzeichnis der Abbildungen – Bildnachweis

Umschlagbild
Freiheitsbaum. In: Zürcher Kalender auf das Jahr 1848.

Karte auf vorderem und hinterem Vorsatz
Bestand der Staatsbibliothek Bremen.

Bildtafeln
Chirurgus Johann Kaspar Pfenninger (1760-1838). – In: Memorial und Stäfner Handel 1995, S. 154.

Der Hafner Heinrich Nehracher (1764-1797). - In: Ebenda, S. 158.

Senator Johann Jakob Bodmer (1737-1806). - In: Ebenda, S. 162.

Truppenverabschiedung, September 1795. - In: Ebenda, S. 183.

Helvetisch-republikanischer Kalender, Titelblatt, 1799. - In: Ebenda, S. 270.

Politische Propaganda, 1798. - In: La Suisse et la Révolution française 1989, S. 87.

Die Freiamtgemeinde in Mettmenstetten, März 1795. - In: Memorial und Stäfner Handel 1995, S. 226.

Commisair de la grande Nation...? - In: Zürcher Kalender auf das Jahr 1848.

Die Landsgemeinde zu Gossau, November 1795. - Oberberger Blätter 1994/95.
    Sonderheft Landsgemeinde in Gossau 1795, Gossau (1995), S. 17.

Ehrenaltar für Gossauer Revolutionäre. - In: Göldi, St. Gallisch Land, S. 83.

Kartenspiel. - In: Oberberger Blätter, ebenda, S. 102.

Verbrüderungsfeier von Stadt und Land Basel. Januar 1798. - In: Kreis, Der Weg zur Gegenwart 1986,
    S. 24.

Erstes schweizerisches Parlament. - In: Ebenda, S. 31.

Wilhelm Tell und Rutenbündel. - In: Ebenda, S. 32.

Wilhelm Tell auf 4-Franken-Stück der Helvetik. - In: Kutter, Die Schweizer 1995, Tafel 15 vor S. 81.

Dorfschule, Beginn 19. Jh. - In: Memorial und Stäfner Handel 1995, S. 280.

Personen-, Orts- und Sachregister